STRUMENTI

3

BIBLICA

Nella stessa collana:

1. Alister E. MCGRATH, *Teologia cristiana*
2. Alister E. MCGRATH, *Il pensiero della Riforma*
4. J. Alberto SOGGIN, *Israele in epoca biblica. Istituzioni, feste, cerimonie, rituali*
5. Rolf RENDTORFF, *Teologia dell'Antico Testamento. Sviluppo canonico*

Rolf Rendtorff

INTRODUZIONE ALL'ANTICO TESTAMENTO

Storia, vita sociale e letteratura d'Israele in epoca biblica

edizione italiana a cura di
Daniele Garrone

terza edizione

Claudiana - Torino

www.claudiana.it - e-mail: info@claudiana.it

Rolf Rendtorff,

nato nel 1925, è professore emerito di Teologia dell'Antico Testamento ad Heidelberg. Per molti anni è stato presidente della Commissione di studio «Chiesa ed Ebraismo» della Chiesa Evangelica Tedesca (EKD) ed è tra l'altro membro onorario del «Council of the World Union of Jewish Studies» di Gerusalemme. È considerato uno dei massimi specialisti mondiali dell'Antico Testamento. La sua bibliografia è vastissima. In italiano sono stati pubblicati: *La formazione dell'Antico Testamento* (Claudiana, 1968); *Protagonisti dell'Antico Testamento. Patriarchi, re e profeti* (Claudiana, 1978, 1984²); *Cristiani ed ebrei oggi* (Claudiana, 1999); *Teologia dell'Antico Testamento* (Claudiana, 2001).

ISBN 88-7016-108-0

Titolo originale:
Das Alte Testament. Eine Einführung, 1983 - 3ª ediz. revisionata e aggiornata, 1988

Per l'edizione italiana:
Prima edizione: Claudiana, 1990
Seconda edizione: Claudiana, 1994
Terza edizione: Claudiana, 2001

Via Principe Tommaso 1 - 10125 Torino
Tel. 011.668.98.04 - Fax 011.650.43.94
e-mail: info@claudiana.it
sito internet: www.claudiana.it

Traduzione di Daniele Garrone, docente di Antico Testamento presso la Facoltà Valdese di Teologia, Roma.

Ristampe:

05 04 03 02 1 2 3 4 5 6

Copertina di Umberto Stagnaro

Stampa: Stampatre, Torino

Sommario dell'opera

Introduzione

L'Antico Testamento è una raccolta di scritti che hanno avuto origine nel corso della storia più che millenaria del popolo d'Israele e che rispecchiano la vita del popolo in questo periodo. Esiste perciò un rapporto di reciprocità fra gli scritti o «libri» dell'Antico Testamento e la vita di Israele nella sua storia: la comprensione dei testi presuppone conoscenze sui contesti storici e sullo sviluppo della vita della società israelitica, ma al tempo stesso sono proprio i testi la principale – e in larga misura l'unica – fonte per ottenerle.

Questa «Introduzione» cerca di tener conto di questo rapporto di reciprocità. Nella prima parte espone la *storia d'Israele,* procedendo però in modo diverso dalla maggior parte delle trattazioni di storia d'Israele. Prenderemo come punto di partenza gli stessi testi dell'Antico Testamento, ricalcando innanzitutto il quadro che essi offrono del corso storico e del suo contesto. Su questa base, cercheremo di ricostruire il corso storico ricorrendo a materiale extra-biblico. Procedendo in questo modo, risultano stretti rapporti con la seconda e la terza parte, perché devono essere tenute in considerazione tanto la natura e l'integrazione originale dei testi quanto la funzione che essi hanno attualmente all'interno dei libri biblici.

La seconda parte cerca di presentare i testi raccolti nell'Antico Testamento come *espressioni della vita d'Israele,* seguendo in questo l'impostazione instaurata da Hermann Gunkel e consistente nel considerare la letteratura veterotestamentaria come «parte della vita del popolo» e nel comprenderla a partire da qui. In questo modo, le caratteristiche formali dei generi diventano comprensibili come espressioni della funzione dei testi. Al termine di questa seconda parte viene tratteggiato il cammino dei testi originariamente indipendenti fino alla «letteratura».

La terza parte esamina i *libri dell'Antico Testamento* nella loro forma attuale. Qui è della massima importanza lo sforzo di cogliere struttura, composizione e intenzione della forma finale dei singoli libri. Vengono qui ripresi i principali risultati dell'analisi critica che domina oggi largamente il campo. Nell'interrogarsi sulla composizione dei libri nella loro forma attuale, si introduce una nuova prospettiva che cerca di andare oltre il modo di porre i problemi fin qui adottato. Al tempo stesso, in questo modo, la terza parte si ricollega alla prima, perché alla base della struttura di tutta una serie di libri dell'Antico Testamento sta un determinato disegno storico e perché, anche per altri aspetti, la storia dell'origine dei libri riflette frequentemente collegamenti e sviluppi storici.

Sia detto espressamente che non è possibile, nel quadro di questa «Introduzione», affrontare la *religione* dell'Israele dell'Antico Testamento. Certamente, in tutte e tre le parti, si parla frequentemente della religione e dei suoi fenomeni; una trattazione particolareggiata e coerente esige però un libro a sé e deve perciò essere riservata a una «Teologia dell'Antico Testamento».

Il libro è concepito come strumento di lavoro. Le *parole chiave* riportate a margine svolgono una funzione polivalente. Innanzitutto esse devono suddividere il testo e renderlo chiaro, come pure facilitare il ritrovamento di determinati temi o testi biblici. Esse costituiscono poi un elemento del *sistema di rimandi* all'interno del libro. Le parti del libro si contemplano a vicenda. I numeri delle pagine preceduti da una freccia (→), sempre in margine, rimandano di volta in volta a brani in cui il lettore può trovare informazioni aggiuntive o complementari. Le frecce rimandano spesso a parole chiave riportate a margine ma, oltre a ciò, anche ad altre argomentazioni o citazioni bibliche contenute nella pagina in questione.

Un esempio: all'inizio della sezione sui patriarchi (I.3.1, p. 23) si menziona la «storia dei patriarchi di Gen. 12-50». Il rimando a margine (→ 189 ss.) conduce il lettore alla stessa parola chiave in III.1.1, che tratta il libro della Genesi. Nella frase successiva si parla di «saghe». Il rimando a margine (→ 122 ss.) si riferisce a questa parola chiave nella sezione II.2, dove sono trattate le forme narrative nel quadro della vita della comunità israelitica (con «vedi sopra» oppure «vedi sotto» si indicano i rimandi all'interno del paragrafo in corso).

Infine, le parole chiave riportate in margine costituiscono la base per l'*indice analitico*. In esso, oltre ai numeri delle pagine del sistema di rimandi, compaiono altre indicazioni in riferimento ai singoli nomi, cose o testi. Viene integrato dal *sommario*.

Nelle *indicazioni bibliografiche*, che si trovano alla fine di ogni paragrafo, ho citato in primo luogo la letteratura di base: nella prima parte, i paragrafi corrispondenti da una selezione di trattazioni di storia d'Israele, nella seconda e terza parte da una selezione di introduzione all'Antico Testamento, nella terza parte i principali commentari. Qui ho citato anche opere standard più antiche, per rendere accessibile al lettore la storia della ricerca che abbiamo alle spalle. Per le trattazioni di storia d'Israele e per le introduzioni citate col solo nome dell'autore si trovano le indicazioni bibliografiche complete nell'*indice delle abbreviazioni*.

Per il resto, ho di norma riportato in bibliografia soltanto testi espressamente citati nel relativo paragrafo. In questo sono stato volutamente eclettico, perché era comunque impossibile (e a mio avviso neppure auspicabile) essere esaustivi. Ho citato opere fondamentali del passato, ma ho preso in considerazione la storia della ricerca soltanto nella misura in cui essa mi appare ancora oggi rilevante. Ho menzionato più bibliografia, in particolare al di fuori dell'ambito di lingua tedesca, nei casi in cui appaiono nuovi modi di affrontare i problemi o vengono condotte animate discussioni. Per il resto rimando espressamente il lettore alle dettagliate bibliografie di Hayes - Miller per la storia d'Israele e di Childs per l'introduzione e inoltre a Kaiser e a Smend, che trattano più approfonditamente anche la storia della ricerca.

Per i termini ebraici ho scelto una *trascrizione* semplificata che non si propone l'esattezza filologica, ma deve rendere le parole riconoscibili e pronunciabili. Chi conosce l'ebraico dovrebbe comunque usare il testo originale; gli altri, a mio avviso, non sarebbero comunque agevolati da una esatta trascrizione.

È grande il numero di coloro che, direttamente o indirettamente, hanno partecipato alla nascita di questo libro e che vorrei perciò ringraziare. Ho ancora potuto discutere la concezione del libro, nella sua fase iniziale, con il mio maestro Gerhard von Rad; a lui devo fino a oggi gli stimoli più grandi per il mio lavoro. Molto di quanto ho potuto discutere nel corso degli anni con i colleghi e gli amici ad Heidelberg e a Gerusalemme si riflette in questo libro: penso in particolare a Shemaryahu Talmon, Abraham Malamat, Moshe Greenberg, Christian Macholz, Frank Crüsemann, Konrad Rupprecht, Bernd Jörg Diebner, Hermann Schult, Ekkehard Stegemann ed Erhard Blum, che ha anche letto il manoscritto e proposto numerose integrazioni e migliorie. Günther Welker ha letto accuratamente il manoscritto, controllato le citazioni bibliche e le bibliografie e compilato il sistema dei rimandi a margine. Il suo lavoro, insieme alla lettura delle bozze, è stato proseguito da Thomas Dermann e Reinhard Mentz. Anche Konrad Rupprecht ha letto il manoscritto e le bozze. Al momento della correzione dell'impaginato, quando si dovevano inserire i rimandi in margine, e per la stesura dell'indice analitico, Erhard Blum e Thomas Dermann hanno dato un aiuto risolutivo. La signora Annelise Brecht, con impegno immutato in ogni fase, ha scritto, corretto e completato il manoscritto ed è stata d'aiuto in molti altri modi. Ringrazio per la buona collaborazione il dr. Christian Bartsch e la signora Ursula Münden dell'editrice Neukirchen.

In conclusione, una preghiera al lettore: un manuale di lavoro si dimostra tale nell'uso da parte dei suoi lettori. Sono perciò grato per ogni eco, ma soprattutto per rilievi e osservazioni critiche, sia per quanto riguarda i contenuti, sia per quanto riguarda l'impianto del libro e la sua utilità pratica. Vorrei in particolare incoraggiare gli studenti che lo leggono a farmi conoscere le loro esperienze nell'uso del libro come pure i loro suggerimenti e le loro critiche.

ROLF RENDTORFF

NOTA DEL TRADUTTORE ITALIANO

1. I nomi propri sono trascritti come nella versione Riveduta della Bibbia, edita dalla Società Biblica Italiana, Roma.

2. Non sono state predisposte bibliografie *ad hoc* per il lettore italiano. Quelle originali sono state riprodotte integralmente, con lievi modifiche:
   - è stato indicato l'originale francese o italiano o inglese di opere che l'A. cita in versione (inglese o tedesca);
   - ove esistenti, sono state segnalate le traduzioni italiane di opere citate.

3. Essendo le citazioni bibliche sempre riferite al testo originale ebraico, può capitare che la numerazione di capitoli e versetti non corrisponda a quella adottata dalla traduzione in uso al lettore.

4. I termini ebraici sono normalmente accentati sull'ultima sillaba.

5. Sono state inserite le correzioni e aggiunte apportate dall'Autore alla terza edizione tedesca (1988).

Un ringraziamento alla sig.ra Vera Ruggeri di Cusano Milanino per la paziente rilettura del manoscritto della traduzione e delle bozze.

Parte prima

L'Antico Testamento come fonte per la storia d'Israele

1

La natura delle fonti

L'Antico Testamento è cresciuto a partire dalla storia d'Israele, che testimonia e rispecchia in vari modi. Al tempo stesso, l'Antico Testamento è l'unica fonte da cui noi apprendiamo qualcosa sullo svolgimento e sulle connessioni di questa storia. Le relazioni reciproche tra questi due aspetti costituiscono un problema di fondo per l'esegesi dell'Antico Testamento.

Il compito principale dell'esegesi consiste nel comprendere l'intenzione del testo. Una parte dei testi dell'Antico Testamento ha espressamente l'intenzione di presentare eventi e concatenamenti storici; in questo modo, l'esegeta è in sintonia con l'intenzione dell'autore quando pone all'Antico Testamento domande storiche. Ciò vale in particolare per i testi che, in senso più o meno ampio, possono essere attribuiti alla *storiografia*. → 150 ss.

Qui, però, l'esegeta si imbatte subito nella difficoltà costituita dal fatto che gli storiografi dell'Antico Testamento non avevano in primo luogo l'intenzione di fornire una presentazione «obiettiva» degli avvenimenti. Inoltre, la loro attività (come quella di ogni storiografo) si situa in un contesto ben definito, da cui essa proviene e cui essa è destinata. L'esegesi deve dunque avere cura di comprendere questo contesto e di dargli il dovuto rilievo nel corso dell'interpretazione del testo. Soltanto su questo retroterra, ci si può chiedere come siano «realmente» andate le cose. Non di rado, indicazioni in questo senso risultano da altri testi che riferiscono gli stessi eventi storici sotto altri aspetti.

Il lavoro dell'esegeta diventa più difficile nel caso di testi che trattano sì di eventi e fatti «storici», ma la cui intenzione specifica non sta nel riferire come le cose sono andate «allora». Narrando, essi intendono trasmettere agli uditori e ai lettori del loro tempo un determinato messaggio, per il quale i fatti narrati costituiscono la sostanza e il materiale didattico illustrativo. Ciò vale in modo particolare per le *saghe*, che occupano un ampio spazio nelle tradizioni narrati- → 122 ss.

ve sugli inizi e i primordi della storia d'Israele. Qui l'esegesi deve innanzitutto ricercare con particolare cautela l'intenzione specifica del testo, prima ancora di tentare di darne una valutazione come fonte storica. Qualcosa di simile vale anche per testi similari di epoca più tardiva come, ad esempio, le «novelle della diaspora» rappresentate dai libri di Ester e Daniele.

Da ciò deriva un quadro della storia d'Israele che è spesso composito come un mosaico. Esso viene completato con affermazioni e indicazioni prese da altri testi dell'Antico Testamento, soprattutto
→ 159 ss. *racconti profetici* contenuti nei libri storici e nei libri profetici, nei qua-
li si trova ancora altro materiale che può contribuire alla ricostruzio-
→ 137 ss. ne di contesti storici. I salmi e altri testi cultuali aggiungono cono-
scenze su fatti e processi della vita religiosa; i testi legali permettono
di osservare un ambito importante della vita sociale umana e per-
→ 127 ss. mettono di riconoscere strutture e trasformazioni sociali. Ciò vale an-
→ 152 ss. che per la letteratura sapienziale, del cui significato in questo conte-
sto si è divenuti, in tempi recenti, sempre più coscienti.

Metodo

Un'esposizione della storia d'Israele può imboccare strade molto diverse. Può utilizzare come fonti storiche i testi dell'Antico Testamento unitamente a testi extra-israelitici e a reperti archeologici (vedi sotto) che forniscono il materiale per la ricostruzione dello svolgimento della storia, il cui disegno e la cui presentazione sono determinate dalle conoscenze della ricerca storica. In questo quadro, i testi dell'Antico Testamento sono presi in considerazione soltanto nella misura in cui possono, secondo il giudizio dello storico, portare un contributo a questa ricostruzione. Così procedono di norma le trattazioni complessive della «storia d'Israele».

In conformità al carattere e all'intenzione di questo libro si tenterà qui di percorrere un'altra strada. L'esposizione parte innanzitutto dal quadro degli avvenimenti e dei processi offerto dai testi dell'Antico Testamento, per poi ricercare l'intenzione dei testi e tentare quindi di porre questo quadro in relazione con le prospettive della ricerca storica attuale. Questa prospettiva dovrebbe permettere al lettore di porre l'esposizione offerta in questa prima parte in relazione con le due parti successive, in ognuna delle quali i testi vengono trattati sotto altri punti di vista (vedi l'Introduzione). Con ciò si determina anche una limitazione. Non si tenterà una ricostruzione compiuta della storia d'Israele e del suo mondo quando gli stessi testi dell'Antico Testamento tacciono. Per questo il lettore è espressamente rinviato alle trattazioni complessive della storia d'Israele: i paragrafi relativi sono di volta in volta citati nelle indicazioni bibliografiche.

Fonti extra-bibliche

La limitazione riguarda anche il richiamo di *fonti extra-israelitiche*. Numerosi testi egiziani, hittiti, babilonesi e assiri danno informazioni sulla storia dell'antico vicino Oriente nel secondo e nel primo millennio a.C., all'interno dei quali si è svolta la storia d'Israele. In molti casi questi testi ci permettono di riconoscere i presupposti e le circostanze a partire dai quali questa storia si è svolta. Israele viene però menzionato solo molto di rado e, anche in questi casi, per lo più solo marginalmente, per cui soltanto in pochi casi se ne possono ottenere informazioni dirette sulla storia d'Israele. Nel quadro dell'esposizione che segue, questi testi vengono perciò menzionati soltanto all'occorrenza. Anche qui, del resto, si rimanda alle trattazioni particolareggiate della storia d'Israele. Le principali miscellanee in cui questi testi sono accessibili sono citate nella bibliografia.

Scoperte archeologiche

Infine le *scoperte archeologiche* costituiscono una importante integrazione della nostra conoscenza della storia d'Israele. L'intensa attività di scavo degli ultimi decenni ha portato un rilevante aumento del materiale e una forte differenziazione delle valutazioni. Bisogna comunque rimanere coscienti del fatto che i ritrovamenti archeologici possono soltanto integrare le conoscenze ottenute da documenti scritti, perché altrimenti essi rimangono «muti», se si escludono i rari casi in cui durante gli scavi vengono rinvenuti anche *testi* (su questo cfr. NOTH 1960). In tempi recenti, inoltre, si è divenuti più coscienti del significato della archeologia per l'indagine sui rapporti sociali (cfr. CRÜSEMANN). Anche di questo, nelle pagine che seguono, ci occuperemo comunque solo all'occorrenza. Nella bibliografia sono citate alcune opere introduttive e sintetiche (si veda in particolare la recente trattazione di FRITZ).

Bibliografia

In generale:

HERRMANN, 42-59 (trad. it., 42-61).

Sull'archeologia e la geografia biblica:

Y. AHARONI, *The Land of the Bible. A historical geography*, 1979[2]; Y. AHARONI - M. AVI-YONAH, *The Macmillan Bible Atlas*, 1968; M. AVI-YONAH (ed.) - E, STERN, *Encyclopedia of Archaeological Excavations in the Holy Land*, I-IV, 1975-1978; D. BALY, *The Geography of the Bible*, 1957; F. CRÜSEMANN, *Alttestamentliche Exegese und Archäologie. Erwägungen angesichts des gegenwärtigen Methodenstreits in der Archäologie Palästinas*, in ZAW 91, 1979, 177-193; H. DONNER, *Einführung in die biblische Landes- und Altertumskunde*, 1976; V. FRITZ, *Bibelwissenschaft* I. *Altes Testament*, I/1. *Archäologie (Alter Orient und Palästina)*, in TRE VI, 1980, 316-345; V. FRITZ, *Einführung in die biblische Archäologie*, 1985; K. GALLING (ed.), *Biblisches Reallexikon*, 1977[2] (BRL); K. HARTMANN, *Atlas-Tafelwerk zu Bibel und Kirchengeschichte*. I. *Altes Testament und Geschichte des Ju-*

dentums bis Jesus Christus, 1979; O. KEEL - M. KÜCHLER - Chr. UEHLINGER, *Orte und Landschaften der Bibel. Ein Handbuch und Studienreiseführer zum Heiligen Land*, 1981 ss.; K.M. KENYON, *Archaeology in the Holy Land*, 1960; K. MATTHIAE - W. THIEL, *Biblische Zeittafeln. Geschichtliche Abrisse, chronologische Übersichten, Übersichtstafeln und Landkarten zur alt- und neutestamentlichen Zeit*, 1985; M. NOTH, *Der Beitrag der Archäologie zur Geschichte Israel*, in VT. S 7, 1960, 262-282 (= ABLA I, 34-51); M. NOTH, *Die Welt des Alten Testaments. Einführung in die Grenzgebiete der alttestamentlichen Wissenschaft*, 1962[4]; A. OHLER, *Israel, Volk und Land. Zur Geschichte der wechselseitigen Beziehungen zwischen Israel und seinem Land in alttestamentlicher Zeit*, 1979; B. REICKE - L. ROST (a cura di), *Biblisch-Historisches Handwörterbuch* I-IV, 1962-1979 (BHH).

Edizioni e antologie di testi:

W. BEYERLIN (a cura di), *Religionsgeschichtliches Textbuch zum Alten Testament*, 1985[2] (RTAT); H. DONNER - W. RÖLLIG, *Kanaanäische und aramäische Inschriften*, I 1962, 1979[4]; II 1964, 1973[3]; III 1964, 1976[3] (KAI); K. GALLING (a cura di), *Textbuch zur Geschichte Israels*, 1979[3] (TGI); H. GRESSMANN (a cura di), *Altorientalische Texte zum Alten Testament*, 1962[2] (AOT); O. KAISER (a cura di), *Texte aus der Umwelt des Alten Testaments*, 1982 ss. (TUAT); J.B. PRITCHARD (a cura di), *Ancient Near Eastern Texts Relating to the Old Testament* 1955[2] (ANET); J.B. PRITCHARD (a cura di), *The Ancient Near East. Supplementary Texts and Pictures Relating to the Old Testament*, 1969.

2

Le epoche della storia d'Israele

L'Antico Testamento offre un compendio della storia d'Israele chiaramente suddiviso. La prima grande epoca, presentata nei libri del Pentateuco, tratta del *tempo della sedentarizzazione* degli israeliti nella terra di Canaan. Si suddivide nel periodo dei «patriarchi», che vivono sì nella terra di Canaan con le loro famiglie e i loro greggi, ma non sono ancora sedentari (Gen. 12-50); il periodo del soggiorno in Egitto e dell'uscita da quel paese (Es. 1-15); il periodo delle peregrinazioni nel deserto (Es. 16-18; Num. 10,11 - 20,13), interrotto dal soggiorno al Sinai (Es. 19,1 - Num. 10,10); infine l'occupazione della Transgiordania (Num. 20,14 - 21,35) e altri avvenimenti prima del passaggio del Giordano (Num. 22-36). Il Deuteronomio è formulato come ultima istruzione di Mosè prima dell'ingresso nella terra promessa.

Inizia poi la storia d'Israele nella terra stessa. Il libro di Giosuè riferisce la *presa del paese* e la sua suddivisione fra le tribù. Il libro dei Giudici presenta i primi tempi dopo la sedentarizzazione, contrassegnati dalla perdita di continuità nella guida del popolo in seguito alla morte di Giosuè, poi superata dalla comparsa dei *giudici*. Con i libri di Samuele, comincia ancora una nuova epoca, in cui Saul viene fatto re (I Sam. 1-15). La *monarchia* passa a Davide, a cui è dedicata la maggior parte dei libri di Samuele (I Sam. 16 - I Re 1). La prima epoca della monarchia si chiude con la morte di Salomone (I Re 1-11). La separazione delle due parti del regno salomonico apre la seconda fase della storia della monarchia, segnata dall'*esistenza parallela degli stati d'Israele e di Giuda*, fino all'annientamento del regno del nord da parte degli assiri (I Re 12 - II Re 17). L'ultima tappa della *storia dello stato di Giuda* si conclude con la presa di Gerusalemme, la distruzione del tempio e la deportazione in esilio, in Babilonia, di una parte della popolazione (II Re 18-25).

Qui si interrompe la presentazione di questo grande sviluppo storico. I libri delle Cronache trattano ancora una volta, da punti di vista diversi, la storia che va dagli inizi della monarchia alla distruzione di Gerusalemme. Terminano con la notizia secondo cui il re persiano Ciro avrebbe proclamato la ricostruzione del tempio di Gerusalemme e consentito il ritorno degli israeliti nella loro terra (II Cr. 36,22 s.). Nello stesso modo comincia anche il libro di Esdra. Manca un racconto sul periodo dell'esilio babilonese. Per il periodo successivo non si trova una presentazione continua, ma soltanto racconti sulla ricostruzione del tempio (Esd. 3-6) e sull'attività di Esdra e Nehemia (nei libri omonimi), limitata nel tempo.

Questa periodizzazione corrisponde, nelle sue linee di fondo, ai risultati della scienza storica. Il primo grande avvenimento della storia d'Israele è costituito dalla sedentarizzazione nella terra di Canaan, che si è soliti designare con il concetto di *presa della terra* (*Landnahme*) introdotto da A. ALT. L'epoca della presa della terra è storicamente difficile da analizzare, ma normalmente, nelle trattazioni scientifiche, viene mantenuta, anche se talvolta in altra sequenza rispetto alla suddivisione offerta nel Pentateuco in periodo dei «patriarchi», esodo dall'Egitto ed eventi al Sinai (a volte le peregrinazioni nel deserto sono trattate a parte). Di norma, la presa della terra viene considerata un processo protrattosi per lungo tempo e le viene in molti casi riservato un capitolo apposito. Il periodo tra la presa della terra e la costituzione dello Stato viene generalmente considerato come epoca a sé, anche se il concetto di «periodo dei giudici» viene spesso tralasciato o utilizzato «tra virgolette»; in alternativa, si parla spesso di «periodo prestatale». Il sorgere della monarchia, con la conseguente *formazione dello Stato*, è considerato un nuovo, basilare inizio, che contrassegna tutta l'epoca fino alla fine del regno di Giuda. Qui Israele ha trovato, per la durata di quattro secoli, la forma della sua autonomia politica.

Presa della terra

Formazione dello Stato

Le lacune risultanti per i periodi successivi nell'esposizione della storia veterotestamentaria non possono essere colmate neppure dalla ricerca storica. Per il periodo dell'*esilio babilonese* si possono ottenere informazioni da altre parti dell'Antico Testamento, in particolare dai libri di Geremia, Ezechiele e Isaia (capp. 40-55), ma esse non sono tuttavia sufficienti per una ricostruzione completa di questo periodo. Lo stesso vale per l'epoca della dominazione persiana dopo l'esilio. Per la prima fase, fino alla ricostruzione del Tempio, i libri di Aggeo e Zaccaria forniscono informazioni supplementari e differenziate. Per il periodo fino alla comparsa di Esdra e Nehemia (o viceversa), ci mancano ulteriori notizie e lo stesso per la fase successiva, fino all'inizio dell'epoca ellenistica. Soltanto per la fase più tardiva dell'Antico Testamento, altre fonti tornano a gettare un po' di luce sulla storia ebraica, tuttavia non abbastanza per ricostruire, almeno in certa misura, quest'epoca, tanto più che è controverso quali testi

Esilio

dell'Antico Testamento provengano precisamente da questo periodo (ciò è collegato innanzitutto con l'uso della pseudonimia, che conduce spesso a dotare gli scritti di nomi provenienti da epoche precedenti, di modo che l'epoca della loro effettiva composizione rimane nell'ombra). Questo vale anche per l'epoca dei Maccabei, all'inizio della quale si è soliti collocare la chiusura del libro di Daniele, considerato il libro più recente dell'Antico Testamento, epoca alla quale taluni esegeti vogliono attribuire altri testi ancora.

Così l'Antico Testamento rimane largamente la nostra unica fonte per la storia d'Israele e la periodizzazione che presenta è confermata nei suoi tratti essenziali. In molti dettagli, spesso di importanza fondamentale, risultano comunque discrepanze tra la presentazione dei testi dell'Antico Testamento e la ricostruzione storica. Di questo si parlerà nei prossimi paragrafi.

Terminologia

«Israele»

Prima di tutto, alcune osservazioni sulla terminologia. Per quanto riguarda l'epoca più antica, la comunità di cui parla l'Antico Testamento viene complessivamente definita «Israele». A partire dalla scissione del regno, dopo la morte di Salomone, il concetto di «Israele» riceve un doppio significato. Da un lato designa, in senso strettamente politico, il regno del nord, contrapposto al regno del sud, «Giuda». D'altro lato, però, «Israele» continua a rimanere il termine che designa l'intero popolo d'Israele, che sotto Davide e Salomone aveva costituito un'unità politica e statuale. Ciò vale soprattutto per la terminologia religiosa: la comunità che ha con Jhwh una relazione particolare si chiama «Israele», e in questo i problemi dei confini e delle forme di esistenza politica non hanno alcun peso.

«Giuda»

«giudeo»

Questa doppia terminologia si ritrova anche in epoca post-esilica: il concetto di «Israele» viene mantenuto, soprattutto in ambito religioso: in senso più strettamente politico si utilizza «Giuda». L'aggettivo *J*^{e}*hudi*, correlato al nome di Giuda, significa anzitutto «giudaita» oppure «di Giuda» (cfr. II Re 16,6; 25,25). Nella terminologia post-esilica riceve anche un significato più ampio: designa gli appartenenti al popolo (Est. 3; Esd. 4-6), dove gli aspetti religiosi possono persino passare in primo piano (cfr. Zac., 8,23). Qui la parola *J*^{e}*hudi* ha assunto il significato di «giudeo», «giudaico» in senso globale, comprendente sia l'appartenenza al popolo sia quella alla comunità religiosa. Il libro di Ester utilizza soltanto questo termine, mentre manca la parola «Israele». In epoca post-biblica, in ebraico e aramaico come in greco, le denominazioni «israelita» e *J*^{e}*hudi* sono affiancate con lo stesso significato e lo stesso valore. Questa evoluzione della terminologia mostra che si tratta di un progressivo spostamento dell'uso linguistico, non di una cesura chiaramente rilevabile da un certo punto in poi (cfr. ZOBEL, ThWAT 3, 1008 ss.).

«giudaismo»

È diffusa consuetudine utilizzare per il periodo pre-esilico come designazione complessiva, soprattutto anche in senso religioso, i concetti di «Israele», «israelita» per poi passare in epoca post-esilica all'uso dei concetti di «giudaismo», «giudaico». Quest'uso ha un senso, purché si mantenga coscienza della continuità. La continuità emerge tra l'altro ancora più chiaramente se si parla di popolo: i concetti di «popolo d'Israele» e di «popolo giudaico» designano un'unica comunità nella sua continuità storica e nelle sue mutevoli forme sociali e politiche. Non è perciò corretto dividere fortemente uno dall'altro «Israele» e «giudaismo», o addirittura parlare a un certo punto di «fine» della storia d'Israele (su questi aspetti cfr. R. RENDTORFF, *Das «Ende» der Geschichte Israels* [= *La fine della storia d'Israele*], in *Ges. St.*, 267-276).

3

Israele prima della conquista

Le diverse tradizioni del Pentateuco hanno una cosa in comune: gli antenati d'Israele, di cui esse riferiscono, non sono ancora sedentari nel paese in cui si svolge gran parte della storia dell'Antico Testamento. Nell'attuale contesto del Pentateuco, queste tradizioni sono collegate fra loro da un filo narrativo continuo: i patriarchi vivono già nel paese, senza però diventarvi sedentari; i loro discendenti, i figli di Giacobbe, devono abbandonare il paese in tempi di carestia e andare in Egitto; là vengono oppressi e, sotto la guida di Mosè, riescono a uscire dall'Egitto, poi vagano a lungo nel deserto; al Sinai il loro Dio Jhwh si rivela loro e promulga i suoi comandamenti; infine, dopo molte lotte, il loro cammino li conduce fino ai confini orientali della terra loro promessa da Dio; qui Mosè, a mo' di testamento, espone loro ancora una volta i comandamenti divini che in futuro dovranno guidare la loro vita nella loro terra.

Un esame più approfondito rivela che questa linea narrativa collega tra loro tradizioni di natura del tutto diversa. Particolarmente evidente è la differenza tra le tradizioni dei patriarchi della Genesi e i racconti che seguono. I patriarchi sono presentati come pacifici nomadi che si spostano avanti e indietro, come gruppo ristretto, a base familiare, all'interno della terra di Canaan (salvo deviazioni eccezionali). Molto diversa è la situazione all'inizio del libro dell'Esodo: qui gli israeliti sono un «popolo» di considerevoli dimensioni che vive in mezzo a un popolo straniero in una situazione di incertezza sociale e giuridica e viene da esso oppresso e sfruttato con lavori forzati e in altri modi. Il legame narrativo è creato dal fatto che i dodici figli di Giacobbe diventano un grande popolo (Es. 1,1-7), ma permane una fondamentale differenza nella natura delle tradizioni e nei loro rispettivi presupposti.

Successivamente si staglia come grandezza indipendente il racconto del soggiorno al Sinai (Es. 19 - Num. 10,10). Esso si occupa della rivelazione di Dio e della trasmissione dei comandamenti, a cui si aggiungono ampi testi sulla costruzione del santuario mobile (il «tabernacolo») e sulle suppellettili del culto. Il tema centrale delle rimanenti tradizioni del libro dell'Esodo (16-18) e di quello dei Numeri (a partire da 10,11) è il cammino nel deserto con i suoi numerosi e vari pericoli. Qui le singole narrazioni sono spesso legate a particolari località del deserto.

L'*originaria indipendenza* di questi diversi complessi di tradizioni è stata ancor più chiaramente sviscerata dall'indagine letteraria e storica. Importanti indicazioni in questo senso sono offerte dai riflessi di quest'epoca primitiva di Israele nel resto nell'Antico Testamento. La liberazione dalla schiavitù d'Egitto, *l'esodo*, viene spesso e in vari modi designata come il fondamentale atto salvifico di Jhwh nei confronti d'Israele (cfr. ad es. Es. 20,2; Deut. 6,20 ss.; Os. 12,10; 13,4; Is.
→ 23 ss. 51,9 s.; Sal. 136,10 ss. ecc.). I *patriarchi*, invece, vengono menzionati molto di rado. La più antica menzione databile di Abramo al di fuori del Pentateuco si trova nel libro di Ezechiele (33,24; cfr. inoltre Sal. 105,6.9.42; Is. 51,2; per Giacobbe cfr. Os. 12,3-5.13). I patriarchi erano con ogni evidenza meno profondamente ancorati nella comprensione che Israele aveva della «storia della salvezza». Soprattutto colpi-
→ 26 ss. sce il fatto che essi siano menzionati insieme all'esodo soltanto di rado (in modo allusivo in Deut. 26,5 ss., cfr. I Sam. 12,8; Gios. 24,2 ss.; Sal. 105; Neh. 9,6 ss.): l'esodo costituiva dunque una tradizione indipendente.

→ 30 ss. Anche il *Sinai* viene menzionato di rado al di fuori del Pentateuco (Giud. 5,5; Sal. 68,9.18, cfr. Deut. 33,2) e soltanto in Neh. 9,13 s. si parla della proclamazione dei comandamenti. Questo è anche l'unico passo in cui si parla del Sinai in rapporto con l'esodo e con la successiva conquista (cfr. VON RAD). Anche qui abbiamo chiaramente a che fare con una tradizione autonoma, che soltanto nel corso della storia della tradizione è stata narrativamente collegata con le altre
→ 34 s. tradizioni sui tempi primitivi di Israele. Infine, anche il *periodo nel deserto* viene più volte menzionato al di fuori del Pentateuco come tempo delle peregrinazioni durate quarant'anni (ad es. Gios. 5,6; Am. 2,10; 5,25; Sal. 95,10), talvolta con una visione molto positiva del rapporto di Jhwh con Israele (Os. 2,16 s.; 9,10; Ger. 2,2.6).

Nel Pentateuco, dunque, varie tradizioni sono state unificate a formare una visione complessiva della storia di Israele prima della conquista. Ognuna di queste tradizioni solleva i suoi problemi che saranno perciò affrontati autonomamente nelle pagine che seguono.

Bibliografia

G. v. RAD, *Das formgeschichtliche Problem des Hexateuch*, 1934 (= *Ges. St.* I, 9-86); M. NOTH, *Überlieferungsgeschichte des Pentateuch*, 1948, par. 7; R. RENDTORFF, *Das überlieferungsgeschichtliche Problem des Pentateuch*, 1977, in part. 19-29 e 151-158.
KAISER, par. 7.

3.1 I patriarchi

La storia dei patriarchi di Gen. 12-50, nella sua forma attuale, è il risultato di un lungo processo di tradizione e composizione. Lo strato più antico è costituito da saghe sui singoli patriarchi, che mostrano chiaramente di aver avuto ognuna la propria storia particolare. Ciò appare con singolare evidenza dal fatto che la tradizione ha vari fulcri locali: per Abramo si tratta di Mamre, presso Hebron, al centro della zona montuosa meridionale (13,18; 18,1; 25,9; ecc.) e ancora di Beer-Sceba, ai margini del Neghev (21,33; 22,19); per Isacco, si tratta delle località meridionali di Gherar (26,1.6) e Beer-Sceba (26,23-25); per Giacobbe si tratta di Bethel (28,10-22; 35,1-15) e di Sichem (33,18-20) nella zona montuosa settentrionale e ancora Mahanaim (32,2 s.) e Peniel (32,23-33), in Transgiordania.

→ 189 ss.

→ 122 ss.

Luoghi della tradizione dei patriarchi

Nonostante il loro legame con determinate località, i patriarchi vengono però presentati come abitatori di tende che, con i loro greggi, cambiano spesso località e pascoli; tuttavia lasciano il paese soltanto eccezionalmente (ad es. 12,10-20; 27,43 ss.) e comunque vi fanno ogni volta ritorno (13,1 ss.; 31,3 ss.). Si innesta qui il problema storico delle figure dei patriarchi.

Stile nomadico di vita

Bisogna innanzitutto registrare una caratteristica fondamentale della tradizione: *la terra non appartiene ancora ai patriarchi.* Tuttavia, i veri abitanti del paese non si intravedono quasi mai (sono espressamente menzionati in 12,6; 13,7, ma, chiaramente, c'è una grande distanza da «quel tempo»; per il resto compaiono solo occasionalmente 14,17.21 ss.; 14,18-20; 23; 34). Dai racconti si ricava l'impressione che essi non siano basati su precise cognizioni storiche sull'epoca dei patriarchi, ma che vogliano sottolinearne la non-sedentarietà descrivendone la vita nomade (si potrebbe anche parlare di uno stadio di transizione tra vita nomade e sedentaria, cfr. DE VAUX, 220 ss.; HERRMANN, 73; trad. it., p. 76).

Genealogie

La tradizione colloca i patriarchi in un contesto più ampio. Nelle genealogie, poste all'inizio della storia dei patriarchi, come luogo d'origine della

famiglia di Abramo è menzionata la città di Ur Kasdim («Ur dei caldei») (11,28.31; probabilmente si vuole indicare la famosa città sumerica di Ur, nei pressi della foce dell'Eufrate). Come stazione intermedia sul cammino verso la terra di Canaan appare la città di Charan, presso il tratto settentrionale dell'Eufrate (11,31 s.). Si vuole così chiaramente mettere in evidenza una relazione di parentela dei patriarchi con gli abitanti di questa città, che verrà
→ 191 poi ripresa nella storia di Giacobbe (27,43; 28,10; 29,4; cfr. anche 24,10). Ciò crea però una tensione fra l'origine cittadina dei patriarchi e il loro stile di vita nomade nei racconti della Genesi (per i collegamenti genealogici nella Genesi, cfr. HERRMANN, 67 ss.; trad. it., 69 ss.).

Nella ricerca recente, è stata intrapresa una nuova interpretazione delle tradizioni dei patriarchi a partire da due angolature molto diverse. A. ALT partì dall'osservazione che, nella storia dei patriarchi, si parla spesso del «Dio di mio/tuo padre» o del «Dio di Abramo ecc.» (Gen. 26,24; 28,13; 31,5.29.42.53; 32,10; 43,23; 46,1.3, cfr. Es. 3,6.13.15 ecc.).

Dio dei patriarchi

ALT ravvisò in questo la caratteristica di una particolare *religione del Dio dei patriarchi*, in cui un determinato gruppo nomade adora un Dio che non possiede un nome proprio, ma che viene chiamato col nome dell'avo a cui era apparso per primo. Si tratta in primo luogo di un Dio-guida, che accompagna il gruppo nei suoi
→ 192 s. spostamenti, ma che gli accorda anche promesse (ad es. di avere una numerosa discendenza o di possedere il paese). A partire di lì, ALT vide, nelle figure dei patriarchi della Genesi, gli antenati di determinati gruppi di adoratori di quelle divinità patriarcali. Sulla base del raffronto con materiale extrabiblico, egli interpretava i patriarchi come figure storiche, il cui ricordo era stato mantenuto e tramandato nei rispettivi gruppi. Le località collegate alle singole figure di patriarchi (vedi sopra) erano da lui considerate «punti di ancoraggio» della tradizione, in cui i diversi gruppi sarebbero diventati sedentari dopo la conquista, rilevando i santuari locali cananei e trasferendoli al loro Dio dei padri. Questa ipotesi trovò ampia accoglienza e, al tempo stesso, funse da importante chiave per la ricostruzione della storia dei primordi d'Israele.

Ambiente antico vicino-Oriente

Un'altra ottica è stata adottata soprattutto da studiosi americani, francesi e israeliani. Essi tentano di comprendere i «patriarchi» nel quadro del mondo dell'antico vicino Oriente del II millennio pre-cristiano che, a partire dagli anni '20, è stato sempre meglio conosciuto grazie a vari ritrovamenti archeologici e soprattutto grazie a nuovi testi. Si è ritenuto di ritrovare in essi nomi, costumi giuridici, condizioni di vita uguali a quelli che si trovano nelle storie dei patriarchi, o che esse presuppongono, e di poter così chiaramente definire un *periodo dei patriarchi* all'interno del II millennio (cfr. ALBRIGHT, DE VAUX, KENYON, BRIGHT). Qui, comunque, le datazioni oscillano tra il

2000 a.C. circa e il 1200 (cfr. WESTERMANN, 71 ss.), per cui alcuni sostenitori di questa concezione rinunciano a una datazione precisa (ad es. MALAMAT in BEN-SASSON, I, 40).

Entrambi i punti di vista sono però stati messi radicalmente in discussione.

La debolezza fondamentale della tesi del «Dio dei padri» stava nel fatto che il materiale comparativo preso in esame da ALT proviene da un'epoca molto tardiva. Esso perse ulteriormente di validità, quando fu provato che la designazione «Dio dei padri» compare anche in altre regioni dell'antico Oriente e non è affatto la caratteristica specifica di una religione di nomadi (cfr. VORLÄNDER, ALBERTZ). All'interno dell'Antico Testamento è apparso chiaro che questa designazione di Dio compare nelle Genesi prevalentemente in strati recenti (lo stesso vale per i discorsi divini contenenti promesse che ALT aveva attribuito alla religione dei patriarchi) e che appare anche più volte al di fuori della Genesi (Es. 15,2; 18,4; Deut. 1,11; 4,1; II Re 20,5 ecc.), dove può non aver nulla a che fare con una specifica religione dei patriarchi (cfr. anche VAN SETERS 1980). Perciò la tesi di ALT non può più essere sostenuta (su questo cfr. anche DIEBNER). Critica → 192 s.

L'impostazione archeologica ha sempre dovuto accontentarsi di segnalare analogie e di evidenziare retroterra senza però poter produrre alcuna prova concreta dell'esistenza o della datazione dei patriarchi. Ciò ha condotto a notevoli insicurezze e divergenze d'opinione anche tra gli studiosi che erano persuasi della fondamentale bontà di questa impostazione. Nel frattempo, anche il valore probante del materiale comparativo è stato radicalmente messo in questione (cfr. THOMPSON, VAN SETERS 1975, LEINEWEBER). Inoltre, si presenta anche qui il problema che i testi addotti appartengono in molti casi a strati recenti – a prescindere poi dal fatto di stabilire se il carattere dei testi, che sono saghe, consenta dirette conclusioni di tipo storico. Rimane comunque l'impressione che le storie dei patriarchi (come anche gli altri testi dell'Antico Testamento) mostrino varie relazioni e affinità con altri testi del mondo dell'antico Oriente, cui pure appartengono.

Dobbiamo perciò accontentarci di pensare che nelle storie dei patriarchi sia conservato il ricordo di una preistoria nomadica d'Israele, senza che però si possa ricostruire un'«epoca dei patriarchi» o una «religione dei patriarchi» a partire da questi testi. Si vedrà anzi in II.2 e III.1.1 che i testi hanno molteplici altre intenzioni e funzioni.

Bibliografia

R. ALBERTZ, *Persönliche Frömmigkeit und offizielle Religion. Religionsinterner Pluralismus in Israel und Babylon*, 1978; W.F. ALBRIGHT, *From the Stone Age to Christianity*, 1957; IDEM, *Archaeology and the Religion of Israel*, 1956; A. ALT, *Der Gott der Väter*, 1929 (= *Kl. Schr.* I,1-78); B. DIEBNER, *Die Götter des Vaters. Eine Kritik der «Vätergott» - Hypothese Albrecht Alts*, in DBAT 9, 1975, 21-51;

K.M. KENYON, *Archaeology in the Holy Land*, 1960; M. KÖCKERT, *Vätergott und Väterverheissung. Eine Auseinandersetzung mit A. Alt und seinen Erben*, 1987; W. LEINEWEBER, *Die Patriarchen im Licht der archäologischen Entdeckungen. Die kritische Darstellung einer Forschungsrichtung*, 1980; E. RUPRECHT, *Die Religion der Väter. Hauptlinien der Forschungsgeschichte*, in DBAT 11, 1976, 2-29; J. SCHARBERT, *Patriarchentradition und Patriarchenreligion*, in VF 19,2 1974, 2-22 (storia della ricerca); T.L. THOMPSON, *The Historicity of the Patriarchal Narratives*, 1974; J. VAN SETERS, *Abraham in History and Tradition*, 1975; IDEM, *The Religion of the Patriarchs in Genesis*, in Bib. 61, 1980, 220-233; R. DE VAUX, *Die hebräischen Patriarchen und die modernen Entdeckungen*, 1961; IDEM, *Les Patriarches hébreux et l'histoire*, «Revue Biblique» 72, 1965, 5-28; trad. it. *I patriarchi ebrei e la storia*, 1967; H. VORLÄNDER, *Mein Gott. Die Vorstellungen vom persönlichen Gott im Alten Orient und im Alten Testament*, 1975; H. WEIDMANN, *Die Patriarchen und ihre Religion im Licht der Forschung seit Julius Wellhausen*, 1968; C. WESTERMANN, *Genesis 12-50*, 1975 (storia della ricerca).
NOTH, par. 10; BRIGHT, cap. 2; MAZAR, II, cap. VIII, XI, XII; DE VAUX, I, 1ª parte; DONNER I.5.1; GUNNEWEG, II.1: HERRMANN, I,1: HAYES - MILLER, II; BEN-SASSON, I.3.
Cfr. anche la Bibliografia in III.1.1.

3.2 L'esodo dall'Egitto

→ 195 ss. All'inizio del libro dell'Esodo, «Israele», che compare qui come «popolo» per la prima volta (1,9), si trova in Egitto. Lo svolgimento del racconto mostra chiaramente che esso ha per meta la liberazione dall'Egitto, che cioè il soggiorno in Egitto non può essere considerato come un'epoca indipendente nella storia d'Israele. È il tempo della schiavitù, proteso verso la liberazione. Perciò al centro sta la figura di *Mosè*, il salvatore mandato da Dio: la sua nascita nel pericolo e la sua salvezza (2,1-10), il suo intervento a favore dei compatrioti oppressi e la sua fuga verso Madian (2,11-22), la sua vocazione e il conferimento dell'incarico di liberare il popolo con il sostegno di Aronne (capp. 3 s.). Da qui in avanti, tutto conduce alla realizzazione di questa promessa divina: lo scontro con il faraone (cap. 5) e le piaghe contro gli egiziani, sempre più forti (capp. 7 ss.), fino all'ultima, l'uccisione dei primogeniti, dalla quale gli israeliti vengono protetti dal sangue degli agnelli pasquali, di modo che possono finalmente lasciare il paese (capp. 11 s.). Il tutto conosce l'ultima impennata drammatica con l'inseguimento degli israeliti da parte degli egiziani e la salvezza al *Mar delle canne* (cap. 14).

Mosè

Tentando una ricostruzione storica, bisogna nuovamente prestare attenzione al carattere e all'intenzione dei testi. Il tema dominante è la salvezza d'Israele da parte del liberatore mandato da Dio. I presupposti e le circostanze storiche non sono di per sé oggetto d'interesse; perciò bisogna di volta in volta soppesare con cautela quali conclusioni storiche possono essere tratte dal quadro narrativo nel suo complesso o da determinati dettagli.

Che Israele sia stato in Egitto è un elemento basilare della tradizione che ha trovato espressione in vari punti nell'Antico Testamento. Tentando di dare concretezza storica a questo ricordo, sorge la domanda: *chi* è stato in Egitto? L'attuale contesto narrativo del Pentateuco collega le diverse tradizioni a formare un quadro unitario, di modo che Israele, in Es. 1,1-7, appare come il popolo di dodici tribù che sta in diretta continuità con i patriarchi. Tuttavia, secondo quanto sappiamo della formazione del Pentateuco, la tradizione dei patriarchi e la tradizione dell'esodo dall'Egitto non erano originariamente collegate l'una all'altra. Sono state inserite nella tradizione pan-israelitica in un secondo tempo, presumibilmente ad opera di diversi gruppi che non è possibile identificare con precisione. → 219 ss.

Per quanto riguarda le circostanze storiche del soggiorno in Egitto, ci vengono in aiuto fonti extra-israelitiche. Innanzitutto, i nomi delle due città di *Pithom* e *Ramses*, per la cui costruzione furono impiegati gli israeliti, secondo Es. 1,11, sono attestati in fonti egiziane. Queste fonti chiariscono anche il fatto che le due città siano menzionate assieme e siano definite: «città di approvvigionamento» (HERRMANN, 87 s., trad. it. 91 s.) e in questo si può vedere una reminiscenza storica. Ciò concorda con il fatto che in testi egiziani sono menzionati gruppi di nomadi semiti cui venne consentito di penetrare al di qua dei confini egiziani (cfr. TGI, 40 s.) e che furono poi messi a svolgere lavori (cfr. HERRMANN, 85 s., trad. it., 88 s.).

Pithom e Ramses

In testi antico-orientali del II millennio a.C. compare spesso il termine *chabiru* o *chapiru* (in egizio *'pr* con vocalizzazione ignota) per designare determinati gruppi stranieri. In precedenza, questo termine è stato messo spesso in relazione con la parola ebraica *'ibri* «ebreo», frequentemente usata anche in Es. 1 ss. (1,15 ss.; 2,6 s. 11.13; 3,18 ecc.). Questa è però una questione controversa (cfr. BORGER), tanto più che il significato del termine rimane incerto (cfr. KOCH, HERRMANN, 78, trad. it., 81, WEIPPERT, 66 ss.).

chabiru

Si può dunque affermare che in Es. 1 siano contenuti elementi della tradizione che si lasciano chiaramente spiegare in contesto egizio e che perciò possono veramente essere considerati reminiscenze storiche. Dalle fonti egizie non si può ricavare di più. In particolare, non è tramandato nulla sull'uscita (oppure la fuga, cfr. Es. 14,15) degli israeliti dall'Egitto e neppure sull'insegnamento da parte degli egiziani (secondo 14,6 ss. addirittura ad opera dello stesso faraone). Il

Epoca dell'Esodo

contesto *cronologico* in cui si collocano questi elementi della tradizione è dato dai nomi delle città di Pithom e Raamses, collegati al faraone Ramses II (1290-1224).

Cronologia biblica

Secondo la cronologia biblica, il soggiorno degli israeliti in Egitto durò 430 anni (Es. 12,40 s., cfr. Gen. 15,13: 400 anni). Altre indicazioni contraddicono queste cifre e parlano di 4 generazioni (Gen. 15,16, cfr. Es. 6,14 ss.: quattro generazioni dal figlio di Giacobbe, Levi, fino ad Aronne e Mosè). Purtroppo non possiamo chiarire il modo in cui la cronologia era concepita: i 430 anni fino all'esodo sono presumibilmente collegati con i 480 anni dall'esodo fino alla costruzione del Tempio di Gerusalemme (I Re 6,1).

Pesach
→ 136.196

Nel racconto, la tradizione dell'esodo dall'Egitto è collegata con quella di *Pesach*, che in origine costituisce una tradizione nomade indipendente. La vera e propria storia dell'esodo termina in Es. 12,37 ss. (le prescrizioni sui pani azzimi e sui primogeniti in 13,1-16 non sono parte del racconto). A essa seguono, come nuovo culmine drammatico degli eventi, l'inseguimento da parte degli egiziani e la *salvezza al Mar delle canne* (13,17 - 14,31; forse, in origine, questo elemento del racconto era collegato con le tradizioni del deserto, cfr. COATS, CHILDS). A questo si collegano anche le oscure indicazioni geografiche di 13,17 s.20 e 14,2 s., che costituiscono forse il più antico tentativo di localizzare la «scena del miracolo del mare» (cfr. NOTH 1947). Non possiamo fare di più che ricalcare il tentativo biblico di localizzazione. Rimane oscuro se questa tradizione risalga a un evento «storico».

Luogo della traversata

Come teatro dell'attraversamento del «Mar delle canne» viene per lo più accettata la zona dei Laghi amari (nell'odierna zona del canale di Suez). Nella letteratura sull'argomento si trovano altre due proposte: da un lato si è identificato il «Mar delle canne» con il golfo di Elat (o Akaba) (GRESSMANN, 414 ss.), dall'altro con il lago Sirbonico, una laguna poco profonda sulla costa mediterranea, a oriente del delta del Nilo (EISSFELDT).

Mosè

La figura centrale dell'intera tradizione dei libri dall'Esodo al Deuteronomio è *Mosè*, che viene introdotto in Es. 2,1-10 con il racconto della sua nascita, dai tratti miracolistici. Il motivo dell'esposizione e della salvezza di un bambino, che diventerà poi una personalità di rilievo, ha varie altre attestazioni. Il parallelo più notevole è quello con il racconto della nascita del re Sargon di Akkad, vissuto verso la fine del III millennio a.C. (cfr. GRESSMANN, 8 s.; AOT, 234 s.; RTAT, 123 s.). La notizia che Mosè crebbe alla corte egiziana fa parte delle tradizioni leggendarie sulla sua infanzia e giovinezza; al di fuori di Es. 2 non se ne parla mai altrove nell'Antico Testamento. Punto di partenza per la formazione della leggenda può esser stato il fatto che il nome di Mosè era egiziano.

Nome

Il nome *Moshe* corrisponde a un elemento che si trova spesso in nomi egiziani teofori (cioè costruiti con un nome divino), come ad esempio Tutmosi o Ramses: indica che il dio ha generato o ha creato colui che porta il suo nome. Senza il nome divino, si tratta di una forma abbreviata, attestata anche in egizio (cfr. HERRMANN 1970, 66; trad. it., 81; *Storia*, 91; trad. it., 94).

Per quanto riguarda il problema del Mosè «storico», il carattere dei testi ci obbliga allo stesso riserbo avuto nella ricostruzione degli avvenimenti del soggiorno in Egitto e dell'esodo. Possiamo delineare il legame che unisce Mosè a diversi blocchi di tradizioni, ma non siamo in grado di scrivere la sua biografia. È qui importante rilevare che tradizioni molto diverse sono unite dalla persona di Mosè. In
Es. 2,15 ss. si riferisce della sua fuga verso *Madian*, dove egli stabili- Madian
sce uno stretto rapporto con il sacerdote madianita (chiamato Reuel in 2,18 e Jethro, in 3,1 e in altri casi), di cui sposa la figlia. Pascolan-
do il gregge del suocero, giunge fino allo *Horeb, il monte di Dio* (3,1), → 31
dove il Dio di Abramo, di Isacco e Giacobbe gli rivolge la parola da dentro al pruno ardente (vv. 4-6), lo incarica dell'esodo degli israeli-
ti dall'Egitto (vv. 7-10) e infine gli rende noto il suo *nome Jhwh* (vv. 13- → 33
15). Monte di Dio e rivelazione del nome divino puntano già all'evento del Sinai (capp. 19 ss.). Sorge qui un interrogativo: dietro al legame di Mosè col sacerdote madianita si cela una tradizione che parla di un particolare collegamento religioso tra gli israeliti e i madianiti?

Ipotesi kenita

È stata spesso sostenuta la tesi secondo cui gli israeliti avrebbero assunto il culto di Jhwh dai madianiti, tramite la mediazione di Mosè. Ci si riferisce qui soprattutto a Es. 18,1-12, dove Jethro fa un'esplicita confessione di fede in Jhwh (vv. 10 s.) e infine invita gli israeliti a un banchetto sacrificale (v. 12). Siccome, nell'Antico Testamento, i madianiti e i keniti sono talvolta identificati, si parla spesso di «ipotesi kenita» (cfr. GRESSMANN, 161 ss., 436 ss.; ROWLEY; SCHMIDT, 67 ss.; su posizioni critiche, DE VAUX, 313 ss.). A mio avviso, però, abbiamo qui tutt'al più la reminiscenza di contatti o affinità religiose, in cui forse l'ubicazione del «monte di Dio» nel territorio di pascolo dei madianiti (Es. 3,1) ha un certo ruolo. Di una «assunzione» di elementi religiosi non ci sono indizi (al contrario: Es. 18,11 suona piuttosto come la «conversione» di Jethro, cfr. II Re 5,15).

La figura di Mosè rappresenta dunque la cornice che tiene insieme tutte le tradizioni sull'esodo dall'Egitto. Con ogni verosimiglianza, egli assunse questo ruolo centrale solo gradatamente. Non è però più possibile sganciarlo da questo o da quella tradizione (cfr. RENDTORFF). Voler tracciare la sua biografia, come è spesso accaduto e come ancora accade (cfr. SMEND, OSSWALD, SCHMID) richiede un numero elevato di ricostruzioni ipotetiche. Altrettanto ipotetico, d'altro lato, appare volerlo ritenere completamente secondario (così NOTH 1948, 172 ss., che gli lascia soltanto la tradizione della sua tomba).

Bibliografia

R. BORGER, *Das Problem der 'apiru («Habiru»)*, in ZDPV 74, 1958, 121-132; B.S. CHILDS, *A Traditio-Historical Study of the Reed Sea Tradition*, in VT 20, 1970, 406-418; G.W. COATS, *The Traditio-Historical Character of the Reed Sea Motif*, in VT 17, 1967, 253-265; O. EISSFELDT, *Baal Zaphon, Zeus Kasios und der Durchzug der Israeliten durchs Meer*, 1932; H. GRESSMANN, *Mose und seine Zeit. Ein Kommentar zu den Mose-Sagen*, 1913; S. HERRMANN, *Israels Aufenthalt in Ägypten*, 1970, trad. it. *Il soggiorno d'Israle in Egitto*, 1972; K. KOCH, *Die Hebräer vom Auszug aus Ägypten bis zum Grossreich Davids*, in VT 19, 1969, 37-81; M. NOTH, *Der Schauplatz des Meereswunders*, in *FS O. Eissfeldt*, 1947, 181-190 (= ABLA I, 102-110); IDEM, *Überlieferungsgeschichte des Pentateuch*, 1948; E. OSSWALD, *Das Bild des Mose in der kritischen alttestamentlichen Wissenschaft seit Julius Wellhausen*, 1962; R. RENDTORFF, *Mose als Religionsstifter?*, in *Ges. St.*, 152-171; H.H. ROWLEY, *Mose und der Monotheismus*, in ZAW 69, 1957, 1-21; H. SCHMID, *Der Stand der Moseforschung*, in Jud. 21, 1965, 194-221; IDEM, *Die Gestalt des Mose. Probleme alttestamentlicher Forschung unter Berücksichtigung der Pentateuchkrise*, 1986; W.H. SCHMIDT, *Alttestamentlicher Glaube in seiner Geschichte*, 1987[6] (anche pp. 18.39.111.118); IDEM, *Exodus, Sinai und Mose. Erwägungen zu Ex. 1-19 und 24*, 1983; R. SMEND, *Das Mosebild von Heinrich Ewald bis Martin Noth*, 1959; P. WEIMAR - E. ZENGER, *Exodus. Geschichten und Geschichte der Befreiung Israel*, 1975; M. WEIPPERT, *Die Landnahme der israelitischen Stämme in der neueren wissenschaftlichen Diskussion*, 1967.
NOTH, par. 9; BRIGHT, cap. 3. B1; MAZAR, III, cap. V; DE VAUX, I, 2ª parte, cap. II e III; DONNER, I.5.2 e gli excursus pp. 70 ss., 107 ss.; GUNNEWEG, II.2; HERRMANN, I.2; HAYES - MILLER, III, par. 1; BEN-SASSON, I,3:
Cfr. anche la Bibliografia in III.1.2.

3.3 Israele al Sinai

→ 196 s. Con Es. 15,22 inizia una sezione del racconto che si potrebbe globalmente intitolare: «Israele nel deserto»; infatti, soltanto in Num. 20,14 gli israeliti cominciano a penetrare in territori abitati. All'interno di questo complesso narrativo, le tradizioni del soggiorno di Israele al Sinai (Es. 19,1 - Num. 10,10) risaltano come ampio blocco indipendente. → 197 ss. La tradizione esegetica è solita considerarlo una unità a sé stante; e a questi eventi è per lo più dedicato un capitolo apposito anche nelle trattazioni della storia d'Israele prima della conquista. Ciò è senza dubbio giustificato e anche qui seguiremo questa via. Bisogna tuttavia notare che il racconto del soggiorno al Sinai è stato narrativamente collegato a ciò che precede e a ciò che segue, senza che i punti di transizione fossero nettamente marcati. La notizia dell'arrivo in Es. 19,1 s. non differisce sostanzialmente da altre notizie di itinerario (cfr. 15,22; 16,9; 17,1 ecc.) e anche la notizia della partenza in Num. 10,12 (per i vv. 11.13 cfr. Es. 40,36 s.; Num. 9,17-23) si colloca in questo ambito (cfr. 10,33; 11,35; 12,16 ecc.).

Anche del «monte di Dio» (*har ha 'elohim*) si era già parlato in precedenza (Es. 3,1; 4,27; 18,5) e, nell'attuale contesto narrativo, «il monte» (*ha-har*), di cui si parla in 19,2 ss., non può che essere lo stesso (cfr. anche 3,12!). Monte di Dio → 29

Il *nome* del monte cela un problema. Accanto alla designazione «monte di Dio» (Es. 3,1; 4,27; 18,5; 24,13, cfr. I Re 19,8; Sal. 68,16), in Es. 3,1 (e in I Re 19,8) c'è il nome *Horeb*, mentre in Es. 19 si alternano l'espressione «il monte» (vv. 2.3.12.14.16 ecc.) e il nome «monte *Sinai*» (vv. 11.18.20.23). Entrambi i nomi si trovano anche in altri libri dell'Antico Testamento; il nome Horeb è particolarmente frequente nel Deuteronomio (1,2.6.19; 4,1.15 ecc.). Di solito si ritiene che si tratti di due tradizioni diverse per il nome dello stesso monte; di recente è stata anche enunciata la tesi secondo cui sarebbero in origine esiste due distinte tradizioni del «patto» (CAZELLES). Per contro, PERLITT (1977) ha supposto che il nome Sinai sia stato sostituito con quello di Horeb, dato che il primo era in origine collegato a Edom (cfr. Giud. 5,4 s.; Deut. 33,2), che di tanto in tanto è stato visto come particolare nemico d'Israele. Horeb

Nell'attuale contesto narrativo, la tradizione dell'esodo e quella del monte di Dio sono dunque intrecciate una con l'altra. Tuttavia, ciò che accade sul monte di Dio è qualcosa di assolutamente nuovo. Al centro sta il racconto di una *teofania*, cioè di una apparizione di Dio accompagnata da imponenti fenomeni naturali: tuoni, lampi, fitte nuvole, grande fragore (Es. 19,6 ecc.), fumo, fuoco, forti scosse di terremoto (v. 18 ecc.; alcuni esegeti vogliono distinguere in questa descrizione diversi strati letterari, nei quali la teofania è presentata in parte come un temporale, in parte come un fenomeno vulcanico). Meta decisiva dell'apparizione divina è il solenne annuncio della volontà divina nella forma del *decalogo* (Es. 20,1-17). Qui *Mosè* svolge un ruolo centrale: solo lui può giungere fino a Dio sul monte (19,3.20) e Dio parla a lui solo (v. 9), mentre il popolo ascolta «da lontano» (20,18.21, cfr. 19,9). Così Mosè riceve ulteriori comandamenti divini da comunicare al popolo (20,22 - 23,33). Il tutto viene infine sigillato dalla solenne *stipulazione di un patto* (cap. 24). Teofania → 197

La ricostruzione storica dei fatti che stanno dietro il racconto è particolarmente difficile, perché i testi contengono pochissimi elementi concreti tali da consentire una valutazione. Si può innanzitutto affermare che fa parte delle reminiscenze di Israele sui tempi più antichi della sua storia il fatto che i fondamenti decisivi della sua vita religiosa gli siano stati forniti da una proclamazione della volontà divina nel deserto. Infatti, il grande significato che la tradizione del Sinai ha per l'autocomprensione d'Israele appare chiaramente dal fatto che un gran numero di tradizioni religiose e giuridico-cultuali → 197 è stato aggiunto al nucleo del racconto costituito da Es. 19-24, e anche dal fatto che il nuovo riepilogo dei comandamenti religiosi nel → 208 s. Deuteronomio vi si riallaccia esplicitamente (Deut. 5,2 ss.). In secondo luogo, si può dire che qui è attribuita a Mosè una rilevanza centrale: l'intera tradizione riguardante la normativa religiosa e cultuale è stata connessa con il suo nome in tutti gli strati letterari e, viceversa, non si trova alcuna tradizione di quel tipo collegata a un altro nome.

Questo blocco di tradizioni può essere oggetto di svariate domande. Diverse generazioni di ricercatori si sono occupate del problema della localizzazione del monte Sinai (o Horeb, o monte di Dio), senza però raggiungere un accordo.

Ubicazione del Sinai

Fino all'inizio della moderna ricerca critica, non c'era dubbio che il Sinai si trovasse nella penisola omonima, dove la tradizione locale lo identifica con il *dshebel Musa* («monte di Mosè»). Molti studiosi ritengono ancora oggi che questo sia esatto. Parallelamente a questa, sono però state sostenute numerose altre tesi; si è pensato ad altri monti sulla penisola del Sinai; a diversi monti a est del golfo di Elat (dove ci devono essere vulcani spenti) o, più a nord, nella regione di Edom; a un monte nei dintorni di Kades ecc. Di tanto in tanto, si aggiungono nuovi argomenti ma un accordo non è in vista (cfr. DAVIES, 63 ss.). Evidentemente si pone ai testi una domanda la cui risposta esula dai loro interessi.

Si coglie maggiormente il centro della tradizione, chiedendo quale sia stato il contenuto originario della proclamazione della volontà divina al Sinai. Anche qui la risposta è difficile perché, nella loro forma attuale, i comandamenti qui tramandati provengono senza dubbio da un'epoca molto posteriore. Il decalogo, in particolare, che costituisce il nucleo centrale della proclamazione dei comandamenti, è il risultato di un lungo processo di trasmissione e di riflessione (cfr. CHILDS, *Commentario all'Esodo*, 385 ss.).

Contenuto dei comandamenti del Sinai

→ 131 ss. ALT ravvisava nel «diritto apodittico», nel quale comprendeva anche il decalogo, una tradizione dell'epoca del deserto, dunque prossima alla tradizione del Sinai; questa tesi è comunque stata ampiamente abbandonata. BALTZER, BEYERLIN e altri hanno ravvisato nel decalogo e in altri testi della → 215 pericope sinaitica un «formulario del patto», che ha paralleli nei trattati di Stato hittiti, deducendone che questi testi fossero piuttosto antichi e provenissero dall'epoca del deserto. Oggi si pensa piuttosto a imitazioni tardive di questi formulari (cfr. PERLITT 1969, NICHOLSON).

Proprio il decalogo, però, contiene alcuni elementi particolarmente caratteristici della religione d'Israele. È soprattutto il caso delle richieste, poste all'inizio del decalogo, che l'adorazione di Jhwh sia *esclusiva* (Es. 20,3) e che il culto a lui reso sia *senza immagini* (v. 4). In un mondo religioso in cui, come intorno a Israele, il politeismo, cioè l'adorazione di più divinità con funzioni diverse, è un'ovvietà e in cui le immagini sono il mezzo più diffuso per ritrarre gli dèi e soprattutto per poterli invocare, queste due richieste sono veramente fuori dell'ordinario. Siccome poi, in effetti, non esiste alcuna indicazione dell'esistenza di immagini di Jhwh, possiamo riconoscere qui alcuni elementi fondamentali della religione d'Israele, che devono averla caratterizzata fin dai tempi antichi. Non è detto con ciò che essi abbiano avuto origine, in questa forma, al «Sinai»: sono però in così aperto contrasto con tutte le religioni a noi note delle civiltà dell'antico vicino Oriente che possono soltanto derivare dalla primitiva storia nomade d'Israele. Ciò non esclude che abbiano ottenuto il loro attuale profilo forse soltanto nel corso della contrapposizione con la religione cananaica, dopo la sedentarizzazione; proprio questo dimostrerebbe però che i caratteri fondamentali degli israeliti in via di sedentarizzazione erano da loro compresi come la peculiarità di cui erano portatori, che doveva essere distinta e difesa dalla religione dei cananei che abitavano il paese (cfr. SCHMIDT, 75 ss.).

1° e 2° comandamento

→ 67 s.

Possiamo dunque affermare che nella tradizione del Sinai si sono concentrate reminiscenze sugli inizi e i fondamenti della religione d'Israele, senza che se ne possa ricavare un chiaro quadro storico. Un fatto è tuttavia molto chiaro: il Dio di cui trattano queste tradizioni del Sinai è *Jhwh*. Tuttavia, il nome di Jhwh, nell'attuale contesto narrativo, viene già fatto conoscere a Mosè nel corso del suo primo incontro con Dio «al monte di Dio» (Es. 3,13-15, cfr. 6,2-9), e Mosè deve comunicarlo a sua volta agli israeliti (3,15, cfr. 6,9). In Es. 19 ss., il nome può dunque esser dato per conosciuto. Ancora una volta appare l'importanza del concatenamento narrativo dei vari blocchi della tradizione.

Nome *Jhwh*

Sono stati compiuti diversi tentativi per spiegare il nome di *Jhwh* (cfr. SCHMIDT, 63 ss.; trad. it., 81 ss.). Con ogni probabilità esso derivava dalla radice *hjh* (aramaico *hwh*) che significa «essere, diventare, accadere». Non è invece certo se e quanto a lungo il nome abbia mantenuto un significato derivabile dall'etimologia. Nell'Antico Testamento, soltanto in Es. 3,14 è offerta, con un gioco di parole, una «spiegazione». La pronuncia del nome non è stata tramandata e la si può dedurre soltanto approssimativamente da testi extra-biblici. La forma «Jahwe», assai comune, rimane incerta e non viene usata nel presente volume.

Bibliografia

K. BALTZER, *Das Bundesformular*, 1960; W. BEYERLIN, *Herkunft und Geschichte der ältesten Sinaitraditionen*, 1961; H. CAZELLES, *Alliance du Sinai, Alliance de l'Horeb et Renouvellement de l'Alliance*, in *Beiträge zur alttestamentlichen Theologie, FS W. Zimmerli*, 1977, 69-79; G.I. DAVIES, *The Way of the Wilderness*, 1979; C. DOHMEN, *Das Bilderverbot. Seine Entstehung und seine Entwicklung im Alten Testament*, 1985; G. FOHRER, *Geschichte der israelitischen Religion*, 1969; trad. it. *Storia della religione israelitica*, 1985; E.W. NICHOLSON, *Exodus and Sinai in History and Tradition*, 1973; L. PERLITT, *Bundestheologie im Alten Testament*, 1969; IDEM, *Sinai und Horeb*, in *FS W. Zimmerli*, 1977, 302-322; W.H. SCHMIDT, *Alttestamentlicher Glaube in seiner Geschichte*, 1982⁴, par. 5 e 6.
NOTH, par. 11; BRIGHT, cap. 3 B2, cap. 4 A; MAZAR, III, cap. V; DE VAUX, I, 2ª parte, cap. IV e V; DONNER I.5.3; GUNNEWEG, II; 4; HERRMANN, I,3; BEN-SASSON, I,3.
Cfr. anche la Bibliografia in III.1.2.

3.4 Israele nel deserto

Secondo il racconto del Pentateuco (Es. 13,17 ss.), il soggiorno d'Israele nel deserto comincia immediatamente dopo la partenza dall'Egitto (vv. 18.20; in 14,3.11 ss. compare la parola *midbar*, «deserto») e termina quarant'anni più tardi (cfr. Es. 16,35; Num. 14,33 s.; 32,13; Deut. 1,3) con l'ingresso nella terra promessa. Ad eccezione del blocco del Sinai, i racconti sul soggiorno nel deserto sono uniti da un motivo comune: il «mormorare» contro Mosè (e Aronne). Alcuni esegeti suppongono che questa sia una interpretazione complessiva dell'epoca del deserto compiuta in uno stadio più avanzato della tradizione (cfr. COATS, DE VRIES, FRITZ; di diversa opinione CHILDS, *Commentario all'Esodo*, 254 ss.). Viene qui da chiedersi se in questi racconti siano contenuti elementi della tradizione che permettano una ricostruzione storica del soggiorno nel deserto.

→ 196 s.

«Mormorazioni» → 199. 205

NOTH ha dato a questo interrogativo una risposta nettamente negativa: tutto il tema della «guida nel deserto» si è sviluppato soltanto dopo la sedentarizzazione delle tribù d'Israele e costituisce il superamento, puramente letterario, della lacuna fra i temi «liberazione dall'Egitto» e «introduzione nella terra coltivata» (NOTH, 127 s., cfr. FRITZ, 135 s.). Perciò questi testi non sarebbero da prendere in considerazione come fonti per l'epoca del soggiorno nel deserto.

A quella di Noth si contrappone una concezione totalmente diversa, sostenuta soprattutto da GRESSMANN (riallacciandosi a EDUARD MEYER): tutti i nomi di località contenuti in questi testi puntano ai dintorni di *Kades* (cfr. Num. 13,26; 20,1.14) dove, secondo Deut. 1,46,

Kades

gli israeliti stettero un lasso (indefinito) di tempo. In questo luogo, sarebbe avvenuta la «fondazione della religione».

Qui Gressmann ha costruito un ardito castello di ipotesi: Mosè avrebbe imparato il culto di Jhwh da Jethro, come «apprendista sacerdote», e avrebbe fondato in Kades «una succursale» del Dio, portando l'arca di Jhwh, il suo santuario principale, dal Sinai a Kades (431 ss.). Altri hanno modificato la tesi, postulando l'esistenza di due gruppi di Israeliti, uno al Sinai e l'altro a Kades (ROWLEY, 106 ss.; DE VAUX, 392 s.), mentre BEYERLIN (165 ss.) pensa a un pellegrinaggio da Kades al Sinai.

Entrambi i punti di vista appaiono problematici. La prima ipotesi ritiene che i testi siano invenzioni puramente letterarie, senza però poterne indicare le ragioni: l'altra fra gravare sui nomi di località tutto il peso di ipotesi indimostrabili, che sono talvolta in contraddizione con le affermazioni dei testi. A mio avviso, queste due posizioni estreme rispecchiano lo stesso problema: i testi non contengono storiografia, ma saghe; da questo, gli uni traggono la conseguen- → 122 s.
za di valutarli semplicemente come non storici, mentre gli altri tentano a ogni costo una ricostruzione storica compiuta (metodologicamente più misurato appare HERRMANN, 108 ss.; trad. it. 114 ss.). Dovremmo perciò limitarci a postulare la possibilità di reminiscenze storiche dal tempo precedente la sedentarizzazione, senza trascurare il carattere dei testi.

Bibliografia

W. BEYERLIN, *Herkunft und Geschichte der ältesten Sinaitraditionen*, 1961; G.W. COATS, *Rebellion in the Wilderness. The Murmuring Motif in the Wilderness Traditions of the Old Testament*, 1968; V. FRITZ, *Israel in der Wüste*, 1970; H. GRESSMANN, *Mose und seine Zeit. Ein Kommentar zu den Mose-Sagen*, 1913; ED. MEYER, *Die Israeliten und ihre Nachbarstämme*, 1906 (1967); M. NOTH, *Überlieferungsgeschichte des Pentateuch*, 1948; H.H. ROWLEY, *From Joseph to Joshua. Biblical Traditions in the Light of Archaeology*, 1950; S. DE VRIES, *The Origin of the Murmuring Tradition*, in JBL 87, 1968, 51-58.
MAZAR III, cap. V; DE VAUX, I, 2ª parte, cap. IV, III; GUNNEWEG, II.3; HERRMANN, I.3; BEN-SASSON, I,3.

3.5 Israele prima della conquista (sintesi)

A partire dai testi dell'Antico Testamento, non è possibile ricostruire un quadro coerente della storia d'Israele nel periodo precedente la sedentarizzazione. Tentando uno sguardo complessivo, ci si rende conto ancora una volta del carattere vario delle tradizioni. I racconti dei patriarchi, a parte il quadro di uno stile di vita nomade, contengono a stento indicazioni utili a una ricostruzione storica. Nelle tradizioni sul soggiorno in Egitto, sull'esodo da questo paese, sul soggiorno nel deserto e al Sinai si trovano invece indicazioni storiche, dati geografici e tradizioni religiose e cultuali che sembrano maggiormente consentire deduzioni: si ha l'impressione che qui sia stata mantenuta una mole maggiore di reminiscenze storiche concrete.

Nell'indagine recente, questo quadro viene ulteriormente mutato dal fatto che, per la ricostruzione del periodo dei patriarchi, viene → 24 s. utilizzato un gran numero di tradizioni extra-israelitiche, legate soprattutto alle indicazioni geografiche esterne alle narrazioni vere e proprie dei patriarchi, che parlano di una origine dei patriarchi da → 24 Ur Kasdim (11,28.31) e del loro soggiorno in Charan (11,31 s.). A molti studiosi sembra perciò possibile tracciare la storia dei patriarchi nel quadro della storia dell'antico vicino Oriente; qui, allora, i racconti → 23 della Genesi, che parlano della vita nomade dei patriarchi nella terra di Canaan, non hanno praticamente peso. Tutt'al più, tratti specifici (come ad es. costumi giuridici) vengono paragonati con paralleli piuttosto remoti, il che non offre molto per una ricostruzione storica. In questi tentativi di ricostruzione risulta molto più determinante il vasto materiale extra-israelitico che lo stesso testo dell'Antico Testamento.

Nell'ambito delle tradizioni dei libri da Esodo a Numeri, invece, le fonti extra-israelitiche ci forniscono soltanto pochi accenni utiliz- → 27 s. zabili, che, però, consentono di collegare i dati di Es. 1 con la storia egizia, di modo che qui risaltano profili storici più precisi. Inoltre, i testi contengono numerose indicazioni geografiche, che sembrano prestarsi a tentativi di ricostruzione. Tuttavia appare chiaro che i rapporti di interdipendenza tra una visione complessiva di quest'opera ottenuta ipoteticamente e la valutazione che si dà dei dettagli portano a risultati così divergenti che, anche in questo caso, una ricostruzione affidabile delle situazioni storiche appare pressoché impossibile.

Queste tradizioni «meridionali», comunque, contengono ancora diversi elementi religiosi e cultuali che meritano attenzione. Al cen- → 29 ss. tro sta la tradizione dell'apparizione di Dio e della promulgazione dei comandamenti al Sinai, che difficilmente può essere separata dalla rivelazione del nome *Jhwh* al monte di Dio. Anche valutando con molta prudenza queste tradizioni, bisogna a mio avviso dedurne che fondamentali elementi basilari della religione d'Israele sono radicati in tradizioni nomadiche provenienti dalla regione meridionale della terra d'Israele.

Lo stesso vale anche per alcune singole tradizioni cultuali della religione d'Israele. La *festa di Pesach* deriva presumibilmente da questo ambito nomadico (ROST), il che traspare ancora dal suo collegamento con la partenza per il cammino nel deserto in Es. 12. Anche l'*arca* viene menzionata nel quadro del cammino nel deserto (Num. 10,33-36; Num. 14,44) e più tardi al momento della conquista (Gios. 3 s.) e a mio avviso fa effettivamente parte della sfera nomadica. Ciò è già suggerito dal suo carattere di santuario mobile, anche se l'esatto significato ne rimane incerto (cfr. SCHMITT). La *tenda dell'incontro* (*'ohel mo'ed*, Es. 33,7-11; Num. 11,16; 12,4 ecc.) in origine non aveva probabilmente nulla a che fare con l'arca, ma era un santuario nomade a sé stante, che poteva eventualmente servire per la comunicazione di oracoli (cfr. Es. 33,7 e le osservazioni di SCHMITT al riguardo); soltanto la tradizione posteriore, proiettando il Tempio di Gerusalemme indietro all'epoca del deserto (cfr. SCHMITT, FRITZ), ne ha fatto il grande santuario mobile, il «Tabernacolo». Infine ci sono buone ragioni per spiegare anche il *sacrificio cruento* (*zebach*) a partire dalla vita nomade, cosicché anch'esso era fra le tradizioni cultuali portate con sé nella terra di Canaan.

→ 28. 136

arca

Tenda dell'incontro

→ 199

→ 135. 139

Da quanto detto finora, non emerge affatto un quadro coerente e completo della religione e del culto degli «israeliti» prima della conquista. Appare invece chiaro come tradizioni diverse e in parte anche indipendenti fra loro e provenienti dall'epoca nomade siano state fatte confluire più tardi nel culto pan-israelitico. Qui appare anche evidente che il quadro della marcia nel deserto attualmente offerto dai testi si basa su una visione d'insieme e sull'omologazione delle diverse tradizioni. Si nota al tempo stesso che vi sono contenute anche pregevoli tradizioni provenienti dall'epoca anteriore alla sedentarizzazione.

Bibliografia

V. FRITZ, *Tempel und Zelt*, 1977; L. ROST, *Weidewechsel und altisraelitischer Festkalender*, in ZDPV 66, 1943, 205-215 (= *Das kleine Credo und andere Studien zum Alten Testament*, 1965, 101-112); R. SCHMITT, *Zelt und Lade als Thema alttestamentlicher Wissenschaft*, 1972.

4

Israele fra conquista e formazione dello Stato

4.1 La conquista

Secondo la presentazione degli avvenimenti offerta dall'Antico Testamento, gli israeliti marciano risolutamente verso la terra loro promessa da Dio, per prenderne possesso. Num. 13,1 ss. narra che Mosè, su ordine divino, avrebbe mandato rappresentanti delle dodici tribù a esplorare il paese. Ci furono una discussione e, successivamente, un tentativo fallito di conquistare il paese da sud (Num. 13 s.). Inizia così un ulteriore periodo di marcia che durerà quarant'anni (14,33 s.), fino alla scomparsa della generazione colpevole di questo contrattempo (cfr. 26,64 s.). Nel frattempo, descrivendo un grande arco, gli israeliti si sono avvicinati al paese da est e, dopo scontri con diversi re della Transgiordania, ne hanno occupato i territori (21,21 ss.), che in seguito verranno assegnati alle tribù di Ruben e Gad perché vi si insedino (32,33-38). Dopo la morte di Mosè, sotto la guida di Giosuè e dopo aver nuovamente inviato esploratori (Gios. 2), gli israeliti attraversano il Giordano (capp. 3 s.) e iniziano la conquista del paese (capp. 6 ss.). Infine il paese viene suddiviso con grande precisione fra le rimanenti dieci tribù (capp. 13-19).

→ 205

→ 206

Presentazione complessiva

A un esame attento, questa *presentazione complessiva* della presa del paese si rivela molto poco unitaria. In particolare, appare come essa contenga solo in misura molto limitata racconti sulla presa di possesso del paese. Salvo i succinti racconti relativi alla Transgiordania (Num. 21,21 ss.), viene in primo luogo raccontata la conquista delle città di Gerico (Gios. 6) e Ai (7 s.) e la pacifica sottomissione degli abitanti di Gabaon (9) – tutto in una stretta striscia a ovest del guado del Giordano a Ghilgal. Poi il racconto prosegue verso sud con le notizie, formulate in termini stereotipati, della conquista di cinque

→ 206

altre città (10,28-43) e infine compie un balzo verso nord (11), e qui è menzionata espressamente soltanto la conquista della città di Hatsor (vv. 10 s.). In 11,16 - 12,24 si trovano ancora discorsi riassuntivi ed elenchi dei vari re delle città vinte, senza particolari narrativi. Si av- → 227 verte chiaramente che in Gios. 1-12 ci si è volutamente proposti di offrire una presentazione complessiva della conquista del paese, ma → 229 che per far ciò c'era a disposizione soltanto poco materiale concreto.

Il problema è ulteriormente complicato dal fatto che in Giud. 1 sono contenute tradizioni che, in parte, offrono un quadro degli avvenimenti totalmente diverso. Qui due fatti colpiscono in particolar modo. Innanzitutto, vengono raccontate *azioni individuali* di varie tribù, senza che sia mai menzionato Giosuè, che nel libro di Giosuè è invece l'unico protagonista. In secondo luogo, ci viene espressamente detto quali città gli israeliti non riuscirono a conquistare (vv. 19.21.27

«Inventario negativo»

ecc.). Questo «inventario negativo» è in aperta contraddizione con le sommarie affermazioni del libro di Giosuè sulla conquista di tutto il paese (per le fonti, cfr. la dettagliata presentazione di HAYES - MILLER, 213 ss.).

Ipotesi sulla presa della terra

Per quanto riguarda il problema della valutazione di queste differenti tradizioni, due «scuole» si contrappongono. In numerose pubblicazioni, ALT e NOTH hanno sostenuto l'opinione che la conquista da parte delle tribù d'Israele sarebbe stato un processo *essenzialmente*

Pacificamente

te pacifico, una graduale infiltrazione nei punti che offrivano minor resistenza, cioè innanzitutto nei territori scarsamente popolati, soprattutto sulla zona montuosa del centro della Palestina: essi ritengono che vi possono essere stati conflitti armati tutt'al più nelle fasi più avanzate della conquista di un determinato territorio. Un argomento determinante per questa ipotesi è costituito dal carattere dei → 226 testi del libro di Giosuè, dove al centro abbiamo racconti eziologici che non possono essere considerati resoconti storici: la distruzione di Gerico (Gios. 6) e Ai (8) ha avuto luogo molto tempo prima dell'immigrazione degli israeliti, come mostrano i reperti archeologici.

D'altra parte, ALBRIGHT, in particolare, ha sostenuto con forza la visione tradizionale di una immigrazione unitaria e di una *conquista*

Militarmente

militare del paese e ha tentato di sostenerla con argomenti archeologici. Egli porta in campo la «external evidence», la prova (soprattutto archeologica) esterna (cioè extra-biblica, *N.d.T.*) dell'esattezza storica dei testi biblici, in contrapposizione all'interpretazione che vede in essi eziologie (su tutta la questione, cfr. WEIPPERT, HAYES - MILLER, 262 ss.).

Il punto di vista di Alt e di Noth si è largamente imposto fra gli studiosi di lingua tedesca (cfr. GUNNEWEG, HERMANN). La posizione di ALBRIGHT ha invece trovato consenso tra studiosi americani (cfr. BRIGHT) e israeliani (cfr. MAZAR, MALAMAT, in BEN-SASSON; non così AHARONI), mentre DE VAUX assume una ponderata posizione intermedia. Nel frattempo, le cose si sono rimesse in movimento: accennerò a tre aspetti. In primo luogo, si conta con maggior forza sull'esistenza di vari processi di conquista in diverse regioni del paese (così fra gli altri già DE VAUX, HERRMANN), di modo che il quadro si articola maggiormente e supera l'alternativa delineata sopra. In secondo luogo, l'investigazione archeologica del paese ha portato nuove, importanti prospettive: soprattutto la questione della distruzione di città cananee all'epoca della sedentarizzazione degli israeliti si rivela molto più varia di quanto non facciano supporre i testi biblici (cfr. HAYES-MILLER, 252 ss.; FRITZ, TRE 330). Secondo FRITZ (1980, 1982), anche il modello di ALT dev'essere modificato, in quanto i reperti sulla storia della civiltà negli insediamenti del periodo del bronzo antico (1200-1000 a.C.) indicano un contatto intenso e durevole delle tribù israelitiche con gli abitanti cananei del paese coltivato. Infine, sta raccogliendo sempre maggior interesse la tesi secondo cui l'opposizione fra le tribù «israelitiche» e i cananei non sarebbe stata (o per lo meno non solo) conseguenza di una penetrazione dall'esterno, ma vi si rispecchierebbero *conflitti sociali* tra il ceto dominante nel paese e gruppi socialmente svantaggiati in rivolta contro di esso; in essi lo «jahwismo» avrebbe avuto un ruolo decisivo (MENDENHALL, GOTTWALD, cfr. WEIPPERT, 59 ss.; GUNNEWEG, HAYES - MILLER, 277 ss.); in questo modo viene notevolmente rafforzata e precisata l'opinione secondo cui i gruppi che avrebbero poi costituito «Israele» erano inizialmente eterogenei.

Rivolte sociali

(La più antica menzione di una realtà etnica di nome «Israele» si trova in un canto di vittoria del Faraone Mernepta [«stele d'Israele», intorno al 1219 a.C., cfr. TGI, 39 s.]. Questa attestazione rimane comunque isolata e indefinita).

La ricostruzione storica della conquista è possibile dunque solo sotto forma di modelli ipotetici. Ogni modello si basa su determinati presupposti, che nel dibattito sembrano avere più importanza della stessa ricostruzione; infatti entrano contemporaneamente in gioco problemi metodologici, storici e teologici di fondo. Soprattutto, appare chiaro che la conquista è solo uno stadio di transizione e che decisioni fondamentali vengono prese nella valutazione che si dà dell'epoca precedente e seguente. Chi ritiene che gli israeliti abbiano costituito una comunità religiosa o nazionale già prima della conquista, sarà anche propenso a considerare la conquista come un processo più o meno unitario avente per soggetto questa comunità nel suo insieme. Se, al contrario, si ritiene che, prima della conquista, ci fossero diversi gruppi che avevano tra loro pochi rapporti, o addirittura nessuno, anche la conquista deve essere considerata un processo stratificato e poco unitario (chi, infine, pensa a conflitti rivoluzionari all'interno del paese, parlerà di «conquista» soltanto con molte riserve). Lo stesso vale per l'epoca successiva alla conquista. La valutazione della situazione e dell'organizzazione di «Israele» dopo la sedentarizzazione è strettamente collegata con le concezioni della conquista (vedi 4.2 e 3).

Bibliografia

Y. AHARONI, *The Land of the Bible. A Historical Geography*, 1972²; A. ALT, *Die Landnahme der Israeliten in Palästina*, 1925 (= *Kl. Schr.* I, 89-125); IDEM, *Erwägungen über die Landnahme der Israeliten in Palästina*, in PJ 35, 1939, 8-63 (= *Kl. Schr.* I, 126-175); A.G. AULD, *Judges I and History: A Reconsideration*, in VT 25, 1975, 261-285; V. FRITZ, *Bibelwissenschaft* I. *Altes Testament*, I/1. *Archäologie (Alter Orient und Palästina)*, in TRE VI, 1980, 316-345; IDEM, *Die kulturhistorische Bedeutung der früheisenzeitlichen Siedlung auf der* Hirbet el-Mšāš *und das Problem der Landnahme*, in ZDPV 96, 1980, 121-135; IDEM, *The Conquest in the Light of Archaeology*, in *Proceedings of the Eighth World Congress of Jewish Studies. Division A: The Period of the Bible*, 1982, 15-22; N.K. GOTTWALD, *Domain Assumptions and Societal Models in the Study of Pre-Monarchic Israel*, in VT.S 28, 1975, 89-100; IDEM, *The Tribes of Yahweh*, 1979; G. MENDENHALL, *The Hebrew Conquest of Palestine*, in BA 25, 1962, 66-87 (= BAR 3, 1970, 100-126); M. WEINFELD, *The Period of the Conquest and of the Judges as Seen by the Earlier and the Later Sources*, in VT 17, 1967, 93-113; M. WEIPPERT, *Die Landnahme der israelitischen Stämme in der neueren wissenschaftlichen Diskussion*, 1967; M WÜST, *Untersuchungen zu den siedlungsgeographischen Texten des Alten Testament*, I. *Ostjordanland*, 1975; S. YEIVIN, *The Israelite Conquest of Canaan*, 1971.
NOTH, par. 6; BRIGHT, cap. 3 B3, C; MAZAR, III, cap. V; DE VAUX, I, 3ª PARTE; GUNNEWEG, III; HERRMANN, I.4; HAYES - MILLER, IV; BEN-SASSON, I,4.
Cfr. anche le bibliografie in III.1.4. e III.2.1.

4.2 I territori di insediamento delle tribù

Divisione del paese

La «terra di Canaan» (Gen. 12,5 ecc.) o «terra d'Israele» (I Sam. 13,19 ecc.) si divide in zone dalle caratteristiche diverse. In direzione nord-sud, le cesure più marcate sono rappresentate dal Mare Mediterraneo e dalla profonda depressione della fossa del Giordano (che, sulla riva settentrionale del Mar Morto, si abbassa fino a quasi 400 metri sotto il livello del Mediterraneo).

Fra il Mediterraneo e la fossa del Giordano, si eleva la zona montuosa centrale, con altezze fino a 1.000 metri sul livello del mare, che degrada verso occidente fino alla piana costiera: nella parte meridionale una pianeggiante regione collinosa, la *sh^ephelah*, fa da congiunzione. Comprendendo anche la zona montuosa transgiordanica, risulta una quadruplice divisione: piana costiera, zona montuosa cisgiordanica, fossa del Giordano, zona montuosa transgiordanica.

La zona montuosa cisgiordanica, il territorio centrale di insediamento delle tribù israelitiche, ha due centri evidenti, Hebron, a sud, e Sichem, a nord: ne deriva una naturale bipartizione che ha avuto grande rilevanza dal punto di vista politico e della storia dell'insediamento. In riferimento alla storia posteriore, si può parlare di zona montuosa di Giuda al sud, e di zona montuosa efraimita (o di Samaria) al nord. Ancora più a nord, separata dall'ampia pianura di Izreel, segue la zona montuosa della Galilea (cfr. in dettaglio NOTH 1962, 1ª parte; OHLER; AHARONI).

Il processo di conquista da parte delle tribù israelitiche può essere ricostruito solo ipoteticamente e con grandi riserve. I territori di insediamento delle singole tribù possono invece essere individuati con maggiore chiarezza. Le descrizioni particolareggiate di territori in Gios. 13-19 offrono sì dati idealizzati, e in parte teorici, di epoche diverse, che vengono però confermati, completati o corretti da molti altri testi. → 226 s.

Tutta la parte meridionale della zona montuosa viene occupata dalla tribù di *Giuda* (cfr. Gios. 15). Questa constatazione deve comunque essere articolata. Innanzitutto, secondo Gios. 19,1-9, anche il territorio della tribù di *Simeone* si trova all'interno di quello di Giuda (vedi più oltre). Altri testi mostrano poi che, nella parte meridionale di questo territorio, vivevano gruppi il cui nome non compare fra quelli delle dodici tribù: soprattutto Caleb (Gios. 15,13 s., cfr. 14,13) e Otniel (Gios. 15,15-19), poi i jerahmeeliti e i kenei (cfr. I Sam. 27,10; 30,29). Appare qui evidente che lo schema delle dodici tribù non può essere considerato come diretto riflesso di dati storico-geografici. Per Giuda si pone il problema di sapere se si tratta di una singola «tribù» o non piuttosto di un raggruppamento più grande, a cui potrebbe alludere anche l'espressione «casa di Giuda» (II Sam. 2,4.10 s. ecc.). Giuda Simeone

Anche della parte settentrionale della zona montuosa prende possesso un grande raggruppamento: la *casa di Giuseppe*. Con questo nome si comprendono due tribù, quelle di *Efraim* e *Manasse* (cfr. Gios. 17,17). Ripetutamente, però, si vede in azione la stessa «casa di Giuseppe» (ad es. Giud. 1,22.35 s.), e in Gios. 18,5 le viene contrapposto «Giuda». Anche qui, nel mutare dei nomi, si rispecchia un problema dello schema delle dodici tribù, in cui appare talvolta Giuseppe, come vero e proprio figlio di Giacobbe, talvolta i suoi figli Efraim e Manasse (Num. 1,32-35, con sequenza inversa Num. 26,28-37, in Giud. 5,14 Efraim e Machir, vedi sotto), che secondo Gen. 48 sono stati adottati da Giacobbe. Giuseppe Efraim Manasse → 46

Fra questi due grandi blocchi si trova il territorio della tribù di *Beniamino* (Gios. 18,11-28), che appare come il più giovane dei figli di Giacobbe (Gen. 35,16 s.) e che, evidentemente, in mezzo ai grandi vicini, ha una tribù piccola e politicamente debole. Beniamino → 63

A nord, la Galilea è il territorio in cui si insediano le tribù di *Zabulon* (Gios. 19,10-16), *Issacar* (19,17-23), *Ascer* (19,24-31) e *Neftali* (19,32- Tribù del nord

39). Viene riferito come la tribù di *Dan* abbia avuto un destino particolare: secondo Gios. 19,40-46, Dan aveva il proprio territorio d'insediamento nelle zone collinose occidentali, all'incirca all'altezza di Gerusalemme. In Giud. 1,34, però, si dice che gli amorrei (qui il termine designa uno dei gruppi degli antichi abitanti del paese) avrebbero respinto i daniti sulla zona montuosa; questa sembra essere stata la ragione per cui Dan si cercò all'estremo nord un nuovo territorio di insediamento (cfr. Gios. 19,47; Giud. 18).

In Transgiordania vengono descritti territori in cui si insediano Ruben, Gad *Ruben* (Gios. 13,15-23) e *Gad* (13,24-28). In ogni caso è notevole che non sia indicato alcun confine tra questi due territori, di modo che si tratta essenzialmente di un unico territorio. Infine, con formulazioni piuttosto generiche, vengono anche menzionati i territori di insediamento della «mezza tribù di Manasse» (13,29-31). Ciò può essere posto in relazione con le informazioni di Num. 32,39 s., dove si racconta Makir che *Makir*, figlio di Manasse, occupa territori transgiordanici; bisogna qui forse pensare a un ampliamento del territorio d'insediamento di Manasse verso est, oltre il Giordano (l'esatto rapporto tra il nome di Manasse e quello di Makir rimane oscuro, cfr. anche Giud. 5,14).

I territori di insediamento delle tribù costituiscono un importante punto di partenza per la ricostruzione dei processi della conquista (perciò NOTH ne tratta prima della conquista, cfr. par. 5 e par. 6; cfr. anche MOWINCKEL, KAISER, SCHUNK, ZOBEL). La complessa suddivi- → 42 s. sione del paese e le grandezze molto varie dei territori di insediamento delle tribù fanno supporre che la conquista si sia svolta in mo- → 46 do molto differenziato nelle singole regioni del paese; i testi biblici non contengono tuttavia indicazioni concrete. Un ulteriore proble- → 195 s. ma deriva dalla difficoltà di armonizzare i territori di insediamento della tribù con lo schema delle dodici tribù che è presupposto dall'inizio del libro dell'Esodo in avanti. In questo sta anche uno dei principali problemi della ricostruzione storica dell'«epoca dei giudici» (vedi 4.3).

Bibliografia

Y. AHARONI, *The Land of the Bible. A Historical Geography*, 1979[2]; O. KAISER, *Stammesgeschichtliche Hintergründe der Josephsgeschichte*, in VT 10, 1960, 1-15; S. MOWINCKEL, *«Rahelstämme» und «Leastämme»*, in *Von Ugarit nach Qumran, FS O. Eissfeldt*, 1958 (1961[2]), 129-150; M. NOTH, *Die Welt des Alten Testaments*, 1962[4]; A. OHLER, *Israel, Volk und Land. Zur Geschichte der wechselseitigen Beziehungen zwischen Israel und seinem Land in alttestamentlicher Zeit*, 1979; K.-D. SCHUNCK, *Benjamin. Untersuchungen zur Entstehung und Geschichte eines israelitischen Stammes*, 1963; H.-J. ZOBEL, *Stammesspruch und Geschichte. Die*

Angaben der Stammessprüche von Gen 49, Dtn 33 und Jdc 5 über die politischen und kultischen Zustände des damaligen «Israel», 1965.
NOTH, par. 5; MAZAR, III, cap. VI; DE VAUX, I, 3ª parte; DONNER II.1; HERRMANN, I.4; BEN-SASSON, I,4.
Cfr. anche le Bibliografie in III.1.4 e III.2.1.

4.3 Israele all'epoca dei giudici

All'inizio del libro dei Giudici, si parla di una rottura della continuità nella storia d'Israele: dopo la morte di Giosuè, venne una nuova generazione, che non sapeva nulla delle grandi azioni di Jhwh nei confronti di Israele (Giud. 2,10). Questo rispecchia un significativo cambiamento nel modo di esporre e, soprattutto, nel materiale della tradizione che viene qui utilizzato. Per l'epoca dall'esodo alla conquista, le figure di Mosè e di Giosuè fungevano da legame unificante che teneva insieme le varie tradizioni. Ne risultava un quadro della storia d'Israele nel complesso ben conchiuso. Per l'epoca che ora segue, non esisteva alcuna figura di quel tipo. Al tempo stesso, un altro tipo di tradizione fa qui la sua comparsa: la *saga dell'eroe*, al centro della quale sta una persona di cui si raccontano le azioni – o spesso soltanto un'azione. Il quadro risultante è certo meno unitario, ma al tempo stesso il terreno storico su cui ci muoviamo diventa via via più solido.

→ 230

→ 125

Nel libro dei Giudici, quest'epoca viene retrospettivamente giudicata in modo negativo: mancava la forza unitaria della monarchia, cosicché ognuno faceva quel che voleva (17,6; 21,25). Questo giudizio parte dal presupposto che «Israele» fosse un'unità a cui mancava soltanto una guida. Le tradizioni fanno comunque apparire chiaramente che questa unità non sussisteva. Il quadro deuteronomistico del libro dei Giudici parla sì di «israeliti» (*b^e ne jiśra'el*, 2,11; 3,7.12 ecc.) o, semplicemente, di «Israele» (2,14; 3,8.12 ecc.), ma i racconti si muovono sempre in un ambito limitato.

→ 229

Figure di salvatori

Al centro dei racconti si trovano alcune figure di singoli che possono essere definiti «salvatori» (*moshi^ac* 3,9.15: la forma verbale appare anche in 3,31; 6,14 s.36; 8,22; 10,1; 13,5, cfr. inoltre GRETHER). Essi compaiono quando «Israele» si trova in stato di necessità. I racconti mostrano comunque che si tratta prevalentemente di conflitti limitati all'ambito regionale.

Ehud

Il beniaminita *Ehud* (Giud. 3,12-30) uccide il re dei moabiti Eglon e chiama a raccolta sulla «zona montuosa di Efraim» per combattere contro i moabiti (v. 27); lo scontro si svolge prevalentemente ai gua-

Gedeone

Jefte

di del Giordano (v. 28). Secondo il racconto, vi prendono parte solo i beniaminiti e i loro vicini, gli efraimiti. Di *Shamgar* è riferita un'azione individuale contro i filistei (3,31). L'impresa di *Gedeone* contro i madianiti (Giud. 6-8) parte inizialmente dal suo gruppo, quello degli abiezeriti (6,34), e viene poi allargata alla tribù di Manasse e ai suoi vicini settentrionali, le tribù di Ascer, Zabulon e Neftali (v. 35, in 7,23 manca Zabulon); infine, per l'epilogo, vengono convocati anche gli Efraimiti (7,24), che si lamentano per il coinvolgimento tardivo (8,1). La lotta di *Jefte* contro gli ammoniti (10,6 - 12,6) è un avvenimento esclusivamente transgiordanico (11,29; Galaad e Manasse, probabilmente la parte transgiordanica); di nuovo gli efraimiti si lamentano di non essere stati coinvolti (12,1 ss.); in questo si manifesta forse una volontà di dominio da parte di Efraim.

Debora/Barak

Battaglia di Debora

→ 121 s.

Postulato dell'unità

→ 42 s.

Soltanto in un caso viene menzionato un numero maggiore di tribù. In Giud. 4 e 5 ci sono tramandate due esposizioni di una battaglia nella piana di Izreel sotto la guida di *Debora* (e del comandante militare da lei incaricato, Barak, cfr. 4,6 ss.). Questa volta i nemici non provengono dall'esterno. L'avversario vero e proprio è Sisera di Harosceth-Goim (4,2b), al limite nord-occidentale della piana di Izreel (in 4,2a si menziona inoltre il re Iabin di Hatsor, definito persino «re di Canaan» [cfr. vv. 23 ss.]: con questo si vuole forse evidenziare il significato fondamentale che la battaglia ha nella lotta contro i cananei; con la battaglia stessa Iabin non ha chiaramente nulla a che fare). In Giud. 4 solo Zabulon e Neftali vengono menzionate come tribù coinvolte nella battaglia (vv. 6.10). In Giud. 5,14 s., comunque, il cerchio si allarga: Efraim, Beniamino, Makir, Zabulon, Issacar (e Neftali, cfr. v. 18), insomma il grosso delle tribù settentrionali. È notevole come siano menzionate e criticate anche tribù che non hanno preso parte alla battaglia: le tribù transgiordaniche di Ruben e Galaad, come pure le rimanenti tribù settentrionali di Dan e Ascer (vv. 15b-17). Qui traspare la concezione secondo cui tutte le tribù avrebbero dovuto partecipare a questa battaglia. La non realizzazione di questa richiesta di unità mostra al tempo stesso che questa unità non esisteva. Inoltre, non vengono menzionate le tribù meridionali di Giuda e Simeone e quindi qui, chiaramente, il testo non è nell'ottica del popolo di dodici tribù. Anche altrove, nelle tradizioni dell'epoca dei giudici, non si trova alcun richiamo al fatto che le tribù fossero dodici o a una diffusa coscienza pan-israelitica che le comprendesse tutte.

Ipotesi dell'anfizionia

Ciò va sottolineato anche nei confronti dell'ipotesi dell'«anfizionia» delle dodici tribù avanzata da M. NOTH (1930). NOTH, sulla base di analogie greche, ha interpretato l'Israele prestatale come una lega sacra di dodici tribù, avente il suo centro in un santuario centrale (l'arca) in un luogo centrale di culto (Sichem, secondo Gios. 24) e con un diritto anfizionico vincolante. Più tardi (1940), seguendo ALT, NOTH collegò il diritto anfizionico con il «diritto apodittico», di cui forse erano responsabili i «giudici minori» (vedi sotto); questi, comunque, ricoprivano una carica anfizionica (NOTH 1950). Questa ipotesi ha avuto una grande influenza e ha svolto per decenni un ruolo molto importante non solo nella ricerca tedesca, ma anche in quella internazionale (cfr. BRIGHT). Nel frattempo, essa è tuttavia stata più volte rimessa in dubbio, per poi essere di nuovo largamente abbandonata (cfr. HERRMANN 1962, FOHRER, DE VAUX, HAYES - MILLER, 304 ss.). In questo, non da ultimo, ha avuto un peso notevole il problema dello schema delle dodici tribù. → 228

Le figure di salvatori sorgono spontaneamente, sempre in casi di estremo bisogno. È chiaro che essi non rivestono una «carica» in senso istituzionale e che non esiste alcuna continuità tra i singoli «salvatori». Spesso vengono definiti «capi militari carismatici». In questo modo, si esprime innanzitutto che la loro era una funzione essenzialmente militare, e precisamente la convocazione e il comando dell'«esercito», cioè della comunità di tutti gli uomini in grado di portare le armi (cfr. 3,27; 4,10; 6,34 s.; 11,29). Usando il concetto di "carismatico" si pensa soprattutto allo "spirito" (*ru^{a}ch*) di Jhwh, che afferra il «salvatore» (3,10; 6,34; 11,29; MAX WEBER, che ha coniato il concetto, lo intendeva però in senso più ampio, come forma di dominio basata soltanto sull'autorità personale, distinguendola da altre, basate invece sulle regole razionali di un'istituzione o sulla tradizione; cfr. soprattutto 1922, cap. IX e inoltre MALAMAT 1981).

Condottieri carismatici

Le guerre qui descritte sono state da VON RAD designate con l'espressione «guerra santa». Esse contengono numerosi elementi religiosi e soprattutto le caratterizza il fatto che esse non sono in realtà condotte da Israele, ma da Jhwh per Israele. Per questo si parla più propriamente di «guerre di Jhwh» (SMEND). VON RAD ha visto in queste guerre un elemento importante dell'anfizionia. Anche questo legame con la lega delle dodici tribù è stato però messo in questione (SMEND, STOLZ), come pure il carattere specificamente israelita di queste guerre condotte da un dio per i suoi fedeli che compaiono anche altrove nell'antico Oriente (WEIPPERT). I racconti di guerra dell'Antico Testamento recano marcate impronte teologiche e letterarie e quindi, solo con molte riserve, possono essere usati per la ricostruzione storica (cfr. anche JONES).

Guerra di Jhwh

Si è soliti definire *giudici maggiori* le figure dei salvatori. Il libro dei Giudici cita tutta una serie di uomini (dodici in tutto) che in 2,16-19 sono sinteticamente chiamati «giudici» *shoph^{e}tim*. Accanto alle figure dei «salvatori», si trova in 10,1-5; 12,7-15 una lista di *giudici minori*, di ognuno dei quali è regolarmente detto che «giudicò Israele» (10,2.3; 12,7-9.11.13 s.). Sembra che qui si alluda a un ufficio conti-

Giudici maggiori

Giudici minori → 149. 230 s.

nuativo, come indica l'esplicita sottolineatura della successione («dopo di lui» 10,3; 12,8.11.13). NOTH ha qui pensato a una carica anfizionica centralizzata (vedi sopra, cfr. anche SCHUNCK). Nel frattempo, però, si è supposto che si trattasse di una funzione più limitata, relativa a una città e al suo territorio; la lista è forse stata formulata solo più tardi, in analogia alle liste delle cancellerie regie (cfr. RICHTER; HAYES - MILLER, 320). Rimane ignoto quale fosse la precisa funzione di questa carica. L'espressione «giudicare» (*shaphat*) fa pensare ad attività che hanno a che fare con la legge e l'amministrazione della giustizia (così ALT, 300 s.), forse anche con compiti amministrativi in generale (cfr. RICHTER). Comunque, in altre lingue semitiche, il termine corrispondente può tra l'altro significare «governare»; in particolare, un parallelo interessante è offerto dal titolo di derivazione fenicia «sufeti», usato per i più alti funzionari di Cartagine (cfr. RICHTED, HERRMANN, 148), per cui, DE VAUX (83 ss., [770 ss.]), ad es., continua a pensare a una carica pan-israelitica.

I testi del libro dei Giudici offrono dunque un'immagine molto articolata di quest'epoca, che consente di cogliere numerosi particolari storici, senza poter tuttavia delineare un quadro complessivo unitario. In questo, si rispecchia evidentemente un effettivo carattere di quest'epoca, in cui «Israele» non era ancora un'unità.

Di recente, per comprendere la società israelitica in quest'epoca, sono stati usati modelli sociologici. MAX WEBER aveva introdotto il concetto di «confederazione», che egli definiva anche «anarchia controllata» (cfr. SCHÄFER). CRÜSEMANN (201 s.) e SCHÄFER hanno preso dall'etnologia il concetto di «società segmentaria», i cui tratti fondamentali sono la parità sul piano politico dei singoli sottogruppi (clan, tribù) e la mancanza di una sovrastante istanza centralizzata. Il comando carismatico temporaneo di singoli condottieri costituisce un fattore di stabilità. Questo approccio potrebbe a mio avviso contribuire a una migliore comprensione dell'epoca dei giudici e dovrebbe essere ulteriormente sviluppato.

Società segmentaria

Bibliografia

R. ALBERTZ, *Israel*, in TRE XVI, 1987, 368-379; A. ALT, *Die Ursprünge des israelitischen Rechts*, 1934 (= *Kl. Schr.* I,279-332); F. CRÜSEMANN, *Der Widerstand gegen das Königtum. Die antiköniglichen Texte des Alten Testamentes und der Kampf um den frühen israelitischen Staat*, 1978; G. FOHRER, *Altes Testament - «Amphiktyonie» und «Bund»?*, in ThLZ 91, 801-816, 893-904 (= Studien zur alttestamentlichen Theologie und Geschichte, 84-119); O. GRETHER, *Die Bezeichnung «Richter» für di charismatischen Helden der vorstaatlichen Zeit*, in ZAW 57, 1939, 110-121; S. HERRMANN, *Das Werden Israels*, in ThLZ 87, 1962, 561, 574; G.H. JONES, *«Holy War» or «Yahweh War»?* in: VT 25, 1975, 642-658; A. MALAMAT, *Charismatische Führung im Buch der Richer*, in W. SCHLUCHTER (a cura di), *Max*

Webers Studie über das antike Judentum. Interpretation und Kritik, 1981, 110-113; M. NOTH, *Das System der zwölf Stämme Israels*, 1930 (1966/1980); IDEM, *Die Gesetze im Pentateuch. Ihre Voraussetzungen und ihr Sinn*, 1940 (= *Ges. St.* I, 9-141); IDEM, *Das Amt des «Richters Israels»*, in *FS A. Bertholet*, 1950, 404-417 (= *Ges. St.* II, 71-85); G. V. RAD, *Der Heilige Krieg im alten Israel*, 1951 (1969[5]); W. RICHTER, *Zu den «Richtern Israels»*, in: ZAW 77, 1965, 40-72; C. SCHÄFER, *Stadt und Eidgenossenschaft im Alten Testament. Eine Auseinandersetzung, mit Max Webers Studie «Das antike Judentum»*, Diss. Heidelberg, 1979; IDEM, *Stadtstaat und Eidgenossenschaft. Max Webers Analyse der vorexilischen Gesellschaft*, in W. SCHLUCHTER (v. MALAMAT), 78-109; K.-D. SCHUNCK, *Die Richter Israels und ihr Amt*, in VT.S 15, 1966, 252-262; R. SMEND, *Jahwekrieg und Stämmebund*, 1966[2]; F. STOLZ, *Jahwes und Israels Kriege. Kriegstheorien und Kriegserfahrungen im Glauben des alten Israel*, 1972; M. WEBER, *Das antike Judentum. Gesammelte Aufsätze zur Religionssoziologie* III, 1921 (1983[7]); IDEM, *Wirtschaft und Gesellschaft*, 1922 (1972[5]); M. WEIPPERT, *«Heiliger Krieg» in Israel und Assyrien*, in ZAW 84, 1972, 460-493.
NOTH, par. 12,13; BRIGHT, cap. 4B, C.; MAZAR, III, cap. VII, VIII; DE VAUX, II (II, 4ª parte); DONNER, III.1; GUNNEWEG, IV; HERRMANN, I.5; HAYES - MILLER, V, par. 1-3; BEN-SASSON, I,5.
Cfr. anche la Bibliografia in III.2.2.

5

Gli inizi della monarchia

5.1 Samuele e il regno di Saul

Il primo libro di Samuele comincia con il racconto di una nascita (cap. 1). Con ciò viene segnalato un cambiamento di epoca. Non è però Samuele, di cui qui viene raccontata la nascita, a provocare lui stesso la svolta. Egli è una figura di transizione. La tradizione gli attribuisce un ruolo molto articolato: cresce al santuario di Sciloh (I Sam. 1,24-28) dove «presta servizio» (2,18; 3,1). Eppure in seguito non si parlerà mai esplicitamente di un servizio sacerdotale; si dice anzi che gli viene «dischiusa» la parola di Dio (3,7) e che l'«intero Israele» lo riconosce come *profeta* insediato da Dio (vv. 19 s.). Questa funzione profetica assume un significato decisivo dove si parla nuovamente di una parola di Jhwh: durante l'unzione segreta di Saul a «governatore» (*nagid*) di Jhwh (9,15 ss., cfr. 10,1). Qui Samuele appare nel ruolo di colui che crea il re su incarico divino.

Samuele come profeta → 232

Accanto a questo c'è un altro aspetto della tradizione, secondo il quale Samuele «era giudice d'Israele» (7,15-17; cfr. v. 6). Egli viene qui inserito nella serie dei *giudici* minori e la sua attività giudiziaria è chiaramente descritta. Nello stesso capitolo egli viene posto in relazione con una vittoria sui filistei (7,2-14), attribuita a un miracoloso intervento di Jhwh (v. 10); egli viene così avvicinato ai giudici maggiori.

Samuele come giudice → 47 s.

→ 45 ss.

È controverso quale di queste funzioni siano effettivamente appartenute a Samuele e siano state da lui esercitate, e forse non lo si può neppure chiarire esattamente (cfr. MACHOLZ, LANGLAMET, MILLER). La tradizione vuole comunque chiaramente evidenziare due aspetti: Samuele è in continuità con i «giudici» che lo hanno preceduto – e al tempo stesso apre una nuova epoca della storia d'Israele, nel momento in cui egli, su incarico di Jhwh, unge colui che è destinato a ricoprire la nuova carica di *re*. Che questa sia la funzione de-

→ 157

cisiva, appare anche dal fatto che Samuele, dopo la rovina di Saul, viene nuovamente incaricato di ungere il successivo (e ora quello giusto) detentore di questa nuova carica (I Sam. 16,1-13).

Saul come salvatore

Anche nel caso di Saul, appare innanzitutto un elemento di continuità. Compare come «salvatore» che, di fronte alla minaccia costituita da nemici esterni, viene afferrato dallo «spirito di Jhwh» e sconfigge i nemici (11,1-13). Nuovo è il fatto che, subito dopo la vittoria di Saul, «tutto il popolo» lo faccia re (v. 15). La maggioranza degli studiosi vede in questo una tradizione storica esatta: Saul fu spontaneamente fatto re dopo la vittoria sugli ammoniti. La ragione per far questo stava forse nella pericolosa situazione in cui gli israeliti si trovavano a causa della superiorità militare dei *filistei* (cfr. cap. 4; 13,19 ss.). Con una conduzione «carismatica», limitata nel tempo ed esercitata solo di volta in volta, non potevano più fronteggiare un pericolo simile. Avevano bisogno di una guida continuativa.

Filistei

Con questo ci muoviamo però già nella sfera della ricostruzione storica, perché nel testo stesso queste riflessioni non sono comunicate. Qui vengono in risalto altri problemi. Innanzitutto si tratta del problema di sapere come la neonata monarchia si rapporti alla volontà di Dio. Troviamo qui una palese contraddizione. Da un lato, si racconta della designazione segreta di Saul da parte di Samuele (9,1 - 10,16), ma dall'altro la richiesta di un re appare come un'apostasia da Jhwh (cap. 8). In questo si rispecchia un giudizio ambivalente della monarchia, che deve essere stato presente fin dall'inizio. La resistenza contro la monarchia, accanto a motivi religiosi (cfr. anche Giud. 8,22 s.), ne conteneva anche chiaramente alcuni politici (cfr. CRÜSEMANN).

Il regno di Saul

→ 233

→ 227

La problematica religiosa del regno di Saul viene ancora accentuata dal fatto che egli stesso, sul piano personale, non corrispose alle esigenze della sua carica, il che portò a dure contrapposizioni con Samuele e infine al ripudio di Saul da parte di Jhwh (13,11-14; 15,10 ss.). Si nota qui in modo esemplare il confronto re-profeta che, nella successiva storia della monarchia, sarà sempre un elemento dominante (cfr. RENDTORFF).

Territori sottomessi a Saul

La presentazione del regno di Saul è talmente dominata da questi problemi, che è pressoché impossibile ricostruire gli eventi storici (cfr. WILDBERGER, SCHUNCK, WALLIS). Sono poco chiare persino la natura e l'ampiezza del dominio di Saul. I testi riferiscono soltanto scontri militari; in 14,52 c'è l'indicazione della costituzione di un esercito di soldati di professione, una novità rispetto all'esercito di leva esistito fino a quel momento. Non ci è detto però se Saul abbia esercitato un'attività di governo che oltrepassasse l'ambito militare o se vi abbia provato. Soprattutto, rimane anche poco chiaro quanto si estendesse l'area controllata o rivendicata da Saul. Il concetto di «Israele», frequentemente usato, non è mai definito in modo più preciso.

Per la ricostruzione storica ci si potrebbe attenere alle indicazioni di II Sam. 2,8 s. dove, come territori sotto il dominio del figlio di Saul, Jsh-Baal, vengono citati: Galaad (dunque territori in Transgiordania, cfr. I Sam. 11), Izreel (di per sé si tratta del nome di una località; qui usato come nome di regione per indicare la piana di Izreel o il territorio della tribù di Issacar?), Efraim, Beniamino (perché manca Manasse?) e *ha-'ashuri* (il più delle volte corretto in «Ashuriti», cfr. Giud. 1,32). Sarebbero così comprese parti essenziali dei territori settentrionali e transgiordanici delle tribù israelitiche (cfr. WALLIS, 63 s., HERRMANN, 181 s., trad. it., 194 s.). Giuda manca; i racconti della fuga di Davide da Saul rivelano che Davide non poteva sentirsi al sicuro neppure in Giuda (ad es. I Sam. 24), tuttavia gli inizi della monarchia davidica non indicano a mio avviso che Giuda facesse stabilmente parte dei territori sotto il dominio di Saul. → 54 s.

Durata del regno

La durata del regno di Saul viene, in I Sam. 13,1, indicata in due anni (taluni studiosi considerano problematica questa cifra, ma a mio avviso non c'è nessuna ragione di modificarla). Sono due anni segnati dalle lotte con i filistei. Dopo una vittoria iniziale di Saul, che ebbe però solo una limitata rilevanza (cap. 13 s., cfr. VON RAD), essa si concluse con la sconfitta degli israeliti e la morte di Saul (cap. 31).

Il regno di Saul è considerato una fase di transizione. Questo appare già dal fatto che Saul è prevalentemente presentato come figura di contrasto: da un lato, rispetto a Samuele, che rappresenta al tempo stesso la tradizione dei «giudici» e la contrapposizione profetica alla nuova monarchia; d'altro lato, rispetto a Davide che, già quando Saul è ancora in vita, diventa la figura dominante del racconto (da I Sam. 16). Forse anche per questo c'era poco interesse a tracciare più chiaramente i confini del suo regno. Alla sua morte, però, appare chiaro che l'istituzione monarchica ha preso piede in Israele di modo che, nonostante tutto, Saul è il primo nella serie dei re d'Israele.

Bibliografia

F. CRÜSEMANN, *Der Widerstand gegen das Königtum. Die antiköniglichen Texte des Alten Testamentes und der Kampf um den frühen israelitischen Staat*, 1978; F. LANGLAMET, *Les récits de l'institution de la Royauté (I Sam., VII-XII). De Welhausen aux travaux récents*, in RB 77, 1970, 161-200; G.C. MACHOLZ, *Untersuchungen zur Geschichte der Samuel-Überlieferungen*, Diss. Heidelberg, 1966; J.M. MILLER, *Saul's Rise to Power. Some Observations Concerning 1 Sam):11-10.16; 10.26-11.15 and 13.2-14.86*, in CBQ 36, 1974, 157-174; G. V. RAD, *Zwei Überlieferungen von König Saul*, in: *Ges. St.* II, 199-211; R. RENDTORFF, *Erwägungen zur Frühgeschichte des Prophetentums in Israel*, in ZThK 59, 1962, 145-167 (= *Ges. St.*, 220-242); K.-D. SCHUNCK, *Benjamin*, 1963 (parte II: *König Saul und der Stamm Benjamin*); G. WALLIS, *Geschichte und Überlieferung. Gedanken Über alttestamentliche Darstellungen der Frühgeschichte Israels und der Anfänge seines Königtums*, 1968; A. WEISER, *Samuel. Seine geschichtliche Aufgabe und re-*

ligiöse Bodeutung. Traditionsgeschichtliche Untersuchungen zu I. Samuel 7-12, 1962; H. WILDBERGER, *Samuel und die Enstehung des israelitischen Königtums*, in ThZ 13, 1957, 442-469 (= *Jahwe und sein Volk*, 1980, 28-55).
NOTH, par. 14; BRIGHT, cap. 5 A; MALAMAT, IV.1, IV; GUNNEWEG, V; HERRMANN, II.1; HAYES - MILLER, V, par. 4; BEN-SASSON, I,7.
Cfr. anche la Bibliografia in III. 2.3.

5.2 Ascesa di Davide a re di Giuda e Israele

Di nessun re sono tramandati racconti così particolareggiati come nel caso di Davide. Essi sono essenzialmente contenuti in due grandi complessi letterari: nella storia dell'ascesa di Davide (I Sam. 16 -
→ 151. 234 ss. II Sam. 5) e nella storia della successione al trono di Davide (II Sam. 9 - I Re 2). Le designazioni di queste due opere esprimono gli interessi che hanno guidato i redattori o i raccoglitori. Da un lato si trattava della *preistoria* del regno di Davide, che essenzialmente presenta una storia del contrasto con Saul, dall'altro del problema della sua *successione*, in cui si rispecchiano al tempo stesso le lotte di potere alla sua corte. L'azione di Davide come re, i suoi provvedimenti e i suoi successi in politica interna ed estera risaltano in vario modo, pur costituendo il tema specifico soltanto di pochi brani.

Rivalità Saul-Davide

Il cammino di Davide verso il trono comincia alla corte di Saul (su questo ci sono diversi racconti). Si parla ampiamente della rivalità fra Saul e Davide e della gelosia di Saul nei confronti di Davide (I Sam. 18,1-16 ecc.), che alla fine lo spingerà a voler uccidere Davide (19,1); quest'ultimo fuggirà (vv. 12.18 ss.). Nei racconti che seguono, Davide viene enfaticamente presentato come il perseguitato innocente, che tuttavia risparmia la vita al suo persecutore (in particolare capp. 24; 26), perché Saul è l'«unto di Jhwh» (24,7.11; 29,9.11 ecc.). Al tempo stesso, appare chiaro che egli fa un doppio gioco, entrando in relazione con i più pericolosi nemici d'Israele, i *filistei*. Come vassallo del re filisteo Akis di Gath, Davide riceve da quest'ultimo la città di Tsiklag come sua proprietà (27,1-7). Questa ambivalenza appare tutt'altro che atipica per Davide stesso e per l'immagine che la tradizione ha conservato di lui.

Anche il comportamento di Davide dopo la morte di Saul mostra questo doppio volto. Piange con parole commosse la morte di Saul (II Sam. 1,1 ss.17 ss.), ma comincia subito e risolutamente i preparativi per assumere la successione.

In II Sam. 2-4 abbiamo racconti molto particolareggiati sugli avvenimenti successivi alla morte di Saul. Davide si fece ungere a Hebron re di Giuda

(2,1-4), mentre Abner, il comandante dell'esercito di Saul, proclamava re il figlio di Saul, Jsh-Baal, re d'Israele, a Mahanaim, in Transgiordania (2,8 s.). In 2,12-32 segue una narrazione storica molto ampia e vivace delle lotte tra i comandanti militari delle due parti, Abner e Joab. A ciò segue in 3,6 - 4,12 un brano che segna già il passaggio dalla narrazione storica alla storiografia, in quanto presenta, abbracciando un periodo più ampio e con un succedersi di personaggi e di scene, gli eventi che conducono al cambiamento di fronte di Abner, alla sua eliminazione da parte di Joab e, infine, alla morte di Jsh-Baal. Questo blocco potrebbe essere chiamato «storia di Abner» (cfr. RENDTORFF, 432, 439; SOGGIN).

Abner e Jsh-Baal → 53

Dopo l'eliminazione di Jsh-Baal, i rappresentanti delle tribù del nord attribuirono a Davide il titolo di re d'Israele e fecero con lui un'alleanza in questo senso (5,1-3). Con ciò Davide era *re di Giuda e re d'Israele*. In 5,4 s., in una notizia annalistica, viene chiaramente mantenuta la distinzione: Davide era re «su tutto Israele e Giuda» (non succede così, comunque, per la notizia della sua morte in I Re 2,10 s., dove è detto che Davide fu per quarant'anni re «su Israele»). Le formulazioni che mantengono la distinzione possono essere ritenute più esatte e giuridicamente più pertinenti, anche se si alternano con «Israele» usato in senso globale (cfr. ALT II, 43 ss.). Che l'unità dei due regni fosse tutt'altro che ovvia apparve, al più tardi, dopo la morte di Salomone (per la critica di questa visione di Alt, cfr. BUCCELLATI, 146 ss., HAYES - MILLER, 354 ss.). In II Sam 5 vengono riferiti due eventi importanti: la presa di Gerusalemme (v. 6-9) e la battaglia decisiva contro i filistei (v. 17-25). Forse la sequenza cronologica era opposta (cfr. v. 17 e NOTH, *Storia*, 173[1], trad. it., 231); comunque la vittoria di Davide sui *filistei* era il presupposto essenziale per la stabilizzazione e il successivo ampliamento del suo dominio. La presa di *Gerusalemme*, che fino a quel momento era stata in possesso dei gebusei, aveva parimenti un grande significato politico; con essa Davide si creava una capitale indipendente (la «città di Davide», v. 9), che, da un lato, era situata in posizione centrale e, dall'altro, non apparteneva a nessuna delle tribù israelitiche (cfr. ALT, III).

Re di Giuda e Israele

→ 19

→ 52

Gerusalemme capitale

Non c'è nell'Antico Testamento alcuna prova per l'ipotesi di ALT, secondo cui Davide avrebbe aggiunto alla doppia dignità regale su Israele e Giuda anche quella su Gerusalemme, come terza (I, 45 s.). Che Gerusalemme avesse una posizione in certa misura particolare appare comunque dal fatto che nell'Antico Testamento si trova spesso la doppia espressione «Giuda e Gerusalemme» (II Re 23,1; Is. 1,1; 2,1; Ger. 29,2; 30,3 ecc., cfr. inoltre HAYES - MILLER, 355, NOTH, 1950, su posizioni critiche BUCCELLATI, 160 ss.).

Secondo II Sam. 6, Davide conferì alla città di Gerusalemme un significato particolare facendovi portare l'*arca* che, secondo quanto

Trasferimento dell'arca

riporta il racconto sull'arca, era andata perduta nelle lotte contro i filistei; era poi stata recuperata, ma da allora caduta in oblio (cfr. II Sam. 7,2a). In questo si può vedere un provvedimento particolar-
→ 235 mente intelligente di Davide, inteso a fare di Gerusalemme anche il centro religioso e cultuale della totalità delle tribù israelitiche. Se non
→ 45 s. si ammette l'esistenza di un santuario centralizzato di una lega prestatale di dodici tribù, fino a quel momento un centro simile non era mai esistito. L'arca stessa non era immediatamente predestinata a
→ 36 s. questa funzione, ma ricevette la sua rilevanza centrale solo in seguito alla sua collocazione a Gerusalemme. Il ricordo di questa azione
→ 141. 152 di Davide fu mantenuto vivo nella ripetizione cultuale del trasporto dell'arca nel Tempio (cfr. Sal. 132).

A questo punto, quando il consolidamento del dominio di Davide in politica interna ha raggiunto la sua meta provvisoria, vengono presentati in uno stringato riassunto (probabilmente sulla base di do-
Successi in politica estera → 150 cumenti ufficiali) i *successi* di Davide *in politica estera* (II Sam. 8,1-14). Dopo la vittoria sui filistei (v. 1), Davide sottomise i vicini transgiordanici Moab (v. 2), Ammon (su questo c'è un resoconto dettagliato in 10,1 - 11,1; 12,26-31) ed Edom (vv. 13 s.) ed estese la sua potenza anche verso nord, sottomettendo gli Stati aramei di Zoba (vv. 3 s.) e di Damasco (vv. 5 s.) e ricevendo tributi dal re di Hamath (v. 9 s.). Così la sua potenza si estendeva dal «fiume [Eufrate] fino al confine dell'Egitto» (cfr. I Re 5,1) e comprendeva dunque un impero che in questa regione non era mai esistito e non esisterà più dopo (cfr. ALT, II, 66 ss.). Colpisce come l'esposizione dell'Antico Testamento abbia registrato solo incidentalmente questo aspetto dell'attività di Davide.
Organizzazione interna → 149 s. Ancora meno viene detto sulla *organizzazione interna*. Dalle liste di funzionari di 8,16-18 e 20,23-26 risulta comunque che Davide aveva realizzato un'amministrazione per il suo regno orientandosi, per quanto riguarda l'organizzazione e i funzionari necessari, a modelli egiziani (cfr. BEGRICH, METTINGER, HERRMANN, 207 ss.; trad. it., 222 ss., HAYES - MILLER, 356 ss.).

Lotta per la successione Ampio spazio è dedicato alla presentazione della lotta per la *successione* di Davide. Si tratta innanzitutto di una lotta dei figli di Davide, dei quali Amnon (II Sam. 13) e Absalom (cap. 18) vengono eliminati, cosicché alla fine si arriva alla lotta per il potere fra Adonija e Salomone (I Re 1), che è però al tempo stesso la lotta dei gruppi che
Rivolta di Absalom rivaleggiano a corte, condotta con intrighi di vario genere. Dietro la rivolta di Absalom (II Sam. 15-19) appaiono però problemi ancora più profondi. Absalom approfittò chiaramente di un diffuso malcontento nei confronti del dominio di Davide (15,1 ss., cfr. CRÜSEMANN, 94 ss.). La sua rivolta coinvolse tutto il territorio dominato da Davide, e quest'ultimo poté appoggiarsi soltanto sulle sue truppe mercenarie, con cui alla fine sconfisse l'esercito mobilitato contro di

lui «da Dan fino a Beer-Sceba» (17,11). Al suo ritorno, sorse un nuovo problema, a causa della rivalità fra gli abitanti di Giuda e i membri delle tribù del nord sul reinsediamento del re; ne risultò un duro contrasto (19,9b-16.42-44), da cui si sviluppò una nuova rivolta delle tribù del nord (cap. 20). Si riconoscono qui profonde tensioni fra nord e sud sul finire del regno di Davide (forse dietro le parole sediziose di Sheba in 20,1 si cela persino un rifiuto di fondo della monarchia, cfr. CRÜSEMANN, 104 ss.). Rivolta delle tribù del nord

Bibliografia

A. ALT, *Die Staatenbildung der Israeliten in Palästina*, 1930 (= *Kl. Schr.* II,1-65), IDEM, *Das Grossreich Davids*, in ThLZ 75, 1950, 213-220 (= *Kl. Schr.* II, 66-75); IDEM, *Jerusalems Aufstieg*, in ZDMG 79, 1925, 1-19 (= *Kl. Schr.* III, 243-257); J. BEGRICH, *Sofer und Mazkir. Ein Beitrag zur inneren Geschichte des davidisch-salomonischen Grossreiches und des Königreiches Juda*, in ZAW 58, 1940/41,1-29 (= *Ges. St.*, 67-98); G. BUCCELLATI, *Cities and Nations of Ancient Syria*, 1967; F. CRÜSEMANN, *Der Widerstand gegen das Königtum. Die antiköniglichen Texte des Alten Testamentes und der Kampf um den frühen israelitischen Staat*, 1978; T.N.D. METTINGER, *Salomonic State Officials. A Study of the Civil Government Officials of the Israelite Monarchy*, 1971; M. NOTH, *Jerusalem und die israelitische Tradition*, in OTS 8, 1950, 28-46 (= *Ges. St.* I, 172-187); R. RENDTORFF, *Beobachtungen zur altisraelitischen Geschichtsschreibung anhand der Geschichte vom Aufstieg Davids*, in *Probleme biblischer Theologie, FS G. v. Rad*, 1971, 428-439; J.A. SOGGIN, *Il regno di 'Eshba'al, figlio di Saul*, «Rivista di Studi Orientali» XL, 1965, 89-106 = *The Reign of 'Eshba'al, Son of Saul*, in «Old Testament and Oriental Studies», 1975, 41-49.
NOTH, par. 15; BRIGHT, cap. 5B; MALAMAT, IV, 1, V e VI; DONNER, III.2.3; GUNNEWEG, VI; HERRMANN, II.2; HAYES - MILLER, VI, par. 1-3; BEN-SASSON, I,7.
Cfr. inoltre la Bibliografia in III.2.3 e 4.

5.3 Il regno di Salomone

Le tradizioni su Salomone sono di tutt'altro tipo rispetto a quelle su Davide. Sono riunite in I Re 1-11, in una sorta di «Storia di Salomone» recante una chiara impronta deuteronomistica. Ciò significa che l'immagine di Salomone offerta dai testi si è formata retrospettivamente e in parte solo molto dopo i fatti. È l'immagine di un saggio, giusto e pio re di pace. → 237 ss.

In ogni caso, quest'immagine viene intorbidita proprio all'inizio, dalla conclusione della storia della successione al trono di Davide, che costituisce al tempo stesso l'inizio della storia di Salomone. In I Re 2 si racconta come Salomone abbia inesorabilmente allontanato i → 151. 235

suoi avversari politici, spesso con crudeltà e con pretesti poco convincenti, a cominciare da Adonija, suo fratello maggiore (v. 13-25). Così la frase conclusiva: «il potere rimase saldo nelle mani di Salomone» (v. 46 b) ha un suono macabro (cfr. DELEKAT, CRÜSEMANN, 180 ss.).

Col cap. 3 inizia qualcosa di molto diverso: il giovane e timorato di Dio re Salomone, in una visione notturna, in sogno, chiede di avere un «cuore che ascolti» (v. 9) e a partire da questa sua richiesta esemplare riceve la promessa di tutto ciò che non si è augurato: ricchezza, onore e una lunga vita (vv. 13 s.). Queste sono le parole d'ordine con cui viene esposta la storia di Salomone.

All'interno dei capp. 3-11 si trova vario materiale che rende possibile una ricostruzione storica del regno di Salomone. Colpisce soprattutto il fatto che non si parli di guerre. Chiaramente l'epoca di Salomone fu un'epoca di *pace* esterna. Le sue attività in politica estera si svolsero essenzialmente in ambito diplomatico, e con un netto prevalere degli interessi di politica commerciale.

Pace esterna

Commercio e diplomazia

Con Hiram, re della città costiera fenicia di *Tiro*, Salomone concluse un trattato commerciale (5,15-26, cfr. FENSHAM), in base al quale Hiram forniva legname dal Libano e, in cambio, Salomone forniva cereali e olio. In 9,10-14 si parla di un affare non troppo chiaro, in base al quale Salomone cedette a Hiram venti città in Galilea, in cambio delle forniture di legno e oro che aveva ottenuto. Con l'aiuto dei fenici, inoltre, Salomone costruì sul golfo di Elat una flotta commerciale (9,26-28) che procurava oro, argento e altre merci pregiate (cfr. 10,11.22). Le relazioni diplomatiche con l'*Egitto* trovarono espressione nel matrimonio con una «figlia del faraone», che assunse una posizione di prestigio nell'harem di Salomone (3,1; 7,8 ecc.); è comunque difficile stabilire di quale faraone si sia potuto trattare (cfr. NOTH, *Commentario ai Re*, 49). Le relazioni commerciali con l'Egitto consistevano fra l'altro nell'acquisto di cavalli e carri da guerra che Salomone rivendeva ai re degli «hittiti» e degli «aramei», cioè a Stati minori in Siria (10,28 s.). Anche le altre mogli straniere che, secondo 11,1, Salomone aveva nel suo harem fanno supporre l'esistenza di rapporti diplomatici e di politica commerciale con i rispettivi paesi.

Amministrazione

All'interno del suo regno, Salomone sviluppò notevolmente l'amministrazione e la rese più articolata (cfr. I Re 4, e METTINGER). Ciò fu necessario, non da ultimo, anche per la dispendiosa *corte* e per la costosa attività edilizia. La suddivisione del paese in dodici distretti (4,7-19, cfr. ALT, WRIGHT) aveva prevalentemente la funzione di assicurare il vettovagliamento della corte; ogni distretto era rispettivamente responsabile del vettovagliamento per un mese (v. 7, cfr. anche 5,2 s.). L'*attività edilizia* poteva essere realizzata soltanto con lavori obbligatori, cioè con forza lavoro arruolata obbligatoriamente e

Attività edilizia

non retribuita (in 9,15-23 si parla soltanto di non israeliti, in 5,27-32 invece di «tutto Israele»; forse l'ultimo testo si riferisce solo ai lavori del Tempio ed eventualmente del palazzo reale [METTINGER, 134 ss.] oppure si tratta di «ampliamenti correttivi» posteriori al «racconto della costruzione del Tempio» [RUPPRECHT, 36 s.]). Tutto questo mostra, senza alcun abbellimento, l'immagine di un dominatore che si serve dei suoi sudditi per realizzare e mettere pomposamente in mostra la sua potenza.

Lavori obbligatori

Delle numerose ed estese costruzioni di Salomone, le fortificazioni, le città di rifornimento ecc., sono menzionate solo sommariamente (9,15-19). L'attenzione è tutta concentrata sulle costruzioni reali a Gerusalemme: il *Tempio* e il *palazzo reale*, costituito da un gran numero di edifici. Nell'ampia sezione 5,15 - 8,66 si descrive innanzitutto la costruzione del Tempio (cap. 6) e del palazzo (7,1-12), poi l'arredamento interno del Tempio (7,13-51); specialmente nell'ultimo brano, viene chiaramente indicata l'assunzione di modelli cananaici, in particolare nei simboli religiosi dell'arredamento interno (anche altrove, ci sono nell'Antico Testamento vari segnali del fatto che in Gerusalemme si giunse a diversi collegamenti di tradizioni religiose israelitiche e cananaiche, cfr. Schmidt, par. 13). Tutta quest'opera viene coronata dalla dedicazione del Tempio (cap. 8).

Tempio
Palazzo reale

L'analisi del «racconto della costruzione del Tempio», in I Re 6 e in altri testi correlati, mostra che non si tratta qui di una nuova costruzione, ma di una ricostruzione del Tempio. Si trattava probabilmente di un tempio gebuseo, la cui eziologia cultuale si trova in II Sam. 24 e che già Davide aveva preso a usare, come risulta ad es. da II Sam. 12,20 e da Sal. 132. Nella sua forma attuale, il racconto doveva presumibilmente servire a far dimenticare la preistoria gebusea e trasformava perciò i provvedimenti di ristrutturazione di Salomone in nuova costruzione (per l'intera questione, cfr. RUPPRECHT).

→ 137 s.

Come caratteristica essenziale la storia di Salomone evidenzia infine ancora la *sapienza* del re. Essa gli viene accordata da Dio proprio all'inizio (I Re 3,12), ed è subito confermata in un saggio giudizio (3,16-28); mostra la sua superiorità mondiale (5,9-14; 10,1-13) e viene alla fine ancora una volta evidenziata come contrassegno particolare del regno di Salomone (11,41). In particolare, il confronto con la sapienza di altri popoli fa trasparire che alla corte di Salomone, come ad altre corti di quell'epoca, la «sapienza» era coltivata in vari modi. Una parte notevole delle tradizioni sapienziali dell'Antico Testamento ha qui la sua origine.

Sapienza di Salomone

→ 152 ss.

Verso la fine, la storia di Salomone racconta di un *tramonto* della sua potenza. Su due fronti, incontrò un «oppositore» che danneggiò il suo dominio. A nord, Damasco riconquistò la sua indipendenza

Debolezza in politica estera

(11,23-25, cfr. II Sam. 8,5 s.); a sud, un principe edomita si accinse a riprendere il governo del suo paese (11,14-22). Entrambi i fatti si verificarono durante il regno di Salomone (cfr. vv. 21 e 25); ciò mostra che Salomone non poté conservare il territorio dominato da Davide, tanto più che non fece nulla in tal senso. Si potrebbe qui ancora ricordare la perdita di venti città in Galilea (9,10-14, vedi sopra).

Tensioni interne

Infine, si giunse anche a tensioni in politica interna: in 11,26-28.40 si parla di una *rivolta* legata ai lavori obbligatori, ordita da un funzionario di nome Geroboamo. Qui non si racconta di più, ma è sufficiente, perché il lettore sa: questo Geroboamo è colui che era diventato il contro-re delle tribù del nord, dopo la morte di Salomone. Così viene alla luce la fine dell'impero creato da Davide e amministrato da Salomone.

Cronologia dell'epoca monarchica

La morte di Salomone è la prima data nella storia d'Israele che possa essere fissata con qualche precisione. Per il periodo seguente, le indicazioni cronologiche circa i re d'Israele e di Giuda forniscono una cronologia *relativa* che, pur presentando molti problemi di dettaglio, offre tuttavia un quadro complessivamente affidabile. In alcuni punti, essa può essere sincronizzata con avvenimenti extra-israelitici, che possono servire da punti fissi per la cronologia *assoluta*. Ne deriva uno schema cronologico per l'epoca dei

926 a.C.

re che comincia con la morte di Salomone (se non vi si vogliono far rientrare anche le cifre tonde di quarant'anni di regno per Davide [II Sam. 5,4; I Re 2,11] e per Salomone [I Re 11,42]); secondo questo schema, la morte di Salomone cade nell'anno 926, secondo altre numerazioni alcuni anni prima o dopo (su tutta questa materia cfr. JEPSEN, in BHH 3, 221 ss. e HAYES - MILLER, 678 ss. con tabelle alternative).

Bibliografia

A. ALT, *Israels Gaue unter Salomo*, in *Alttestamentliche Studien, FS R. Kittel*, 1913, 1-19 [= *Kl. Schr.* II, 76-89); F. CRÜSEMANN, *Der Widerstand gegen das Königtum. Die antiköniglichen Texte des Alten Testamentes und der Kampf um den frühen israelitischen Staat*, 1978; L. DELEKAT, *Tendenz und Theologie der David-Salomo-Erzählung*, in *Das ferne und nahe Wort, FS L. Rost*, 1967, 26-36; F.C. FENSHAM, *The Treaty between the Israelites and Tyrians*, in VT.S 17, 1969, 71-87; T.N.D. METTINGER, *Salomonic State Officials. A Study in the Civil Government Officials of the Israelite Monarchy*, 1971; K. RUPPRECHT, *Der Tempel von Jerusalem. Gründung Salomos oder jebusitisches Erbe?*, 1977; W.H. SCHMIDT, *Alttestamentlicher Glaube in seiner Geschichte*, 1982[4]; G.E. WRIGHT, *The Provinces of Salomo*, in «Eretz-Israel» 8, 1967, 58-68.

NOTH, par. 16; BRIGHT, cap. 5C; MALAMAT, IV.1, V e VI; DONNER, III.4; GUNNEWEG, VII; HERRMANN, II.3; HAYES - MILLER, VI, par. 4; BEN-SASSON, I,7.

Cfr. anche la Bibliografia in II.5 e III.2.4.

6

Israele e Giuda in epoca monarchica

Con la morte di Salomone, si modifica di nuovo radicalmente la natura delle tradizioni. Dell'intera epoca monarchica, i libri dei Re offrono una esposizione complessiva (I Re 12 - II Re 25), caratteriz- → 239 s. zata dall'uso di una serie di cornici, in cui sono ogni volta unite indicazioni cronologiche sulla durata del regno del re in questione, un giudizio religioso sul suo regno e un rimando alle «Cronache dei re → 150 di Israele / Giuda» come fonti per ulteriori informazioni. In questo, appaiono chiaramente il modo di procedere e gli interessi di questa esposizione. Essa è completamente orientata sulla *persona* dei vari re. Riporta però solo l'essenziale di ogni re e per il resto rimanda alle fonti citate. Di particolare significato per la presentazione complessiva è il *giudizio religioso*, basato sull'esigenza di purezza del culto di Jhwh e di unicità del luogo del culto, espressa dal Deuteronomio. → 210

All'interno di questa cornice, soltanto in pochi punti si trovano racconti narrativamente sviluppati di determinati eventi o vicende: alcuni brevi racconti storici (I Re 12,1-19; II Re 11) e un certo numero → 150 s. di *racconti su profeti*, talvolta riuniti in complessi più ampi (I Re 17 - → 159 s. II Re 9; II Re 18,13 - 20,19) dove, in alcuni casi, non è possibile distinguere nettamente fra racconto su profeti e racconto storico (ad es. II Re 9 s., per Geroboamo vedi sotto). I racconti su profeti contengono molte notizie e indicazioni su fatti storici e politici, che sono tuttavia condizionate dall'interesse specifico di questi racconti.

Fonti

La ricostruzione della storia dell'epoca monarchica non ha, all'inizio, altre risorse che le fonti veterotestamentarie. Soltanto a partire dalla metà dell'VIII secolo si hanno contatti con le fonti dell'impero assiro, che in quest'epoca assurse al ruolo di grande potenza dominante nel vicino Oriente. Verso la fine dell'epoca monarchica si verifica un fatto simile con l'impero babilonese, che sottrasse agli assiri la posizione di predominio.

6.1 La spaccatura dell'impero di Davide e di Salomone

→ 150 s. Il racconto storico di I Re 12,1-19 offre un quadro molto chiaro degli avvenimenti successivi alla morte di Salomone. All'inizio c'è una
Roboamo notizia sorprendente: «Roboamo il figlio di Salomone andò a Sichem perché tutto Israele era venuto a Sichem per farlo re» (v. 1). La situazione si è radicalmente modificata: per Davide, i rappresentanti del-
Tribù del nord le tribù del nord si erano recati a Hebron per offrirgli di regnare su Israele (II Sam. 5,1-3); Salomone fu nominato re a Gerusalemme, sen-
→ 55 za che sia menzionata una particolare partecipazione delle tribù del nord (I Re 1); questa volta, Roboamo in persona deve andare a Sichem. Da ciò si può dedurre che le tensioni fra nord e sud, già ma-
→ 56 s. nifestatesi al tempo del regno di Davide, si erano talmente inasprite che le mire separatiste delle tribù del nord ricevettero nuovo impulso (cfr. CRÜSEMANN, 111 ss.).

A Sichem, Roboamo dovette affrontare precise richieste da parte delle tribù del nord, e cioè l'alleggerimento del «giogo» che Salomone aveva loro imposto (v. 4). Si ravvisa qui un collegamento con la ri-
Geroboamo volta guidata da Geroboamo contro Salomone (cfr. 11,26 ss.; nel rac-
→ 60 conto del cap. 12, originariamente, Geroboamo non compariva: i vv. 2.3a sono una anticipazione del v. 20). Il racconto riferisce chiaramente le divergenze fra due gruppi di consiglieri, i «vecchi» e i «giovani» (il che, difficilmente, sembra da intendere nel senso di un «sistema bi-camerale», MALAMAT, 1965): i vecchi sono per una avveduta arrendevolezza, i giovani per una rigidità senza mediazioni. Roboamo segue il consiglio dei giovani «che erano cresciuti insieme a lui» (v. 10) – col risultato che le tribù del nord si rifiutano di seguirlo. L'appello separatista, che era già risuonato durante la rivolta di Sheba contro Davide (II Sam. 20,1), viene ora inasprito: «Provvedi ora tu alla tua casa, Davide!» (v. 16). Il v. 18 racconta ancora un epilogo: Adoniram, il funzionario preposto ai lavori obbligatori, fu ucciso e Roboamo riuscì fortunosamente a salvare la vita.

Con questo, si conclude un'epoca. I Re 12,19 parla, esprimendo il punto di vista di Giuda, di una «ribellione» di Israele contro la casa di Davide (cfr. anche Is. 7,17). Tenendo conto di II Sam. 5,3, si dovrà parlare, con maggiore precisione storica, di un mancato rinnovamento del patto fra le tribù del nord e il rappresentante della dinastia di Davide (il concetto di «divisione del regno», frequentemente usato, è fuorviante, perché anche sotto Davide e Salomone non sussisteva un «regno» unitario). In Giuda, invece, evidentemente, la dinastia di Da-
Roboamo re vide era così solidamente radicata che non ci furono problemi per
di Giuda Roboamo. La notizia di I Re 11,43 registra semplicemente che egli di-

venne re al posto di suo padre Salomone, mentre in 12,20b si afferma espressamente che solo la tribù di Giuda seguì la casa di Davide.

Beniamino

Un problema è rappresentato dall'appartenenza della tribù di *Beniamino*. In I Re 12,21-24, in un breve racconto profetico, si parla di un tentativo di Roboamo di riconquistare il dominio su Israele con la forza delle armi. Come spiegamento di forze vengono menzionate «la casa di Giuda e la tribù di Beniamino» (v. 21, cfr. v. 23), il che è in contraddizione col v. 20. Un problema analogo risulta in 11,30-32. Il profeta Ahija di Scilo strappa il suo mantello in dodici pezzi: dieci li dà a Geroboamo, e uno dovrebbe andare a Salomone – il dodicesimo non è menzionato. Appare qui un tentennamento della tradizione che rispecchia una mutevole appartenenza di Beniamino. Dietro a ciò, stanno forse lotte per i confini, in conseguenza delle quali, alla fine, la maggior parte dei territori di Beniamino finirono a Giuda (cfr. I Re 15,17-22). SCHUNCK (139 ss.) suppone persino che la tribù di Beniamino si sia spontaneamente unita a Roboamo dopo la morte di Salomone (cfr. anche GRØNBAEK, SEEBASS).

Geroboamo re d'Israele

Immediatamente dopo la notizia della «ribellione» di Israele, segue in I Re 12,20a il racconto della nomina di Geroboamo come re «su tutto Israele», che si riallaccia al racconto della rivolta di Geroboamo contro Salomone (I Re 11,26 ss.): là si parla della sua fuga (v. 40), ora del suo ritorno. Così, il racconto della rivolta si presenta come la preistoria del regno di Geroboamo. Un altro elemento, comunque, non viene ripreso: la designazione di Geroboamo come re d'Israele da parte del profeta Ahija di Scilo (11,29-39). La situazione è simile a quella verificatasi con Saul e Davide: entrambi vengono unti in segreto da Samuele (I Sam. 10,1; 16,13), ma il loro insediamento è poi un atto puramente politico (I Sam. 11,15; II Sam. 2,4; 5,1-3; qui, comunque, la designazione viene ricordata, v. 2b). In tutti e tre i casi, la designazione divina tramite un profeta fa chiaramente parte dell'immagine che la tradizione ha sviluppato del rispettivo re; per tutti e tre, si tratta di un nuovo inizio, nel quale la legittimazione a diventare re non era già data dai natali regali e dalla pretesa dinastica in essi implicita.

→ 52. 232 s.

«Monarchia carismatica»

ALT ha sviluppato la tesi secondo cui la designazione da parte di un profeta sarebbe stata una caratteristica della monarchia nel regno del nord, Israele, concepita, a differenza della monarchia dinastica di Giuda, come monarchia «carismatica». Questa tesi, tuttavia, si basa su una generalizzazione delle rare menzioni di una designazione profetica. Oltre che nel caso di Geroboamo, essa viene menzionata soltanto nel caso di Jehu (II Re 9,1 ss.) e solo là (a differenza di quanto accade con Geroboamo) viene istituito un collegamento diretto fra la designazione e l'accesso al potere, che avviene subito dopo (con la violenza). Inoltre, le formazioni dinastiche che si sono avute al nord (vedi sotto) non sono mai criticate come opposte alla volontà di

→ 70

Dio, al contrario: a Jehu viene promesso, in nome di Dio, che la sua famiglia deterrà il potere per quattro generazioni (II Re 10,30)! L'instabilità della monarchia in Israele può essere spiegata in modo molto più plausibile a partire da fatti politici che non dall'idea religiosa di una monarchia «carismatica» (cfr. su questo THORNTON).

Con l'insediamento di Geroboamo come re, si ebbero per la prima volta due regni indipendenti uno dall'altro: *Israele e Giuda*. Di Geroboamo vengono riferiti due provvedimenti presi dopo il suo insediamento per impiantare e consolidare il dominio appena conquistato. Innanzitutto, edificò Sichem e «vi si stabilì» (I Re 12,25), cioè fece della città la sua *residenza*. In modo sorprendente, si racconta nello stesso verso che di là egli si trasferì a Penuel in Transgiordania. Ciò viene spesso messo in relazione con la campagna militare del faraone Shoshenk (in ebraico: *Shishak*) che, secondo fonti egizie, conquistò all'incirca in questo periodo numerose località in Palestina (cfr. anche 11,25 ss., e ancora HERRMANN, 247 ss., trad. it. 267 ss.). Ciò potrebbe aver spinto Geroboamo a ripiegare in Transgiordania. Rimane però oscuro come mai non sia ritornato a Sichem ma abbia più tardi risieduto a Tirtsa (14,17, cfr. 15,33; 16,8 ecc.).

Residenze di Geroboamo

Maggiori conseguenze ebbe il secondo provvedimento: Geroboamo eresse a Bethel e a Dan, cioè a sud e all'estremo nord del suo regno, dei *santuari* centrali. Il racconto relativo, in I Re 12,26-33, presenta i fatti dal punto di vista di Giuda, cioè come una deviazione dal culto legittimo di Gerusalemme. Senza dubbio esatto è il rilievo del racconto secondo cui l'autonomia statale doveva avere per conseguenza anche un'indipendenza cultuale (v. 26 s.). Così Geroboamo fondò propri santuari con relativa classe sacerdotale (v. 31), con feste (v. 32 s.) ecc.

Politica cultuale

Bethel e Dan → 124 s.

Bethel possedeva un'antica tradizione cultuale (cfr. Gen. 28,10-22; 35,1-7) e più tardi venne esplicitamente definita santuario di Stato (Am. 7,13). Anche per il santuario di Dan era tramandata un'eziologia cultuale (Giud. 18). Qualche difficoltà suscita l'affermazione secondo cui Geroboamo avrebbe fatto preparare «vitelli d'oro» e li avrebbe fatti collocare nei santuari (v. 28 s.). Esiste un evidente legame con il racconto di Es. 32, che è da molti esegeti considerato una proiezione a ritroso, nella preistoria d'Israele, del «peccato di Geroboamo». Controverso è il significato religioso dei «vitelli», cioè delle immagini di tori. EISSFELDT riteneva si trattasse di santuari nomadici portatili; si trovano spesso esempi di piedistalli a forma di animali, su cui si immaginava stesse (invisibilmente) una divinità (cfr. WEIPPERT, 103; BRL, figg. 30,2 e 11). Il pericolo di identificare gli animali con la divinità stessa e di sincretismo con le concezioni cananaiche di Dio, era però evidente (riguardo ai numerosi problemi di questo testo, cfr. inoltre ABERBACH - SMOLAR, DONNER, MOTZKI e i commentari).

→ 137 s.

Immagini di tori → 198

Sui regni di Geroboamo e Roboamo non viene detto di più. Non apprendiamo nulla su come si districassero in politica interna due Stati che, fino a quel momento, erano stati diretti da un unico centro. Sulla situazione in politica estera dopo Salomone gettano un po' di luce soltanto alcune indicazioni posteriori. Dopo la morte di Achab, → 70 cioè circa 70 anni più tardi, il re Moab si ribellò a Israele (II Re 1,1; 3,5); dunque, fino a quel momento, era chiaramente stato vassallo → 150 d'Israele; un po' più tardi viene riferita la ribellione di Edom nei confronti di Giuda (8,20-22). La notizia conclusiva su Geroboamo si limita alla semplice osservazione che «come egli combatté e governò» può leggersi negli «annali» (I Re 14,19). Questa osservazione può essere messa in rapporto con quella su Roboamo, secondo cui ci sarebbe stata guerra fra lui e Geroboamo per tutto il tempo in cui egli fu re (v. 30). Oltre a ciò, per Roboamo viene ancora menzionata l'invasione del faraone Shoshenk (14,25-28), ma da una prospettiva così limitata che i fatti sono a stento riconoscibili (secondo una tradizione particolare riportata in II Cr. 11,5-12, Roboamo costruì città for- → 366 tificate che probabilmente dovevano servire come difesa anche contro gli egiziani, oltre che contro i filistei).

Per il resto l'interesse della tradizione per Geroboamo è prevalentemente negativo. Inizia con lui quello che sarà più tardi definito in modo stereotipo «il peccato di Geroboamo»: la rottura con il cul- «Peccato di Geroboamo» to di Gerusalemme, che anche qui è già espressamente definita «peccato» (12,30). A ciò corrisponde la «reiezione» di Geroboamo da parte del profeta Ahija (14,1-18), che in precedenza lo aveva designato re d'Israele (11,29-39). La storia del regno del nord è dunque posta, per la concezione deuteronomistica, sotto un contrassegno negativo → 239 s. (cfr. DEBUS, HOFFMANN, 59 ss.).

Bibliografia

M. ABERBACH - L. SMOLAR, *Aaron, Jerobeam, and the Golden Calves*, in JBL 86, 1967, 129-140; A. ALT, *Das Königtum in den Reichen Israel und Juda*, in VT 1, 1951, 2-22 (= *Kl. Schr.* II, 116-134); F. CRÜSEMANN, *Der Widerstand gegen das Königtum. Die antiköniglichen Texte des Alten Testamentes und der Kampf um den frühen israelitischen Staat*, 1978; J. DEBUS, *Die Sünde Jerobeams*, 1967; H. DONNER, *«Hier sind deine Götter, Israel!»*, in *Wort und Geschichte, FS K. Elliger*, 1973, 45-50; O. EISSFELDT, *Lade und Stierbild*, in ZAW 58, 1940/41, 190-215 (= *Kl. Schr.* II, 282-305); J.H. GRØNBAEK, *Benjamin und Juda. Erwägungen zu 1 Kön, XII 21-24*, in VT 15, 1965, 421-436; H.D. HOFFMANN, *Reform und Reformen. Untersuchungen zu einem Grundthema der deuteronomistischen Geschichtsschreibung*, 1980; A. MALAMAT, *Organs of Statecraft in the Israelite Monarchy*, in BA 28, 1965, 34-65 (= BAR3,

1970, 163-198); H. MOTZKI, *Ein Beitrag zum Problem des Stierkultes in der Religionsgeschichte Israels*, in VT 25, 1975, 470-485; K.-D. SCHUNCK, *Benjamin*, 1963; H. SEEBASS, *Zur Königserhebung Jerobeams* I, in VT 17, 1967, 325-333; T.C.G. THORNTON, *Charismatic Kingship in Israel und Judah*, in JThS 14, 1963, 1-11; M. WEIPPERT, *Gott und Stier*, in ZDPV 77, 1961, 93-117.
NOTH, par. 18; BRIGHT, cap. 6 A; MALAMAT, IV.1, VII; DONNER, IV.1 e l'excursus pp. 229 ss.; GUNNEWEG, VIII.1; HERRMANN, II.4; HAYES - MILLER, VII, par. 1; BEN-SASSON, I,7.
Cfr. anche la Bibliografia in III.2.4.

6.2 Coesistenza di Israele e Giuda

Per i circa due secoli che seguono, fino alla fine del regno del nord, il resoconto dei libri dei Re si riduce essenzialmente alle indicazioni → 239 ss. stereotipate sui singoli re fornite dalla cornice, in cui sono state inserite soltanto alcune notizie integrative. Non viene indicata alcuna suddivisione o accentuazione all'interno di questa storia: re significativi e insignificanti, che abbiano regnato a lungo o per breve tempo, vengono trattati sostanzialmente allo stesso modo. Soltanto in un caso l'esposizione si amplia, accogliendo particolareggiati racconti → 241 s. su profeti all'epoca di Achab, re d'Israele, e dei suoi figli Achazia e Jehoram/Joram (I Re 17 - II Re 9).

Guerra fra Israele e Giuda

Le brevi notizie sui singoli re permettono di individuare i tratti fondamentali dell'evoluzione politica. Dapprima si ebbe uno *stato di guerra* continua fra i due Stati (I Re 14,30; 15,7.16), che si esprimeva soprattutto in conflitti di frontiera (cfr. 15,17-22). Le notizie sullo stato di guerra terminano con la morte di Baasa, re d'Israele (15,16); su Omri non si dice nulla, ma risulta che suo figlio Achab visse in pace con Giosafat, re di Giuda (22,45). Appare qui un rapporto diverso fra i due Stati.

Dinastia di Omri

Ciò è sicuramente in relazione col più incisivo cambiamento verificatosi nel regno del nord: Omri, che (come Baasa prima di lui, 15,27 ss.) era giunto al potere grazie a una rivolta militare (16,15-22), riuscì a fondare una *dinastia*, che detenne il potere per tre generazioni (Omri, Achab, Achazia/Joram). Questa dinastia, è vero, fu nuovamente eliminata con un colpo di Stato militare (II Re 9 s.), ma l'usur- → 70 patore Jehu riuscì a rendere stabile il suo potere, al punto che la sua dinastia regnò per quasi un secolo (Jehu, Joachaz, Joas, Geroboamo II). Così, dopo la confusione iniziale, la monarchia in Israele raggiunse una durevole stabilità, per poi essere nuovamente gettata nella confusione negli ultimi decenni prima della sua fine.

Omri fondò anche una nuova *capitale*, comprando da un uomo di nome Scemer un monte (non ancora abitato?) e chiamando Shomron, in analogia al nome di costui, la città che edificò sul monte (I Re 16,24; il nome corrente *Samaria* risale alla forma *samerina* impiegata dagli assiri). Non è menzionata la ragione dello spostamento da Tirtsa (v. 23) a Samaria. Ma la posizione di Samaria è così convincente da un punto di vista geografico, da quello dei collegamenti e da quello strategico, che non c'è bisogno di altre motivazioni. Forse Omri si è anche orientato al modello di Davide e ha voluto creare una capitale indipendente. In ogni caso, gli scavi archeologici mostrano la costruzione, all'epoca di Omri e di suo figlio Achab, di una imponente residenza fortificata (cfr. PARROT).

Samaria capitale

→ 55

ALT (1954) ha sottolineato con particolare forza il paragone fra Gerusalemme e Samaria e ha proposto la tesi secondo cui Samaria sarebbe stata, secondo il modello di Gerusalemme, una città stato indipendente. Essa avrebbe recato impronte cananaiche, per venire incontro alla parte cananaica della popolazione sempre presente e influente. ALT motivava ciò soprattutto con il culto di Baal, ufficialmente praticato a Samaria (cfr. I Re 16,32; II Re 10,18 ss.; comunque, si parla anche di profeti di Jhwh a Samaria, cfr. I Re 22; II Re 5,3 ss. ecc.; per una critica alla posizione di ALT, cfr. BUCCELLATI, 181 ss., 228 ss.).

La tesi di A. ALT

Omri ha senza dubbio dato un'impronta visibile alla sua epoca (cfr. su questo TIMM). Ciononondimeno, la tradizione antico-testamentaria gli dedica soltanto pochi versi (I Re 16,16 s.21-28). La valutazione religiosa nota che il suo agire sarebbe stato ancora peggiore di quello di tutti i suoi predecessori (v. 25), anche se non è chiaro che cosa si volesse dire con questo. La cosa è più chiara nel caso del figlio e successore Achab (16,29 ss.): «Prese per moglie Izebel, figlia di Ethbaal, re dei sidoni; andò a servire Baal e a prostrarsi davanti a lui» (v. 31). Qui sono collegati due fatti: il matrimonio politico con una fenicia, figlia di re, e il culto di Baal. Le due cose, evidentemente, erano di fatto strettamente collegate. Izebel era (a differenza delle numerose principesse straniere nell'harem di Salomone) una figura di primo piano alla corte di Achab e la tradizione fa di lei la responsabile della persecuzione e della strage dei profeti di Jhwh (18,4; 19,2), mentre i profeti di Baal «mangiano alla sua mensa» (18,19). L'epoca di Achab e dei suoi figli, dal punto di vista della politica interna, è dunque segnata dalla contrapposizione tra la religione di Jhwh e quella di Baal.

Politica religiosa degli Omridi

Achab e Izebel

Si nota qui una lacuna nella tradizione dell'Antico Testamento. Non ci viene detto quasi nulla su come si siano sviluppati i rapporti tra cananei e israeliti nei secoli successivi alla conquista. Perciò è del tutto poco chiaro in-

Israeliti e Cananei

nanzitutto se e in che misura, all'epoca di Omri e di Achab, ci fossero in Palestina parti della popolazione che si consideravano cananei (su questo cfr. BUCCELLATI, 213 ss.; 228 ss.). Ancora di meno ci viene detto sull'evoluzione religiosa. Soltanto una volta viene riferito di uno scontro locale, all'epoca dei giudici, fra seguaci di Baal e di Jhwh (Giud. 6,25-32; il racconto rivela notevoli similitudini con I Re 18, vedi sotto) dove però i seguaci di Baal non sono affatto cananei, ma israeliti. Inoltre, in brani deuteronomistici, si trovano lagnanze sulla mescolanza delle popolazioni e sulle relative conseguenze religiose (ad es. Giud. 3,5 s.). Non sappiamo però quale fosse la situazione reale. La tesi di ALT sul carattere cananaico di Samaria e di intere parti dello Stato d'Israele (vedi sopra) è un'ipotesi senza concreto fondamento nel testo. D'altro lato, però, l'ipotesi che la popolazione avesse un carattere puramente israelitico e una «pura» religione di Jhwh è poco verosimile (cfr. ad esempio i nomi dei figli di Saul e di Gionathan composti con il nome di Baal: Eshbaal [I Cr. 8,33] e Merib-Baal [v. 34]).

Bisognerà piuttosto supporre che Izebel abbia potuto appigliarsi a elementi più o meno forti della religione di Baal presenti nella popolazione israelitica; ma non si va molto oltre le supposizioni.

→ 159 s. 241

Elia sul Carmelo

Apprendiamo ulteriori dettagli sull'epoca un cui regnò Achab dai *racconti profetici* di I Re 17 ss. Nei capp. 17-19, i contrasti di politica religiosa convergono nello scontro tra Elia e Achab o Izebel. Al centro si trova la grande scena sul Carmelo (cap. 18), in cui il problema è di sapere chi sia veramente Dio: *Jhwh o Baal*. Questo va letto nel contesto della tradizione, secondo cui nella capitale Samaria era stato costruito un tempio di Baal (16,32) e secondo cui Elia può arrivare a dire che «gli israeliti» avrebbero distrutto gli altari di Jhwh e ucciso i suoi profeti (19,10.14). La manifestazione della superiorità di Jhwh sul Carmelo non modifica affatto la situazione politico-religiosa: Elia deve nuovamente fuggire, per mettersi al sicuro da Izebel (cap. 19).

La vigna di Naboth

Anche dietro il racconto della vigna di Naboth (cap. 21), sta probabilmente la questione dei rapporti tra tradizioni israelitiche e cananee. Achab vuole comprare un appezzamento di terreno che il proprietario si rifiuta di vendere, perché esso costituisce la *nachalah* della propria famiglia (v. 3), cioè il possedimento ereditario a essa assegnato e che non può essere venduto (cfr. Lev. 25,23 s.). Izebel obietta a partire dal punto di vista secondo cui il diritto del re non sottostà ad alcuna limitazione (v. 7). Izebel, alla fine, assicura ad Achab il suo «diritto» con l'assassinio legale di Naboth (vv. 8-16; sull'intera questione, cfr. WELTEN; di diversa opinione MILLER 1967, STECK, 32 ss.; per le questioni giuridiche cfr. BALTZER, ANDERSEN).

Guerra con gli Aramei

I racconti profetici riferiscono inoltre di vari combattimenti con gli *aramei*. Essi sono però più interessati alla contrapposizione fra re e profeti che agli avvenimenti politici e militari. Al cap. 20 si parla di anonimi profeti, indicati con diverse espressioni (vv. 13.22.38 ecc. *na-*

bi', v. 28 uomo di Dio, v. 35 uno dei «discepoli di profeti»); al cap. 22, accanto a un gruppo di profeti fedeli al re (v. 6), Micaiah ben Imla sta solitario di fronte al re (v. 7). In entrambi i capitoli, si parla di Achab (20,2.13 s.; 22,20), spesso si trova semplicemente l'espressione «il re d'Israele» (20,4.7.11 ecc. 22,2 ss.). Molti esegeti, perciò, dubitano che in origine si parlasse qui di battaglie di Achab con gli aramei. → 157

Un argomento contrario potrebbe essere costituito dal fatto che Achab è menzionato in una iscrizione del re assiro Salmanassar III in una coalizione con gli aramei contro gli assiri nell'anno 853 (cfr. TGI, 49 s., HERRMANN, 268, trad. it., 290); i rapporti con gli aramei possono comunque essersi modificati nel corso del più che ventennale regno di Achab e perciò, a mio avviso, questo argomento non ha un gran peso. Si ravvisa un ulteriore problema nel fatto che in 22,34 s. si riferisce che Achab sarebbe caduto in una battaglia contro gli aramei (intrapresa contro il parere del profeta Michea), mentre in 40 s. si afferma che egli «si addormentò con i suoi padri», il che indicherebbe una morte incruenta (obiezione: se questo fosse stato avvertito come una contraddizione, perché la redazione finale non ha armonizzato i testi? Cfr. anche, in riferimento a Giosia, II Re 22,20 con 23,29 s.).

I riferimenti ai combattimenti con gli aramei sono in ogni caso troppo sporadici per consentire una ricostruzione precisa. Questo vale anche per gli analoghi racconti su combattimenti all'epoca del profeta Eliseo. → 160 Qui, in II Re 6,8 - 7,20, si parla semplicemente di «re d'Israele». Nell'attuale contesto si intende Joram, del quale si riferiscono combattimenti con gli aramei in Transgiordania anche nella cornice di 8,28 s.; 9,14 s. Infine si parla ancora di lotte con gli aramei nell'epoca di Joachaz (13,3 ss.), cioè oltre trent'anni più tardi. Alcuni esegeti tentano, spostando e reinterpretando i testi, di ricostruire altri nessi storici (cfr. WHITLEY, MILLER 1966, SCHMITT), ma tutto rimane molto ipotetico e dipendente dai presupposti di critica letteraria degli esegeti.

Alla luce di tutti questi racconti, è praticamente fuori di dubbio che, nella seconda metà del IX secolo, ci furono conflitti con gli aramei. Quali fossero i rapporti di forza e di chi furono i successi militari è però difficile dire. Più volte si racconta di assedi della città di Samaria da parte degli aramei (I Re 20,1 ss.; II Re 6,24 ss.), poi di vittorie degli israeliti e della resa personale del re degli aramei Ben Hadad (I Re 20,31 ss.) e, infine, persino di guerre offensive degli israeliti contro gli aramei nella Transgiordania settentrionale (I Re 22); poi si racconta di nuovo di conquiste degli aramei in Transgiordania (II Re 10,32 s.) e del quasi totale annientamento delle forze armate israelitiche da parte degli aramei (13,7) e, più tardi, della riconquista di città israelitiche (v. 25). I testi hanno caratteri così diversi che non si lasciano coordinare in un quadro complessivo. È però chiaro che, in

Samaria assediata

quest'epoca, Israele era costantemente esposto a una minaccia da nord. Persino Giuda ne fu toccata (cfr. 12,18 s.).

Israele-Moab

Si parla anche di combattimenti con i moabiti (II Re 3). Su questi episodi getta un po' di luce l'iscrizione di Mesha, re di Moab (cfr. v. 4), rinvenuta in Transgiordania (cfr. TGI, 51 s. e HERRMANN, 271, trad. it., 293 s.). I testi fanno chiaramente vedere che gli israeliti non potevano più impedire la "ribellione" dei moabiti (cfr. 1,1; 3,5). Neppure

Giuda-Edom

Giuda riusciva più a tenere sottomessi gli edomiti (8,20-22) che, secondo 3,9 ss., avevano ancora partecipato, come suoi alleati, a battaglie contro i moabiti. Così, circa 70 anni dopo la morte di Salomone, andarono perduti gli ultimi resti di quello che un tempo era stato un grande impero. Israele e Giuda erano ora soltanto due piccoli Stati, che presto sarebbero stati in balia degli interessi di potere delle grandi potenze.

Rivoluzione di Jehu → 241 s.

Nel regno del nord, la situazione cambiò ancora una volta con la rivoluzione di Jehu (II Re 9 s.). Il racconto relativo è totalmente dominato dal motivo religioso della eliminazione del culto a Baal. Già la diretta compartecipazione profetica al colpo di Stato militare di Jehu (9,1-10) è del tutto insolita e singolare. Quando Jehu incontra il re Joram, il narratore fa menzionare a Jehu, come unica ragione del suo attacco, «le fornicazioni di Izebel, tua madre, e le tante sue stregonerie» (9,22). La conquista della città di Samaria ha il suo culmine drammatico e raccapricciante nell'uccisione degli adoratori di Baal nel loro tempio e nella distruzione del tempio e delle immagini cultuali (10,18-28). Come fine proprio della rivolta, la tradizione indica la «estirpazione di Baal da Israele» (v. 28). Rimane del tutto oscuro quali motivi politici fossero anche in gioco (cfr. anche il giudizio negativo in Os. 1,4).

Usurpazione di Athalia → 242

La rivoluzione di Jehu ebbe ripercussioni sulla situazione di Giuda. Il re di Giuda, Achazia, vi aveva perso la vita (9,27). In seguito a ciò, a Gerusalemme, Athalia, figlia di Achab (8,18, secondo il v. 26 sarebbe stata la figlia [= nipote?] di Omri) si impadronì del potere e cercò di sterminare l'intera casa reale (11,1 ss.). Tuttavia, un figlio del re fu messo al sicuro e, dopo sei anni (v. 3 s.), fu fatto re durante un colpo di Stato. Athalia fu uccisa; si concludeva così l'unica interruzione del dominio continuato della dinastia davidica dall'entrata in carica di Davide fino all'esilio babilonese.

'am ha-'arez

Lo *'am ha-'arez* (letteralmente «popolo del paese») ebbe un ruolo importante nel superamento di questa crisi della dinastia davidica (cfr. 11,14.18-20) e compare anche in altre crisi della dinastia (14,21 «popolo di Giuda»; 15,5; 21,23 s.); il suo stretto legame con il re appare anche nel fatto che sessanta membri dello *'am ha-'arez* furono giustiziati dai babilonesi insieme a Sedekia, ultimo re di Giuda (25,19-21). Chiaramente abbiamo qui a che fare con un fenomeno tipico di Giuda, perché non se ne parla mai in testi provenienti dal regno del nord. Se e come questo «popolo del paese» era organizzato, e quali fossero le sue funzioni particolari, rimane oscuro. Dai testi sopra citati, sembra aver avuto la propria rilevanza storica decisiva nella salvaguardia della dinastia davidica (cfr. WÜRTHWEIN, NICHOLSON, SOGGIN, TALMON).

Per quasi un secolo – dalla metà del nono alla metà dell'ottavo secolo – i libri dei Re ci danno informazioni molto esigue. Dei conflitti con gli aramei si è già parlato. In un caso, ci viene riferito uno scontro militare fra Israele e Giuda (14,8-14), ma in una forma quasi aneddotica, che fa apparire il tutto come un evento molto isolato. I lunghi regni di Geroboamo II in Israele (14,23-29: 41 anni) e di Azaria in Giuda (15,1-7: 52 anni; in 15,13.30.32.34 lo stesso re è chiamato Uzzia) devono esser stati, per entrambi gli Stati, epoche di relativa calma. Geroboamo, a quanto pare, ebbe successi in politica estera (cfr. 14,25.28 e HARAN). Non è comunque certo un caso che, proprio durante il regno di Geroboamo II, abbia fatto la sua comparsa il profeta Amos, con le sue dure invettive contro l'ingiustizia sociale. I testi profetici dell'ottavo secolo e reperti archeologici (cfr. DE GEUS) indicano che questa fase di stabilità politica era al tempo stesso un periodo segnato dalla congiuntura economica favorevole e dall'acuirsi delle tensioni sociali. Le nostre conoscenze dei rapporti e dei processi sociali ed economici in questo periodo non sono comunque sufficienti a tracciare un quadro preciso (cfr. ALT, DONNER, FENDLER, HERRMANN, 295 s., trad. it., 319 ss.).

Geroboamo II
Azaria (Uzzia)

Amos

→ 291

Tensioni sociali

Con la morte di Geroboamo II, si concludeva la duratura fase di stabilità e di continuità che il regno del nord aveva conosciuto sotto le dinastie di Omri e di Jehu. Ci furono, in rapida successione, una serie di colpi di Stato militari (II Re 15,8-12.13-16.17-22) che ricordano l'epoca precedente l'inizio della dinastia di Omri (cfr. I Re 16,8-22). Alla fine, Menahem poté affermarsi come re d'Israele (II Re 15,17-22). Ai suoi giorni ebbe luogo la prima campagna del re assiro Tiglath-pileser III verso la Siria, nel 738 (nei vv. 19 s. è chiamato Pul, nome con cui salì al trono). Menahem pagò un ingente tributo per prevenire un'aggressione assira (v. 20). Di ciò si parla anche in diverse iscrizioni assire dove «Menahem di Samaria» è citato come tributario insieme ad altri re della regione (cfr. TGI, 55, WEIPPERT). Egli si procurava il danaro per il tributo con un testatico molto elevato.

Avanzata assira

La comparsa degli assiri è il segnale di una evoluzione che nel frattempo aveva avuto luogo nella regione mesopotamica, dove gli assiri avevano consolidato il proprio potere e ora si accingevano ad assumere il dominio nel vicino Oriente. Si concludeva così un'epoca, in cui i piccoli Stati della Siria-Palestina avevano potuto più o meno regolare tra di loro i rapporti di potere nella loro regione. In questa

→ 54 ss. epoca era sorto e di nuovo caduto l'impero di Davide; ma fino a quel momento nessuna potenza straniera era venuta dal di fuori di questa regione a manifestare pretese di dominio. Questo facevano ora gli assiri, aprendo così una lunga serie di grandi potenze straniere che (come già gli egiziani e gli hittiti nel secondo millennio) cercavano di dominare questa regione strategicamente molto importante del vicino Oriente.

Le informazioni che l'Antico Testamento ci fornisce sugli ultimi anni del regno del nord sono di nuovo molto stringate. Alla morte di Menahem, suo figlio Pekachia fu vittima di un colpo di Stato e Pekah si fece re al posto suo (II Re 15,23-26). Ai suoi tempi, nel 733, ebbe luogo una seconda campagna di Tiglath-pileser, questa volta con conseguenze molto gravi per Israele. In 15,29 si racconta che Tiglath-pileser avanzò, conquistò una serie di località e territori, deportandone gli abitanti ad Assur. Questa breve comunicazione esprime in sintesi un evento molto movimentato e carico di conseguenze per Israele e Giuda. Per quanto riguarda Giuda, il quadro è integrato da due ulteriori informazioni. In 15,37, si afferma, a proposito dell'epoca di Jotham re di Giuda, che Retsin re di Aram, e Pekah, figlio di Remalia (il re d'Israele) si sarebbero spinti contro Giuda. In 16,5-9, si riferisce con maggiore ampiezza di questo attacco a Giuda da parte dei vicini settentrionali, questa volta però in riferimento all'epoca del re Achaz, che seguì a Jotham. Questo conflitto è tradizionalmente chiamato «guerra siro-efraimitica».

Guerra siro-efraimitica

Achaz

→ 256 «Siria» è qui la denominazione un tempo corrente per Aram, mentre «Efraim», forse sulla base di Is. 7,9, è usato per indicare il regno del nord. La campagna degli aramei e degli israeliti era presumibilmente solo un aspetto collaterale di una più grande coalizione anti-assira, costituitasi in quegli anni fra gli Stati di Siria e Palestina, sotto la direzione di Damasco. Evidentemente Giuda non aveva aderito a questa coalizione. L'offensiva contro Gerusalemme sembra dunque aver avuto l'intento di insediarvi un re disposto ad aderire alla coalizione (cfr. Is. 7,6). Achaz tentò di allontanare la minaccia inviando un tributo a Tiglath-pileser e richiedendone l'aiuto (II Re 16,7-9). Deve rimanere in sospeso se Tiglath-pileser si vide così indotto ad attaccare, o se questa era comunque la sua intenzione. In ogni caso, negli anni 733/32 egli conquistò Damasco e Samaria (i dettagli cronologici sono controversi). Evidentemente, proprio in questo momento si verificò a Samaria una rivoluzione e il nuovo re Hosea (II Re 15,30) si sottomise agli assiri, salvando in questo modo i territori centrali del suo regno (in un testo assiro si afferma persino che lo stesso Tiglath-pileser avrebbe insediato Hosea come re, cfr. HERRMANN, 308 s. trad. it., 335, TGI, 58 s.). Secondo II Re 15,29 il nord della Galilea e i territori transgiordanici («Galaad») vennero scorporati e trasformati in provincia assira; una parte degli abitanti fu deportata (sull'intera questione cfr. HERRMANN, 306 ss. trad. it., 332 ss.; HAYES - MILLER, 421 ss.; KAISER, *Commentario ad Isaia*, 5ª ed., 148 s.).

733 a.C.

Dopo i fatti degli anni 733/32, Israele e Giuda furono vassalli degli assiri. Per di più, Israele aveva perso parti essenziali del suo regno, e la sua storia durò ancora poco tempo. In II Re 17,1-6 si racconta che Hosea, l'ultimo re d'Israele, aderì nuovamente a una coalizione anti-assira, che strinse anche relazioni con l'Egitto, e che omise il pagamento del suo tributo. Quindi il re assiro Salmanassar V intraprese nel 722 una campagna in questa regione, conquistò Samaria, deportò una parte della popolazione e, questa volta, ridusse tutto Israele a provincia assira. L'esecuzione di queste misure cadde già nel periodo di regno di Sargon II, successore di Salmanassar (cfr. TGI, 60 s.).

Fine di Israele

722 a.C.

La storia del regno del nord giungeva così alla sua conclusione. Quanto profonda fosse questa frattura, è reso evidente dal confronto con la situazione al termine del regno di Giuda, più di un secolo dopo. Gli assiri deportarono parte della popolazione (si trattava essenzialmente degli strati superiori, degli artigiani ecc.) in altre parti del loro impero, dove se ne persero le tracce, mentre, più tardi, i babilonesi insediarono tutti insieme i giudei deportati, cosicché a questi fu possibile mantenere le proprie tradizioni e, in un secondo tempo, far ritorno in patria. Oltre a ciò, gli assiri insediarono in Israele gruppi di popolazioni provenienti da altre regioni conquistate (II Re 17,24), di modo che vi si formò una popolazione mista, il cui carattere era determinato anche dalle tradizioni degli strati superiori dei neo-insediati; i babilonesi, invece, non lo fecero, di modo che poi i rimpatriati poterono più facilmente riallacciarsi alle tradizioni precedenti. La tradizione interpreta perciò la fine politica dello Stato d'Israele, in sostanza, come la fine della storia di questa parte settentrionale d'Israele, in cui non era ormai più possibile la continuazione delle tradizioni religiose e cultuali d'Israele (esse proseguirono, più tardi e in misura limitata, nella storia dei samaritani).

→ 83 ss.

Deportazione

Nuovi insediamenti → 242 s.

→ 104 s.

Bibliografia

A. ALT, *Der Stadtstaat Samaria*, 1954 (= *Kl. Schr.* III, 258-302); IDEM, *Der Anteil des Königtums an der sozialen Entwicklung in den Reichen Israel und Juda*, in *Kl. Schr.* III, 348-372; F.I. ANDERSEN, *The Socio-Juridical Background of the Naboth Incident*, in JBL 85, 1966, 46-57; K. BALTZER, *Naboths Weinberg (1.Kön 21). Der Konflikt zwischen israelitischem und kanaanäischem Bodenrecht*, in WuD 8, 1965, 73-88; G. BUCCELLATI, *Cities and Nations of Ancient Syria*, 1967; H. DONNER, *Die soziale Botschaft der Propheten im Licht der Gesellschaftsordnung in Israel*, in OrAnt 2, 1963, 229-245; M. FENDLER, *Zur Sozialkritik des Amos*, in EvTh 33, 1973, 32-53; C.H.J. DE GEUS, *Die Gesellschaftskritik der Propheten und die Archäologie*, in ZDPV 98, 1982, 50-57; M. HARAN, *The Rise and Decline of the Empire of Jeroboam ben Joash*, in VT 17, 1967, 266-297; J.M. MILLER, *The Fall of the House of Ahab*, in VT 17, 1967, 307-324; IDEM, *The Elisha Cycle and the Accounts*

of the Omride War, in VT 85, 1966, 441-454; E.W. NICHOLSON, *The Meaning of the Expression 'm h'rṣ in the Old Testament*, in JSSt 10, 1965, 59-66; A. PARROT, *Samaria, die Hauptstadt des Reiches Israel*, in *Bibel un Archäologie* III, 1957, 5-111; H.-C. SCHMITT, *Elisa. Traditiongeschichtliche Untersuchungen zur vorklassichen nordisraelitischen Prophetie*, 1972; J.A. SOGGIN, *Der judäische 'am-ha'areṣ und das Königtum in Juda*, in VT 13, 1963, 187-195; O.H. STECK, *Überlieferung und Zeitgeschichte in den Elia- Erzählungen*, 1968; S. TALMON, *The Judaean 'am-ha'areṣ in Historical Perspective*, in *Fourth World Congress of Jewish Studies*, 1967, 71-76; S. TIMM, *Die Dynastie Omri. Quellen und Untersuchungen zur Geschichte Israels im 9. Jahrhundert vor Christus*, 1982; M. WEIPPERT, *Menahem von Israel und seine Zeitgenossen in einer Steleninschrift des assyrischen Königs Tiglathpileser III. aus dem Iran*, in ZDPV 89, 1973, 26-53; P. WELTEN, *Naboths Weinberg (1.Könige 21)*, in EvTh 33, 1973, 18-61; C.F. WHITLEY, *The Deuteronomic Presentation of the House of Omri*, in VT 2, 1952, 137-152; E. WÜRTHWEIN, *Der 'amm ha'arez im Alten Testament*, 1936.
NOTH, par. 19-21; BRIGHT, cap. 6,7A; MALAMAT, IV.1, VII e VIII; DONNER, IV.V; GUNNEWEG, VIII.2-4; HERRMANN, II.5-7; HAYES - MILLER, VII, par. 2-5; BEN-SASSON, I, 8-9.
Cfr. anche la Bibliografia in III.2.4.

6.3 Giuda fino all'esilio babilonese

Nulla ci viene detto sugli effetti che ebbe su Giuda la caduta del regno del nord. Forse dal pagamento del tributo da parte del re Achaz, Giuda fu considerato dagli assiri un fedele vassallo.

Altare di Achaz

In II Re 16,10-18 si racconta che Achaz, dopo l'incontro con Tiglath-pileser, aveva fatto erigere nel Tempio di Gerusalemme un altare, il cui modello era stato fornito dall'«altare di Damasco». A questo proposito, viene spesso supposto che si sia trattato dell'instaurazione nel Tempio di Gerusalemme del culto di Stato assiro e in ciò si ravvisa un atto politico da parte di Achaz. I particolari del culto, tuttavia, rimandano ad analogie cananee piuttosto che assire (cfr, MCKAY, 5 ss.). Inoltre, la storicità di questo brano è dubbia (cfr. HOFFMANN, 141 ss.) e quindi non può in ogni caso servire come prova di concessioni cultuali nei confronti degli assiri.

Ezechia

Di Ezechia, figlio e successore del re Achaz, vengono riferite in II Re 18,1-8 essenzialmente tre cose: una riforma cultuale (v. 4), la ribellione nei confronti degli assiri (v. 7b) e una vittoria sui filistei (v. 8). Il secondo punto è il più tangibile. La rivolta di Ezechia si situa in un più ampio contesto politico, sul quale ci informano anche fonti assire. Dopo la morte del re assiro Sargon II nell'anno 705, si ebbero numerosi disordini nell'impero assiro; tra l'altro, Egitto e Babilonia, che prima erano stati sottomessi all'Assiria, riacquistarono la propria

Rivolta anti-assira

indipendenza. Ezechia prese evidentemente parte a trattative antiassire, come dimostrano le visite a Gerusalemme di delegazioni egiziane (cfr. Is. 18; poi anche 30,2; 31,1) e babilonesi (II Re 20,12 s.).

Presumibilmente, anche la guerra contro i filistei (II Re 18,8) si collocava in questo contesto. In primo luogo, si trattò probabilmente di riconquistare alcune città annesse dai filistei secondo II Cr. 28,18, ma al tempo stesso anche di costituire una coalizione antiassira; infatti la città di Gaza, contro cui Ezechia combatté, compare nel resoconto di guerra di Sennacherib (vedi sotto) tra le città tra le quali, più tardi, fu suddiviso il territorio di Giuda, poiché esse non si erano messe contro gli assiri (cfr. HAYES - MILLER, 444 ss.). Guerra contro i filistei

Nel 701, Sennacherib, successore di Sargon II, intraprese una campagna in questa regione per ristabilire il suo dominio (cfr. TGI, 67 ss.). 701 a.C.
Fu vittorioso contro un'armata egiziana che gli si era contrapposta e annesse le città filistee in rivolta. Assedio di Gerusalemme
Poi si diresse contro Giuda, prese: «46 delle sue città fortificate come pure le innumerevoli piccole città nei loro dintorni» (TGI, 68, cfr. II Re 18,13) e rinchiuse lo stesso Ezechia: «nella sua residenza a Gerusalemme, come un uccello in gabbia» (TGI, 69, cfr. Is. 1,7 s.). Sulla fine dell'assedio il resoconto di Sennacherib non dice nulla. Si racconta soltanto come Sennacherib abbia sottratto dall'ambito del dominio di Ezechia le città conquistate, per darle ai re di Ashdod, Ekron e Gaza e come abbia imposto a Ezechia un pesante tributo. Quest'ultimo fatto collima con le notizie contenute all'inizio (II Re 18,13-16) delle *narrazioni su Isaia* (II Re 18,13 - → 243
20,19); tuttavia, in 18,17 comincia una nuova sezione (in sé composita) che riferisce di un assedio di Gerusalemme con l'intimazione di capitolare e la miracolosa salvezza della città (18,17 - 19,37). È controverso quali siano le deduzioni storiche da trarre da questi due racconti che si contraddicono a vicenda (cfr. CHILDS, 11 ss.; HERRMANN, 319 s., trad. it., 346 s.; HAYES - MILLER, 449 ss.). È comunque chiaro che Ezechia mantenne il suo regno, anche se con un dominio territoriale fortemente ridotto e sotto più forti gravami tributari (a quanto pare, i territori perduti sono più tardi tornati, del tutto o in parte, sotto il dominio di Giuda, senza che però si possa sapere nulla di più preciso su questo).

Per quanto riguarda la notizia della «riforma cultuale» di Ezechia (18,4), si possono distinguere due elementi. Riforma cultuale
In primo luogo si parla dell'eliminazione degli alti luoghi di culto (*bamot*) come pure delle immagini cultuali in pietra (*mazzebot*) o in legno (*'asherah*); ciò si inserisce del tutto nel quadro della composizione deuteronomistica dei → 239 s.
libri dei Re e rappresenta un parallelo letterale di I Re 14,23 dove, all'inizio della storia di Giuda, viene mossa una critica all'istituzione di questi oggetti cultuali. La notizia successiva, che riferisce l'elimi-

Serpente di bronzo

nazione del «serpente di bronzo» chiamato Nehushtan, non ha tuttavia paralleli nell'opera storiografica deuteronomistica. Essa costituisce evidentemente il nucleo storico delle informazioni sulla riforma cultuale. Secondo questa notizia, Ezechia fece rimuovere dal Tempio di Gerusalemme un'immagine cultuale teriomorfa che, secondo → 138 la tradizione, risaliva all'epoca di Mosè (cfr. Num. 21,4-9). Si può ravvisare in questo un influsso del movimento profetico (HOFFMANN, 153). L'ipotesi, spesso sostenuta, secondo cui Ezechia avrebbe rimosso anche immagini cultuali assire e la riforma avrebbe perciò avuto un carattere politico, non trova appoggio nei testi. Piuttosto, è il racconto deuteronomistico a contenere, nell'ultima fase della storia di Giuda, un costante alternarsi di riforme cultuali positive e negative (Achaz - Ezechia - Manasse - Giosia). È perciò verosimile che, nel quadro di questa concezione, la notizia della eliminazione del «serpente di bronzo» sia stata trasformata nel racconto di una «riforma cultuale» (cfr. però CONRAD).

Manasse

A proposito di Manasse, figlio e successore di Ezechia, vengono riferite esclusivamente questioni cultuali, e sempre in termini totalmente negativi (II Re 21,1-18). Egli viene rappresentato come il grande «re eretico»; tutto ciò che qui viene detto di lui costituisce, fin nei dettagli, lo sfondo negativo della successiva riforma di Giosia (cfr. → 243 s. HOFFMANN, 174 s.). Una valutazione storica di questi dati è pressoché impossibile. Dai testi non risulta, come invece viene spesso sostenuto, che la politica cultuale di Manasse fosse espressione della sua particolare sottomissione nei confronti degli assiri (cfr. MCKAY, 20 ss., HOFFMANN, 166). Da un punto di vista storico, dobbiamo limitarci a constatare che Manasse ha regnato straordinariamente a lungo (55 anni!), evidentemente senza contrasti, sia in politica estera, sia in politica interna, e che, tuttavia, il suo regno poteva essere visto retrospettivamente come un'epoca di apostasia cultuale dalla legittima religione di Jhwh.

II Cr. 33,11 ss. racconta che Manasse viene deportato in Babilonia e che questo lo spinge a pentirsi, di modo che, al suo ritorno, promuove un ripristino del legittimo culto di Jhwh. Questo racconto è però da interpretare come spiegazione midrashica del fatto che un re tanto peccatore abbia potuto regnare tanto a lungo e senza contrasti (cfr. EHRLICH). È poco verosimile che il racconto abbia una base storica (cfr. NIELSEN, HAYES - MILLER, 454 ss.).

Il figlio di Manasse, Amon (II Re 21,19-26) fu vittima di un intri- → 70 s. go di palazzo (v. 23). Fu di nuovo lo *'am ha-'arez* a salvaguardare la continuità della dinastia davidica. Così Giosia salì al trono all'età di 8 anni (22,1). Con ciò, inizia l'ultima fase della storia dello Stato di Giuda.

Giosia

Riforma cultuale

622 a.C.

→ 214

→ 243 s.

Al centro del particolareggiato racconto su Giosia (II Re 22,1 - 23,30), si trova la grande riforma cultuale iniziata, secondo 22,8, nel diciottesimo anno di regno di Giosia, cioè nel 622. Secondo il racconto, essa fu provocata dal ritrovamento del «libro della Torah» (v. 8) nel corso di lavori di restauro al Tempio. Con «libro della Torah» si indica certamente il Deuteronomio (nella forma attuale o in una più antica). È tuttavia molto controverso se il racconto sia storico o abbia un nucleo storico. Nella sua forma attuale, esso reca una marcata impronta deuteronomistica e quindi la ricostruzione storica dei particolari della riforma religiosa e dei suoi legami col Deuteronomio è pressoché impossibile (secondo II Cron. 34 la riforma cultuale comincia [vv. 3 ss.] già sei anni prima del ritrovamento del libro [vv. 8 ss.], ma difficilmente abbiamo qui a che fare con una tradizione indipendente, cfr. HOFFMANN, 254 ss.). Si è spesso constatato come esistano differenze tra il Deuteronomio e il racconto della riforma cultuale (ad es. per quanto riguarda i diritti dei sacerdoti provenienti dai santuari del paese, che sono stati aboliti, cfr. Deut. 18,6-8 con II Re 23,8 s.) e in ogni caso non è possibile considerare il Deuteronomio come modello diretto a partire dal quale fu effettuata la riforma; le coincidenze di fondo sono comunque superiori alle differenze. Come fondamento storico della tradizione si può dunque postulare una riforma cultuale effettuata da Giosia nella linea del Deuteronomio o del movimento che vi sta dietro (cfr. HOFFMANN, 264 ss.).

Caduta dell'impero assiro

La riforma di Giosia si collocava in un più ampio contesto politico. Ebbe luogo in un'epoca in cui era iniziato il declino dell'impero assiro. Già nel 625, Babilonia si era di nuovo resa indipendente con il re Nabo-polassar. Nel 612 venne distrutta Ninive, la capitale assira; l'ultimo re assiro, Ashur-uballit, si ritirò nella Mesopotamia occidentale in direzione di Charan e di lì cercò di difendere il suo dominio, anche con l'aiuto degli egiziani.

Espansione di Giosia

→ 227

Faraone Neco

Giosia, evidentemente, sfruttò questo vuoto di potere per rafforzare e ampliare il suo dominio (l'opinione diffusa secondo cui la riforma cultuale sarebbe stata diretta anche o prima di tutto all'eliminazione di elementi del culto di Stato assiro non può essere mantenuta, cfr. MCKAY, 28 ss.). L'azione contro l'altare di Bethel, già santuario statale del regno del nord (II Re 23,15-18), potrebbe essere vista nel quadro di un ampliamento dei domini del re di Giuda su parti di quello che era stato il regno del nord (ALT ha persino supposto che all'interno dei capitoli 15 e 18 s. del libro di Giosuè sia contenuta una lista di «distretti» del regno di Giosia, comprendenti parti di quello che era stato il regno del nord). Soprattutto le circostanze della morte di Giosia ne evidenziano le ambizioni politiche. Egli si oppose al faraone egiziano Neco, che si era diretto a nord per andare in aiuto al re d'Assiria (e non «contro a lui» come si traduce il più delle vol-

609 a.C. te in II Re 23,29, cfr. HERRMANN, 333, trad. it. 362 s.). Forse voleva impedire che, con l'aiuto degli egiziani, la potenza assira tornasse a rafforzarsi oppure temeva che, a quella assira, sarebbe seguita un'altra dominazione straniera, questa volta egiziana; i testi, comunque (cfr. anche II Cr. 35,20 ss.), tacciono sulle sue intenzioni.

Dopo la morte di Giosia, Giuda fu coinvolto nelle lotte delle grandi potenze per il controllo della regione. Innanzitutto, lo *'am ha-'arez* mise sul trono il figlio più giovane di Giosia, Joachaz (II Re 23,30; sull'età cfr. v. 31 con v. 36); si tratta di un fatto molto insolito, che ha probabilmente a che fare con la politica estera (cfr. MALAMAT 1975, 126), dato che, solo tre mesi più tardi, il faraone Neco lo depose e lo deportò in Egitto. Al suo posto, insediò il fratello Eliakim, a lui evidentemente più gradito, e ne cambiò il nome in quello di Joiakim, in segno di superiorità. Al tempo stesso, Neco impose al paese un pesante tributo (II Re 23,31-35). Presto, però, i rapporti di forza si modificarono a vantaggio dei babilonesi, che, nel 605, avevano battuto gli egiziani nei pressi di Karkemish sull'Eufrate (cfr. Ger. 46,2 e TGI, 73, HERRMANN, 337, trad. it., 367 s.). Questi ultimi dovettero così abbandonare le loro pretese sul territorio «dal torrente d'Egitto fino al fiume Eufrate», cioè sulla Siria e la Palestina (cfr. II Re 24,7), e Joiakim divenne vassallo dei babilonesi (v. 1). Ma già tre anni più tardi si ribellò di nuovo, verosimilmente come reazione a una sconfitta che i babilonesi subirono nell'inverno del 601/600 durante una campagna contro gli egiziani (cfr. HERRMANN, 339, trad. it., 369 s., MALAMAT 1975, 131 s.). Di lì a poco Nebucadnetsar, che dal 605 era re di Babilonia, iniziava una nuova campagna in questa regione e, all'inizio del 597, compariva davanti a Gerusalemme, dove Joiakin era appena subentrato come re a suo padre Joiakim. Joiakin consegnò la città, sembra volontariamente (24,11 ss.), fu preso prigioniero e deportato. Al suo posto, Nebucadnetsar insediò come re suo zio (cioè un altro figlio di Giosia) Mattania, a cui cambiò il nome (come aveva fatto, a suo tempo, Neco) in quello di Sedekia (v. 17).

Joachaz

Joiakim

Battaglia di Karkemish

Nebucadnetsar

597 a.C.

Joiakin

Sedekia

1ª deportazione

Insieme a Joiakin, fu deportata parte della popolazione (24,14 ss.). Sono menzionati: i funzionari (*śarim*), i cittadini abbienti, soggetti al servizio militare (*gibbore chajil*, cfr. 15,20 e ThWAT II, 906), e inoltre certi gruppi di artigiani (*charash* = armaiuolo, *maśger* = costruttore di fortificazioni ecc., cfr. MALAMAT 1975, 133); soltanto gli strati più poveri della popolazione rimasero nel paese (*dallat 'am ha-'arez*).

Le indicazioni numeriche sono problematiche. In II Re 24,14 si parla di 10.000 deportati; al v. 16 ne sono menzionati 7.000, oltre a 1.000 artigiani; per contro, Geremia 52,28 menziona la cifra di 3.023. È possibile che si tratti di due gruppi di deportati, perché Ger. 52,28 parla del settimo anno di Nebucadnetsar, II Re 24,12 invece dell'ottavo. Allora la cifra di 10.000 potrebbe essere intesa come il totale dei circa 3.000 deportati del primo gruppo, subito dopo la presa della città, e del secondo gruppo di circa 7.000, che seguì di lì a poco (cfr. MALAMAT 1975, 133 s.).

Ribellione anti-babilonese

Ancora una volta si ripeté il processo, già verificatosi in precedenza più volte: ribellione del re di Giuda alla dominazione straniera e conseguente spedizione punitiva contro Gerusalemme. Entrambi gli aspetti sono raccontati molto concisamente in II Re 24,20b e 25,1. Forse, da Ger. 27,3, si può dedurre l'esistenza di una «conferenza» antibabilonese a Gerusalemme, a cui avrebbero partecipato inviati degli Stati transgiordanici di Edom, Moab e Ammon come pure delle città costiere fenicie di Tiro e Sidone (MALAMAT 1975, 135 ss.). Evidentemente, a Gerusalemme si discuteva pubblicamente quale fosse la politica giusta, come si può desumere dagli ammonimenti di Geremia a non ribellarsi ai babilonesi (Ger. 27) e dal conflitto con il profeta Anania (Ger. 28). Geremia esortava per lettera i deportati in Babilonia a prepararsi a una lunga permanenza in esilio (Ger. 29). → 272

Assedio di Gerusalemme

All'inizio dell'anno 588, infine, un esercito babilonese si avvicinava a Gerusalemme e assediava la città (II Re 25,1 ss.; per la datazione, cfr. MALAMAT 1968, 150 ss.). A quanto pare, l'assedio fu temporaneamente interrotto per il sopraggiungere di un esercito egiziano (Ger. 37,5.11, cfr. le date in Ez. 29,1 e 30,20 e la tavola cronologica in MALAMAT 1975, 144 s.). Nell'estate del 586, i babilonesi aprirono dapprima una breccia nelle mura della città e, circa un mese più tardi, la occuparono completamente; incendiarono il Tempio (dopo averlo saccheggiato, vv. 13-17), il palazzo reale e il resto della città e distrussero le mura (cfr. II Re 25,3 s. e 8 [Ger. 52,6 s. e 12]). 586 a.C.

Possiamo conoscere alcuni interessanti dettagli sulla situazione durante l'assedio dagli *ostraka* (cocci di terracotta recanti iscrizioni) che sono stati rinvenuti durante gli scavi effettuati nella città di Lakish (cfr. TGI, 75-78 e HERRMANN, 345 s., trad. it., 376 s.).

Destino di Sedekia

Sedekia tentò di fuggire dalla città (II Re 25,4; per il testo cfr. Ger. 39,4), ma nei pressi di Gerico (cioè prima che potesse mettersi al sicuro oltre il Giordano) fu raggiunto dai babilonesi, preso prigioniero e portato al quartier generale di Nebucadnetsar a Ribla. Là fu crudelmente punito per il suo rinnegamento. I suoi figli furono uccisi davanti ai suoi occhi e lui stesso fu accecato e portato a Babilonia in catene (v. 7). Non viene più raccontato quale sia stato in seguito il suo destino.

2ª deportazione

Della popolazione di Gerusalemme, alcuni funzionari militari di corte e del Tempio, insieme a sessanta (forse quelli che rimanevano) esponenti della classe superiore (*'am ha-'arez*) furono anche portati da Nebucadnetsar a Ribla e là giustiziati (25,18-21). Inoltre, in 25,11 s. si afferma globalmente che fu deportato il resto della popolazione rimasta, poi i disertori consegnatisi al re di Babilonia e (secondo il testo di Ger. 52,15) il resto degli artigiani, mentre parte dello strato più povero della popolazione (*dallat 'am ha-'arez*) fu lasciata a lavorare le vigne e i campi.

In Ger. 52,29 si indica la cifra di 832 deportati «da Gerusalemme» nell'anno diciottesimo di Nebucadnetsar, cioè ancora prima della presa di Gerusalemme, che, secondo 25,8 avvenne nel diciannovesimo anno; potrebbe trattarsi dei citati disertori (MALAMAT 1975, 145). Il v. 30 menziona ancora altri 745 «giudaiti» in riferimento al ventiduesimo anno di Nebucadnetsar, dunque quattro anni prima della presa di Gerusalemme. Di conseguenza, la deportazione del 586 e anni seguenti sarebbe stata molto più piccola di quella del 597. Ricorrendo alle cifre di Ger. 52,28-30 rimane comunque una discrepanza con II Re 24 s., perché in questa lista mancano i 7.000 deportati del secondo gruppo del 597 (cfr. sopra; sulle cifre dei deportati, cfr. anche SCHOTTROFF, 49).

Fine della monarchia

La caduta di Gerusalemme costituisce una profonda cesura nella storia d'Israele. Con essa si conclude il dominio della dinastia davidica, durato più di quattro secoli; ciò segna anche la fine della monarchia in Israele e dell'esistenza come Stato indipendente, a essa legata. Nei quattro secoli successivi, fino alla chiusura degli ultimi scritti dell'Antico Testamento, Israele (Giuda) visse sotto la dominazione di diverse grandi potenze e soltanto nel corso del II secolo a.C., grazie al crollo delle grandi potenze, e in circostanze totalmente diverse, fu di nuovo possibile avere un regno e una relativa autonomia statale.

Ghedalia

Nel II Libro dei Re ci sono ancora due brevi paragrafi, che fungono da appendice alla storia della monarchia. Il primo (25,22-26) tratta del breve periodo in cui fu in carica Ghedalia, posto dai babilonesi «sul popolo rimasto in terra di Giuda» (v. 22; la sua esatta posizione giuridica non è più identificabile). Da Mizpa, dove probabilmente aveva la sua residenza ufficiale, tentò di praticare una politica di sottomissione alla dominazione babilonese (v. 24). Tuttavia, dopo breve tempo, fu assassinato (v. 25) da uno dei «comandanti di truppe» (che forse, insieme con i loro uomini, si erano tenuti nascosti ai babilonesi, cfr. Ger. 40,7), di nome Ismael. Il racconto si chiude con la notizia che, in seguito a ciò, «l'intero popolo» e i comandanti di truppe sarebbero fuggiti in Egitto per paura dei babilonesi (v. 26).

Emigrazione in Egitto

Questo episodio è trattato più diffusamente in Ger. 40-44. Secondo questo testo, dopo la morte di Ghedalia, Ismael tentò di andarsene in Transgiordania, dagli ammoniti (41,10), ma fu inseguito dagli altri comandanti di truppe, sotto la guida di un uomo di nome Johanan e poté soltanto fuggire con pochi uomini (vv. 11-15). A questo punto, Johanan e gli altri comandanti di truppe decisero di andare in Egitto con i loro uomini e con quanti si erano trovati a seguire Ismael contro la propria volontà (vv. 16-18). A questo riguardo chiesero a Geremia di dare loro un messaggio divino (42,1-7), che essi effettivamente ottennero, ma non come speravano: Geremia comunicò loro, in nome di Dio, che essi dovevano restare nel paese (vv. 8-22). Essi, però, non si curarono delle sue parole e partirono alla volta dell'Egitto, portando addirittura con sé, contro la loro volontà, Geremia e Baruc (43,1-7). Là si conclude l'attività di Geremia (43,8 - 45,5). Possiamo tuttavia supporre che qualcuno che apparteneva a questi gruppi di fuggitivi, forse lo stesso Baruc, abbia fatto ritorno in Giuda, perché, altrimenti, sarebbe pressoché inspiegabile come quest'ultimo capitolo sia stato trasmesso e poi integrato nel libro di Geremia.

Geremia

→ 273

L'ultimo brano di II Re (25,27-30) descrive il destino di Joiakin. A differenza di quanto avviene per Sedekia, l'ultimo re di Giuda, le tracce di Joiakin non vanno completamente perdute in esilio. Dopo una prigionia di 37 anni (dunque all'incirca nel 560), fu liberato dal carcere dal re babilonese Evil-merodac e poté mangiare alla sua tavola «tutti i giorni della sua vita» (cfr. anche il testo babilonese in TGI, 78 s.). Questa è l'ultima informazione su un re di Giuda. Se questa voglia essere al tempo stesso l'ultima parola sulla monarchia davidica, è una questione che dipende dall'interpretazione che si dà dell'opera storiografica deuteronomistica.

Grazia per Joiakin

→ 251

Bibliografia

A. ALT, *Judas Gaue unter Josia*, 1925 (= *Kl. Schr.* II, 276-288); B.S. CHILDS, *Isaiah and the Assyrian Crisis*, 1967; D. CONRAD, *Einige (archäologische) Miszellen zur Kultgeschichte Judas in der Königszeit*, in *Textgemäss, FS E. Würthwein*, 1979, 28-32; E.L. EHRLICH, *Der Aufenthalt des Königs Manasse in Babylon*, in ThZ 21, 1965, 281-286; H.-D. HOFFMANN, *Reform und Reformen. Untersuchungen zu einem Grundthema der deuteronomistischen Geschichtsschreibung*, 1980; A. MALAMAT, *The Last Kings of Judah and the Fall of Jerusalem*, in IEJ 18, 1968, 137-156; IDEM, *The Twilight of Judah: In the Egyptian-Babylonian Maelstrom*, in VT.S 28, 1975, 121-145; J. MCKAY, *Religion in Judah under the Assyrians*, 1973; E. NIELSEN, *Political Conditions and Cultural Developments in Israel and Judah during the Reign of Manasseh*, in *Fourth World Congress od Jewish Studies*, I, 1967, 103-106; W. SCHOTTROFF, *Zur Sozialgeschichte Israels in der Perserzeit*, in VF 27, 1982, H. 1, 46-68.

NOTH, par. 21-23; BRIGHT, cap. 7B, 8; MALAMAT IV.1, IX e X; DONNER IV.2; GUNNEWEG IX; HERRMANN II.8-11; HAYES - MILLER VIII, par. 1-5; BEN-SASSON I,10.

Cfr. inoltre la Bibliografia in III.2.4.

7

Giuda a partire dall'esilio babilonese

7.1 L'esilio babilonese

L'Antico Testamento non contiene un racconto completo sul periodo dell'esilio babilonese. I libri dei Re offrono soltanto notizie sulle deportazioni; in II Re 24,15 s. «Babilonia» viene più volte indicata come meta, mentre in 25,11 (cfr. 21b) si dice soltanto che furono compiute deportazioni. Sull'ulteriore destino degli esuli, i testi non dicono nulla, e così pure sulla situazione in terra d'Israele. Soltanto con l'editto del re persiano Ciro nel 538, che consente la ricostruzione del Tempio, inizia una nuova sezione narrativa (Esd. 1,1 ss. cfr. II Cr. 36,22 ss.). → 78 ss.

Il quadro offerto dalle Cronache

L'opera storiografica cronistica dichiara esplicitamente che la terra d'Israele sarebbe stata settant'anni senza anima viva e sarebbe rimasta a maggese (II Cr. 36,20 s.). Ciò viene interpretato come adempimento di una profezia di Geremia (cfr. Ger. 29,10). Al tempo stesso, ciò permette di ricollegare linearmente i rimpatriati alle tradizioni pre-esiliche (vv. 22 s.), senza alcuna contrapposizione con chi è rimasto nel paese. Ciò risponde a una precisa concezione post-esilica della storia, ma non alla realtà storica (cfr. JANSSEN, ACKROYD).

Fonti

La ricostruzione storica del periodo esilico dipende in larga misura dai cenni contenuti nei libri di Geremia, Ezechiele e Isaia (capp. 40-55); importanti materiali sulla situazione spirituale e religiosa sono contenuti anche nelle Lamentazioni e in alcuni salmi. Per altro, c'è da supporre che quella dell'esilio sia stata un'epoca «creativa» (ACKROYD), in cui molte tradizioni sono state raccolte ed elaborate. Perciò, si può ricorrere anche a testi che abbiano subito una tale rielaborazione; comunque ciò può avvenire soltanto con molta cautela, perché solo di rado si trovano rimandi, espliciti e univoci, all'epoca della rielaborazione.

Deportazione degli strati superiori

Una prima, fondamentale indicazione per giudicare la situazione dopo il 597/586 deriva dai racconti di II Re. Essi rilevano espressamente che le deportazioni toccarono essenzialmente gli strati superiori, mentre lo strato più povero della popolazione fu lasciato stare, soprattutto (in contrasto con II Cr. 36,21!) per lavorare la terra (II Re 24,14-16; 25,11 s.). Da ciò si possono trarre alcune conseguenze, sostenute anche da altri testi.

Israele e diaspora

In primo luogo, questi testi mostrano che, dopo la deportazione, la storia d'Israele (o di Giuda) ebbe due baricentri: *la terra d'Israele e la diaspora babilonese* (per la diaspora egiziana, vedi oltre). I diversi sviluppi in questi due gruppi come pure le loro reciproche relazioni, durante l'esilio ma soprattutto dopo, costituiscono un tema centrale per la comprensione dell'epoca esilica/post-esilica. Per il periodo fra il 597 e il 586 sono attestate relazioni molto vive fra i due gruppi. Così Geremia scrive una lettera agli esuli (Ger. 29,1 ss.); come risposta a questa, giunge a Gerusalemme la lettera di un altro profeta da Babilonia (vv. 24-28), che provoca una nuova risposta di Geremia (vv. 29-32). La notizia della caduta di Gerusalemme viene portata da un fuggitivo (Ez. 32,21), che evidentemente sapeva dove si potevano trovare i giudei in esilio.

Rivalità

Ci furono anche *rivalità* tra i due gruppi, in riferimento alla questione di sapere quale dei due fosse l'Israele migliore e il legittimo portatore delle tradizioni della storia della salvezza. Geremia, benché personalmente si trovi ancora a Gerusalemme, risolve questa questione a vantaggio della diaspora, in modo netto e con un'antitesi brusca, usando l'immagine dei due cesti di fichi (Ger. 24). Ezechiele contraddice gli argomenti di chi è rimasto in terra d'Israele e dice degli esiliati: «Sono lontani da Jhwh: a noi è data in possesso la terra!» (Ez. 11,15) e: «Abramo era solo eppure ebbe il possesso del paese; noi siamo molti e il possesso del paese è dato a noi» (33,24); anch'egli contesta questa pretesa e qui il rimprovero dell'idolatria ha un ruolo decisivo (11,16 ss. in part. 21; 33,25 ss.).

→ 278

Dopo il 586 non sono più attestati contatti diretti tra i due gruppi. Questo può derivare da una casuale mancanza di notizie in proposito; ma forse dipende anche dal fatto che, dopo la soppressione della monarchia (e del reggente insediato dai babilonesi, Ghedalia), Gerusalemme non fu più sede di un'amministrazione indipendente, di modo che non ci fu più alcun servizio di corriere con il centro babilonese dell'impero.

Situazione in Israele

→ 344 ss.

Le *Lamentazioni* offrono un quadro desolato della *situazione in terra d'Israele*. Nella città di Gerusalemme, distrutta, regna la fame (1,11;

2,12; 4,9; 5,4 ecc.) e atti di violenza mettono in pericolo la vita (5,9.11-13); non rimane altro che il lamento. Altrove appaiono aspetti più carichi di speranza. Così, su incarico di Ghedalia, chi era tornato dai luoghi in cui si era nascosto e chi era rimasto nel paese cominciarono a fare il raccolto (Ger. 40,9-12) e anche con successo (v. 12). Qui appare anche una nuova ripartizione dei *possedimenti terrieri*. In Ger. 39,10 è detto (in modo divergente da II Re 24,12) che Nebucadnetsar avrebbe lasciato stare nel paese «i poveri che non avevano nulla» e avrebbe dato loro vigne e campi. E certamente deve essersi trattato non soltanto di proprietà pubbliche ma anche di quelle appartenenti a proprietari terrieri deportati. Non bisogna peraltro sottolineare troppo unilateralmente l'aspetto secondo cui soltanto appartenenti agli strati sociali più bassi sarebbero rimasti nel paese, perché è chiaro che molti poterono sottrarsi alla deportazione e ricomparire nuovamente più tardi (vedi sopra). In ogni caso, c'era gente in grado di comporre testi poetici come le Lamentazioni e salmi analoghi (ad es. i Salmi 74; 79 ecc.), probabilmente composti nella stessa Gerusalemme.

Problema della proprietà terriera

Per quanto riguarda ciò che si può sapere sulla *situazione religiosa* in terra d'Israele, emerge un quadro contrastante. Da un lato, nelle Lamentazioni e nei Salmi appare una marcata coscienza di peccato e la disponibilità ad accettare il destino del popolo e della sua terra come giudizio di Dio, unitamente a un esplicito attaccamento alle tradizioni della storia della salvezza (ad es. Sal. 74,12.20); questi testi sono presumibilmente stati utilizzati anche nel corso di cerimonie religiose, sia al Tempio distrutto, sia altrove. D'altro lato, però, si parla di culti stranieri (Ez. 8; 11,21; 33,25, cfr. Ger. 44): qui si può forse distinguere tra il ritorno a culti anteriori (cfr. Ger. 44,17 ss.) e l'assunzione della religione dei conquistatori (ACKROYD, 40 ss.). Di fronte alla catastrofe ci sono evidentemente state le due reazioni.

Situazione religiosa

La situazione degli *esuli* giudaiti in *Babilonia* era soprattutto caratterizzata dal fatto che i babilonesi li fecero risiedere uniti. Evidentemente, essi poterono in certa misura strutturare autonomamente la loro vita comunitaria e così collegarsi alle tradizioni che avevano portato con sé. Così si parla ripetutamente degli «anziani», che, in quanto rappresentanti della comunità, vanno a consultare il profeta Ezechiele (Ez. 8,1; 14,1; 20,1). Anche Geremia indirizza la sua lettera «agli anziani della cattività» (Ger. 29,1) dove la parola *golah* (lett. «esilio») appare come termine fisso per indicare il gruppo di giudaiti che vivono nell'esilio babilonese (cfr. anche Ez. 1,1; 3,11.15; 11,24 s.). Quando Geremia invita gli esuli a costruire case, a impiantare giardini e fondare famiglie (Ger. 29,5 s.), se ne deduce che questa possibilità esisteva effettivamente per loro e che essi l'hanno certamente utilizzata. Come luogo di soggiorno, si parla di Tel-abib sul fiume Kebar (Ez.

Situazione in esilio

→ 97

3,15). Per il resto, non ci è detto nulla sulle loro condizioni di vita, sulle loro attività ecc. (si è supposto che i babilonesi li impiegassero per la ricostruzione di zone distrutte, come apprendiamo da fonti assire più antiche, cfr. ANET, 284 s. righe 10-17.72-76 ecc.; manca comunque ogni indicazione concreta al riguardo).

Vita religiosa

Sulla *vita religiosa* degli esuli non ci sono notizie univoche. Il Salmo 137 riflette la situazione di tristezza provata in terra straniera al pensiero di Gerusalemme. Rimane comunque oscuro se ci fossero culti in esilio e quale forma potrebbero aver avuto. Dagli oracoli di → 168 s. salvezza del Deutero-Isaia si può forse dedurre l'esistenza di culti di lamentazione (VON WALDOW). Spesso si suppone anche che il culto

Culto basato sulla parola

non sacrificale, basato sulla parola, che poi condusse al sorgere della sinagoga, abbia avuto origine durante l'esilio: anche qui, però, non si va molto oltre le supposizioni (cfr. HRUBY; EJ 15, 579 ss.).

Ezechiele

Un elemento significativo delle tradizioni dell'esilio è costituito dalle parole dei profeti Ezechiele e Deutero-Isaia. In *Ezechiele*, che è uno dei deportati del 597, la caduta di Gerusalemme nel 586 segna → 283 una incisiva svolta; dall'annuncio del giudizio a quello della salvezza. Ripetutamente viene detto che gli israeliti dispersi fra i popoli saranno raccolti e ricondotti nella loro terra (11,17 ss.; 20,41 s.; 34,12 ss. ecc.): tutto questo avrà per scopo la purificazione (36,24 ss.) e la rivitalizzazione di Israele (37,1-14) e infine la riunificazione delle due parti divise, Israele e Giuda, sotto la monarchia davidica (37,15-28). Vengono così a crearsi i presupposti per la riedificazione del Tempio e la ripresa del suo culto (40-48, cfr. ACKROYD, 110 ss.). Nel *Deutero-*

Deutero-Isaia

Isaia (Is. 40-55) l'annuncio di un prossimo ritorno è ancora più marcato. Anche qui, la meta è la ricostruzione e la rivitalizzazione di Ge- → 261 rusalemme (49,14 ss.; 52,1-10; 54 ecc.). Qui compaiono forti accenti escatologici (ad es.: mutamento del deserto in terreno fertile [41,18 s.; 43,20 ecc.]; livellamento di montagne [40,4; 42,16; 49,11]; un nuovo esodo [43,16 ss.; 51,9 ss. ecc.]), mentre non si parla esplicitamente di Tempio e di culto (cfr. però 52,11).

Formazione di tradizioni

Non è possibile stabilire quale fosse la reazione degli esuli a questa predicazione profetica e in che misura pensieri e speranze simili fossero diffusi tra loro. È molto probabile, comunque, che in questa epoca ci si sia parecchio occupati delle tradizioni religiose, spesso rielaborandole e dandone creative reinterpretazioni (ACKROYD). Ciò va- → 316 ss. le in particolar modo per la rielaborazione e la formazione dei libri profetici, presumibilmente anche per alcune traduzioni cultuali, come si trovano nel Pentateuco e in Ez. 40-48. Comunque, non bisogna limitare troppo rigidamente questo lavoro teologico alla sola epoca dell'esilio: infatti, da un lato, ad esempio, ci sono buone ragioni per ritenere che l'opera storiografica deuteronomistica sia sorta, almeno → 247 ss. nei suoi lineamenti fondamentali, già prima dell'esilio; d'altro lato, determinati libri profetici (ad es. il libro di Isaia) hanno ricevuto la loro forma definitiva certamente solo dopo l'esilio. → 264 ss.

Diaspora in Egitto

Un problema particolare è rappresentato dalla *diaspora in Egitto,* Da II Re 25,26 e da Ger. 40,16-44,13 apprendiamo che un gruppo di giudaiti sarebbe fuggito in Egitto. Come luogo di soggiorno viene indicato innanzitutto Tahpanes (Ger. 43,7 s., greco Dafne), una fortificazione di confine sulla riva orientale del delta del Nilo (cfr. BHH 3,1963); più tardi, in 44,1, vengono nominati, oltre alla vicina Migdol (cfr. BHH 2,1215), anche Menfi sul Nilo inferiore (circa 20 km a sud dell'odierna Cairo) e il «paese di Pathros», cioè l'Egitto superiore. Soprattutto quest'ultima località può difficilmente riferirsi al primo gruppo menzionato, ma presuppone che, all'epoca della redazioni di questo testo, ci fossero giudei anche nell'Egitto superiore. Quando e come essi vi siano giunti, rimane oscuro. Si ricorda spesso che Manasse avrebbe messo truppe giudaite a disposizione degli Assiri per una campagna contro l'Egitto (cfr. HAYES - MILLER, 487); altri deducono da Deut. 17,16 che mercenari israeliti (o giudaiti) sarebbero venuti in Egitto in cambio di cavalli. In ogni caso, nel V secolo, c'era sull'isola di Elefantina, nel Nilo, una colonia militare giudaica, come è dimostrato da un certo numero di lettere scritte in aramaico (cfr. AOT, 450-462, TGI, 84-88, PORTEN, HERRMANN, 395 ss., trad. it., 428 ss.). Questo gruppo possedeva un proprio tempio e un culto particolare, di tipo sincretistico in cui, accanto a *jhw* (forma breve di *Jhwh*) compaiono altre due divinità, una delle quali aveva un nome evidentemente femminile, *'nt-jhw* (Anat-jahu, altrove anche Anat-bet'el). Non è chiaro se questi due gruppi avessero *relazioni* e se a quest'epoca vivessero giudei anche in altre località dell'Egitto. Nulla ci è detto di rimpatriati dall'Egitto, di modo che questo ramo della diaspora rimane senza rilevanza per la storia ebraica dei primi secoli postesilici (soltanto in epoca ellenistica la diaspora egiziana svolge nuovamente un ruolo).

→ 80 s.

Elefantina

→ 104

Bibliografia

P.R. ACKROYD, *Exile and Restoration*, 1968; H. HRUBY, *Die Synagoge. Geschichtliche Entwicklung einer Institution*, 1971; E. JANSSEN, *Juda in der Exilszeit*, 1956; B. PORTEN, *Archives from Elephantine. The Life of an Ancient Jewish Military Colony*, 1968; H.E. v. WALDOW, *Anlass und Hintergrund der Verkündigung Deuterojesajas*, Diss. Bonn, 1953.

NOTH, par. 24; BRIGHT, cap. 9A; DONNER VI.3; GUNNEWEG X; HERRMANN III.1; HAYES - MILLER VIII, par. 6-7; BEN-SASSON I,11.

7.2 Ritorno in patria e ricostruzione

La fine del periodo che chiamiamo «esilio babilonese» è legata al-
Ciro la persona del re persiano *Ciro* che, a metà del VI secolo a.C., assurse in un decennio a dominatore di gran parte del vicino Oriente. Dopo aver sottomesso la Media a oriente (550) e la Lidia, dominata dal leggendario re Creso, all'estremo nord-ovest dell'Asia minore (547), si diresse contro Babilonia, che aveva cominciato a decadere, e ne
Presa di Babilonia conquistò la capitale nel 539. Così Ciro giunse a dominare un impero grande come mai prima in questa parte del mondo (Cambise, suo figlio e successore, conquistò nel 525 anche l'Egitto e lo annesse a questo impero).

Fonti Per l'epoca post-esilica, disponiamo come fonti soltanto dei libri di Esdra e Nehemia. Nell'esposizione, questi due testi si limitano a due fulcri: l'epoca dall'«editto di Ciro» (538) alla conclusione della costruzione del Tempio (515) e il periodo dell'attività di Esdra e Nehemia (dal 458 o 445). Per la prima fase, come fonti complementari, si aggiungono anche i libri di Aggeo e Zaccaria. Il quadro complessivo rimane tuttavia piuttosto frammentario.

Editto di Ciro 538 a.C. All'inizio del libro di Esdra (la stessa cosa è ripetuta alla fine del II libro delle Cronache) si afferma che Ciro avrebbe pubblicamente annunciato nel primo anno del suo regno (cioè probabilmente nel primo anno di governo effettivo, dunque il 538) di aver ricevuto da Jhwh, il Dio del cielo, l'incarico di costruirgli una casa a Gerusalemme (Esd. 1,1-3; II Cr. 36,22 s.); contemporaneamente, egli avrebbe anche esortato i giudaiti a salire a Gerusalemme e a costruire questa casa al loro Dio (così secondo il testo di Esd. 1,3). Un'altra versione di questo decreto si trova in Esd. 6,3-5, in lingua aramaica. Lì si parla della costruzione del Tempio nei particolari: vengono indicate le misure (v. 3) e le modalità di costruzione (v. 4a); si dispone che le spese siano pagate dalla cassa regia (v. 4b); si ordina di riportare indietro le suppellettili del Tempio (v. 5). Non si parla comunque ancora di un rientro degli esuli.

La maggior parte degli esegeti vede in Esd. 6,3-5 un documento storico attendibile, che potrebbe persino aver mantenuto il testo originale dell'«editto di Ciro» del 538 (così già MEYER, 46 ss., DE VAUX ecc.). Questa interpretazione è, tra l'altro, avvalorata dal fatto che il testo sia in aramaico, perché l'aramaico fu introdotto dai persiani come lingua ufficiale (perciò questa forma di aramaico viene definita «aramaico d'impero»). → 355 s. Esd. 1,1 ss., invece, è normalmente considerato una formulazione libera a opera del redattore del libro di Esdra (cfr. GALLING, 61 ss.; di diverso avviso è BICKERMAN, che ritiene autentici entrambi i documenti: 6,3-5 sarebbe stato diretto all'amministrazione regia, 1,2-4 invece agli esuli giudaici, che parlavano ebraico). GAL-

LING (78 ss.) vede in 1,8-11 la traduzione ebraica di una lista autentica delle suppellettili del Tempio consegnata a Sceshbatsar (cfr. 5,13-15).

Ricostruzione del Tempio

Le fonti concordano dunque nell'affermare che Ciro, subito dopo la sua entrata in carica, ordinò la *ricostruzione del Tempio* di Gerusalemme. Ciò coincide con la sua politica nei confronti dei territori a lui sottomessi, quale appare da un testo ufficiale dello stesso Ciro (il «cilindro di Ciro»), in cui egli afferma la restituzione di immagini di divinità e il ripristino di santuari in diverse zone del suo impero (TGI, 82 ss., righe 30 ss.). Rimane dubbio se Ciro abbia nel contempo dato anche l'autorizzazione al *rientro degli esuli*. Si suppone spesso che l'annuncio di 1,3 e il racconto dell'avvenimento al v. 5 siano improntati alla visione dell'opera storica cronistica, secondo cui, durante l'esilio, il paese era vuoto, per cui il ritorno degli esuli era la condizione imprescindibile per la ricostruzione a Gerusalemme. Si può però ricordare che, nell'iscrizione del «cilindro di Ciro» (vedi sopra), viene annunciato anche per altri territori il rientro degli abitanti dall'esilio, sicché un immediato permesso di rimpatrio appare senz'altro possibile.

Rientro degli esuli

Questo problema va di pari passo con un altro: sotto la guida di chi avvenne il rientro dall'esilio? Secondo Esd. 1,8, i tesorieri persiani consegnarono le suppellettili del Tempio a *Sceshbatsar*, definito «*nasí'*» (principe) di Giuda (cfr. inoltre JAPHET, 96 ss.). Nel testo aramaico di 5,13-16, si cita un'affermazione degli «anziani» di Gerusalemme (cfr. v. 9), secondo cui egli non soltanto avrebbe riportato a Gerusalemme le suppellettili del Tempio (cfr. 1,11), ma sarebbe stato fatto governatore (*pecha*) (v. 14) da Ciro e avrebbe posto le fondamenta del Tempio (v. 16).

Sceshbatsar

Da Ed. MEYER (77) in poi, Sceshbatsar viene spesso equiparato a Scenatsar (I Cr. 3,18) e quindi considerato davidide; cfr. comunque il parere opposto di BERGER.

Zorobabel

Un altro nome si trova in primo piano: quello di *Zorobabel*. Comincia con lui la lista dei rimpatriati (Esd. 2,2, cfr. Neh. 7,7) e sono ampiamente raccontati gli inizi della sua attività dopo l'arrivo a Gerusalemme: inizio del culto sacrificale a un altare provvisorio (Esd. 3,1-3), celebrazione della festa delle capanne (v. 4) e prosecuzione regolare del culto sacrificale (v. 5). Soprattutto, si racconta come, sotto la sua direzione (unitamente al sacerdote Giosuè), sia stata cominciata (vv. 8-13) e portata avanti (capp. 4 s.) la costruzione del Tempio. Abbiamo qui stretti contatti col quadro offerto dai profeti Aggeo (1,14; 2,2 ss.) e Zaccaria (4,8 ss.), che sono anche menzionati in Esd. 5,1; 6,14. Anche il titolo *pecha* (governatore) viene ripetutamente usato per Zo-

Inizio della ricostruzione del Tempio

Aggeo e Zaccaria

robabel e precisamente nella forma «governatore di Giuda» (Ag. 1,1.14; 2,2.21).

Provincia di Giuda

L'esatta posizione amministrativa e giuridica della «provincia» (*m^e^dina*) di Giuda (Esd. 2,1; Neh. 7,6) è controversa. Il «governatore dei giudei» (6,7) era evidentemente sottoposto al «governatore della regione trans-eufratica» (Esd. 5,3.6; 6,6.13), che forse sedeva in Damasco (ALT ha supposto che Giuda appartenesse alla provincia di Samaria, ma cfr. l'avviso contrario di SMITH, 193 ss., HAYES - MILLER, 509 ss., JAPHET, 80 ss. 97 s.).

Il rapporto fra l'attività di Sceshbatsar e quella di Zorobabel non appare chiaro dalla tradizione. Si ha l'impressione che Zorobabel sia stato messo in primo piano, a svantaggio di Sceshbatsar. A favore di questa ipotesi c'è anche il fatto che in 4,1-5 l'attività di Zorobabel viene collocata già all'epoca di Ciro (cfr. vv. 3.5), mentre altrove essa è strettamente legata ad Aggeo e Zaccaria, cioè all'epoca di Dario (cfr. 4,24). È dunque probabile che vada anche qui preso sul serio quanto afferma il testo aramaico (5,13-16) e che si debba dunque vedere in Sceshbatsar il predecessore di Zorobabel, che ha iniziato i lavori del Tempio ma non li ha potuti proseguire (cfr. JAPHET; di diverso avviso TALMON, IDB Suppl., 319). → 356

Giosuè

Dai testi risulta chiaramente che Zorobabel ebbe, insieme al (sommo) sacerdote Giosuè, una parte decisiva nello svolgimento della costruzione del Tempio. È dunque tanto più sorprendente che nessuno dei due sia menzionato nel racconto della conclusione e della dedicazione del Tempio (Esd. 6,14 ss.).

La scomparsa di Zorobabel potrebbe dipendere dalle attese marcatamente messianiche che i profeti Aggeo e Zaccaria riposero in lui, in quanto appartenente alla dinastia davidica (cfr. in particolare Ag. 2,20 ss.; Zac. 4,6 ss.; 6,9 ss.), ma che non si realizzarono. Zac. 3 fa trasparire che Zorobabel era esposto a ostilità (cfr. anche 6,9-14). Comunque, di tutto questo il libro di Esdra non parla. JAPHET vede nel fatto che non siano menzionate le figure dirigenti una voluta «democratizzazione» della tradizione (85 s.). → 309. 311

Resistenze contro la costruzione del Tempio

In Esd. 4-6 si racconta di *resistenze contro la costruzione del Tempio*. Secondo 4,1 s. i «nemici di Giuda e di Beniamino» volevano prender parte alla costruzione del Tempio. Questa formulazione fa pensare ad abitanti dei territori del nord, cioè di quello che un tempo era stato lo Stato d'Israele. Sostengono di essere adoratori di Jhwh (v. 2) dai giorni del re Esar-haddon d'Assiria (681-669), che li avrebbe condotti lì. Dell'insediamento di gruppi di popolazioni straniere in quell'epoca non sappiamo nulla da altre fonti. Questa notizia ha qui soprattutto la funzione di squalificare i richiedenti, accomunandoli ai gruppi della popolazione descritti in II Re 17,24 ss., i quali, secondo → 73 il racconto dei Re, celebravano un culto sincretistico (cfr. TALMON 1981, 67 s.). Si tratta dunque chiaramente di distinguere quelli che ricostruiscono il Tempio da altri gruppi, la cui purezza religiosa appariva dubbia (vedi sotto). Al v. 4 si parla sinteticamente di «popolo della terra» (*'am ha-'arez*), in contrapposizione al «popolo (di) Giuda» che voleva costruire il Tempio. Ciò viene sviluppato in 5,3 ss. dove si parola di ulteriori resistenze da parte del governatore della «regione trans-eufratica». Di nuovo i costruttori del Tempio a Gerusalemme vengono chiamati «giudei» (o «giudaiti») (5,5; 6,7 s.14, cfr. 5,1). In 6,13 ss., infine, vengono raccontate la conclusione e la dedicazione nel Tempio. L'inizio della costruzione è datato, in Ag. 1,15, al sesto mese del secondo anno del re Dario (autunno 520); la conclusione è datata, in Esd. 6,15, al mese di Adar (dodicesimo mese) del sesto anno (inizio del 515). Dedicazione del Tempio 515 a.C.

In Esd. 4,1 ss., si riscontra la preoccupazione, caratteristica dell'epoca post-esilica, di mantenere la *purezza* della religione ebraica e di astenersi dalla mescolanza con *stranieri*. Tutto ciò si spiega a partire da una situazione mutata da diversi punti di vista. Nell'epoca dell'esilio le due parti principali del popolo erano vissute in condizioni estremamente diverse. Il gruppo in esilio si vide confrontato con una popolazione totalmente diversa, con cui, soprattutto dal punto di vista religioso, non aveva nulla in comune. Questo rafforzò evidentemente la coscienza dell'autonomia della propria coesione religiosa e di popolo e favorì in modo duraturo la riflessione sulla coscienza della sua particolarità e la preoccupazione di mantenerne la purezza. Chi era rimasto nel paese, invece, viveva in una situazione largamente «aperta»: senza Tempio come centro che desse l'impronta al culto, senza gli esponenti più importanti dei ceti dirigenti spirituali e religiosi, con la presenza di svariati gruppi di stranieri: militari babilonesi con il loro variopinto seguito; gente dei paesi vicini che si infiltrava nei vuoti creati dalla deportazione ecc. I rimpatriati giunsero dunque nella loro terra con visioni molto rigide e precise della purezza della religione ebraica e vi trovarono una situazione opposta. Da ciò derivò necessariamente, innanzitutto, la delimitazione nei confronti degli abitanti delle province del nord che avevano avuto una peculiare evoluzione religiosa già a partire dal 722. Ma anche nel proprio territorio si resero necessarie chiarificazioni e delimitazioni. Ciò si rispecchia già in Ag. 2,10 ss., dove il proprio popolo viene definito «popolo impuro» (v. 14) e sarà espresso ancor più chiaramente in Esdra e Nehemia. Separatismo

→ 309

→ 96 s. 100 s. 361 s.

Questo è comunque solo un aspetto. In Aggeo e Zaccaria, oltre al marcato interesse per il Tempio e per la purezza cultuale e religiosa, appare anche una intensa *attesa escatologica*. Essa è innanzitutto rivolta al futuro immediato e collegata alla figura del davidide Zoro- Attese escatologiche babel. Ma è molto significativo il fatto che essa sia stata mantenuta, tramandata e sviluppata anche dopo che l'«attesa imminente» non si era adempiuta. Ciò è particolarmente evidente in Zaccaria, la cui predicazione, nel libro che porta il suo nome, è stata ampliata quasi del doppio. Qui appare quanto fosse viva in quest'epoca la tradizione profetica e con quale intensità essa sia stata portata avanti, fino alla transizione all'apocalittica. Anche altri libri profetici hanno ricevuto la loro forma definitiva soltanto in epoca post-esilica, come ad es. il libro di Isaia, nel quale, parimenti, si trovano innegabilmente elementi apocalittici. La formulazione definitiva dei libri profetici e la loro riunione nel «canone profetico» hanno avuto luogo in quest'epoca. Questo presuppone un impegnato interesse alle tradizioni profetiche che, evidentemente, era presente accanto alla preoccupazione per la purezza cultuale e religiosa (per la pietà della Torah, vedi oltre, in Esdra).

→ 105 s. 310 ss.

Continuità

In ciò appare chiaro che il periodo esilico/post-esilico, non soltanto ha comportato significative trasformazioni delle tradizioni religiose israelitiche, ma le ha al tempo stesso impregnate con una forte continuità, evidentemente intenzionale, nei confronti dell'epoca pre-esilica. Si può veramente parlare di un'epoca di rinnovamento e di rinascita, mentre altri popoli dell'antico vicino Oriente, dopo aver perso la propria autonomia politica, sono scomparsi dalla scena della storia (THOMAS).

Per completare il quadro, occorre infine ricordare che l'«esilio babilonese» non si concluse affatto con gli eventi degli anni dopo il 538. Non sappiamo quale fosse il rapporto numerico fra i rimpatriati e coloro che rimasero in Babilonia. Ma è chiaro che continuò la situazione esistente dall'inizio dell'esilio, per cui la storia d'Israele (oppure di Giuda o del giudaesimo) aveva ora due fuochi: la patria e la *diaspora*. I decenni seguenti mostrano che esisteva tra le due realtà un rapporto piuttosto intenso. I giudei che vivevano nella diaspora sentivano la responsabilità di quanto accadeva in patria, e da loro partirono impulsi essenziali. La storia d'Israele nei secoli seguenti non può dunque affatto essere osservata soltanto dal punto di vista della «comunità cultuale di Gerusalemme» (NOTH).

Patria o diaspora

Vita della diaspora

Uno squarcio interessante nella vita della diaspora ebraica è offerto da un archivio di tavolette d'argilla della seconda metà del V secolo a.C., rinvenuto nella città commerciale di Nippur, che contiene i documenti contabili della banca *Murashu* (AOT, 434 ss.). Qui, fra i nomi della clientela multi-nazionale, si trovano anche numerosi nomi ebraici, i cui portatori evidentemente partecipavano intensamente alla vita dei commerci e dei traffici del loro mondo e in alcuni casi rivestivano anche posizioni di rilievo nell'economia o nella vita pubblica (cfr. COOGAN 1974). Questi nomi indicano che chi li portava aveva conservato la propria identità ebraica, espressa, ad esempio, dal mantenimento di nomi con l'elemento teoforo *Jahu* o *Jaw* (= Jhwh) (cfr. COOGAN 1976, 49 ss., 119 s.; ZADOK, 7 ss.).

Situazione in Giudea

Sulla *situazione sociale ed economica* in Giuda, i testi biblici non danno alcuna informazione diretta. Così non sappiamo quali fossero dopo l'esilio gli effetti dei mutati rapporti di proprietà e come furono regolati i rapporti fra i rimpatriati e quelli che erano rimasti nel paese. Non ci sono riferiti conflitti in questa materia. Nel «Trito-Isaia» appaiono forti tensioni sociali (Is. 58 ecc.), e così pure, più tardi, in Nehemia (cap. 5), senza però che se ne possano chiaramente individuare presupposti e motivi (cfr. il tentativo di ricostruzione di KREISSIG, inoltre KIPPENBERG, 42 ss., SCHOTTROFF, 59 ss.).

Bibliografia

P.R. ACKROYD, *Exile and Restoration*, 1968; A. ALT, *Die Rolle Samarias bei der Entstehung des Judentums*, 1934 (= *Kl. Schr.* II, 316-337); P.-R. BERGER, *Zu den Namen Šn'ṣr, und Ššbṣr*, in ZAW 83, 1971, 98-100; E. BICKERMAN, *The Edict of Cyrus in Ezra* 1, in JBL 65, 1946, 249-275 (= *Studies in Jewish and Christian History* I, 1976, 72-108); M.D. COOGAN, *Life in the Diaspora. Jews at Nippur in the Fifth Century B.C.*, in BA 37, 1974, 6-12; IDEM, *West Semitic Personal Names in the Murašû Documents*, 1976; K. GALLING, *Studien zur Geschichte Israels im persischen Zeitalter*, 1964; D.E. GOWAN, *Bridge between the Testaments. A Reappriaisal of Judaism from the Exile to the Birth of Christianity*, 1976; S. JAPHET, *Sheshbazzar and Zerubbabel - Against the Background of the Historical and Religious Tendencies of Ezra-Nehemiah*, in ZAW 94, 1982, 66-98; H.G. KIPPENBERG, *Religion und Klassenbildung im antiken Judäa*, 1978; K. KREISSIG, *Die sozialökonomische Situation in Juda zur Achämenidenzeit*, 1973; E. MEYER, *Die Entstehung des Judentums*, 1896 (1965); W. SCHOTTROFF, *Zur Sozialgeschichte Israels in der Perserzeit*, in VF 27, 1982, fasc. 1, 46-68; M. SMITH, *Palestinian Parties and Politics That Shaped the Old Testament*, 1971, trad. it. *Gli uomini del ritorno*, 1984; S. TALMON, *Ezra and Nehemiah*, in IDB Suppl., 317-328; IDEM, *Polemics and Apology in Biblical Historiography - 2 Kings 17:24-41*, in R.E. FRIEDMAN (a cura di), *The Creation of Sacred Literature. Composition and Redaction of the Biblical Text*, 1981; D.W. THOMAS, *The Sixth Century B.C.: A Creative Epoch in the History of Israel*, in JSSt 6, 1961, 33-46; R. DE VAUX, *Les décrets de Cyrus et de Darius sur la reconstruction du temple*, in RB 46, 1937, 29-57 (= *Bible et Orient*, 1967, 83-113); R. ZADOK, *The Jewss in Babylonia during the Chaldean and Achaemenian Periods according to the Babylonian Sources*, 1979.
NOTH, par. 25, 27; BRIGHT, cap. 9B; DONNER VII.3; GUNNEWEG XI.1; HERRMANN III.2; HAYES - MILLER IX; BEN-SASSON I,11.
Cfr. inoltre le Bibliografie in III.3.4.10 e 11 e III.4.6.

7.3 L'epoca di Esdra e Nehemia

Sui decenni successivi alla dedicazione del Tempio ricostruito, le fonti tacciono. Perciò si parla spesso di «epoca buia». Qualcosa di si-
→ 71. 76 mile si verifica però anche per tratti anche più lunghi dell'epoca monarchica, per cui questo fatto non va troppo accentuato. L'impressione di oscurità e di indeterminatezza è provocata, tra le altre cose, anche dal fatto che non possediamo informazioni chiare sulle strutture politiche e amministrative di Giuda in questo periodo. Così, non sappiamo se Zorobabel ebbe un successore come «governatore di Giuda», chi fosse e quali competenze avesse.

Sommo sacerdote

Rimane anche poco chiaro quali funzioni avesse il «sommo sacerdote». Questo titolo è occasionalmente usato in racconti riguardanti l'epoca presilica (II Re 12,11; 22,4.8; 23,4). In Aggeo e Zaccaria esso è usato per Giosuè (Ag. 1,1.12.14; 2,2.4; Zac. 3,1.8; 6,11), ma non nel libro di Esdra (anche i libri delle Cronache evitano questo titolo, cfr. JAPHET, 343 s.). Compare di nuovo in Nehemia (3,1.20; 13,28). Con l'eccezione dell'annuncio profetico della «in-
→ 311 coronazione di Giosuè» in Zac. 6,11, non risulta mai che il sommo sacerdote abbia una posizione di particolare rilievo. In particolare, non c'è nell'Antico Testamento alcuna prova per l'ipotesi dello storico ebreo GIUSEPPE FLAVIO (I secolo d.C.), secondo cui, a partire dall'esilio babilonese, il sommo sacerdote avrebbe sostituito il re al vertice dello Stato (*Antichità* XI 4,8). Probabilmente, soltanto in epoca ellenistica il sommo sacerdote divenne il principale rappresentante della comunità ebraica (su tutta questa materia cfr. KOCH).

Fonti

L'unica fonte a nostra disposizione per questo periodo sono i libri di Esdra (a partire dal cap. 7) e di Nehemia, che espongono l'attività dei due personaggi da cui traggono il nome. Una fondamentale difficoltà per la ricostruzione storica è costituita dal fatto che questi libri fanno apparire congiunte le attività di Esdra e di Nehemia, sebbene, a quanto pare, essi non abbiano operato contemporaneamente né insieme. Da ciò sono nate discrepanze cronologiche, che rimangono irrisolte.

Provenienza della diaspora

Tuttavia appare subito un importante elemento comune a Esdra e Nehemia: entrambi provengono dagli ambienti degli esuli da Giuda. Di Esdra si dice che sarebbe salito da «Babilonia», cioè dal territorio babilonese in cui si trovava, dal 597/586, il centro degli esuli ebrei. Nehemia invece aveva una posizione elevata alla corte persiana nella capitale Susa (Neh. 1,1), come coppiere (più tardi, anche il libro di Ester presuppone la presenza di ebrei a Susa e la loro attività nel servizio a corte, cfr. inoltre Dan. 8,2). Entrambi sono in collegamento con la madre-patria ebraica, seppur in modo molto diverso.

Esdra lo scriba

Esdra, nel suo ruolo professionale, aveva chiaramente a che fare con questioni ebraiche. Il suo titolo di «scriba della legge dell'Iddio del cielo» (Esd. 7,12.21) va probabilmente inteso come una carica persiana ufficiale (segretario o qualcosa di simile) e «legge dell'Iddio del cielo» come definizione aramaica della religione ebraica, il cui Dio viene adorato come creatore del mondo e quindi come «Iddio del cielo». Esdra era dunque segretario (o consulente) per le questioni riguardanti la religione ebraica (SCHAEDER; contrario MOWINCKEL 1965, 121 ss.). Di conseguenza, egli si recò anche a Gerusalemme in missione ufficiale.

Pieni poteri di Nehemia

Il legame di Nehemia con la madre-patria ebraica sembra dapprima essere stato di natura maggiormente «privata». Sulla base di informazioni circa la situazione di Gerusalemme avute da parenti (Neh, 1,2 s.), egli richiese al re l'autorizzazione a ricostruire «la città in cui si trovano le tombe dei miei padri» (Neh. 2,3.5). Egli ottenne l'autorizzazione del re a farlo e i documenti necessari, nonché una scorta militare (2,7-9). Nel prosieguo del racconto, egli appare però come «governatore» (5,14).

Esdra e Nehemia hanno dunque in comune il fatto di essere due uomini che giungono a Gerusalemme dalla diaspora babilonese-persiana e che intervengono con piena autorità nelle situazioni locali. In questo appare la *stretta relazione fra madre-patria e diaspora*, per cui nella diaspora ci si sentiva evidentemente corresponsabili della situazione in patria. Il fatto che la loro attività sia l'unica cosa che ci viene detta sul periodo successivo alla ricostruzione del Tempio nelle fonti a noi tramandate, è indice dal grande significato che le venne attribuito.

Problemi di datazione

Secondo Esd. 7,7 s., Esdra giunse a Gerusalemme nel settimo anno del re Artaserse; secondo Neh. 1,1; 2,1 Nehemia sarebbe giunto nel ventesimo anno di Artaserse. La successione dei due e il fatto che il re sia nominato senza ulteriori aggiunte non lasciano quasi alcun dubbio sul fatto che, nell'attuale contesto, si intenda indicare lo stesso re in entrambi i casi. Per Nehemia, si può considerare certo che si tratti di Artaserse I (465-424; in una lettera da Elefantina, dell'anno 407, sono menzionati i figli di Samballat, governatore di Samaria; questo Samballat è evidentemente identico all'avversario di Nehemia [cfr. Neh. 2,10.19 ecc.], cfr. ROWLEY, 155 ss.). Esdra, di conseguenza, sarebbe giunto a Gerusalemme nell'anno 458, Nehemia nel 445. Questa datazione viene però spesso messa in dubbio (per le ragioni, cfr. KELLERMANN 1968, 55 ss.) ed Esdra viene posposto a Nehemia o collocato nel periodo dell'assenza di Nehemia da Gerusalemme menzionata in Neh. 13,6 (di cui però non è indicata la durata). Per far questo, bisogna però comunque modificare la data in Esd. 7,7 oppure il re di Esd. 7 dev'essere stato Artaserse II (404-359). Sebbene sia apparsa su questo problema una bibliografia pressoché sconfinata (cfr. ROWLEY, KELLERMANN 1968), non esiste oggi

→ 103 s.

una soluzione universalmente accettata. È perciò consigliabile, specialmente tenuto conto dei difficili problemi di natura letteraria che i libri di Esdra e Nehemia presentano, di lasciare immutato il testo e accettare il fatto che le attività di Esdra e Nehemia sembrano essere state fra loro slegate.

Incarico di Esdra

L'incarico di Esdra è descritto nella lettera di accompagnamento del re Artaserse (Esd. 7,12-26), trasmessaci in aramaico. Innanzitutto, possono unirsi a Esdra tutti gli israeliti desiderosi di far ritorno in patria (v. 13). A partire dalla lista dei rimpatriati in 8,1-14, si è calcolata la cifra complessiva di 5.000 persone (contando anche i membri di famiglie; cfr. il commentario di RUDOLPH, p. 81); a questi si aggiungono i leviti e gli addetti al Tempio (8,18-20). Oltre che nel portare con sé danaro e suppellettili del Tempio (7,15-23), l'incarico di Esdra consiste soprattutto in una «ispezione di Giuda e Gerusalemme sulla base della legge del tuo Dio, che è in mano tua» (v. 14). Più avanti, si dice che Esdra dovrà, sulla base di questa legge (qui chiamata «sapienza», *chokmah*), insediare giudici ed esperti della legge per giudicare in base a essa quelli che la conoscono e per insegnarla agli altri (v. 25). A questo seguono le sanzioni per quelli che non seguono «la legge del tuo Dio e la legge del re» (v. 26).

«legge»

Ispezione

Si tratta evidentemente di curare che la legge ebraica venga rispettata e applicata fra i sudditi dell'impero persiano, nella misura in cui questi si consideravano appartenenti al popolo e alla comunità di fede ebraica. Si devono inoltre impartire «ripetizioni» a quelli che non conoscono la legge (ma difficilmente a non ebrei). L'interesse del re persiano è chiaramente formulato al v. 26: la legge ha anche il valore di legge regia. Si potrebbe quindi supporre che la vera ragione dell'invio di Esdra consistesse in una «ispezione» delle condizioni giuridiche, basata sul diritto ebraico vigente (cfr. MOWINCKEL 1965, 124 ss.).

Problema dei matrimoni misti → 358 s.

Il primo e unico ambito in cui viene raccontato lo svolgimento del suo compito da parte di Esdra è la questione dei *matrimoni misti* (Esd. 9 s.). Il racconto relativo appare proprio riferire lo svolgimento della «ispezione»: i capi responsabili del popolo riferiscono a Esdra una situazione anomala che rappresenta (e coloro che riferiscono ne sono evidentemente consci) una violazione degli obblighi religiosi (*ma'al* 9,2.4; 10,2.6). Nel successivo esame della questione (cap. 10), si riferisce di una grande disponibilità a collaborare da parte di tutte le persone coinvolte (vv. 1-4.12-14) che porta, infine, alla nomina di una commissione (vv. 16 s.; al v. 14 sono menzionati anche i giudici, cfr. 7,25) e alla registrazione di tutte le persone implicate (l'attuazione della rottura dei matrimoni misti non è esplicitamente riferita, il che dipende forse dal modo in cui sono stati combinati i racconti su Esdra e Nehemia). Si avverte qui di nuovo la preoccupazione per la *purez-*

za della comunità ebraica, che appariva già nei racconti sulla prima fase dopo l'esilio (cfr. sopra su Esd. 4,1 ss.). Qui come là, i «popoli delle nazioni» (oppure i «popoli [o il popolo] del paese») costituiscono la controparte talora come nemici (Esd. 3,3; 4,4, cfr. Neh. 9,30) ma soprattutto come coloro da cui gli israeliti si devono circoscrivere (Esd. 9,1.2.11.14; 10,2.11; cfr. Neh. 10,29.31.32).

L'autocomprensione della comunità ebraica rispecchiata in questi testi è illuminata dal mutare del significato della parola *golah*. In Ger. 29,1 (cfr. Ez. 1,1 ecc.), essa compare come termine stereotipato per indicare il gruppo dei giudaiti che vivono nell'esilio babilonese («la comunità degli esuli»). In questo senso il termine è usato anche in Esd. 1,11; 2,1) (= Neh. 7,6). Altrove, però, i rimpatriati sono chiamati *b^ene ha-golah* «membri della *golah*» (Esd. 4,1; 6,19 s.; 8,35; 10,7.16), *k^ehal ha-golah* «comunità della *golah*» (10,8) oppure semplicemente «la *golah*» (9,4; 10,6, cfr. anche Zac. 6,10). Nella questione dei matrimoni misti (Esd. 9 s.) si indicano così quelli che sono da tempo rimpatriati dall'esilio (dai matrimoni sono già nati dei figli). In Neh. 10 si ha l'impressione che il popolo riunito sia complessivamente definito *golah* (su tutto questo cfr. VOGT, 22 ss.).

Denominazione *golah*

→ 85 s.

Non è tuttavia possibile trarre da questa terminologia conclusioni per quanto riguarda il rapporto esistente con la diaspora. Probabilmente, a Gerusalemme e in Giuda si ebbe sempre coscienza dell'esistenza della diaspora e si coltivarono le relazioni con essa, come mostra anche il temporaneo ritorno di Nehemia nella diaspora (cfr. Neh. 13,6).

Lettura pubblica della Torah

In Neh. 8 si parla nuovamente di Esdra. Qui si racconta che egli, in un solenne contesto cultuale, avrebbe letto brani dal «libro della Torah di Mosè» (v. 1). La maggior parte degli esegeti equiparano (di solito in modo non esplicito) questa Torah alla «legge» che, secondo Esd. 7,14.25, era «nelle mani» di Esdra. Il più delle volte, se ne deduce che Esdra avrebbe avuto l'incarico di portare questa legge a Gerusalemme, e ivi di «renderla nota», di «promulgarla», «di metterla in vigore» ecc. e di farne così la base giuridica per la comunità ebraica di Gerusalemme. Molti esegeti ritengono perciò che Neh. 8 si trovasse originariamente subito dopo Esd. 8, di modo che questa lettura pubblica della legge sarebbe stato il primo e principale compito svolto da Esdra subito dopo il suo arrivo. A mio avviso però, questa ipotesi è insostenibile.

Problema della «legge»

Il termine aramaico *dat*, usato in 7,14.25 per «legge», indica di solito decreti e leggi regi (cfr. Esd. 8,36; Est. 1,19; 2,8; 3,14 s. ecc.; Dan. 2,13; 6,9.16 ecc.). Non può essere considerato una traduzione di *torah*, in Esd. 7,11 (nella traduzione del titolo aramaico che compare dopo, al v. 12) vengono usate le espressioni ebraiche *mizwot* e *chukkim*, che possono indicare anche il diritto «profano», tra l'altro anche le disposizioni impartite da un re o da un signore (ad es. I Re 2,43; II Re 18,36 [= Is. 36,21]); Neh. 11,23 o Gen. 47,26; Es. 5,14). Quando in Esd. 7,6, Esdra è definito «scriba della Torah di Mosè», ciò non va inteso come traduzione del titolo aramaico, ma come anticipazione di Neh. 8,1. Il testo ebraico che funge da cornice ha dunque una visione della «legge» di Esdra molto diversa da quella del documento aramaico di 7,12-26. Inoltre, colpisce che non si trovi mai nell'Antico Testamento una versione ebraica dell'espressione aramaica «legge dell'Iddio del cielo» che deriva probabilmente dal linguaggio burocratico persiano e non può affatto essere identificata con la «Torah di Mosè» (Neh. 8,1).

Non si può quindi istituire alcun collegamento diretto tra la «legge» (in aramaico *dat*) che Esdra, secondo Esd. 7,12-26, è incaricato di stabilire, e la «Torah di Mosè» che, secondo Neh. 8, Esdra legge in un culto solenne, perché hanno due funzioni molto diverse. Contro l'opinione diffusa secondo cui Esdra avrebbe portato a Gerusalemme una nuova «legge», depone inoltre il fatto che, in entrambi i casi, si presuppone che la «legge» in questione sia già nota. Secondo Esd. 7,25, quelli che la conoscono devono essere giudicati in base a essa; e in Neh. 8,1, Esdra è invitato dall'assemblea a «portare il libro della legge di Mosè» (v. 1) per leggerne parti e non c'è neppure un solo accenno al fatto che questo libro sarebbe nuovo per l'assemblea e che sarebbe stato portato da Esdra per la prima volta. Questa supposizione nasce soltanto istituendo un legame fuori luogo con Esd. 7 e cambiando posizione al testo (vedi sopra).

Esdra come ispettore

L'immagine di Esdra ha dunque due aspetti. Da un lato, egli è l'«ispettore» incaricato dal re persiano di stabilire fra i sudditi persiani di religione ebraica la legge ebraica, sanzionata dallo stesso re, nel suo interesse. D'altra lato, egli è il pio esperto e maestro della Torah (Esd. 7,10), che compie la prima lettura sinagogale della Torah di cui la tradizione riferisca. I due aspetti devono essere chiaramente distinti uno dall'altro, anche se ciò non significa che siano alternativi. Esdra può benissimo aver sempre svolto la sua funzione ufficiale e in più aver avuto un importante ruolo religioso nel consolidamento e nello sviluppo della religione ebraica post-esilica. La tradizione ha messo in primo piano il secondo aspetto, presentando fin

Come maestro della Torah → 359 s.

dall'inizio Esdra come l'esperto e il maestro della Torah. Ciò rivela, insieme a Neh. 8, un interesse specifico per la sua azione in connessione alla «Torah di Jhwh» (Esd. 7,10). Essa viene definita più precisamente come «Torah di Mosè, che Jhwh, il Dio d'Israele, ha dato» (v. 6) o «che Jhwh ha prescritto a Israele» (Neh. 8,1). Si riconosce qui chiaramente un filone della tradizione che risale al Deuteronomio → 222 s. (cfr. Deut. 4,44 ecc.). La lettura pubblica della Torah alla festa delle → 360 capanne è prescritta in Deut. 31,9-13; Neh. 8 appare (senza che ciò sia espressamente affermato) come il compimento di questa disposizione (cfr. MOWINCKEL 1965, 133 s.).

È quasi impossibile ricostruire la realtà storica che sta dietro a Neh. 8, e distinguerla dall'interpretazione che ne dà il redattore dei libri di Esdra e Nehemia. La presentazione dell'attività di Esdra mostra tuttavia un elemento essenziale dell'evoluzione religiosa post-esilica. La *Torah*, la sua lettura e la sua interpretazione costituiscono il centro intorno a cui si riunisce la comunità ebraica in Gerusalemme e in tutto il territorio di Giuda. Si riconosce qui una pietà della Torah, del tipo di quella già delineata nel Deuteronomio (ad esempio nello *shema' jiśra' el* «ascolta Israele» Deut. 6,4 s.). In essa, il Tempio e il culto sacrificale non svolgono alcun ruolo diretto (in Neh. 8 vi si accenna soltanto al v. 18b). Ciò non significa affatto che i due aspetti siano da separare totalmente: anche in Esdra si parla ampiamente dell'incremento del culto del Tempio come risultato del suo viaggio (Esd. 7,15-23, cfr. v. 27). Ma qui si riconosce una linea molto particolare e a sé nell'evoluzione religiosa post-esilica.

Torah come centro

Al centro del «memoriale» autobiografico di Nehemia stanno in primo luogo la ricostruzione delle mura della città e le difficoltà che, per far ciò, devono essere superate (Neh. 1-6). L'opposizione proviene soprattutto da Samaria (cfr. 3,34). In questo, un ruolo di primo piano è svolto da un uomo di nome Samballat (2,10.19; 3,33 s.; 4,1 s.; 6,1-14). Non viene detto quale carica rivestisse, ma si può probabilmente ravvisare in lui il governatore di Samaria. Qui, dunque, si intravvede una rivalità tra Gerusalemme e Samaria. Probabilmente, prima dell'arrivo di Nehemia, Gerusalemme non aveva un suo governatore, e lo stesso Nehemia venne forse chiamato a questa carica soltanto più tardi (il titolo compare solo in 5,14.18, cfr. 12,26), per cui in Samaria si temeva che l'attività di Nehemia avrebbe causato una riduzione della propria sfera d'influenza. Inoltre, la posizione di Nehemia era resa difficile e messa in pericolo da un gruppo appartenente ai ceti elevati di Gerusalemme, che cospirava con gli oppositori di Samaria (cfr. 6,17-19). Tuttavia, nonostante tutte le resistenze, egli fu in grado di guadagnare ai suoi piani la maggioranza della popolazione di Gerusalemme e di Giuda, cosicché la ricostruzione delle mura della città fu portata a termine in soli 52 giorni (6,15 s.), con grande impegno di tutti (3,1-32; 4,9-17).

Nehemia ricostruzione delle mura cittadine

Conflitto con Samaria

Nel brano aramaico di Esd. 4,7-23, si parla di un tentativo di costruzione delle mura di Gerusalemme, vietato dal re Artaserse in seguito a un intervento della gente di Samaria e poi impedito con la forza delle armi da quelli di Samaria. L'esatta datazione di questi avvenimenti è incerta. Verosimilmente, essi potrebbero essere collocati prima dell'arrivo di Nehemia e forse collegati al resoconto che, secondo Neh. 1,3, motivò il viaggio di Nehemia. Questa fallita costruzione delle mura viene spesso posta in relazione a → 357

Esdra e ciò potrebbe essere avvalorato anche dalla menzione di rimpatriati dall'esilio (Esd. 4,12; cfr. RUDOLPH, *Commentario*, 44 s.; KELLERMANN 1967, 184 s.). Tuttavia, i testi non danno alcuna indicazione al riguardo, cosicché, a mio avviso, non è possibile una ricostruzione storica affidabile.

In diretto riferimento alla costruzione delle mura, viene riferito che Nehemia avrebbe incrementato la popolazione di Gerusalemme, troppo esigua (Neh. 7,4), facendo trasferire in questa città un decimo degli abitanti delle altre località di Giuda (11,1). Questo «synoikismo», di cui conosciamo forme simili anche dall'antica Grecia, doveva, da un lato, rendere vitale la città di Gerusalemme ma anche, d'altro lato, realizzare uno stretto collegamento tra la capitale e il resto del paese. Ciò rivela al tempo stesso che la vita non era affatto concentrata solo a Gerusalemme, ma che la maggior parte della popolazione viveva fuori della città (con l'insediamento di Nehemia come governatore, il territorio della provincia di Giuda venne forse ampliato, come risulta dalle liste di Esd. 2 e Neh. 3, cfr. KELLERMANN 1967, 159 ss.).

Synoikismo

Sulla situazione sociale uno sprazzo di luce è gettato dal racconto di Neh. 5, che riferisce le profonde tensioni all'interno della popolazione di Giuda. La popolazione rurale lamentava il progressivo impoverimento, che la costringeva prima alla dipendenza economica e poi alla schiavitù per debiti (vv. 1-5). A questo proposito, viene deplorato come particolarmente scandaloso il fatto che fossero «fratelli» giudei a praticare questo sfruttamento (vv. 1.5). Purtroppo non ci è dato di sapere nei particolari come si giunse a questa «crisi agraria» (KIPPENBERG, 55 ss.). Dai vv. 6 ss. appare però molto chiaro che i creditori appartenevano agli strati sociali superiori: «nobili» (*chorim*), cioè membri di famiglie in vista, e «capi» (*s^e ganim*), cioè coloro che rivestivano determinate cariche o funzioni (v. 7). La crisi non colpiva dunque tutti in modo uguale; al contrario, essa accentuava le differenze sociali e portava a tensioni e disordini. Nehemia impose una generale remissione dei debiti a cui i creditori si dovettero impegnare in un'assemblea pubblica e con un ulteriore giuramento religioso (v. 12).

Tensioni sociali

Remissione dei debiti

Mentre, secondo quanto afferma il testo, si sarebbe qui trattato di una misura adottata in via eccezionale per superare una crisi acuta, in Neh. 10 si parla di un impegno permanente (vv. 1.30), sottoscritto da tutti i gruppi della popolazione. Numerosi punti di questo impegno corrispondono a provvedimenti che, secondo il cap. 13, lo stesso Nehemia avrebbe prescritto o realizzato; essi sono dunque espressione di precise esigenze e necessità della situazione di allora.

Impegno del popolo

Che si tratti di aspetti legati alla situazione appare anche dal fatto che sono accostati temi molto diversi e che essi non abbracciano affatto l'intero ambito della «Torah» di Dio (come afferma invece in modo sintetico il v. 30): 1. Divieto di matrimonio con membri dei «popoli del paese» (v. 31), conformemente a Deut. 7,3 e alle richieste di Esdra (Esd. 9 s.) e di Nehemia (Neh. 13,23-30a, cfr. 13,1-3). 2. Divieto di commercio con estranei il sabato e nelle festività (v. 32a), come conseguenza del comandamento del Sabato (Es. 20,8 ss.; Deut. 5,12 ss. ecc.), già presupposto in Am. 8,5 (cfr. Ger. 17,19 ss.; Is. 58,13) ed enfatizzato da Nehemia (Neh. 13,15-22). 3. Obbligo di tenere la terra a maggese nel settimo anno e, per i creditori, di rinunciare ai crediti (o al pegno relativo) (v. 32b); ciò concorda alla lettera con Deut. 15,2 e, nella sostanza, si collega alla remissione dei debiti di Nehemia (Neh. 5). 4. Pagamento di una tassa al Tempio (vv. 33 s.), cfr. Es. 30,11 s. 5. Regolamentazione dell'approvvigionamento di legna da ardere per l'altare dei sacrifici (v. 35), fissata dallo stesso Nehemia (Neh, 13,31). 6. Offerta delle primizie (vv. 36-38a) in conformità a Es. 23,19; 34,26; Deut. 26,1 ss., fissata dallo stesso Nehemia (Neh. 13,31). 7. Offerta delle decime ai leviti (vv. 38b-39) in conformità a Num. 18,21.24 ss., imposta da Nehemia contro molte resistenze (Neh. 13,10-13; sull'intera questione, cfr. KIPPENBERG, 69 ss.).

In questo impegno e nelle corrispondenti misure adottate da Nehemia, si collegano diverse intenzioni: l'esigenza di demarcazione e di purificazione della comunità ebraica, la preoccupazione per lo svolgimento del culto del Tempio secondo le regole, un marcato impegno sociale. Quest'ultimo aspetto risalta molto chiaramente anche per quanto riguarda il culto del Tempio. È così sia per la equa ripartizione delle offerte, sia per le decime da versare ai leviti che ne dipendevano per il loro sostentamento (cfr. 13,10). L'interesse sociale si manifesta anche, inversamente, nel fatto che erano di nuovo gli strati sociali più elevati a tentare di sottrarsi a questi obblighi (cfr. 13,11).

Consolidamento

Volendo tentare di tracciare un quadro completo dell'attività di Nehemia, la cosa migliore è comprenderla come un'opera di consolidamento. Con il ripristino delle mura della città di Gerusalemme e con l'incremento della sua popolazione, egli restituì alla provincia giudaica un centro politico (e al tempo stesso spirituale). Con la regolamentazione dei tributi al Tempio, egli assicurò il regolare svolgimento del culto sacrificale; Gerusalemme poteva così svolgere la sua funzione di centro religioso. Con la remissione dei debiti e con la regolamentazione dell'anno della remissione, egli contribuì a smorzare tensioni sociali, rendendo così più vitale la comunità giudaica.

Tesi su Nehemia

Il fatto che altri autori pervengano a valutazioni molto diverse dell'attività di Nehemia dipende dalla natura delle fonti. Così, KELLERMANN (1967) vede in Nehemia un davidide (di un ramo laterale della dinastia davidica) che faceva derivare da questa sua origine il diritto di intervenire in materie politiche e cultuali. Egli fu poi coinvolto nella corrente di un «partito sionistico-messianico», che lo voleva fare re (cfr. le obiezioni degli avversari in

Neh. 6,6 s.); questo proposito fallì, perché il re persiano gli tolse il suo appoggio e lo richiamò da Gerusalemme. SMITH delinea un quadro totalmente diverso. Secondo lui, Nehemia era un «tiranno», nel senso greco del termine, che, con il sostegno degli strati più bassi della popolazione, lottava con successo contro l'aristocrazia e, contemporaneamente, favoriva la vittoria del «partito di Jhwh soltanto», contro la maggioranza sincretistica (comprendente anche il sacerdozio tollerante nei confronti del sincretismo), dando così un'impronta determinante alla religione giudaica posteriore. Entrambi questi abbozzi si basano su un gran numero di ipotesi non dimostrate e senza base testuale. A mio avviso è più affidabile una ricostruzione storica basata sul quadro offerto dalla tradizione anticotestamentaria.

Conclusione dell'esposizione storica

Con la presentazione dell'attività di Nehemia, si conclude l'esposizione narrativa della storia d'Israele all'interno dell'Antico Testamento. Nei libri di Esdra e Nehemia, l'epoca successiva alla fine dell'esilio babilonese è ricompresa unitariamente, con due centri: l'attività di Sceshbatsar e di Zorobabel, che si conclude con la ricostruzione del Tempio, e l'attività di Esdra e Nehemia, che conduce a un ulteriore consolidamento, interno ed esterno, e crea così i presupposti per la vita del popolo ebraico nei secoli seguenti.

Bibliografia

S. JAPHET, *The Supposed Common Authorship of Chronicles and Ezra-Nehemiah Investigated Anew*, in VT 18, 1968, 330-371; U.KELLERMANN, *Nehemia. Quellen, Überlieferung und Geschichte*, 1967; IDEM, *Erwägungen zum Problem der Esradatierung*, in ZAW 80, 1968, 55-87; H.G. KIPPENBERG, *Religion und Klassenbildung im antiken Judäa*, 1978; K. KOCH, *Hoherpriester*, in BHH II, 737-740; S. MOWINCKEL, *Studien zu dem Buche Ezra-Nehemia* (1948), I e II, 1964, III, 1965; H.H. ROWLEY, *The Chronological Order of Ezra and Nehemiah* (1948), in *The Servant of the Lord*, 1965, 137-168; H.H. SCHAEDER, *Esra der Schreiber*, 1930; M. SMITH, *Palestinian Parties and Politics That Shaped the Old Testament*, 1971, trad. it. *Gli uomini del ritorno*,1984; H.C.M. VOGT, *Studie zur nachexilischen Gemeinde in Esra-Nehemia*, 1966.
NOTH, par. 26; BRIGHT, cap. 10; DONNER VII.3; GUNNEWEG XI.2,3; HERRMANN III.3; HAYES - MILLER IX; BEN-SASSON I,11.
Cfr. inoltre la Bibliografia in III.4.6.

7.4 Israele alla fine dell'epoca dell'Antico Testamento

Con Nehemia, si conclude l'esposizione della storia d'Israele offertaci dall'Antico Testamento. Nessun nome o fatto relativo all'epoca successiva all'attività di Nehemia viene più menzionato nell'Antico Testamento. Questo non è certamente dovuto al caso. I libri di Esdra e Nehemia presentano il periodo che va dall'editto di Ciro (538) alla fine dell'attività di Nehemia (circa 430) come un'epoca, in sé conchiusa, di rimpatrio, di ricostruzione e di consolidamento, in cui la storia d'Israele, interrotta dall'esilio babilonese, viene ripresa e le istituzioni religiose e nazionali, in parte distrutte, vengono ripristinate. In questo modo, quest'epoca viene a essere il compimento della storia d'Israele fino alla fine dell'epoca monarchica, già divenuta canonica; al tempo stesso, rappresenta la conclusione della storia d'Israele, che viene così a essere nella sua interezza oggetto della tradizione.

Da ciò derivano alcune osservazioni per la trattazione della storia d'Israele nei secoli successivi. Considerata esteriormente, essa offrì pochi motivi per una ulteriore storiografia. Per circa un secolo, Giuda rimase sottomesso alla dominazione persiana; per quest'epoca manca ogni informazione utile a delineare le situazioni. Mancano anche indizi di importanti trasformazioni: la situazione creata da Esdra e Nehemia deve evidentemente essersi protratta (cfr. GOWAN, 61 ss.).

Dominazione persiana

Due aspetti sono comunque da evidenziare in modo particolare. In primo luogo, il rapporto con la *diaspora* ebraica: a questo riguardo, le tradizioni su Esdra e Nehemia offrono un quadro singolarmente ambivalente. Da un lato, la grande rilevanza della diaspora appare evidente dal fatto che entrambi, Esdra e Nehemia, giungono a Gerusalemme provenendo dalla diaspora e qui intervengono nelle situazioni in modo decisivo. Sembrano essere legittimati a far ciò dall'autorità persiana, ma questo non basta a spiegare la loro effettiva influenza nelle questioni interne di Gerusalemme e di Giuda, quelle religiose in particolare. In questo, essi sembrano piuttosto continuare la linea già manifestatasi con Zorobabel: i criteri della purezza della religione ebraica e la sua demarcazione rispetto all'esterno vengono fissati dai rimpatriati dall'esilio/diaspora. Esdra e Nehemia, però, vanno più in là e influenzano anche in positivo la vita religiosa, politica e sociale di Giuda. L'autorità della diaspora in queste materie viene evidentemente riconosciuta, tacitamente o esplicitamente.

Rapporto con la diaspora

D'altro lato, in modo in cui sono presentati gli eventi dà l'impressione che la *golah* sia rimpatriata nella sua totalità e che, alla fine, coincida con la comunità che si trova a Gerusalemme e in Giuda. Questo è particolarmente singolare in rapporto a Nehemia perché egli, a differenza di Esdra, secondo il suo stesso racconto, venne a Gerusalemme da solo e non risulta che egli fosse un esponente della diaspora ebraica (o di un gruppo di essa). Ciò, però, va senza dubbio dato per scontato. La presenza di un gran numero di ebrei nell'impero persiano e nella capitale Susa è attestata anche nel libro di Ester; essi appaiono collegati fra loro e vengono considerati come gruppo etnico e religioso a sé (cfr. Est. 3,8). Qui, però, non si parla esplicitamente del loro legame con la madrepatria. Tuttavia il fatto stesso che il libro di Ester sia stato accolto nel canone indica, non soltanto che esisteva effettivamente un legame, ma anche che la diaspora babilonese-persiana veniva riconosciuta come parte del popolo ebraico, anche e proprio dal punto di vista religioso.

Diaspora egiziana → 87

Meno chiaro appare il rapporto con la diaspora egiziana. Gli ebrei dell'isola di Elefantina, sul Nilo, si sentivano evidentemente legati alla madrepatria; infatti, in seguito alla distruzione del loro tempio, compiuta verso il 410 da sacerdoti egiziani, chiesero al governatore di Gerusalemme, Bagoa, di appoggiarne la ricostruzione (cfr. AOT, 450 ss., TGI, 84 ss.), dopo che una loro prima lettera ai sacerdoti di Gerusalemme era rimasta senza risposta (righe 18 s.). L'esistenza di un tempio fuori da Gerusalemme doveva essere inaccettabile per i sacerdoti di Gerusalemme. Sembra tuttavia che si sia giunti a un compromesso: il governatore autorizzò la ricostruzione, ma con una esplicita restrizione; vi si sarebbero potute presentare soltanto offerte vegetali (*minchah*) e offerte d'incenso (*l*^{e}*bona*), ma non olocausti (*'ola*). Sembra che la gente di Elefantina abbia accettato questa decisione (cfr. AOT, 452 s., TGI, 88 e PORTEN, 248 ss.), sicché il tempio poté essere ricostruito. In ogni caso, manca ogni notizia su ulteriori rapporti fra Gerusalemme ed Elefantina e anche la successiva sorte della colonia militare ebraica rimane ignota; l'ultimo testo rinvenuto è dell'anno 399.

Gerusalemme e Samaria

Il secondo aspetto riguarda i rapporti tra *Gerusalemme e Samaria*. I conflitti dell'epoca di Zorobabel e di Nehemia comprendevano, oltre alle rivalità politiche, anche un aspetto religioso: i giudei impedivano ai samaritani di partecipare alla ricostruzione del Tempio (Esd. 4,1 ss.) e della città (Neh. 2,20). I samaritani sostenevano però di essere anche loro adoratori di Jhwh (Esd. 4,2). → 91 s. Appaiono qui i primi accenni alla formazione di una vera e propria comunità religiosa samarica (o samaritana), che si sarebbe più tardi resa indipendente da quella di Giuda. I particolari sono però incerti. Secondo il racconto di GIUSEPPE FLAVIO (*Antiquitates* XI 8,3 ss.), i samaritani si sarebbero fatti accordare da Alessandro Magno il diritto di costruire un loro

Tempio sul Garizim

tempio. È comunque certo che essi si resero indipendenti in epoca persiana o ellenistica (cfr. KIPPENBERG), rivendicando come Sacra Scrittura il Pentateuco, nella stessa versione completa che appare nella Bibbia ebraica (però con alcune varianti caratteristiche, cfr. WÜRTHWEIN, 47 ss.; una cronaca dei Samaritani pubblicata soltanto in epoca recente sviluppa una storia autonoma del tempio sul monte Garizim, che sarebbe stato eretto già da Giosuè. Vi vengono inoltre rielaborate parti essenziali dei libri biblici di Giosuè, Giudici, Samuele, Re e Cronache; cfr. MACDONALD).

Tutto ciò, comunque, non ha più lasciato nell'Antico Testamento alcuna traccia visibile. Lo stesso vale (con l'eccezione dei libri di Kohelet [Ecclesiaste] e di Daniele) per le profonde trasformazioni che ebbero luogo in seguito alla conquista del vicino Oriente da parte di Alessandro Magno (333 ss.) e alla susseguente *ellenizzazione* (su questo cfr. HENGEL). A quest'epoca, la raccolta e la rielaborazione dei libri erano probabilmente in gran parte terminate. Ciò significa però che l'attività letteraria e teologica a cui i libri dell'Antico Testamento devono la loro forma definitiva è stata compiuta, in misura più o meno grande, nei primi due secoli dopo l'esilio babilonese.

Ellenizzazione

Emerge dunque un quadro molto vario e articolato di quest'epoca. Secondo l'esposizione dei libri di Esdra e Nehemia, in primo piano sta la battaglia per la purezza della religione israelitica. A questo sforzo corrisponde, tra l'altro, la grande importanza attribuita, nella redazione finale del Pentateuco, alle prescrizioni di normativa cultuale. Ma c'è un altro tratto che non deve essere perso di vista: spesso viene espressa la gioia per il Tempio, per il culto e per le feste (Esd. 3,12 s.; 6,22; Neh. 8,12.17; 12,47.43 s.). Traspare qui un'affinità con la tradizione innica dei salmi, che svolge un ruolo di rilievo nella raccolta finale del libro dei Salmi.

Purezza religiosa

Gioia per il culto
→ 322 s.

Accanto a ciò, emerge chiaramente un'altra linea, in cui la Torah, redatta per iscritto, occupa un posto centrale e diventa la base di una nuova pietà della Torah. Quando viene detto di Esdra che «aveva applicato il suo cuore allo studio e alla pratica della Torah di Jhwh» (Esd. 7,10), ci si avvicina molto alle affermazioni dei «salmi della Torah» (Sal. 1; 19,8 ss.; 119), che sono uno degli elementi che danno un'impronta al libro dei Salmi nella sua forma attuale. Entrambi gli elementi, la gioia cultuale e innica per le feste e la pietà della Torah, compaiono fra i tratti caratteristici della presentazione della storia offerta dai libri delle Cronache.

Pietà della Torah

→ 322 s.

È notevole (ma certo non un caso!) che manchi nei libri di Esdra e Nehemia un'altra linea: quella profetica. Così, non c'è traccia nel libro di Esdra delle attese messianiche che in Aggeo e Zaccaria sono congiunte a Zorobabel. Ciononondimeno, questa tradizione viene proseguita nella rielaborazione del libro di Zaccaria (cfr. ad es. Zac. 4,6

Tradizioni profetiche
→ 309. 311

e 9,9 s.). Ciò avviene nel contesto più ampio della raccolta e rielabo-
→ 316 ss. razione dei libri profetici che, nella loro forma finale, contengono sempre una marcata componente escatologica. Al tempo stesso, però, l'annuncio di giudizio dei profeti pre-esilici è stato mantenuto e spesso attualizzato. Anche qui ne risulta un aggancio con la pietà della Torah, contenente non soltanto l'invito a praticarla ma anche l'ammonimento sulle conseguenze di una sua non applicazione. Appare qui un altro legame diretto con i libri delle Cronache dove, in analogia alla figura di Mosè (cfr. Deut. 18,15.18), i profeti sono presentati come figure che esortano e ammoniscono, mentre l'elemento escatologico è di nuovo del tutto assente. Connessioni sono date anche dalla figura di Davide. Egli svolge nei libri delle Cronache un ruolo centrale, che abbraccia anche la sua rilevanza per il culto del tempio: tuttavia, non è una figura messianica. Anche nei Salmi, la figura di Davide, sia nel suo significato per il culto, sia nella sua funzione messianica, ha lasciato un'impronta nella raccolta giunta fino a noi.

Figura di Davide → 323

Tradizioni sapienziali

Infine, anche le tradizioni sapienziali svolgono un ruolo rilevante nella formulazione finale di diversi libri e raccolte. Inoltre, i libri
→ 327. 342 in cui trova espressione la «crisi della sapienza» (Giobbe, Kohelet) mostrano quale fosse nei secoli dopo l'esilio il significato del pensiero sapienziale e delle obiezioni che gli erano mosse.

Varietà teologica e spirituale

Questo breve schizzo dovrebbe aver accennato alla varietà dei movimenti spirituali e teologici che dobbiamo prendere in considerazione per l'epoca post-esilica (su questo cfr. anche STECK). Non sappiamo in che misura essi venissero portati avanti in determinati ambiti o gruppi e come questi si rapportassero fra loro (su questo cfr. BLENKINSOPP). Ciò vale anche per le correlazioni e i collegamenti cui abbiamo fatto cenno; alcuni possono effettivamente essere esistiti, altri, forse, mostrano soltanto che le stesse tradizioni potevano essere accolte e sviluppate con intenti molto diversi. Ciononondimeno, anche in questo caso, le tradizioni stesse costituiscono un elemento di collegamento. Soprattutto, però, l'esistenza di tutti questi aspetti mostra che l'epoca post-esilica non può essere considerata da un solo punto di vista (cioè a partire dal quadro offertoci dai libri di Esdra e Nehemia). Piuttosto, la raccolta, la rielaborazione e l'interpretazione delle diverse tradizioni che hanno trovato la loro espressione scritta nell'Antico Testamento sono il frutto di una vita religiosa molto intensa e articolata e rivelano al tempo stesso una marcata coscienza della continuità della storia d'Israele.

Bibliografia

J. BLENKINSOPP, *Interpretation and the Tendency to Sectarianism: An Aspect of Second Temple History*, in E.P. SANDERS (a cura di), *Jewish and Christian Self-Definition* II. *Two Aspects of Judaism in the Graeco-Roman Period*, 1981, 1-26; D.E. GOWAN, *Bridge Between the Testaments. A Reappraisal of Judaism from the Exile to the Birth of Christianity*, 1976; M. HENGEL, *Judentum und Hellenismus*, 1973[2]; H.G. KIPPENBERG, *Garizim und Synagoge*, 1971; J. MACDONALD, *The Samaritan Chronicle No. II*, 1969; B. PORTEN, *Archives from Elephantine. The Life of an Ancient Jewish Military Colony*, 1968; O.H. STECK, *Das Problem theologischer Strömungen in nachexilischer Zeit*, in ExTh 28, 1968, 445-458; E. WÜRTHWEIN, *Der Text des Alten Testament*, 1973[4].
NOTH, par. 27, 28; BRIGHT, cap. 11,12; DONNER VII.4; GUNNEWEG XI. 4,5; XII.2; HERRMANN III.4; HAYES - MILLER IX; BEN-SASSON I.11.

Parte seconda

La letteratura dell'Antico Testamento nella vita dell'antico Israele

1

Storia delle forme e struttura sociale in Israele

La maggior parte dei testi tramandati nell'Antico Testamento non sono «letteratura» nel senso che sarebbero stati, fin dall'inizio, messi per iscritto e destinati a un uso «letterario». Molti testi sono stati in un primo tempo composti per una determinata occasione nel quadro della vita della società israelitica e lì anche utilizzati. Soltanto nel corso del tempo sono poi venuti sviluppandosi fino a formare i libri di cui attualmente disponiamo oppure sono stati riuniti nel corso di un lavoro sistematico.

Metodo

Hermann GUNKEL ha richiamato con particolare forza l'attenzione su questi aspetti. Secondo lui, nell'antico Israele «la letteratura è una parte della vita del popolo e deve essere compresa a partire da essa». Egli diceva perciò che i testi possedevano una «ambientazione nella vita del popolo» o semplicemente un «ambiente vitale» (p. 3 s.) (*Sitz im Leben, N.d.T.*). Queste osservazioni hanno conseguenze fondamentali per l'analisi dell'Antico Testamento (naturalmente ciò non vale soltanto qui e soltanto per testi antichi). Se si considerano i testi come parte di determinati processi della vita, ne deriva che essi – nonostante si esprimano e siano stilizzati in modo individuale – mostrano strutture contenutistiche ed espressive comuni ad altri testi. Tali strutture testuali costanti preesistono sempre come regole di composizione agli oratori oppure autori, quando essi compongono i loro testi in vista di una situazione con determinati destinatari, luogo, circostanza, scopo ecc. In relazione a queste regole sopra-individuali di composizione (modelli per la composizione di testi) possiamo usare un termine della scienza della letteratura e parlare di «generi» (*Gattungen, N.d.T.*) (a cui i singoli testi concreti sono da correlare come «esemplari del genere»; cfr. HARDMEIER). Il concetto di «ambiente vitale» elaborato dal GUNKEL definisce una situazione di comunicazione tipica, alla quale sono collegati uno (o più) generi letterari. In senso più ampio, si può con questo termine anche intendere il contesto sociale in questione.

Forme

I *reciproci rapporti fra genere letterario e ambiente vitale* costituiscono il punto di vista fondamentale del metodo della «storia delle forme», o «storia dei generi letterari», che risale al GUNKEL. «Situazioni tipiche» e strutture testuali costanti si presentano con maggiore evidenza dove determinati processi vengono ripetuti con grande regolarità, secondo regole strettamente predeterminate e in forme esattamente fissate. Ciò vale ad es. per il *culto* nelle sue svariate forme: ogni celebrazione cultuale, ogni culto ha bisogno di una «liturgia», cioè di una successione e una forma fisse per i singoli momenti e atti e di testi da pronunciare o da cantare in quell'occasione. In molti casi, una tale liturgia consiste di parti fisse, sempre le stesse a ogni svolgimento del culto, e di parti variabili, che possono di volta in volta essere modificate o sostituite. Va da sé che le prime abbiano forme fortemente stereotipate. Ma anche nel caso delle seconde, le forme non sono arbitrarie; al contrario, anche qui le regole del genere determinano i temi e i mezzi espressivi cosicché, pur con tutte le differenze di dettaglio, i testi da utilizzare a un determinato momento del culto (ad es. salmi, canti, preghiere) rivelano tratti comuni costanti.

Culto → 135 ss.

Di norma, nell'Antico Testamento non ci sono tramandate le «liturgie» in cui è riportato lo svolgimento di un atto di culto. È anche dubbio in che misura ci fossero effettivamente annotazioni scritte sullo svolgimento del culto, perché questo faceva parte del sapere professionale dei sacerdoti, che veniva trasmesso oralmente. Siamo comunque in grado di riconoscere i generi letterari dei testi appartenenti ai vari tipi di culto (ad es. i salmi) e di dedurre qualcosa sul culto stesso a partire dalla loro tematica e dalle loro forme. L'analisi delle forme o dei generi letterari consente così di gettare uno sguardo in un frammento della vita religiosa dell'antico Israele. Per quanto riguarda l'interpretazione dell'Antico Testamento, ne deriva una relazione di reciprocità: l'ambiente vitale individuato consente di riconoscere un determinato genere letterario, di descriverne la funzione e di ricavare criteri per l'interpretazione dei testi che a quel genere appartengono; e viceversa, l'interpretazione comparata dei testi appartenenti a un genere letterario consente di farsi un'idea dei processi vitali in cui essi erano ambientati.

Ambito giuridico → 127 ss.

Ciò che è stato ora detto per i testi cultuali vale anche, con presupposti di volta in volta opportunamente modificati, per altri ambiti vitali. In *ambito giuridico*, allo stesso modo, un procedimento ha bisogno di determinate forme fisse in cui svolgersi e di determinati testi da pronunciare di volta in volta. Anche qui ci sono parti fisse, che all'occorrenza possono consistere anche solo in brevi frasi stereotipate con cui si forma l'assemblea giudicante, con cui le parti sono convocate e invitate a produrre i propri argomenti, e con cui infine si pronunciano il giudizio e le conseguenti disposizioni. Tra l'altro, qui la quota delle parti variabili deve essere stata molto maggiore, perché ogni caso giudiziario è diverso dall'altro e la cosa importante è proprio far emergere la particolarità di ogni caso ed emettere un giudizio che vi corrisponda. Ma anche queste parti variabili obbediscono alle rigide leggi formali del rispettivo genere. Perciò, anche qui, sussiste per l'esegesi una relazione di reciprocità: le conoscenze dello svolgimento del procedimento giudiziario rendono possibile l'assegnazione dei testi a determinati generi letterari, da cui di nuovo si possono ricavare nuove prospettive sul pensiero giuridico e sulla vita legale d'Israele.

Corte → 149 ss.

Anche a *corte* c'erano eventi regolarmente ricorrenti, ad esempio quando veniva incoronato un re, quando si dava la notizia ufficiale della nascita di un successore al trono, forse durante una celebrazione dell'incoronazione ripetuta annualmente ecc. Vi sono qui stretti collegamenti con eventi cultuali, perché tutti questi avvenimenti hanno significato religioso e vengono celebrati nel culto. Anche l'ambito militare e politico entra in gioco, ad es. nel caso di festeggiamenti per la vittoria, oppure nel caso di celebrazioni popolari di cordoglio in seguito a sconfitte ecc. Questo ambito richiede inoltre tutta una serie di registrazioni permanenti: annali con eventi politici e militari; liste su questioni militari e organizzative; trattati e accordi con altri Stati; ma poi anche illustrazioni narrative e storiografiche di determinati eventi o situazioni. La vita culturale di corte dà vita a suoi prodotti specifici e l'educazione delle nuove leve di funzionari di corte si avvale di forme fisse, tradizionali.

Profeti → 157 ss.

Vita quotidiana → 117 ss.

Neppure l'attività *profetica* si svolge senza forme date. I generi del discorso profetico sono stereotipati e vengono di volta in volta riempiti dai singoli profeti con contenuti concreti e spesso modificati in vario modo. Infine, anche la *vita quotidiana* offre diverse situazioni che si ripetono con regolarità e in cui si usano forme e generi stereotipati di discorso: matrimonio, nascita di bambini, morte e i vari modi in cui la comunità (famiglia, clan, tribù, comunità locale) reagisce a essi; le relazioni giuridiche ed economiche degli uomini fra loro, che hanno bisogno di essere regolate con contratti e accordi, conti e ricevute ecc. (in casi di controversia, vale quanto già detto per la vita legale); il lavoro comune può fornire l'occasione per canti e detti che diventano patrimonio fisso della comunità; l'educazione e la trasmissione di tradizioni da una generazione all'altra avvengono in forme sempre ricorrenti; infine anche il ritrovarsi conviviale della comunità offre l'opportunità per la creazione di forme fisse di intrattenimento come canti, proverbi, indovinelli, racconti ecc.

Questa prima panoramica sui vari ambiti della vita e dei generi letterari che da essi scaturiscono e che in essi si radicano dovrebbe essere indicativa delle molteplici situazioni e delle varie articolazioni delle forme e, al tempo stesso, far comprendere che le leggi formali cui i testi obbediscono di volta in volta si sviluppano a partire dalla vita della società nei suoi vari ambiti e ne vengono determinate e contrassegnate. Al tempo stesso, però, ci si imbatte qui in un ulteriore problema costituito dal rapporto fra la tradizione orale e quella scritta.

Tradizione orale/scritta

Nella ricerca sull'Antico Testamento si è condotta a questo riguardo una discussione molto vivace e a tratti controversa. Soprattutto da parte di studiosi scandinavi, si è sottolineato con forza il significato della tradizione orale (*oral tradition*) nell'antico Oriente e lo si è opposto a un approccio puramente letterario all'Antico Testamento e, in particolare, al lavoro di critica letteraria della «scuola di Wellhausen» (cfr. NIELSEN). In ciò sta senza dubbio la legittimità di queste tesi, che si riallacciano alla nuova impostazione di GUNKEL nella misura in cui, anche secondo lui, i generi della letteratura dell'Antico Testamento sono stati trasmessi oralmente nel loro ambiente vitale originario.

Nel frattempo è comunque apparso chiaro che, in questo ambito, si sono talvolta costruite false alternative. Da un lato bisogna ritenere certo che per lungo tempo nell'antico Israele molti testi, anche di una certa ampiezza (ad es. saghe e racconti, ma anche testi giuridici e cultuali), sono stati serbati e trasmessi oralmente e sono stati fissati per iscritto solo relativamente tardi. D'altro lato, nell'Antico Testamento si afferma spesso che certe cose sono state messe per iscritto: leggi e comandamenti (Es. 24,4; 32,15; Gios. 24,26), documenti legali (Deut. 24,1; Ger. 32,10), testi cultuali (Es. 17,14; Num. 5,23), lettere (II Sam. 11,14; I Re 21,8; II Re 10,1) ecc. C'erano anche libri, come il «libro delle guerre di Jhwh» (Num. 21,14), il «libro del giusto» (Gios. 10,13; II Sam. 1,18), le «cronache» di Salomone (I Re 11,41) e dei re d'Israele (I Re 14,19 ecc.) e di Giuda (I Re 14,29 ecc.).

→ 150

Inoltre, gli importanti ritrovamenti di testi dell'antico vicino Oriente mostrano che in quella regione, molto prima dell'epoca israelitica, c'era una fiorente cultura scritta, di modo che non v'è alcun motivo di supporre che in Israele ci fosse una cultura senza scrittura. Ciononostante, come si detto, permangono legittime le obiezioni contro un approccio puramente letterario ai testi dell'Antico Testamento. Molti testi hanno ricevuto la loro impronta decisiva proprio dal fatto che erano destinati alla esposizione orale e che in un primo tempo furono tramandati oralmente.

Cammino verso la letteratura → 173 ss.

Con questo, lo sguardo si rivolge anche alla storia ulteriore della letteratura dell'Antico Testamento. Bisogna anche tenere presente il cammino che va dai generi letterari originali, orali o scritti, e dal loro impiego nelle situazioni vitali originarie fino allo stadio letterario finale che oggi ci sta di fronte. L'esegesi non può né limitarsi all'osservazione puramente letteraria dei testi che abbiamo davanti né può accontentarsi di far emergere i generi letterari originari e non tener conto della ulteriore storia della tradizione. L'aver preso coscienza dell'originario ancoramento della letteratura dell'Antico Testamento alle situazioni concrete della vita della società israelitica ha portato a una differenziazione e a un ampliamento dei compiti dell'esegesi. L'esegeta deve ora preoccuparsi di delineare tutto il percorso che va dagli inizi della formazione della tradizione fino all'attuale forma finale dei testi. In questo modo, l'esegesi viene strettamente collegata alla storia d'Israele, delle sue tradizioni e della sua fede.

Bibliografia

H. GUNKEL, *Die israelitische Literatur*, 1925 (1963); C. HARDMEIER, *Texttheorie und biblische Exegese*, 1978; E. NIELSEN, *Oral Tradition*, 1954.
EISSFELDT, par. 2; FOHRER, par. 2-6; SOGGIN, par. 6; SMEND, par. 17; KOCH, par. 3,7.

2

Famiglia, clan, tribù, comunità locale

I vari ambienti in cui si svolge la vita quotidiana offrono molteplici occasioni di comunicazione, in forme più o meno stereotipate. È nella natura delle cose che la maggior parte di queste espressioni della vita quotidiana non vengano mai scritte e non pervengano alla letteratura. Queste forme vanno da sé per i membri di una comunità, ampia o ristretta che sia; per chi ne è al di fuori, non hanno pressoché alcun significato.

Per quanto riguarda l'antico Israele, dobbiamo innanzitutto prendere in considerazione le strutture della vita comune, essenzialmente definite da rapporti di parentela (cfr. DE VAUX I, 20 ss.; CRÜSEMANN, *Widerstand*, 204 ss.; KIPPENBERG, 23 ss.). Il nucleo più piccolo è costituito dalla *famiglia*, spesso definita nell'Antico Testamento «casa del padre» (*bet' ab*) o semplicemente «casa» (*bajit*) (ad es. Es. 12,3), termine con cui si può intendere anche la «grande famiglia», nella quale accanto al marito, a sua moglie (oppure le sue mogli), i suoi figli, i suoi schiavi e le sue schiave, vivono anche i figli sposati e altri parenti dipendenti (all'incirca come Lot nella famiglia di Abramo, secondo Gen. 12 s.). Da un punto di vista economico, la grande famiglia era un'unità produttiva in grado di provvedere a se stessa (cfr. CRÜSEMANN, *Mann und Frau*, 43 ss.). Famiglia

La successiva unità, in ordine crescente, è il *clan* (*mishpacha*), la cerchia dei consanguinei in senso più ampio: il clan ha tra l'altro funzioni giuridiche (ad es. proprietà della terra, istituto del «riscatto» [*g*^{e}*'ulla*, cfr. Lev. 25,24 s.]) e cultuali (cfr. KIPPENBERG, 25 ss.). Più clan costituiscono infine una più grande comunità solidale, la *tribù* (*shebet* o *matte*: entrambi i termini significano anche «bastone»). Secondo testi del libro dei Giudici, in tempi più antichi fu attribuita un'importanza rilevante alla tribù, soprattutto in caso di oppressione militare (cfr. THIEL, 109 s.). Clan Tribù

In Gios. 7,14-18 si può vedere la tripartizione: tribù, clan, famiglia. Tuttavia la terminologia è fluttuante all'interno dell'Antico Testamento e spesso anche i confini tra i vari elementi oscillano. Si discute in che misura le tribù israelitiche di cui parla l'Antico Testamento si siano già formate in epoca nomade o si siano invece costituite nel corso della conquista o anche in seguito. Si nota comunque chiaramente che l'organizzazione per tribù ha svolto un ruolo importante nell'epoca dopo la conquista. Questa organizzazione abbracciava i vari territori di insediamento e le località israelitiche in essi situate.

→ 42 ss.

Comunità locale

Accanto alla suddivisione in base alla discendenza, c'era un'altra forma di organizzazione della vita quotidiana, la *comunità locale*, cioè in primo luogo la città (*'ir*). Benché la vita sia prevalentemente determinata dall'agricoltura, si vive soprattutto nelle città fortificate, che offrono protezione contro aggressioni e animali feroci. Dalla città ci si reca la mattina al lavoro nei campi e vi si fa ritorno la sera (per questo il Salmo 121,8 afferma: «Il Signore protegga il tuo uscire e il tuo entrare» – in quest'ordine!). La città costituisce il principale fondamento della vita comune dal punto di vista giuridico, politico e sociale. Siccome le città sono fittamente costruite e contengono pochissime strade nel vero senso della parola, per non parlare poi di piazze più ampie, la comunità locale si riunisce «sulla porta», cioè nello spiazzo libero subito davanti alla porta della città, tanto più che, al mattino e alla sera, gli abitanti della città transitano comunque di lì (cfr. la scena di Ruth 4,1 s.).

→ 128

Soltanto pochi elementi della vita quotidiana di queste limitate comunità hanno avuto accesso alla letteratura, e comunque solo per caso. Comunque, l'Antico Testamento mostra alcune delle espressioni stereotipe della lingua corrente, come ad esempio formule di saluto (ad es, le molteplici variazioni della parola *shalom* «pace»), formule per iniziare un discorso, per chiedere o ringraziare, formule di augurio, di giuramento e di benedizione ecc. (cfr. LANDE, FOHRER, par. 9). Le tappe fondamentali della vita umana rappresentano un'opportunità particolare per sviluppare formule stereotipe di discorso: matrimonio, nascita, morte. Prima del matrimonio, la famiglia congedava forse la fidanzata con una benedizione augurante la fertilità, come quella che risuona in Gen. 24,60. Anche Ruth 4,11 s. ha tramandato benedizioni augurali per la fidanzata. Nel Cantico dei Cantici sono riuniti numerosi *canti d'amore*, che erano probabilmente cantati e recitati in occasione di una festa nuziale di più giorni e che rivelano la multiformità di questo genere (cfr. HORST). Anche l'espressione, frequente in Geremia, «voce dello sposo, voce della sposa» (Ger. 7,34; 33,1 ecc.) allude probabilmente all'esecuzione di canti nuziali.

→ 337 ss.

Canti d'amore

Non ci sono stati tramandati testi relativi alla nascita di un bambino: si potrebbe comunque considerare l'espressione «non temere, tu hai (partorito) un figlio», attestata due volte (Gen. 35,17; I Sam. 4,20), come una formula fissa che veniva pronunciata alla madre dopo la nascita. Anche l'imposizione del nome è un atto preciso accompagnato da espressioni stereotipe. L'imposizione del nome era per lo più effettuata dalla madre (cfr. Gen. 29,31 ss.; I Sam. 1,20 ecc.), ma sono riferiti anche casi in cui lo fa il padre (Gen. 16,15; 17,19; Es. 2,22 ecc.).

Più chiaramente riconoscibili sono gli atti connessi con la morte. Il *lamento funebre* assumeva determinate forme costanti: ci si strappavano i vestiti, si indossava un abito di lutto, si piangeva, si digiunava e si intonava il lamento funebre (cfr. Gen. 37,34; II Sam. 1,11; 3,31 ecc.). Elementi stabili del lamento funebre erano il grido *hoj* «ahimè!» (cfr. I Re 13,30; Ger. 22,18; 34,5, anche nelle forme *'oj* e *ho*, cfr. Am. 5,16) e il canto funebre, la *kinah* (cfr. JAHNOW: è questo uno dei rari casi in cui troviamo nell'Antico Testamento stesso l'esplicita designazione di un genere letterario).

Lamento funebre

→ 166

→ 147. 166

Secondo Am. 5,16; Ger. 9,16, il canto funebre sarebbe stato cantato da un particolare gruppo di «professionisti», soprattutto donne. Ma anche di Davide si racconta che avrebbe lui stesso composto e intonato canti funebri (II Sam. 1,17 ss.; 3,33 s.). Il canto funebre aveva chiaramente un ruolo notevole nella vita e nella coscienza pubbliche, al punto che i profeti poterono assumere questo genere letterario e modificarlo nel quadro della loro predicazione profetica (cfr. HARDMEIER).

Anche in altre occasioni della vita quotidiana, venivano certamente cantati canti collettivi. Così, il «canto dei pozzi», menzionato in Num. 21,17 s., in origine era forse un *canto di lavoro*, cantato durante lo scavo di un pozzo. Anche in Neh. 4,4, si riconosce un canto di lavoro (col tono del lamento). Certamente c'erano canti simili anche in altre occasioni di lavoro collettivo, soprattutto per il raccolto, dominato da una proverbiale allegria (cfr. Is. 9,2; Sal. 126,5), e in particolare per la vendemmia (cfr. Giud. 9,27; 21,21; Is. 16,10); tuttavia non ci è stato tramandato alcun esempio di canti di questo tipo. Is. 5,11 s. e Am. 6,4-6 mostrano l'esistenza di *canti conviviali*: in Is. 22,13 viene citato uno di questi brevi canti, e lo stesso avviene probabilmente anche in Is. 56,12 (cfr. inoltre Am. 4,1). In Is. 23,15 s. viene citato un *canto di scherno*, in Gen. 4,23 s. una *vanteria*. Il genere del *canto della sentinella*, cantato da una guardia che sta di notte sulle mura, si rispecchia in Is. 21,11 s., con la forma di un gioco di domanda e risposta.

Canti

Le esperienze fatte, scambiate, formulate e trasmesse nella vita della società umana, sono spesso espresse in forma di brevi *detti*. Ci

Proverbi → 154 sono così tipici *proverbi*, conosciuti in molte culture, ad es.: «Che ha la paglia in comune col frumento?» (Ger. 23,28); «Un cane vivo val meglio di un leone morto» (Koh. 9,4); «Il male viene dai malvagi» (I Sam. 24,14) ecc. L'ultimo esempio è espressamente designato come *mashal*, che qui significa chiaramente «proverbio» (il termine indica però anche altri tipi di detti, come il detto sapienziale, il canto satirico e altri). Come *mashal* viene presentata anche la parola: «Saul è anch'egli tra i profeti?» (I Sam. 10,12); in I Sam. 19,24, la stessa frase viene introdotta con l'espressione: «Perciò si dice...», allo stesso modo che il detto: «Potente cacciatore nel cospetto del Signore come Nim-
→ 69 rod» (Gen. 10,9). Il re d'Israele Achab provoca il re degli aramei Ben-Hadad mandandogli a dire un proverbio sarcastico dai suoi ambasciatori (I Re 20,11) e il profeta Ezechiele riprende un *mashal* corrente fra i giudaiti deportati (Ez. 18,1 ss.).

Enigmi Sono tramandati anche *enigmi* in forma di detti stereotipati. Giud. 14,12-18 mostra come, in circostanze conviviali, qui nel corso di uno sposalizio, si organizzassero giochi ed enigmi per intrattenere gli ospiti. Secondo I Re 10,1, la regina di Saba mise alla prova la sapienza di Salomone mediante enigmi. Un'altra variante del proverbio, che forse fu ulteriormente sviluppata anche nella forma conviviale del gioco
Detto numerico → 153 di domanda e risposta (KÖHLER, 92 ss.), è il *detto numerico*, come ad es.: «Ci son tre cose che non si sazian mai, anzi quattro che non dicono mai: "Basta!"» (Prov. 30,15 s., cfr. i vv. 18 s.21 ss.24 ss.29 ss.). Infine occorre menzionare ancora la *favola*, che nell'Antico Testamento compare nel-
→ 231 la forma della favola sulle piante (II Re 14,9; Giud. 9,8-15).

Sapienza → 152 ss. Gli ultimi esempi mostrano evidenti legami con la letteratura sapienziale. Si nota qui che, accanto alla sapienza di corte, c'era una *sapienza popolare*, che sviluppò le sue forme espressive dapprima indipendentemente, per poi essere riunita e tramandata insieme con l'altra. È spesso difficile segnare i confini tra le due, tanto più che i campi dell'esperienza di cui esse si occupano si intersecano spesso. Anche la transizione dal semplice proverbio popolare al detto sapienziale artisticamente formulato appare piuttosto fluida (cfr. HERMISSON, 52 ss.).

La sapienza popolare, allo stesso modo di quella di corte, ha per compito l'*educazione* e la *formazione* delle giovani generazioni. Si trovano così molti detti che contengono norme di vita per la convivenza all'interno della famiglia, in particolare per il comportamento dei figli nei confronti dei genitori, come ad esempio: «Un figlio savio rallegra suo padre, ma un figlio stolto è il cordoglio di sua madre» (Prov. 10,1; cfr. 15,20; 17,21.25 ecc.). Il carattere didattico è espresso anche nell'apostrofe «Figlio mio» (ad es. Prov. 19,27; 23,26; 24,13.21) o in una parola come Prov. 15,5: «L'insensato disdegna l'istruzione di suo padre... ».

Appartengono a questo ambito anche istruzioni e divieti intesi a regolare e garantire la convivenza all'interno della comunità. Essi sono espressi nella caratteristica forma della *proibizione* che, parlando alla seconda persona, formula divieti riguardanti azioni o modi di comportamento che potrebbero mettere in pericolo la vita della comunità. Si parte dal ristretto, intimo ambito familiare: si proibiscono i rapporti sessuali con parenti o con i *partners* di parenti, perché turberebbero la convivenza all'interno della grande famiglia (cfr. Lev. 18), che è qui presupposta (vedi sopra). Gruppi che hanno nella comunità uno stato giuridico inferiore, come le vedove, gli orfani, gli stranieri ecc. non possono essere danneggiati (ad Es. 22,20 s.; 23,9 ecc.). Ciò vale in modo particolare per il procedimento giudiziario, la cui conduzione irreprensibile, «senza riguardi personali», è una delle esigenze più forti di questi divieti (cfr. Es. 23,1-3.6-9). Qui i testi proibitivi hanno punti di contatto con altri testi, radicati nella vita legale.

Proibizioni

ALT ha attribuito i testi proibitivi al «diritto apodittico». GERSTENBERGER ha però dimostrato che essi scaturiscono piuttosto dall'«ethos del clan» e in esso sono radicati, in particolare nell'ambito dell'educazione. Perché rimangono meglio impressi, essi vengono perciò spesso riuniti in gruppi di due o tre, aventi un tema comune; qualche volta si trovano anche serie più lunghe (come ad es. il Decalogo, Es. 20), che però rispecchiano uno stadio più avanzato della tradizione. È tuttavia controverso se si possa parlare di una forma specifica di «sapienza del clan» (cfr. HERMISSON, 81 ss.).

→ 131 s.

→ 197. 210 s.

Sono espresse in forma di detti non soltanto le esperienze sociali di individui umani, ma anche le relazioni fra diverse comunità umane, in particolare fra le singole tribù. I *detti delle tribù*, riuniti soprattutto in Gen. 49; Deut. 33 e Giud. 5, rispecchiano le varie relazioni delle tribù fra loro. Essi contengono spesso giudizi e valutazioni sul comportamento delle singole tribù, dal che appare evidente che questi detti sono ogni volta formulati a partire dall'ottica di altre tribù. Per far questo si utilizzano paragoni e giochi di parole. Particolarmente apprezzati sono i paragoni con animali: così la tribù di Beniamino è paragonata a un lupo (Gen. 49,27); quelle di Giuda, Gad e Dan sono paragonate a un leone (Gen. 49,9; Deut. 33,20.22 cfr. Num. 23,24; 24,9); quella di Neftali a una cerva (Gen. 49,21); quella di Issacar a un asino (Gen. 49,14; cfr. anche Gen. 16,12); quella di Dan a un serpente (Gen. 49,17). Non c'è dunque alcuna costante attribuzione di determinati animali a determinate tribù, ma i paragoni con animali esprimono tipi di comportamento: spesso vi risaltano il riconoscimento e la lode per la forza, la rapidità, la pericolosità ecc.; talvolta anche il biasimo, come ad es. riguardo all'indolenza di Issacar.

Detti delle tribù

→ 191. 213. 46

Al di là delle generiche affermazioni tipizzanti, i detti delle tribù fanno spesso trasparire connessioni e situazioni storiche concrete. Ciò è particolarmente chiaro nei detti sulle tribù all'interno del canto di
→ 46 Debora di Giud. 5. Qui le singole tribù vengono lodate o biasimate, a seconda che abbiano partecipato alla battaglia (v. 18) o se ne siano tenute lontane (vv. 15b-17). Altri detti descrivono le condizioni di vita di singole tribù (Gen. 49,13.15.20), le loro funzioni particolari (Deut. 33,8-11), o rivendicazioni all'interno della comunione delle tribù (Gen.
→ 191 49,8-12, in particolare il v. 10), particolari minacce (Deut. 33,6; Gen. 49,5-7; in particolare il v. 7b) ecc.

Anche i rapporti degli israeliti con gli altri popoli o gruppi di popolazioni hanno trovato espressione in detti simili, come ad esempio il rapporto con i cananei (Gen. 9,25-27), gli edomiti (Gen. 25,23; 27,27-29.39 s.; cfr. Num. 24,18), i moabiti (Num. 24,17), gli amalekiti (Num. 24,20, cfr. anche i detti d'impronta cultuale di Es. 17,14.16), i kenei (Num. 24,21 s.) e gli ismaeliti (Gen. 16,12).

Racconti

La vita della comunità si rispecchia non solo in canti e in detti, ma anche in racconti dei tipi più svariati. Come forme fondamentali del racconto si è soliti distinguere (a parte il mito che appartiene all'ambito religioso): la *fiaba*, la *saga*, e la *leggenda*; tuttavia i confini tra questi generi letterari non possono sempre essere definiti con chiarezza. I racconti furono probabilmente trasmessi e ripetutamente narrati nell'ambito della famiglia o della grande famiglia, più tardi anche mentre la comunità locale si ritrovava, la sera, davanti alla porta della città. Le forme artistiche e la lunghezza di certi racconti (cfr. soprattutto le novelle, vedi sotto) fanno pensare che esistessero anche narratori di professione. Il passaggio dalla trasmissione orale a quella scritta determinò certamente dei cambiamenti.

Fiabe

Nell'Antico Testamento non sono tramandate *fiabe* complete (cfr. GUNKEL 1917). Si trovano comunque motivi fiabeschi, come il vaso di farina (I Re 17,16) o la brocca d'olio (II Re 4,1 ss.) che non si svuotano mai, animali parlanti, come l'asina di Balaam (Num. 22,28 ss.) o animali che portano da mangiare a un uomo (I Re 17,1-6) ecc. È difficile dire se in Israele ci fossero fiabe complete e sviluppate a partire da motivi di questo tipo.

Saghe

Le *saghe* occupano un posto notevole fra le tradizioni dell'Antico Testamento. Usando questo concetto, non si vuole in primo luogo intendere che ciò che viene raccontato non sia storicamente «vero» (come invece avviene nell'uso corrente, ma impreciso). Il concetto di saga indica piuttosto un altro modo di rapportarsi alle cose, un tipo di «attività intellettuale» (JOLLES) diverso, ad esempio, dalla storiografia. La saga non vuole in primo luogo riferire come sono avvenuti i fatti, sebbene, in molti casi, tratti fatti storici. La saga non è interessata a ciò che un avvenimento ha di specifico e di unico, quanto a ciò che di tipico, di universalmente umano si manifesta in esso. Il suo interesse non si orienta propriamente al passato, ma vuol far sì che l'attuale ascoltatore o lettore riconosca nel racconto se stesso, i suoi propri problemi e le sue esperienze e che da ciò egli ricavi conoscenza e discernimento. Nelle saghe dell'Antico Testamento interessa inoltre che si prenda coscienza della continuità storica della comunità, che continua a raccontare la saga, con i suoi antenati, di cui essa narra; così la saga diventa un frammento della propria storia.

Il mondo come famiglia

Il carattere tipico di ciò che si racconta, che invita l'ascoltatore alla riflessione personale, si manifesta anche nel fatto che gli avvenimenti si svolgono in un ambito ristretto: il mondo si presenta come una famiglia. Gli attori sono singoli, che fanno parte di una famiglia: e anche quando l'antagonista è, diciamo, un re, egli compare lo stesso come singolo. Di norma, solo due o tre persone compaiono nella saga come attori: se anche sono più di due, nelle singole scene compaiono solo due per volta. Lo svolgimento dell'azione è in genere lineare, e c'è un *solo* filo narrativo continuo. Il più delle volte, all'inizio, viene creata una tensione, che raggiunge un apice e poi viene risolta. A un esame più attento, si nota comunque che anche le saghe più brevi e stringate sono più artistiche ed enigmatiche di quanto non appaia alla prima occhiata.

Ecco un esempio: il *racconto del tradimento dell'antenata* nella sua versione di Gen. 12,10-20 (cfr. 20; 26,7-11), è considerato a ragione una delle «classiche» saghe della Genesi. All'inizio vi viene creata una tensione che, alla fine, raggiunge una soluzione che soddisfa e rallegra il lettore. Il racconto è tuttavia stratificato. La tensione (cosa succederà ad Abramo, quando egli giungerà con Sara in Egitto? vv. 11 s.) viene risolta: Abramo rimane in vita e gli va tutto bene (v. 16). In questo modo viene però creata una nuova tensione (che ne sarà di Sara?). La soluzione si rivela perciò insoddisfacente, e non soltanto dal punto di vista narrativo, ma anche dal punto di vista degli uditori, loro stessi discendenti di Abramo e Sara (qui appare al tempo stesso come ciò che si racconta sia direttamente collegato con il presente degli uditori!). Allora Jhwh stesso interviene a dare una soluzione definitiva al problema (cfr. CULLEY, 35 s.).

Si può osservare un largo ventaglio di tipi di saghe. La forma «classica» della saga è molto stringata, concentrata sull'essenziale, e spesso, nel testo massoretico, non comprende più di dieci versetti (ad es. Gen. 12,10-20; 16; 18,1-16; 28,11-19). Si trovano però anche saghe con uno stile narrativo più ampio, «esteso» (GUNKEL, *Commentario alla Genesi*, XXXIII), con numerose ripetizioni ecc., come ad es. Gen. 24 (64 versetti!). Lo schema basilare – rapporti familiari, pochi personaggi, sviluppo lineare dell'azione ecc. – è conservato anche qui, ma al tempo stesso appare un modo completamente diverso di raccontare. GUNKEL ravvisò in queste differenze appigli per delineare lo sviluppo delle saghe d'Israele e ritenne che la stringatezza del racconto fosse indice di antichità della tradizione. In singoli casi, questo giudizio può essere pertinente (nel caso del particolareggiato racconto di Gen. 24, si aggiunge il fatto che esso, da un punto di vista tematico [problema dei matrimoni misti, terra ecc.], si situa con ogni evidenza in un contesto post-esilico), ma una sua generalizzazione è priva di fondamento nella ricerca empirica. Bisogna anche tener conto della possibilità che le concise saghe della Genesi, sempre «forbite», siano la stesura, fatta per determinare finalità, di tradizioni popolari.

→ 154 s. 191

Novelle

L'ambito della narrativa «popolare» dovrebbe comunque essere oltrepassato con un testo del tipo della storia di Giuseppe (Gen. 37-50), che GUNKEL ha definito *novella* (*op. cit.*, LV). Anche la storia di Giuseppe presenta gli avvenimenti in un ambito ristretto e mette in scena pochi personaggi; tuttavia collega artisticamente diverse sequenze di azioni e diversi filoni narrativi e li sviluppa su lunghi archi di tempo. È difficile immaginarsi un quadro così complesso nella tradizione orale.

→ 23

Le saghe trattate fin qui presuppongono sempre che i personaggi in azione conducano vita nomade. Naturalmente ciò non significa affatto che risalgano esse stesse all'epoca nomade. In questo, esse hanno comunque conservato una visione storica degli antenati degli israeliti e, insieme, anche un modo di raccontare che può avere le sue radici in quell'epoca. Nella loro forma attuale, le saghe dei patriarchi, da un lato, narrano gli inizi della storia del proprio popolo, come ad es. le insidie e la protezione della progenitrice Sara (12,10-20) o le prodigiose circostanze della nascita di Isacco (18,1-16 con 21,1 ss.; qui si tratta anche del comportamento paradigmatico di Abramo; lo stesso in Gen. 22). D'altro lato, le saghe spiegano anche come si sia giunti ai rapporti fra Israele e i suoi vicini vigenti al tempo del narratore: Gen. 16 e 21,8-21 raccontano come l'antenato dei «parenti» ismaeliti ottenne il suo nome e il suo tipo di vita nel deserto; 19,30-38 riconduce l'origine di Moab e Ammon nella loro terra a circostanze insolite; i conflitti tra i fratelli Esaù e Giacobbe per la primogenitura e la benedizione (25,21 ss.; 27) motivano la preminenza di Israele nei confronti di Edom; in 21,22-32 e 26,25-33 si tratta del rapporto con i filistei. Nella misura in cui questi testi intendono spiegare *perché* qualche cosa è così come è, hanno una intenzione *eziologica* (dal greco *aitia* = causa). Vista la loro tematica, queste saghe possono essere definite, con GUNKEL, *saghe etnologiche*.

Elementi eziologici

→ 191

In altri casi, si può parlare di *saghe locali*, perché esse sono in prima linea interessate a determinate località. Così Gen. 21,22-32 si occupa (anche! vedi sopra) della spiegazione del nome Beer-Sceba (cfr. 26,25-33) e 26,18-22 del nome di altri pozzi. Nel caso di queste spiegazioni di nomi, si può anche parlare di «eziologie etimologiche». In Gen. 28,11-19 si tratta anche e soprattutto della santità del posto, che → 64 diventa perciò luogo di culto (vedi più oltre).

Altre eziologie vogliono spiegare determinate *usanze* come, ad esempio, un tabù alimentare (Gen. 32,33), o determinate particolarità geologiche come, ad esempio, le «colonne di sale» (Gen. 19,26) e molte altre cose (talvolta, l'intenzione eziologica del racconto viene evidenziata con l'espressione «fino a questo giorno», ad esempio Gen. 32,33; Gios. 5,9). In molti casi, que- → 226 sti sono soltanto motivi eziologici, che affiancano altri elementi del racconto; un testo è comunque da attribuire al genere letterario «saga eziologica» soltanto quando l'elemento eziologico coincide con lo scopo del testo (WESTERMANN, 40).

Le saghe dei patriarchi si svolgono – in conformità alla visione israelitica dei primordi dei popoli – prevalentemente in ambito familiare (a ciò corrispondono per lo più anche i contenuti usati nel racconto: gelosia delle donne [16; 21,8 ss.], mancanza di figli [18,1-16], discordia tra fratelli [25,20 ss.; 27] ecc.). Di conseguenza, lo scenario muta nelle saghe sull'epoca dei giudici o sugli inizi dell'epoca mo- → 230 s. 232 ss. narchica: qui emerge chiaramente la comunità più ampia, il «popolo» sul cui sfondo vengono fatte risaltare le figure preminenti che stanno al centro del racconto. Si può perciò parlare di *saghe di eroi* che, **Saghe di eroi** nel tipo di vita che descrivono, rispecchiano probabilmente l'ambiente rustico-«nazionale» del narratore (cfr. KOCH, 186). Questo vale soprattutto per le saghe del libro dei Giudici e per quelle di Saul e Davide (I Sam. 11 - II Sam. 5). Qui si rivela però già una certa affinità → 149 ss. con la storiografia; l'origine di quest'ultima va però situata nelle istituzioni politiche che si vanno sviluppando. Infine, tra le saghe di eroi, se ne trovano alcune che hanno tratti scherzosi e quasi farseschi, come le storie di Sansone (Giud. 13-16); sono inoltre attestati anche *aned-* → 231 *doti*, come ad esempio I Sam. 21,11-16.

Leggende Si è soliti distinguere le *leggende* dalle saghe. I criteri per questa distinzione si basano innanzitutto sul contenuto: «Se al centro di un racconto si trovano uomini, località o epoche che rivestono un significato religioso, cioè sacerdoti, profeti, santuari o feste, allora lo chiamiamo "leggenda"» (EISSFELDT, 44, trad. it. 91). Così, ad esempio, alcuni racconti su profeti potrebbero essere definiti leggende, soprat- → 159 ss. tutto quelli che riferiscono un comportamento esemplare e che spinge all'emulazione e che perciò sono «edificanti», nel senso delle leggende medievali sui santi. Eppure è molto difficile tracciare confini, perché tratti simili si ritrovano anche nelle saghe di Mosè e in quelle dei patriarchi. I testi più prossimi al genere delle leggende me-

→ 351 dioevali sono le *leggende dei martiri* su Daniele e i suoi amici (Dan. 1-
6). I racconti eziologici, con cui si motiva la santità di determinati luo-
→ 137 s. ghi di culto, possono essere definiti *leggende cultuali* (ad esempio Gen.
hieros logos 28,10-22). Qui si usa anche il concetto di *hieros logos*, cioè racconto sa-
cro, che veniva letto nel corso della liturgia oppure rappresentato co-
me dramma cultuale al santuario corrispondente. In questo senso, ad
→ 232. 235 esempio, anche il «racconto dell'arca» (I Sam. 4-6; II Sam. 6) va in-
terpretato come leggenda cultuale del santuario dell'arca a Gerusa-
lemme e il racconto della figlia di Jefte (Giud. 11,30-40) come leg-
genda cultuale di una cerimonia di lamentazione, ripetuta annual-
mente (cfr. v. 40).

Bibliografia

A. ALT, *Die Ursprünge des israelitischen Rechts*, 1934 (= *Kl. Schr.* I, 278-332); F. CRÜSEMANN, *Der Widerstand gegen das Königtum. Die antiköniglichen Texte des Alten Testamentes und der Kampf um den frühen israelitischen Staat*, 1978; IDEM - H. THYEN, *Als Mann und Frau geschaffen. Exegetische Studien zur Rolle der Frau*, 1978; R.C. CULLEY, *Studies in the Structure of Hebrew Narrative*, 1976; E. GERSTENBERGER, *Wesen und Herkunft des apodiktischen Rechts*, 1965; H. GUNKEL, *Das Märchen im Alten Testament*, 1917; IDEM, *Die Sagen der Genesis (Einleitung zum Genesis-Kommentar)* 1922[5] (1977[9]); C. HARDMEIER, *Texttheorie und biblische Exegese. Zur rhetorischen Funktion der Trauermetaphorik in der Prophetie*, 1978; H.-J. HERMISSON, *Studies zur israelitischen Spruchweisheit*, 1968; F. HORST, *Die Formen des althebräischen Liebesliedes* (1935), in *Gottes Recht*, 1961, 176-187; H. JAHNOW, *Das hebräische Leichenlied in Rahmen der Völkerdichtung*, 1923; A. JOLLES, *Einfache Formen*, 1930 (= 1958[2]); H.G. KIPPENBERG, *Religion und Klassenbildung im antiken Judäa*, 1978 (1982[2]); L. KÖHLER, *Der hebräische Mensch*, 1953 (1980); I. LANDE, *Formelhafte Wendungen der Umgangssprache im Alten Testament*, 1949; W. YHIEL, *Die soziale Entwicklung Israels in vorstaatlicher Zeit*, 1980, 1985[2]; R, DE VAUX, *Les institutions de l'Ancien Testament*, 2 voll., 1958-60, trad. it. *Le istituzioni dell'Antico Testamento*, 1977[3]; C. WESTERMANN, *Arten der Erzählung in der Genesis*, in *Forschung am Alten Testament*, 1964, 9-91 (= *Die Verheissungen an die Väter*, 1976, 9-91).
EISSFELDT, par. 5, 7, 11-13; FOHRER, par. 8, 9, 12, 40; SOGGIN, par. 5; KAISER, par. 5; SCHMIDT, par. 5; KOCH, par. 10, 12-16.

3

La sfera del diritto

Una delle principali funzioni della comunità in cui si svolge la vita quotidiana è la salvaguardia degli *ordinamenti della vita comune*. Per far questo, ogni comunità ha bisogno di determinati princìpi e di norme particolari più o meno dettagliate che regolino la vita comune, come anche di una determinata procedura in base alla quale vigilare e assicurare l'osservanza di questi princìpi e norme e punire le trasgressioni. Norme e regole, da un lato, e procedura, dall'altro, si sviluppano nel corso di generazioni e secoli, ma possono però sempre subire modifiche e trasformazioni, in seguito a influssi esterni o interni. Si sviluppa così una vita giuridica che riflette le strutture e i cambiamenti sociali e politici della comunità a cui è legata, ma che richiede anche una certa autonomia.

Istanza giuridica

Nella struttura sociale delle epoche più antiche, in Israele come in altre civiltà simili, era il capofamiglia, il «padre», l'unica istanza giuridica valida in questo ambito. Questo tipo di rapporto è ancora presupposto in alcuni passi dell'Antico Testamento. Il caso più chiaro è Gen. 16: nella sua discussione con la schiava Agar, Sara fa appello ad Abramo con queste parole: «Il torto che mi è stato fatto, è su di te» (v. 5), cioè tu, come *pater familias*, hai la responsabilità di far cessare il torto e ristabilire il diritto. Qui il padre non è obbligato a render conto a nessuno, è l'unico ad avere il potere di decisione e può dire a Sara: «La tua schiava è in mano tua» (v. 6). Anche in Gen. 38 Giuda esercita il suo potere giudiziario di capofamiglia – qui persino comminando la pena di morte! – da solo e autoritariamente (v. 24): egli è poi anche l'unica istanza a cui fare appello o a cui chiedere la grazia (v. 25 s.).

Clan

Si può supporre che il *clan* avesse facoltà giuridiche di istanza superiore nei casi che superavano l'ambito della singola famiglia. Questa funzione veniva presumibilmente svolta dagli «anziani», cioè dai capi delle singole famiglie, che rappresentavano il clan in un'assemblea comune. Nell'Antico Testamento non è conservato alcun esempio dell'esercizio della giurisdizione del clan. È tuttavia presumibile che l'istituzione degli «anziani» rispecchi l'ordinamento del clan. Questo appare in Deut. 21,18-21, dove si dice che agli «anziani della città» è presentato un caso da dirimere (qui si vede anche che, nel frattempo, le circostanze sono cambiate, e il padre di famiglia non ha più autorità giudiziaria sul proprio figlio).

L'esempio appena citato rispecchia la transizione dalla giurisdi-
Giurisdizione locale zione familiare alla *giurisdizione locale*. La comunità locale è diventata l'istanza giuridica fondamentale, di norma l'unica competente. Essa si costituisce come «comunità giuridica» (KÖHLER) quando si riunisce «alla porta» per dirimere un dato caso giuridico. Secondo un'opinione molto diffusa, ma non indiscussa, hanno diritto di voto non soltanto gli anziani, ma tutti i cittadini a pieno titolo del luogo, cioè tutti gli uomini israeliti stabilmente residenti, mentre ne sono escluse le donne, i bambini, gli schiavi e gli «stranieri» (*gerim*), cioè le persone temporaneamente presenti o immigrate senza i pieni diritti di cittadini (dopo la costituzione dello Stato, accanto alla comunità giuridica, anche il re era competente per determinati casi giudiziari, cfr. ad esempio II Sam. 14; 15,2-6; I Re 3,16-28; su questo MACHOLZ).

I casi sottoposti alla comunità giudiziaria locale possono essere di vari tipi; conseguentemente, variano molto anche le funzioni dell'assemblea giudiziaria e le forme retoriche utilizzate. Così, ad esempio, l'assemblea giudiziaria può avere la semplice funzione di testimone in un negozio giuridico
→ 335 che si svolge fra due cittadini del luogo, come ad esempio in Ruth 4,1-2. Qui il problema giuridico del riscatto della proprietà familiare e del matrimonio della vedova, a esso collegato, viene affrontato davanti a una assemblea giudiziaria appositamente convocata sulla porta, a cui il compratore si rivolge dicendo: «Voi siete testimoni» (v. 9 s.) e che, da parte sua, conferma espressamente la sua funzione di teste (v. 11).

Procedura

In molti casi, l'assemblea giudiziaria è spinta a conciliare una lite o a formulare un giudizio in una controversia. La transizione dalla controversia al procedimento giudiziario è contrassegnata da formulazioni che, in uso derivato, sono conservate in detti profetici: «Venite, affrontiamoci in processo» (Is. 1,18), oppure «compariamo assieme in giudizio» (Is. 41,1). Davanti al tribunale, le parti proseguono la loro controversia sperando in una conciliazione, oppure colui che ha subito un danno muove la sua accusa. Un esempio di ciò è offerto dal racconto del «giudizio salomonico» in I Re 3,16-28, dove una
Accusa delle due donne rivolge all'altra un'accusa, presentando il caso dal suo punto di vista. Altri *discorsi di accusa* si trovano in Deut. 21,20 e forse 22,14; in senso traslato, anche il «canto della vigna» di Isaia (Is.
→ 256 5,1-7) è, nella sua prima parte, un discorso d'accusa, che sfocia nell'invito agli ascoltatori a pronunciare un giudizio (v. 3). In altri casi,

l'accusa viene formulata attraverso testimonianze (I Re 21,13) oppure introdotta con una proposta di giudizio, ad es.: «quest'uomo merita la morte» (Ger. 26,10 s.; Ger. 26 mostra che, sul finire dell'epoca monarchica, esisteva una giurisdizione affidata a funzionari regi, cfr. anche II Cr. 19,5-11; è difficile stabilire quale rapporto avesse con la giurisdizione locale; cfr. MACHOLZ, 314 ss.). → 272

Difesa

Al discorso accusatorio corrisponde il *discorso di difesa*, come emerge chiaramente dai casi sopra citati (I Re 3,22; Ger. 26,12-15). In quest'ultimo caso, al discorso difensivo tenuto dallo stesso accusato, se ne aggiunge un altro, in bocca a quelli che si schierano dalla sua parte come difensori (vv. 17-19; originariamente, questi versi si trovavano probabilmente prima del v. 16). Tuttavia, formalmente, un istituto legale di difesa non esisteva; piuttosto, ogni membro della comunità giudiziaria poteva prendere la parola in qualunque funzione: il difensore poteva al tempo stesso essere un testimone a discarico come, d'altra parte, non si poteva distinguere nettamente tra l'accusatore e il testimone a carico. Diversi testi profetici possono essere considerati come ripresa del genere letterario del discorso di difesa, ad es. Ger. 2,29-35 («Perché contendete con me?», v. 29) e Mich. 6,1-5 («Che ti ho fatto?» v. 3).

Confessione

La *confessione* dell'accusato consisteva certo frequentemente soltanto in una parola: «Ho sbagliato» (*chattati*). Gli esempi di confessione dell'Antico Testamento, prevalentemente, non scaturiscono da procedimenti giudiziari formali, ma da controversie espresse con modi di dire del procedimento giudiziario, ad esempio la disputa fra Saul e Davide in I Sam. 26, in cui Davide passa dalla difesa (v. 18) all'accusa (v. 20 b) e in cui, alla fine, Saul si dichiara colpevole (v. 21); cfr. anche II Sam. 12,13; 19,21.

Sentenza

Allo stesso modo, la *sentenza* consisteva probabilmente spesso soltanto in una breve formula, ad esempio: «sei innocente» (*zaddiq 'atta*), cfr. Prov. 24,24. In determinati casi, la controparte processuale doveva dichiarare pubblicamente: «Lei è innocente, io invece non lo sono» (Gen. 38,26, cfr. I Sam. 24,16.18). In forma più completa, l'assoluzione suonava ad esempio: «Quest'uomo non merita la morte» (Ger. 26,16), dove il verdetto proposto dagli accusatori (v. 11, vedi sopra) viene espressamente respinto, oppure: «Non ha assassinio su di sé» (Es. 22,1) oppure, in riferimento alle conseguenze del giudizio: «Non sarà tenuto a risarcimento di danni» (Es. 22,10.12.14) o: «Non devono essere messi a morte» (Lev. 19,20). La dichiarazione di colpevolezza non era espressa in termini generali, ma menzionava il tipo di delitto, sempre in forma concisa e stereotipata, ad esempio: «è un assassino» (Num. 35,16-18.21), forse anche: «Ha sparso del sangue» (Lev. 17,4b cfr. Ez. 18,10; Gen. 9,6). In I Re 3,27 viene emanato un giudizio consistente in una dichiarazione: «Lei è la madre».

Sanzioni

Infine, vengono formulate le *conseguenze*, cioè le conclusioni legali risultanti dagli accertamenti del processo, ad esempio: «Deve dare un risarcimento pieno» (Es. 21,36; 22,2.5.13), oppure doppio (Es. 22,6.8), o quadruplo (II Sam. 12,6). Di nuovo, abbiamo una formula breve e stereotipata: «Dev'essere messo a morte» (*mot jumat*), ad esempio Num. 35,16-18.21; Es. 21,12.15.17 ecc. Può anche essere stabilito il tipo di morte, ad esempio per combustione (Gen. 38,24; Lev. 20,14; 21,9) o per lapidazione (Lev. 20,2; Num. 15,35). In I Re 3,27 le conseguenze sono stabilite con maggiore ampiezza: «Datele il bambino, non uccidetelo!». Molti studiosi suppongono che, nei tempi più antichi, il tribunale alla porta della città avesse soltanto una funzione di corte di arbitrato. In altre parole, la «sentenza» che emetteva era una proposta alle parti e lo stesso tribunale non aveva alcun potere esecutivo per applicare le decisioni. Per un'epoca successiva, il Deuteronomio presuppone invece l'immediata esecuzione della sentenza (ad esempio Deut. 17,5; 22,21.23).

Diritto casistico

Il fondamento per le decisioni dell'assemblea giudiziaria era costituito da tradizioni, tramandate prima oralmente e poi per iscritto. Si tratta soprattutto di *formulazioni giuridiche in forma casistica* (ALT). La loro caratteristica principale è lo stile condizionale, cioè «casistico»: iniziano con un «se», espongono un caso e alla fine formulano le conseguenze legali. Spesso, nella presentazione del caso e nella definizione dei dati di fatto, si distingue fra varie possibilità, di modo che, a volte, ne consegue un periodare davvero complesso. Queste formulazioni contengono spesso un caso principale, introdotto in ebraico da *ki* (se, posto che) e uno o più casi subordinati, che iniziano con *'im* (se, nel caso che). In Es. 22,6 s., ad esempio, si pone un caso principale: «Se (*ki*) uno affida al suo vicino denaro o oggetti da custodire ed essi vengono rubati dalla casa di quest'ultimo»; seguono due casi subordinati: «nel caso che (*'im*) il ladro venga trovato» e «nel caso che il ladro non venga trovato». Per entrambi i casi subordinati sono indicate le conseguenze legali: nel primo caso, il ladro deve rifondere il doppio di quanto aveva rubato; nel secondo caso, la persona dalla cui casa gli oggetti sono stati rubati deve dimostrare la propria innocenza mediante un solenne giuramento. In altri esempi, i casi subordinati sono ulteriormente suddivisi (ad es. Es. 21,7-11: caso principale v. 7, caso subordinato 1a: v. 8, 1b: v. 9, 2a: v. 10, 2b: v. 11) oppure sono citati tre casi subordinati, anziché due (ad esempio Es. 21,2-6: caso principale v. 2, caso subordinato 1: v. 3a, 2: v. 3b, 3a: v. 4, 3b: v. 5 s.; cfr. tabelle in LIEDKE, 31 ss.).

Caso esemplare

Come esempio di un caso particolare molto dettagliato, ALT ha citato Es. 21,18 s.: «Se (*ki*) alcuni uomini vengono a rissa, e uno percuote l'altro con una pietra o col pugno, e quello non muore ma deve mettersi a letto – se (*'im*) si rialza e può camminare fuori col bastone – colui che lo ha percosso sarà esente da pena; dovrà soltanto indennizzarlo per il tempo che ha perduto e pagare le spese mediche». Qui, il caso principale (in una rissa uno percuote un altro) viene ulteriormente precisato: lo ha colpito con una pietra o col pugno, cioè non con un'arma, cioè senza volerlo premeditatamente ferire o uccidere; colui che è stato colpito non muore (alternativa: muore), ma deve mettersi a letto (alternativa: il colpo non ha conseguenze di rilievo). Il caso subordinato tratta la fase successiva: dopo un certo tempo, colui che era stato colpito può alzarsi e camminare all'aperto (alternativa: rimane a letto e quindi inabile al lavoro). Questo è verosimilmente il momento in cui il caso viene sottoposto al dibattimento giudiziario. Le differenziazioni del caso principale mostrano che colui che ha colpito non ha agito con premeditazione e che colui che è stato colpito non ha riportato danni permanenti. Da questo risulta la prima conseguenza legale: colui che ha colpito è esente da pena. Siccome, però, chi è stato colpito ha avuto svantaggi e costi, segue una seconda conclusione: colui che ha colpito deve rifondere i danni materiali causati dalla sospensione del lavoro e le spese mediche. Si può facilmente immaginare come venivano affrontati casi che si presentavano in modo simile, ma con qualche differenza (ad esempio le alternative sopra menzionate), giungendo poi ad altre conseguenze legali.

Dal carattere di queste formulazioni giuridiche si può dedurre quale fosse il procedimento che portava alla sentenza. Esse non presentano astratte norme giuridiche, e neppure contengono complessi giuridici teorici: si tratta piuttosto di singoli casi concreti che, sulla base del loro carattere tipico, venivano fissati come precedenti e posti a fondamento di successive decisioni in casi affini.

Per ALT l'oggetto del diritto casistico era costituito da quegli «ambiti del diritto che noi dovremmo senz'altro supporre fossero sottoposti alla giurisdizione laica locale: norme sulla schiavitù, diritto di sangue, punizione di ferite corporali, danni al gregge e ai campi, appropriazione indebita di beni dati in consegna, diritto matrimoniale» (289). ALT suppone inoltre che il termine ebraico *mishpat* designi la proposizione giuridica formulata in forma casistica (cfr. Es. 21,1): questa ipotesi è però controversa (LIEDKE, 94 ss.).

Le formulazioni giuridiche casistiche hanno numerosi paralleli nell'antico vicino Oriente; il più conosciuto è il codice babilonese di Hammurabi (XVIII sec. a C.). Le affinità non risalgono a dipendenza letteraria, ma a condizioni di vita e strutture sociali in parte coincidenti. Perciò i confronti sono interessanti e importanti, m devono salvaguardare l'autonomia di ogni singolo ambito giuridico (cfr. BOECKER 1976).

Diritto apodittico

Il secondo genere fondamentale del diritto è stato definito da ALT *diritto formulato apoditticamente*. Si distingue dallo stile ipotetico del diritto casistico per l'apodittica incondizionatezza delle sue formulazioni. Secondo ALT, il diritto apodittico avrebbe la sua ambientazione tipica (*Sitz im Leben*) non tanto nei ponderati dibattimenti di un'assemblea giudiziaria, quanto nella solenne proclamazione da parte di una istanza rivestita della massima autorità. ALT, inoltre, non riteneva che questo ambito del diritto, a differenza di quello casistico, mostrasse alcun parallelo col mondo extra-israelitico, ma lo considerava «legato al popolo d'Israele e al Dio Jhwh» (323). Pensava che esso venisse proclamato in occorrenza dell'atto sacrale del rinnovamento del patto fra Jhwh e Israele che aveva luogo ogni sette anni, alla festa delle capanne.

Da allora, gli studiosi hanno intensamente discusso questa tesi di ALT. Il primo risultato è che non si può parlare del diritto apodittico come di un genere unitario. Le formule legali raccolte da ALT sono molto diverse per genere e per ambientazione nella vita. Una parte delle formule, quelle *proibitive*, non fanno parte dell'ambito del diritto in senso proprio, ma, per così dire, del campo retrostante, costituito dall'istruzione della famiglia o della tribù (GERSTENBERGER); esse non mirano a ricomporre un ordine giuridico alterato, ma a prevenire l'alterazione mediante l'educazione. Enunciano perciò divieti, senza però menzionare conseguenze legali. Dietro queste formule si intravede, come ALT ha ben colto, un'autorità – qui quella del padre di famiglia (LIEDKE, 120 ss.).

Proibizioni

→ 121

Altre formule appartengono senz'altro all'ambito giuridico, e allora si può effettivamente parlare di *formulazioni giuridiche apodittiche*. Esse menzionano circostanze e conseguenze legali. La differenza fondamentale rispetto alle formulazioni giuridiche casistiche consiste nel fatto che esse non analizzano un caso per poi giungere a stabilire le conseguenze legali, bensì stabiliscono, in linea di principio e prima che si presenti un determinato stato di fatto, quali conseguenze legali comporta l'infrazione di una determinata disposizione. Anche in questo caso, è visibile un'autorità retrostante. Nel racconto di Gen. 26,7-11 è il re a pronunciare una formulazione giuridica apodittica: «Chiunque toccherà quest'uomo o sua moglie sarà messo a morte» (v. 11; cfr. anche II Re 10,19.24); in altri casi è il condottiero (I Sam. 11,7; cfr. II Re 11,8.15) o il padre di famiglia (Gen. 31,32). In testi narrativi, si trovano formulazioni giuridiche apodittiche anche come parola proveniente direttamente da Jhwh (Gen. 4,15; Es. 19,13b; Gios. 7,15).

Pena di morte

In tutti gli esempi citati, la conseguenza legale è la morte. Questo vale anche per numerose affermazioni giuridiche apodittiche che si trovano nelle varie raccolte di testi legali nell'Antico Testamento. In questo contesto, appare molto di frequente la formula stereotipata *mot jumat*, con l'infinito assoluto rafforzativo: «deve assolutamente morire», così ad esempio nelle formulazioni che ALT cita da Es. 21,12.15-

17 ecc. Qui si nota anche la creazione di *sequenze* di formulazioni giuridiche apodittiche di struttura analoga, evidenziata da ALT. Ciò è certamente collegato al fatto che il diritto apodittico viene solennemente «proclamato» dall'autorità in questione affinché le persone coinvolte sappiano esattamente dove stanno i limiti che non è loro consentito oltrepassare. Ciò avveniva anche qui innanzitutto nell'ambito ristretto della famiglia o del clan, come mostrano le sequenze di Es. 21,12 ss. e Lev. 20,11-13, che affrontano situazioni che si presentano in prevalenza in questo ambito. Da ciò deriva anche l'affinità di contenuto con le proibizioni (cfr. 18 e 20,11-13). Rimane comunque incerto se si possa parlare di un «diritto di morte» autonomo, sviluppatosi dal diritto proibitivo (SCHULZ). → 121

Maledizioni

Accanto alla serie delle trasgressioni passibili di morte, ALT ha posto la serie delle trasgressioni passibili di maledizione, formate tutte con lo stesso termine *'arur* «sia maledetto» (Deut. 27). Una differenza fondamentale consiste comunque nel fatto che la maledizione, a differenza della pena di morte, non viene eseguita da uomini. Questa serie tratta soprattutto di fatti che sono accaduti in segreto. In questi casi, si pronuncia la maledizione e questa «cerca» il responsabile. Un esempio interessante è costituito da I Sam. 14: qui, una formulazione apodittica infligge una maledizione a chi viola il comandamento dell'astensione (vv. 24.28); al responsabile, scoperto con la sorte, viene poi inflitta la pena di morte, di nuovo in modo stereotipato (v. 44). Inoltre appare qui chiaramente come il diritto apodittico fosse prossimo all'ambito sacrale e cultuale. Pronunciando la maledizione, si coinvolge la divinità; e, viceversa, la maledizione è inflitta anche e proprio per questioni cultuali (ad es. Deut. 27,15). Si giunge qui al confine tra la vita giuridica in senso stretto, di cui ci siamo qui occupati, e la sfera del diritto sacrale (sull'intera questione cfr. SCHOTTROFF). → 212 s.

Il diritto apodittico ha però anche rapporti con la procedura giudiziaria normale. È presumibile che, una volta disponibili e conosciute, le formulazioni apodittiche venissero immesse nella procedura giudiziaria. Qui sta probabilmente la ragione per cui, nel libro del patto, si trovano affiancate affermazioni casistiche e apodittiche, come avviene anche in altre raccolte di leggi (cfr. ad esempio Lev. 24,15.17.19 [forma casistica] con il v. 16 [forma apodittica] o Num. 9,10-12.14 con il v. 13). → 196 s.

Bibliografia

A. ALT, *Die Ursprünge des israelitischen Rechts*, 1934 (= *Kl. Schr.* I, 278-332); H.J. BOECKER, *Redeformen des Rechtslebens im Alten Testament*, 1970[2]; IDEM, *Recht und Gesetz im Alten Testament und im Alten Orient*, 1984[2]; E. GERSTENBER-

GER, *Wesen und Herkunft des apodiktischen Rechts*, 1965; L. KÖHLER, *Die hebräische Rechtsgemeinde*, in *Der hebräische Mensch*, 1953 (1980), 143-171; G. LIEDKE, *Gestalt und Bezeichnung alttestamentlicher Rechtssätze*, 1971; G. CHR. MACHOLZ, *Die Stellung des Königs in der israelitischen Gerichtsverfassung*, in ZAW 84, 1972, 157-182; IDEM, *Zur Geschichte der Justizorganisation in Juda*, ZAW 84, 1972, 314-340; W. SCHOTTROFF, *Der altisraelitische Fluchspruch*, 1969; H. SCHULZ, *Das Todesrecht im Alten Testament*, 1969; I.L. SEELIGMANN, *Zur Terminologie für das Gerichtsverfahren im Wortschatz des biblischen Hebräisch*, in *Hebräische Wortforschung, FS W. Baumgartner*, VT.S 16, 1967, 251-278.
EISSFELDT, par. 8; FOHRER, par. 8; KAISER, par. 6; SCHMIDT, par. 9.

4

Il culto

La religione costituisce un elemento fondamentale della vita di ogni società dell'antico Oriente – come anche di società simili in altri ambiti culturali o in altre epoche. Non è in primo luogo affare del singolo, ma della comunità nel suo insieme: la pratica religiosa è una delle più importanti espressioni della vita della comunità.

Le forme religiose e cultuali in cui la religione si concretizza sono condizionate dai cambiamenti delle forme di vita della società di cui fa parte. Il passaggio dallo stile di vita nomade alla sedentarizzazione in un paese coltivato ha comportato profondi cambiamenti per la società israelitica, anche nell'ambito del culto. Tradizioni nomadiche → 23 Una differenza essenziale sta già nel fatto che il *culto nomadico* non è in primo luogo legato a luoghi di culto fissi, ma viene praticato in posti che cambiano. Per questo, i santuari e gli oggetti per il culto devono essere trasportabili. Possiamo supporre che l'arca e la «tenda del convegno» facciano parte delle tradizioni nomadiche delle tribù d'Israele. → 27 s.

Ciò non esclude che anche determinati luoghi sacri abbiano avuto un ruolo nella religione dei gruppi nomadi. Così, il Sinai era un *santuario di pellegrinaggio* per nomadi. → 32 Altre località di rilevanza religiosa sono menzionate nelle tradizioni sull'epoca del deserto, come ad esempio i santuari delle fonti di Massah e Meribah (Es. 17,7; Num. 20,13) o un altare eretto nel deserto (Es. 17,15). → 199 Anche il «pruno ardente» (Es. 3,2 s.) doveva essere un luogo sacro nel deserto. Anche le usanze cultuali e le cerimonie sono determinate dallo stile di vita nomade. Così, il *sacrificio cruento* (*zebach*) è un'usanza nomadica: ogni uccisione di un animale del gregge, il più prezioso bene dei nomadi, riveste un carattere religioso in quanto una certa parte dell'animale, considerata particolarmente pregevole, viene trasferita alla divinità bruciandola. Sacrificio cruento → 37. 139 Ciò che rimane viene mangiato in una cerimonia comunitaria, attraverso la quale i partecipanti al sacrificio si uniscono in comunione alla divinità e fra di loro. Si parla perciò anche di «pasto sacrificale» o di «sacrificio di comunione».

Pesach → 37

Dalla tradizione nomadica proviene anche la festa di Pesach. In origine, essa era probabilmente celebrata in occasione dell'annuale cambio di pascoli da parte dei nomadi possessori di bestiame minuto, quando essi, con l'inizio della stagione asciutta, si dirigevano dai loro territori di pascolo nella steppa verso quelli nella terra coltivata (ROST). L'aspersione degli ingressi della tenda con il sangue di un agnello immolato (cfr. Es. 12,7.13), durante lo spostamento, irto di pericoli, doveva assicurare protezione dai demoni del deserto a persone e animali.

Con il passaggio alla *sedentarietà*, i presupposti si modificano notevolmente. Ora il culto si svolge perlopiù in santuari locali stabiliti. In questo modo, gli israeliti in parte adottarono *santuari* cananei già esistenti, con le tradizioni che vi erano coltivate (così ad esempio a Bethel, cfr. Gen. 28,10 ss., vedi più oltre), e in parte ne fondarono di nuovi (così ad esempio a Beer-Sceba, cfr. Gen. 21,33). Anche il ciclo

Feste di pellegrinaggio

delle feste fu adottato: le tre grandi *feste annuali* sono segnate dal ciclo annuale del raccolto (cfr. Es. 23,14-17; 34,18.22 s.; Deut. 16,16): la «festa dei pani non lievitati» (*mazzot*) all'inizio del raccolto dei cereali (si cuoce pane di farina nuova d'orzo, il cereale più precoce, senza «vecchio lievito», cfr. Es. 13,3-10); la «festa del raccolto» (anche «festa delle settimane», Es. 34,22; Deut. 16,9.16) al termine del raccolto dei cereali (cioè del frumento, Es. 34,22); la «festa della vendemmia» (anche «festa delle capanne», Deut. 16,13.16) come chiusura dell'anno agricolo. Più tardi, la festa delle *mazzot* fu unita con Pesach a formare un'unica festa e ricevette un riferimento «storicizzante» alla liberazione dall'Egitto (cfr. Es. 23,15; 34,18; Deut. 16,1-8).

Inoltre, la festa delle capanne, che in origine segnava il cambio di anno, fu fatta precedere da un capodanno distinto (Lev. 23,34; Num. 29,1) e, fra i

→ 202

due, fu inserito il «giorno dell'espiazione» (Lev. 23,27; cfr. Num. 29,7): ne derivò un grande ciclo di feste, che, comprendendo anche la festa delle capanne, celebrata per sette giorni (Lev. 23,24 ss.; Num. 29,12 ss.), durava tre settimane.

Le grandi feste annuali sono *feste di pellegrinaggio* e parteciparvi è un dovere religioso. Tutti gli uomini (solo loro sono autorizzati a partecipare al culto pubblico) si riuniscono nei santuari (Es. 23,17; 34,23; Deut. 16,16). In un primo tempo, le feste erano celebrate in diversi santuari, locali o regionali. Sappiamo di una «festa di Jhwh» a Sciloh, collegata con danze nelle vigne (Giud. 21,19 ss.): potrebbe trattarsi della festa della vendemmia. In I Sam. 1 si racconta di un regolare pellegrinaggio di Elkana, padre di Samuele, a Sciloh, dove molti Israeliti si recavano per regolari celebrazioni sacrificali (2,11 ss.); là si trovava un tempio con l'arca di Dio (3,3; cfr. Sal. 78,60; Ger. 7,12.14).

Amos e Osea menzionano Bethel (Am. 4,4; 5,5; Os. 4,15; cfr. Gen. 28,10 ss.; 35,1 ss.; I Re 12,26 ss. ecc.) e Ghilgal (*ibidem*; cfr. Gios. 3-5 ecc.) come santuari meta di pellegrinaggi: Amos parla ancora di Beer-Sceba (*ibidem*; cfr. Gen. 21,33; 26,23-25 ecc.). Sono menzionati come santuari anche Mamre, a sud, e Sichem, Ofra e Dan a nord; poi ancora Mitspa (I Sam. 7,5 s.; cfr. I Macc. 3,46), Gabaon (I Re 3,4) e il monte Tabor (Deut. 33,19). Queste tradizioni sono molto fortuite e di diverso valore storico; tuttavia, lasciano chiaramente trasparire come ci fossero in ogni parte del paese, oltre ai locali «santuari sulle alture», anche santuari che avevano una rilevanza non solo locale. Più tardi, Gerusalemme assunse sempre di più il ruolo di santuario centrale, dopo che Davide vi ebbe trasportato l'arca di Jhwh e Salomone le ebbe assegnato la sua sede definitiva nel luogo santissimo del Tempio.

→ 51 s.
→ 55 s. 59

Leggende cultuali

La santità di determinati luoghi viene motivata con racconti che possono essere definiti *leggende cultuali*. Così, il racconto del sogno di Giacobbe a Bethel (Gen. 28,10-22) narra perché in quel luogo si trova un santuario: Giacobbe ha «scoperto» per caso la santità del luogo (cfr. 16 s.: si può perciò anche parlare di «saga dello scopritore»), vi ha eretto una *mazzeba* (= stele, *N.d.T.*) (vv. 18.22), ha dato al luogo il suo nome cultuale *bet-'el* «casa di Dio» e infine ha anche istituito il pagamento delle decime al santuario (v. 22). È probabile che questo testo venisse solennemente raccontato e rivissuto nel quadro di una celebrazione cultuale, come *hieros logos*: esso rappresenta perciò al tempo stesso una parte della liturgia del culto al santuario di Bethel (tuttavia, questo racconto stratificato contiene ora anche l'elemento della «vocazione» di Giacobbe, cfr. in particolare il v. 15; in modo analogo, saga cultuale dello scopritore e leggenda di vocazione sono unite nel racconto del «pruno ardente» in Es. 3,1 ss.). In Gen. 35,6, un'altra notizia fornisce un'ulteriore legittimazione eziologica al culto all'altare di Bethel.

La leggenda cultuale del santuario di Sichem è riferita in Gen. 33,18-20, in una forma molto stringata, non sviluppata narrativamente. In Gen. 16,13 s., l'elemento della leggenda cultuale compare all'interno di una saga etnologica. Anche il racconto di Gen. 18 è spesso interpretato come leggenda cultuale del santuario di Mamre, anche se questo carattere è ora in secondo piano rispetto all'annuncio della nascita di Isacco. Ulteriori leggende di santuari si trovano in Giud. 6,11-24 (Ofra) e Giud. 17 s. (Dan). Per Gerusalemme, ci sono state tramandate due leggende di santuario: il racconto della costruzione di un altare da parte di Davide «sull'aia di Arauna» in II Sam. 24,16-25 risale forse a una più antica leggenda preisraelitica di fondazione di culto (cfr. RUPPRECHT, 5 ss.); il «racconto dell'arca» di I Sam, 4-6 e II Sam. 6 contiene un fondamento eziologico-cultuale per il santuario israelitico dell'arca nel Tempio di Gerusalemme.

→ 59
→ 232. 235

In alcuni testi, lo schema della leggenda cultuale è drasticamente ridotto ai suoi elementi fondamentali: apparizione di Dio e costruzione di un altare (Gen. 12,6 s.; 26,24 s.; in 12,8 manca addirittura l'apparizione divina); abbiamo qui probabilmente a che fare con una imitazione tardiva di questo genere letterario.

Oltre alle località sacre, anche le *feste*, gli oggetti e gli usi del culto vengono motivati e legittimati per mezzo di apposite leggende. → 136 Così, le istruzioni per la festa di Pesach, in Es. 12, vengono interamente sviluppate a partire dal racconto dell'oppressione degli israeliti in Egitto e delle piaghe; anche certi particolari del rito di Pesach sono spiegati a partire da quei fatti (cfr. vv. 11 e 13). Il libro di Ester è → 76. 206 la leggenda della festa di Purim (cfr. Est. 9,20 ss.). Il «serpente di rame» nel Tempio di Gerusalemme (II Re 18,4) viene legittimato con la leggenda di Num. 21,4-9 (in realtà si trattava di un simbolo cultuale cananeo). A volte, si trovano soltanto brevi osservazioni di eziologia cultuale: così, forse, con Lev. 9,24 si intende dare una motivazione della particolare santità del fuoco dell'altare a Gerusalemme; I Sam. 5,5 richiama un'usanza del culto svolto ad Asdod nel tempio di Dagon dei filistei; Gen. 32,33 presenta un analogo riferimento a un tabù alimentare.

Calendari delle feste

Le grandi festività annuali determinavano il ritmo annuale degli eventi cultuali. Esse hanno trovato espressione in *calendari delle feste* (Lev. 23; Num. 28 s.; Deut. 16,1-17). Questi calendari mostrano come i sacrifici siano un elemento essenziale delle feste (tuttavia, questo elemento passa in secondo piano in Deut. 16, ma in ciò appare una particolarità della teologia deuteronomica; infatti, anche Es. 32,5 s.; Am. 5,21 s. ecc. mostrano chiaramente il legame tra festa e sacrificio). Num. 28 s. può essere propriamente definito il *calendario dei sacrifici*; oltre ai sacrifici delle feste annuali, vi sono registrati anche sacrifici da offrire giornalmente (28,3-8), come pure sacrifici addizionali per il Sabato (vv. 9 s.) e per il giorno del novilunio (vv. 11-15), in conformità alla prassi sacrificale (sul sacrificio giornaliero, cfr. II Re 16,15; Es. 29,38 ss.).

Sui particolari dello svolgimento del culto, l'Antico Testamento non dice molto. I vari momenti erano sicuramente noti a tutti i partecipanti, grazie alla tradizione trasmessa di generazione in generazione; in particolare, per i sacerdoti, si trattava di una parte del loro sapere professionale, che veniva insegnato e trasmesso oralmente. Soltanto di una festa ci è stato trasmesso un *rituale*: si tratta del «giorno della espiazione» (Lev. 16; la denominazione *jom ha-kippurim* si trova in Lev. 23,27). Qui, però, sono descritti soltanto i riti interni, quelli che doveva compiere il sacerdote, ai quali non può essere ammesso nessun altro (v. 17). Per la comunità, sono prescritti soltanto l'astensione dal lavoro e il digiuno (vv. 29.31).

Anche altre prescrizioni cultuali interne sono state conservate in rituali. I *rituali per i sacrifici* in Lev. 1-7 mostrano una forma molto rigida, in cui sono descritte con precisione le singole fasi dell'azione sacrificale, ad es. Lev. 1,1-9: si avvicina l'animale da sacrificare (v. 3); si stende la mano sul suo capo (v. 4); lo si scanna (v. 5a); il sangue viene sparso sull'altare (v. 5b); l'animale è tagliato a pezzi (v. 6) e bruciato (vv. 7-9). I vv. 10-13 hanno la stessa struttura, e così pure le singole sezioni dei capitoli 3 e 4. Gli altri capitoli contengono ancora diversi altri elementi formali in cui si rispecchia la lunga storia dello sviluppo di queste prescrizioni cultuali (cfr. RENDTORFF 1967; ulteriori prescrizioni per i sacrifici si trovano, ad esempio, in Es. 29; Lev. 8 s.; Num. 15 ed Ez. 45 s.).

Rituali per i sacrifici → 201

In questi testi si possono osservare anche la storia dei vari tipi di sacrificio e i loro rapporti: all'inizio si trova l'«olocausto» (*'olah*), in cui l'intero animale viene trasferito a Dio bruciandolo (Lev. 1; 6,1-6). Segue poi l'«offerta alimentare» (*minchah*, Lev. 2; 6,7-16 [Riv. 6,14-23]) consistente in cereali macinati e per lo più non presentata da sola, ma con sacrificio addizionale, oltre a quelli di animali (cfr. Num. 15,1-16, dove si parla anche di «libagioni» di vino come sacrificio addizionale). Al terzo posto in Lev. 3, si trova un sacrificio derivato dall'unione di quello che era in origine il «sacrificio cruento» dei nomadi (*zebach*) e di un «sacrificio di chiusura» (*sh^e^lamim*) (esso è chiamato *zebach sh^e^lamim*: la traduzione, spesso adottata, «sacrificio di pace» deriva dalla traduzione greca dei Settanta e istituisce un collegamento con il termine *shalom* «pace, salvezza»). Questo sacrificio ha comunque chiaramente perduto di significato, perché in Lev. 6 s. si trova sospinto alla fine della serie (7,11 ss.). Per far questo, un altro sacrificio si è portato in avanti: il «sacrificio per i peccati» (*chattat*) è avanzato dal quarto (Lev. 4) al terzo posto (Lev. 6,17-23). La sua importanza crescente appare anche dal fatto che, nel calendario sacrificale di Num. 28 s., esso è stato aggiunto al sacrificio del novilunio e a tutti i sacrifici delle feste (28,15.22.30; 29,5.11.16 ecc.); in alcune liste di sacrifici si trova persino al primo posto (ad es. Es. 29,10 ss.; Lev. 8,14 ss.; 9,2.3 s.). Rimane poco chiaro che cosa lo distinguesse dal «sacrificio per la colpa» (*'asham*, Lev. 5,14 ss.; 7,1 ss.).

Tipi di sacrifici

→ 135

I rituali dicono poco sul significato dei sacrifici. In effetti, non è questa la loro funzione, in quanto devono innanzitutto garantire il corretto svolgimento del culto sacrificale. In alcuni casi, però, determinate espressioni stereotipe consentono di farsi un'idea della comprensione che si aveva del sacrificio. Al termine del «sacrificio per i peccati» si afferma: «il sacerdote farà espiazione (*kipper*) per lui, e gli sarà perdonato» (Lev. 4,20.26.31.35 ecc.). Il sacerdote compie dunque l'atto di espiazione (soprattutto tramite il rito del sangue) – ma la remissione dei peccati la effettua Dio stesso. Questa concezione dell'espiazione è poi stata trasferita anche all'olocausto: secondo Lev. 1,4, lo stendere le mani sul capo della vittima provoca l'espiazione e ren-

Espiazione

de i partecipanti al sacrificio «accetti» a Dio. Il corretto svolgimento del sacrificio viene sancito con una formula dichiaratoria: *'olah hu'*, «questo è un olocausto» (Lev. 1,13.17, cfr. 2,6.15; 4,21.24 ecc.; cfr. RENDTORFF 1963).

Purità → 201. 204

All'ambito cultuale appartengono anche *regole di purità* di varia natura (ad es. Lev. 11-15; Num. 5 s.; 9; 19); infatti l'impurità, da cui queste regole devono proteggere o che devono eliminare, significa innanzitutto esclusione dal culto. «Purità» e «santità» sono strettamente collegate (cfr. Lev. 10,10).

Prescrizioni di purità e per i sacrifici sono spesso definite *torah*. In Lev. 6 s. si trova regolarmente questa soprascritta: «Questa è la *torah* dell'olocausto» ecc. (6,2.7.18; 7,1.11; cfr. 7,37!). Nel caso delle prescrizioni di purità, la parola *torah* si trova nella chiusa (11,46; 12,7; 13,59; 14,32.54.57; 15,32, in 14,2 anche nella soprascritta). Accanto al significato più ampio, generale, di «torah» ne compare qui uno più specifico, che rispecchia l'aspetto cultuale di questo concetto complesso.

→ 222 s.

Sullo svolgimento delle feste e dei culti apprendiamo poco dall'Antico Testamento. Soltanto di rado la celebrazione di una festa è menzionata esplicitamente, e sempre in casi particolari, che vengono messi in risalto: la festa di Pesach in Gios. 5,10 s. e in II Re 23,21 ss.; la festa delle capanne in Esd. e in Neh. 8,14 ss. Anche in I Re 8, la data del v. 2 indica la festa delle capanne. Infine, anche la notizia di I Re 9,25, secondo cui Salomone offriva sacrifici tre volte l'anno, si riferisce alla celebrazione delle tre feste annuali.

Salmi

Possiamo dunque dedurre i particolari dello svolgimento del culto soltanto in modo indiretto: la nostra fonte più importante a questo scopo è costituita dai *Salmi*. Essenzialmente, però, essi rispecchiano il culto soltanto dal punto di vista della comunità. I Salmi non sono liturgie ad uso del sacerdote, ma possono piuttosto esser considerati l'«innario» della comunità del Tempio di Gerusalemme. È pressoché impossibile stabilire se vi siano conservati salmi originari di altri santuari; nella forma in cui sono giunti a noi, essi sono stati senza dubbio cantati al Tempio di Gerusalemme e lì anche raccolti. Certamente la racconta comprende testi di epoche molto diverse, come accade anche nei nostri innari moderni.

Inni

Canti di Sion

La «città di Dio», Gerusalemme, con il Tempio, la «dimora» di Jhwh, costituisce essa stessa il tema di un certo numero di salmi, che possono essere chiamati *canti di Sion* (Sal. 46; 48; 76; 84; 87; 122, cfr. 137). Essi celebrano la città di Dio, e il Dio che in essa abita e che la protegge: in questo trapelano chiaramente concezioni cananaiche, a noi note in particolare dai testi ugaritici (cfr. SCHMIDT, par. 13). Questi salmi forniscono inoltre alcuni riferimenti a determinati atti di culto: Sal. 122 parla del pellegrinaggio verso Gerusalemme dei partecipanti alla festa; e così anche il Sal. 84.; il Sal. 48,13 invita a fare una processione intorno alla città. Forse anche l'invito «venite e guardate le opere di Jhwh» (Sal. 46,9, cfr. 66,5) rimanda alla rappresentazione in un dramma cultuale di eventi descritti nei salmi.

Anche altri salmi suggeriscono analoghi momenti cultuali: dietro il Sal. 132 (cfr. in particolare i vv. 7 s. e Num. 10,35 s.) e il Sal. 24,7 ss. (Jhwh che troneggia invisibile sull'arca entrerà dai portali del Tempio) si celano processioni con l'arca. Sal. 26,6 parla di un giro intorno all'altare; Sal. 118,27 parla di un girotondo, durante il quale vengono intrecciate corde o ghirlande intorno ai «corni» dell'altare. Il Sal. 100,2.4 invita a entrare attraverso le porte e gli atrii del Tempio; il Sal. 132,7 a entrare nella «dimora» di Jhwh (il Tempio) e a inchinarsi davanti allo sgabello dei suoi piedi (l'arca); cfr. anche Sal. 95,6 ecc. Nei Salmi 15 e 24,3-6, si trovano liturgie di ammissione al Tempio, in cui il pellegrino chiede quali siano le condizioni per la partecipazione al culto e il sacerdote gli risponde (sono chiamate anche «liturgie della porta» o, in considerazione della risposta impartita dal sacerdote, «liturgie della Torah»).

→ 56. 151 s.

I canti di Sion appartengono in senso lato al genere degli *inni*. Con questo concetto si comprende, da GUNKEL in avanti, quel grande gruppo di salmi il cui contenuto essenziale è la celebrazione di Dio. (WESTERMANN ha proposto di chiamarli «salmi descrittivi di lode», per differenziarli dal «canto di ringraziamento», che egli chiama «salmo narrativo di lode»; i due generi sono comunque chiaramente distinti, cfr. CRÜSEMANN). Gli inni mostrano molte affinità con i canti cultuali del mondo circostante Israele.

Inni participiali

Ciò vale in particolar modo per «l'inno participiale», che fa affermazioni su Dio mediante frasi con il verbo al participio. In questo inno, Jhwh viene celebrato soprattutto come colui che crea e conserva il mondo, in modo simile a quanto avviene, con altri dèi, in molti inni del mondo dell'antico Oriente.

CRÜSEMANN (153) ha supposto che nella formula: «il suo nome è Jhwh», che si trova spesso in inni participiali, sia riconoscibile la ripresa di tradizioni inniche dal mondo intorno a Israele, che vengono così espressamente rivendicate per Jhwh. Comunque – è un caso? – questa formula non compare negli inni trasmessi nel libro dei Salmi, ma soprattutto nei frammenti innici del libro di Amos (4,13; 5,8; 9,6), nel Deutero-Isaia (51,15; 54,5 ecc.) e nel libro di Geremia (10,16; 31,35; 33,2 ecc.; cfr. CRÜSEMANN, 95 s.).

→ 292. 260
→ 270. 272

Inni imperativi

Nel secondo, fondamentale genere di inno, «l'inno imperativo», i partecipanti al culto vengono invitati a celebrare Jhwh. La forma più succinta di questo inno è rappresentata dal «canto di Miriam», in Es. 15,21. Esso contiene gli elementi formali basilari: all'invito, con verbo all'imperativo, «cantate a Jhwh» seguono, introdotte da un *ki* («poiché», «davvero»), affermazioni su Jhwh e il suo grande intervento a favore di Israele: «si è sommamente innalzato, ha precipitato in mare cavallo e auriga». Il Sal. 117 presenta la stessa forma breve ed essenziale. Ma anche il breve testo: «Celebrate Jhwh! Sì, egli è buono. Sì, la sua bontà dura per sempre» («Ringraziate il Signore, perché è benevolo e la sua benignità dura in eterno», nella famosa traduzione di Lutero), che compare ripetutamente, è un inno indipendente, come appare soprattutto da Sal. 107,1 dove, dal v. 2, vengono elencati tutti coloro che devono cantare questo inno (cfr. anche Sal. 106,1; 118,1.29; 136,1 ecc.).

Questa forma basilare è stata ulteriormente sviluppata in vari modi, ad es. ampliando l'invito all'imperativo (Sal. 100) e le affermazioni su Jhwh (Sal. 136, ognuna delle quali è sempre introdotta da *l*[e]) oppure sviluppando, a volte con molta ampiezza, il contenuto (Sal. 105). Infine, in una serie di salmi, le due forme, quella dell'inno imperativo e quella dell'inno participiale, sono state unite: l'invito a celebrare Jhwh e la celebrazione dei suoi grandi atti nella creazione e nella storia della salvezza di Israele si fondono così in una nuova unità (Sal. 33; 113; 135; 136 [vedi sopra]; 147 e altri). Questi inni hanno senza dubbio la loro «ambientazione nella vita» nelle grandi feste al Tempio di Gerusalemme, nel corso delle quali Jhwh veniva adorato come Dio d'Israele *e* come creatore e signore del mondo.

Inni di Jhwh-re

Fra gli inni si distingue un gruppo particolare: gli *inni di Jhwh re* (Sal. 47; 93; 96-99). Essi celebrano Jhwh come re, in genere usando la formula stereotipa *jhwh malak* «Jhwh è re» (Sal. 93,1; 96,10; 97,1; 99,1; nel Sal. 47,9 *malak 'elohim*: «re è Dio»). MOWINCKEL aveva tradotto «Jhwh *è diventato* re» e da questo, citando paralleli babilonesi, deduceva l'esistenza di una «festa di intronizzazione di Jhwh», che sarebbe stata celebrata ogni anno come festa dell'anno nuovo; tuttavia, attualmente, questa tesi è stata quasi universalmente abbandonata. Bisogna però supporre che la celebrazione di Jhwh come re avesse un rilievo particolare nel culto festivo, forse in concomitanza a una processione dell'arca (cfr. Sal. 24,7 ss., dove Jhwh che avanza sull'arca viene definito re; per i *Salmi regi* vedi più oltre II.5).

→ 152. 321 ss.

Inni individuali

La maggior parte degli inni sono canti della comunità riunita per il culto. Troviamo però anche, come genere a sé, l'*inno dell'individuo,* in cui l'orante parla alla prima persona singolare (Sal. 8; 104; Es. 15,1-18). Questo genere era in origine strettamente collegato con lamenti particolari. Il fatto che esso sia diventato indipendente rivela un'evoluzione, in cui i salmi non venivano più composti e usati soltanto come testi liturgici in senso stretto, ma anche come poesia religiosa senza particolare ambientazione nel culto.

Lamenti del popolo

Oltre al culto regolare delle grandi feste annuali, c'erano anche culti per occasioni particolari. Soprattutto in *situazioni di necessità*, che coinvolgevano il popolo nella sua totalità, si celebravano culti di lamentazioni e di intercessione (cfr. I Re 8,33.35.37). Essi erano probabilmente connessi con pubblici «digiuni» (*zom*), proclamati in tali circostanze (cfr. Ger. 36,9 s.; II Cr. 20,1-13), a cui si aggiungevano anche altri riti di cordoglio come ad esempio il fatto di indossare ruvidi vestiti di lutto (*śak*), pubblici pianti e lamenti ecc. (cfr. Gioele 1,13 s.). Questi culti, tuttavia, sono menzionati espressamente solo di rado; sono comunque presupposti già per l'epoca più antica (cfr. Giud. 29,26; I Sam. 7,5 s.) e II Cr. 20 offre un esempio da un'ottica post-esilica, cfr. anche Gioele 2,15-17. Da Zac. 7,3.5; 8,19 risulta che, a partire dall'esilio, si celebravano con regolarità determinati giorni di digiuno, in ricordo della presa di Gerusalemme da parte dei babilonesi (nel quarto mese, cfr. Ger. 39,2), della distruzione del Tempio (nel quinto mese, cfr. II Re 25,8 s.) e di altri avvenimenti. Alcuni degli esempi di *lamenti del popolo* a noi tramandati parlano esplicitamente della distruzione del Tempio (Sal. 74,3-8; 79,1-3) e sono quindi stati composti soltanto in epoca esilica o post-esilica. Anche altre composizioni mostrano che l'occasione del lamento è costituita da minacce o da catastrofi, politiche o militari (Sal. 44; 60; 80; 83, cfr. anche Lam., → 344 s. in particolare il cap. 5), sebbene il loro legame con fatti storici particolari rimanga spesso incerto. Si può ritenere che i lamenti del popolo che ci sono stati tramandati contengano anche elementi antichi, ma, nella loro forma attuale, sono segnati dall'utilizzo che se ne è fatto nel culto esilico e post-esilico.

In questi salmi, alla *descrizione dello stato di necessità* si associa il *lamento*, spesso con l'interrogativo «perché?» (Sal. 44,24; 74,1.11; 79,10; 80,13) o «fino a quando?» (Sal. 74,10; 79,5; 80,5) e la *richiesta* di salvezza e di ristabilimento del popolo e di punizione dei nemici. Spesso, si trovano richiami a precedenti interventi di Jhwh, formulati in stile innico e come discorso rivolto direttamente a Jhwh (Sal. 44,2-4; 74,12-17, 80,9-12); nel Sal. 44,5-9, a ciò segue una espressione di fiducia. I Sal. 79,13 e 80,19 contengono il voto di ringraziare e invocare sempre Jhwh dopo la salvezza; con questo, probabilmente, non si allude a particolari inni di ringraziamento del popolo (che non sono attestati), ma al culto normale con le sue varie lodi in forma innica.

Oltre al popolo e alla comunità cultuale nella loro globalità, anche un singolo poteva presentarsi al Tempio per pregare. Ciò non avveniva probabilmente nel quadro del normale culto comunitario, ma piuttosto nei giorni di festa distinti dalle celebrazioni ufficiali (come ad es. fa supporre la menzione della «grande comunità» in Sal. 22,26) o anche del tutto indipendentemente da essi. I lamenti, a secondo della situazione dell'orante, potevano anche essere pronunciati al di fuori del Tempio, mentre i canti di ringraziamento erano saldamente ambientati al Tempio.

Lamenti individuali

I *lamenti individuali* costituiscono il gruppo numericamente più cospicuo fra i salmi a noi tramandati. Soltanto di rado, però, essi fanno trasparire la situazione dell'orante. Esiste un singolare divario tra le descrizioni della sofferenza, che spesso sembrano molto personali, e le affermazioni, per lo più poco concrete, sulle cause della sofferenza. Ciò è certamente motivato dal fatto che, di norma, non si trattava di composizioni poetiche individuali, ma di formulari per il culto che venivano sempre riutilizzati e che erano perciò abbastanza generici da poter essere adoperati da oranti molto diversi.

Come occasioni per un lamento, si evidenziano soprattutto due temi: malattia e nemici. Entrambi i temi appaiono spesso uniti; c'è comunque un certo numero di salmi che permette una distinzione di fondo. I Salmi 38 e 88, ad esempio, possono essere chiaramente identificati come *preghiere di ammalati* (cfr. SEYBOLD). Qui appare anche che i nemici sono «gli amici e compagni» (Sal. 38,12; 88,19) che abbandonano l'ammalato, come è raccontato degli amici di Giobbe. In alcuni di questi salmi, il discorso sui nemici occupa uno spazio molto più ampio (ad es. Sal. 22; 69). Nel Sal. 22,4-6, la sofferenza individuale dell'orante viene al tempo stesso situata nel più vasto contesto della storia d'Israele dall'epoca dei padri, nel Sal. 77,6.12.15 ss., persino nella storia degli atti di Jhwh «dai primordi».

In un altro gruppo di salmi, il tema dominante è costituito dalla persecuzione da parte dei nemici. Queste *preghiere di un perseguitato* mostrano di frequente come l'orante debba difendersi da pesanti accuse, e come Dio stesso sia invocato come istanza decisionale (ad es. Sal. 7; 17; 16 ecc.). Queste preghiere appartengono forse al quadro di un procedimento giudiziario ambientato nel culto e sono da considerare preghiere di un accusato che richiede il giudizio di Dio (cfr. BEYERLIN). In alcuni salmi il *peccato* dell'orante contro Dio è diventato il tema dominante (soprattutto Sal. 51 e 130; la tradizione ecclesiastica conosce sette «salmi penitenziali»: Sal. 6; 32; 38; 51; 102; 130; 143). In altri salmi ancora, il motivo della fiducia, presente nel lamento, si è reso autonomo, cosicché si può parlare di *canti di fiducia* (ad es. Sal. 16; 23; 62 ecc.).

I lamenti terminano spesso con un *voto*, in cui l'orante si impegna a ringraziare Dio per l'aiuto e la salvezza sperati. Talvolta, vengono espressamente menzionati sacrifici che l'orante intende presentare (Sal. 27,6; 54,8; 56,13, cfr. 22,26 s.). Il termine *todah*, che in Sal. 56,13 indica il «sacrificio di ringraziamento», può anche designare un «canto», come mostra il parallelismo in Sal. 69,31, e molti lamenti promettono esplicitamente un canto di ringraziamento (Sal. 7,18; 13,6; 61,9). Qui è chiaramente evidenziabile il rapporto con il canto di ringraziamento individuale (se in questo si manifesti una «spiritualizzazione» del sacrificio [HERMISSON], è un'altra questione).

Non di rado, già all'interno del lamento viene espressa la *certezza dell'esaudimento.* Questo improvviso «cambiamento di tono» è presumibilmente causato dal fatto che all'orante che recita il lamento viene promesso da parte di un sacerdote l'esaudimento delle sue richieste (cfr. I Sam. 1,17), cosicché egli può proseguire dicendo: «Jhwh *ha* ascoltato il mio forte pianto» (Sal. 6,9; cfr. 28,6; 54,9; 56,10 ecc.). Questo «oracolo di salvezza» del sacerdote non → 168 s. è trasmesso nei salmi, perché essi non sono liturgie complete, ma contengono soltanto le parti che dovevano esser pronunciate o cantate dai laici; BEGRICH ha dedotto l'esistenza dell'oracolo di salvezza dal fatto che esso è stato ripreso dal profeta Deutero-Isaia.

Ringraziamento

Il *canto di ringraziamento dell'individuo* è in origine strettamente collegato con la presentazione di un sacrificio di ringraziamento che, ad esempio in Sal. 116,7, è espressamente definito «sacrificio cruento di ringraziamento» (*zebach-todah*) (cfr. Lev. 7,12 ss.). Al momento della presentazione del sacrificio a Jhwh, l'orante gli rivolge la parola alla seconda persona (ad esempio Sal. 30,2 ss.; 66,13 ss.; 116,8). I canti di ringraziamento contengono però anche parti nelle quali l'orante parla di Jhwh alla terza persona (ad es. 30,5 s.; 66,16 ss.; 116,1 ss.); esse sono chiaramente indirizzate ai partecipanti al banchetto sacrificale riuniti intorno a lui, come proclamazione dell'aiuto di Jhwh. Questo parlare in due direzioni, esprimendo ringraziamento e proclamazione, che talvolta si alternano ripetutamente, caratterizza i canti di ringraziamento. Il racconto della situazione di bisogno in cui si è trovato l'orante e della sua liberazione costituisce un elemento fondamentale in entrambi i momenti.

I salmi ci consentono dunque di scorgere parecchi aspetti del culto d'Israele. Dobbiamo tuttavia essere coscienti del fatto che qui molto debba restare a livello di ipotesi, perché, il più delle volte, i particolari del culto possono solo essere dedotti indirettamente dai salmi, cosicché nuove prospettive esegetiche possono in ogni momento mutare il quadro. Inoltre, è impossibile attribuire a generi precisi tutti i salmi tramandati nell'Antico Testamento. Questo dipende, in parte, dalla nostra insufficiente conoscenza del culto ma, in parte, anche dal fatto che si sono verificate trasformazioni nel corso del tempo, per cui vennero composti salmi che non erano più immediatamente riferiti a uno specifico avvenimento cultuale (vedi quanto detto sopra a proposito degli inni individuali), ma che esprimevano riflessioni teologiche o dovevano servire a scopi didattici (o le due cose contemporaneamente). Ciò è particolarmente evidente per un certo numero di salmi in cui emerge il pensiero sapienziale, che in origine → 152 ss. non aveva alcun rapporto diretto con il culto. A volte, si tratta soltanto di singoli elementi sapienziali all'interno di un salmo (ad es. 25,8-10.12-14; 39,5-7; 40,5 s.), a volte di interi salmi, che possono essere chiamati *salmi sapienziali* (ad es. Sal. 1; 34, in particolare i vv. 12 → 155 s.

→ 322 ss.; 37; 49; 112; 128; forse anche 73 e 139). Anche i *salmi della Torah* 19,8 ss. e 119 (cfr. Sal. 1) sono affini ai salmi sapienziali.

Nei salmi si trovano caratteri formali poetici molto precisi, come accade anche in altri generi letterari dell'Antico Testamento, ad esempio nelle parole profetiche e nei detti sapienziali. Il mezzo stilistico fondamentale e prevalente è il *parallelismus membrorum*: di norma, i versi si compongono di due membri e i due membri sono coordinati tra loro in un determinato modo. Si riconoscono due forme fondamentali.

Parallelismus membrorum

Nel caso del parallelismo *sinonimo*, l'affermazione della prima metà del verso viene ripetuta, con qualche variazione, nella seconda. Ad es.: Sal. 1,2: «... *il cui diletto è nella Torah di Jhwh e su quella Torah medita giorno e notte*» – qui viene ripetuta la parola centrale, *torah*. Oppure, Sal. 2,1: «*Perché tumultuano le nazioni / e meditano i popoli cose vane?*» – qui vengono usati due sostantivi sinonimi: *gojim* «nazioni» e *l^{e}ummim* «popoli». Oppure, Sal. 6,2: «*O Jhwh non correggermi nella tua ira / e non castigarmi nel tuo cruccio*» – qui verbo e sostantivo vengono rimpiazzati da sinonimi, nella stessa forma grammaticale. Già questo mostra la molteplicità delle possibilità di composizione: essa viene ulteriormente favorita dal grande numero di parole ebraiche che, in determinati contesti, possono essere usate come sinonime (e, viceversa, questa legge stilistica in poesia deve certamente aver favorito la formazione di sinonimi).

Nel caso del parallelismo *antitetico*, le due metà del verso fanno affermazioni opposte. Ad esempio, Sal. 1,6: «*poiché Jhwh conosce la via dei giusti / ma la via degli empi mena alla rovina*» – qui viene ripetuta la parola «via», ma al tempo stesso sono contrapposti il destino del giusto e dell'empio. Oppure, Sal. 96,5: «*poiché tutti gli dèi dei popoli sono idoli vani / ma Jhwh ha fatto i cieli*». Questa forma di parallelismo si trova soprattutto nei detti sapienziali, che sono in larga misura dominati dal contrasto fra il saggio e lo stolto, fra il giusto e l'empio. → 152 s.

Questa struttura binaria del verso viene però frequentemente utilizzata anche senza che, nei contenuti, sia riconoscibile un parallelismo di un tipo o dell'altro. Si parla allora di parallelismo «sintetico», ma questa definizione dice poco. Spesso il pensiero procede dalla prima alla seconda metà del verso senza cesure dal punto di vista del contenuto, oppure si trova un'intensificazione, un'affermazione sulla causa e sull'effetto o altro ancora. Si sono perciò proposte diverse definizioni che differenziassero i vari casi, ma esse non comprendono affatto i fenomeni. Talora il parallelismo viene ampliato, ponendo due interi versi in parallelo fra loro. Vari elementi di parallelismo si trovano anche nella prosa artistica dell'Antico Testamento.

Metrica

Il fatto che il *parallelismus membrorum* non sia soltanto (e forse neppure in primo luogo) determinato dal rapporto di contenuto dei membri della frase, deriva innanzitutto dalla struttura *metrica* della poesia ebraica. Tuttavia le leggi metriche non sono individuabili con sicurezza. Ci sono due diversi tentativi di risolvere questo problema (cfr. HORST). Il *sistema dell'accentuazione* parte dal fatto che il ritmo del verso coincide con il ritmo delle parole, di modo che l'accento delle singole parole determina il ritmo della frase (oppure le parole devono esser scelte dal poeta in modo tale che il loro accento si adatti al verso). Siccome le parole sono di lunghezza diversa, tra due sillabe accentate («arsi») risulta un numero sempre diverso di sillabe non accentate (fino a tre), a volte anche nessuna. Il *sistema dell'alternanza* si fonda sul regolare alternarsi di sillabe accentate e non, di modo che spesso l'accento del verso non coincide con l'accento della parola.

Nessuno dei due sistemi ha potuto affermarsi completamente, sebbene la maggior parte degli esegeti propenda per il sistema dell'accentuazione, perché corrisponde meglio al ritmo naturale della lingua ebraica. Tuttavia c'è ampio consenso su un aspetto di fondo: le due metà di un verso hanno di norma lo stesso numero di sillabe accentate (accentando, prevalentemente 3:3; alternando 4:4). Una caratteristica eccezionale è costituita dal lamento funebre (*kinah*), in cui → 119
la seconda metà del verso è più breve (3:2 oppure 4:3), per cui si ha un ritmo sbilanciato («zoppo») (cfr. ad es. Am. 5,2).

Bibliografia

J. BEGRICH, *Das priesterliche Heilsorakel*, in ZAW 52, 1934, 81-92 (= *Ges. St.*, 217-231); W. BEYERLIN, *Die Rettung der Bedrängten in den Feindpsalmen der Einzelnen auf institutionelle Zusammenhänge untersucht*, 1970; F. CRÜSEMANN, *Studien zur Formgeschichte von Hymnus und Danklied in Israel*, 1969; H. GRAF REVENTLOW, *Gebet in Alten Testament*, 1986; H. GUNKEL - J. BEGRICH, *Einleitung in die Psalmen*, 1933 (1975[3]); H.-J. HERMISSON, *Sprache und Ritus im altisraelitischen Kult. Zur «Spiritualisierung» der Kultbegriffe im Alten Testament*, 1965; F. HORST, *Die Kennzeichen der hebräischen Poesie*, in ThR 21, 1953, 97-121; H.-J. KRAUS, *Gottesdienst in Israel*, 1962[2]; IDEM, *Psalmen* (BK), 1978[5] (in particolare l'Introduzione); S. MOWINCKEL, *Psalmenstudien II. Das Thronbesteigungsfest Jahwäs und der Ursprung der Eschatologie*, 1922 (1961); R. RENDTORFF, *Die Gesetze in der Priesterschrift*, 1963[2]; IDEM, *Studien zur Geschichte des Opfers im Alten Israel*, 1967; L. ROST, *Weidewechsel und altisraelitischer Festkalender*, in ZDPV 66, 1943, 205-215 (= *Das kleine Credo und andere Studien zum Alten Testament*, 1965, 101-112); K. RUPPRECHT, *Der Tempel von Jerusalem. Gründung Salomos oder jebusitisches Erbe?*, 1977; W.H. SCHMIDT, *Alttestamentlicher Glaube in seiner Geschichte*, 1982[4]; K. SEYBOLD, *Das Gebet des Kranken im Alten Testament*, 1973; R. DE VAUX, *Les institutions de l'Ancien Testament*, vol. 2, 1960, trad. it. *Le istituzioni dell'Antico Testamento*, 1977[3]; C. WESTERMANN, *Das Loben Gottes in den Psalmen*, 1953 (1977[5]) (= *Lob und Klage in den Psalmen*, 1977[5], 11-124).

STEUERNAGEL, par. 30; EISSFELDT, par. 6,15; FOHRER, par. 5,39; SOGGIN, par. 34; KAISER, par. 28,29; KOCH, par. 13,14.

5

Istituzioni politiche. La monarchia

Le forme organizzative delle tribù israelitiche in epoca premonarchica rimangono per noi in gran parte ignote. Perciò, per quest'epoca, → 21 ss. non siamo quasi in grado di indicare alcun «ambiente vitale» per singoli testi. Nel caso di alcuni generi letterari, bisogna però ritenere che la loro origine presupponga una certa organizzazione estensiva.

Liste

Ciò vale innanzitutto per diversi tipi di *liste*. La registrazione e la disposizione di determinati fatti in una lista presuppone un interesse alla loro annotazione e conservazione; quando queste liste contengono affermazioni su più tribù, esse rivelano così un interesse che travalica la singola tribù. Così in Giud. 1,19.21.27 ss. si trova una enumerazione, → 40. 229 ordinata per tribù, di territori che gli israeliti non poterono conquistare. Si è anche supposto che i capitoli 13-19 di Giosuè siano basati su liste di punti di confine di epoca prestatale; la datazione → 226 s. di queste liste rimane incerta, tuttavia esse offrono un ulteriore esempio di questo genere letterario. Anche la lista dei «giudici minori» in Giud. 10,1-5; 12,7-15 oltrepassa i limiti di una singola tribù. → 47 s. 230 s.

Col consolidamento organizzativo della comunità, anche la funzione delle liste diventa più chiara. Dell'epoca del regno di Davide ci sono state tramandate una lista di funzionari superiori (II Sam. 8,16-18; cfr. 20,23-26), e poi un'elencazione a mo' di lista degli «eroi di Davide» (II Sam. 23,8-39) che però, nella sua forma attuale, risulta ampliata nella prima parte con elementi narrativi di tipo aneddotico. Dell'epoca di Salomone, accanto alla lista dei funzionari di corte (I Re 4,2-6), abbiamo una lista dei dodici distretti amministrativi, che Salomone aveva istituito per il mantenimento della corte e che erano sottoposti ognuno a un governatore (vv. 7-19).

Qui la lista rispecchia la nuova struttura amministrativa; al tempo stesso essa costituisce il fondamento giuridico per lo svolgimen-

to dei compiti amministrativi e diventa così un importante docu-
mento. Significato giuridico riveste anche la lista delle città di rifu-
gio, in cui un omicida può rifugiarsi per sfuggire alla vendetta di san-
gue (Gios. 20,7-9a).

Ci sono nuovamente tramandate liste ufficiali soltanto in epoca
post-esilica, nei libri di Esdra e Nehemia: una lista dei rimpatriati dal-
→ 356 l'esilio (Esd. 2, cfr. Neh. 7), degli accompagnatori di Esdra durante il
→ 358 suo viaggio a Gerusalemme (Esd. 8,1-14), dei matrimoni misti (Esd.
10,18-44), degli abitanti di Gerusalemme (Neh. 11,3-19), dell'esten-
→ 360 sione dei territori di Giuda e Beniamino (Neh. 11,20.25-35), dei sa-
cerdoti e leviti (12,1-26) ecc.

Con il sorgere di istituzioni statali, cominciano anche le registra-
zioni ufficiali di importanti avvenimenti politici e militari, frequen-
Annali temente definite *annali*. Un esempio di queste registrazioni ufficiali
è l'enumerazione dei successi di Davide in politica estera in II Sam.
→ 56. 235 8,1-14; comunque qui si tratta di una esposizione sintetica e retro-
spettiva, per la quale furono presumibilmente usate registrazioni uf-
ficiali correnti. Che esistessero di queste registrazioni effettuate a cor-
te, appare chiaramente dai rimandi al «libro della storia di Salomo-
→ 239 ne» (I Re 11,41), come pure alla «cronaca dei re d'Israele» (I Re 14,19
→ 240 ecc.) o alla «cronaca dei re di Giuda» (I Re 14,29 ecc.). Con ogni pro-
babilità, provengono da questi libri dati sull'attività edilizia di Salo-
mone (I Re 6 s.), sulle sue iniziative commerciali, sulla sua ricchezza
e sul suo lusso (I Re 9,26-28; 10,11 s. 14-22.26-29), insieme a specifi-
che indicazioni concrete sulla costruzione di residenze regie (I Re
12,25; 16,24) e su altre importanti realizzazioni edilizie di singoli re
(I Re 22,39; II Re 20,20); su determinati eventi bellici e relative con-
seguenze (I Re 14,25-28; II Re 15,19 s. 29; 18,9-11.13-16), su successioni
al trono compiute con la violenza (I Re 15,27; 16,9 s. 15-18.21 s. ecc.)
e probabilmente anche la cronologia, che viene ogni volta indicata in
riferimento al re in carica nel regno confinante (I Re 15,1.9.25.33 ecc.).

Anche la tradizione narrativa subisce evidenti modificazioni in
seguito al sorgere e al consolidarsi delle istituzioni statali. Accanto
→ 125 alle saghe su eroi, compaiono ora anche racconti, il cui interesse prin-
cipale non verte sui singoli personaggi, ma sui concatenamenti di fat-
ti, con mutare di personaggi e di scene (cfr. VON RAD 1944). Questi
Racconti storici racconti possono essere definiti *racconti storici*. Un primo esempio di
questo genere è costituito dal racconto sul regno di Abimelec a Si-
→ 231 chem (Giud. 9). La transizione è poi particolarmente chiara in seno
alle tradizioni su Davide. Inizialmente troviamo *singoli racconti*, che
appartengono al genere della saga su eroi (I Sam. 16 ss.; per la com-
posizione vedi più oltre). Le lotte per la successione di Saul vengo-
no però presentate in un contesto più ampio, nel quale località e per-
sonaggi mutano e sono tenuti insieme dalla trama narrativa (II Sam.

2-4). L'interesse narrativo verte qui sulla istituzione della monarchia e sul suo destino. Un ulteriore esempio di racconto storico è il «reso- → 235 conto sulla guerra ammonita» citato in II Sam. 10,1 - 11,1; 12,26-31, probabilmente redatto come resoconto ufficiale per l'archivio reale (ROST).

Infine, sorgono ora anche *complessi narrativi* più ampi, che abbracciano le varie fasi degli inizi della monarchia. In essi appare una chiara evoluzione nel modo di costruire la narrazione. La storia di Samuele e Saul (I Sam. 1-15) è dominata dal conflitto tra queste due → 51 ss. 232 s. figure carismatiche: da un punto di vista letterario, essa si presenta come una raccolta, relativamente poco strutturata, di singole tradizioni di varia natura, in cui non si riesce praticamente a riconoscere alcun criterio informatore dominante. Anche la storia dell'*ascesa di Davide* (I Sam. 16 - II Sam. 5) è costituita da singole tradizioni, originariamente indipendenti: accanto ai racconti, si trovano numerose brevi informazioni, che non possono essere definite racconti, ma sono state introdotte da chi ha redatto ed elaborato la storia dell'ascesa di Davide per completarne il quadro (ad es. I Sam. 18,1 e 3 s.6-8.13; 22,1 s.3 s.5; cfr. RENDTORFF). L'intero complesso narrativo viene tenuto insieme da riferimenti al fatto che Jhwh era con Davide (I Sam. 16,13.18; 17,37; 18,5.12.14.28; II Sam. 5,10.12) e che gli aveva conferito il regno già quando Saul era ancora in vita – quest'ultima affermazione è spesso posta in bocca a persone che compaiono in scena, e persino in bocca allo stesso antagonista, Saul (I Sam. 20,13 ss.31; 23,17; 24,21; 25,28.30; 26,25; II Sam. 3,9 s.). In confronto alla storia di Samuele e Saul, qui si riconosce molto più chiaramente una composizione pianificata.

Ascesa di Davide → 54 ss. 234

La *storia della successione al trono di Davide* (II Sam. 9 - I Re 2; ROST vi attribuisce anche II Sam. 6 s.) è di altra natura: non è costituita da racconti originariamente autonomi, ma è stata fin da principio concepita come racconto unitario. Essa si allontana così parecchio dal genere della saga, e la sua forma letteraria è paragonabile a quella della novella di Giuseppe di Gen. 37-50. La tensione narrativa è creata → 124. 191 dalla domanda su chi sarà il successore di Davide e dalla presentazione dei conflitti e degli intrighi che porteranno poi alla vittoria di Salomone sui suoi rivali. Vi si riconosce una evidente tendenza critica nei confronti di Salomone, dal che si deduce probabilmente una redazione da parte degli ambienti sapienziali di corte (CRÜSEMANN).

Successione al trono → 56 s. 155. 235

La storia della successione al trono costituisce un culmine della storiografia israelitica, che non sarà più raggiunto neppure in seguito. Come ulteriori esempi del genere «racconto storico», si possono ancora menzionare: i racconti sulla divisione dei regni di Israele e Giuda (I Re 12,1-19), → 62 s. 241 sulla rivoluzione di Jehu (II Re 9 s.; per l'elemento → 70. 241 profetico si veda II.6) e sulla caduta della regina Athalia (II Re 11).

Anche i risvolti religiosi della monarchia erano molto importanti per la sua auto-comprensione e per il suo consolidamento. Ciò è evidente innanzitutto nell'ambito cultuale che si rispecchia in una serie di salmi che possono essere complessivamente definiti come *salmi regi*. Il Salmo 110 fa intravvedere una cerimonia di intronizzazione, nel corso della quale il re viene inserito nella successione del re sacerdote pre-israelitico Melchisedec (v. 4). Allo stesso contesto cultuale appartiene anche il Sal. 2 che celebra il re come dominatore mondiale insediato da Jhwh in Sion e lo dichiara «figlio» di Dio (v. 7), in conformità al modello dei re dell'antico Oriente. Anche la preghiera per il re del Sal. 72 lo presenta come un dominatore mondiale; qui, accanto alla sottolineatura della sua importanza per il mantenimento del diritto e della giustizia, si trovano tratti che elevano il re al di sopra della sfera umana (vv. 5-7.16 s., cfr. Sal. 89,37 s.) come spesso accade in testi dell'ambito antico-orientale (cfr. SCHMIDT, par. 12).

Salmi regi

→ 322

Anche il voto di mantenere l'ordinamento giuridico fatto dal re nel Sal. 101 e il canto di ringraziamento per il re del Sal. 21 si situano nel quadro di una cerimonia di intronizzazione (o forse di una festa regale celebrata periodicamente). Un altro aspetto cultuale è offerto dal Sal. 132 che, probabilmente, nel quadro di una processione dell'arca, celebra Davide come il fondatore del santuario dell'arca sul Sion e collega a ciò la promessa divina che assicura stabilità alla dinastia davidica: è possibile che qui si rispecchi un altro aspetto della stessa celebrazione cultuale.

→ 56

Più difficile è definire la situazione cultuale del Salmo 89, in cui sono collegati un inno (vv. 1-19), la citazione di un oracolo divino su Davide e la sua discendenza (vv. 20-38) e un lamento sul declino della monarchia (vv. 39-52). A partire da quest'ultima parte si deve comunque pensare a una celebrazione cultuale in tempi di crisi; rimane incerto se si tratti dell'allestimento di un festa regia ricorrente o di una celebrazione organizzata *ad hoc*. – Il Sal. 20 è una preghiera per il re prima della partenza per la guerra, il Sal. 144 (vv. 1-11) è una preghiera analoga, ma pronunciata dallo stesso re, il Sal. 18 è un ringraziamento dopo la vittoria; rimane incerto quale fosse l'esatta collocazione cultuale di questi salmi come pure il problema di sapere se questi testi, nella loro forma attuale, siano rielaborazioni tardive. – Il Sal. 45 è un canto per le nozze del re.

Tradizioni sapienziali

Infine, anche a Gerusalemme, si sviluppò una vita di corte, secondo il modello di altre corti dell'antico Oriente. Ciò si espresse soprattutto nell'assunzione di *tradizioni sapienziali*. In I Re 5,9-14, la sapienza di Salomone è espressamente posta in relazione con quella «dell'Oriente» e dell'«Egitto». Piante e animali (v. 13) sono citati come oggetti della sapienza di Salomone. Questo ricorda la «scienza a elenchi» dell'antico Oriente che, con le sue enumerazioni, si preoccupava di raccogliere e ordinare sistematicamente tutti i fenomeni naturali conosciuti. Una particolarità viene qui evidenziata: Salomone avrebbe espresso questa sapienza in detti (*mashal*) e canti (*shir*) (v. 12). A questo proposito, ALT ha richiamato i *detti numerici* in Prov. → 120 30,15 s. 18-20.24-28.29-31, nei quali i fenomeni naturali vengono raggruppati a partire da un punto di vista complessivo, che va oltre il mero ordinare.

Comunque, non abbiamo praticamente alcun altro esempio di sapienza naturalistica dell'antico Israele. Le tradizioni sapienziali dell'Antico Testamento offrono soprattutto una «sapienza di vita». Anche per quest'ultima i paralleli antico-orientali, in particolare egiziani, → 332 fanno pensare a un'origine cortigiana, e precisamente in scuole per la formazione delle nuove leve di funzionari. Molti elementi fanno supporre che anche in Israele, all'epoca della monarchia, ci fossero scuole per funzionari e scrivani: la padronanza dell'arte dello scrivere, unita alla conoscenza di lingue straniere, era infatti il presupposto per rivestire cariche nell'apparato amministrativo regio (Cfr. HERMISSON, 113 ss.; LEMAIRE; su posizioni critiche WHYBRAY, 33 ss.).

Detti sapienziali

Fra i *detti sapienziali* raccolti nel libro dei Proverbi se ne trovano non pochi che scaturiscono chiaramente dall'ambiente della corte. Così, ad es., vengono forniti regole e consigli per il comportamento del re (Prov. 14,35; 16,12-15; 19,12; 20,2; 22,11.29; 24,21; 25,6 s. ecc.) o di altre persone altolocate (23,1-3; 24,21; 25,13.15 ecc.). Qui, un posto importante tocca al saper opportunamente parlare o tacere (16,13; 22,11; 25,15); siccome questo è comunque un tema ricorrente nei detti sapienziali (ad es. 17,27 s.; 18,20 s.; 21,23; 25,11 s.; 29,20 ecc.), vi si può ravvisare un elemento fondamentale dell'educazione impartita nelle scuole sapienziali. Il modello ideale di questa educazione è il «saggio» (*chakam*), cioè colui che possiede conoscenza e giudizio, che si comporta in modo corrispondente e istruisce altri (13,14.20; 16,21.23; 18,15; 24,5; 25,12 ecc.). Il modello contrario è lo «stolto», la persona senza giudizio (12,23; 13,20; 14,33; 15,2; 17,10.16.24 ecc.), lo stupido (10,14; 11,29; 12,15; 14,3; 29,9 ecc.).

Comunque, non tutti i detti che rispecchiano questo ideale educativo possono essere attribuiti all'ambiente di corte. Bisogna piuttosto pensare che tali tradizioni venivano coltivate e tramandate in ambienti più vasti, in cui servivano all'educazione della generazione successiva. Da un lato, si può pensare che l'educazione dei funzionari sia stata estesa a strati più ampi; d'altro lato, si può pensare anche allo sviluppo autonomo di una sapienza popolare, soprattutto contadina, che serviva anch'essa all'educazione. È pressoché impossibile distinguere → 120 s. fra i due aspetti, tanto più che l'Antico Testamento non ci ha trasmesso alcun particolare sui procedimenti e le istituzioni educativi (cfr. però LANG 1979). Nelle raccolte di detti a nostra disposizione i due aspetti sembrano essere confluiti (sia il padre, sia il maestro di sapienza possono aprire il discorso con le parole: «Figlio mio»).

Dal punto di vista formale, si possono innanzitutto distinguere due tipi fondamentali di detti sapienziali: affermazione e ammonimento (cfr. ZIMMERLI).

Ammonimenti

L'*ammonimento* mostra con più evidenza di provenire dall'ambito dell'educazione e dell'istruzione (ad. es. Prov. 19,20; 22,17; 23,19.22.26; 27,11 ecc.). L'ammonimento è prevalente-
→ 121
mente in forma negativa (ad es. 22,22.24.26.28 ecc.; questa forma viene spesso definita «vetitiva») ed è perciò molto affine alla proibizione (cfr. RICHTER). Dal punto di vista dei contenuti, tuttavia, non si constatano differenze di fondo fra ammonimento e affermazione, poiché spesso l'ammonimento discende come conseguenza necessaria dall'affermazione; inoltre, gli ammonimenti sono spesso collegati a una frase affermativa, che ne fornisce la motivazione (ad es. 22,23.25.27 ecc.).

Fra le affermazioni contenute nelle collezioni di detti sapienziali,

Proverbi

si trovano anche autentici *proverbi*, molti dei quali hanno per ogget-
→ 120
to il nesso di causa ed effetto, azione e conseguenza (ad es. Prov. 16,18; 22,8a; 26,27 ecc.). I paragoni sono graditi anche altrove, e a essi si presta molto bene la forma stilistica ebraica del *parallelismus mem-*
→ 146
brorum.

Ci sono ad es. paragoni con «meglio... che» (*tob... min*, ad es. 15,16 s.; 16,8.16.19.32; 17,1 ecc.), *similitudini*, che in genere considerano un comportamento umano in analogia a una realtà di un altro campo (ad es. 10,26; 11,22; 25,11-14.18.20; 26,11.14 ecc.), il confronto fra il saggio e lo stolto (ad es. 10,1.14; 12,15.23 ecc., vedi sopra) o la contrapposizione, anche senza il ricorso a questi concetti, del comportamento giusto, intelligente, a quello falso, stolto (secondo SKLADNY in Prov. 10-15 non meno dell'89,1% dei detti ha la forma del parallelismo antitetico, nei capitoli 28-29 si tratta pur sempre del 61,8%!). Qui l'elemento didattico può essere dovunque toccato con mano, perché il comportamento giusto o migliore viene presentato all'uditore o lettore affinché egli vi si possa orientare e comportarsi in modo consono.

Oltre ai singoli detti, semplicemente giustapposti l'uno all'altro, si trovano in Prov. 1-9 unità più ampie, che si possono definire *di-*

Discorsi didattici
→ 330 s.

scorsi didattici (LANG). Sono sempre introdotti dall'apostrofe «figlio mio» (1,8; 2,1; 3,1.21; 4,1.10.20; 5,1; 6,20; 7,1), cui segue un invito all'ascolto e alla messa in pratica dell'istruzione, che viene poi sviluppata in vario modo. In questo quadro, svolge un ruolo di rilievo la messa in guardia contro la seduzione, sia da parte di «peccatori» (1,10; cfr. 2,12 ss.) sia, soprattutto, da parte della «donna straniera», alla quale sono dedicati tre interi discorsi didattici (5,1-23; 6,20-35; 7,1-27).

Il pensiero sapienziale ha trovato espressione anche in generi nar-
→ 124. 191
rativi. La storia di Giuseppe (Gen. 37-50), ad esempio, può essere de-

Racconto didattico

finita *racconto didattico* sapienziale. Essa presenta la figura di Giuseppe come modello ideale del «saggio», che sa parlare e tacere a tempo debito, non si lascia sedurre dalla donna straniera, sopporta pazientemente il suo destino, dà compiuta prova davanti al re dell'arte di dare consigli. Anche in questo, rimane però sempre modesto e umile e descrive quest'arte come un dono di Dio; e infine viene onorato con alte cariche a corte. In questo racconto, tutto ciò che accade viene considerato risultante dalla segreta guida di Dio (Gen. 45,5-8; 50,20). Qui l'ambiente di corte appare con contorni molto netti, e inoltre il racconto ha probabilmente anche una certa finalità politica (CRÜSEMANN, BLUM). Anche la storia della successione al trono davidico → 151. 174 (II Sam. 9 - I Re 2) reca evidenti tratti sapienziali e interpreta anch'essa con la stessa sobrietà gli avvenimenti come azione di Dio (II Sam. 11,27b; 12,24b; 17,14). Il suo atteggiamento critico nei confronti di Salomone rivela anche qui un intento politico dei circoli sapienziali di corte, nei quali va presumibilmente cercato l'autore.

Anche al di fuori dell'ambiente di corte, tuttavia, si trovano racconti didattici con impronta sapienziale (cfr. MÜLLER). Fra questi, si possono annoverare i racconti della cornice del libro di Giobbe (Giob. 1 s. e 42,7-17), come → 324 s. pure i racconti dei libri di Ruth e di Ester (e del libro apocrifo di Tobia) e le leggende di Daniele e dei suoi amici (Dan. 1-6). Il confronto di questi rac- → 351 conti rivela comunque che la tradizione di questi racconti didattici sapienziali, col mutare delle condizioni, poteva essere collegata con intenti molto diversi.

Questi ultimi esempi non possono essere attribuiti né ad ambiti cortigiani né ad ambiti popolari (cfr. MÜLLER). Essi testimoniano piuttosto che il pensiero sapienziale ha influito al di là di questi ambiti. Ciò appare chiaro, tra l'altro, anche nei *salmi sapienziali*, che sono stati inseriti nella raccolta dei → 146. 174 canti cultuali. La loro affinità con i salmi della Torah solleva il problema dei rapporti della sapienza con la tradizione deuteronomico-deuteronomistica, in cui la Torah occupa un posto centrale.

Nei testi sapienziali è spesso questione di ottenere o «trovare» «sapienza» (Prov. 3,13), di «acquistarla» (4,5.7 ecc.). Qui, il concetto stesso di «sapienza» viene usato come definizione complessiva di tutto ciò cui la dottrina sapienziale tende. Questa visione è sviluppata in modo particolarmente impressionante in Giob. 28: la sapienza viene → 328 cercata nelle profondità della terra, sulle più alte montagne, nel profondo del mare; ma non la si può trovare e neppure la si può comprare con i più preziosi tesori del mondo – solo Dio sa dove la si possa trovare (v. 23).

Sapienza personificata

Questo uso, ormai indipendente e quasi assoluto, del termine «sapienza» costituisce il presupposto per poi parlare della sapienza come «persona». In Prov. 9, se ne parla come di una donna che invita ospiti a un banchetto, tramite il quale si dovrebbe acquistare giudi- → 331 zio; come figura contraria, le viene contrapposta la «stoltezza» (v. 13 ss.), che tenta a sua volta di adescare gli ospiti in casa sua. Anche in Prov. 1,20 ss. e 8,1 ss. la sapienza chiama a sé gli uomini in pubblico; qui viene anche detto che il rifiuto dell'invito ha conseguenze negative (1,24 ss.), mentre accoglierlo porta ricchezza, onore e potenza (8,15 ss.). Infine, in Prov. 8,22 ss., si dice che Jhwh avrebbe creato la sapienza come «primogenita dei suoi atti», «dal principio» (v. 22 s.) e che essa sarebbe stata presente alla creazione e avrebbe «giocato» in presenza di Jhwh (vv. 30 s.). Qui sono state applicate alla sapienza concezioni del mondo antico-orientale, per esprimerne la posizione del tutto speciale: essa costituisce «l'ordinamento primigenio» del mondo (VON RAD 1970, trad. it. 1975). Qui si ripropone il problema del rapporto fra sapienza e Torah.

Bibliografia

A. ALT, *Die Weisheit Salomos*, in ThLZ 76, 1951, 139-144 (= *Kl. Schr.* II, 90-99); E. BLUM, *Die Komposition der Vätergeschichte*, WMANT 57, 1984; F. CRÜSEMANN, *Der Widerstand gegen das Königtum. Die antiköniglichen Texte des Alten Testamentes und der Kampf um den frühen israelitischen Staat*, 1978; H.J. HERMISSON, *Studien zur israelitischen Spruchweisheit*, 1968; C. KAYATZ, *Studien zu Proverbien 1-9*, 1966; B. LANG, *Die weisheitliche Lehrrede*, 1972; IDEM, *Schule und Unterricht im alten Israel*, in M. GILBERT (a cura di), *La Sagesse de l'Ancien Testament*, 1979, 186-201; A. LEMAIRE, *Les écoles et la formation de la Bible dans l'Ancien Israël*, 1981, trad. it. *La scuola e la formazione della Bibbia nell'Israele antico*, 1981; H.-P. MÜLLER, *Die weisheitliche Lehrerzählung im Alten Testament und seiner Umwelt*, in WO 9, 1977/78, 77-98; G. VON RAD, *Der Anfang der Geschichtsschreibung im alten Israel* (1944), in *Ges. St.* I, 148-188, trad. it. *L'inizio della storiografia nell'antico Israele*, in *Scritti sul Vecchio Testamento*, 1984; IDEM, *Weisheit in Israel*, 1970 (1982^2) trad. it. *La sapienza in Israele*, 1975; R. RENDTORFF, *Beobachtungen zur altisraelitischen Geschichtsschreibung anhand der Geschichte vom Aufstieg Davids*, in *Probleme biblischer Theologie, FS G. von Rad*, 1971, 428-439; W. RICHTER, *Recht und Ethos. Versuch einer Ortung des weisheitlichen Mahnspruchs*, 1966; L. ROST *Die Überlieferung von der Thronnachfolge Davids*, 1926 (= *Das kleine Credo und andere Studien zum Alten Testament*, 1965, 119-253); W.H. SCHMIDT, *Alttestamentlicher Glaube in seiner Geschichte*, 1984^4; U. SKLADNY, *Die ältesten Spruchsammlungen Israel*, 1962; R.N. WHYBRAY, *The Intellectual Tradition in the Old Testament*, 1974; W. ZIMMERLI, *Zur Struktur der alttestamentlichen Weisheit*, in ZAW 51, 1933, 177-204.
EISSFELDT, par. 4,16; FOHRER, par. 12,13,47; SOGGIN, par. 35; KAISER, p. 34.

6

La profezia

La comparsa di profeti è un elemento particolarmente caratteristico della vita dell'antico Israele. Il fenomeno della profezia non è certo limitato a Israele, ma si presenta anche in altri ambiti dell'antico Oriente; in nessun luogo però, almeno per quanto ci lasciano intravvedere le fonti, i profeti hanno assunto un'importanza tanto grande quanto in Israele.

Il quadro della profezia risultante dall'Antico Testamento è tuttavia molto disomogeneo. Proprio agli inizi della storia della profezia, troviamo due tipi di profeti molto diversi tra loro. In I Sam. 10,5 s. 10-13 e 19,18-24 si parla di *gruppi di profeti*, il cui tratto più caratteristico è quello dell'estasi, che può estendersi anche ad altri. Per contro, Samuele (in I Sam. 3; 7 ss.) viene presentato come *profeta singolo* e chiaramente distinto dal gruppo estatico (19,18 ss.). Riguardo a lui, non si parla mai di estasi; lo caratterizzano invece l'azione in campo religioso-politico e il fatto di parlare in nome di Jhwh e si parla di una esplicita vocazione divina (I Sam. 3). Sia per i membri dei gruppi estatici (I Sam. 10,5.10 s. ecc.), sia per Samuele (3,20), viene utilizzata la designazione di «profeta» (*nabi'*). Per Samuele vengono inoltre usate le espressioni «uomo di Dio» (*'ish 'elohim* 9,6.10) e veggente (*ro'eh* 9,11.18 s.); in 9,9 quest'ultima espressione è equiparata a *nabi'* (da questo fatto, alcuni vorrebbero dedurre l'esistenza di una più antica funzione di «veggente» che poteva essere chiamato anche *choseh*, cfr. II Sam. 24,11; Am. 7,12; la cosa rimane incerta).

Gruppi di profeti → 51 ss.

Figure singole

In I Re 22, a un gruppo di profeti (v. 6: 400 uomini!) convocati dal re per svolgere «davanti» a lui la loro attività (v. 10) e che possono per questo essere chiamati «suoi» profeti (vv. 22 s.) ci contrappone un singolo profeta (Micaiah, figlio di Imla, vv. 8 ss.). A quest'ultimo e al gruppo di profeti viene «richiesta» una parola di Jhwh riguardo ai piani militari del re (vv. 5.7 ss.), parola che viene poi effettivamente pronunciata (vv. 6.10 s. e 14 ss.). La differenza sta qui soprattutto nella rispettiva dipendenza o indipendenza dal re.

→ 69

Infine si parla di un altro gruppo ancora, i cui membri sono chiamati
b^ene ha-n^ebi'im *b^ene ha-n^ebi'im* («discepoli di profeti, membri di una corporazione profetica»). Questo gruppo è soprattutto legato a Eliseo (II Re 2,3 ss.; 4,1.38; 6,1; 9,1; cfr. I Re 20,35 ss.). Essi «siedono in sua presenza», in un particolare luogo di riunione (II Re 6,1; cfr. 4,38) e si rivolgono a lui in caso di problemi personali (4,1 ss. 38 ss.; 6,1 ss.). Egli invia singoli profeti a pronunciare una parola di Jhwh efficace sul piano politico (9,1 ss.; cfr. I Re 20,35 ss.). Il più delle volte, però, egli compare da solo (si veda più avanti).

Il rapporto fra gruppi di profeti e profeti singoli è dunque molto vario. Samuele ed Eliseo sono in relazione con i gruppi nominati contemporaneamente a loro, ma ne sono chiaramente distinti. Micaiah ben Imla, al contrario, è presentato in forte opposizione al gruppo di profeti. L'ultimo gruppo menzionato ha uno stretto legame istituzionale con la corte del re, mentre Micaiah appare come oppositore solitario. Questa differenziazione non può essere generalizzata; da un lato, infatti, i gruppi intorno a Samuele ed Eliseo non hanno alcun rapporto con la corte (che, oltre a tutto, nel caso del primo non esisteva affatto); dall'altro, all'epoca di Davide, si trovano due «profeti di corte» che non hanno rapporti con alcun gruppo; Nathan (II Sam. 7; 12; I Re 1) e Gad (I Sam. 22,5; II Sam. 24,11: «veggente di Davide»). Al tempo stesso, appare qui chiaramente che l'appartenenza istituzionale alla corte non esclude affatto un atteggiamento critico o addirittura forti accuse contro il re (II Sam. 12; 24).

Rapporto col re

La questione del rapporto con la corte non costituisce dunque un criterio per una più esatta definizione dell'essenza del profetismo. Il fatto che i profeti appaiano spesso in opposizione ai re dipende dal
→ 68. 241 s. carattere delle tradizioni dell'Antico Testamento. Tuttavia, ad esempio nel caso di Elia, appare chiaro che egli è spinto al ruolo di isola-
→ 160. 242 to oppositore solo dalla politica religiosa della regina Izebel (I Re 19,10.14). Il re chiede consiglio a Eliseo (II Re 3,11 ss.), oppure quest'ultimo gli dà spontaneamente dei consigli (6,8 ss.) e il re lo va a trovare sul letto di morte (13,14 ss.). Anche nel caso di Isaia (II Re 19,2 ss. = Is. 37,2 ss.) e di Geremia (Ger. 21,1 ss.; 37,3 ss:, 38,14 ss.; 42,1 ss.) i re si rivolgono ai profeti per avere consiglio. Tutti questi profeti, però, affrontano anche i re con accuse e annunci di giudizio.

Anche il fatto che i profeti compaiano per lo più da soli, si basa soprattutto sul carattere della tradizione che aveva un particolare interesse per queste figure singole. Elia si considera però rappresentante di un numero più grande di profeti, fatti uccidere da Izebel (I Re 18,4.13; 19,10.14). Nei libri profetici, ognuno dei quali ha raccolto le parole di un singolo profeta, si parla però frequentemente di profeti al plurale, con un'accezione negativa (ad es. Michea 3,5; Ger. 2,8; 5,31 ecc.; Ez. 13,2 ss. ecc.); ma gli antagonisti possono essere anche singoli profeti (ad es. Ger. 28; 29,24 ss.) e, viceversa, Geremia può rimproverare ai suoi contemporanei di trascurare quel che dicono «i profeti» (5,13). Infine, anche le affermazioni del libro di Geremia formulate in stile deuteronomistico, secondo cui Jhwh ha parlato a Israele tramite «i suoi servitori, i profeti» (7,25; 25,4; 26,5 ecc.) non sono certamente senza legami con la tradizione autentica di Geremia. → 268

Tutto questo mostra come non si possa affatto presupporre un'opposizione di fondo tra gruppi di profeti, dipendenti dalla corte e per questo profeti non «autentici», e singole figure profetiche, indipendenti e sempre all'opposizione. La questione della caratterizzazione istituzionale dell'«ufficio» profetico rimane abbastanza oscura per quanto riguarda i particolari (e cioè vale anche per i «profeti cultuali» di cui si è spesso postulata l'esistenza). Si nota però chiaramente che la tradizione antico-testamentaria riferisce soprattutto situazioni di conflitto fra profeti e re, e più tardi fra profeti e tutto Israele, e che questo dà l'impronta al quadro della profezia. È anche chiaro che l'annuncio della salvezza e del giudizio non possono essere ricondotti a diversi tipi di profeti; entrambi gli aspetti si trovano presso la maggioranza dei profeti dell'Antico Testamento.

«Ufficio» profetico

Da ciò deriva, infine, anche il fatto che i profeti possono essere compresi solo all'interno della religione israelitica nel suo complesso. Essi non sviluppano alcuna «teologia» indipendente, ma si collocano all'interno delle tradizioni religiose d'Israele, che presuppongono e a cui spesso fanno riferimento. Ciò non esclude affatto che, in talune questioni particolari, uno o più profeti diano nuove accentuazioni teologiche o esprimano pensieri che non erano ancora stati formulati prima di loro; questo, però, vale anche per altri «teologi» dell'Antico Testamento. Non si può perciò, come invece spesso accade, considerare la predicazione dei profeti come una sorta di norma per l'intero Antico Testamento, perché, in questo modo, va perduto il legame con le situazioni concrete che caratterizzavano la loro predicazione.

Le tradizioni riguardanti profeti di epoca più antica si presentano in forma narrativa e possono essere definite *narrazioni profetiche*. Una parte di esse si occupa contemporaneamente della persona e del destino del re di fronte ai quali il profeta fa la sua apparizione; così, i racconti su Samuele si occupano al tempo stesso ampiamente di Saul (ad es. I Sam. 9 s.; 15; 28) o di Davide (16,1-13); i racconti su Nathan (II Sam. 7; 12) e Gad (II Sam. 24) si occupano al tempo stesso di Davide; quelli su Ahija di Silo si occupano anche di Geroboamo I (I Re 11,29-39; 14,1-18).

Narrazioni profetiche

In altri racconti, l'interesse si concentra maggiormente sulla figura del profeta. Questo vale (a parte il testo singolare e del tutto isolato di I Re 13) per le tradizioni profetiche raggruppate in I Re 20, per il racconto di Micaiah ben Imla (I Re 22,1-28) e per i tre grandi com-

→ 241 s. plessi narrativi su Elia (I Re 17-19; 21; II Re 1), Eliseo (II Re 2 [sezione di raccordo fra i racconti di Elia ed Eliseo, cfr. anche I Re 19,19-21]; 3,4 - 8,15; 9,1-10 [collegato con il racconto della rivoluzione di Jehu
→ 244 9,11 ss.]; 13,14-21) e Isaia (II Re 18,13 - 20,19 [= Is. 36-39]).

Alcuni dei racconti di Eliseo sono racconti di miracolo, centrati su un unico miracolo, i cui effetti non vanno al di là dell'àmbito limitato in cui esso si svolge (II Re 2,19 - 22,23 s.; 4,1-7.38-41.42-44; 6,1-7; 13,20 s.): vi vengono usati anche mezzi magici (ad es. 2,21.24; 4,41;
→ 125 s. 6,6). Questi racconti possono essere considerati *leggende* in senso proprio (ROFÉ). Accanto a questi racconti, generalmente molto brevi, si trovano generi letterari ulteriormente elaborati: la leggenda «letteraria» (II Re 4,8-37), la leggenda biografica (II Re 2,1-18) e la leggenda didattica (I Re 17,8-16.17-24; II Re 5; 20,1-11); in queste ultime, il miracolo è presentato meno magicamente ed esse lasciano trasparire un chiaro intento religioso e didattico (ROFÉ ravvisa il genere della *parabola* nel libro di Giona e in I Re 13).

Anche nei libri profetici si trovano brani narrativi, seppure isolatamente. In parte si tratta di *racconti* in cui si parla del profeta *in terza persona*. Essi si occupano spesso di conflitti con sacerdoti (Am. 7,10-17), con re (Is. 7,1-16; Ger. 36-44), con altri profeti (Ger. 28) o con tut-
Azioni dimostrative — to il popolo (Ger. 7; 26). In altri racconti si parla delle *azioni dimostrative* compiute dai profeti (spesso definite, in modo meno pertinente, azioni simboliche), in cui essi illustrano con segni un imminente in-
→ 270 tervento di Jhwh (ad es. Is. 8,1-4; 20; Ger. 13,1-11; 19; 27 s.; 32,1-15 ecc.
→ 276 Ez. 4 s.; 12; cfr. anche I Re 11,29-39; 22,11; II Re 13,14-19); in alcuni casi, la stessa vita personale di un profeta diventa azione dimostrativa
→ 285.280 (Os. 1; 3; Ger. 16,1-9; Ez. 24,15-25).

Altri testi narrativi hanno la forma di *racconti autobiografici* in cui il profeta parla di sé in prima persona (ad es. Os. 3). Ciò vale in par-
Visioni — ticolare per i *racconti di visioni*, trasmessi in un certo numero di libri
→ 276. 290. 311 profetici (e in I Re 22,17.19-22). Essi iniziano spesso con le parole «io vidi» (ad es. I Re 22,17.19; Is. 6,1; Zac. 1,8), «Jhwh mi mostrò...» (ad es. Am. 7,1.4.7; 8,1; Ger. 24,1; Zac. 3,1), con la domanda «che cosa vedi?» rivolta al profeta (Ger. 1,11.13; Zac. 4,2, anche Am. 7,8; 8,2; Ger. 24,3) o con altre espressioni, che parlano del «vedere» del profeta (ad es. Ez. 1,1.4; 8,1 s.; Zac. 2,1.5; Dan. 8,1-3).

Talvolta il profeta vede esclusivamente oggetti, ad es. un cestino di frutta (Am. 8,1), un ramo di mandorlo (Ger. 1,11), una caldaia che bolle (Ger. 1,13) due cestini di fichi (Ger. 24,1 s.). Il più delle volte, egli vede però determinati avvenimenti, che possono essere dei tipi più svariati. A volte vi si allude soltanto («tutto Israele disperso» I Re 22,17; «un uomo che monta un cavallo rosso» Zac. 1,8; «un rotolo volante» Zac. 5,2, cfr. Am. 7,14 ecc.). Spesso l'avvenimento è descritto più dettagliatamente. Abbiamo, ad esempio, scene nella sala del trono celeste (I Re 22,19 ss.; Is. 6,11 ss.; Zac. 3,1 ss.) o altre apparizioni divine (Ez. 1-3; 43,1 ss.): misteriosi eventi futuri, come un campo di ossa di defunti che riprendono vita (Ez. 47,1 ss.) e infine, nelle visioni apocalittiche del libro di Daniele (Dan. 7 s.), battaglie escatologiche (Dan. 7 s.).

Alcune visioni sono comprensibili al profeta senza ulteriori spiegazioni, ad es. come presentazione di un incombente giudizio di Jhwh nei confronti d'Israele (Am. 7,1 ss. 4 ss.; Ez. 8); qui il profeta prende da solo la parola (vedi più oltre). In altri casi, soprattutto quando gli vengono mostrati soltanto oggetti, è rivolta al profeta la domanda «che cosa vedi?» (vedi sopra) e, a partire dalla sua risposta, gli viene spiegato il significato di ciò che ha visto. In profeti più tardivi, come Zaccaria e Daniele, si trova anche una domanda di chiarimento da parte del profeta (Zac. 2,2.4.6; 4,4.11.12; 5,6.10; 6,4; Dan. 7,16; 12,8 cfr. 8,13 s. 15 ss.; 12,6 s.).

Qui, dunque, alla visione viene dappertutto aggiunta una parola rivolta al profeta, con la quale egli viene coinvolto nell'evento che gli è apparso in visione. Questa parola, però, serve soltanto al profeta per capire ciò che ha visto, ma non contiene alcun incarico di trasmetterla ad altri. Nei casi in cui il profeta prende da sé la parola, egli si rivolge a Jhwh con la preghiera, intercedendo per allontanare la disgrazia apparsa in visione (Am. 7,2b.5; Ez. 9,8); anche qui non si va oltre il dialogo fra il profeta e Jhwh.

Il profeta può essere coinvolto nell'evento visionario o esserne toccato anche in altri modi. Lo afferra «la mano di Jhwh» (Ez. 1,3b; 8,1; 37,1; 40,1); viene condotto in altro luogo (Ez. 8,7.14.16; 37,2; 40,17 ecc.; cfr. Dan. 8,2); viene svegliato dal sonno (Zac. 4,1) o coinvolto corporalmente in altro modo (Is. 6,7; Ez. 3,1-3, cfr. Ger. 1,9); si spaventa ed ha paura (Is. 6,5; 21,3 s.; Ez. 1,28; 3,14 s.; Dan. 7,28; 8,27; 10,8 ss.). Più volte, il profeta viene spinto a partecipare all'evento della visione. Deve pronunciare una parola profetica sulle ossa dei morti e allo «spirito» (Ez. 37,4.9) o attraversare le acque della sorgente del Tempio, per indicarne il livello (Ez. 47,3 s.); secondo il testo ebraico di Am. 9,1 (che però molti esegeti correggono), il profeta deve percuotere i capitelli delle colonne; in Zac. 3,5 egli interviene nella visione impartendo un ordine.

Alcune volte, infine, all'interno della visione, il profeta viene incaricato di indirizzare una parola ad altri. Ciò vale in particolare per quei racconti di visioni che contengono anche una *vocazione* del profeta e quindi la legittimazione della sua attività profetica. In Is. 6, nella visione nel Tempio, dopo che le sue labbra impure sono state purificate, il profeta si mette a disposizione come messaggero (v. 8) su richiesta di Jhwh; riceve l'incarico di predicare (v. 9 s.) e questo lo spinge a porre una ulteriore domanda (v. 11); in questo modo sono rese manifeste la qualificazione personale, l'incarico e la legittimazione del profeta. Anche in Ez. 1-3 la visione culmina con l'invio del profeta (2,3; Vocazione

3,4), il conferimento dell'incarico della trasmissione della parola di Dio (2,4.7; 3,1.11) e la sua legittimazione di fronte agli israeliti (2,5 s.; 3,8 s.; in Ger. 1,4-10 la vocazione non è rivolta in una visione; soltanto al v. 9 compare improvvisamente un elemento visionario).

→ 281

Al di fuori delle visioni di vocazione, solo di rado è rivolto al profeta l'incarico di annunciare la parola. In Ez. 37, dopo aver pronunciato sulle ossa morte e «allo spirito» parole profetiche, egli deve parlare anche agli israeliti (v. 12) e annunciare loro che Jhwh li richiamerà in vita e li ricondurrà nel loro paese. In Ez. 40,4b; 43,10 s., il profeta viene incaricato di comunicare agli israeliti ciò che gli è stato mostrato nella grande visione del Tempio. Zaccaria viene incaricato di annunciare lo zelo di Jhwh per Gerusalemme e la sua ira contro le nazioni (Zac. 1,14 s.). – L'elemento della parola, che tutti i racconti di visione contengono in un modo o nell'altro, si presenta solo eccezionalmente come esplicito incarico di predicazione. Ciò significa probabilmente che il racconto della visione in quanto tale veniva trasmesso dal profeta che ne faceva così un elemento della sua predicazione profetica; sui racconti di visione in generale cfr. HEINZMANN).

Formula dell'inviato

In generale, però, è la *parola profetica* l'elemento caratteristico ed essenziale della comparsa del profeta. Essa viene frequentemente introdotta dall'espressione «così parla Jhwh» (*ko' amar Jhwh*). Questa *formula dell'inviato* compare anche in ambito profano, quando vengono inviati messaggeri, soprattutto nelle relazioni diplomatiche (cfr. ad es. I Re 20,3.5; II Re 1,11; 18,19.28 s. 31). Il fatto che i profeti l'abbiano assunta rivela un aspetto importante della coscienza che essi avevano di sé; sono inviati da Jhwh per trasmettere una determinata parola di Jhwh. Spesso, nei racconti profetici, si narra espressamente di un invio del profeta (ad es. II Sam. 7,4 s.; 12,1; 24,11 s.; I Re 21,17; II Re 1,3; 20,4 s.) e questa coscienza di sé traspare anche nei racconti di vocazioni profetiche (Is. 6,8; Ger. 1,7; Ez. 2,3 ss.; 3,4 ss.; cfr. Am. 7,14 s.). Nella tradizione profetica, la formula non rimane comunque limitata alla funzione di introduzione a un messaggio. Così, ad es., essa può apparire come introduzione di una parola con cui si compie un miracolo (I Re 17,14; II Re 2,21; 3,16 s.; 4,43; cfr. 7,1); in Ez. 2,4 s.; 3,11.27 essa viene utilizzata come riassunto della predicazione profetica, senza che vi faccia seguito una parola di Dio.

A molti detti profetici viene anteposta, come introduzione, la formula: «La parola di Jhwh fu rivolta a...» (*Wortereignisformel* = «formula dell'evento della parola», ad es. I Sam. 15,10; I Re 16,1), soprattutto nei libri di Geremia (1,4.11.13; 2,1; 7,1; 13,8 ecc.) ed Ezechiele (6,1; 7,1; 11,14; 12,8 ecc.). La formula *n^{e}'um jhwh* (all'incirca «oracolo di Jhwh»; l'esatto significato rimane incerto) compare come conclusione (ad es. Am. 3,15; Os. 2,15; Is. 3,15; Ger. 8,3), ma più frequentemente all'interno di un detto profetico, spesso unitamente a espressioni stereotipe come, ad es., la formula di giuramento *chaj 'ani* («com'è vero che io vivo», ad es. Ger. 22,24; Ez. 5,11; 14,16.18.20 ecc.) o a formule «escatologiche», come «in quel giorno» ecc. (ad es. Am. 2,16; 8,3.9; Ger. 4,9; 7,32; 8,1 ecc.; su questo cfr. RENDTORFF 1954 e BAUMGÄRTEL). → 165

Nelle tradizioni narrative più antiche, la parola profetica si rivolge sempre a un singolo, il più delle volte al re o a uno che è stato prescelto per essere re. Contenuto e forma della parola profetica sono allora determinati dalla circostanza in questione. Più volte, la designazione divina di qualcuno come re viene espressa da un profeta (I Sam. 10,1; I Re 11,31; II Re 9,1 ss.); Davide riceve da Nathan (però in un testo che reca una forte impronta deuteronomistica) la promessa della durevole stabilità della sua dinastia (II Sam. 7,8 ss.); un profeta anonimo promette ad Achab la vittoria sugli aramei (I Re 20,13.28). Queste parole possono complessivamente essere definite *parole di salvezza*, fra cui rientrano anche le parole in parte oracolari contenute in racconti di miracolo (I Re 17,14; II Re 2,21; 3,16-19; 4,43). Non è possibile individuare le caratteristiche unitarie di un genere letterario. → 160

Parole di rovina

La maggior parte delle parole profetiche nei testi narrativi sono *parole di rovina*. Il più delle volte, il profeta affronta il re con un'*accusa* riferita a una determinata colpa. La forma di questa accusa può variare: Nathan espone a Davide un caso giudiziario fittizio e questi, con la sua reazione a questo racconto, pronuncia il giudizio su se stesso (II Sam. 12,1-7). Abbiamo un caso analogo in I Re 20,35 ss.: qui, però, al v. 42, l'accusa viene ancora una volta formulata espressamente con un «poiché tu...». Elia muove la sua accusa contro Achab sotto forma di domanda retorica (I Re 21,19a, similmente II Re 1,3).

Annuncio di giudizio

Al tempo stesso, l'accusa contiene anche la motivazione del susseguente *annuncio di giudizio*, su cui culmina il detto profetico (ad es. I Re 20,42b; 21,19b; II Re 1,4). Risulta così una costruzione a due membri, che motivano e annunciano l'azione di Jhwh. Spesso, tra le due parti, esiste una relazione reciproca come, ad esempio, in I Re 21,19b: «Nello stesso luogo dove i cani hanno leccato il sangue di Naboth, i cani leccheranno pure il tuo proprio sangue» (cfr. anche I Re 20,42a e b; II Sam. 12,9 e 10).

GUNKEL ha chiamato queste due parti «invettiva» e «minaccia». WOLFF ha richiamato l'attenzione soprattutto sulla funzione di motivazione svolta dalla prima parte (che può anche essere posposta) e WESTERMANN (1960) ha proposto le definizioni di «accusa» e «annuncio». Tuttavia, la motivazione non ha sempre la forma dell'accusa (KOCH la chiama «rimando alla situazione»), sicché è meglio rinunciare a voler fissare un unico concetto e scegliere ogni volta definizioni corrispondenti alla funzione svolta.

In II Re 1,4, la formula dell'inviato, preceduta da un «perciò» (*laken*), compare soltanto prima della seconda parte del detto profetico, come accade spesso anche nei profeti dell'epoca successiva (ad es. Am. 7,16 s.). Se ne è dedotto che soltanto l'annuncio dell'azione di Dio sarebbe «parola di Dio in senso proprio» (WESTERMANN 1960, 94), mentre sarebbe lo stesso profeta ad anteporvi la motivazione (cfr. WOLFF, 6 s. [15 s.], VON RAD, 45 s.). L'uso della formula è però troppo vario per trarre questa conclusione; inoltre, ciò presupporrebbe una penetrazione nel processo psicologico della ricezione della parola di Dio da parte del profeta, di cui invece non sappiamo nulla.

Dalla metà dell'ottavo secolo, il quadro si modifica. Questo tocca innanzitutto la forma della tradizione. Si trasmettono quasi soltanto più parole di profeti, riunite in «libri» indipendenti, che recano rispettivamente il nome di un singolo profeta. Soltanto occasionalmente si riferiscono tradizioni narrative; perciò, il più delle volte, le circostanze in cui un certo detto profetico è stato pronunciato non sono menzionate e spesso non possono neppure essere dedotte con chiarezza dai detti stessi. In questo si rivela evidentemente un mutato interesse nei confronti del profeta: la parola che il profeta ha pronunciato, su incarico di Jhwh e in nome suo, sta ora in primo piano; passano in secondo piano la sua persona e la situazione in cui egli si è trovato.

Processo di trasmissione

Bisogna però distinguere chiaramente tra i profeti e quelli che hanno raccolto e trasmesso le loro parole. Il più delle volte, i profeti hanno evidentemente parlato riferendosi molto concretamente a una situazione. Le loro parole rivelano spesso conflitti retrostanti, che, non di rado, hanno messo in pericolo lo stesso profeta, come talvolta viene riferito (ad es. Am. 7,10-17; Ger. 26; 32,3 ss.; 37 ss.; secondo la tradizione ebraica, Isaia sarebbe morto martire sotto Manasse). Le loro parole sono poi state custodite e tramandate – sia oralmente, sia per iscritto. In Is. 8,16 s.; 30,8 si parla di scrivere e conservare per l'avvenire le parole del profeta (cfr. Abac. 2,2 s.), e in Ger. 36 (cfr. 30,2) si racconta che Geremia fece scrivere «tutte le parole di Jhwh, che egli gli aveva detto» (v. 4); anche Ez. 2,9 s. presuppone l'esistenza di rotoli contenenti detti profetici. Soltanto alla fine di questo processo di tradizione si trovano gli attuali libri profetici, che in maggioranza hanno probabilmente raggiunto la loro forma definitiva soltanto molto dopo l'epoca del rispettivo profeta. In questo, ha svolto un ruolo importante l'interpretazione teologica della profezia e della parola di Dio pronunciata dal profeta, propria del rispettivo rielaboratore o editore. La definizione corrente di «profeti scrittori» per indicare i profeti a partire dall'ottavo secolo non deve dunque essere compresa come se i profeti stessi avessero scritto questi libri.

Destinatari

Un altro cambiamento fondamentale si verifica nei destinatari delle parole profetiche. Mentre i profeti più antichi rivolgono il loro discorso sempre a singoli, il più delle volte al re, a partire dall'ottavo secolo i profeti si rivolgono nella maggior parte dei casi a Israele nel suo complesso, oppure vengono menzionati determinati gruppi di responsabili (sacerdoti, profeti, alti funzionari ecc.). Analogamente anche gli annunci di rovina si rivolgono a Israele nel suo complesso, a cui viene annunciato il giudizio incombente. L'annuncio del giudizio riceve in questo modo un carattere molto più radicale, come mostra, ad es., Am. 8,2: «Matura è la fine del mio popolo, Israele». Anche gli annunci di salvezza parlano del destino di tutto il popolo (ad es. Os. 2,16 ss.). Giudizio e salvezza d'Israele vengono determinati dall'azione futura di Jhwh. Si può perciò parlare di una «escatologizzazione della visione della storia da parte dei profeti» (VON RAD, 121 ss.).

Nonostante questi mutamenti, i generi dei detti profetici rivelano una continuità notevole. Anche nei libri profetici, soprattutto quelli dei profeti pre-esilici, la forma che compare più frequentemente è quella a due membri, in cui l'accusa che dà la motivazione precede la parola che annuncia il giudizio. Tuttavia, è al tempo stesso evidente che questa forma basilare viene frequentemente modificata dai profeti (cfr. WOLFF). Alcuni esempi lo mostreranno chiaramente.

Forma «a due membri»

La forma basilare, con la *formula dell'inviato* posta tra i due membri, si trova ad esempio in Am. 3,10 s. (il v. 9 funge da introduzione, il v. 12 è un detto indipendente); 7,16 s.; Mich. 2,1-3; Ger. 23,13-15; qui la formula dell'inviato è introdotta ogni volta da «perciò» (*laken*). Al posto della formula dell'inviato, abbiamo ad es. in Am. 4,2: «Ha giurato il Signore Jhwh nella sua santità», in Is. 5,9: «Nelle mie orecchie (si fece udire) Jhwh Zebaot». In Ger. 2,9 la minaccia è introdotta con «perciò» (*laken*) cui segue immediatamente: «oracolo di Jhwh» (*n^e'um Jhwh*). Anche altrove, la minaccia può essere introdotta da un «perciò» (*'al-ken*, Am. 3,2) oppure da un «ecco» (*hinne*, Am. 9,7 s.).

→ 160 ss.

La motivazione anteposta all'annuncio di giudizio può essere introdotta con un «poiché» (*ja'an*) (ad es. Am. 5,11; Is. 8,6; 29,13; Ger. 7,13); a volte, allora, l'inizio dell'annuncio di giudizio non è contrassegnato in modo particolare (ad es. Is. 3,16 s.). Questa introduzione si trova però anche in casi in cui l'accusa che fa da motivazione viene solo dopo l'annuncio di giudizio (ad es. Ger. 19,3 s.; 35,17). Appare qui la libertà con cui i profeti potevano utilizzare queste forme. Questo vale anche per la formula dell'inviato che in Geremia e, soprattutto, in Ezechiele fa da introduzione all'intero detto profetico a due membri, riunendo così motivazione e annuncio in una unica parola di Dio (ad es. Ger. 5,14; 14,15; Ez. 5,5-9 [qui la formula dell'inviato è utilizzata tre volte: vv. 5.7.8]; 11,5-8 [due volte la formula]; 13,18-21 [due volte la formula]).

Annunci dell'incombente rovina appaiono spesso senza essere introdotti da una motivazione. Spesso, detti di quel tipo sono introdotti da determinate formule come «quel giorno (accadrà)» (Am. 8,9.13; Is. 7,18.23; Ger. 4,9 ecc.), «ecco, i giorni vengono» (Am. 8,11; Ger. 7,32; 9,24) ecc. Queste formule servono per lo più al collegamento redazionale di singoli detti originariamente indipendenti, di modo che non si può più riconoscere alcun contesto immediato. Le stesse formule sono usate, persino più spesso, anche per annunci di salvezza (ad es. Am. 9,11.13; Ger. 16,14; 23,5.7 ecc., vedi oltre).

Accanto all'annuncio della rovina incombente e non più arrestabile si trovano, sporadicamente, *ammonimenti* che invitano a un determinato comportamento, affinché la rovina possa ancora essere arrestata. Talvolta sono formulati con «affinché non» (*pen*) (Am. 5,6; Ger. 4,3 s.; 21,11 s.), cosicché possono essere definiti «*annunci condizionati di rovina*» (cfr. anche Am. 5,4 s.), talvolta annunciano affermativamente la possibilità della salvezza («forse» [*'ulaj*] Am. 5,14 s.; Sof. 2,3), cosicché si può parlare di «*parole condizionate di salvezza*» (Is. 1,19 s.; Ger. 4,1 s.). Tuttavia, colpisce quanto sia basso il numero di questi ammonimenti. Nella gran maggioranza dei casi, i profeti ritengono che il giudizio non sia più arrestabile. Ci può essere salvezza soltanto dopo il giudizio (vedi oltre).

Ammonimenti

→ 269

→ 119

Un certo numero di detti profetici di rovina è introdotto con il grido «Ahimè» (*hoj*), e in questo «ahimè profetico» si è spesso voluto ravvisare un genere letterario distinto. La ricerca più recente ha però ricavato l'origine di questo grido dal lamento funebre, oppure dal lamento per la rovina (nel caso di entità politiche) e ha mostrato che questa *lamentazione* viene usata dai profeti a partire da Amos come esordio del discorso. In questo modo, si introduce al tempo stesso nella predicazione profetica la «metaforica del lutto» (HARDMEIER): l'inarrestabile giudizio di Dio fa apparire Israele come se fosse già «morto», cosicché può essere intonato il lamento funebre (cfr. Am. 5,16 s.; 8,3.10; Is. 3,24; Mich. 2,4). Rientra in questo contesto anche il *canto funebre* (*kinah*) di Am. 5,2 che presenta, come Is. 3,25 - 4,1; Mich. 1,8-16 ecc. un annuncio di rovina nella forma di un lamento funebre, mentre Is. 1,21-26 stigmatizza lo sfascio della situazione interna a Gerusalemme usando la forma del *lamento per la rovina*. Abbiamo qui a che fare con l'adozione di elementi di generi letterari provenienti da altre sfere della vita. Essi non sono però utilizzati soltanto come strumento didattico della predicazione e non vengono adottati senza mutamenti; piuttosto, con l'inclusione di questi elementi del lamento per la morte e la rovina, la predicazione profetica di giudizio riceve, a partire dall'ottavo secolo, un'impronta decisiva.

Lamentazione

→ 119

Per questo, anche in altri casi, l'adozione di generi letterari provenienti da altri settori della vita non può essere considerata un mero strumento retorico dei profeti. Così, ad esempio, *i detti di disputa* che si trovano in diversi profeti fanno chiaramente riconoscere le controversie a essi retrostanti. In Amos, si tratta della questione se Jhwh sia anche l'autore della rovina (Am. 3,3-6) e della legittimità dell'incarico profetico di Amos (3,8); il Deutero-Isaia, che più di ogni altro

Dispute

ha adottato questo genere letterario (cfr. BEGRICH 48 ss.), sottolinea, in contrasto con gli esuli, la continuità della potenza del Dio d'Israele (ad es. Is. 40,12-17.21-24.27-31; 46,5-11); in Aggeo (1,4-6.9-11), si tratta della ricostruzione del Tempio e delle sue conseguenze; il libro di Malachia formula continuamente la sua critica al comportamento religioso dei suoi contemporanei nella forma della disputa. Il Deutero-Isaia usa anche il *discorso processuale*, un altro genere letterario che fa supporre una situazione di conflitto (cfr. BEGRICH, 26 ss.); in esso si tratta soprattutto di dimostrare che Jhwh è superiore agli altri dèi, che anzi non sono neppure dèi (ad es. Is. 41,1-5.21-29; 43,8-13; 44,6-8). Anche altri testi profetici assumono le forme della controversia giudiziaria per esprimere il conflitto fra Jhwh e Israele (ad es. Is. 1,2 s. 18; 5,1-7; Os. 2,4 ss.; Mich. 6,1-8; Ger. 2,5 ss.). → 128 ss.

Nella profezia dell'ottavo e del settimo secolo domina l'annuncio della rovina (o del giudizio). Sarebbe però inesatto voler presentare la profezia d'Israele come se fosse complessivamente una profezia di giudizio. Ciò è inesatto già per gli inizi della profezia, perché vi troviamo, accanto a dure accuse, anche parole di salvezza (vedi sopra). Ma anche presso i profeti della tarda epoca monarchica si trovano *parole di salvezza*. Di Amos non ci è tuttavia stata tramandata alcuna parola di salvezza (per Amos 9,11 ss. vedi III.4.3). Ma nel suo contemporaneo Osea che, come lui, opera nel nord, annuncio di giudizio e di salvezza sono interdipendenti e si potrebbe quasi dire che per Osea l'azione giudicante di Dio ha per scopo la conversione e la susseguente salvezza d'Israele (cfr. in particolare 2,9.16 s.; 3,5; 11,8 s.; 14). Analogamente, ad es., Is. 1,21-26 (se Is. 2,1-5 e i testi «messianici» 9,1-6; 11 ecc. risalgano a Isaia è controverso; lo stesso vale per Michea 4,1-5; 5,1-3). In Geremia e nei profeti successivi, che hanno già vissuto l'avvento del grande giudizio, le parole di salvezza occupano uno spazio più ampio. Non si può dunque distinguere tra profeti di salvezza e di rovina, come si è spesso tentato. Se un profeta annuncia rovina o salvezza, dipende evidentemente ogni volta in misura decisiva dalla situazione e non da un diverso «ministero» profetico.

Parole di salvezza

Le parole di salvezza hanno in comune un minor numero di elementi caratteristici del genere letterario. Nella profezia più antica, le parole di salvezza sono generalmente introdotte dalla formula dell'inviato (I Re 11,31; 17,14; 20,13.28 ecc., vedi sopra). Soltanto di rado sono precedute da una motivazione (ad es. I Re 20,28; II Re 19,20; 20,5 s.). La parola di salvezza è, di per sé, spesso molto breve, sia essa un discorso diretto di Jhwh (ad es. II Re 9,3) o una parola anonima di forma oracolare (II Re 4,43; in II Re 19,20 ss. la parola di salvezza è unita a un canto di scherno sul re d'Assiria). È notevole che la parola di salvezza sia spesso unita a determinati atti: un'unzione (I Sam. 10,1; II Re 9,3.6), un'azione magica (II Re 2,21; 3,16 s.) o un'azione simbolica (I Re 11,29 ss.; 22,11; II Re 13,15 ss., cfr. Ger. 28,10 s.; 32,14 s.).

Con l'inizio della profezia scritta, le parole di salvezza (come pure quelle di giudizio, vedi sopra) mutano carattere. Soltanto eccezionalmente esse sono rivolte a persone singole (II Re 20,5 s. = Is. 38,5 s. a Ezechia, Ger. 34,4 s. a Sedekia, 35,18 s. ai recabiti), oppure hanno un riferimento immediato alla situazione presente (Is. 7,4 ss.; 37,21 ss. = II Re 19,20 ss.). Nella maggioranza dei casi, parlano di un futuro di salvezza per Israele o per il mondo intero, futuro che si trova al di là del periodo storico attuale. Tra questi due momenti, sta il giudizio di Jhwh su Israele che i profeti in parte si aspettano come futuro (Amos, Osea, Isaia, Michea), in parte vivono come compientesi nel presente (Geremia, Ezechiele), in parte presuppongono come già avvenuto (Deutero-Isaia, Aggeo, Zaccaria ecc.).

Si presenta qui una differenza fondamentale rispetto alle parole di rovina, riscontrabile anche nelle forme del discorso: la parola di salvezza non ha mai una motivazione basata su Israele, per cui non può esserci qui la caratteristica struttura a due membri delle parola di rovina. Quando, occasionalmente, questa struttura compare, allora la prima parte non è una «motivazione», ma ad es. una descrizione della attuale situazione di decadenza (Is. 1,21 ss.; a partire dal lamento «come mai?» [*'eka*]; al v. 26, con «perciò», inizia la parola di salvezza), oppure l'incarico di compiere un'azione simbolica (Ger. 32,14 s.: abbiamo due volte la formula dell'inviato) oppure un ammonimento (Ger. 33,2 ss.: ai vv. 2 e 4 si trova la formula dell'inviato).

Molte parole di salvezza sono introdotte da espressioni stereotipe, che parlano di «quel giorno» o di «(quei) giorni» che «verranno» (vedi sopra). Così facendo, esse esprimono con chiarezza che gli attesi eventi salvifici si trovano in un'epoca storica futura (cfr. Is. 2,2 = Mich. 4,1). Al tempo stesso, queste espressioni segnano un nuovo inizio, che non ha bisogno di alcuna motivazione (Os. 2,18.20.23; Is. 10,20.27; 11,10.11; Ger. 16,14; 23,5.7 ecc.).

Nel Deutero-Isaia si trova una forma particolare di parola di salvezza. Egli riprende la risposta cultuale data dal sacerdote al lamento dell'individuo, che BEGRICH ha definito *oracolo di salvezza*. Nel Deutero-Isaia, queste parole di salvezza sono indirizzate a Israele, ma il discorso si mantiene alla seconda persona singolare (ad es. Is. 41,8: «tu Israele, mio servitore»; 43,1: «Così parla Jhwh che ti ha creato, Giacobbe, che ti ha formato, Israele»). BEGRICH ravvisava in ciò una imitazione dell'oracolo sacerdotale di salvezza da parte del Deutero-Isaia; VON WALDOW suppone tuttavia che ci fossero in esilio regolari cerimonie di lamentazione del popolo nel corso delle quali il Deutero-Isaia avrebbe pronunciato questi «oracoli cultuali profetici». WESTERMANN (1964), infine, ha distinto ulteriormente: egli definisce «promessa di salvezza» l'oracolo di salvezza in senso stretto (Is. 41,8-13.14-16; 43,1-4.5-7; 44,1-5; 54,4-6); essa contiene il discorso in secon-

Oracolo di salvezza

→ 145

da persona e la promessa di salvezza: «non temere» (Is. 41,10.14; 43,1b.5; 44,2b; 54,4), una motivazione di questa promessa e l'annuncio di un evento futuro che rappresenta la salvezza per Israele e la rovina per i nemici. Quest'ultima parte può anche comparire autonomamente come «annuncio di salvezza» (41,17-20; 42,14-17; 43,16-21; 45,14-17; 49,7-12), oppure appare all'interno di più ampie composizioni (ad es. 49,14-26; 51,9 - 52,2; 54 s.). Il Deutero-Isaia ha qui dunque assunto, in misura massiccia e per temi decisivi della sua predicazione, forme retoriche cultuali, cosicché il suo linguaggio è spesso molto vicino a quello dei salmi (non lo si dovrebbe perciò definire «profeta cultuale»).

Detti contro popoli stranieri

Un problema particolare è rappresentato dai cosiddetti *detti contro popoli stranieri* che si trovano in un certo numero di libri profetici. Essi si lasciano a stento inserire nel quadro complessivo della profezia che noi ricaviamo dagli altri testi. Una differenza basilare sta già nel fatto che il profeta non può comparire direttamente davanti a coloro ai quali si rivolge (una eccezione potrebbe essere ravvisata ad es. in Is. 18, dove probabilmente ci si rivolge direttamente a una delegazione etiopica). Come e in quale ambito furono pronunciate queste parole? Hanno raggiunto i loro destinatari (e come)? Oppure in realtà sono rivolte a un uditorio israelitico?

Quest'ultimo caso si può verificare quando la parola contro un popolo straniero è al tempo stesso una parola di salvezza per Israele, ad es. nel quadro della promessa di vittoria ad Achab in I Re 20,28 oppure della parola di salvezza rivolta ad Achaz in Is. 7,5-9. Qui appare la struttura a due membri, come negli annunci di rovina per Israele: motivazione introdotta da «poiché» e contenente anche il rimprovero contro il popolo straniero (oppure i due popoli, in Is. 7) e il successivo annuncio dell'agire di Jhwh nei suoi confronti (o nei loro); in Is. 7,7 la formula dell'inviato compare soltanto prima della seconda parte. Questi detti presuppongono una situazione di guerra imminente. Siccome raffigurazioni guerresche si trovano nei detti contro popoli stranieri anche in altri casi, si è supposto che essi possano aver avuto origine dall'«oracolo di guerra» (VON RAD, 206 s.). Ma questa supposizione comprendeva solo una parte dei testi, mentre altri aspetti e temi essenziali dei detti contro popoli stranieri rimanevano senza spiegazione. Altri tentativi di spiegazione postulano un'origine cultuale per queste parole, ad esempio una maledizione rituale dei nemici nel quadro di un atto di culto (così BENTZEN per Amos 1 s.). Anche in questo caso, si presuppone che la rovina annunciata per i popoli stranieri sia la tempo stesso salvezza per Israele; conseguentemente i profeti che pronunciano queste parole vengono spesso definiti «profeti cultuali» e al tempo stesso «profeti (nazionali) di salvezza». A questo si contrappone però il fatto che, nella maggior parte dei casi, i rimproveri contro le nazioni non riguardano affatto Israele (cfr. HÖFFKEN). In alcuni casi, nella motivazione, si parla di ingiurie a Israele da parte dei popoli (ad es. Sof. 2,8; Ez. 25,3.6.8; 26,2), il che ricorda formulazioni del tutto simili nei lamenti del popolo (ad es. Sal. 44,14 s.; 74,10.18.22 s.); lì, però, le ingiurie contro Israele sono valutate anche come oltraggi a Jhwh, cosicché queste parole non possono essere in primo luogo comprese nel quadro di attese salvifiche per la nazione. Inoltre, una spiegazione cultuale abbraccerebbe di nuovo solo una piccola parte dei testi.

Un ulteriore problema, infine, è rappresentato dal fatto che la maggioranza delle parole contro popoli stranieri si trova in raccolte au-
→ 256. 267. 271. 280
tonome all'interno dei grandi libri profetici (Is. 13 - 23; Ger. 46 - 51; Ez. 25 - 32) ed è spesso difficile cogliere il nesso di queste parole con il resto della predicazione del profeta corrispondente. È inoltre palese che queste raccolte contengono numerosi detti che possono aver avuto origine solo dopo l'epoca del profeta corrispondente, dato che presuppongono situazioni storiche posteriori. Spesso essi parlano anche, in un modo che è più prossimo all'apocalittica che alla predicazione dei grandi profeti, di un grande giudizio futuro del mondo. Di qui viene da chiedersi se, e in che misura, tra le parole contro i popoli stranieri ve ne siano che risalgono al profeta stesso. A tutt'oggi non disponiamo ancora di criteri adeguati per rispondere a questa domanda.

Apocalittica

In conclusione, il concetto di *apocalittica*, testé menzionato, dev'essere nuovamente ripreso. All'interno dei libri profetici si trovano di-
→ 257
verse volte brani che si è soliti definire «apocalittici» (ad es. Is. 24 -
→ 310 ss.
27; 33; 34 s.; Zaccaria ecc.). Essi vengono cioè attribuiti a un grande ambito letterario al quale, fra i libri dell'Antico Testamento, appartiene ancora il libro di Daniele, ma che per il resto si trova al di fuori dell'Antico Testamento. Questa produzione letteraria è improntata a un'attesa escatologica che, in alcuni punti, si differenzia chiaramente da quella che troviamo nell'Antico Testamento. In primo luogo essa non si aspetta che l'intervento di Dio, che porterà a una svolta del destino d'Israele, abbia luogo all'interno della storia di questo «eone», ma che esso segni proprio la fine del tempo di questo mondo e l'inizio di un nuovo mondo. Un altro tratto peculiare è il frequente tentativo di calcolare il sopraggiungere degli eventi finali, e di sviluppare una interpretazione globale della storia del mondo, che a questa fine conduce (cfr. Dan. 2; 7; 9 ecc.). L'accoglimento di testi apocalittici nei libri profetici mostra che per i redattori finali dei libri
→ 120 ss. 174 s.
dell'Antico Testamento c'era un nesso fra profezia e apocalittica. Oltre a ciò, è stato di recente sottolineato anche il rapporto fra apocalittica e sapienza. È stato soprattutto VON RAD a voler separare nettamente l'apocalittica dalla profezia, in quanto l'interesse dell'apo-

calittica per un sapere enciclopedico, tipicamente sapienziale, e la sua visione della storia sarebbero inconciliabili con quelli dei profeti (315 ss., trad. it. 1974, 356 ss.). Questa distinzione, tuttavia, può difficilmente essere mantenuta (su Daniele vedi III.4.5). → 350 ss.

Bibliografia

F. BAUMGÄRTEL, *Die Formel n^{e}'um jahwe*, in ZAW 73, 1961, 277-290; J. BEGRICH, *Studien zu Deuterojesaja*, 1938 (1969^{2}); A. BENTZEN, *The Ritual Background of Amos 1,2-2,16*, in OTS 8, 1950, 85-99; J. BLENKINSOPP, *A History of Prophecy in Israel*, 1983; H. GUNKEL, *Die Propheten als Schriftsteller und Dichter*, in H. SCHMIDT, *Die grossen Propheten*, SAT II, 2, 1923^{2}, XXXVI-LXXII; C. HARDMEIER, *Texttheorie und biblische Exegese. Zur rhetorischen Funktion der Trauermetaphorik in der Prophetie*, 1978; G. HEINZMANN, *Formgeschichtliche Untersuchung der prophetischen Visionsberichte*, tesi dott. Heidelberg, 1978; P. HÖFFKEN, *Untersuchungen zu den Begründungselementen der Völkerorakel des Alten Testaments*, tesi dott. Bonn, 1975; F. HORST, *Die Visionsschilderungen der alttestamentlichen Propheten*, in EvTh 20, 1960, 193-205; G. V. RAD, *Theologie des Alten Testaments* II, 1965^{4} (1980^{7}) trad. it. *Teologia dell'Antico Testamento* II, 1974; R. RENDTORFF, *nabi'im Alten Testament*, in ThWNT VI, 796-813; IDEM, *Zum Gebrauch der Formel n^{e}'um jahwe im Jeremiabuch*, in ZAW 66, 1954, 27-37 (= *Ges. St.*, 256-266); A. ROFÉ, *The Classification of Prophetical Stories*, in JBL 89, 1970, 427-440; IDEM, *Classes in the Prophetical Stories*, in VT.S 26, 1974, 143-164; H.-E. V. WALDOW, *Anlass und Hintergrund der Verkündigung des Deuterojesaja*, Tesi dott. Bonn, 1953; C. WESTERMANN, *Grundformen prophetischer Rede*, 1960 (1978^{5}); IDEM, *Das Heilswort bei Deuterojesaja*: EvTh 24, 1964, 355-373; IDEM, *Prophetische Heilsworte im Alten Testament*, 1987; H.W. WOLFF, *Die Begründungen der prophetischen Heils- und Unheilssprüche*, in ZAW 52, 1934, 1-22 (= *Ges. St.* 9-35).
EISSFELDT, par. 10; FOHRER, par. 52-54; SOGGIN, par. 17; KAISER, par. 21,23,24; SMEND, par. 22,24; SCHMIDT, par. 13; KOCH, par. 23,25,26.

7

Il cammino verso la letteratura

Nella ricerca della «ambientazione dei testi nella vita» da cui siamo partiti in questo capitolo, abbiamo preso in considerazione i testi dell'Antico Testamento non come «letteratura», ma come espressione immediata della vita della società israelitica nell'epoca in cui i vari testi sono stati composti. Questo tipo di osservazione fornisce diverse informazioni sulla vita di questa comunità. Gli esempi dei vari generi non ci sono però stati tramandati isolatamente, ma come parti di testi o come elementi incorporati nei più ampi contesti dei singoli libri dell'Antico Testamento o dell'Antico Testamento nella sua globalità.

Così, ad esempio, le raccolte di leggi sono ora integrate nella narrazione storica del Pentateuco; parole di profeti pronunciate oralmente sono ora sezioni di libri profetici; singoli salmi fanno ora parte del Salterio. Nasce da qui l'ulteriore compito esegetico di seguire il cammino dei testi fino alla forma attuale – un cammino che, in larga misura, va di pari passo con il progressivo rimaneggiamento del materiale tradizionale fino a farne una tradizione letteraria.

Messa per iscritto

Il «cammino verso la letteratura», di cui stiamo parlando, necessita di qualche chiarimento. In primo luogo, esso non è in genere da equiparare al processo di messa per iscritto (anche se l'assunzione di una forma scritta è un presupposto ovvio). Infatti, da un lato, anche per alcuni dei generi descritti sopra la forma scritta è costitutiva (ad esempio per gli annali e le liste): d'altro lato, il processo di messa per iscritto può risultare da una evoluzione intrinseca della corrispondente sfera della vita (ad esempio nel caso della codificazione di tradizioni legali). Il passaggio allo stadio letterario ha per conseguenza che, nella (ri)produzione e nella recezione, i testi sono meno legati a determinati eventi e situazioni. Così, ad esempio, si trovano fra i salmi testi poetici che evidentemente non sono stati composti per una determinata situazione cultuale, ma presentano piuttosto istruzione e riflessione teologica. Difficilmente possono essere definiti «testi cul-

→ 149 ss.

tuali», ma piuttosto «composizioni poetiche» di carattere religioso, senza predeterminata «ambientazione nella vita» cultuale. Parole profetiche pronunciate oralmente, una volta messe per iscritto e riunite in libri profetici, vengono slegate dalle situazioni originarie, che offrivano una circolazione limitata, e sono così aperte a una recezione senza restrizioni. A questo si aggiunge il fatto che i libri profetici sono in parte redatti con «tecniche letterarie», con l'uso di testi probabilmente «letterari» fin dall'inizio (cfr. ad esempio i brani «apocalittici» o la redazione del libro di Geremia).

Formulazione letteraria

Questo processo di formulazione «letteraria» e di ampliamento della recezione è forse iniziato nel campo dei generi narrativi. In questo senso, si possono probabilmente già considerare generi «letterari» le narrazioni di carattere novellistico di una certa ampiezza (ad
→ 124 esempio la storia di Giuseppe) e narrazioni storiche complesse (ad
→ 151 esempio la storia della successione al trono); ciò vale, in ogni caso,
→ 216 ss. 247 ss. 362. 367 s. per le grandi «opere storiografiche» che integrano diverse tradizioni (Pentateuco, opera storiografica deuteronomistica, forse l'opera storiografica cronistica).

Gli esempi dei «libri profetici» e delle «opere storiografiche» mostrano che, a contatto col materiale della tradizione, potevano svilupparsi anche nuovi generi letterari. La loro «ambientazione nella vita» rimane però molto indeterminata: eppure i singoli testi trovarono in parte un utilizzo specifico, spesso persino istituzionalizzato (ad esempio la lettura durante il culto, il dibattimento giudiziario ecc.) anche se non in modo esclusivo.

A questo punto sorge una domanda: chi sono gli autori di questi testi «scritti» o «letterari» che non hanno più il proprio ambiente vitale in una delle sfere della società israelitica? Una prima risposta appare evidente paragonando fra loro gli elementi ora menzionati; in

Elementi sapienziali → 154 s.

molti di essi si trovano marcati elementi *sapienziali*. Nel caso della storia di Giuseppe e della storia della successione al trono di Davide questa componente sapienziale è stata riconosciuta da tempo; i salmi che possono essere compresi come «componimenti poetici» reli-
→ 145 s. 155 s. giosi e senza aggancio cultuale sono soprattutto i «salmi sapienzia-
→ 170 s. li» e anche per l'apocalittica l'elemento sapienziale è del tutto evidente.

Ciò non può tuttavia significare che tutti questi testi possano venire attribuiti alla tradizione sapienziale in senso stretto. Al contrario: la comparsa di elementi sapienziali in ambiti letterari così diversi mostra al tempo stesso che anche la «sapienza» non è rimasta limitata al suo ambito originario, ma che da essa si sono sviluppate influenze che oltrepassavano tutte le sfere della vita predeterminate e limitate, alla ricerca di nuove forme di espressione.

Strati colti

Presupposto essenziale per la libera utilizzazione di forme espressive letterarie è una appropriata «formazione». I redattori devono padroneggiare l'arte di leggere e scrivere, e devono conoscere la letteratura disponibile (anche quella scritta in altre lingue). Questo presuppone una appropriata istruzione, sia in una scuola, sia tramite insegnamento individuale. La comparsa di nuova letteratura presuppone però anche l'esistenza di un circuito di lettori, cioè di altre persone «istruite» in grado di leggere. Dall'esistenza di testi «letterari» nell'Antico Testamento si può dunque dedurre con una certa sicurezza la presenza in Israele di uno «strato colto».

In questo contesto, si è parlato di una *intellectual tradition* («tradizione intellettuale», in inglese nel testo, *N.d.T.*), che si distinguerebbe dalle altre sfere della vita per il fatto che i suoi esponenti sono in grado, grazie alla formazione ricevuta, di prender parte a un confronto spirituale e letterario con i problemi della vita umana, e lo fanno tramite il pensiero «sapienziale» (WHYBRAY). Questa tradizione non è radicata in una determinata istituzione, è anzi proprio caratterizzata dal fatto che travalica i tradizionali confini delle istituzioni e delle sfere della vita.

L'elemento sapienziale è però solo una delle caratteristiche dell'attività di questi redattori, o circoli di redattori «intellettuali»; esso rimanda soprattutto all'istruzione che vi sta alla base, che può però anche esprimersi in vari altri modi. In quasi tutti gli ambiti dell'Antico Testamento si può notare un lavoro letterario per cui valgono presupposti analoghi e che appare in particolare nella raccolta e nella rielaborazione interpretativa delle tradizioni.

→ 189 ss.

Così, ad esempio, nelle saghe sui patriarchi della Genesi si possono distinguere diversi stadi della storia della tradizione: innanzitutto le singole saghe; poi composizioni minori e maggiori, che rimangono però ancora nel quadro della tradizione narrativa delle saghe; infine uno o più stadi di rielaborazione, chiaramente riconoscibili come attività «letteraria». Non soltanto raccolgono le saghe e le composizioni tramandate, ma inseriscono spesso brani di collegamento e di interpretazione, grazie ai quali sorge un nuovo e più ampio contesto, improntato ad alcune idee guida unitarie. Una tale attività può essersi svolta solo «a tavolino»; essa presuppone infatti che chi opera la rielaborazione abbia davanti a sé in forma scritta il materiale della tradizione che egli può riordinare, collegare e interpretare secondo le sue concezioni e riflessioni. Lo stesso vale per gli altri libri del Pentateuco e per il Pentateuco nel suo complesso. Anche nei libri storici che seguono il Pentateuco si può distinguere chiaramente un più antico materiale tradizionale di varia natura e una (o più) rielaborazione(i) che raccoglie (raccolgono) e interpreta(no) (le tradizioni).

Intenti teologici

In ogni caso, è evidente che questa rielaborazione non è stata soltanto «letteraria» ma al tempo stesso anche «teologica». Gli editori o autori delle grandi opere complete hanno un intento teologico chiaramente riconoscibile. Essi sottopongono la propria opera ad alcune linee teologiche direttrici e le conferiscono una forma grazie alla quale quest'opera, nell'insieme, esprime determinate affermazioni teologiche. Questo è evidentemente l'intento decisivo di questi scrittori (non bisogna perciò intendere il concetto di «tradizione intellettuale», qui utilizzato, nel senso moderno di un atteggiamento critico o addirittura negativo nei confronti delle tradizioni religiose).

Ciò è particolarmente interessante nel quadro delle tradizioni legali. → 196 s. Nel «libro del patto» (Es. 20,22 - 23,19) è conservata una raccolta di norme di vario genere che, all'apparenza, sono state semplicemente giustapposte e quasi per niente interpretate; ci si può perciò aspettare che, nella maggioranza dei casi, queste norme ci siano state tramandate nelle stesse forme con cui venivano applicate nella vita legale d'Israele. Deuteronomio Del tutto diverso è quanto avviene nel *Deuteronomio*, → 210 ss. il cui corpo (capp. 12-26) è anch'esso una raccolta di norme, molte delle quali hanno un parallelo nel «libro del patto». Le singole norme, però, hanno spesso subito ampliamenti parenetici e interpretazioni teologiche e, soprattutto, l'intera raccolta è stata inserita in una → 214 s. cornice storico-teologica di ampio respiro, che sviluppa una sua peculiare concezione teologica. In un modo singolare, che non ha parallelo nell'Antico Testamento, né prima né dopo, viene qui compiuto il tentativo di sintetizzare sistematicamente l'intera, ramificata e stratificata tradizione religiosa d'Israele in un nuovo, grandioso disegno complessivo (cfr. HERRMANN).

Redattore

A tutt'oggi non si è risposto all'interrogativo su chi sia(no) il (i) redattore(i) di quest'opera. Neppure si è riusciti a situarli nel quadro di una istituzione. Senza dubbio essi disponevano di istruzione superiore e di brillanti capacità teologiche e letterarie. Per questo esistono molte ragioni per cercarli fra gli «scribi», di cui si parla ripetutamente nell'Antico Testamento e che usufruivano dell'istruzione delle scuole di corte per i funzionari. Questo spiegherebbe anche i notevoli rapporti fra il pensiero sapienziale e quello deuteronomico – e in Geremia 8,8 gli scribi sono collegati alla *torah*, il concetto centrale della teologia deuteronomica (cfr. WEINFELD, 158 ss.). Anche se questa ipotesi è giusta, non si può però assolutamente pensare che il lavoro dei teologi deuteronomici fosse il mero adempimento del loro compito professionale; esso rimane così una prestazione intellettuale e teologica del tutto unica.

Proprio nel caso del Deuteronomio, appare chiaro che non bastano le considerazioni di storia delle forme per spiegare l'origine dei libri biblici. Il materiale della tradizione è stato raccolto, rielaborato e interpretato teologicamente da scrittori che non erano legati a forme espressive rigidamente date ma lo utilizzano per le concezioni teologiche che essi andavano sviluppando. In questo non bisogna tuttavia vedere soltanto il lavoro teologico individuale di singoli autori. È senz'altro possibile, e in alcuni casi probabile, che l'attività di raccolta, di interpretazione teologica e di strutturazione che ha dato origine a un singolo libro biblico sia stata opera di una singola mano. Ma questi scrittori non lavorano certamente slegati dal loro ambiente spirituale e teologico. Dovremo piuttosto immaginarceli come rappresentanti di determinati gruppi, scuole, movimenti (o come altro li vogliamo chiamare), [Gruppi movimenti] che nel loro lavoro davano espressione e forma concreta a ciò che altri insieme con loro pensavano e meditavano.

Qui compare un altro aspetto importante: il lavoro teologico di questi scrittori ha in seguito dato l'impronta alla forma finale dei singoli libri biblici e poi dell'Antico Testamento nel suo complesso. Proprio dalla teologia che ha trovato la sua sintetica espressione nel Deuteronomio, sono derivate influenze di ampia portata. Si è da tempo riconosciuto il carattere «deuteronomistico» della rielaborazione che ha dato forma ai libri storici che seguono il Pentateuco. → 247 ss. Anche nello stesso Pentateuco, gli elementi deuteronomistici sono stati sempre più chiaramente sviscerati negli ultimi anni ed è divenuto evidente → 221 s. il significato che essi rivestono per la forma letteraria finale.

Finora poca attenzione è stata dedicata alla questione di una sistematica strutturazione conclusiva dei libri profetici; anche qui, però, in singoli libri, appaiono tracce evidenti di un lavoro redazionale deuteronomistico (ad es. Amos, Geremia ecc.). → 292 s. 268

[Canonizzazione] Tutto questo significa però che, alla fine, questo lavoro teologico ha raggiunto un carattere «canonico». I libri biblici, infatti, hanno esercitato la loro influenza in quanto elementi del canone biblico nel- → 371 ss. la loro forma finale, cioè nella forma che i redattori finali hanno conferito loro: questo aspetto è stato sottolineato con forza soprattutto da CHILDS. Egli critica a ragione il fatto che, finora, la ricerca sull'Antico Testamento abbia prestato così poca attenzione alla forma finale canonica dei libri biblici e, da parte sua, cerca ogni volta di sviscerare la «forma canonica» dei singoli libri e di determinarne l'intenzione teologica. Con questo si è fatto un ulteriore, decisivo, passo in avanti nella comprensione dell'intero cammino che, dalle forme originarie di discorso, e passando per i vari stadi della formulazione letteraria, conduce fino alla forma finale dei libri biblici. Di questi problemi ci occuperemo ulteriormente nella parte III.

Bibliografia

B.S. CHILDS, *Introduction to the Old Testament as Scripture*, 1979; S. HERRMANN, *Die konstruktive Restauration. Das Deuteronomium als Mitte biblischer Theologie*, in *Probleme biblischer Theologie, FS. G. v. Rad*, 1971, 155-170; M. WEINFELD, *Deuteronomy and the Deuteronomic School*, 1972; R.N. WHYBRAY, *The Intellectual Tradition in the Old Testament*, 1974.

Parte terza

I libri dell'Antico Testamento

Introduzione

L'Antico Testamento è il risultato di un lungo processo di raccolta, trasmissione, rielaborazione e formulazione conclusiva. Nella sua forma finale, esso si presenta a noi composto di un certo numero di «libri». Alcuni di questi libri sono unità letterarie chiaramente in sé compiute e indipendenti (ad esempio i Salmi, Giobbe, i Proverbi). Altri appaiono essere al tempo stesso anche componenti di un contesto più ampio, che deve ogni volta essere preso in considerazione (ad es. il Pentateuco, i libri della «opera storiografica deuteronomistica»).

Per affrontare i libri dell'Antico Testamento si possono percorrere strade molto diverse. Si può procedere a partire dalle tradizioni più antiche e tentare di disegnare il cammino che ha portato fino alla forma conclusiva che il testo ha ora; oppure, all'opposto, si può scegliere come punto di partenza proprio la forma conclusiva del testo e di lì tentare di risalire agli stadi precedenti della tradizione. Nel primo caso è la trasformazione, lo sviluppo del testo a essere preso come filo conduttore dell'esposizione – ma in questo modo molte cose devono restare ipotetiche; nel secondo caso è l'analisi a ritroso a determinare lo svolgimento dell'esposizione – e in questo modo molto peso è attribuito ai mutevoli metodi e punti di vista degli esegeti.

La prima strada è stata battuta da Hermann GUNKEL: la sua esigenza programmatica era quella di tracciare una «storia della letteratura d'Israele». In ogni caso egli stesso ha potuto soltanto fornire un primo, conciso progetto di una simile storia letteraria, in cui non è andato avanti fino alla forma conclusiva dei libri biblici; essa era al di fuori dei suoi interessi. Da allora, l'esigenza espressa da GUNKEL è stata spesso riconosciuta legittima, ma nessuno l'ha mai portata avanti coerentemente. Fra le nuove trattazioni complessive, KAISER, ad esempio, sceglie una «via media» (p. 22), mentre SMEND sceglie espressamente la seconda (p. 11; trad. it.: p. 14); comunque, anche per lui, i libri nella loro forma conclusiva non sono oggetto di interesse.

Nonostante i diversi approcci, le recenti trattazioni complessive procedono essenzialmente nello stesso modo: domina l'analisi dei testi, nel corso della quale si fanno emergere i vari strati, fonti, stadi della tradizione, redazione ecc. – ma la forma finale che hanno ora i singoli libri e l'Antico Testamento nel suo complesso non è quasi presa in considerazione. Dietro questo fatto, si cela la concezione (in ultima analisi risalente a HERDER e al Romanticismo) secondo cui ciò che è anteriore, più antico, è considerato come «originario» e di conseguenza maggiormente valutato; ciò che è più tardivo è considerato opera di epigoni e svalutato come «secondario» o «redazionale».

Al contrario, Brevard S. CHILDS ha ora fortemente sottolineato che proprio la forma finale dei libri dell'Antico Testamento richiede un'attenzione particolare, perché essa non è il risultato di un processo più o meno casuale di raccolta e di redazione, ma in essa si esprime un cosciente processo di formazione di scritti «canonici» vincolanti che, nella loro forma finale, sono diventati la base normativa della vita religiosa per la comunità ebraica – e più tardi anche per quella cristiana. CHILDS collega il suo approccio a una critica di fondo alla «decanonizzazione» dei testi operata dai nuovi metodi esegetici.

Questa esigenza è pienamente giustificata. La forma conclusiva dei libri dell'Antico Testamento e l'intenzione teologica che in essa si esprime devono essere prese sul serio, in un modo molto diverso da come è finora avvenuto nella scienza veterotestamentaria. A mio avviso, però, ciò non deve portare a una alternativa di fondo rispetto ad altri approcci metodologici. CHILDS ha senza dubbio ragione, quando afferma che attualmente l'interesse del lavoro scientifico sull'Antico Testamento è soprattutto rivolto a studiare la preistoria del testo canonico e a interpretare i vari stadi di questa storia nei rispettivi contesti storici. Bisogna anche convenire con lui che è andato perduto l'interesse alla forma finale del testo e che attualmente la ricerca scientifica sull'Antico Testamento è quasi del tutto sprovvista di approcci metodologici atti a superare questa carenza. Ma c'è da chiedersi se le cose debbano necessariamente essere e rimanere così.

A mio avviso, un lavoro di storia della tradizione condotto con coerenza sull'Antico Testamento dovrebbe superare l'opposizione, oggi esistente, tra un interesse diretto solo alla storia della tradizione e un interesse diretto solo alla forma finale. Se si prende sul serio l'*intero* cammino della tradizione, allora vi rientra anche lo stadio finale «canonico» dei singoli libri e dell'Antico Testamento nel suo complesso. Non è dunque necessario fondare un metodo specifico per l'interpretazione della forma finale canonica in opposizione al metodo della storia della tradizione. Comunque, questa coerente estensione del metodo della storia della tradizione ha per presupposto che si prenda sul serio l'attività letteraria e teologica che ha portato alla forma finale che le tradizioni ora possiedono. La storia della tradizione non è semplicemente un proseguimento della storia delle forme, ma fa un passo nello stadio successivo, quello in cui i testi abbandonano gli ambiti della vita in cui erano prima ambientati e diventano oggetto di rielaborazione e interpretazione, sia sul piano letterario sia su quello teologico (vedi sopra II.7). → 173 ss.

Nella struttura del presente volume si compie il tentativo di tener conto di questo mutamento dell'interesse metodologico e di darvi espressione. Nella II parte si è tentato di comprendere i testi dell'Antico Testamento come espressione dei vari ambiti della vita di Israele; lì, l'attenzione andava soprattutto alla storia d'Israele e alle sue istituzioni sociali e religiose. Nella III parte si deve ora seguire il percorso delle tradizioni in quanto «letteratura» – e ciò significa innanzitutto: come letteratura teologica, che non rimane più limitata a determinate istituzioni.

Qui deve essere considerata valida l'esigenza di CHILDS, BLENKINSOPP e altri di cogliere l'intenzione «canonica» di questo lavoro teologico. Non basta vedere all'opera singoli autori teologici o determinati gruppi. Si tratta piuttosto di riconoscere nei singoli libri dell'Antico Testamento le tendenze che finiscono per affermarsi e riuniscono le varie e molto differenziate tradizioni d'Israele a formare un unico canone normativo. Appare qui, per così dire, un nuovo *Sitz im Leben* (ambiente vitale): la comunità religiosa ebraica che, dalla sua abbondante letteratura, si crea un canone di scritti religiosi normativi che costituiscono di lì in avanti il fondamento della sua vita religiosa – e che infine vengono assunti e riconosciuti come canonici anche dalla comunità cristiana che si sviluppa da quella ebraica (cfr. ancora III.5 e la bibliografia ivi citata). → 371 ss.

Tuttavia, per lo svolgimento di questo programma mancano ancora essenziali lavori preliminari. In molti casi, sarà perciò soltanto possibile indicare un approccio, senza poter già formulare dei risultati. Spero comunque che si riconosca la direzione nella quale l'indagine sul cammino della tradizione dell'Antico Testamento possa essere portata avanti fino a comprenderne lo stadio conclusivo.

Ho rinunciato a una esposizione particolareggiata della storia della ricerca. Essa è trattata in modo ampio e approfondito nei volumi di KAISER e SMEND. Mi sono però preoccupato di tratteggiare ogni volta le posizioni principali e di mostrare come vi si rapporta la mia concezione.

1

I cinque libri del Pentateuco (la Torah)

I primi cinque libri dell'Antico Testamento ci sono stati trasmessi come libri indipendenti, ognuno col proprio nome; al tempo stesso, però, vengono considerati e trattati come unità. I nomi ebraici di questi libri sono costituiti dalle loro parole iniziali, mentre le soprascritte che essi hanno nella traduzione greca (e, di conseguenza, in quella latina) indicano il contenuto:

1. *b^e^reshit* «In principio» = *Γένεσις*, Genesi (origine).
2. *sh^e^mot* «Nomi» = *Ἔξοδος*, Esodo (uscita).
3. *wajjikra'* «Allora egli chiamò» = *Λευιτικόν*, Levitico (il [libro] levitico [dei precetti]).
4. *b^e^midbar* «Nel deserto» = *Ἀριθμοί*, Numeri (numerazioni).
5. *d^e^barim* «Parole» = *Δευτερονόμιον*, Deuteronomio (la seconda legge [secondo Deut. 17,18 dove, però, il testo ebraico significa propriamente «copia, duplicato della legge»]).

Nella tradizione ebraica, i cinque libri vengono complessivamente indicati come «la Torah» (oppure «la Torah di Mosè» o «il libro della Torah» ecc.). → 222 s.
La suddivisione in cinque libri è espressa anche dall'altra designazione corrente: *chamisha chumshe ha-torah* «i cinque quinti della Torah», che viene ripresa nell'espressione greca *ἡ πεντάτευχος* (*βίβλος*) «(il libro) in cinque parti» e che, attraverso la formulazione latinizzata *pentateuchus (liber)*, ha condotto alla dizione «Pentateuco», usuale nel linguaggio scientifico.

Queste diverse denominazioni rispecchiano il problema del rapporto dei singoli libri col Pentateuco nella sua totalità. La presentazione degli eventi che vanno dalla creazione (Gen. 1) fino alla morte di Mosè (Deut. 34) costituisce chiaramente un ampio complesso. Ma è altrettanto evidente che i singoli libri hanno sempre caratteristiche proprie, più o meno marcate, e che la delimitazione di un libro dall'altro non è affatto arbitraria. L'indipendenza del Deuteronomio è quella riconoscibile con maggiore chiarezza. Il Deuteronomio è formulato come discorso di Mosè agli israeliti prima dell'ingresso nella terra promessa e, da un punto di vista narrativo, non ha un legame diretto con ciò che precede. Ma anche la Genesi è chiaramente conchiusa in sé; essa contiene la storia delle origini (1-11) e la storia dei patriarchi (12-50). Es. 1,1 segna chiaramente un nuovo inizio. La delimitazione dei tre libri intermedi l'uno rispetto all'altro è a prima vista meno evidente, ma una più accurata osservazione mostra che ognuno di essi possiede proprie caratteristiche e che la delimitazione è stata operata coscientemente.

1.1 Il libro della Genesi

Il libro della Genesi si suddivide in due parti principali: la storia delle origini (capp. 1-11) e la storia dei patriarchi (capp. 12-50). Ognuna di queste due parti ha avuto il proprio processo di sviluppo e quindi bisogna dapprima considerarle separatamente.

Storia delle origini → 122 ss.

La *storia delle origini* (capp. 1-11) contiene un certo numero di racconti che, dal punto di vista delle forme, devono essere attribuiti al genere della *saga*. I personaggi di cui si narra sono prevalentemente figure tipiche, ideali; uomo e donna (capp. 2 s.), i fratelli ostili (cap. 4), il giusto esemplare (capp. 6-8), l'«umanità» (11,1-9); soltanto in 9,18-27 compaiono, con i figli di Noè, i rappresentanti di determinati popoli dell'epoca del narratore (qui colpisce la differenza fra la triade Sem, Cam, Jafet al v. 18 e quella Sem, Jafet e Canaan nei vv. 25-27; i vv. 18b e 22 vogliono appianare il contrasto).

Creazione

In questa tradizione di saghe viene rappresentata *l'origine dell'ambito vitale dell'uomo* dal punto di vista dell'agricoltore (CRÜSEMANN 1981); l'uomo (*'adam*) è destinato da Dio a coltivare la terra (*'adamah*) (2,15; 3,17-19.23). La trasgressione del divieto divino nel giardino conduce agli aspetti gravosi (lavoro faticoso ecc.) del mondo in cui l'uomo vive (3,14-19). La maledizione di Caino arriva persino a separarlo (e con lui quelli che da lui discendono: abitatori di città, nomadi, suonatori, fabbri) dalla terra coltivabile e con ciò, anche da Dio stesso (4,11 s. 14.16). L'unione fra esseri celesti e femmine umane (6,1-4) conduce alla limitazione della durata della vita (v. 3) e alla fine Dio risponde alla *hybris* (arroganza, *N.d.T.*) dell'umanità disperdendola e «confondendone» il linguaggio (11,1-9).

Sporadicamente, si trovano anche elementi mitologici: ciò è particolarmente evidente nel breve brano di 6,1-4 e nella figura del serpente al cap. 3.

Il fatto che, nei capp. 2 s., Dio compaia «di persona», cammini nel giardino (3,8) ecc. dipende dalla struttura narrativa, dato che qui Dio e l'uomo vivono ancora uniti, uno accanto all'altro; dopo l'espulsione dal giardino, Dio, nella storia delle origini, non avrà con l'uomo un rapporto diverso da quello che troviamo in altre saghe dell'Antico Testamento.

Dalle saghe si distinguono chiaramente le due ampie sezioni 1,1 - 2,3 (2,4a è la soprascritta di quanto segue, cfr. CROSS, 302; CHILDS, 145 e 149) e 9,1-17. Non sono testi «narrativi», ma contengono ampi *abbozzi teologici*; una concezione sistematica della creazione nel quadro di uno schema di sette giorni e con l'applicazione di una rigida gerarchia dei singoli atti creatori – e la ripresa delle affermazioni della creazione a partire dalle mutate condizioni risultanti dopo il diluvio. Da un punto di vista linguistico e teologico, questi brani hanno strette relazioni col cap. 17 e con le parti sacerdotali della storia di Giacobbe (cfr. più oltre). → 193

Genealogie

Un terzo elemento nella storia delle origini è rappresentato dalle *genealogie* dei capp. 5 e 10 e di 11,10-32. Da un lato, esse tracciano la linea che, da Adamo (5,3), attraverso Noè (5,29) e suo figlio Sem (5,32; 11,10) conduce fino ad Abramo (11,26 ss.); dall'altro, esse raffigurano in una «tavola dei popoli» l'intero mondo dell'umanità allora conosciuta (cap. 10).

La struttura della storia delle origini è chiaramente riconoscibile. La prima sezione presenta gli *inizi della storia umana*: creazione dell'uomo e del suo ambiente (2,4-25), violazione dei comandamenti divini ed espulsione dal giardino (cap. 3), primo peccato dell'uomo contro l'uomo e maledizione di Caino (4,1-16), ulteriore sviluppo dell'umanità (4,17-26). Questa sezione si chiude con la constatazione che a quel tempo cominciò l'adorazione di Jhwh (4,26b), cioè che in questa epoca primordiale egli era adorato da tutti gli uomini.

Diluvio

Il *diluvio* segna poi – dopo una sequenza di dieci generazioni caratterizzate da una longevità straordinaria – una profonda cesura (cfr. RENDTORFF 1961, CLARK). Al termine dell'ampio e sviluppato racconto del diluvio (6,5 - 8,19), Dio dà una garanzia di sussistenza per l'ordine della creazione, che assicura anche per il futuro la vita dell'umanità (8,21 s.; il punto di vista è nuovamente quello dell'agricoltore).

Dopo il diluvio, fra gli uomini si verifica nuovamente un peccato che conduce a una maledizione (9,20-27) – questa volta di Canaan, che viene ora espressamente escluso dalla comunità degli adoratori di Jhwh: ora Jhwh è solo il Dio di Sem (v. 26). Infine, con la frantumazione dell'umanità in molti *popoli* con lingue diverse (11,1-9) viene raggiunta la situazione che il redattore e il lettore/uditore della storia delle origini conoscono come realtà presente.

Mondo dei popoli

Le due grandi sezioni sacerdotali sono state inserite in punti decisivi: all'inizio (1,1 - 2,3), con una presentazione della creazione molto più ampia e sistematica di quella offerta dal cap. 2; e dopo il diluvio, con il rinnovamento e la modificazione della benedizione che promette la fertilità (agli uomini è ora concesso di cibarsi di animali, 9,2-4) e con l'impegno da parte di Dio – più ampiamente sviluppato e più energicamente motivato – a non far più venire un diluvio sulla terra (9,1-17), sancito da un «patto» di cui egli vuole «ricordarsi». Dio stesso (a differenza di quanto avviene nel cap. 17, vedasi oltre) fissa il «segno del patto», l'arcobaleno.

→ 193

Spesso, anche uno strato del racconto del diluvio viene annoverato fra i brani sacerdotali. Indubbiamente, nel racconto del diluvio, si possono distinguere (almeno) due diversi strati letterari; tuttavia non è possibile ricostruire due racconti indipendenti e bisogna dunque piuttosto pensare ad aggiunte a un racconto originario.

Un ulteriore elemento della rielaborazione e della strutturazione della storia delle origini appare nelle soprascritte stereotipe «Queste sono le *tol^{e}dot* di...» (2,4; 5,1; 6,9; 10.1; 11,10; [11,27]). Origine e significato originario di queste formule sono controversi.

Tol^{e}dot

Tol^{e}dot significa letteralmente «procreazioni», cioè successione di generazioni, generazioni. A partire da 5,1, alcuni suppongono che sia un tempo esistito in forma indipendente un «libro delle generazioni», da cui sarebbero poi stati presi le formule e il materiale per le genealogie. Nel loro attuale contesto, le formule servono chiaramente a suddividere la storia delle origini e al tempo stesso a delineare la linea genealogica principale: dalla creazione del mondo fino a Terah, padre di Abramo, attraverso Adamo, Noè e Sem. Esse fungono da soprascritta a testi di natura molto diversa: a 2,4; 6,9; 11,27 seguono testi narrativi; a 5,1; 10,1; 11,10 seguono genealogie. Le formule con *tol^{e}dot* appartengono a un determinato stadio della rielaborazione e non possono essere considerate parti di un «documento sacerdotale» originariamente indipendente; di sicuro, però, per quanto riguarda la storia della composizione, c'è un rapporto fra queste formule e i testi «sacerdotali» di Gen. 1,1 - 2,3 e 9,1-17 (per la funzione delle formule con *tol^{e}dot* nella storia dei patriarchi, si veda oltre).

→ 193 s.

Collegamento teologico

La storia delle origini e la successiva storia dei patriarchi non sono esplicitamente collegate fra loro da anticipazioni o richiami. In 12,1-3 comincia molto repentinamente la storia di Abramo. In questo modo, si evidenzia un fondamentale nuovo inizio: dalla storia generale dell'umanità si staglia ora la storia dell'*unico* popolo, il cui antenato è Abramo. La promessa di benedizione ad Abramo e, tramite suo, a tutti «i popoli della terra», che si trova al centro di questi versi, rimanda in avanti, alla futura storia d'Israele e dell'umanità; al tempo stesso, però, essa ha anche, nell'attuale contesto, una funzione di rimando all'indietro: alle maledizioni della storia delle origini (3,14-19, cfr. 8,21) viene contrapposta la promessa di benedizione. Viene così gettato un ponte dalla storia delle origini a quella dei patriarchi.

VON RAD ha elaborato una interpretazione della storia delle origini secondo cui essa condurrebbe tenacemente all'elezione di Abramo; in VON RAD questa valutazione è collegata a una subordinazione della fede nella creazione alla fede nella salvezza fondata storicamente. WESTERMANN ha sottolineato con più forza l'indipendenza della storia delle origini e CRÜSEMANN (1981) ha mostrato che, in base ai contenuti di diverso profilo, storia delle origini e storia dei patriarchi non possono appartenere a una comune opera «jahwistica», ma sono state unite solo in un secondo tempo.

Storia dei patriarchi

Abramo
→ 122 ss.

La storia dei patriarchi, cioè la tradizione sui patriarchi Abramo, Isacco, Giacobbe e su Giuseppe, occupa la maggior parte della Genesi (capp. 12-50). La *storia di Abramo* (12,1 - 25,10) contiene una serie di saghe indipendenti; ad esempio, Gen. 12,10-20 (collegata al contesto con gli «itinerari» di 12,9; 13,1.3 s.); 22; 23; 24. Nella parte iniziale, queste saghe sono collegate a quel che precede da espressioni molto generiche (ad es.: «Dopo questi fatti avvenne che...», 22,1; «Abramo era diventato vecchio...», 24,1), oppure non lo sono affatto e hanno sempre una chiusa che non appare concepita in vista di un seguito narrativo.

Accanto a ciò, si possono però anche individuare complessi narrativi più ampi oppure collegamenti redazionali di saghe autonome (l'esposizione che segue corrisponde essenzialmente all'analisi di storia della composizione fatta da E. BLUM che, a sua volta, riprende le impostazioni di GUNKEL e RENDTORFF 1977). Così i capitoli 13; 18 e 19 costituiscono un *racconto di Abramo e Lot* (GUNKEL: «collana di saghe di Abramo e Lot»); il cap. 13 è chiaramente redatto in funzione dei capp. 18 s.: dopo la separazione, il cammino di Abramo si dirige verso Mamre (13,18; 18,1) dove gli appare Jhwh, e quello di Lot verso Sodoma (13,12 s.; 19,1), dove egli viene quasi coinvolto nella distruzione. Mentre 18,1-16 riprende probabilmente un racconto indipendente di Abramo, il cap. 19 è chiaramente formulato in vista del contesto del racconto di Abramo-Lot (cfr., ad esempio, la continuità narrativa con il cap. 18 per quanto riguarda personaggi e svolgimento della giornata e i paralleli tra 18,1 ss. e 19,1-3). Dopo la distruzione di Sodoma, il filone narrativo di Lot termina con la nascita dei due capostipiti Moab e Ammon in Transgiordania (19,30-38); analogamente, il cap. 18 rimanda soprattutto alla prodigiosa nascita di Isac-

co (gioco di parole in 18,12-15), l'antenato di Israele (21,1-7). Così la separazione di Lot e Abramo, al cap. 13, apre una storia dell'origine dei popoli di Moab / Ammon e Israele, nei loro rispettivi territori (an-
→ 124 che il cap. 14 tratta di Abramo e di Lot, ma è singolarmente isolato, in quanto presenta un quadro di Abramo – quello dell'eroe guerriero – del tutto diverso).

Il cap. 20 contiene apparentemente una variante o un doppione di 12,10-20; in questo testo abbiamo piuttosto a che fare con una interpretazione che riflette teologicamente e apporta correzioni e che presuppone come noto il racconto di 12,10-20 (WESTERMANN, *Commentario*). Secondo BLUM, esso costituiva, insieme a 21,22 ss., una coerente «storia di Abramo e Abimelec» che – strutturata in dipendenza da 12,10-20 e dal cap. 26 (cfr. la sequenza: insidia dell'antenata – accordo con Abimelec) – esisteva in un primo tempo indipendentemente e che, letterariamente, fu inserita solo relativamente tardi (e allora il cap. 20 dovette essere posto prima di 21,1-7, perché, in questo racconto, Sara è ancora sterile).

Dal punto di vista della storia della tradizione, 21,8-21 rappresenta pro-
→ 124 babilmente una variante all'eziologia di Ismaele al cap. 16; nella sua formulazione attuale, però, costituisce il necessario seguito narrativo del cap. 16, in cui il conflitto fra i figli di Abramo (chi sarà erede? cfr. 21,10.12) viene risolto con l'allontanamento di Ismaele. In questa struttura redazionale, la nascita e l'allontanamento di Ismaele incorniciano chiaramente gli episodi dell'annuncio e della nascita di Isacco (18; 21,1-7). Al tempo stesso, però, 21,8 ss. prepara anche il cap. 22; dopo che Abramo ha mandato un figlio nel deserto per ordine divino, riceve il comando di sacrificare il secondo (e, a questo punto, l'unico, v. 2). Entrambi i brani sono collegati, per mezzo di vari rimandi, con l'inizio della storia di Abramo, 12,1-3; il racconto di Ismaele è collegato tramite la promessa di diventare un popolo (cfr. 21,13.18 con 12,2a); il cap. 22 tramite l'ordine di partenza di 12,1, strutturato, da diversi punti di vista, in modo parallelo a 22,2. In questo contesto, aperto da 12,1-3, il cammino di Abramo giunge al cap. 22 alla sua meta e alla sua vetta drammatica (per il cap. 23, vedasi più oltre).

Isacco

La *storia di Isacco* (cap. 26) è notevolmente stringata e poco sviluppata. Evidentemente, al tempo della raccolta delle storie dei patriarchi, l'interesse narrativo era più concentrato su Abramo e Giacobbe. Così la storia di Isacco contiene solo due racconti sviluppati, che hanno entrambi un parallelo nella storia di Abramo (26,7-11[12].26-31), vedasi sopra. Con brevi brani, quasi annotazioni, che trattano soprattutto di pozzi nel Neghev, e con rimandi all'indietro (cfr., ad esempio, il v. 29 con i vv. 11.12.16), i due racconti sono stati collegati a formare una storia continuativa di Isacco presso e con i filistei. Da un punto di vista tematico, si tratta qui, non da ultimo, della delimitazione territoriale fra filistei e ismaeliti nel Neghev (cfr. vv. 21.22.32 s.).

Nell'attuale contesto, la storia di Isacco è stata inserita all'inizio

Giacobbe

della *storia di Giacobbe* (25,19-34; 27-35). Nel nucleo principale della storia di Giacobbe – a differenza di quanto accade nella storia di Abramo – non si possono quasi più ritrovare singole tradizioni indipendenti (in modo evidente in 25,29-34 e 28,11 ss.), ma tutto è invece subordinato a una tematica complessiva più ampia: il contrasto di Giacobbe con suo fratello Esaù (25,19-34; 27; 32 s.) e con suo zio Labano (29-31). Con l'aiuto del motivo della fuga di Giacobbe (27,43 ss.; 28,10.20.22), tramite i rimandi all'indietro del cap. 31 (in particolare 31,13) e, soprattutto, col nuovo «finale» dei capp. 32 s., gli episodi del conflitto con Esaù per la primogenitura e per la benedizione (25,19-34; 27) sono intrecciati con la storia di Giacobbe e Labano, a formare un «racconto di Giacobbe» conchiuso (BLUM; GUNKEL: «corona di saghe di Giacobbe-Esaù-Labano»). Funzione portante dal punto di vista narrativo rivestono anche le due apparizioni divine di Bethel (28,1 ss.) e Peniel (32,23 ss.), situate in momenti che segnano per Giacobbe svolte determinanti. → 137 Questo racconto è sicuramente originario del nord d'Israele (cfr. i luoghi dell'azione). Secondo BLUM esso, mettendo in rilievo i luoghi di culto di Bethel (28,1 ss. e 31,13) e Peniel (per un certo periodo capitale di Geroboamo I, cfr. I Re 12,25) ha, tra l'altro, anche una funzione di legittimazione nella storia degli inizi → 64 s. del regno del nord, Israele.

Storia di Giuseppe → 124. 154 s.

Alle tradizioni sui tre «patriarchi», nella Genesi segue ancora la *storia di Giuseppe*. A differenza delle storie dei patriarchi, si tratta di un'ampia narrazione fin dall'inizio concepita in modo unitario e strutturata come una novella (GUNKEL, cfr. DONNER). A ciò corrisponde la sua complessità tematica, ove sono rilevanti soprattutto elementi di teologia sapienziale (VON RAD 1953) e il tema del «potere» (CRÜSEMANN 1978, 143 ss.; BLUM). La scena di benedizione del cap. 48, inserita al termine della storia di Giuseppe, congiunge le due figure principali, Giacobbe e Giuseppe, e, al tempo stesso, riprendendo motivi del cap. 27, si ricollega agli inizi della storia di Giacobbe. In questo modo, la scena del cap. 48 ha chiaramente la funzione di «incorniciare» la narrazione di Giacobbe e la storia di Giuseppe, per formare un'ampia «storia di Giacobbe» (dalla sua nascita alla sua morte). Da un punto di vista tematico, il cap. 48 offre un'eziologia della posizione di rilievo che la tribù di Giuseppe ha in Israele.

Nella raccolta dei detti delle tribù del capitolo 49 appare invece con chiarezza una rivendicazione in concorrenza col cap. 48: → 121 qui – e ciò è reso possibile dalla «degradazione» dei primi tre figli (49,3-7) – viene attribuita a Giuda la supremazia sui suoi fratelli (49,8-12). A ciò puntano anche già alcune singole tradizioni sui «figli di Giacobbe»: il racconto del cap. 34 (Simeone/Levi), la nota di 35,21 s. (misfatto di Ruben) e il racconto del cap. 38 (Giuda), che sono stati evidentemente inseriti insieme al cap. 49 in un seguito «giudaico» della «storia di Giacobbe».

Discorsi contenenti promesse

Nella costituzione di più ampie «storie dei patriarchi», i *discorsi contenenti promesse* hanno svolto in misura crescente una funzione come elementi di composizione e di interpretazione. Così, le promesse di possesso della terra e di accrescimento di 13,14-17 e 28,13-14a – non a caso parallele nella formulazione – servono a congiungere le tradizioni di Abramo e di Giacobbe.

Collegati, in altro modo, sono i discorsi divini di 12,1-3; 26,1-3; 31,11.13; 46,1-5a. Nel primo e nel terzo, Abramo e Giacobbe, rispettivamente, ricevono da Dio l'ordine di andarsene dalla Mesopotamia verso la terra (di Canaan) a loro destinata; nel secondo viene vietato a Isacco – alludendo al comportamento di Abramo in 12,10-20 (cfr. 26,1!) – di trasferirsi da Canaan in Egitto e nel quarto, infine, – con chiari riferimenti al cap. 26 (46,1 Beer-Sceba; il Dio di suo padre Isacco) – Giacobbe viene invece invitato, sia pure unitamente alla promessa di essere ricondotto in Canaan, a farlo (ulteriori affinità sono la promessa di diventare un popolo [12,2a; 46,3b; cfr. anche 21,13.18], la promessa che Dio sarà col patriarca e che lo benedirà [12,2a; 26,3a; 46,4] e altre). In questi discorsi divini, i cammini dei patriarchi vengono dunque sempre nuovamente diretti alla meta della terra di Canaan e una deviazione verso le periferie (Mesopotamia, Egitto) appare come insidia di questa assegnazione dei patriarchi (cioè di Israele) alla loro terra. In questo modo (come per la promessa di diventare un popolo) un elemento della tradizione narrativa viene ripreso e formulato più radicalmente e con espressa autorità divina.

Datazione

Storicamente, tutto ciò va probabilmente visto sullo sfondo di una situazione in cui l'esistenza del popolo e il possesso della terra erano in gioco: l'epoca dell'esilio. Qui, questa tradizione sui patriarchi dovette acquisire un significato immediato. In questo contesto, bisogna leggere anche le promesse di benedizione di 12,3 e 28,14b (inserite nella prima promessa, rispettivamente, della storia di Abramo e di quella di Giacobbe!) che assicurano a Israele che le nazioni vedranno in lui un esempio di popolo benedetto da Dio.

Collegamento teologico

Con questi elementi redazionali, le storie di Abramo, Isacco, Giacobbe / Giuseppe sono state unite a formare una unità più ampia e in sé conchiusa. Il collegamento della storia dei patriarchi con le altre tradizioni del Pentateuco è avvenuto soltanto nel contesto di *rielaborazioni teologiche* di ampia portata.

Qui bisogna innanzitutto nuovamente menzionare un gruppo di *promesse* (12,7; 16,10; 22,16-18; 24,7; 26,3b-5.24; 28,15; 31,3; 32,10-13; 50,24 ecc.) che si rivelano affini per la loro formulazione e per vari rimandi ecc. Il «testo principale» di questo gruppo è il *cap. 15*, in cui le promesse sono sviluppate in una sorta di «racconto di promessa». Abramo avrà una discendenza numerosa come le stelle del cielo (vv.

1-6); questa discendenza possederà la terra (vv. 7-21). Tutto ciò viene rivestito, al v. 18, di una forma particolarmente solenne: Jhwh stipula un'alleanza (*b^{e}rit*) con Abramo, avente per contenuto la promessa della terra alla sua discendenza. Viene qui in luce una concezione teologica (cfr. ad es. anche 22,16-18 e 26,3b-5) che ha trovato nel Deuteronomio la sua espressione sintetica e che si è perciò soliti definire «deuteronomistica». L'intero capitolo di Gen. 15 appartiene a questo strato deuteronomistico di rielaborazione (RENDTORFF 1980, BLUM; questo strato ha evidentemente introdotto anche il cap. 24, un racconto molto recente). Per il significato che questo strato riveste per la formazione del Pentateuco, si veda oltre.

Alleanza

→ 209 s.

→ 123 s.

→ 200. 221

Una ulteriore rielaborazione appare al cap. 17. Qui il concetto di «alleanza» è sviluppato in un'altra direzione. Da parte di Jhwh, sta in primo piano la promessa di numerosa discendenza (vv. 2 e 4), insieme all'assicurazione che Jhwh vuole essere il Dio di Abramo e dei suoi discendenti (vv. 7 s.; al v. 8 è inclusa anche la promessa della terra). Ad Abramo e ai suoi discendenti è richiesta, come «segno del patto», la circoncisione; questo aspetto viene esposto in particolareggiate indicazioni di normativa cultuale (vv. 9-14). In questo, si riconosce uno strato «sacerdotale» di rielaborazione, di cui fanno parte anche alcuni brani della storia di Giacobbe: all'inizio, nella benedizione di Isacco per Giacobbe (27,46 - 28,9) e alla fine, in un discorso divino seguito dalla reazione di Giacobbe (35,9-15), che rivelano stretti legami con Gen. 17 (cfr. anche 48,3 s.). Da un punto di vista tematico, si tratta qui di «correzioni» di tradizioni più antiche. Così, secondo 27,46 - 28,9 – e diversamente da quanto avviene nel racconto del cap. 27 – Giacobbe non si reca da Labano per paura di Esaù, ma per ordine del padre e, retrospettivamente (a causa delle sue donne straniere), Esaù appare in cattiva luce (cfr. 26,34 s.; 27,46; 28,1.8 s.); 35,9-15 si presenta come una ripresa dell'episodio di Bethel di 28,11 ss., di cui contesta l'affermazione centrale, quella secondo cui Dio risiede a Bethel (35,13).

→ 200. 221 s.

→ 137

Cronologia

Si devono attribuire a questa rielaborazione «sacerdotale» anche alcune indicazioni cronologiche che si trovano nella storia dei patriarchi: l'indicazione dell'età di Abramo alla sua partenza da Charan (12,4: 75 anni), alla nascita di Ismaele (16,16: 86 anni), alla sua circoncisione (17,1.24: 99 anni; Ismaele, v. 25, 13 anni), alla nascita di Isacco (21,5: 100 anni) e alla sua morte (25,7: 175 anni) e indicazioni simili anche per gli altri patriarchi. Le cifre tonde (75, 100, 175) mostrano come, alla base di queste indicazioni, stia un sistema costruito.

Tol^{e}dot

Anche sotto un altro aspetto, la rielaborazione «sacerdotale» ha strutturato in modo non irrilevante la storia dei patriarchi che ci sta

→ 188 davanti, cioè inserendo l'intero materiale nella struttura delle *tol^{e}dot*, di cui fanno parte, in primo luogo, le formule con *tol^{e}dot* (11,27; 25,12; 25,19; 36,1[.9]; 37,2). Nella storia dei patriarchi esse si trovano come soprascritta prima della storia dei figli del personaggio menzionato nella formula, o prima dell'enumerazione dei suoi discendenti (o in entrambi i casi). A questa soprascritta corrisponde, come secondo elemento della cornice (salvo che nel caso di Esaù), una notazione sulla morte e (quando si tratta del filone principale dei patriarchi israeliti) sulla sepoltura del patriarca da parte dei suoi figli, cfr. 25,17; 35,29; 49,33 e 50,13; nel testo attuale, nelle notizie sulle sepolture, si trovano rimandi a Gen. 23; questo racconto, tuttavia, può avere una sua storia autonoma, indipendente rispetto alla rielaborazione sacerdotale). Soltanto nel caso di Abramo "manca" la soprascritta con *tol^{e}dot* corrispondente alla nota finale (25,8 ss.) (la formula si trova invece in 11,27, riferita al nome di Terah): ciò risulta evidentemente dal riordino del materiale della tradizione; la soprascritta col nome di Abramo dovrebbe introdurre la storia di Isacco il cui nucleo principale (cap. 26), è però incorporato nella storia di Giacobbe.

È chiaro che i vari brani «sacerdotali» proseguono la tradizione preesistente e non fanno affatto parte di una «narrazione» indipendente, come invece si ritiene frequentemente (cfr. CROSS).

Al più tardi con lo strato «sacerdotale» di rielaborazione, anche la storia delle origini (si veda quanto detto sopra su 1,1 - 2,3 e il cap. 9) e la storia dei patriarchi vengono a costituire un complesso concatenato. Dal punto di vista del contenuto, la forma finale «canonica» della Genesi procede così dalla creazione alla salvezza (CHILDS).

Bibliografia

Commentari: DILLMANN (KeH) 1875, 1892^{6}; KEIL (CB), *Genesis und Exodus* 1878^{3} (1983^{4}); DELITZSCH 1887; HOLZINGER (KHC) 1898; GUNKEL (HK) 1902, 1919^{3} (1977^{9}); SKINNER (ICC) 1910, 1930^{2}; PROCKSCH (KAT) 1913, 1924$^{2.3}$; JACOB 1934; ZIMMERLI (ZBK) I 1943, 1967^{3} (1984^{4}); II 1976; v. RAD (ATD) 1949-1953 (1981^{11}), 1972^{9} (1976^{10}) trad. it. 1978; CASSUTO I 1961, II 1964; SPEISER (AB) 1964; WESTERMANN (BK) I 1974, 1976^{2}; II 1981; III 1982; trad. it. Casale, 1989.

E. BLUM, *Die Komposition der Vätergeschichthe*, 1984; W.M. CLARK, *The Flood and the Structure of the Pre-patriarchal History*, in ZAW 83, 1971, 184-211; F.M. CROSS, *The Priestly Work*, in *Canaanite Myth and Hebrew Epic*, 1973, 293-352; F. CRÜSEMANN, *Der Widerstand gegen das Königtum. Die antiköniglichen Texte des Alten Testaments und der Kampf um den frühen israelitischen Staat*, 1978; IDEM, *Die Eigenständigkeit der Urgeschichte. Ein Beitrag zur Diskussion um den «Jahwisten»* in *Die Botschaft und die Boten, FS H.W. Wolff*, 1981, 11-29; H. DON-

NER, *Die literarische Gestalt der alttestamentlichen Josephgeschichte*, 1976; G. VON RAD, *Josephgeschichte und ältere Chokma*, in VT.S 1, 1953, 120-127 (= *Ges. St.* I, 272-280); R. RENDTORFF, *Genesis 8,21 und die Urgeschichte des Jahwisten*, in KuD 7, 1961, 69-78 (= *Ges. St.*, 188-197); IDEM, *Das überlieferungsgeschichtliche Problem des Pentateuch*, 1977; IDEM, *Genesis 15 im Rahmen der theologischen Bearbeitung der Vätergeschichten*, in *Werden und Wirken des Alten Testaments, FS C. Westermann*, 1980, 74-81; C. WESTERMANN, *Genesis 1-11*, 1972, 1985³; *Genesis 12-50*, 1975 (storia della ricerca).
STEUERNAGEL, par. 36, 37; CHILDS VI.
Cfr. anche la Bibliografia in I.3.1 e III.1.6.

1.2 Il libro dell'Esodo

Con l'inizio del libro dell'Esodo, si verifica un profondo cambiamento nei presupposti del racconto. Nella storia dei patriarchi, gli attori erano sempre figure singole, mentre ora fa la sua comparsa il *popolo*. Il passaggio viene chiaramente sottolineato fin dall'inizio: dalle 70 «anime» della famiglia di Giacobbe e dei suoi figli (1,1-5), si passa agli «israeliti» (v. 7 *bᵉne jiśra'el*; Lutero [e Riveduta, *N.d.T.*] «figli d'Israele») oppure al «popolo degli israeliti» (v. 9) che riempie l'intero paese. Israele come popolo

Si modifica però anche il modo di raccontare. Soltanto di rado, alcuni pochi personaggi singoli fanno la loro comparsa gli uni accanto agli altri (ad es. in 2,1-10.11-15a.15b-22). Il più delle volte è il popolo stesso a essere uno dei partner. A volte il popolo si trova da solo di fronte agli egiziani oppure di fronte al faraone (ad es. 1,8-14) oppure viene rappresentato da anonimi portavoce (5,15-18); più spesso è Mosè a rappresentare il popolo, spesso unitamente ad Aronne (in particolare nei capp. 7 ss.). Mosè, tuttavia, non rappresenta il popolo soltanto verso l'esterno; molti testi riferiscono di una contrapposizione «interna» fra Mosè (e Aronne) e gli israeliti e dei dubbi e della mancanza di fede di quegli ultimi (così, a mo' di anticipazione, 4,1 ss.; poi 5,19 ss.; 6,9; 14,10 ss.; 16; 17,1-7; 32). Perciò questi racconti hanno anche – in modo molto più marcato di quanto non accada nelle saghe dei patriarchi o nelle saghe su eroi nel libro dei Giudici – una tematica ampiamente «teologica»: l'oppressione degli israeliti (capp. 1 s.) costituisce il presupposto della promessa di salvezza (capp. 3 s.). Il seguito tratta in sostanza soltanto di come Dio realizza il suo piano per la salvezza d'Israele, e di come gli israeliti reagiscono alle insidie che trovano sul cammino. → 28 ss. → 199 → 122 s. 125

È dubbio in che misura si possa qui presupporre l'esistenza di singole saghe. Si trovano soltanto pochi racconti singoli chiaramente de-

limitabili (ad es. 2,1-10.15b-22; 17,1-7.8-16). Il cap. 3 inizia come una
→ 137 saga eziologica su un luogo sacro (vv. 1-6) ma poi prosegue in un discorso divino di ampio respiro, che conduce alla vocazione di Mosè (fino a 4,31). Altri racconti sono così fortemente influenzati dal contesto più ampio che non possiedono alcuna struttura narrativa indipendente (ad es. 1,15-22; 2,11-15a). In 7,8 inizia un grande complesso narrativo sulle «piaghe» che, dopo una chiusa provvisoria in 10,28 s., trova la sua prosecuzione nel racconto dell'ultima piaga (uccisione dei primogeniti), nella resa del faraone e nell'esodo dall'Egitto (11,1 - 13,16); a questo si collega immediatamente il racconto del passaggio
→ 28 del Mar delle Canne e della liberazione dagli inseguitori egiziani (13,17 - 14,31). È evidente che qui, in confronto alla storia dei patriarchi, so-
→ 189 ss. no stati usati meno brani di tradizione già indipendenti e strutturati. In questo fatto sta anche una delle ragioni essenziali per cui, nella tradizione dell'esodo, non è più possibile ripercorrere con chiarezza i vari stadi dello sviluppo del testo.

Esodo La prima parte del libro dell'Esodo (1-15) è tutta protesa verso l'*e-*
→ 28. 136 *sodo* dall'Egitto, che è strettamente collegato con *Pesach*. Per questo, si è persino voluto interpretare questa intera sezione come leggenda cultuale della festa di Pesach (PEDERSEN). È senz'altro ipotizzabile che, nel quadro della festa di Pesach/Mazzot, i testi siano stati letti e forse anche «drammatizzati» nel culto. Ma l'attuale versione di questi capitoli testimonia di un lavoro di redazione teologica molto meditato: dopo la descrizione dell'oppressione, viene segnata una svolta, affermando che Jhwh ode il lamento degli israeliti e si ricorda del suo patto con i patriarchi (2,23-25); quando Mosè annuncia la salvezza agli israeliti, essi «credono» (4,31). Questa menzione della fede viene poi ripresa con enfasi dopo la liberazione dagli inseguitori
→ 199. 28 egiziani al Mar delle Canne (14,31). Si ottiene così una chiusa molto evidente. Il canto di 15,1-18 (19-21) è collocato in questa posizione co-
→ 141 s. me eco innica dell'evento, ma forse anche a causa di un corrispondente uso liturgico.

In Es. 15,22 si parla di una nuova partenza degli israeliti. Dopo quanto detto fino a questo punto, meta del loro viaggio è la terra lo-
→ 30 ss. ro promessa da Dio. Ma essi giungono dapprima al Sinai, il che, da un punto di vista geografico, rappresenta una deviazione enorme. A ciò corrisponde il fatto notevole, su cui VON RAD (1938) ha richiamato l'attenzione, che, in un certo numero di brani a forma di credo, alla liberazione dall'Egitto segue immediatamente l'ingresso nella terra promessa (Deut. 26,5-9; 6,20-25, cfr. I Sam. 12,8; Es. 15,12 s.; Sal. 135,8-12). In altri testi, fra questi due momenti si parla anche più o meno diffusamente del cammino nel deserto (ad es. Gios. 24,7; Sal. 78,52b; 136,16; 105,40 s.; Ger. 2,6; Am. 2,10); ma anche qui manca la menzione del Sinai.

Di conseguenza, gli eventi del Sinai, almeno per quanto riguarda il loro nucleo, costituiscono chiaramente una tradizione indipendente che, da un punto di vista narrativo, non è stata fin dall'inizio collegata con la liberazione dall'Egitto. Considerandone il carattere marcatamente cultuale, si è portati a ravvisare la ragione di questa indipendenza in un particolare uso cultuale della tradizione del Sinai (spesso si usa qui l'espressione «pericope sinaitica», presa a prestito dalla liturgia). Sinai

Il racconto sul *soggiorno al Sinai*, è una costruzione estremamente complessa e al tempo stesso la più ampia sezione compiuta all'interno del Pentateuco (Es. 19,1 - Num. 10,10). La parte più cospicua di questa sezione è costituita da varie raccolte di leggi e prescrizioni cultuali di varia natura e origine, che si trovano ora inserite in un quadro narrativo. → 30 ss.

Es. 19-24 costituisce la prima sezione indipendente. Questi capitoli contengono due brani legali: il *decalogo* (10,1-17) e il *libro del patto* (20,22 - 23,19; il nome deriva dal 24,7).

Il decalogo che si trova anche, con varianti di poco conto, in Deut. 5,6-18(21), contiene una serie di proibizioni, le cui singole sezioni iniziano prevalentemente con la particella negativa *lo'* = «non»; i comandamenti riguardanti la santificazione del Sabato e l'onore dovuto ai genitori sono invece formulati affermativamente. Non è possibile ricostruire una forma basilare unitaria. Il fatto che i comandamenti siano dieci è già presupposto in Es. 34,28 (cfr. Deut. 4,13); eppure la numerazione oscilla anche nella tradizione del testo biblico massoretico, come mostra il doppio sistema di accenti. Soprattutto è controverso se il divieto delle immagini (vv. 4 ss.) debba essere computato come (secondo) comandamento indipendente (con la conseguenza che allora il v. 17 contiene un solo comandamento). Dal punto di vista del contenuto, il decalogo contiene comandamenti e divieti cultuali (vv. 3-11) e interpersonali (vv. 12-17); esso abbraccia dunque un ambito più ampio di altre serie di divieti e va perciò inteso come sommario delle prescrizioni fondamentali. Decalogo → 33 s. 208 → 121. 132 → 33

Il libro del patto è una raccolta di norme giuridiche di natura molto varia. In 21,1 ss. si trovano prevalentemente norme giuridiche in forma casistica sul diritto degli schiavi (21,2-11), sulle ferite corporali (21,18-36, ai vv. 23 s. abbiamo la «formula del taglione») e sui reati contro la proprietà (21,37 - 22,16); in mezzo (21,12-17), una serie di norme apodittiche su trasgressioni passibili di pena di morte. Il libro del patto contiene inoltre prescrizioni religiose di varia natura: sugli idoli e sulla costruzione di altari (20,23-26), sulla stregoneria, sulle unioni illecite con animali, sui sacrifici agli dèi (22,17-19), sulla bestemmia e la maledizione (22,27), sulla carne di animali sbranati, cioè non macellati ritualmente (22,30), come pure indicazioni su offerte cultuali (22,28 s.) sull'anno sabbatico, sui giorni festivi, su feste e sacrifici (23,10-19); e inoltre prescrizioni sul comportamento nei confronti di stranieri, persone socialmente svantaggiate, e «nemici» (22,20-26; 23,4 s.9), come pure procedimenti giudiziari (23,1-3.6-8; su 23,20-33 vedi sotto). Libro del patto → 130 s. → 132 s. → 200

Il decalogo e il libro del patto sono stati inseriti in un quadro narrativo che, da parte sua, ha accolto ed elaborato elementi della tradizione di varia natura. In Es. 19 viene innanzitutto sottolineata la liberazione dall'Egitto come presupposto della imminente proclamazione della volontà divina (v. 4, cfr. anche 20,2), che viene così collocata nell'ampio contesto dell'azione di Dio nei confronti d'Israele. Seguono poi i preparativi per la proclamazione del decalogo, nei quali viene evidenziata in modo marcato la posizione particolare di Mosè in quanto diretto destinatario (vv. 9.20 ecc.).

Mosè come mediatore

Dopo la proclamazione del decalogo, la posizione particolare di Mosè viene ancora rafforzata con la menzione del timore del popolo (20,18-21). In questo modo, si compie al tempo stesso una distinzione fra il decalogo e le leggi che seguono nel libro del patto: sono state date tutte al Sinai ma, siccome il popolo è preso da timore di fronte alla voce divina, soltanto Mosè riceve le altre leggi per poi trasmetterle al popolo. Così, il decalogo costituisce il fondamento e tutto ciò che segue ne è lo sviluppo – e Mosè è il mediatore. Infine, nel cap. 24, l'intera proclamazione della legge viene chiusa con la solenne stipulazione di un patto (di nuovo riprendendo tradizioni di varia natura); in 24,7 s. vengono riprese le fondamentali parole d'ordine di 19,5 «patto» e «prestare ascolto alla voce di Jhwh». I capp. 19-24 costituiscono dunque un complesso unitario.

→ 208

→ 192 s.

Decalogo cultuale

In Es. 34 si trova un altro «decalogo» (34,10-26, spesso definito *decalogo cultuale*), anch'esso inserito nel quadro della stipulazione di un patto (vv. 10 e 27).

Il brano 34,10-26 presenta paralleli letterali con il libro del patto e soprattutto con 23,12-19 (anche se i singoli comandamenti compaiono in un ordine diverso) e con 22,28 s. I primi due comandamenti (34,14.17) corrispondono al primo (oppure ai primi due) comandamento(i) del decalogo (20,3-5; in relazione a 34,17 cfr. anche 20,23). Questo è un segno dal fatto che singoli comandamenti e divieti venivano spesso tramandati all'interno di più raccolte.

→ 33. 197

Vitello d'oro

→ 64 s.

Anche questo capitolo è stato inserito in un contesto narrativo e collegato alla tradizione dell'apostasia degli israeliti da Jhwh con l'erezione del «vitello d'oro» (cap. 32). In questo modo, i capp. 32-34 costituiscono ora un blocco narrativo a sé che tratta della violazione e del rinnovamento del patto. Nell'attuale versione «canonica» della pericope sinaitica, si esprime così il fatto che all'inizio non sta un'epoca ideale in cui Israele era obbediente, ma c'è piuttosto la rottura del patto e il fatto che il patto rinnovato, e da allora sempre valido, si basa sulla grazia e sul perdono di Dio (CHILDS, 175 s.).

Infine, le sezioni Es. 25-31 e 35-40 si stagliano molto nettamente dal loro contesto. Esse contengono le istruzioni che Mosè riceve da Dio sul Sinai (25-31) riguardo alla costruzione del santuario, all'instaurazione del culto, e il racconto della esecuzione della costruzione (35-40) che ha il suo seguito nel libro del Levitico (Lev. 8 riferisce l'esecuzione della consacrazione dei sacerdoti, prescritta in Es. 29). Questi testi fanno parte di una tradizione sacerdotale, centrata sul culto e sui precisi dettagli del suo svolgimento. Tradizioni cultuali → 37 → 193. 221 s.

L'inserimento di questi testi nell'attuale posizione è chiaramente ponderato. Dopo la stipulazione del patto, Mosè viene nuovamente chiamato sul Sinai (24,12 ss.), dove riceve le istruzioni per il santuario e per il culto. Mentre egli rimane quaranta giorni e quaranta notti sul Sinai (v. 18), si compie l'apostasia del popolo (32,1 ss.). Soltanto dopo il ristabilimento del patto (34) viene intrapresa la costruzione del santuario (35 ss.). L'instaurazione e l'avvio del culto trovano la loro conclusione nelle istruzioni sul giorno dell'espiazione (Lev. → 202
16), nel quale il santuario viene regolarmente purificato da ogni impurità, trasgressione e peccato degli israeliti (v. 16).

Un ulteriore legame è dato dal fatto che la nuvola, che in un primo tempo avvolge il Sinai e nasconde la «gloria» (*kabod*) di Dio (Es. → 278
24,15-18), dopo l'erezione del santuario vi si trasferisce (40,34 s.). D'ora in avanti, la presenza di Dio, espressa nella sua *kabod*, accompa- → 204
gna Israele nel suo peregrinare nel deserto (in 40,36-38 vi è stata collegata anche la tradizione della colonna di nuvola e di fuoco, cfr. Es. 13,21 s., 14,19 s. 24; Num. 9,15-22; 10,11 s. ecc.).

Rimane ancora la sezione Es. 15,22 - 18,27 che si trova ora tra l'uscita dall'Egitto e l'arrivo al Sinai. I testi qui riuniti trattano tutti del Deserto → 34 ss.
soggiorno nel deserto. Alcuni dei racconti sono legati a determinate località e in origine sono probabilmente stati tramandati come eziologie locali (Mara 15,23; Massah e Meribah 17,7; inoltre Elim 15,27; Re- → 135
difim 17,1.8). Nella loro forma attuale, i testi sono collegati dalla «mormorazione» degli israeliti contro Mosè (e Aronne) (15,24; 16,2.7-9.12; «Mormorazioni» → 34 s. 205
17,3). La mormorazione è motivata dalla sete (15,24; 17,3) o dalla fame (16,3), e vi si unisce il rimprovero mosso a Mosè per aver tratto fuori gli israeliti dall'Egitto e averli portati nella condizione in cui si trovano (cfr. anche 14,11 s.). In ultima analisi, la mormorazione è dunque rivolta contro Dio stesso (cfr. COATS) e costituisce un forte contrasto con la «fede» degli israeliti dopo la liberazione al Mar delle → 196
Canne (14,31 dove si parla di fede in Ihwh *e* in Mosè). D'altro lato, essa prepara l'apostasia degli israeliti al Sinai che contiene anch'essa un elemento di opposizione a Mosè (32,1).

Soltanto Es. 18 non contiene il motivo della mormorazione, ma i racconti collegati con la figura di Jethro non si lasciavano collocare altrove.

Collegamento alla Genesi → 192 s. 221

Nel corso dell'attività redazionale, il libro dell'Esodo è stato collegato alla Genesi in vari modi. Alcuni espliciti richiami e anticipazioni recano i tratti dello stile deuteronomistico: in Gen. 50,24, prima della sua morte, Giuseppe annuncia che Jhwh ricondurrà gli israeliti dall'Egitto «nella terra che egli ha giurato ad Abramo, a Isacco e Giacobbe». Con la stessa formula, in Es. 33,1, Mosè riceve da Jhwh l'ordine di guidare il popolo nella terra promessa ai padri.

Questo richiamo alla promessa della terra fatta ai patriarchi si trova anche nella preghiera di intercessione di Mosè dopo la violazione del patto (32,13, unitamente alla promessa di discendenza, cfr. Gen. 22,17; per la promessa della terra cfr. inoltre Es. 13,5.11).

mal'ak Jhwh

L'ordine di mettersi in marcia verso la terra promessa ai padri è collegato in Es. 33,2 con la promessa che Jhwh manderà un angelo (*mal'ak*) davanti a Mosè. La stessa promessa si trova in Es. 32,34, dopo l'esaudimento della preghiera di intercessione di Mosè (v. 13). Evidentemente, anche la figura dell'angelo-guida appartiene a questo strato di rielaborazione deuteronomistica. Quindi, anche la chiusa → 198 parenetica del libro del patto (Es. 23,20-33), in cui l'angelo-guida viene menzionato due volte (v. 20.23), è da attribuire a questo strato. Il fatto che Dio riconduca Israele nella terra promessa ai padri è uno degli elementi fondamentali della teologia deuteronomica (cfr. Deut. 1,8; 6,10 ecc.).

Un ulteriore collegamento con la storia dei patriarchi appare in → 221 s. Es. 2,23-25 e 6,2-8, dove si richiama il «patto» di Jhwh con i patriarchi. Soprattutto il secondo di questi testi si rivela strettamente appa- → 193 s. rentato con Gen. 17 (cfr. però anche Es. 31,12-17) ed è perciò da attribuire allo strato sacerdotale di rielaborazione. Evidentemente, anche questo strato di rielaborazione voleva accentuare ancora una volta il legame della storia dei patriarchi con la tradizione di Mosè.

Un altro tentativo di suddivisione del libro dell'Esodo si trova in WEIMAR - ZENGER (11-15; cfr. ZENGER 1981, 477 ss.).

Bibliografia

Commentari: KEIL (CB), *Genesis und Exodus* 1878^3 (1983^4), HOLZINGER (KHC) 1900; BAENTSCH (HK) 1903; GRESSMANN (SAT) 1914, 1922^2; HEINISCH (HS) 1934; BEER (HAT) 1939; NOTH (ATD) 1959 (1986^5) trad. it. 1977; CASSUTO 1967; CHILDS (OTL) 1974; SCHMIDT (BK) 1974 ss.

G.W. COATS, *Rebellion in the Wilderness. The Murmuring Motif in the Wilderness Traditions of the Old Testament*, 1968; V. FRITZ, *Israel in der Wüste*, 1970; M. GREENBERG, *The Thematic Unity of Exodus III-XI*, in *Fourth World Congress of Jewish Studies* I, 1967, 151-159; H. GRESSMANN, *Mose und seine Zeit. Ein Kommentar zu den Mose-Sagen*, 1913; A. JEPSEN, *Untersuchungen zum Bundesbuch*, 1927; J. PEDERSEN, *Passahfest und Passahlegende*, in ZAW 52, 1934, 161-175; G.

v. RAD, *Das formgeschichtliche Problem des Hexateuch*, 1938 (= *Ges. St.* I, 9-86); IDEM, *Beobachtungen zur Moseerzählung Exodus 1-14*, in EvTh 31, 1971, 579-588 (= *Ges. St.* II, 189-198); A. REICHERT, *Der Jahwist und die sogenannten deuteronomistischen Erweiterungen im Buch Exodus*, Tesi dott. Tübingen, 1972; H. SCHMID, *Die Gestalt des Mose. Probleme alttestamentlicher Forschung unter Berücksichtigung der Pentateuchkrise*, 1986; P. WEIMAR - E. ZENGER, *Exodus. Geschichten und Geschichte der Befreitung Israels*, 1975; IDEM, *Tradition und Interpretazion in Exodus XI 1-21*, in VT.S 32, 1981, 452-483.
STEUERNAGEL, par. 38-40; CHILDS VII.
Cfr. anche la Bibliografia in I.3.2 e III.1.6.

1.3 Il libro del Levitico

Il libro del Levitico contiene quasi esclusivamente materiale legale, che tratta prevalentemente di questioni cultuali. Anche i rari brani narrativi affrontano temi cultuali: l'esecuzione della consacrazione di sacerdoti prescritta in Es. 29 (Lev. 8) e il primo sacrificio generale sull'altare appena eretto (Lev. 9), due brevi racconti sul problema del corretto svolgimento di un sacrificio (10,1-5 e 16,20), come pure un racconto su come trattare un bestemmiatore (24,10-14.23).

I testi raggruppati nel libro del Levitico sono di vario genere e di varia origine. Essi sono stati riuniti qui evidentemente con l'intenzione di presentare l'intera normativa cultuale come data da Mosè al Sinai (26,46, cfr. 7,38; 25,1; 27,34). Si possono ancora individuare chiaramente varie raccolte parziali, che non sono state realizzate per l'attuale contesto e che in un primo tempo furono tramandate più o meno indipendentemente.

I capp. 1-7 del Levitico contengono una serie di *prescrizioni sui sacrifici*, a loro volta suddivise in rituali per i sacrifici (1-5) e ulteriori disposizioni esecutive (6 s.). Queste prescrizioni rispecchiano diversi stadi della storia del culto sacrificale israelitico: ciò appare soprattutto dal fatto che, nelle due sezioni, la sequenza dei tipi di sacrifici è diversa: il «sacrificio per il peccato» e il «sacrificio di riparazione», dall'ultimo posto (4 s.), vengono spostati in avanti (6,1 - 7,7). Sacrifici → 139

Un'ulteriore sezione è costituita dalle prescrizioni per la purità, contenute nei capp. 11-15. La raccolta si compone di singoli capitoli dedicati agli animali puri e impuri (11, cfr. Deut. 14,3-21), alla purificazione della donna dopo la nascita di un figlio (12), alla lebbra e ad altre piaghe ed eruzioni su uomini, vestiti e case (13 s.) e all'impurità causata da efflussi dal corpo umano (15). Un tempo, questi capitoli hanno certo costituito una raccolta indipendente, come mostra il fatto che ogni sezione abbia una chiusa contenente la parola *torah* (11,46; 12,7; 13,59; 14,32.54.57; 15,32). Purità → 140 → 140

Legge di Santità

I capitoli 17-26 del Levitico vengono per lo più definiti «*legge di santità*» e considerati una raccolta di leggi indipendente. Al tempo stesso, si sottolinea però sempre che non si riesce a riscontrare in questa collezione una logica interna. Per questo, in tempi recenti, l'esistenza di questa «legge di santità» è stata più volte messa in questione (cfr. WAGNER). E in effetti, i vari capitoli mostrano caratteristiche molto diverse. Inoltre, la parola chiave «santo» (*kadosh*), da cui deriva questa denominazione (cfr. 19,2), si trova, all'interno di questo gruppo di testi, soltanto nei capp. 19-22 (19,2; 20,7 s.26; 21,6-8.15.23; 22,9.16.32); comunque, si trova anche al di fuori (ad es. 11,44 s.). Difficilmente dunque Lev. 17-26 potrà essere considerato una raccolta indipendente.

Anche i capitoli 17-20 del Levitico trattano di *impurità cultuale*, ma comunque soprattutto di quella che non può essere rimossa. Perciò, viene qui ripetutamente affermato che il trasgressore di determinate prescrizioni deve essere «estirpato» dal popolo e dalla comunità religiosa (17,4.9.10.14; 18,29; 19,8: 20,3.5.6.17 s.). Queste contaminazioni «irreparabili» (WAGNER) possono derivare da trasgressioni di prescrizioni sui sacrifici o da ingestione di sangue (17), da rapporti sessuali illeciti (18), da delitti passibili di pena di morte (10; nel cap. 19 sono raccolte prescrizioni di vario genere, le cui affinità non sono più riconoscibili con chiarezza). Lev. 21 s. trattano ancora di particolari prescrizioni di purità per sacerdoti (21) e offerte sacrificali (22).

Giorno dell'espiazione → 136

La distinzione tra contaminazioni riparabili e irreparabili chiarisce anche la posizione di Lev. 16, la regolamentazione del «giorno dell'espiazione» (*jom ha-kippurim*, cfr. Lev. 23,27 s.) tra i capp. 11-15 e 17 ss.: tutte le rimozioni di impurità trovano la loro conclusione e il loro punto più alto nella grande manifestazione annuale di espiazione in cui, al tempo stesso, il santuario viene purificato dalle contaminazioni derivanti da trasgressioni non espiabili.

→ 138 s. In Lev. 23-25 sono raccolte soprattutto *prescrizioni riguardanti il calendario*: il calendario dei sacrifici (23), completato da prescrizioni riguardanti il candelabro e i pani della presentazione (24,1-9); prescri-
→ 212 zioni sull'anno sabbatico (25,1-7) e l'anno giubilare (8-31). In 24,15-22, nel racconto sul modo di trattare il bestemmiatore (24,10-14.23) sono inserite altre prescrizioni su crimini passibili di pena di morte.

Queste diverse raccolte si trovano ora in un quadro più ampio, che abbraccia anche parti del libro dell'Esodo. Lev. 26, capitolo conclusivo, è probabilmente concepito come *chiusa dell'intera normativa sinaitica* (cfr. v. 4. 46; in 27,34 viene ripetuto dopo una aggiunta). Lev. 26 riprende disposizioni fondamentali: il divieto di immagini di di-
→ 197 vinità, dal decalogo (Lev. 26,1, cfr. Es. 20,4 s.), e il comandamento del Sabato (Lev. 26,2, cfr. Es. 31,12 ss.). Inoltre, promette a Israele benedizione in caso di adempimento (vv. 3-13) e disgrazia per il non adem-
→ 212 s. pimento (vv. 14-38) della legge impartita al Sinai e infine manifesta

l'attesa che i «superstiti» d'Israele si convertano e che Jhwh «si ricordi» del suo patto (vv. 39-45).

Qui riecheggiano espressioni di testi sacerdotali precedenti (ad es. → 200
Es. 6,2-8). Esse mostrano che questo strato di rielaborazione non ha collegato l'avvenimento dell'esodo soltanto con quanto precede, cioè con la storia dei patriarchi e la storia delle origini, ma anche con ciò che segue, cioè con il dono della legge e con l'istituzione del culto al Sinai. Al tempo stesso, appaiono evidenti relazioni con la terminologia deuteronomico-deuteronomistica, ad esempio quando si parla di osservanza di precetti e comandamenti ecc. (Lev. 26,3.14 s.43; ma anche 18,4 s.26; 19,19.37 ecc.). Questi rapporti tra la tradizione dueteronomico-deuteronomistica e quella sacerdotale necessitano di essere ulteriormente chiariti (THIEL, 68 ss.).

Bibliografia

Commentari: BERTHOLET (KHC) 1901; BAENTSCH (HK) 1903; HEINISCH (HS) 1935; NOTH (ATD) 1962 (1978^4); ELLIGER (HAT) 1966; RENDTORFF (BK) 1985 ss.

R. KILIAN, *Literarkritische und formgeschichtliche Untersuchung des Heiligkeitsgesetzes*, 1963; K. KOCH, *Die Priesterschrift von Exodus 25 bis Leviticus 16*, 1959; G. V. RAD, *Formgeschichtliches zum Heiligkeitsgesetz*, in *Deuteronomiumstudien*, 1948^2, 17-25 (= *Ges. St.* II, 118-126); R. RENDTORFF, *Die Gesetze in der Priesterschrift*, 1963^2; IDEM, *Studien zur Geschichte des Opfers im Alten Israel*, 1967; W. THIEL, *Erwägungen zum Alter des Heiligkeitsgesetzes*, in ZAW 81, 1969, 40-73; V. WAGNER, *Zur Existenz des sogenannten «Heiligkeitsgesetzes»*, in ZAW 86, 1974, 307-316.

STEUERNAGEL, par. 40,41; EISSFELDT, par. 35; SMEND, par. 10; CHILDS VIII.

Cfr. anche le Bibliografie in II.4 e III.1.6.

1.4 Il libro dei Numeri

Di tutti i libri del Pentateuco, quello dei Numeri è il più difficile da abbracciare con lo sguardo. Contiene vari materiali molto diversi e nel complesso appare piuttosto eterogeneo. È anche difficile individuarne la struttura. Una chiara cesura si trova dopo Num. 10,10: gli israeliti lasciano il Sinai. La prima parte del libro fa dunque parte della «pericope sinaitica» in senso lato, che inizia con Esodo 19,1. → 197
La parte successiva tratta innanzitutto del soggiorno d'Israele nel de- → 198
serto ed è perciò in relazione con Es. 15,22 - 18,27. Il racconto prosegue poi col tema della conquista della Transgiordania, cosicché, con

Num. 20,14, inizia una nuova sezione (alcuni esegeti collocano la cesura in o alla fine di Num. 21).

Leggi cultuali La sezione *Num 1,1 - 10,10* contiene di nuovo prevalentemente prescrizioni di normativa cultuale, che mostrano evidenti affinità con testi dei libri dell'Esodo e del Levitico.

In alcuni casi si tratta di aggiunte a prescrizioni precedenti: Num. 5,5-10
→ 139 completa Lev. 5,20-26 in riferimento alla porzione del sacrificio *'asham* che tocca al sacerdote (vv. 8-10); Num. 8,1-4 ripete in forma abbreviata Es. 25,31-40 e 37,17-24; Num. 8,5-22 riprende le prescrizioni sulla consacrazione dei leviti di 3,5-13, dal particolare punto di vista della «purificazione» (vv. 6 s. 15.21): Num. 9,1-14 completa le prescrizioni per Pesach di Esodo 12, soprattutto in riferimento ai partecipanti al culto che al tempo della festa so-
→ 138 no «impuri» (vv. 6 ss.).

→ 140 La parola chiave «purità» domina l'intera sezione. I capp. 1-4 trattano di un censimento degli israeliti e della loro disposizione in un unico grande accampamento, in cui essi si raggruppano per tribù e
→ 37. 199 si dispongono intorno al santuario (la «tenda del convegno») orientati secondo i quattro punti cardinali. Secondo 5,1-4, il carattere di questo accampamento, inteso come territorio sacro in cui Dio stesso «dimora» (v. 3), deve essere garantito con l'espulsione dal campo di tutte le persone «impure» dal punto di vista cultuale.

È chiaramente sotto questo punto di vista che sono state raccolte qui le prescrizioni che seguono: si tratta del problema della impurità nel caso del sospetto adulterio da parte della donna (5,11-31), nel caso dei nazirei (cap. 6), della consacrazione dei leviti (8,5-22) e di Pesach (9,1-14). La santità dell'accampamento e la presenza di Jhwh vengono ancora evidenziate con la *benedizione sacerdotale* (6,22-27), col parlare di Jhwh dalla piastra che copre l'arca (7,89, cfr. Es. 25,22) e con la nuvola che copre il santuario (9,15 ss.).

Questo ultimo elemento è una ripresa di Es. 40,2.34-38. Questo
Concezione getta un fascio di luce sulla *concezione globale della pericope sinaitica*. La normativa cultuale di Lev. 1,1 - Num. 9,14 costituisce per così dire un momento ritardante: in essa vengono date tutte le prescrizioni necessarie agli israeliti perché essi possano procedere nel deserto come popolo scelto e santificato per Dio, con il santuario in mezzo a loro. Già in Es. 40,34-38 si parla della nuvola, nella sua duplice funzione di occultamento del *kabod* (gloria) divino che riempie il santuario e di guida del popolo d'Israele sul suo cammino. Questo secondo aspetto passa in primo piano in Num. 9,15-23, dove, dal rac-
→ 199 conto dell'esodo (Es. 13,21 s.; 14,19 s.24), viene ripresa e sviluppata la tradizione della colonna di nuvola e di fuoco. La nuvola ora fornisce il segnale di partire o di accamparsi, di modo che il cammino

degli israeliti si compie esattamente in conformità alle indicazioni di Jhwh. I segnali delle trombe d'argento servono – oltre che ad altre funzioni – a garantire un ordinato svolgimento della partenza (Num. 10,1-10).

Con Num. 10,11 comincia la marcia di Israele attraverso il deserto che ha la sua meta provvisoria nelle «steppe di Moab» (22,1), dove più tardi Mosè muore (Deut. 34,1.8). In Num. 20,14, con l'invio di messaggeri al re di Edom, inizia la marcia diretta verso la meta della terra promessa. Deserto → 198 s.

In *Num. 10,11 - 20,13* sono nuovamente contenuti testi narrativi che, per certi aspetti, sono molto prossimi ai racconti su Israele nel deserto in Es. 15,22 - 18,27 (cfr. ad es. i racconti paralleli di Es. 17,1-7 e Num. 20,1-13). In entrambe le sezioni, in primo piano sta la *ribellione degli israeliti contro Mosè* e quindi anche contro Jhwh. Anche nei testi di Numeri si parla di «mormorazioni» da parte degli israeliti → 34 s. 199 (14,2.27.29.36; 16,11; 17,6.20.25); questa espressione non appare però qui collegata alle lamentele per la fame e la sete patite (cfr. 11,4-6; 20,2-5; 21,5), ma, da un lato, alla protesta per la pericolosità del cammino che conduce alla terra promessa (14,2 s.) e, dall'altro, alla protesta contro la preminenza di Mosè (16,1-11; 17,6, cfr. cap. 12). Qui, dunque, la ribellione degli israeliti alla volontà di Jhwh risalta molto maggiormente (cfr. COATS). In questo, il concetto di «santità» svolge un ruolo importante (11,18; 16,3.5.7; 17,2 s.; 20,12 s.)

Con questa stessa ottica, evidentemente sono stati introdotti anche i brani di normativa cultuale che si trovano in questa sezione. Num. 15 contiene normative complementari sui sacrifici, che si riferiscono a sacrifici aggiuntivi a quelli animali (vv. 1-16, cfr. Lev. 2 e → 139 s. 7,11 ss.) e al sacrificio per i peccati (vv. 22-31, cfr. Lev. 4 s.); il capitolo si conclude con l'esortazione rivolta agli israeliti ad attenersi ai comandamenti di Jhwh e a essere «santi» per lui (v. 40). L'accentuazione del perdono «per l'intera comunità degli israeliti» (15,26), nell'attuale contesto, si riferisce forse al peccato degli israeliti nella «storia degli ambasciatori» dei capp. 13 s. Più evidente è il rapporto del → 39 cap. 18 con la rivolta dei corachiti narrata in precedenza (cap. 16 s.); una attenta osservanza delle prescrizioni di servizio dei sacerdoti deve garantire che l'ira di Dio non si abbatta ancora una volta contro gli israeliti (18,5, cfr. CHILDS, 198). Il termine «santo» percorre l'intero capitolo (18,3.5.9.10.19.32). Infine, anche l'acqua di purificazione, preparata con le ceneri di una mucca rossa (cap. 19), deve rimuovere impurità cultuali degli israeliti, che potrebbero minacciarne il futuro.

Il racconto del miracolo delle acque di Meribah in Num. 20,1-13 → 199 segna una chiara cesura: a causa della loro «incredulità» (che secondo il racconto consiste probabilmente nel fatto che essi non hanno «parlato» con la roccia, come Dio, secondo il v. 8, aveva ordinato loro, ma hanno utilizzato il bastone per compiere il miracolo, v. 11), Mosè e Aronne non possono pervenire nella terra promessa (v. 12, cfr. v. 24 e 17,14). Perciò fanno anche loro parte della generazione che deve morire nel deserto (14,22 s.29 ss.).

Leggi cultuali

Anche la sezione *Num. 20,14 - 36,13* contiene nuovamente elementi narrativi e di normativa cultuale. Nella prima parte, predominano i racconti, aventi tutti a che fare con gli ostacoli e i pericoli *sul cammino verso la terra promessa*. Si raccontano i contrasti con cinque re, dei quali gli israeliti vogliono attraversare i territori: con i re di Edom (20,14-21) e di Arad (21,1-3); con il re degli amorrei, Sihon (21,21-30) e con il re Og di Bashan (21,33-35), i cui territori vengono presi dagli israeliti; e, infine, con il re Balak di Moab, che invita il visionario Balaam a pronunciarsi contro Israele (22-24).

→ 39

Balaam

Il racconto di Balaam in Num. 22-24 costituisce un frammento letterario indipendente che ha dietro di sé una lunga storia della tradizione (cfr. GROSS). Spesso, i due detti di 24,3-9 e 15-19 vengono interpretati come i più antichi elogi di Israele, un tempo indipendenti; in essi, la «stella che sorge da Giacobbe» (24,17) potrebbe indicare Davide, mentre i due detti di 23,7-10 e 18-24 sono probabilmente stati formulati solo nel corso dell'ulteriore elaborazione del racconto.

Ulteriori pericoli sono rappresentati da un'invasione di serpenti, contro cui Mosè erige il «serpente di rame» (21,4-9; si tratta probabilmente dell'eziologia di un'immagine cultuale del Tempio di Gerusalemme, cfr. II Re 18,4) e dell'adescamento degli israeliti al culto di Baal da parte di donne moabite (cap. 25).

→ 76

Qui risulta una chiara cesura: nel cap. 26 si trova un nuovo censimento, in cui viene formalmente constatato (v. 64) che l'intera generazione censita al Sinai (cap. 1) non è più in vita, come Jhwh aveva annunciato (14,29). Con la *vocazione di Giosuè* quale successore di Mosè (27,12-23) questa epoca si chiude; anche qui, come già alla morte di Aronne (20,24), viene fatto un esplicito richiamo al peccato di Meribah (27,14).

Vocazione di Giosuè → 207 s.

L'elemento narrativo passa ora nettamente in secondo piano; soltanto nel cap. 31 si racconta di una campagna contro i madianiti, ma anche qui, in primo piano, stanno questioni rituali e di normativa cultuale. Oltre a ciò, si trovano prescrizioni legali: il grande calendario dei sacrifici di Num. 28 s. che appare qui quasi come un testamento di Mosè immediatamente dopo l'annuncio della sua morte (27,12-14); diverse indicazioni sulla posizione giuridica delle donne (27,1-11) e la versione «novellistica» al cap. 36; 30,2-17); qui, in 27,3, il problema del diritto ereditario è espressamente posto in relazione al contesto.

→ 138 s.

Per il resto, si tratta della *imminente conquista*: l'assegnazione del territorio alle tribù transgiordaniche (Num. 32), che proietta all'indietro, in epoca antica, un ampliamento dei territori delle tribù più tardivo; indicazioni sulla divisione dei territori in Cisgiordania (33,50 - 34,29); la delimitazione di città levitiche e città di rifugio (35); nel mezzo, si trova una lista delle varie tappe del cammino nel deserto (33), che deve essere complessivamente considerata come un tentativo posteriore di ricostruzione dell'itinerario, forse con l'utilizzo di un più antico itinerario di un «pellegrinaggio» al Sinai (NOTH). Il brano di Num. 33,50-56 e altri brani verso la fine del libro dei Numeri mostrano *forti tratti deuteronomistici*. Ciò rivela che essi, nella loro forma attuale, non sono stati collegati soltanto all'indietro, con gli altri libri del Pentateuco, ma anche in avanti, con i libri della «opera storiografica deuteronomistica». Evidentemente, non c'è stata soltanto una redazione complessiva del Pentateuco, ma anche una redazione più ampia che ha unito i due grandi complessi letterari.

Assegnazione del territorio → 42 ss.

→ 247 ss.

→ 221 s.

Bibliografia

Commentari: HOLZINGER (KHC) 1903; BAENTSCH (HK) 1903; GRAY (ICC) 1903 (1956); GRESSMANN (SAT) 1914, 1922²; HEINISCH (HS) 1936; NOTH (ATD) 1966 (1977³, 1982⁴).

G.W. COATS, *Rebellion in the Wilderness. The Murmuring Motif in the Wilderness Traditions of the Old Testament*, 1968; V. FRITZ, *Israel in der Wüste*, 1970; H. GRESSMANN, *Mose und seine Zeit. Ein Kommentar zu den Mose-Sagen*, 1913; W. GROSS, *Bileam. Literar- und formkritische Untersuchungen der Prosa in Numeri 22-24*, 1974; M. NOTH, *Überlieferungsgeschichtliche Studien*, 1943 (1973³), par. 23; IDEM, *Der Wallfahrtsweg zum Sinai (4. Mose 33)*, in PJ 36, 1940, 5-28 (= ABLA I, 55-74).

STEUERNAGEL, par. 42; CHILDS IX.

Cfr. anche le Bibliografie in I.4 e III.1.6.

1.5 Il Deuteronomio

Il Deuteronomio è un libro indipendente e in sé conchiuso, formulato come discorso di Mosè agli israeliti. Al tempo stesso esso è collegato con i libri del Pentateuco che lo precedono: il discorso di Mosè viene tenuto nel luogo «al di là del Giordano, nel paese di Moab» (Deut. 1,1.5), in cui si sono già svolti gli avvenimenti di cui si parla da Num. 22,1 in avanti, e il libro si conclude con la morte di Mosè e l'insediamento di Giosuè come suo successore, conformemente a

→ 206. 213 quanto annunciato in Num. 27,12 ss. Con l'insediamento di Giosuè, si realizza anche un collegamento con i libri che seguono.

Struttura

La struttura del Deuteronomio è chiaramente individuabile. Il libro inizia con un doppio discorso introduttivo (1,1 - 4,40 e 4,44 - 11,32), cui segue la vera e propria raccolta di leggi (capp. 12-26); la parte conclusiva (capp. 27-34) si compone di elementi diversi, e tra questi i capp. 28-30 sono formulati come discorso di Mosè e costituiscono così la conclusione del discorso che inizia in 1,1.

La presenza di un doppio discorso introduttivo è stata spesso avvertita come problematica. WELLHAUSEN vi vedeva un indizio dell'esistenza di due diverse «edizioni» del Deuteronomio, ciascuna con la propria introduzione distinta, che sarebbero poi state più tardi unite insieme. Altri pensano che 1,1 - 4,40 faccia parte di una «cornice», la cui seconda parte si trova nei capp. 31-34. NOTH, infine, ha sostenuto che 1,1 - 4,40 non funge da introduzione → 247 ss. al Deuteronomio stesso, ma all'«opera storiografica deuteronomistica», mentre 4,44 - 11,32 costituisce il vero e proprio discorso introduttivo al Deuteronomio. CHILDS ha però mostrato che anche il primo discorso introduttivo è orientato verso la legislazione che segue. I due discorsi provengono probabilmente da fasi diverse nella storia del Deuteronomio, ma ora sono elementi di una meditata composizione complessiva.

Discorsi introduttivi

Il *primo discorso introduttivo (1,1 - 4,40)* getta uno sguardo retrospettivo sulla storia d'Israele dal momento della partenza dallo Horeb (1-3; il nome Horeb è usato nel Deuteronomio per indicare il Sinai) → 31 e si conclude con una ampia parenesi (4,1-40). Il discorso è improntato a un pensiero conduttore chiaramente individuabile: la generazione dello Horeb non ha avuto fiducia nella promessa della terra e perciò non ha potuto entrare nel paese (1,19 - 2,15). La nuova generazione, che ha già sperimentato la guida divina e la vittoria sui re → 207 transgiordanici (2,16 - 3,21), dovrà in futuro adempiere nella terra promessa i comandamenti impartiti da Jhwh allo Horeb (4,1-22) – altrimenti sarà di nuovo condotta lontano dal paese, nella dispersione (4,23-31). Infine, in 4,32-40, viene sviluppato un tema centrale della teologia deuteronomica: Jhwh, il creatore del mondo, per amore dei padri (v. 37, cfr. 7,6-8) ha scelto Israele e gli ha rivelato i suoi comandamenti (cfr. 10,12-17 ecc.).

Il *secondo discorso introduttivo* (4,44 - 11,32) inizia con una nuova introduzione (4,44-49, cfr. 1,1-5) e ripete quindi per la generazione attuale (5,3) il decalogo (5,6-21; la più importante variante rispetto a → 197 s. Es. 20 è la motivazione del comandamento del Sabato al v. 15: «Ricordati che sei stato schiavo in Egitto...», cfr. Es. 20,11). Il ruolo di → 198 mediatore di Mosè (cfr. Es. 20,18-21) viene fortemente evidenziato (5,23-31), cosicché, come già nella pericope sinaitica, tutti gli altri comandamenti appaiono come uno sviluppo del Decalogo. In 6,4, con un nuovo «ascolta Israele...» (cfr. 5,1), viene formulata in estrema sintesi l'affermazione centrale della religione israelitica: «Jhwh è il nostro Dio, Jhwh è *uno*» (cfr. anche 4,35.39; 7,9; 10,17), unitamente all'invito ad amare Dio (v. 5) e ad avere i suoi comandamenti costantemente nel cuore e davanti agli occhi (vv. 6-9). La successiva parenesi mette in guardia soprattutto contro l'adorazione di divinità straniere (6,10-19); infine viene citato uno stringato «credo» storico-salvifico da trasmettere alla generazione successiva (6,20-25). Il brano 7,1 - 10,11 mette in guardia l'Israele eletto contro il pericolo dell'alterigia nei confronti degli altri popoli (7,6-8), sia godendo dei frutti del paese (8,12-18) sia vantandosi della propria giustizia (9,4-6): tutto è motivato con un particolareggiato richiamo dell'apostasia allo Horeb (9,7 - 10,11). L'ampia parenesi conclusiva (10,12 - 11,32) termina con l'alternativa di benedizione e maledizione come conseguenze dell'ascoltare o del non ascoltare i comandamenti di Jhwh (11,26-28).

→ 33
→ 196
→ 198

Passaggio tu / voi

Nel secondo discorso introduttivo, appare un problema che compare anche all'interno della raccolta di leggi: il discorso agli israeliti passa spesso dal «tu» al «voi» e viceversa, spesso all'interno di uno stesso verso (ad es. 6,3; 7,4) oppure più volte all'interno di un paragrafo (ad es. 6,13-19). Per questi cambiamenti di numero, sono state proposte diverse spiegazioni: la combinazione di più fonti (ad es. STEUERNAGEL e altri); l'utilizzo di una base deuteronomica da parte di un rielaboratore «deuteronomistico» (ad es. MINETTE DE TILLESSE; ragioni stilistiche ad es. LOHFINK). Nessuna di queste soluzioni può essere pienamente convincente, tanto più che il cambiamento di numero coincide solo di rado con tensioni per quanto riguarda il contenuto del testo. Per questa ragione, il cambiamento di numero può essere tralasciato nell'esegesi del testo.

Parenesi

I discorsi introduttivi sono contrassegnati dal caratteristico linguaggio deuteronomico. La loro caratteristica principale è rappresentata, oltre che dallo stile dilatato, non di rado sovraccarico e prolisso (e dall'ebraico facile!), dalla parenesi, cioè dall'esortazione, continuamente ripetuta, a osservare i comandamenti, spesso unita alla promessa di benedizione per la vita nella terra promessa. Vengono qui usate espressioni stereotipe, continuamente ricorrenti, cosicché si è giunti a parlare di uno «schema parenetico» (LOHFINK, 90 ss.), come lo si trova ad es. in Deut. 4,1: «Ora, dunque, Israele, da' ascolto alle leggi e alle prescrizioni che io v'insegno perché le mettiate in pratica, affinché viviate ed entriate in possesso del paese che Jhwh, il Dio dei vostri padri, vi dà» (cfr. 4,40; 5,1.31-33; 6,1-3 ecc.). Rientrano nello schema anche l'invito ad amare Jhwh (6,5), a temerlo (6,2) e a servirlo (6,13 cfr. la sintesi in 10,12 s.), il richiamo all'amore di Jhwh per i padri (4,37; 10,35), che funge da motivazione, e al giuramento fatto a loro (1,8; 6,10; 7,8.12 ecc.), come pure alla liberazione dalla schia-

→ 193

vitù d'Egitto (4,20; 5,15; 7,8) e, infine, l'ammonimento contro l'adorazione di altre divinità (4,19; 6,14; cfr. le tabelle in LOHFINK, 295 ss. e WEINFELD, 320 ss.).

Leggi

Anche la *raccolta di leggi* (capp. 12-26) è, complessivamente, contrassegnata dal linguaggio parenetico deuteronomico. È però possibile individuare materiali legali più antichi, che sono stati accolti in questa raccolta e ai quali si trovano talora paralleli nel libro del patto.

Centralizzazione del culto

La raccolta di leggi comincia enfaticamente con la richiesta della «centralizzazione del culto», cioè con la prescrizione di compiere sacrifici e di presentare le offerte cultuali soltanto in *un* luogo di culto (12,2-28). Questa richiesta determina la prima parte della raccolta (capp. 12-18, cfr. 14,22-26; 15,19-23; 16,1-17; 17,8-13; 18,1-8 e inoltre 26,1-11). Questa richiesta non fa certamente parte delle tradizioni più antiche accolte dal Deuteronomio; si tratta piuttosto di un postulato a sé, nuovo in questa forma. Esso contiene due aspetti: la «purità cultuale» (cioè la delimitazione nei confronti del mondo esterno, cfr. 12,2-7) e la «unità del culto» (cioè la concentrazione all'interno, cfr. 12,8-12). Il luogo di culto non è chiamato per nome, ma indicato con la perifrasi: «il luogo che Dio sceglierà», cui si aggiungono spesso le parole: «per farvi dimorare il suo nome» o altre simili (12,5.11.14.18.21; 14,23-25 ecc.). Si è perciò supposto che qui, originariamente, non ci si riferisse a Gerusalemme, ma a un altro luogo di culto (ad es. Sichem, cfr. più oltre); ma, nell'Antico Testamento, non si trova alcun solido indizio dell'esistenza di un altro luogo di culto cui sia mai stato attribuito un significato così centrale.

Divisione

Una suddivisione della raccolta di leggi può riuscire solo in modo imperfetto, perché solo parzialmente si può individuare una sistematica disposizione dei contenuti. Forse ci si è serviti di più antiche raccolte parziali, di cui si è mantenuta la disposizione del materiale (cfr. MERENDINO e SEITZ); forse non comprendiamo più le associazioni secondo cui i testi sono stati disposti gli uni accanto agli altri; forse i nessi sono stati modificati da aggiunte tardive. La prima parte della raccolta (capp. 12-18) può però essere definita con HORST come «diritto del privilegio di Jhwh» perché tratta prevalentemente di questioni cultuali oppure di ministri che sono in un particolare rapporto con Jhwh. Questa prima parte potrebbe ulteriormente essere suddivisa in questo modo: 12,1-28 centralizzazione del culto; 12,29 - 14,21 divieto di culti stranieri; 14,22 - 15,18 offerte, anno sabbatico e doveri sociali; 15,19 - 17,1 (eccetto 16,18-20) primogeniti e festività; 16,18-20 e 17,2 - 18,22 ministri e procedimenti giudiziari. Questa divisione rimane comunque molto rozza.

Nella seconda parte della raccolta (capp. 19-26) è ancora più difficile individuare una suddivisione complessiva. Spesso, tuttavia, si possono delimitare gruppi di testi che rivelano tratti comuni nella forma e/o nel conte-

nuto. Così, innanzitutto, nei capp. 19-20 predominano disposizioni che si riferiscono soprattutto alla comunità nel suo insieme, mentre, dal cap. 22 in avanti, è più in risalto il comportamento del singolo: cap. 19 prescrizioni giuridiche, soprattutto sull'assassinio (vv. 1-13) e sulla legge sulla testimonianza (vv. 15-21), separate da una norma sullo spostamento di segnali di confine (v. 14); cap. 20 leggi di guerra seguite da norme su delitti per mano d'ignoti, 21,1-9, e 21,10-14 sulla donna prigioniera di guerra (l'inizio è uguale a 20,1); seguono ancora: 21,15-17 diritto ereditario dei figli di due mogli; 21,18-21 comportamento con un figlio ribelle; 21,22 s. comportamento con un impiccato (i vv. 15.18.21 iniziano con le stesse parole); 22,1-4 responsabilità verso la proprietà del prossimo; 22,5.9-11 divieti di mescolanza, con inframmezzate norme sulla protezione della madre di uccelli, 22.6 s., e sui parapetti intorno al tetto di casa, 22,8; in conclusione: 22,12 frange al mantello; 22,13 - 23,1 normativa sessuale e matrimoniale; a ciò si collegano: 23,2-9 → 140. 201
prescrizioni di purità per la comunità cultuale (serie di divieti in 23,1.2.3.4.8a.8b), → 121
23,10-15 per l'accampamento; 23,16-21 serie di divieti sugli schiavi fuggiaschi (vv. 16 s.), sulla prostituzione sacra (v. 18), sui proventi della prostituzione (v. 19), sugli interessi (vv. 20 s.); 23,22-26 serie introdotta da «quando» (*ki*)... sui voti (22.23 s.) e sul furto di generi alimentari (vv. 25.26); 24,1-4.5 leggi matrimoniali; 24,6 - 25,18 norme giuridiche proibitive e casistiche (in → 130
parte sottoposte ad ampliamenti parenetici) sulla convivenza umana («leggi di umanità»): divieti (in parte con dilatazioni parenetiche) sui pegni (24,6), sul pagamento dei salari (24,14 s.), sulla responsabilità genealogica (24,16), sui soggetti socialmente deboli (24,17 s.), sui buoi che trebbiano (25,4), sui due pesi e due misure (25,13-16); frammiste a questi divieti, abbiamo formulazioni casistiche sul rapimento di uomini (24,7), sui pegni (24,10-13), sulla spigolatura (24,19-22), sulla limitazione delle punizioni corporali (25,1-3), sul levirato (25,5-10), sul ferimento ai genitali durante la lotta (25,11 s.); in 25,17-19 abbiamo una parola contro gli amalekiti. Il cap. 26 distingue nettamente da quel che precede: confessione di fede per l'offerta delle primizie (vv. 1-11, «breve credo» in 5-9) e della decima (vv. 12-15); parenesi conclusiva con le obbligazioni del patto (vv. 16-19).

Libro del patto → 197 s.

Particolare interesse riveste il confronto della raccolta di leggi (del Deuteronomio) con il libro del patto. Vi sono numerosi punti di contatto tra le due raccolte, ma le differenze sono più notevoli dei tratti comuni. Soltanto di rado, due frasi sono completamente identiche in entrambe le raccolte (ad es. Es. 23,19b = Deut. 14,21b, che è però qui combinato con Es. 22,30 in una diversa formulazione); di tanto in tanto, la formulazione del Deuteronomio è più breve e sembra un estratto da affermazioni del libro del patto (così lo «specchio del giudice» di Deut. 16,19 in rapporto a Es. 23,2 s. 6-8) oppure un brano tratto dal libro del patto appare nel Deuteronomio frantumato in singole affermazioni, poste in altri contesti (cfr. Es. 22,20-26 con Deut. 24,17 s.; 23,20; 24,10-13).

Nella maggioranza dei casi, però, la versione del Deuteronomio è più particolareggiata. Così, una affermazione sull'offerta dei primogeniti di animali domestici (Es. 22,29) viene sviluppata da diversi punti di vista (Deut. 15,19-23), di modo che si potrebbe addirittura parlare di norme di attuazione. Lo stesso avviene per le norme riguardanti le tre feste annuali (Es. 23,14-17 e Deut. 16,1-17), per le prescrizioni sul diritto d'asilo (Es. 21,12-14 e Deut. 19,1-13), per i procedimenti contro i falsi testimoni (Es. 23,1b e Deut. 19,16-21), per l'aiuto ad animali domestici altrui (Es. 23,4 s. e Deut. 22,1-4) e l'offerta delle primizie (Es. 23,19 e Deut. 26,2-10).

→ 138

Mutata struttura sociale

Ma vi sono anche importanti modifiche di contenuto. L'«anno sabbatico» è, secondo Es. 23,10 s., un anno in cui le terre devono rimanere incolte per motivazioni religiose (cfr. anche Lev. 25,2-7), con effetti sociali collaterali, in quanto i poveri possono prendere per sé ciò che cresce spontaneamente; in Deut. 15,1-11 l'interesse si è spostato sul piano del prestito di danaro, e il punto di vista sociale sta prepotentemente in primo piano. Per quanto riguarda il diritto degli schiavi, le esigenze sociali del Deuteronomio sono persino opposte a quelle del libro del patto; là lo schiavo deve essere lasciato libero dopo sei anni senza indennizzo, e persino senza sua moglie e senza i suoi figli, se egli si è sposato nel periodo della schiavitù (Es. 21,2-4); secondo Deut. 15,12-15, invece, il padrone non lo deve lasciar andare via «a mani vuote», ma deve invece «caricarlo» di doni tratti dal suo gregge, dalla sua aia e dal suo torchio. Infine, anche la posizione giuridica di una ragazza sedotta è in Deut. 22,28 s. migliorata rispetto ad Es. 22,15 s.: il padre non può rifiutare il matrimonio e l'uomo non la può respingere applicando il diritto al divorzio normalmente vigente. Appaiono qui modificazioni nella struttura economica e sociale, ma, soprattutto, nell'etica.

Il Deuteronomio intende sostituire il libro del patto, oppure addirittura eliminarlo (EISSFELDT)? Contro questa supposizione sta il fatto che solo circa la metà delle prescrizioni contenute nel libro del patto vengono riprese nel Deuteronomio. Le altre devono essere considerate come silenziosamente tolte di mezzo? È più probabile che esse vengano presupposte come conosciute e tuttora valide (FOHRER). Il Deuteronomio deve aver ripreso soltanto quelle prescrizioni per le quali aveva da portare qualcosa di nuovo e diverso: sviluppi, correzioni e, soprattutto, norme applicative.

Benedizioni e maledizioni → 133

Nella *parte conclusiva* (capp. 27-34), i capp. 28-30 si distinguono per il fatto che essi proseguono e portano a conclusione il discorso di Mosè iniziato in 1,1 (il cap. 27 parla di Mosè in terza persona e fornisce istruzioni per un rituale di maledizione da compiersi più tardi sui monti Ebal e Garizim, cfr. Gios. 8,30-35). Il cap. 28 sviluppa il tema della benedizione (vv. 1-14) e della maledizione (vv. 15-68), cioè riprende nuovamente la conclusione del discorso introduttivo in 11,26-

→ 202

28. Il cap. 29 segna un nuovo inizio, sottolinea ancora una volta l'«oggi» della stipulazione del patto (vv. 11 s.) e la sua validità per le generazioni future (vv. 13 s.) e infine annuncia, come conseguenza dell'adorazione di altre divinità (vv. 15-20), la distruzione del paese e la deportazione in esilio dei suoi abitanti (vv. 21-27); 30,1-10 dischiude però espressamente la possibilità della conversione a Jhwh e del ritorno degli esiliati. Alla fine, viene sottolineata la eseguibilità del comandamento dato qui (30,11-14) e, ancora una volta, viene presentata l'alternativa fra benedizione e maledizione, persino fra vita e morte (30,15-20). → 193. 199

Al termine del discorso di Mosè, nei capp. 31-34, si parla delle ultime azioni e istruzioni di Mosè; egli insedia Giosuè come suo successore (31,1-8 cfr. v. 14 s. 23) e dà istruzioni su come procedere in futuro con la «Torah» (31,9-13.24.29). Si parla inoltre di un canto che Mosè deve scrivere e insegnare agli israeliti (31,16-22): il «canto di Mosè» (32,1-43), che certamente esistette autonomamente prima di essere inserito nel suo attuale contesto. Qui, esso ha una funzione chiaramente riconoscibile: Mosè deve metterlo per iscritto come la Torah (31,19 cfr. v. 9) ed esso deve fungere da «testimone» contro gli israeliti (31,19.21), esattamente come la Torah (31,26): esso deve cioè nuovamente e in forma diversa dipingere le conseguenze dell'apostasia da Jhwh, ma al tempo stesso sottolineare con forza che, alla fine, Jhwh tornerà a rivolgersi al suo popolo e che egli solo è Dio (vv. 36-43). → 206

Canto di Mosè

Benedizione di Mosè → 121 s.

All'annuncio della morte di Mosè (32,48-52), segue ora un altro testo poetico: la «benedizione di Mosè» (33,2-29), una raccolta di detti delle tribù che, senza dubbio, in un primo tempo è esistita autonomamente. La sua funzione nell'attuale contesto non è facilmente individuabile; il v. 4 costituisce un punto di aggancio: «Mosè ci dette una Torah...».

Il Deuteronomio si conclude con la morte di Mosè e l'assunzione dell'ufficio da parte di Giosuè (34,1-4). Con questo, la panoramica si allarga sulla storia successiva, ma, un'ultima volta, l'interesse specifico è diretto su Mosè, il «profeta unico e incomparabile», che «conosceva Jhwh faccia a faccia» (34,10-12, cfr. Es. 33,11).

Concezione teologica

Il Deuteronomio è un libro teologico. Non c'è probabilmente alcun altro libro nell'Antico Testamento di cui si possa dire, e così univocamente, la stessa cosa. Il Deuteronomio sviluppa una concezione complessiva della fede d'Israele nell'*unico* Dio e nell'unica relazione di questo Dio con il popolo da lui eletto; una simile concezione non si è mai avuta prima e dopo. Questa trattazione ha una notevole coerenza interna. Al tempo stesso, però, in molti punti il libro sembra letterariamente composito e questo ha prodotto diversi tentativi di individuare diversi strati all'interno del Deuteronomio o diversi sta- → 209 di della sua formazione (vedi sopra). Nessuno di questi tentativi è stato unanimemente accolto. È soprattutto apparso chiaro che non si possono praticamente individuare differenze o tensioni di contenu- → 176 s. to: i vari redattori e rielaboratori che possono essere intervenuti appartenevano evidentemente tutti alla stessa «scuola» e, nonostante tutte le discrepanze letterarie, la forma finale reca un'impronta molto unitaria.

Riforma cultuale di Giosia → 77

Da dove nasce questo libro? Contemporaneamente alla scoperta della sua autonomia, si riconobbe anche il legame che esso ha con il racconto della riforma cultuale di Giosia in II Re 22 s. (la prima volta, da parte di DE WETTE, cfr. KAISER, 115, SMEND, 77). Là si afferma → 222 s. che fu ritrovato nel tempio «il libro della Torah» (22,8) – espressione che si ritrova soltanto nei capitoli conclusivi del Deuteronomio (ad es. Deut. 30,10; 31,26), oppure in testi che si riferiscono al Deuteronomio (ad es. Gios. 1,8; 8,31-35, Neh. 8,1-3). E, soprattutto, i provvedimenti di riforma di Giosia di cui si racconta in II Re 23 rivelano notevoli rapporti con le richieste del Deuteronomio. L'esistenza di un rapporto è dunque innegabile.

È tuttavia controverso se, alla base della riforma, stesse il Deuteronomio nella sua forma attuale, oppure se ci fosse un più antico «Deuteronomio originario» e, in questo caso, c'è da chiedersi quale forma avesse questo Deuteronomio originario e quale sia il suo rapporto con i presunti strati letterari del Deuteronomio. La discussione non è chiusa, tanto più che, in tempi → 243 s. recenti, è stata sostenuta la tesi secondo cui, originariamente, in II Re 23 non si sarebbe affatto parlato di una riforma cultuale complessiva e la centralizzazione del culto sarebbe stata inserita da un redazione deuteronomistica più tardiva (WÜRTHWEIN, KAISER). Quindi II Re 22 s. non potrebbe valere come argomento per la datazione del Deuteronomio. Se si mantiene fermo il rapporto tra il Deuteronomio e la riforma di Giosia, rimane comunque da chiedersi se esso sia stato redatto espressamente per la riforma, oppure se esisteva già da più tempo, ma sia divenuto efficace solo in quel momento. È però quasi impossibile rispondere a questa domanda per mancanza di indizi. Non c'è chiarezza neppure per quanto riguarda gli ambienti da cui pro- → 176 s. venivano il (i) redattore(i). Si è spesso pensato ad ambienti levitici, di Giuda (VON RAD 1947), oppure del nord (WOLFF). È stato soprattutto ALT a sostenere un'origine nel regno del nord. In questo, ha la sua importanza an- → 287 che la parentela tra Osea e il Deuteronomio. WEINFELD, infine, cerca i redattori del Deuteronomio negli ambienti degli «scribi» della corte di Gerusalemme.

Il carattere teologico-sistematico del Deuteronomio è fondamentale per il problema della sua origine. La possibile appartenenza del redattore a una istituzione passa in secondo piano rispetto al fatto che è proprio la novità, il non tradizionale, a costituire l'essenza di quest'opera. Dobbiamo dunque innanzitutto rassegnarci a constatare che, presumibilmente verso la fine della monarchia, in Israele (o in Giuda), è sorto un movimento teologico che ha intrapreso con successo il tentativo (carico di conseguenze) di «esprimere le complesse esperienze (d'Israele) in formule convincenti, adatte a comprendere il passato, a interpretarlo e a dare costruttivamente forma al futuro» (HERRMANN, 161).

Movimento deuteronomico

→ 176

Dobbiamo ancora menzionare la tesi di VON RAD (1938), secondo cui la struttura del Deuteronomio rispecchierebbe la liturgia di una festa, e precisamente di una «festa del patto» o «festa del rinnovamento del patto», originariamente celebrata a Sichem, il cui centro, richiamandosi a Deut. 31,10 s. egli ravvisava in una solenne proclamazione della Legge. Egli ritrovava la stessa struttura liturgica anche nella pericope sinaitica (Es. 19-24) e in Gios. 24. In seguito a questa ipotesi, si è voluto paragonare con testi di trattati extra- israelitici il presunto «formulario del patto» che si riteneva essere alla base dei citati testi (BALTZER e altri). Non si può tuttavia ricavare da questi confronti la conferma dell'esistenza di una tale festa e della sua antichità; è più probabile che il Deuteronomio abbia qui ripreso e rielaborato letterariamente tradizioni più antiche (WEINFELD).

Ipotesi di festa dell'alleanza

→ 228

Formulario dell'alleanza

Bibliografia

Commentari: BERTHOLET (KHC) 1899; DRIVER (ICC) 1902³; KÖNIG (KAT) 1917; STEUERNAGEL (HK) 1923²; JUNKER (HS) 1933, 1952/54²; V. RAD (ATD) 1964 (1978³, 1983⁴), trad. it. 1979.

A. ALT, *Die Heimat des Deuteronomiums, Kl. Schr.* II, 250-275; J. BALTZER, *Das Bundesformular*, 1960; S. HERRMANN, *Die konstruktive Restauration. Das Deuteronomium als Mitte biblischer Theologie*, in *Probleme biblischer Theologie, FS G. v. Rad*, 1971, 155-170; F. HORST, *Das Privilegrecht Jahwes. Rechtsgeschichtliche Untersuchungen zum Deuteronomium*, 1930 (= *Gottes Recht*, 1961, 17-154); N. LOHFINK, *Das Hauptgebot. Eine Untersuchung literarischer Einleitungsfragen zu Dtn 5-11*, 1963; R.P. MERENDINO, *Das deuteronomische Gesetz. Eine literarkritische, gattungs- und überlieferungsgeschichtliche Untersuchung zu Dtn 12-26*, 1969; G. MINETTE DE TILLESSE, *Sections «tu» et sections «vous» dans le Deutéronome*, in VT 12, 1962, 28-87; M. NOTH, *Überlieferungsgeschichtliche Studien*, 1943 (1973³); J.G. PLÖGER, *Literarkritische, formgeschichtliche und stilkritische Untersuchungen zum Deuteronomium*, 1967; H.D. PREUSS, *Deuteronomium*, 1982 (*storia della ricerca*); G. V. RAD, *Das Gottesvolk im Deuteronomium*, 1929 (= *Ges. St.* II, 9-108); IDEM, *Das formgeschichtliche Problem des Hexareuch*, 1938 (= *Ges. St.* I, 9-86); IDEM, *Deuteronomium-Studien*, 1947 (1948²) (= *Ges. St.* II, 109-153, e I, 189-204); G. SEITZ, *Redaktionsheschichtliche Studien zum Deuteronomium*, 1971; M. WEINFELD, *Deuteronomy and the Deuteronomic School*, 1972; J. WELLHAUSEN, *Die Composition des Hexateuchs und der historischen Bücher des Alten Testaments*, 1899³ (1963⁴); H.W. WOLFF, *Hoseasgeistige Heimat*, in ThLZ 81, 1956, 83-94 (= *Ges- St.*, 232-250); E. WÜRTHWEIN, *Die josianische Reform und das Deuteronomium*, in ZThK 73, 1976, 395-423.

STEUERNAGEL, par. 43; EISSFELDT, par. 34; FOHRER, par. 25; SOGGIN, par. 9; KAISER, par. 11; SMEND, par. 12; SCHMIDT, par. 10; CHILDS X.

1.6 Il Pentateuco nel suo complesso

Teoria delle fonti

A partire dalla fine del XIX secolo si è affermata, soprattutto per l'influenza di Julius WELLHAUSEN, la «moderna ipotesi documentaria». Essa presuppone che i libri del Pentateuco (o Esateuco, vedi più oltre) siano composti di diverse «fonti» o «documenti», che avevano originariamente un'esistenza autonoma come scritti indipendenti e che furono poi collegati fra loro soltanto da una (o più) redazione(i). Ognuna di queste fonti (a eccezione del Deuteronomio) offre una particolare esposizione narrativa degli eventi dalla creazione (o comunque da Abramo) alla conquista (o comunque alla morte di Mosè). Nel corso dell'assemblaggio redazionale, parti delle singole fonti sono comunque andate perdute; ciò non toglie nulla al fatto che si accetti in linea di principio che esse fossero in origine indipendenti e complete.

Tre fonti

→ 33 s.

Da WELLHAUSEN in poi, vengono generalmente postulate almeno tre fonti (oltre al Deuteronomio): due fonti narrative più antiche, che si differenziano, tra l'altro, per l'uso di diversi «nomi di Dio»: lo Jahwista (J), che usa il nome divino *jhwh*, e l'Elohista (E), che usa il nome *'elohim* per designare Dio, e una fonte più recente, lo «scritto sacerdotale» (P; per WELLHAUSEN Q, abbreviazione di «libro dei quattro patti» [quatuor]). All'interno di questo castello di ipotesi, ci sono state nel corso degli ultimi cento anni tutte le variazioni possibili ma, fino ad anni recenti, solo pochi *outsiders* l'hanno messo globalmente in questione (ad es. CASSUTO ed ENGNELL).

Quarta fonte

Le variazioni interne hanno riguardato soprattutto la divisione dello Jahwista in due fonti: dopo che SMEND sr. aveva distinto uno Jahwista più antico e uno più recente (J^1 e J^2), EISSFELDT chiamò quello più antico «fonte laica» (L) – in evidente contrasto con il «sacerdotale» – mentre FOHRER lo definì «fonte nomade» (N) – a causa del suo «carattere marcatamente nomade».

Elohista

L'Elohista costituiva un problema particolare, dato che la maggior parte degli esegeti non era in grado di ricostruire questa fonte con una certa qual completezza. Dopo che VOLZ e RUDOLPH ebbero negato in assoluto l'esistenza dell'Elohista, si parlò spesso soltanto di «frammenti elohisti» (WOLFF, SMEND jr) e NOTH cercò di spiegare la frammentaria conservazione dell'Elhoista con il fatto che, in fase di redazione, J sarebbe stato preso come base ed E sarebbe stato utilizzato solo in modo complementare. Per questo, ci si è spesso accontentati di definire «jehowistico» lo strato narrativo più antico, rinunciando a un'analisi più precisa.

Jehowista

Il termine Jehowista (JE) era già stato utilizzato da WELLHAUSEN, che era interessato essenzialmente alla distinzione fra questo strato più antico e il più recente «codice sacerdotale». Egli contestò anche apertamente l'opinione secondo cui «queste tre fonti sarebbero corse parallelamente e senza influenze, finché una mano più tardiva le avrebbe riunite tutte insieme simultaneamente, a formare un tutt'uno», dato che l'Elohista «ci è stato conservato solo come ingrediente dello scritto Jehowistico» (*Prolegomena*, 8).

Sacerdotale → 199. 203. 205

Sull'ampiezza e il contenuto del «codice sacerdotale» non c'è mai stata unanimità. WELLHAUSEN considerava facente parte del «codice sacerdotale» ogni materiale sacerdotale, compresi i testi di normativa cultuale, ma (ne) distingueva «Q» come il «nucleo originario» (*Composition*, 135) intorno al quale si sarebbero cristallizzati gli altri strati e cioè in particolare raccolte indipendenti di leggi, come ad es. Lev. 1-7. In seguito, si è spesso distinto uno «scritto di base» o «racconto di base» → 201 (Pg) dagli ampliamenti secondari (Ps, spesso con ulteriori differenziazioni), che però venivano anche attribuiti al lavoro finale di P.

NOTH, al contrario, voleva fortemente salvaguardare il carattere di P come opera narrativa e perciò rifiutava del tutto l'attribuzione a «P» di brani di normativa cultuale. Il carattere narrativo di P venne generalmente sottolineato anche da altri, perché P fu compreso come «fonte continuativa», parallela alle opere narrative più antiche.

Estensione delle fonti → 187

Altro punto di controversia fu la questione del punto di inizio e di fine delle singole fonti. Mentre come inizio del Sacerdotale si accettò sempre Gen. 1,1 e come inizio dello Jahwista Gen. 2,4 b, l'inizio dell'Elohista fu sempre controverso. Alcuni esegeti vollero trovare tracce di E nella storia delle origini; per molto tempo, la maggioranza ravvisò l'inizio di E nel cap. 15 della Genesi, che si rivelò poi essere → 193 deuteronomistico e così, alla fine, come inizio si accettò Genesi → 190 20. Per quanto riguarda la conclusione delle fonti, in particolare, si è posto il problema di sapere se esse conducessero all'adempimento della promessa fatta ai patriarchi e quindi a un racconto della conquista. → 192 Con questo presupposto, si è spesso compreso il libro di Giosuè e si è parlato di Esateuco (= libro in sei parti; alcuni spingono ancora oltre il gioco con i numeri greci, fino a includere altri libri e a parlare di Ettateuco, Ottateuco, Ennateuco oppure di Tetrateuco, dopo aver separato il Deuteronomio). Altri esegeti hanno ravvisato nella morte di Mosè il punto finale di una o più fonti che essi, conseguentemente, → 213 cercavano di trovare negli ultimi capitoli del Deuteronomio. WOLF faceva addirittura terminare lo Jahwista con il racconto di Balaam in Num. 22-24. Questo problema è strettamente collegato → 206 con l'interpretazione del Deuteronomio e del suo legame con gli altri libri del Pentateuco come pure con i libri che seguono. → 222 s. 249

Esateuco

Anche il rapporto delle varie fonti fra di loro è sempre stato controverso. Da un lato, si trattava di vedere se le fonti più recenti di-

Dipendenza letteraria

pendevano letterariamente dalle più antiche, cioè se esse erano da intendersi come nuove edizioni o rielaborazioni che volevano sostituire le stesure precedenti, oppure se erano sorte ed erano state tramandate indipendentemente. NOTH ha postulato che J ed E abbiano attinto il nucleo del loro contenuto da una «base comune» (G, da *Grundlage, N.d.T.*) e ha avuto un certo seguito. D'altro lato, era controverso il modo in cui ci si doveva immaginare l'unione delle varie fonti: sono state riunite da un redattore oppure l'unione è avvenuta a tappe, per cui bisogna postulare più redattori?

Datazione delle fonti

Un accordo generalizzato esiste da WELLHAUSEN in poi per quanto riguarda la classificazione temporale delle fonti. Lo Jahwista era ritenuto la fonte più antica (salvo postularne una ancora più antica, L o N), l'Elohista un po' più recente; seguivano poi il Deuteronomio e il Sacerdotale, in terza e quarta posizione. Per le due ultime, si pensava di avere appigli relativamente sicuri per la datazione: la tarda epoca pre-esilica per il Deuteronomio, quella esilica o post-esilica per il Sacerdotale. → 214 s. Gli appigli per la datazione di P erano comunque solo indiretti. L'argomento principale di WELLHAUSEN era la constatazione che i profeti pre-esilici non sembrano conoscere la «legge mosaica» come la intende «P». Anche per J ed E non c'erano appigli diretti e cionostante J veniva per lo più attribuito all'epoca monarchica antica, E all'epoca monarchica tardiva (con notevoli oscillazioni); per E è stata spesso postulata un'origine nordica, a differenza di J che veniva ritenuto giudaico.

La storia della «moderna ipotesi documentaria» mostra che gli interrogativi e i problemi hanno potuto essere formulati molto più chiaramente che le risposte e le soluzioni. Si è stati d'accordo nell'accettazione di massima di questo modello, più che sui particolari concreti, per cui per ogni epoca si sono dovute riferire opinioni divergenti, come per primo e nel modo più preciso ha fatto HOLZINGER.

Incertezza

Col passare del tempo, l'incertezza nella delimitazione delle fonti si è fatta sempre più grande, cosicché persino per la fonte principale, quella Jahwista, ci si dovette accontentare di un «minimo criticamente accertato» (WOLFF 1964, 347) oppure si è addirittura cercato di definirla soltanto in negativo, con un «processo di sottrazione» (SMEND jr., 86). In tempi recenti è stata fortemente messa in questione l'esistenza delle altre due fonti. CROSS ha spiegato (come, prima di lui, già VOLZ e altri) che il «codice sacerdotale» non sarebbe mai esistito come fonte autonoma e costituirebbe soltanto una rielaborazione delle tradizioni più antiche (JE; su posizioni simili anche VAN SETERS). Nel suo commento alla Genesi, WESTERMANN è giunto alla conclusione che non si può comprovare l'esistenza dell'Elohista, neppure nella forma di frammenti collegati fra loro: per WESTERMANN i frammenti attribuiti all'Elohista vanno spiegati come aggiunte interpretative, non appartenenti a una «fonte» comune.

Post-datazione dello Jahwista

Infine, è stata messa in discussione anche la datazione predominante, che colloca lo Jahwista in epoca monarchica antica, e sono stati evidenziati gli stretti rapporti che esso ha con la tradizione deuteronomico-deuteronomistica (VAN SETERS, H.H. SCHMID). Il quadro della storia dell'origine del Pentateuco all'interno della storia d'Israele mantenuto finora è così venuto a vacillare, perché si comincia a postulare uno sviluppo globale del racconto del Pentateuco solo per la tarda epoca pre-esilica (o persino più tardi ancora); SCHMID, inoltre, non vuole vedere nello «Jahwista» uno scrittore, ma piuttosto «un processo di redazione e di interpretazione».

La nuova impostazione di Gunkel

Queste posizioni critiche si collegano poi con altre, che derivano da una coerente applicazione della storia delle forme e della storia della tradizione. L'impostazione di GUNKEL, che procedeva dalle «unità letterarie minori» cioè, nel caso del Pentateuco, soprattutto dalle singole saghe (così anche GRESSMANN), non era, in fondo, compatibile con l'ipotesi documentaria. Ciò è apparso sempre più chiaro col passar del tempo quando, portando avanti l'approccio di GUNKEL, VON RAD, WESTERMANN e altri hanno praticamente tenuto conto della divisione in fonti. Se non l'hanno mai espressamente messa in discussione, è semplicemente perché l'hanno accettata come presupposto: in questo contesto, VON RAD spiegava che la confluenza delle diverse fonti non era affatto «un processo trasparente e spiegabile in modo soddisfacente» (*Ges. St.*, I,81). Lo stesso VON RAD sviluppò un altro modello, in cui presentava lo sviluppo delle tradizioni del Pentateuco fino alla formazione di singoli blocchi di tradizioni (storia delle origini, storia dei patriarchi, tradizioni dell'esodo, pericope sinaitica, tradizioni della conquista) che in un primo tempo esistevano autonomamente ed erano indipendenti l'uno dall'altro, prima di essere collegati fra loro. Attribuendo questa composizione globale allo «Jahwista», VON RAD non intendeva affatto indicare uno dei vari autori di fonti; piuttosto, si serviva di questa denominazione corrente per esprimere qualcosa di completamente diverso, cioè il fatto che qui sarebbe stato all'opera un grande teologo, accanto al quale non ci sarebbe stato posto per altri. Tutto questo non ha più nulla a che fare con la classica ipotesi documentaria.

Blocchi di tradizioni

Nelle pagine precedenti, trattando i singoli libri del Pentateuco, ho tentato di portare avanti questo approccio di VON RAD. In questo, ho collegato mie osservazioni e riflessioni personali (cfr. il mio volume citato in bibliografia) con quelle di CHILDS e di altri. Riassumo ancora una volta la mia attuale concezione della storia dell'origine del Pentateuco.

Unità maggiori

Le tradizioni narrative furono inizialmente raccolte ognuna per conto suo nei singoli complessi di tradizioni. Almeno nel caso della → 186 ss. 189 ss. storia delle origini e in quello delle storie dei patriarchi (cfr. però an- → 206 che il racconto di Balaam in Num. 22-24), è ancora possibile riconoscere nel testo attuale la formazione di «unità maggiori» indipendenti. Esse rivelano un proprio profilo marcato e sono tutte in sé compiute. Ciò non avviene invece in egual misura per le tradizioni dell'esodo e per la pericope sinaitica, anche se allo stato attuale i capi- → 196 toli 1-15 dell'Esodo costituiscono una sezione ben strutturata e an- → 197 che se la tradizione del Sinai ha senza dubbio avuto una sua propria preistoria.

Il profilo autonomo delle singole unità è dato già dal carattere dei testi. Le saghe della storia delle origini trattano di tipiche figure ideali degli inizi della storia dell'umanità, presentate come agricoltori. Le storie dei patriarchi narrano degli antenati d'Israele, e quindi anche degli inizi della storia del popolo, e presuppongono che i loro personaggi conducessero una vita nomade o seminomade. Nei racconti del soggiorno in Egitto e dell'esodo, i singoli personaggi passano in secondo piano rispetto alla figura collettiva del «popolo» e ai suoi rappresentanti come pure ai suoi oppositori. Questo continua e vale → 195 in larga misura anche per i libri da Esodo fino a Numeri (e per il Deuteronomio), dove però è ora determinante la contrapposizione inter- → 199. 205 na fra Mosè (e Aronne) e il popolo.

Idee guida

Le singole unità sono state riunite ed elaborate in base a punti di vista e pensieri informatori molto vari. La storia delle origini va dai primordi della storia dell'umanità fino alla suddivisione dell'umanità, che il lettore conosce per esperienza diretta, superando la profonda cesura del diluvio, dopo il quale Dio dà una garanzia di sussistenza per l'ordine della creazione; questa storia non è concepita per continuare in un altro racconto. Le storie dei patriarchi (Abramo, Isacco, Giacobbe e Giuseppe) sono state formulate ognuna in modo autonomo; sono poi state unite a formare un'unità maggiore soprattutto per mezzo → 192 dell'introduzione dei discorsi divini contenenti promesse, il che ha conferito loro un'impronta decisiva. La storia dell'esodo è stata orientata fin dall'inizio all'uscita dall'Egitto e al tempo stesso è stata suddivisa e interpretata teologicamente impiegando il termine chiave «cre- → 196 dere». Nella pericope sinaitica è fondamentale la mutua relazione fra → 197 racconto e comunicazione della Legge, attraverso cui si mettono in evidenza, da un lato, la posizione particolare di Mosè e, dall'altro, la violazione del patto e il suo ristabilimento; oltre a ciò, sono state inserite alcune collezioni di norme cultuali, anch'esse combinate in base ad alcuni motivi conduttori generali. Nel resto dei libri dell'Esodo e dei Numeri, i motivi conduttori che presiedono alla strutturazione del testo sono in qualche misura meno chiaramente individuabili (o comunque non li abbiamo ancora chiaramente riconosciuti).

Fra questi complessi di tradizioni, il contenuto narrativo della storia (presacerdotale) delle origini e quello della storia dei patriarchi non presentano alcun collegamento (né fra loro, né con il seguito). Diversa è la situazione delle tradizioni dei libri da Esodo a Numeri; in essi la continuità è creata da elementi come la figura di Mosè (e di Aronne), la guida del popolo con la colonna di nuvola e di fuoco, le «mormorazioni» del popolo durante e dopo l'uscita dall'Egitto ecc.; la pericope sinaitica introduce anche la tenda e l'arca, elementi importanti nelle successive peregrinazioni nel deserto. In questo caso, le tradizioni che ci stanno davanti hanno ricevuto l'impronta, anche nello stesso materiale narrativo, di tradizioni complessive (in parte deuteronomico-deuteronomistiche e sacerdotali; questo andrebbe chiarito più precisamente in una particolareggiata analisi di storia della composizione). Connessioni → 197 ss. 210 → 36 s. 200

È invece chiaro che l'integrazione delle unità maggiori della Genesi in un insieme complessivo è avvenuta su un piano che potrebbe essere definito di redazione teologica. Ciò appare in modo particolarmente marcato nel collegamento fra la storia dei patriarchi e la storia dell'esodo: in Gen. 50,24, alla morte di Giuseppe, viene preannunciato il ritorno degli israeliti nella terra assicurata da Dio ai padri con un giuramento. Questo rimando viene nuovamente ripreso subito prima dell'uscita degli israeliti dall'Egitto, in Es. 13,5.11; e ancora, nel momento in cui questo ritorno è messo in pericolo dall'apostasia del popolo da Jhwh (Es. 32,13) e dopo che questo pericolo è stato evitato (33,1). Anche in seguito questi rimandi si ripetono, sempre in situazioni di crisi (Num. 11,12; 14,23; 32,11 cfr. RENDTORFF, 77 ss. e 163). Appare qui una visione complessiva della storia d'Israele, dai patriarchi fino alla conquista, in cui il fattore decisivo di continuità è costituito dalla promessa di Dio e dalla sua fedeltà a essa. Redazione teologica → 200

I testi citati sono tutti formulati in un linguaggio che reca forti contrassegni deuteronomici. In particolare, il «giuramento» con cui Dio ha promesso la terra ai patriarchi è menzionato spesso nel Deuteronomio (Deut. 1,8.35; 6,10.18.23; 7,13 ecc.). I collettori e rielaboratori teologici che erano qui all'opera appartenevano dunque, in misura più o meno ampia, all'ambito del Deuteronomio. Il lavoro di tali circoli è riconoscibile, all'interno dei singoli libri del Pentateuco, anche in altri punti. Può perciò essere considerato certo che una raccolta delle tradizioni del Pentateuco (verosimilmente la prima) provenne da questa scuola teologica. Linguaggio deuteronomistico → 200

Un altro gruppo di testi, che ugualmente realizzano un collegamento complessivo, è formulato nel linguaggio della tradizione sacerdotale. Così, all'inizio della storia dell'esodo, in Es. 2,23-25 e in 6,2-8 si richiama il «patto» di Dio con i patriarchi, con un evidente riferimento al patto con Abramo di Gen. 17. Allusioni a Gen. 17 si ri- Linguaggio sacerdotale → 199 → 193

→ 138 conoscono anche nell'istituzione di Pesach (Es. 12) e del Sabato (Es. 31,12 ss.): circoncisione, Pesach e Sabato sono definiti «segni» (*'ot*) (Gen. 17,11; Es. 12,13; 31,13.17); Sabato e circoncisione sono inoltre chiamati «patto eterno» (*b^e^rit 'olam*, Gen. 17,13; Es. 31,16, cfr. Gen. 9,16) e se ne sottolinea la validità per ogni generazione (Gen. 17,9.12; Es. 12,14.17.42; 31,13.16). Le relazioni di questo strato di rielaborazione sacerdotale con le tradizioni di normativa cultuale contenute nei libri da Esodo a Numeri richiedono un'analisi più precisa (in cui dev'essere ripreso da un'altra prospettiva il problema del rapporto di «Pg» con «Ps»). Anche il rapporto con la rielaborazione deuteronomistica è in gran parte da chiarire.

Rapporto col seguito

Il carattere deuteronomistico della rielaborazione complessiva del Pentateuco solleva infine di nuovo anche il problema del rapporto del Pentateuco con i libri che seguono. Lo si era finora risolto con due diversi modelli: postulando un «Esateuco», oppure una «opera storiografica deuteronomistica». Il nocciolo del problema sta nel fatto che il Pentateuco non racconta l'arrivo alla meta del cammino dei pa- → 207 triarchi e della generazione dell'esodo (o ne racconta soltanto gli inizi in Transgiordania). L'ipotesi di un «Esateuco» risolve il problema includendo nelle fonti del Pentateuco i racconti della conquista contenuti nel libro di Giosuè. NOTH, invece, con la sua ipotesi di un'«opera storiografica deuteronomistica», suppone che le chiuse originarie delle fonti del Pentateuco siano «semplicemente state tralasciate» per far posto a questa nuova opera (1948,16).

Concezione globale

Se però non partiamo più dal presupposto che esistano «fonti» continuative nel Pentateuco, il quadro appare diverso. I circoli deuteronomico-duteronomistici che tanta parte hanno avuto nella formazione dei libri seguenti, hanno anche contribuito in modo essenziale a tracciare il disegno del Pentateuco. Qui come là, essi hanno rielaborato teologicamente e interpretato preesistenti tradizioni di varia natura. Dapprima, la transizione dal Pentateuco ai libri seguenti non rappresentò per la loro opera alcuna cesura fondamentale. Più tardi, tuttavia, i primi cinque libri furono considerati e trattati come grandezza indipendente. Questa separazione avvenne indubbiamente in modo intenzionale e fu dovuta al particolare significato che aveva nel frattempo ricevuto la «Torah» ricevuta e trasmessa da Mosè. Per questo, non c'è contraddizione fra l'autonomia del Pentateuco e il fatto che abbia in comune con i libri che seguono la rielaborazione deuteronomistica: si tratta di stadi diversi della storia del canone dell'Antico Testamento.

→ 185. 213 Siccome già nell'Antico Testamento si parla di «Torah di Mosè» (I Re 2,3; Mal. 3,22 ecc.), e persino di «libro della Torah di Mosè» (Gios. 8,31; II Re 14,6; Neh. 8,1 ecc.), dopo che il termine fu esteso a comprendere tutto il Pentateuco, si fu portati a vedere in Mosè l'autore del Pentateuco. Questo è presupposto sia da FILONE e GIUSEPPE FLAVIO, autori ebrei che scrivono in greco, nel I sec. d.C., e dal Talmud babilonese (*Baba Batra* 14b), sia dal Nuovo Testamento (Mt. 19,7 s.; Mc. 12,26; At. 15,21 ecc.). Questa attribuzione è stata messa in dubbio solo a partire dalla moderna scienza biblica critica.

Bibliografia

E. BLUM, *Die Komposition der Vätergeschichte*, 1984; U. CASSUTO, *The Documentary Hypothesis and the Composition of the Pentateuch*, 1961; D.J.A. CLINES, *The Theme of the Pentateuch*, 1978; F.M. CROSS, *The Priestly Work*, in *Canaanite Myth and Hebrew Epic*, 1973, 293-325; I. ENGNELL, *The Pentateuch. A Rigid Scrutiny*, in *Critical Essays on the Old Testament*, 1970, 50-67; H. GRESSMANN, *Mose und seine Zeit. Ein Kommentar zu den Mose-Sagen*, 1913; H. GUNKEL, *Die israelitische Literatur*, 1925 (1963); IDEM, *Die Sagen der Genesis, Einleitung zum Genesis-Kommentar* (HK), 1910[3] (1977[9]); G. HÖLSCHER, *Geschichtsschreibung in Israel. Untersuchungen zum Jahvisten und Elohisten*, 1952; H. HOLZINGER, *Einleitung in den Hexateuch*, 1893; S. MOWINCKEL, *Tetrateuch, Pentateuch, Hexateuch. Die Berichte über die Landnahme in den drei altisraelitischen Geschichtswerken*, 1964; IDEM, *Erwägungen zur Pentateuch-Quellenfrage*, 1964; M. NOTH, *Überlieferungsgeschichte des Pentateuch*, 1948 (1966[3]); G. V. RAD, *Das formgeschichtliche Problem des Hexateuch*, 1938 (= *Ges. St.* I, 9-86); R. RENDTORFF, *Das Überlieferungsgeschichtliche Problem des Pentateuch*, 1977; W. RUDOLPH, *Der «Elohist» von Exodus bis Josua*, 1938; H.H. SCHMID, *Der sogenannte Jahwist. Beobachtung und Fragen zur Pentateuchforschung*, 1976; R. SMEND sr., *Die Erzählung des Hexateuch auf ihre Quellen untersucht*, 1912; J. VAN SETERS, *Abraham in History and Tradition*, 1975; P. VOLZ - W. RUDOLPH, *Der Elohist als Erzähler - ein Irrweg der Pentateuchkritik?*, 1933; J. WELLHAUSEN, *Die Composition des Hexateuchs und der historischen Bücher des Alten Testamets*, 1899[3] (1963[4]); IDEM, *Prolegomena zur Geschichte Israel*, 1905[6] (1927); C. WESTERMANN, *Arten der Erzählung in der Genesis*, in *Forschung am Alten Testament* I, 1964, 9-91 (= *Die Verheissungen and die Väter*, 1976, 9-91); H.W. WOLFF, *Das Kerygma des Jahwisten*, in EvTh 24, 1964, 73-98 (= *Ges. St.*, 345-373); IDEM, *Zur Thematik der elohistischen Fragmente im Pentateuch*, in EvTh 29, 1969, 59-72 (= *Ges. St.*[2], 402-417). STEUERNAGEL, par. 32-60; EISSFELDT, par. 23-32,36; FOHRER, par. 17-28; SOGGIN, par. 7; KAISER, par. 4,7-10; SMEND, par. 6-14, SCHMIDT, par. 4,6-8; CHILDS V.

2

I profeti anteriori

Nella tradizione ebraica, alla «Torah» seguono i «profeti» (*n^e^bi'im*), che costituiscono la seconda parte del canone. Questa parte comprende, oltre ai libri profetici in senso stretto, anche i libri da Giosuè a Re, i cui autori furono considerati profeti: Giosuè, Samuele, ritenuto l'autore del libro dei Giudici e dei libri di Samuele (come pure del libro di Ruth) e Geremia, a cui erano attribuiti i libri dei Re (Talmud babilonese, *Baba Batra* 14b/15a). Dal Medio Evo fu operata una ulteriore divisione in «profeti anteriori» (*n^e^bi'im ri'shonim*) e «profeti posteriori» (*n^e^bi'im 'acharonim*); in base al loro contenuto, i «profeti anteriori» sono spesso denominati «libri storici».

Nel canone ebraico, il libro di Ruth è collocato fra gli «scritti», mentre nel canone greco segue al libro dei Giudici, ordine che è stato mantenuto nelle traduzioni tedesche (e anche in quelle italiane, *N.d.T.*).

Anche nel caso dei libri storici, come già per il Pentateuco, si presenta il problema per cui i singoli libri costituiscono grandezze più o meno indipendenti, ma sono al tempo stesso componenti di un più ampio contesto. In questo quadro, l'indipendenza dei primi due libri, Giosuè e Giudici, è più chiaramente marcata di quanto non avvenga per i libri di Samuele e dei Re. Ciò si manifesta, tra l'altro, nel fatto che la Bibbia greca e quella latina, che da essa dipende, contano i libri di Samuele e Re come quattro libri dei Re (rispettivamente *Βασιλείων* e *Regum*; bisogna tenerne conto quando si consultano la Settanta e la Vulgata). → 185

L'omogeneità dei libri da Giosuè a Re appare soprattutto in una comune concezione storico-teologica di fondo che, per linguaggio e per teologia, è chiaramente apparentata al Deuteronomio e che si è perciò soliti definire «deuteronomistica». È controverso se si tratti soltanto di una rielaborazione deuteronomistica o se questi libri siano stati combinati in modo da formare una «opera storiografica deu- → 247 ss.

Concezione teologica

teronomistica» e inoltre se essa sia unitaria oppure mostri segni di diverse redazioni. Nelle pagine che seguono, non si procede perciò da una ipotesi definita, ma i singoli libri vengono innanzitutto trattati autonomamente, tenendo conto delle relazioni che essi hanno con gli altri libri; in conclusione, viene poi ripresa la questione della concezione complessiva e del suo rapporto col Pentateuco. → 247 ss.

2.1 Il libro di Giosuè

Divisione

Il libro di Giosuè tratta l'epoca che va dalla morte di Mosè (1,1) fino alla morte di Giosuè (24,29) e mostra una chiara divisione: conquista della Cisgiordania (capp. 1-12); ripartizione del paese (capp. 13-21 e 22); discorsi di commiato e ultimi atti di Giosuè (capp. 23-24). La voluta indipendenza del libro nella sua forma attuale è manifesta. Il libro deve la sua forma alla redazione deuteronomistica: il discorso introduttivo (1,1-9) e il resto del cap. 1 sono formulati in linguaggio deuteronomistico, come pure la notizia conclusiva della prima parte (11,15.23) e il brano conclusivo 21,43 - 22,6, con il successivo discorso di commiato di Giosuè al cap. 23.

Conquista

Eziologie → 40. 124 ss.

Il materiale di cui è formato questo libro deuteronomistico di Giosuè è di natura molto varia. Nella prima parte, i capp. 2-11 contengono una serie di racconti su episodi della conquista. NOTH (nel suo commentario) ha fatto notare che i racconti dei capp. 2-9 hanno prevalentemente carattere eziologico e si riferiscono a località situate nella, più o meno ampia, cerchia di Ghilgal: le mura distrutte di Gerico (cap. 6) e la casa della famiglia di Rahab (cap. 2 e 6,22-25); il santuario di pietre di Ghilgal (4,3.8.20-24) e dodici altre pietre nel letto del Giordano (4,9); il nome di Ghilgal (5,9) e la «collina dei prepuzi» (5,2-8); il cumulo di rovine di Ai (8,28), un cumulo di pietre nella valle di Acòr (7,26) e un altro nei pressi di Ai (8,29); l'impegno degli abitanti di Gabaon a prestare servizio al santuario israelitico (cap. 9; troviamo qui, quasi senza eccezione, la formula eziologica «fino al giorno d'oggi»). → 124 s. Anche i capp. 10 e 11 contengono racconti dell'epoca della conquista che NOTH definisce «racconti di guerra». Una lista dei re vinti (capp. 12) chiude questa parte. I singoli racconti hanno subito una rielaborazione deuteronomistica di diversa intensità.

Divisione del paese

I testi della seconda parte sono di tutt'altra natura. Nei capp. 13-19, all'interno di una cornice narrativa sulla ripartizione del territorio cisgiordanico a opera di Giosuè, da un lato, vengono descritti i tracciati di confine dei territori delle singole tribù (ad es. 15,2-12; 16,1-3.5-8; 17.7-11 ecc.), e dall'altro, vengono riportate liste di toponimi → 149 (ad es. 15,21-62; 18,21-28; 19,41-46). ALT ha supposto che siano stati qui utilizzati due documenti molto diversi: un sistema di confini per le tribù, originario già dell'epoca dei Giudici, e una lista di toponimi dei dodici distretti in cui Giosia aveva suddiviso lo Stato di Giuda (ampliato verso nord). Questa ipotesi è comunque controversa, tanto più che i rapporti di questi testi con i capp. 32-36 del libro dei Numeri non sono ancora stati sufficientemente chiariti. I capp. 20 e 21 contengono ulteriori informazioni sulle città di rifugio e sulle città levitiche; 22,10-34 rispecchia un conflitto sui rapporti cultuali fra gli abitanti della Cisgiordania e della Transgiordania. → 77

Concezione globale → 207 ss.

Questo materiale tradizionale, vario e a volte disparato, è stato incorporato nel libro di Giosuè in una concezione complessiva, determinata in modo decisivo dal rapporto col Deuteronomio. Giosuè è il successore di Mosè – ma non è un secondo Mosè! Spesso viene presentato come Mosè: fa «santificare» il popolo prima di un avvenimento importante (3,5; 7,13; cfr. Es. 19,10); viene onorato dal popolo come Mosè (3,7; 4,14); intercede per Israele (7,6 ss., cfr. Deut. 9,25); poco prima della sua morte, dà a conoscere le sue ultime volontà (23,11 ss. cfr. Deut. 31,1 ss.). Ma, al tempo stesso, è importante che egli segua esattamente le istruzioni di Mosè (1,7.13; 4,10; 8,30 ss.; 11,15 ecc.) e, soprattutto, la Torah è completata ed egli l'ha davanti a sé come libro, da cui deve trarre orientamento (1,8; 8,31.34). → 198 → 213

Rapporto con il Deuteronomio

Qui appaiono chiare, da un lato, la continuità tra il Deuteronomio e il libro di Giosuè, ma anche, dall'altro, la differenza qualitativa. Se si considera lo stretto legame del Deuteronomio con i libri che lo precedono e in particolare la sua funzione di interpretazione conclusiva e riassuntiva della Torah, allora, nella concezione deuteronomistica del libro di Giosuè, si trova già adottata la tardiva distinzione fra la «Torah» (cioè il Pentateuco) e i libri successivi. → 221. 251

Rimane il problema del rapporto del libro di Giosuè con i libri successivi. A questo proposito, deve ancora essere fatta risaltare una caratteristica tensione all'interno della concezione deuteronomistica del libro. In Gios. 1,5 si afferma che nessuno potrà resistere a Giosuè; conformemente a ciò, in 11,16.23; 21,43 s. (cfr. 24,18) si constata che Giosuè e gli israeliti hanno conquistato tutto il paese. Nel cap. 23 la cose suonarono però in modo diverso. Anche qui si parla dell'adempimento della promessa di Jhwh (vv. 3 e 9) ma al tempo stesso anche dei popoli che sono ancora «rimasti» (vv. 4.7.12) e la cui cacciata è ancora di là da venire. Si parla addirittura della possibilità che Dio non continui a scacciare questi popoli (v. 13) – se Israele si allontana dalla Torah di Mosè, e ciò, in particolare, significa: se Israele si mescola con i popoli rimasti e si rivolge così ad altri dèi (vv. 6 s.13). Ciò potrebbe portare a una cacciata di Israele dal paese (v. 13b); e come finora tutte le «buone parole»di Jhwh si sono adem-

Tensioni

Popoli «rimasti»

piute (vv. 14b.15a), si realizzerà anche la sua «parola cattiva» (vv. 15b.16).

Qui dunque, la piena presa di possesso della terra promessa viene fatta dipendere dall'osservanza della Torah. Evidentemente, si esprime qui un altro strato interpretativo (sempre deuteronomistico), diverso da quello di 1,5; 21,43-45 ecc. (SMEND, CHILDS). In riferimento al libro dei Giudici, immediatamente successivo, va comunque detto che qui non si va oltre l'enunciazione di questa possibilità e che (a prescindere dall'eccezione, presto eliminata, del cap. 7) nel libro di Giosuè predomina la visione dell'Israele obbediente, a cui è accordato l'adempimento delle promesse – finché furono in vita Giosuè e la generazione che ancora sapeva ciò che Jhwh aveva fatto a Israele (24,31). Qui echeggia già la ripresa che di questa frase vien fatta, in negativo, in Giud. 2,10. → 230

Dopo il cap. 23, in 24,1 ss. segue, in modo davvero repentino, una ulteriore scena conclusiva con Giosuè che, dopo una retrospettiva sulla storia della salvezza (vv. 1-13), tratta dell'impegno degli israeliti nei confronti di Jhwh e del rifiuto degli dèi stranieri (vv. 14 ss.). Spesso questo capitolo è stato considerato una tradizione indipendente di cui si è tentato di dare una valutazione storica relativa all'epoca antica (ad es. NOTH). Il testo, tuttavia, reca, anche nella sostanza, un'impronta deuteronomico - deuteronomistica (cfr. PERLITT, 239 ss.). Esso ha paralleli e rimandi nell'opera storiografica deuteronomistica e nel Pentateuco (ad es. Gen. 35,1 ss.) e va visto nell'ambito di una costruzione deuteronomistica della tradizione che abbraccia tutti questi complessi di testi (cfr. BLUM).

Assemblea di Sichem → 46 s.

Bibliografia

Commentari: HOLZINGER (KHC) 1901; GRESSMANN (SAT 1,2) 1922²; STEUERNAGEL (HK) 1923²; SCHULZ (HS) 1924; NOTH (HAT) 1953² (1971³); HERTZBERG (ATD) 1953 (1986⁶); SOGGIN (*Commentaire de l'AT*) 1970.

A. ALT, *Das System der Stammesgrenzen im Buche Josua* (1927), *Kl. Schr*, I, 193-202; IDEM, *Judas Gaue unter Josia* (1925); *Kl. Schr*. II, 276-288; E. BLUM, *Die Komposition der Vätergeschichte*, WMANT 57, 1984; M. NOTH, *Überlieferungsgeschichtliche Studien*, 1943 (1973⁴); L. PERLITT, *Bundestheologie im Alten Testament*, 1969; R. SMEND, *Das Gesetz und die Völker. Ein Beitrag zur deuteronomistischen Redaktionsgeschichte*, in *Probleme biblischer Theologie, FS G. v. Rad*, 1971, 494-509.

STEURNAGEL, par. 61-64; EISSFELDT, par. 38; FOHRER, par. 30; SOGGIN, par. 13; KAISER, par. 12; SMEND, par. 18-20; SCHMIDT, par. 11; CHILDS XII.

2.2 Il libro dei Giudici

Già a una prima occhiata, appare una differenza di fondo tra il libro di Giosuè e quello dei Giudici. In Giosuè, il ruolo centrale è svolto da un personaggio che domina sia i singoli racconti, sia la composizione dell'intero libro; in Giudici, invece, il quadro è determinato da una serie di figure molto diverse tra le quali non esiste quasi continuità, e il libro stesso non fa trasparire una forma unitaria paragonabile a quella del libro di Giosuè. Evidentemente, qui, alla raccolta e alla composizione delle tradizioni, hanno presieduto punti di vista diversi.

Divisione → 45. 47 s.

È possibile indicare una suddivisione del libro dei Giudici innanzitutto dal punto di vista formale: 1.1 - 2,5 svolge la funzione di introduzione. Il corpo del libro 2,6 - 16,31 tratta dei «Giudici»; il materiale in esso raccolto è molto vario e lascia trasparire suddivisioni di ogni tipo, che però non sono state riprese in una concezione complessiva. I capp. 17-21 fungono da appendice che offre altre tradizioni dalla stessa epoca della storia d'Israele.

Epoca senza re

L'assenza di una concezione compiuta nel libro dei Giudici non è da attribuirsi a mancanza di capacità da parte del redattore o dei redattori, ma piuttosto rispecchia l'immagine che essi hanno di questa epoca: fra l'epoca della rigida guida da parte di Giosuè e l'inizio della monarchia (raccontata nel I libro di Samuele), quello dei Giudici fu un tempo in cui ognuno faceva quel che voleva (Giud. 17,6; 21,25). Questa constatazione, espressa nell'appendice, vale per tutto il libro, e per il corpo del libro in un senso ancora più forte e teologicamente accentuato: non soltanto ognuno faceva «quel che era giusto ai suoi occhi» (17,6; 21,25), ma gli israeliti facevano «ciò che era male agli occhi di Jhwh» (2,11; 3,7.12; 4,1; 6,1; 10,6; 13,1). Da ciò è determinato il loro destino in questa epoca (cfr. VEIJOLA).

→ 40. 149
→ 200
→ 228

Questo si nota già nell'introduzione. Nel cap. 1 sono raccolte singole tradizioni dell'epoca della conquista. Verso la fine domina la frase quasi stereotipa «non cacciarono i cananei» (vv. 19.21.27.28.29.30. 31.32.33) e, infine, si afferma persino che gli amorrei hanno respinto la tribù di Dan (vv. 34 s.). Questo fatto viene interpretato in 2,1-5 dall'«angelo di Jhwh» (cfr. Es. 23,20-33; 33,2!) in linguaggio deuteronomistico: siccome gli israeliti sono entrati in relazione con gli abitanti del paese, Jhwh non caccerà questi ultimi, ma li lascerà abitare nel paese come «insidia» per gli israeliti. Si compie qui la minaccia di Gios. 23,13 – ma con una differenza essenziale: in Giud. 2 manca (come in tutto il libro dei Giudici) l'annuncio di una cacciata degli israeliti dal paese. Qui si possono riconoscere diversi strati all'interno della rielaborazione deuteronomistica (CHILDS).

In 2,6 ss., sempre con linguaggio deuteronomistico, viene ora ri-
→ 228 presa la chiusa del libro di Giosuè (Gios. 24,31), al negativo: la nuova generazione non sapeva più nulla dei grandi atti di Jhwh (v. 10) e, per questo, faceva «ciò che era male agli occhi di Jhwh» (v. 11). In
Programma 2,11-19 viene sviluppata una sorta di «programma» per l'epoca dei Giudici, che viene ripetuto con regolarità: gli israeliti abbandonano Jhwh e adorano altri dèi (vv. 11-13); Jhwh si adira e li «vende» nella mani di nemici (vv. 14 s.): gli israeliti gridano a Jhwh (questo elemento manca qui, ma si trova regolarmente in 3,9.15; 4,3; 6,6; 10,10); Jhwh fa sorgere dei Giudici, che li liberano dalle mani dei nemici (vv. 16-18).

2,20 - 3,6 riprende l'annuncio di 2,1-5, secondo cui Jhwh non scaccerà i popoli, ed enumera questi popoli. La tematica è chiaramente diversa da quella sviluppata precedentemente, dove si tratta di scontri militari con «nemici». Anche qui appare di nuovo la stratificazione della redazione deuteronomistica (SMEND).

Questo schema è stato usato come cornice nei racconti successivi. Innanzitutto, in 3,7-11 segue un «brano esemplificativo» interamente deuteronomistico (RICHTER 1964), in cui lo schema è presentato in forma per così dire pura, con la formula conclusiva: «il paese ebbe
40 anni di pace requie per quarant'anni» (v. 11). In questa formula appare chiaro che, nella presentazione dell'epoca dei Giudici, in sostanza non si tratta di una successione temporale di eventi, ma del regolare ripetersi della sequenza: ribellione, stato di necessità, conversione e salvezza. L'Israele disobbediente dell'epoca dei Giudici viene contrapposta all'Israele obbediente del tempo di Giosuè; ma neppure l'Israele disobbediente è lasciato cadere da Dio, ma sperimenta sempre di nuovo, almeno temporaneamente, la realizzazione del promesso stato di «re-
→ 227 quie» nel paese (cfr. Deut. 12,10; 25,19; Gios. 21,44; 23,1).

Per il resto, la cornice deuteronomistica è stata collocata intorno ai racconti o ai complessi narrativi in modo molto fluido, come nel caso di Ehud (3,12-15a.30; gli 80 anni di requie valgono però anche per Shamgar, cfr. v. 31), Debora e Barak (4,1-3.23 s.; 5,31b), Gedeone (6,1.6 [7-10]; 8,28 [33-35]), Jefte (10,6 s. 10 [11-16]; 11,33b; qui i 40 anni di requie mancano a causa del diverso numero di anni in 12,7), Sansone (13,1; qui i 40 anni sono definiti come un periodo di dominazione straniera e manca un'indicazione sulla «requie», ma cfr. 15,20; 16,31).

Giudici minori → 47. 149 s. I racconti sono di natura molto varia. Innanzitutto spicca chiaramente la lista dei «giudici minori» (10,1-5; 12,7-15). Essa viene spezzata dal complesso dei racconti su Jefte (10,6 - 12,6), evidentemente perché di lui si raccontava in entrambi i tipi di tradizioni e lo si poteva così considerare sia fra i giudici «maggiori» sia fra quelli «minori» e si inserirono i racconti dove compariva il suo nome nella lista (è possibile che ciò abbia fatto trasferire la denominazione di «giudici» anche ai «salvatori» carismatici, NOTH 1950). Anche su Gedeone → 45 ss. è conservata tutta una serie di racconti (capp. 6-8), in cui, evidentemente, sono state identificate fra loro due persone diverse, Gedeone e Ierubbaal (cfr. 6,32; 7,1; 8,29 s.35). Ai capp. 4 e 5 troviamo una interessante tradizione parallela, cioè riportata in forma narrativa e nel «canto di Debora», un canto di vittoria in cui sono ripresi numerosi detti delle tribù (RICHTER suppone che i capp. 3-9 costituissero un «libro dei salvatori» pre-deuteronomistico).

Il racconto di Abimelec (cap. 9) fa eccezione, perché egli non appartiene a nessuno dei due gruppi di «giudici». Esso non soltanto è una valida fonte storica, ma rivela soprattutto una forte tendenza antimonarchica, che raggiunge la massima acutezza nella favola di Jotham sulla inutilità e la dannosità della monarchia (vv. 8-15). Anche all'interno dei racconti di Gedeone, in 8,22 s., è tramandato un testo antimonarchico. Entrambi questi testi stanno in vistosa opposizione ai racconti dei capp. 17-21 che vogliono invece proprio evidenziare la necessità della monarchia nei confronti delle condizioni di anarchia dell'epoca premonarchica. Essi rispecchiano, da due opposti punti di vista, la discussione sulla monarchia che probabilmente veniva condotta all'epoca di Davide e Salomone (CRÜSEMANN).

Regno di Abimelec → 150 s.

→ 120

→ 52. 233

I racconti su Sansone (capp. 13-16) costituiscono «quasi un mondo a sé» (SMEND) perché non viene mai neppure accennato che l'attività di Sansone nella zona di confine israelitico-filistea abbia avuto qualcosa a che fare col destino di Israele in senso lato. Le notizie sulla «giudicatura» di Sansone (15,10; 16,31) sono del tutto isolate. Nel contesto dell'intero libro, però, i racconti su Sansone sono un ulteriore esempio del fatto che ognuno faceva quello che voleva.

Sansone → 125

Proprio in questa tensione si rivela il carattere pluralistico che anche la redazione deuteronomistica ha lasciato alle tradizioni. Essa si è limitata a dare al lettore isolati sussidi per l'interpretazione. Ma la posizione dei capp. 17-21, alla fine del libro, mostra tuttavia una tendenza molto chiara: tutto spinge alla nascita della monarchia.

Bibliografia

Commentari: BUDDE (KHC) 1897; Moore (ICC) 1898^{2} (1966^{8}); NOWACK (HK) 1902; GRESSMANN (SAT 1,2) 1922^{2}; SCHULZ (HS) 1926; HERTZBERG (ATD) 1953 (1974^{4}); 1986^{6}; SOGGIN (OTL) 1981.

W. BEYERLIN, *Gattung und Herkunft des Rahmens im Richterbuch*, in *Tradition und Situation, FS A. Weiser*, 1963, 1-29; F. CRÜSEMANN, *Der Widerstand gegen das Königtum. Die antiköniglichen Texte des Alten Testamentes und der Kampf um*

den frühen israelitischen Staat, 1978; M. NOTH, *Überlieferungsgeschichtliche Studien*, 1953 (1973[4]); IDEM, *Das Amt des «Richters Israels»*, in *FS A. Bertholet*, 1950, 404-417 (= *Ges. St.* II, 71-85); IDEM, *Literarische Analyse von Ri.* 19-21, in *Das System der zwölf Stämme Israel*, 1930 (1978), 162-170; W. RICHTER, *Traditionsgeschichtliche Untersuchungen zum Richterbuch*, 1963; IDEM, *Die Bearbeitungen des «Retterbuches» in der deuteronomischen Epoche*, 1964; R. SMEND, *Das Gesetz und die Völker. Ein Beitrag zur deuteronomistischen Redaktiongeschichte*, in *Probleme biblischer Theologie, FS G. v. Rad*, 1971, 494-509; T. VEIJOLA, *Das Königtum in der Beurteilung der deuteronomistischen Historiographie*, 1977.
STEUERNAGEL, par. 65-67; EISSFELDT, par. 39; FOHRER, par. 31; SOGGIN, par. 14; KAISER, par. 13; SMEND, par. 18-20; SCHMIDT, par. 11; CHILDS XIII.

2.3 I libri di Samuele

I libri di Samuele sono dominati da tre grandi personaggi: *Samuele*, *Saul* e *Davide*, i cui reciproci rapporti carichi di tensione sono determinati da un unico tema complessivo: il sorgere della monarchia. Nella presentazione offertaci dai libri di Samuele (come anche nei libri dei Re) si riflettono i diversi giudizi che la monarchia ha riportato nel corso della storia d'Israele.

Samuele

La *storia di Samuele* comprende innanzitutto i capitoli 1-7: qui la storia della nascita e della giovinezza (capp. 1-3) costituisce chiaramente un'unità autonoma, in cui Samuele è definito «profeta» (3,19
→ 51. 157 s.); in 7,15-17 l'attività di Samuele è infine sintetizzata come quella di
→ 51 un «giudice».

Racconto dell'arca → 55 s. 137. 235

In 4,1-7 viene accolta la prima parte del *racconto dell'arca*, che avrà la sua conclusione in II Sam. 6, con il trasporto dell'arca a Gerusalemme (ROST). Qui Samuele non compare, se non in 4,1a; la figura centrale è il sacerdote Eli del tempio dell'arca a Sciloh, presso il quale, secondo 1,24 ss., Samuele è cresciuto ed è stato addestrato al servizio del santuario (2,18 ss.).

Saul

Col cap. 8 entra in scena Saul, e i capp. 8-15 sono dominati dai movimentati rapporti tra *Samuele e Saul*. In questo quadro, il discorso di commiato di Samuele al cap. 12 segna una chiara cesura.

La cesura è segnata anche dalla formula che introduce il regno di Saul in
→ 239 13,1. Formule analoghe compaiono da ora in avanti per tutti i re, come formule introduttive o conclusive, cfr. II Sam. 5,4 s. (= I Re 2,11); I Re 11,42 ecc.

Nei capp. 8-12 sono state collegate fra loro tradizioni molto diverse, cosicché ne risulta un *quadro* molto contraddittorio degli *inizi della monarchia*. Da un lato, ci sono due racconti in cui Samuele unge, segretamente e per incarico di Jhwh, Saul quale futuro sovrano d'Israele (9,1 - 10,16) e in cui il popolo eleva pubblicamente alla regalità colui che li ha salvati dalla minaccia dei nemici (cap. 11). Qui la monarchia è presentata senza riserve come *positiva* e voluta da Jhwh. → 52

Visione positiva

In origine, questi due racconti non erano uniti, ma esprimevano due diverse tradizioni sul conferimento della regalità a Saul. La tensione fra i due racconti è stata eliminata parlando in 11,14 di «rinnovamento» della regalità di Saul. Dietro a 10,17-27 sta forse una terza tradizione secondo cui, sulla base di un oracolo, avrebbe dovuto divenire re chi avesse superato tutti gli altri di una testa (EISSFELDT, cfr. vv. 22 s.).

Sull'altro versante, stanno i capitoli 8 e 12 (e la versione attuale di 10,17-27), in cui la pretesa di avere un re viene giudicata severamente come apostasia da Jhwh. Questo giudizio *negativo* non risale soltanto ai deuteronomisti che hanno dato a questi capitoli la loro forma attuale, ma rispecchia una opposizione anti-monarchica risalente ai primordi della monarchia. Questa opposizione risalta in modo particolarmente evidente nel «diritto regio» (8,11-17), che descrive polemicamente i reali rapporti di potere, dal punto di vista degli agiati contadini israeliti, per i quali il sorgere della monarchia ebbe conseguenze negative, in particolare sotto il profilo economico (CRÜSEMANN). Questa tradizione anti-monarchica è stata accolta dalla rielaborazione deuteronomistica e integrata e rafforzata con motivazioni teologiche.

Visione negativa

→ 51

Nella composizione attuale, i brani favorevoli alla monarchia (9,1 - 10,16 e il cap. 11) sono incorniciati da quelli negativi (cap. 8; 10,17-27; cap. 12), cosicché questi ultimi prevalgono nettamente. Inoltre Samuele, nel suo discorso di commiato, viene opposto al re come contro-figura positiva: il re si impadronirà di ogni cosa (8,11 ss.) – Samuele non ha preso nulla (12,3 ss.). Al popolo viene tuttavia offerta l'opportunità di vivere con il re, purché osservi i comandamenti di Jhwh (12,14.20-24); in caso contrario, sarà annientato, insieme con il re (v. 25, cfr. v. 15).

Composizione

Il seguito della monarchia di Saul sta sotto il segno di questa minaccia ed è presentato come storia di apostasia da Jhwh e di *fallimento*. I racconti delle guerre di Saul contro i filistei (cap. 13 s.) e gli amalekiti (cap. 15) sono ora totalmente sotto il segno della disobbedienza di Saul e del suo ripudio da parte di Jhwh (13,11-14; 15,10 ss.), e in questo contesto si accenna già a colui che diventerà re al posto di Saul (13,14; 15,28).

Fallimento di Saul

Con I Sam. 16 inizia la *storia di Davide* che si conclude in I Re 2,11. Nella sua prima parte essa si interseca con la storia di Saul. L'attuale divisione dei libri ha prodotto una cesura in Sam. 31, con la mor- → 54 ss.

Ascesa di Davide → 150 s.

te di Saul, che interrompe la *storia dell'ascesa di Davide* (I Sam. 16 - II Sam. 5), la quale rappresenta un blocco indipendente di tradizione.

Come nel caso di Saul, gli inizi della storia di Davide sono raccontati in diverse versioni. In 16,1-13 si parla di una unzione segreta di Davide da parte di Samuele; il racconto è probabilmente redatto in analogia con l'unzione di Saul da parte di Samuele (9, - 10,16) per sottolineare la legittimità della regalità di Davide. In 16,14-23, Davide viene assunto a corte per l'assistenza e l'intrattenimento personali di Saul, mentre nel racconto della lotta contro Golia (cap. 17) egli parte dalla casa paterna (vv. 17 ss.) e Saul non lo conosce affatto (vv. 55 ss.). → 233

Conflitto Saul-Davide → 54

Il tema dominante della storia dell'ascesa davidica è il *conflitto fra Saul e Davide*. La gelosia di Saul per i successi e la popolarità di Davide (18,5-9.12.14-16.28 s.) lo conduce a tentativi omicidi nei confronti di Davide (18,10 s.; 19,9-17), che alla fine fugge (19,18 ss.). È così creata la cornice in cui sono stati inseriti gli altri racconti: la fuga di Davide e il suo inseguimento da parte di Saul. In una artistica composizione, si alternano racconti su Davide fuggitivo (21,2-10.11-16; 22,1-5.20-23; 23,1-5; 25,2-42; 27,8 - 28,2; 29; 30) con altri sull'inseguitore, Saul (22,6-19; 28,4-25; 31), spesso con un intreccio immediato (23,6-15.19-28). Ci sono addirittura incontri di persona, comunque non notati da Saul (capp. 24 e 26). Come momento che crea un effetto di «ritardo», si trova all'inizio la storia dell'amicizia fra Davide e Gionathan (18,1.3 s.; 19,1-7; 20,1 - 21,1). (Gionathan)

Infine, l'intera storia dell'ascesa davidica è percorsa da accenni esplicativi al fatto che, in questa lotta, Davide vincerà e otterrà il regno; più volte ed enfaticamente, questi accenni sono messi in bocca al re Saul ancora regnante (18,8; 20,31; 24,21; 26,25) o al «principe della corona» Gionathan (20,13-16; 23,16-18; cfr. anche 25,28.30; II Sam. 3,9 s.18; 5,2.12). Appare qui con chiarezza che la storia dell'ascesa davidica deve la sua forma attuale a un sistematico lavoro di composizione (cfr. WEISER, RENDTORFF).

Abner e Jsh-Baal → 55

Nella parte conclusiva della storia dell'ascesa davidica, dopo la morte di Saul (II Sam. 1-5), vengono presentate, in due grandi complessi narrativi (2,12-32; 3,6 - 4,12), le *lotte per la successione*, in cui la rivalità fra i due comandanti dell'esercito Abner e Joab svolge un ruolo centrale. Dopo la morte di Jsh-Baal, figlio di Saul, Davide ha strada libera per introdurre, accanto alla regalità su Giuda (2,4), anche quella su «tutte le tribù d'Israele» (5,1-3). La conquista di Gerusalemme e la sua proclamazione a «città di Davide» (5,6-9) costituisce, insieme alle indicazioni interpretative conclusive (vv. 10.12), la chiusa della storia della successione. A mo' di appendice, si racconta la vittoria di Davide sui filistei (5,17-25), che costituisce il fondamentale presupposto del suo dominio regale.

Il problema della *chiusa della storia dell'ascesa davidica* è piuttosto discusso ed è legato a quello dell'inizio della storia della successione al trono. Molti elementi fanno pensare che queste due opere narrative siano state unite da rielaboratori deuteronomistici con l'introduzione di vari inserti in 5,17 (o 5,11) - 8,18 (Veijola). Qui si stagliano chiaramente alcuni blocchi indipendenti di tradizioni: la chiusa del *racconto dell'arca* (cap. 6), che Rost riteneva → 232 essere l'inizio della storia della successione (in particolare, a motivo dell'episodio di Mical, vv. 16.20-23, in cui viene motivata la sterilità della figlia di Saul, Mical); la *promessa di Nathan* (cap. 7) con il divieto di costruire il Tempio (vv. 1-7) e la promessa dinastica a Davide (vv. 8 ss.), il cui carattere deuteronomistico è stato riconosciuto da tempo; l'elenco dei successi di Davide in politica estera, derivante da documenti «ufficiali» (8,1-14, cfr. Noth) e la lista dei funzionari di Davide (8,16-18, cfr. 20,23-25). → 56. 149 s.

Promessa di Nathan

La seconda parte della storia di Davide è costituita dalla *storia della successione al trono davidico* (II Sam. 9 - I Re 2). Essa, esattamente come la storia dell'ascesa, è stata interrotta dall'attuale suddivisione in libri, evidentemente con l'intento di far cominciare un nuovo libro con l'accesso di Salomone al potere. In questo modo, Davide è l'unico re cui sia dedicato un intero libro (II Sam.). La storia della successione al trono, a differenza della storia dell'ascesa davidica, non è composta di brani narrativi e tradizionali indipendenti, ma costituisce una grande unità letteraria. Soltanto in 10,6 - 11,1; 12,26-31 il redattore ha ripreso un documento «ufficiale», il «resoconto della guerra ammonita» (Rost) che ha integrato nella sua opera collegandolo → 151 all'episodio di Bath-Sheba (11,2 - 12,25). Per il resto, narra ininterrottamente → 163 dei pericoli a cui il regno di Davide era esposto: innanzitutto per l'esistenza di un diretto discendente di Saul, Merib-Baal (cap. 9), poi per le due rivolte di Absalom (cap. 13 [preistoria]; 15-19) e Sheba (cap. 20). Il redattore tratteggia la sua interpretazione teologica di questi avvenimenti solo in pochi cenni (II Sam. 11,27b; 12,24b; 17,14, cfr. von Rad).

Successione al trono → 151. 155

Le «*appendici*» (capp. 21-24) presuppongono l'attuale divisione in libri e costituiscono la *chiusa della storia di Davide*. Esse sono state composte con arte: all'inizio e alla fine, si trova sempre un racconto di Davide, in cui una «piaga» svolge sempre un ruolo decisivo (21,1-14 e cap. 24); intorno alla metà c'è un elenco di «prodi di Davide» e relative azioni (21,15-22 e 23,8-39); → 149 infine, al centro, stanno due canti o poesie (cap. 22 [= Sal. 18] e 23,1-7).

Appendici

In entrambi i racconti, Davide è confrontato con una colpa (in 21,1 s. con una colpa di Saul, in 24,10 con una propria), ma grazie al suo comportamento esemplare può distogliere da Israele l'ira di Dio (21,14; 24,25); nel secondo caso, viene anche definito il posto in cui deve essere costruito il Tempio. Nel primo brano sui «*prodi*», Davide viene espressamente «esentato» dal combattimento da parte dei suoi guerrieri (21,17), in modo da dedicarsi interamente alla lode di Jhwh (cap. 22; in 22,29 viene ripresa l'espressione «lampada d'Israele», già usata in 21,17, cfr. anche I Re 11,36; 15,4; II Re 8,19). In questo quadro, viene di nuovo marcatamente evidenziata la giustizia di Davide (22,21-25, cfr. 23,3).

Composizione

Nell'attuale composizione dei libri di Samuele, sono stati posti accenti che si estendono su tutto il complesso narrativo originario. Si nota così una netta distinzione tra «Davide sotto la benedizione» (II Sam. 2-5) e «Davide sotto la maledizione» (II Sam. 9-24) (CARLSON): in 5,12, il periodo in cui Davide era «pastore d'Israele» (5,2) viene enfaticamente chiuso con la constatazione che Jhwh avrebbe «incrementato per amore del suo popolo Israele» il dominio regale di Davide; a ciò, dopo l'affare Bath-Sheba, viene opposta la parola di Nathan, secondo cui Jhwh vuol far sorgere contro Davide la «rovina della tua stessa casa» (12,11), il che si realizza poi nelle rivolte contro di lui.

Cornice messianica

Tramite i testi poetici, tra loro collegati, i libri di Samuele vengono inseriti in un contesto ancora più ampio. Nel «salmo di Anna» (I Sam. 2,1-10) vengono toccati temi che saranno poi ripresi in II Sam. 22 e 23: Dio viene definito «roccia» (I Sam. 2,2; II Sam. 22,3.32.47; 23,3) e la sua epifania è rappresentata in modo analogo (I Sam. 2,10; II Sam. 22,8 ss.); il motivo dell'elevare e dell'abbassare compare qui come là (I Sam. 2,6-8; II Sam. 22,17-20.28) e, in conclusione, si parla ogni volta della benedizione di Jhwh per il re e «unto» (*mashi^{a}ch*) (I Sam. 2,10b; II Sam. 22,51); in II Sam. 22 è menzionato il nome di Davide, che I Sam. 2 ancora ignora.

La «promessa di Nathan» di II Sam. 7 costituisce un ponte fra questi testi all'inizio e alla fine dei libri di Samuele. L'attesa «messianica» di I Sam. 2,10 viene ripresa e indirizzata al futuro, oltre la persona di Davide: la promessa alla casa di Davide deve valere «per ogni tempo» (*'ad'olam*) (II Sam. 7,13.16.25.29) e continua a rimanere in vigore nonostante il peccato di Davide (II Sam. 23,5) (CHILDS).

Bibliografia

Commentari: BUDDE (KHC) 1902; NOWACK (HK) 1902; GRESSMANN (SAT 2,1) 1921^2; CASPARI (KAT) 1926; HERTZBERG (ATD) 1956 (1973^5); STOEBE (KAT^2) *1 Sam.* 1973.

R.A. CARLSON, *David, the Chosen King. A Traditio-Historical Approach to the Second Book of Samuel*, 1964; F. CRÜSEMANN, *Der Widerstand gegen das Königtum. Die antiköniglichen Texte des Alten Testamentes und der Kampf um den frühen israelitischen Staat*, 1978; O. EISSFELDT, *Die Komposition der Samuelisbücher*, 1931; M. NOTH, *Überlieferungsgeschichtliche Studien*, 1943 (1973^4); G. V. RAD, *Der Anfang der Geschichtsschreibung im alten Israel*, 1944 (= *Ges. St.* I, 148-188); R. RENDTORFF, *Beobachtungen zur altisraelitischen Geschichtsschreibung anhand der Geschichte vom Aufstieg Davids*, in *Probleme biblischer Theologie, FS G. v.*

Rad, 1971, 428-439; L. ROST, *Die Überlieferung von der Thronnachfolge Davids*, 1926 (= *Das kleine Credo und andere Studien zum Alten Testament*, 1965, 119-253); T. VEIJOLA, *Die ewige Dynastie, David und die Entstehung seiner Dynastie nach der deuteronomistischen Darstellung*, 1975; A. WEISER, *Die Legitimation des Königs David. Zur Eigenart und Entstehung der sogen. Geschichte von Davids Aufstieg*, in VT 16, 1966, 325-354.
STEUERNAGEL, par. 68-74; EISSFELDT, par. 40; FOHRER, par. 32; SOGGIN, par. 15; KAISER, par. 14; SMEND, par. 18-19,21; SCHMIDT, par. 11; CHILDS XIV.

2.4 I libri dei Re

I libri dei Re offrono un quadro molto diverso rispetto ai libri di Samuele. Essi contengono soltanto poche unità narrative maggiori e la loro divisione non è immediatamente riconoscibile.

La divisione in due libri, dimostrabile solo a partire dal XV secolo, può essere stata influenzata da ragioni pratiche (divisione in due parti all'incirca uguali). Come cesura venne scelta la morte del re Achab (la notazione in II Re 1,1 «dopo la morte di Achab» è in parallelo a II Sam. 1,1 «dopo la morte di Saul» e a Gios. 1,1 «dopo la morte di Mosè»). In questo modo, gli scontri di Elia con Achab costituiscono la chiusa del primo libro, mentre all'inizio del secondo è riferita l'azione di Eliseo, che alla fine condurrà all'eliminazione della dinastia di Achab da parte di Iehu (II Re 9 s.).

Salomone
→ 57 ss.

La prima unità maggiore è costituita dalla *storia di Salomone* (I Re 1-11). All'inizio è stata incorporata *la chiusa della storia della successione al trono*, che tratta dell'insediamento di Salomone come re (cap. 1) e dell'eliminazione dei rivali ancora in vita (cap. 2); in 2,10-12 si trova la formula conclusiva per la signoria di Davide e la transizione a Salomone. Il resto della storia di Salomone è suddiviso dai racconti di due *apparizioni divine* toccate a Salomone. Nel primo (3,4-15), Salomone è presentato come il re esemplare e pio che chiede a Dio un «cuore capace di ascoltare» (v. 9) per poter compiere i suoi doveri di re; nel secondo (9,1-9), che viene subito dopo la dedicazione del Tempio, compare invece la possibilità dell'apostasia dei re da Jhwh (v. 6 ss.), come di lì a poco è raccontato dello stesso Salomone (11,1 s.). In questo modo si preannuncia la fine del dominio di Salomone e quindi anche dell'impero davidico.

Due apparizioni divine

→ 149

In questa cornice è stato raccolto materiale di diversa natura: si tratta in parte di documenti ufficiali (ad es. le due liste in 4,2-6 e 7-19) e di informazioni storiche (ad es. 3,1; 5,6-8; 9,15-28; parzialmente in 10,28 s.) e in parte di tradizioni elaborate in forma narrativa, che vogliono presentare una determinata immagine di Salomone. Si tratta soprattutto di tre temi.

Sapienza

Il tema predominante è la *sapienza di Salomone*. Nella visione in sogno introduttiva (3,4-15), viene accordata a Salomone la sapienza (v. 12) e nel racconto del giudizio di Salomone (3,16-28), a essa collegato, ne è data una dimostrazione; in 5,9-14 e nel racconto della visita della regina di Saba (10,1-13), ne viene mostrata la superiorità mondiale, e nella notizia finale sul regno di Salomone (11,41-43) essa viene ancora una volta messa in risalto come il decisivo contrassegno di Salomone (v. 41). In questi testi appaiono diversi aspetti della «sapienza»; → 152 s. in 5,9-14 essa ha per oggetto la *natura* (v. 13), in 3,16-28 invece l'*esercizio della giustizia*, che viene particolarmente lodata anche dalla regina di Saba (10,9), mentre in 10,1-3 si parla genericamente dell'intelligenza di Salomone.

Sfarzo

Il secondo tema è rappresentato dalla *potenza regale e dallo sfarzo* di Salomone, e a questo sono dedicati tre lunghi brani: 4,1 - 5,8; 9,10-28; 10,14-29; esso ha però una parte notevole anche nel racconto della visita della regina di Saba (10,4 s. e nell'aggiunta dei vv. 11 s.) e, nel brano riassuntivo di 10,23-25, esso è esplicitamente collegato con la sapienza di Salomone.

Attività edilizia

Come terzo tema, occupano un largo spazio i racconti sull'*attività edilizia* di Salomone. In essi, lo sfarzo di Salomone viene ulteriormente illustrato e vi si aggiunge l'immagine di Salomone *fondatore e protettore del culto del Tempio*. Qui la sua *pietà* (cfr. 3,4-15) trova la sua duratura espressione, in particolare nei discorsi e nelle preghiere di 8,14-21.22-53 («preghiera di dedicazione del Tempio»), 54-61 e nella grande cerimonia sacrificale 8,62-66 (cfr. 3,4.15; 9,25; 10,5). Anche qui, viene preliminarmente sottolineata la saggezza di Salomone, che si esprime nei suoi pii piani di costruzione del Tempio e nella pace in politica estera (5,21 in riferimento ai vv. 18 s.; 5,26).

Pietà

Divinità straniere

L'immagine del saggio, giusto e pio re di pace Salomone viene offuscata verso la fine del suo regno, perché egli si lasciò sedurre dalle sue mogli straniere ad *adorare divinità straniere* e a introdurre culti stranieri a Gerusalemme (11,1-8). Questo mette in atto (11,9-13) la minaccia pronunciata nella seconda apparizione divina (9,1-9); solo «per amore di Davide» → 245 s. essa non si compie durante la vita di Salomone (v. 12) e neppure in seguito essa si compirà interamente (v. 13).

Declino → 59 s.

Con questo è fornita la transizione ai racconti sul *declino del regno di Salomone*. Un «avversario» (*Śatan*) edomita (11,14-22) e uno arameo (11,23-25) minacciano la sua potenza in campo internazionale e, con Geroboamo, gli si presenta un pericoloso oppositore interno (11,26-40), che, per di più, viene designato dal profeta Ahija di Sciloh come l'esecutore dell'annuncio secondo cui il regno deve essere «strappato» a Salomone (11,29-39, cfr. 11,9-13). L'esecuzione della minaccia viene prorogata, grazie alla fuga di Geroboamo, fino alla morte di Salomone (v. 40), cosicché la nota conclusiva sul regno di

Salomone (vv. 41-43) segna al tempo stesso la fine dell'impero di Davide.

Nella nota conclusiva si rimanda, come ulteriore fonte di informazioni, al «libro della storia di Salomone» (11,41). Questo rimando mostra che il redattore di I Re 1-11 non ha ripreso tutte le informazioni a lui disponibili, ma che ha operato una scelta in base a determinati punti di vista. Inoltre, questo rimando presuppone che la fonte citata sia accessibile ai lettori, e lo stesso vale per gli analoghi rimandi alla «cronaca dei re d'Israele» (I Re 14,19 ecc.), oppure «di Giuda» (I Re 14,29 ecc.). → 150 s.

La storia di Salomone presenta, nella sua forma attuale, marcati tratti deuteronomistici, soprattutto nei brani che trattano della pietà di Salomone, come, ad esempio, la «preghiera di dedicazione del Tempio» (8,22-53).

Storia dei re

L'esposizione storica che segue è sempre orientata al re del momento, di modo che la si può sinteticamente definire *storia dei re d'Israele e Giuda*. La sua caratteristica distintiva consiste in una *cornice* costituita da note introduttive e conclusive sui singoli re, costruita in base a uno schema fisso, che viene spezzato solo quando lo svolgimento dei fatti lo rende necessario. Lo schema contiene:

Cornice

Sincronismi

1. *Indicazioni cronologiche* sul momento dell'ascesa al trono e sulla durata del regno di ogni re. Per tutto il tempo che Israele e Giuda esistono affiancati come regni distinti, viene usata una datazione «sincronistica», cioè l'accesso al trono di un re viene datato in base all'anno di regno del re in carica nel regno vicino (I Re 15,1.9.25.33 ecc.). Per i re di Giuda sono spesso indicati anche l'*età* al momento dell'ascesa al trono (ad es. I Re 14,21; 22,42) e il *nome della madre* (ad es. I Re 14,21[31]; 15,2).

JEPSEN ha ipotizzato che le indicazioni cronologiche derivino da una «cronaca sincronistica», che il redattore dei libri dei Re avrebbe avuto come fonte; secondo NOTH esse sono state prese dalle «cronache dei re d'Israele/Giuda»; mentre BIN-NUN postula come fonti liste distinte dei re, del regno del nord e di quello del sud. → 150 s.

Giudizio religioso → 65

2. Un *giudizio religioso* sul re in questione. I re d'Israele sono sempre valutati negativamente, perché hanno continuato a commettere il «peccato di Geroboamo» (I Re 15,26.34; 16,26 ecc.). Per i re di Giuda si trovano anche giudizi positivi, sempre però con una limitazione, salvo nel caso di Ezechia (II Re 18,3-6) e Giosia (22,2; 23,25): le «alture cultuali» (*bamot*) continuarono a esistere (I Re 15,11-15; 22,43 s.; II Re 12,3 s.; 14,3 s.; 15,3 s.34 s.). Qui si trova spesso un rimando a Davide, inteso o come modello rispetto al quale il re in esame viene mi-

surato (ad es. I Re 15,3.11; II Re 14,3; 16,2; 18,3; 22,2) o come motivazione del perché Jhwh lasciò sussistere Giuda (cfr. già I Re 11,12 s. e poi 15,4 s.; II Re 8,19 ecc.).

Questi giudizi e queste motivazioni sono improntati alla lingua e alla teologia deuteronomistiche. Presentano numerose espressioni stereotipe, ma al tempo stesso anche molte variazioni. H. WEIPPERT ha dedotto da questo la presenza di diversi strati redazionali deuteronomistici, il più antico dei quali sarebbe da porre molto prima della riforma cultuale di Giosia. HOFFMANN, invece, ravvisa in questo indizi di una complessiva storia deuteronomistica del culto.

3. Nella nota conclusiva, si trova un *rimando* alle «cronache dei re
→ 150 s. di Israele/Giuda», spesso unitamente a schematici accenni alle ulteriori informazioni colà reperibili (I Re 14,19.29 s.; 15,7.23.31 s. ecc.).

4. Un'annotazione conclusiva sulla *morte* (e, nel caso dei re di Giuda, anche sulla *sepoltura*) e sul *nome del successore* (I Re 14,20 [qui l'indicazione della durata del regno è eccezionalmente alla fine, perché manca la nota iniziale].31; 15,8-24; 16,6 ecc.).

All'interno di questo schema, la storia dei singoli re è affrontata in modi molto diversi. Per la maggior parte di essi sono date soltanto poche comunicazioni che vadano oltre lo schema; per Joas di Israele (II Re 13,10-13), ad esempio, abbiamo soltanto l'annotazione «che egli fece guerra ad Amazia, re di Giuda» all'interno della nota finale (v. 12); per Abijam di Giuda (I Re 15,1-8) è data una informazione analoga, in una proposizione indipendente (v. 6). Anche altrove, ci sono spesso soltanto una o due frasi, in cui però vengono fatte affermazioni di peso molto vario: ad es. su una malattia (II Re 15,5), su una congiura di cui il re in questione cadde vittima (II Re 15,10.14.25.30; 21,23 s.), ma anche su importanti avvenimenti di politica internazionale (ad es. II Re 15,19 s. 29.37) o sulla fondazione di una nuova capitale (I Re 16,24).

Per l'inserimento delle notizie politiche nelle cornici sui re cfr. HOFFMANN (33 s.) e lo stesso per la notevole applicazione dello schema dei giudici in II Re 13,3-5 (113 ss.) e 14,26 s.

Soltanto in alcuni punti la narrazione si fa più particolareggiata, evidentemente perché, in questi casi, i redattori disponevano di più ampio materiale, che a loro avviso era rilevante per l'esposizione complessiva. Si tratta sempre di svolte nella storia d'Israele e di Giuda, e quasi sempre vi sono coinvolti *profeti*. La comparsa dell'elemento profetico è senz'altro dovuta a una precisa intenzione dei redattori dei libri dei Re. Non è però più possibile stabilire se essi disponessero ancora di altro materiale, che non hanno utilizzato (ad es. proveniente dall'ambito della storiografia di corte).

Un primo complesso narrativo di una certa ampiezza tratta la *scissione dei regni di Israele e Giuda* (I Re 12-14). La sezione inizia subito dopo la nota conclusiva su Salomone (11,41-43) e si conclude con le note finali su Geroboamo (14,19 s.) e Roboamo (14,29-31). In questo quadro, sono state collegate tradizioni di varia natura: una *narrazione storica* sulla scissione delle tribù del nord dalla dinastia davidica (12,1-19, cfr. PLEIN); un racconto sui *provvedimenti* di Geroboamo in *campo cultuale* (12,26-32; il v. 33 fa da introduzione al cap. 13); tre *narrazioni profetiche* molto diverse che trattano: dell'impedimento, da parte di Scemaia, di una guerra tra Roboamo e le tribù del nord (12,21-24), del destino di un anonimo «uomo di Dio» all'altare di Bethel (13,1-32) e di un annuncio di giudizio fatto a Geroboamo da Ahija di Sciloh (14,1-18, seguito di 11,29-39); inoltre diverse singole informazioni su Geroboamo, in parte aventi funzione di collegamento (12,2 [collegamento con 11,40, cfr. 12,2 s.].25; 13,33 s. [ripresa di 12,32 s.]) e su Roboamo, all'interno dello «schema del re» (14,21-31).

Scissione dei regni
→ 62 ss.

→ 62 s. 150 s.

→ 64

→ 159 s.

Nella presentazione complessiva che viene fatta dell'epoca monarchica, questo brano ha molteplici funzioni. Con la scissione dei regni di Israele e Giuda, si adempie (12,15 cfr. 14,8) l'annuncio fatto a Salomone (11,9-13, cfr. 11,29-39). Contemporaneamente, però, viene annunciata anche a Geroboamo la fine della sua dinastia (14,9-16, cfr. 15,29 s.). Infine, in entrambi i regni inizia un'evoluzione cultuale, che è determinante per il futuro: nel regno del nord il «peccato di Geroboamo» (12,30; 13,34) e nel regno del sud la sopravvivenza dei culti agli alti luoghi e di altri «orrori dei popoli» (14,22-24, cfr. HOFFMANN).

→ 238

→ 64

Il successivo, ampio complesso narrativo racconta i *conflitti dei profeti con i re d'Israele* (I Re 17 - II Re 10). Vi sono stati raggruppati diversi racconti profetici, uniti a informazioni sul re in quel momento al potere; i due grandi complessi di *Elia* (I Re 17-19; 21; II Re 1) ed *Eliseo* (II Re 2,1 - 9,10 [intercalati dai dati sui re corrispondenti in 3,1-3; 8,16-24.25-29], conclusione in 13,14-21), il racconto di *Micaiah ben Imla* (I Re 22,1-28, collegato con la chiusa della storia di Achab in 22,29-40 e con informazioni su altri re in 22,41-51.52-54) e la raccolta di racconti profetici in I Re 20. La conclusione del racconto di Eliseo costituisce al tempo stesso l'inizio del racconto della *rivoluzione di Jehu* (II Re 9,11 - 10,36), in cui viene più volte rilevato l'adempimento di annunci profetici (9,25 s.36; 10,10.17).

Profeti contro re

Micaiah ben Imla
→ 69. 157

→ 70. 151

Il *racconto di Elia* è dominato, nella sua forma attuale, dal contrasto fra Elia e Achab. Questo contrasto determina anche nei particolari il racconto della *vigna di Naboth* (I Re 21) e la cornice del complesso narrativo dei capp.

Elia
→ 68

17 s., che tratta di una *siccità* e di una carestia (17,1-6; 18,1-20.41-46). Vi sono stati inseriti anche due *racconti di miracolo* (17,8-16.17-24) e, soprattutto, la scena sul *Carmelo* (18,21-40) in cui l'alternativa decisiva (Jhwh o Baal) è posta in modo altamente drammatico; qui Achab non viene mai menzionato. Nel racconto dell'apparizione di Dio sul monte *Horeb* (19,1-18; ai vv. 19-21, segue la *vocazione di Eliseo*), il vero antagonista è la moglie di Achab, Izebel (vv. 1 s.) e in II Re 1 suo figlio Achazia. Eppure, anche se cambiano gli antagonisti, domina comunque sempre il conflitto di natura religiosa e questo conferisce al racconto di Elia il suo profilo peculiare.

Eliseo
→ 158. 160

Nel *racconto di Eliseo*, domina la figura del facitore di miracoli (II Re 4,1-7.8-37 mostrano evidenti paralleli con I Re 17,8-16.17-24!). I miracoli, in parte, avvengono in ambito ristretto, in parte hanno però anche conseguenze militari e politiche (II Re 3; 6,8 - 7,20). Anche altrove, Eliseo viene mostrato con un ruolo politico (8,7-15; 13,14-19); qui, il suo coinvolgimento nella rivoluzione di Jehu ha avuto conseguenze di ampia portata per la storia del regno del nord. La sua immagine rimane però contraddittoria e chiaramente distinta da quella di Elia (cfr. SCHMITT).

→ 70

Per oltre cento anni (e dunque per tutto il resto della storia del regno del nord), non è più tramandato alcun racconto particolareggiato. Solo per l'episodio del regno di Athalia abbiamo in II Re 11 un racconto storico; in 12,5-17 si trova un racconto su una variazione del finanziamento del Tempio da parte di Joas di Giuda; in 14,5-14 si parla, con una ampiezza maggiore del solito, delle azioni di Amatsia sul piano interno e in politica estera e lo stesso avviene in 16,5-18, per la guerra siro-efraimitica e per i provvedimenti presi dal re Achaz in campo di politica cultuale. Per il resto, le informazioni sui singoli re sono sempre limitate a poche frasi.

→ 70. 150 s.

Distruzione del regno del nord
→ 73

Anche la presentazione della *distruzione del regno del nord* da parte degli assiri è straordinariamente concisa (17,3-6), ma a questo si collega un'ampia motivazione teologica (17,7-23): la caduta del regno del nord è conseguenza del peccato degli israeliti (v. 7), compiuto con varie forme di culti illegittimi (vv. 8-12.16 s.), con cui essi hanno respinto il patto con Jhwh (vv. 14 s.), nonostante l'ammonimento dei profeti (v. 13); tutto questo ha le sue radici nel «peccato di Geroboamo» (vv. 21 s.), e doveva alla fine condurre al ripudio e alla cacciata di Israele (vv. 18.23; ai vv. 19 s. questa motivazione è stata più tardi estesa anche a Giuda). Con questi fatti, la fallimentare storia del culto del regno del nord, iniziata con Geroboamo (I Re 12,26-32) giunge alla sua conclusione (cfr. HOFFMANN).

→ 73

In 17,24-41 segue ancora un'appendice, che si divide in vari paragrafi: i vv. 24-28 trattano dell'insediamento di gruppi di popolazioni straniere nel regno del nord e delle relative conseguenze; i vv. 29-39 rappresentano la situazione religiosa in questi territori; i vv. 34-41 criticano questa situazione con il metro del Deuteronomio, dove però, a differenza di quanto avviene nei paragrafi precedenti, gli abitanti di questa provincia settentrionale non sono definiti stranieri, ma «figli di Giacobbe (= Israele)», con i quali Jhwh ha stabilito un patto e che egli ha fatto uscire dall'Egitto (vv. 34-36).

Quest'ultimo paragrafo è probabilmente un'aggiunta che si riferisce alle dispute sorte in seguito con i samaritani (HOFFMANN; per l'intera questione, cfr. TALMON).

Racconti su Isaia → 74 s.

Con i *racconti su Isaia* (II Re 18,13 - 20,19) inizia un nuovo, ampio complesso narrativo, collocato all'interno della storia di Ezechia (18,1 - 20,21), che si occupa soprattutto dell'assedio di Gerusalemme da parte di Sennacherib nell'anno 701.

Il brano 18,13 - 19,37, dedicato all'*assedio di Gerusalemme da parte di Sennacherib*, si compone di diverse parti. 18,13-16 contiene un breve racconto, probabilmente basato su annali ufficiali, sulla sottomissione e il pagamento del tributo da parte di Ezechia. Nel brano seguente viene sviluppato, con elementi in parte leggendari, il tema dell'assedio e della salvezza di Gerusalemme; sono qui collegate fra loro due versioni parallele (18,17-19a. 36 s. e 19,9b-35). Entrambe le versioni sono improntate alla teologia deuteronomistica; la seconda è più fortemente centrata sulla persona del re pio, il che risalta in particolare nella preghiera di 19,15-19 (CHILDS 1967). Il *canto di scherno al re d'Assiria* (19,21-28) si staglia nettamente come brano indipendente.

Anche il racconto, dai tratti leggendari, della *malattia di Ezechia* (20,1-11) sottolinea l'aspetto della pietà del re, mentre il racconto della *legazione da Babilonia* (20,12-19) presenta l'errato comportamento di Ezechia come causa del futuro esilio (vv. 17 s.).

L'intero brano II Re 18,13 - 20,19 è stato incorporato, con piccole varianti, anche nel libro di Isaia (Is. 36-39), ma con una grande aggiunta, il *salmo di Ezechia* (38,9-20). → 258

Riforma cultuale di Giosia → 76 s.

Dopo l'ampia sezione su Manasse, prevalentemente formulata in termini deuteronomistici (II Re 21,1-18), e le brevi indicazioni su Amon (21,19-26), segue un'ultima particolareggiata sezione narrativa, la *storia di Giosia* (22,1 - 23,30), al cui centro si trova il racconto del *ritrovamento del libro della Legge* e della *riforma cultuale* (22,3 - 23,25), che ha un'importanza decisiva nel quadro complessivo della presentazione dell'epoca monarchica. La riforma cultuale messa in movimento dal ritrovamento del Deuteronomio riprende tutte le riforme cultuali della monarchia, sia positive, sia negative, avvenute fino a quel momento e le porta a conclusione. Viene espressamente menzionata la rimozione degli alti luoghi e degli altari che avevano eretto Salomone (23,13, cfr. I Re 11,5.7), Geroboamo (23,15, cfr. I Re 12,32) e Manasse (23,12 cfr. 21,5); in altri provvedimenti di riforma, vengono sinteticamente menzionati i re di Giuda (23,5.11.12) e di Israele (23,19), ai quali, nei giu- → 238. 64. 76

dizi religiosi su di loro, erano sempre stati rimproverati il persistere → 239 degli alti luoghi o il «peccato di Geroboamo». In alcuni casi, sono anche menzionate riforme che erano già state raccontate per re precedenti, come l'eliminazione delle prostitute cultuali (23,7) da parte di Asa (I Re 15,12) e Giosafat (I Re 22,47), e del culto di Baal (23,4) da parte di Jehoram (II Re 3,2), Jehu (9,18-28) e Jehoiada (11,18): in questi casi, la riforma di Giosia rappresenta la conclusione definitiva (per i particolari, cfr. HOFFMANN, 251 ss.).

→ 76 s. 214 I racconti di II Re 22 s. sono prevalentemente accettati come fonte storica sulla riforma di Giosia. Così, ad es., NOTH ritiene che la base di 22,3 - 23,3 fosse costituita da un promemoria ufficiale, e che 23,4-20a siano estratti dal- → 150 le «cronache dei re di Giuda». In epoca recente, è stato soprattutto WÜRTHWEIN a mettere in questione il valore di questi testi come fonti. HOFFMANN, infine, ha mostrato l'intreccio, sopra delineato, del racconto con la presentazione complessiva dei libri dei Re e ne ha dedotto che esso sia complessivamente da considerare opera del Deuteronomista.

Conquista di Gerusalemme

Le informazioni sugli ultimi re di Giuda si muovono di nuovo nella consueta cornice. Anche i racconti sulla duplice conquista di Gerusalemme e sulla deportazione degli abitanti di Giuda all'epoca di → 78 Joiakin (24,8-17) e Sedekia (24,18 - 25,21) sono molto stringati e non viene loro conferita forma narrativa né vengono provvisti di motivazioni teologiche o di interpretazioni (cfr. 24,20). Anche il brano con- → 251 clusivo sulla grazia concessa a Joiakin (25,27-30) rimane senza interpretazione.

Composizione dei libri dei Re

I libri dei Re, nel loro complesso, sono metodicamente strutturati. Ciò appare innanzitutto nello schema della cornice, che viene utilizzato costantemente e con coerenza. In questo schema, l'elemento di continuità è costituito dalla valutazione religiosa data dei vari re. Il comportamento del re viene diversamente valutato, a seconda che il re

Giudizi cultuali

abbia o meno corrisposto alle esigenze di *purezza e unità* del culto espresse nel Deuteronomio. Tutte queste affermazioni puntano alla riforma cultuale di Giosia in II Re 23 e trovano in essa la loro conclusione. Con il racconto del ritrovamento del libro della legge in II Re 22, si dichiara espressamente che il Deuteronomio è la base della riforma.

Promessa e adempimento

Un ulteriore elemento di continuità è costituito dallo schema di *promessa e adempimento* che attraversa tutti i libri dei Re. C'è sempre un *profeta*, che di solito annuncia al re una determinata azione di Jhwh, oppure una determinata sorte del re, di cui viene poi constatato il realizzarsi (cfr. VON RAD, DIETRICH). Così già Salomone, al momento della dedicazione del Tempio, si riallaccia alla promessa del profeta → 236 Nathan a Davide (I Re 8,20, cfr. II Sam. 7,12 s.). In seguito, promesse sono rivolte a Geroboamo tramite il profeta Ahija (I Re 11,29-39, adempimento [→] 12,15; 14,7-11 → 15,29), a Baasa tramite un profeta di nome Jehu (16,1-4 → v. 12), ad Achab tramite Elia (21,12-24.27.29, cfr. II Re 9,7.10 → 10,17) ad Achab tramite Micaiah ben Imla (I Re 22,17 → vv. 35 s.), ad Achazia tramite Elia (II Re 1,6 → v. 17), ed Ezechia tramite Isaia (20,17 → 24,13), a Manasse tramite i profeti anonimi (21,10-15 → 24,2) e a Giosia tramite la profetessa Hulda (22,15-17 → 24,20; 22,18-20 → 23,30). Anche la promessa riguardante l'altare di Bethel appartiene a questo contesto (I Re 13 → II Re 23,15-18).

→ 63
→ 68. 241 s.
→ 241
→ 243
→ 159 s. 241

In alcuni casi la corrispondenza di promessa e adempimento si trova all'interno di un racconto indipendente, che è stato incorporato dal redattore dei libri dei Re (ad es. I Re 22; II Re 1). In altri casi, racconti profetici sono stati incorporati nel contesto più ampio per mezzo di rimandi di quel tipo (ad es. il racconto di Elia di I Re 21, il racconto di Eliseo di II Re 9 e il racconto di Isaia di II Re 20), oppure sono stati composti per quel contesto (ad es. I Re 11,29-39; 13; 14,1-18; II Re 22,14-20). Infine, il redattore deuteronomistico dei libri dei Re ha introdotto anche i profeti per i quali egli, evidentemente, non disponeva di alcun modello (ad es. I Re 16,1-4; II Re 21,10-15). Qui ci si può fare un'idea del modo in cui il redattore lavorava.

Centralità di Davide

Un ulteriore e costante filo conduttore (cfr. VON RAD, CROSS) è costituito dalla *centralità di Davide*. Esso inizia con la ripetuta sottolineatura del fatto che Salomone sedette sul trono di Davide (I Re 2,12.24; 3,6 s.). Si afferma poi che Salomone amava Jhwh, in quanto procedeva «secondo le prescrizioni di suo padre Davide» (3,3), cioè secondo tutto quanto è scritto nella «legge di Mosè» (2,3). Più volte, la futura sorte di Salomone (3,14), della monarchia (9,4 s.) e di tutto Israele (6,12) viene esplicitamente legata all'imitazione di Davide e, alla fine, si constata che Salomone, nella sua vecchiaia, non si sarebbe più conformato al modello di Davide (11,4.6). La minacciata perdita del regno non si verificherà però durante la vita di Salomone «per amore di Davide» (11,12), e suo figlio, «per amore di Davide (e di Gerusalemme)», conserverà il dominio sulla tribù di Giuda (11,13 cfr. vv. 32-34); in questo modo, a Davide, deve essere mantenuta una «lampada» davanti a Jhwh in Gerusalemme (11,36).

→ 222 s.

In questo modo, sono già fornite le parole chiave per quanto segue. Anche Geroboamo viene valutato in rapporto a Davide (11,38), con risultato fallimentare (14,8); con ciò il destino del regno del nord è segnato. Nel regno del sud, dopo la morte di Roboamo, con Abijam, compare un re che non corrisponde al modello di Davide (15,3); ma ancora una volta, «per amore di Davide», viene conservata la «lampada» a Gerusalemme (vv. 4 s.). Il successivo re di Giuda, Asa, corrisponde al modello di Davide (15,11), e anche suo figlio Giosafat segue le orme paterne (22,43). Sarà solo il figlio di quest'ultimo, Jeho-

Lampada a Gerusalemme

ram, a deviare da questa strada, per seguire «le vie dei re d'Israele»
(II Re 8,18) con i quali si era imparentato sposando la figlia di Achab,
→ 70 Athalia; ma, nuovamente viene risparmiata a Giuda la rovina «per
amore di Davide», a cui Jhwh aveva promesso una «lampada» pe-
→ 70 renne (v. 19). Il figlio di Jehoram, Achazia perde la vita nella rivolu-
zione di Jehu nel regno del nord; ma, dopo l'intermezzo del regno il-
legale di Athalia, con suo figlio Joas torna a esserci sul trono di Ge-
rusalemme un re «che fece ciò che piace a Jhwh» (12,3); lo stesso fe-
ce suo figlio Amatsia, con una limitazione, però: viene detto che egli
non corrispose interamente al modello di Davide (14,3). Anche Aza-
→ 72. 74 ria e Jotham si collocano sulla stessa linea, e solo con Achaz torna al
potere un re che non corrisponde al modello di Davide (16,2). Il rac-
conto a lui dedicato mostra chiaramente il pericolo che Giuda corre
e il suo decadimento, soprattutto sul piano cultuale; ma suo figlio
→ 74 ss. Ezechia si riallaccia alla linea di Davide e annulla le infrazioni cul-
tuali di suo padre (18,3-6). Egli riceve da Jhwh la promessa che que-
sti proteggerà e salverà la città di Gerusalemme «per amor mio e per
amore del mio servitore Davide» (19,34; 20,5 s.). I peccati cultuali di
→ 76 Manasse sono perciò particolarmente gravi, perché Jhwh aveva pro-
messo a Davide e Salomone di «far dimostrare il suo nome» nel Tem-
pio di Gerusalemme (21,7); Giosia, però, segue di nuovo senza sban-
→ 76 s. damenti le vie di Davide (22,2) e, con la sua riforma cultuale, rimet-
te le cose in ordine.

Linea da Davide a Giosia

Viene in questo modo tracciata una linea ininterrotta da Davide a Giosia; e nei momenti di maggiore pericolo – al crollo dell'impero di Salomone e durante il regno di quei re che non seguono la via di Davide – entra in vigore la promessa con cui Jhwh dichiara di voler conservare a Davide una «lampada» a Gerusalemme (I Re 11,36; 15,4; II Re 8,19). Questa centralità di Davide, insieme alle informazioni sul culto, costituisce un'impalcatura fissa nello schema della cornice del libro dei Re, che viene integrata con i rimandi a promesse adempiute.

La questione della chiusa dei libri dei Re verrà discussa in rapporto al
→ 251 problema dell'opera storiografica deuteronomistica.

Bibliografia

Commentari: BENZINGER (KHC) 1899; KITTEL (HK) 1902; GRESSMANN (SAT 2,1) 1921²; MONTGOMERY - GEHMAN (ICC) 1951; GRAY (OTL) 1970² (1977³); NOTH (BK) *I Kön 1-16*, 1968 (1983²); WÜRTHWEIN (ATD) *I Kön 1-16*, 1977 (1985²); *I Kön 17 - 2 Kön 25*, 1984.

SH. BIN-NUN, *Formulas from Royal Records of Israel and of Judah*, in VT 18, 1968, 414-432; B. CHILDS, *Isaiah and the Assyrian Crisis*, 1967; F.M. CROSS, *The Themes of the Book of Kings and the Structure of the Deuteronomistic History*, in *Canaanite Myth and Hebrew Epic*, 1973, 274-289; W. DIETRICH, *Prophetie und Ge-*

schichte. Eine redaktionsgeschichtliche Untersuchung zum deuteronomistischen Geschichtswerk, 1972; H.-D. HOFFMANN, *Reform und Reformen. Untersuchungen zu einem Grundthema der deuteronomistischen Geschichtsschreibung*, 1980; A. JEPSEN, *Die Quellen des Königsbuches*, 1953 (1956[2]); M. NOTH, *Überlieferungsgeschichtliche Studien*, 1943 (1973[4]); I. PLEIN, *Erwägungen zur Überlieferung von I Reg 11,26 - 14,20*, in ZAW 78, 1966, 8-24; G. V. RAD, *Deuteronomium-Studien*, 1947 (1948[2]). Parte B: *Die deuteronomistische Geschichtstheologie in den Königsbüchern*, 52-64 (= *Ges. St.* I, 189-204), H. CHR. SCHMITT, *Elisa. Traditionsgeschichtliche Untersuchungen zur vorklassischen nordisraelitischen Prophetie*, 1972; S. TALMON, *Polemics and Apology in Biblical Historiography - 2 Kings 17:24-41*, in R.E. FRIEDMAN (a cura di), *The Creation of Sacred Literature. Composition and Redaction of the Biblical Text*, 1981, 57-68; H. WEIPPERT, *Die «deuteronomistischen» Beurteilungen der Könige von Israel und Juda und das Problem der Redaktion der Königsbücher*, in «Bib. 53», 1972, 301-339.
STEUERNAGEL, par. 75-81; EISSFELDT, par. 41; FOHRER, par. 53; SOGGIN, par. 16; KAISER, par. 15; SMEND, par. 18-19, 21-23; SCHMIDT, par. 11; CHILDS XV.

2.5 L'opera storiografica deuteronomistica

I libri da Giosuè a Re hanno, nella loro formula attuale, una marcata impronta deuteronomistica. NOTH nel 1943, ha avanzato la tesi che qui non si tratti soltanto di una redazione deuteronomistica, ma di un'*opera storiografica sistematicamente strutturata*.

Opera storiografica strutturata

Secondo NOTH, il Dtr (sigla con cui NOTH designa sia l'opera sia il suo autore) ha posto all'inizio della sua opera il Deuteronomio, dopo averlo provvisto, per questo scopo, di una nuova introduzione (Deut. 1-3 o 4). In questo modo egli creava anche i presupposti per strutturare e interpretare la storia successiva. «Generalmente, nella sua opera il Dtr ha semplicemente lasciato... la parola alle fonti che aveva a disposizione e si è limitato a unire le singole sezioni con un testo di collegamento», dopo aver comunque «fatto una scelta oculata fra i materiali a sua disposizione» (11), cosa che appare in particolare nei suoi rimandi alle «cronache». Per il resto, il Dtr ha espresso (5 s.) «in tutti i punti importanti dello svolgimento storico», la sua personale disposizione dell'intero materiale e la sua interpretazione teologica, o con discorsi dei personaggi preminenti (Gios. 1; 23; I Sam. 12; I Re 8,14 ss.), oppure con sommari da lui stesso redatti (Gios. 12; Giud. 2,11 ss.; II Re 17,7 ss.) (5 s.). In questi testi, si possono perciò cogliere con maggiore evidenza i suoi «pensieri teologici guida» (100 ss.).

→ 208

→ 150

L'imponente e coerente concezione di NOTH ha trovato, nelle linee di fondo, un sempre maggiore consenso e determina da allora la discussione. L'espressione «opera storiografica deuteronomistica» per indicare i libri da Giosuè a Re si è solidamente impiantata nella scienza veterotestamentaria. D'altro lato, molto presto e da punti di vista molto diversi, si è sostenuto che l'ipotesi di NOTH ha troppo semplificato i problemi di questi libri e non tiene sufficientemente conto del carattere stratificato e complesso delle tradizioni e delle loro rielaborazioni.

Pluralità di redazioni

Indipendentemente da NOTH, già JEPSEN aveva sviluppato la teoria secondo cui nei libri dei Re si individuerebbero *più redazioni*: una sacerdotale, una nebiistica (cioè profetica) e una levitica (a cui attribuiva comunque poca rilevanza). Egli identificava espressamente il suo secondo redattore, quello profetico, con il Dtr di NOTH. Anche CROSS presuppone due «edizioni» dell'opera storiografica deuteronomistica, ma equipara il primo editore al Dtr di NOTH. Risulta così una differenza fondamentale nella *questione della datazione*: NOTH e JEPSEN collocano cronologicamente il Dtr dopo l'ultimo
→ 81 evento menzionato nel II libro dei Re, cioè la grazia concessa a Joiakin (II Re 25,27-30), giungendo a un momento successivo al 562/1 per l'intera opera (NOTH), oppure per la redazione decisiva (JEPSEN). CROSS, per contro, assegna la prima redazione fondamentale all'epoca di Giosia e solo il secondo editore all'epoca esilica. Queste divergenze nella datazione hanno un'influenza determinante sulla interpretazione complessiva dell'opera.

Ora, anche SMEND e i suoi allievi DIETRICH e VEIJOLA postulano per il Dtr una redazione plurima comprendente: il vero e proprio «storico» deuteronomista (Dtr G o Dtr H), un rielaboratore «profetico» (Dtr P) e uno «nomistico» (Dtr N), così chiamato «per il suo interesse alla Legge» (SMEND 1978, 115). Essi collocano Dtr G (o Dtr H) dopo la distruzione di Gerusalemme (DIETRICH), o dopo la grazia concessa a Joiakin (SMEND); le due rielaborazioni sono da datare conseguentemente. Questa concezione opera selezionando singoli brani, versi e frammenti di versi in base a criteri di *critica letteraria*; questo metodo viene frequentemente definito «storia della redazione» (*Redaktionsgeschichte*), perché esso non solo cerca di scorporare le rielaborazioni posteriori per mettere allo scoperto il testo originario, ma va in cerca dell'intenzione dei vari strati di rielaborazione. In ogni caso, però, il testo complessivo che ci sta ora di fronte non è fatto oggetto dell'interpretazione.

Voluto disegno complessivo

Un'impostazione del tutto diversa si trova in HOFFMANN: egli dichiara di aver voluto lavorare coerentemente *dal punto di vista della storia della tradizione* (*überlieferungsgeschichtlich*), cioè non cerca di fissare letterariamente la preistoria del materiale, ma riconduce invece la forma finale attuale «più fortemente di quanto sia avvenuto finora, al cosciente e sistematico lavoro del o dei redattori del Dtr» (20). Col tema centrale della storia del culto, riesce a evidenziare l'unitarietà e la compattezza dell'opera deuteronomistica e al tempo stesso a mostrare che il Dtr è stato molto più «scrittore» di quanto non si sia pensato da

NOTH in avanti, cioè non si è limitato a provvedere di testi di collegamento il materiale che trovava nelle sue fonti.

Solo difficilmente queste due impostazioni metodologiche possono esser collegate. Bisognerà vedere qual è la via su cui si ottiene la spiegazione migliore e più convincente dell'opera storiografica deuteronomistica.

Il problema dell'opera storiografica deuteronomistica si colloca su un contesto più ampio. Negli ultimi tempi, è divenuto sempre più chiaro che si possono individuare rielaborazioni «deuteronomistiche» anche in molti altri settori della letteratura veterotestamentaria. Ciò non vale soltanto per il Pentateuco, ma anche per i libri profetici, per i Salmi ecc. Evidentemente, questa «scuola» (o «movimento») ha ampiamente partecipato alla raccolta, rielaborazione e riformulazione delle tradizioni religiose d'Israele. L'opera storiografica deuteronomistica non può dunque essere considerata isolatamente.

Movimento deuteronomico

→ 176 s. 215. 221 s. 373

Ma, soprattutto, deve essere visto in questo contesto anche il problema della provenienza e dell'origine dello stesso *Deuteronomio*. Esso rappresenta infatti, senza dubbio, lo stadio finale di un lungo lavoro teologico. È possibile che, in questo tempo, si sia lavorato anche in altri punti con le stesse intenzioni teologiche. Ciò significa che non tutte le formulazioni «deuteronomistiche» (cioè formulazioni che si trovano al di fuori del Deuteronomio, ma che gli sono apparentate per linguaggio e teologia) *devono* essere posteriori al Deuteronomio e da esso dipendere letterariamente. Si può essere certi della presenza di elementi «predeuteronomici» al di fuori del Deuteronomio (che possono essere anche definiti «protodeuteronomici», cfr. BREKELMANS; LOHFINK, 17 s.; WEIPPERT, 337).

→ 215

Datazione

Queste osservazioni influiscono sul problema della datazione. Spesso, si parte dal presupposto che il Deuteronomio sarebbe stato sconosciuto prima della riforma di Giosia e che perciò tutti i testi «deuteronomistici» potrebbero aver avuto origine solo dopo questo momento. Inoltre, siccome spesso si colloca l'origine dell'opera storiografica deuteronomistica dopo la fine dello Stato di Giuda e siccome i restanti testi «deuteronomistici» vengono per lo più ritenuti più recenti del Dtr, segue quasi inevitabilmente la conseguenza che i testi «deuteronomistici» devono provenire dall'epoca esilica. A questo si contrappone la constatazione che il Deuteronomio ha chiari rapporti con alcune correnti teologiche che si situano verso la fine del regno del nord, come quelle che appaiono in Osea. Se ci si astiene alla datazione consueta dei testi «deuteronomistici», risulta un vuoto di quasi un secolo e mezzo, in cui le idee fondamentali del Deuteronomio erano già presenti, ma senza influenza. È a mio avviso molto più logico pensare che in quest'epoca queste idee abbiano agito in diversi posti e in modi diversi.

→ 287

Se il racconto sul ritrovamento del libro della Legge e sulla riforma di Giosia (II Re 22 s.) è, nella sua forma attuale, opera del Deuteronomista, non c'è però alcuna obiezione contro l'idea che il Deuteronomio fosse conosciuto e avesse esercitato la sua influenza anche in precedenza. Questo problema deve a mio avviso essere collegato con un attento esame della situazione religiosa dell'epoca precedente a Giosia e, soprattutto, messo in relazione con le opposte attività cultuali di Ezechia e Manasse, enfatizzate anche dal Dtr. Non è pensabile che fatti del genere non abbiano avuto ripercussioni sull'attività teologica dei circoli riformatori, la cui presenza è riconoscibile, al più tardi, a partire dagli ultimi decenni del regno del nord.

Epoca di Ezechia e Manasse

Vi sono a mio avviso molte ragioni per supporre che sia l'origine del Deuteronomio, sia gli inizi del lavoro «deuteronomistico» siano da collocare all'epoca di Ezechia e Manasse.

Rimane ancora da discutere il problema dell'inizio e della con-
clusione dell'opera storiografica deuteronomistica. L'*inizio* è stato da
NOTH individuato nei primi discorsi introduttivi del Deuteronomio
→ 208 (Deut. 1-3 o 4), ma questa opinione ha per conseguenza una serie di
difficoltà. Innanzitutto, il Deuteronomio deve essere smembrato, senza che però ve ne sia altrimenti motivo convincente. In questo modo, la ricerca sul Deuteronomio è stata gravata da un'ipoteca, perché è frequente che i primi capitoli non vengano affatto compresi nella trattazione; allo stesso modo, quando ci si pone il problema del rapporto fra testi deuteronomistici e il Deuteronomio, questa separazione viene spesso acriticamente presupposta, per cui il Deuteronomio nella sua forma attuale non viene affatto preso in considerazio-
ne. Inoltre, questa ipotesi ha per conseguenza che bisogna postulare
→ 217 l'esistenza di un «Tetrateuco», del quale non vi è, altrimenti, alcun
indizio. Per di più, questo Tetrateuco non ha una conclusione: negli
ultimi capitoli del libro dei Numeri tutto mira a una prosecuzione e
vi si notano numerose formulazioni «deuteronomistiche» (in parti-
→ 207 colare a partire da Num. 33,50-56), che mostrano chiaramente che qui
ha operato la stessa rielaborazione presente nell'opera storiografica deuteronomistica.

Deuteronomio come giunzione

Il Deuteronomio costituisce l'elemento di giunzione, senza il quale non possono essere compresi né i quattro libri che lo precedono, né l'opera storiografica deuteronomistica che segue. Perciò, non bisogna probabilmente postulare due «opere» letterarie conchiuse che sarebbero esistite autonomamente l'una dall'altra come «libri» indipendenti. Bisogna piuttosto immaginarsi che i redattori deuteronomistici abbiano operato in questi termini: essi hanno strutturato a uno a uno i singoli grandi complessi di tradizioni e li hanno collegati fra loro. A favore di questa ipotesi depone il fatto che i singoli libri dell'opera storiografica deuteronomistica sono chiaramente distinti uno dall'altro e formulati in maniera molto diversa.

In certo modo, l'inizio del libro di Giosuè rappresenta senz'altro l'inizio della narrazione storica; infatti, con la conclusione della Torah e la morte di Mosè, comincia un capitolo del tutto nuovo della storia d'Israele. In questa misura, la delimitazione del Pentateuco rispetto ai libri successivi, operata in seguito, è ben fondata. → 227

Chiusa dell'opera storiografica

La *conclusione* dell'opera storiografica deuteronomistica costituisce, da vari punti di vista, un problema. Innanzitutto colpisce il fatto che il redattore deuteronomistico che, di solito, nei punti importanti, esprime molto dettagliatamente la sua interpretazione teologica degli avvenimenti, abbia tralasciato di farlo proprio alla fine. Perciò, la supposizione che la vera e propria chiusa sia da cercare (CROSS) nel racconto sulla riforma di Giosia (II Re 22 s.) ha molto dalla sua, tanto più se questi capitoli sono stati composti dallo stesso deuteronomista e rappresentano la sintesi conclusiva della storia cultuale d'Israele e Giuda. → 244

I capitoli finali sarebbero poi stati aggiunti più tardi, seguendo lo stesso schema di base, seppure in una forma un po' diversa (WEIPPERT). Secondo questa concezione, la notazione conclusiva sulla grazia concessa a Joiakin (II Re 25,27-30) non si trova a portare tutto il peso di conclusione dell'opera storiografica deuteronomistica. Essa lascia aperta la questione di sapere se e in quale forma il regno di Davide ha ancora un futuro. → 81

NOTH ha negato a questa notizia conclusiva ogni apertura verso il futuro. Il Dtr avrebbe «comunicato tale e quale» (108) questo fatto perché «comunque faceva parte della presentazione della sorte dei re di Giuda» (87). Per di più, il Dtr si immaginava il giudizio divino su Israele come «qualcosa di definitivo e conclusivo» (108). Molti esegeti hanno però contraddetto questa visione di NOTH («Questo brano deve a ogni modo essere compreso da ogni lettore come indizio del fatto che per i davididi non è ancora giunta una fine irrevocabile», VON RAD 1947, 64 [203], cfr. DIETRICH, 142; diversamente WOLFF, 185 [323]. In questo testo, BALTZER arriva a vedere un contributo al sorgere dell'attesa del Messia). Di fatto, è poco verosimile che i lettori d'Israele non abbiano qui pensato alla possibilità di un futuro per la monarchia davidica.

Epoca di Giosia

Se II Re 22 s. costituivano l'originaria conclusione dell'opera storiografica deuteronomistica, si pone nuovamente il problema della *datazione*. Appare ovvio situare anche la redazione del corpo principale dell'opera all'epoca di Giosia (CROSS). Bisogna però ancora esaminare con precisione se questa datazione regge e quali conseguenze esegetiche di dettaglio se ne debbano trarre.

Bibliografia

K. BALTZER, *Das Ende des Staates Juda und die Messias-Frage*, in *Studien zur Theologie der alttestamentlichen Überlieferungen, FS G. v. Rad*, 1961, 33-43; CHR. BREKELMANS, *Die sogenannten deuteronomischen Element in Gen.-Num. Ein Beitrag zur Vorgeschichte des Deuteronomiums*, in VT.S 15, 1966, 90-96; F.M. CROSS, *The Themes of the Book of Kings and the Structure of the Deuteronomistic History*, in *Canaanite Myth and Hebrew Epic*, 1973, 274-289; W. DIETRICH, *Prophetie und Geschichte. Eine redaktionsgeschichtliche Untersuchung zum deuteronomistischen Geschichtswerk*, 1972; H.-D. HOFFMANN, *Reform und Reformen. Untersuchungen zu einem Grundthema der deuteronomischen Geschichtsschreibung*, 1980; A. JEPSEN, *Die Quellen des Königsbuches*, 1953 (1956^2); N. LOHFINK, *Die Landverheissung als Eid*, 1967; M. NOTH, *Überlieferungsgeschichtliche Studien*, 1943 (1973^3); G. V. RAD, *Deuteronomium-Studien*, 1947 (1948^2). Parte B: *Die deuteronomistische Theologie in den Königsbüchern*, 52-64 (= *Ges. St.* I, 189-204); R. SMEND, *Das Gesetz und die Völker. Ein Beitrag zur deuteronomistischen Redaktionsgeschichte*, in *Probleme biblischer Theologie, FS G.v.Rad*, 1971, 494-509; T. VEIJOLA, *Die ewige Dynastie. David und die Entstehung seiner Dynastie nach der deuteronomistischen Darstellung*, 1975; IDEM, *Das Königtum in der Beurteilung der deuteronomistischen Historiographie. Eine redaktionsgeschichtliche Untersuchung*, 1977; H. WEIPPERT, *Die «deuteronomistischen» Beurteilungen der Könige von Israel und Juda und das Problem der Redaktion der Königsbücher*, in «Bib. 53», 1972, 301-339; H.W. WOLF, *Das Kerygma des deuteronomistischen Geschichtswerks*, in ZAW 73, 1961, 171-186 (= *Ges. St.* 308-324).

EISSFELDT, par. 37; FOHRER, par. 29; SOGGIN, par. 12; KAISER, par. 16; SMEND, par. 19; SCHMIDT, par. 11; CHILDS XI.

3

I profeti posteriori

I libri profetici sono raggruppati nel canone ebraico come «profeti posteriori» (*n^ebi'im 'acharonim*). All'inizio, si trovano i libri dei tre «profeti maggiori» (così detti per la loro ampiezza): Isaia, Geremia, Ezechiele. L'ordine di successione oscilla nella tradizione, ma comunque, nei principali filoni della tradizione, quello ebraico e quello greco, si è affermata quella ora indicata. Il raggruppamento dei libri profetici minori in *un unico* libro, quello dei dodici profeti (*Dodekapropheton*) è già attestato intorno al 190 a.C. nel libro di Jesus Sirach (= Siracide/Ecclesiastico, *N.d.T.*) (49,10).

Nel canone greco della Settanta, tuttavia, i «profeti minori» si trovano prima dei «maggiori». Inoltre, dopo il libro di Geremia, sono stati inseriti due libri apocrifi, quello di Baruc e la «lettera di Geremia» (che nella Vulgata sono raggruppati in un unico libro), con in mezzo le Lamentazioni (*Threni*), attribuite a Geremia. Nella traduzione greca e in quella latina, il libro di Daniele si trova, come ultimo, nella serie dei profeti maggiori, ma nel canone ebraico si trova nella terza parte, fra gli «Scritti».

Con i libri profetici non abbiamo a che fare con libri unitari e compatti, ma con *raccolte*. Per il libro dei dodici profeti, questo è palese. La scienza veterotestamentaria moderna lo ha provato anche per il libro di Isaia, nel quale solo i capp. 1-39 hanno a che fare con il profeta Isaia dell'ultimo terzo dell'VIII secolo a.C., mentre i capitoli 40-66 provengono dall'esilio babilonese e dall'epoca post-esilica. Infine, anche i libri di Geremia ed Ezechiele si compongono di materiale di così varia natura che devono anch'essi essere definiti raccolte.

I libri profetici come raccolte

→ 259 ss.

I detti profetici ivi raccolti risalgono in parte all'epoca del profeta del quale il rispettivo libro porta il nome, in parte derivano da epoche posteriori e da situazioni diverse. Ciò non vale soltanto per sezioni di maggiore ampiezza all'interno dei libri, ma anche per numerosi testi singoli e sezioni più ristrette; questi sono stati frequentemente rielaborati e ampliati, di modo che il testo che abbiamo ora di fronte rappresenta spesso il risultato di un lungo processo di interpretazione, di sviluppo e ampliamento dei detti del profeta in questione.

Critica letteraria

L'esegesi scientifica ha tentato, soprattutto con il metodo della *critica letteraria*, di liberare le parole profetiche originarie, «autentiche» dalle rielaborazioni posteriori. A queste ultime non veniva riservata praticamente alcuna attenzione particolare; esse venivano «espunte». Di recente, attenzione crescente è stata dedicata all'intenzione e agli interessi di chi ha raccolto e rielaborato i testi, di modo che i testi e anche i libri interni tornano a essere osservati nella loro forma attuale (accenni in questo senso c'erano già in BIRKELAND e MOWINCKEL). Questo metodo è spesso chiamato *storico-redazionale*. Regnano comunque grandi differenze fra gli esegeti per quanto riguarda il modo di porre i problemi e di lavorare. Alcuni cercano di distinguere e di interpretare singolarmente i vari strati redazionali, di modo che, similmente a quanto avviene per il metodo della critica letteraria, l'attuale *totalità testuale* non è fatta oggetto dell'interpretazione (cfr. H. BARTH su Isaia); altri si adoperano invece proprio per comprendere il testo complessivo, nella forma in cui ci sta oggi davanti (cfr. ACKROYD su Isaia; inoltre CLEMENTS, TUCKER). Anche la trattazione dei libri profetici che segue in questo libro è improntata a questa impostazione, chiamata *storia della composizione*.

Storia della composizione

Parole profetiche «autentiche»

L'esegesi non può perciò limitarsi a cercare le parole originarie, personali del profeta (le *ipsissima verba*). Evidentemente, l'intenzione dei redattori biblici non era quella di trasmetterci un quadro «storico», il più possibile attendibile, del profeta in questione e della sua predicazione. Se noi lettori moderni cerchiamo questo, lo facciamo contro l'intenzione dei testi. Questo non significa che simili interrogativi siano illegittimi; ma dobbiamo restare coscienti del fatto che essi sono guidati dai nostri interessi moderni e che così facendo non abbiamo ancora colto l'intenzione delle affermazioni dei testi biblici. Dobbiamo invece continuare la ricerca fino a comprendere anche il testo attuale, che ha riformulato le parole profetiche in una situazione mutata, facendone parole per il suo presente e per il futuro.

La ricerca delle parole profetiche «autentiche» è resa particolarmente problematica dal fatto che spesso non è fatta soltanto (e forse neppure in prima linea) a partire da un interesse storico, ma religioso o teologico. Alle parole profetiche viene attribuito un significato particolarmente elevato perché esse si presentano come parola di Dio in senso immediato. Quando questa valutazione viene separata dal testo che abbiamo di fronte e riferita a quel che si può ricostruire storicamente della figura del profeta e della sua autocoscienza profetica, vengono spesso a confluire impostazioni storico-critiche moderne e giudizi di valore religiosi pre-critici o non critici. Si ha così un «canone nel canone», in quanto ad alcune parole della Scrittura viene attribuita una dignità superiore ad altre, con criteri derivati dal giudizio storico sulla «autenticità» di una parola profetica.

Qui la questione dell'«autenticità» introduce nell'esegesi una inadeguata categoria di valutazione, perché a essa deve necessariamente corrispondere il concetto di «inautenticità», e viene così negata la legittimità ai testi nella forma in cui si trovano ora. Ma questa non può essere la funzione dell'esegesi; perciò l'equivoco concetto di «autenticità» dovrebbe essere evitato.

Bibliografia

H. BIRKELAND, *Zum hebräischen Traditionswesen. Die Komposition der prophetischen Bücher des Alten Testaments*, 1938; R.E. CLEMENTS, *Patterns in the Prophetic Canon*, in G.W. COATS/B.O. LONG (curatori), *Canon and Authority. Essays in Old Testament Religion and Theology*, 1977, 42-55; S. MOWINCKEL, *Prophecy and Tradition*, 1946; G.M. TUCKER, *Prophetic Superscriptions and the Growth of a Canon*, in G.W. COATS (vedi CLEMENTS), 56-70.
STEUERNAGEL, par. 97; EISSFELDT, par. 42; FOHRER, par. 54; SOGGIN, par. 17; KAISER, par. 24; SMEND, par. 24; SCHMIDT, par. 13; CHILDS XVI.
Cfr. anche la Bibliografia in III.5.

3.1 Il libro di Isaia

Già fin dalla fine del XVIII secolo, molti esegeti vedevano nel libro di Isaia due parti, l'una indipendente dall'altra: nei capp. 1-39 il vero e proprio libro di Isaia dell'VIII secolo a.C., nei capp. 40-66 un libro profetico dell'esilio babilonese. Alla fine, si affermò la posizione di DUHM (1892) secondo cui, nei capp. 40 ss., sarebbero di nuovo da distinguere due parti, i cui ignoti autori vengono solitamente chiamati «Deutero-Isaia» (il secondo Isaia, capp. 40-55) e «Trito-Isaia» (terzo Isaia, capp. 56-66).

Tre sezioni

Da allora, la maggior parte degli esegeti tratta le singole parti del libro di Isaia del tutto separatamente, e quasi senza chiedersi quali ragioni abbiano condotto all'aggiunta dei capp. 40 ss. o se esistano legami tra le due parti. Soltanto di recente, si è avviata una discussione sulla composizione del libro di Isaia. Siccome questa discussione riguarda al tempo stesso anche il problema della composizione delle singole parti, in particolare del «Proto-Isaia» (capp. 1-39), tratteremo in un primo tempo separatamente le varie parti, seppure già prestando attenzione ai loro reciproci rapporti, per poi riprendere alla fine il problema della composizione del libro di Isaia.

3.1.1 Isaia 1-39

Non soltanto il libro di Isaia nella sua totalità, ma anche i capp. 1-
Divisione 39 costituiscono una raccolta di testi di vario tipo. Il carattere com-
posito appare manifesto già dal fatto che, nei capp. 36-39, siano sta-
→ 243 ti ripresi da II Re 18,13 - 20,19 i *racconti su Isaia*. Come complesso in-
→ 169 s. dipendente, si distinguono anche i *detti contro popoli stranieri* (capp.
13-23) in cui compare di frequente il termine *maśśa'* (13,1; 14,28; 15,1
ecc.) che può significare «massima» ma anche «carico» (cfr. Ger. 23,33
ss.; Is. 22 non è indirizzato a popoli stranieri, ma a Gerusalemme,
vv. 1-14, e a due funzionari di corte, Scebna e Eliakim, vv. 15-19.20-
25).

Capp. 1-12 Una raccolta parziale, stratificata ma in sé conchiusa, è costituita
→ 284 dai capp. 1-12. La formula introduttiva «visione (*chason*) di Isaia»
(1,1), come sintetica definizione del messaggio del profeta (cfr. II Cron.
32,32), si riferisce a questa raccolta. Il cap. 12 la chiude con un *salmo*,
probabilmente composto appositamente; esso ringrazia Jhwh per la
salvezza, riprendendo il termine «Sion» (v. 6), che percorre questa
raccolta fin dal primo capitolo (1,8.27; 2,3; 3,16 s.; 4,3-5; 8,18; 10,12.24.32),
→ 265 s. e la designazione, tipica di Isaia, di Jhwh come «il Santo d'Israele»
(*k*^{e}*dosh jiśra'el*, v. 6, cfr. 1,4; 5,19.24; 10,20) (ACKROYD).

Memoriale Questa raccolta ha chiaramente avuto una lunga preistoria. Generalmente, 6,1 - 9,6 (o fino a 8,18) viene considerato un blocco indipendente e spesso definito *memoriale* (in riferimento a 8,16); la promessa della nascita di un re (di salvezza?) in 8,23; 9,1-6 passa frequentemente per aggiunta (escatologico-messianica). Mentre, finora, la maggior parte degli esegeti consi-
→ 71 s. deravano questa sezione, con i suoi riferimenti alla storia dell'epoca (6,1; 7,1-9; 8,1.4-5), una fonte importante e storicamente affidabile per l'attività di Isaia all'epoca della guerra siro-efraimitica, ora essa viene piuttosto considerata, a partire da diverse impostazioni esegetiche, come interpretazione retrospettiva di epoca esilica (ACKROYD, KAISER 1981).

La sezione 6,1 - 9,6 interrompe il contesto di un'altra composizione, con-
«Guai» sistente in un gruppo di sette «detti contenenti guai» («*Wehe*»-*Worten*) (5,8-
→ 166 24; 10,1-4), a cui si collega un poema con ritornello (5,25-30; 9,7-20; ritornello in 5,25b; 9,11.16.20, in 10,4b aggiunto come collegamento con i detti
→ 128 s. 167 contenenti «guai»); il «*canto della vigna*» (5,1-7) è stato collocato all'inizio di questa composizione. In 10,5, tramite un «guai...», è stata unita al resto un'ulteriore composizione: detti su Assur (10,5-15.16-19.24-27.28-34), collegati a parole di consolazione e salvezza per Israele (10,20-23 [e collegamento al v. 24]; 11,1-10.11-16 [menzione di Assur ai vv. 11 e 16, accanto all'Egitto, cfr. 7,18 s.]).

All'inizio si trova la composizione 1,2 - 2,5, che parla del peccato d'Israele (1,2-3.10-17 [critica al culto]), giudizio di Jhwh (1,4-9.18-20), della futura purificazione di Gerusalemme (1,21-26.27 s. [29-31]) e che viene chiusa con il detto escatologico sul *pellegrinaggio dei popoli a Sion* (2,1-4.5; la formula introduttoria in 2,1 presenta questo detto, che ci è stato tramandato due volte (cfr. Mich. 4,1-5), espressamente come «parola di Isaia» [ACKROYD]). Anche → 299 in 2,6 - 4,6 si può individuare una composizione a sé, nella quale detti sul *giorno di Jhwh* (2,6-22) e contro le classi superiori di Gerusalemme (3,1-15; 3,16 - 4,1) vengono chiusi (FOHRER) con una promessa per il «resto di Sion» (4,2-6).

La raccolta dei capp. 1-12 intende evidentemente delineare un quadro ben preciso del profeta Isaia: egli è, da un lato, il profeta del *giudizio* su Israele, su Gerusalemme, sulle classi dirigenti e sulla stessa (Giudizio) casa reale; qui il centro è costituito dal suo incontro con il re Achaz e → 72 dal suo vano tentativo di spingere il re ad attenersi alle promesse divine riguardo a Gerusalemme e alla casa reale (7,1-9). D'altro lato, egli è il profeta della *salvezza futura* per Israele, per Gerusalemme e (Salvezza futura) per la dinastia davidica. Qui appare chiaro che queste promesse entreranno in vigore solo dopo l'adempimento degli annunci di giudizio, come dimostra anche la collocazione delle parole contenenti promesse (2,1-5; 4,2-6; 9,1-6; 11,1-16) all'interno delle singole raccolte parziali (cfr. anche 6,11). Con il salmo del cap. 12, però, viene già intonato, a mo' di anticipazione escatologica, il canto di ringraziamento dei redenti, in cui è enfaticamente ripetuta la parola j^{e}*shu'a* «aiuto, salvezza» (tre volte nei vv. 2 s.), che evoca chiaramente il nome del profeta Isaia (j^{e}*sha'jahu* «Jhwh ha soccorso»).

Struttura e divisione dei restanti capp. 24-35 sono apparsi finora (Apocalisse) molto meno individuabili. I capp. 24-27 vengono spesso definiti *apocalisse di Isaia*, ma tuttavia essi non costituiscono una unità letteraria e solo con molte limitazioni possono essere definiti «apocalittici». → 170 s.

Accanto all'attesa del giudizio di Jhwh sul mondo (24,1-13.16b-20.21-23; 26,20 - 27,1) e dell'annientamento di una anonima «città» (24,10-12; 25,1-5; 26,1-6; 27,10 s.), si trovano: canti escatologici di ringraziamento dei redenti (24,14-16a), centrati sul «monte» (Sion) (25,6-8.9-12[27,7-9?].12 s.); un lamento collettivo con elementi sapienziali (26,7-19) e una ripresa del «canto della vi- → 256 gna» (5,1-7), con esito opposto (27,2-6). La correlazione reciproca dei vari brani è spesso complessa; l'insieme è stato definito «cantata» (LINDBLOM) o raccolta di «liturgie profetiche» (FOHRER),volendo con queste definizioni esprimere innanzitutto il carattere composito.

I capitoli 28-32 sono frequentemente definiti *ciclo assiro*, per esprimere il fatto che la maggioranza dei testi hanno origine all'epoca della (Ciclo assiro) dominazione assira. Rimandi al periodo storico possono essere ravvisati nella minaccia a Samaria (28,1-4), nella messa in guardia contro un'alleanza con l'Egitto (30,1-5; 31,1-3), nella menzione dell'Assiria (30,31; 31,8) e nella minaccia a Gerusalemme (29,1-8; 31,4 s.). → 71 s. Inoltre i testi rispecchiano contrasti con diversi gruppi in Gerusalemme (28,7-13.14-22[23-29]; 29,9-12.13 s.15 s.; 30,8-17; 32,9-14). Questi testi sono inframezzati da detti escatologici di salvezza (28,5 s.; 29,17-24; 30,18-26; 32,1-8.15-20). Rimane incerto quali testi risalgono allo stesso Isaia e se questa raccolta si basi su uno schema sistematico (cfr. BARTH).

→ 170 s. L'oscuro cap. 33 è stato definito da GUNKEL «liturgia profetica». I capp.
34 s. sono chiamati da alcuni «piccola apocalisse» e ciò ha la stessa limitata
legittimità per i capp. 24-27. Il cap. 34 tratta del giudizio escatologico di Jhwh,
in particolare su Edom (vv. 9-15); il cap. 35 contiene una promessa di sal-
→ 264 ss. vezza, che mostra chiare assonanze col Deutero-Isaia.

In questa stratificata raccolta legata al nome di Isaia, la figura del profeta stesso entra in campo solo nella prima sezione (capp. 1-12) e nell'ultima (capp. 36-39; e, inoltre, nell'azione simbolica del cap. 20). In entrambe, la sua immagine è stata costruita retrospettivamente, di modo che solo con cautela la possiamo utilizzare per l'indagine della sua figura storica.

Epoca di attività di Isaia

L'*epoca* dell'attività di Isaia cade nel periodo di regno dei re Achaz ed Ezechia (secondo 1,1; secondo 6,16, anche in quello dei suoi predecessori Uzzia e Jotham). Per i periodi di crisi della guerra siro-efraimitica (734/33) e dell'assedio di Gerusalemme (701) sono riferiti rapporti con i re del momento; se ne è dedotto che Isaia intrattenesse rapporti particolari con la corte e che egli fosse un esponente degli strati sociali superiori di Gerusalemme, un «patrizio», persino una persona di «stirpe reale». Su questo, però, i testi tacciono. Anche l'opinione, frequentemente sostenuta, secondo cui il suo linguaggio lo farebbe apparire come persona particolarmente «istruita» è praticamente indimostrabile se lo si paragona ad altri profeti.

Il suo comparire di fronte ai re, come appare dai testi, è parago-
→ 158 nabile a quello di Nathan e di Eliseo, dei quali è ugualmente riferito
che sono comparsi direttamente davanti ai re del loro tempo e han-
no annunciato loro salvezza *e* rovina (mentre nel caso di altri profe-
→ 243 ti, come Elia e Amos, sta in primo piano l'annuncio di rovina). Spesso si rileva tra i capp. 1-12 e 36-39 una discrepanza per quanto riguarda l'immagine di Isaia; bisogna però tenere qui conto del fatto che entrambe le immagini sono state costruite letterariamente, cosicché rimane incerto se una sia più autentica dell'altra.

Bibliografia

Commentari: DUHM (HK) 1892, 1922^{4} (1968^{5}); MARTI (KHC) 1900; PROCKSCH (KAT) 1930; FOHRER (ZBK) I 1967^{2}; II 1967^{2}; III 1964; KAISER (ATD) I 1960; 1981^{5}; II 1973 (1976^{2}, 1983^{3}); WILDBERGER (BK) I 1972; II 1978; III 1982.

P.R. ACKROYD, *Isaiah I-XII: Presentation of a Prophet*, in VT. S 29, 1978, 16-48; P.R. ACKROYD, *Isaiah 36-39. Structure and Function*, in *FS van der Ploeg*, 1982, 3-21; H. BARTH, *Die Jesaja-Worte in der Josiazeit. Israel und Assur als Thema einer produktiven Neuinterpretation der Jesajaüberlieferung*, 1977; R.E. CLEMENTS, *The Prophecies of Isaiah and the Fall of Jerusalem in 587 B.C.*, in VT 30, 1980, 421-436; G. FOHRER, *Entstehung, Komposition und Überlieferung von Jesaja 1-39*, in *Studien zur alttestamentlichen Prophetie*, 1967, 113-147; IDEM, *Der Aufbau der Apokalypse des Jesajabuches (Jesaja 24-27)*, *Ibidem*, 170-181; H. GUNKEL, *Jesaja 33, eine prophetische Liturgie*, in ZAW 42, 1924, 177-208; C. HARDMEIER, *Jesajaforschung im Umbruch*, in VF 1/1986, 3-21; R. KILIAN, *Jes. 1-39* (storia della ricerca); 1983; J. LINDBLOM, *Die Jesaja-Apokalypse. Jes. 24-27*, 1938; H. WILDBERGER, *Königsherrschaft Gottes. Jes. 1-39* (Kleine Biblische Bibliothek), 1984.
STEUERNAGEL, par. 98-106; EISSFELDT, par. 43; FOHRER, par. 56; SOGGIN, par. 20; KAISER, par. 24 c; SMEND, par. 25; SCHMIDT, par. 16; CHILDS XVII.

3.1.2 Isaia 40-55 (Deutero-Isaia)

È oggi quasi unanimemente riconosciuto che i capitoli 40 ss. del libro di Isaia non provengono dallo stesso profeta di cui trattano i capitoli 1-39. La *situazione* presupposta nei capitoli 40-55 è radicalmente diversa: Israele si trova in prigionia, lontano dalla madre patria e qui gli vengono promesse consolazione e sollecita liberazione. Non c'è praticamente alcun dubbio sul fatto che qui viene presupposto l'esilio babilonese; ciò è indicato in primo luogo anche dal fatto che viene menzionato il nome del re persiano Ciro (44,28; 45,1).

Situazione dell'esilio

→ 83 ss.

→ 88

La persona dell'autore

Ma chi è l'autore di questi capitoli? Non viene mai menzionato alcun nome né offerto alcun riferimento a una *persona*. A differenza di quanto avviene in tutti gli altri libri profetici autonomi, non si trova alcuna soprascritta che menzioni il nome del profeta e l'epoca della sua attività. La definizione «Deutero-Isaia» è dunque poco più che un codice per indicare l'autore dei cap. 40-55, che però rimane nell'oscurità. Rimane anche controverso se l'autore possa essere definito *profeta*, dato che non si trovano le forme basilari caratteristiche del discorso profetico. Le principali forme di discorso qui usate sono piuttosto (secondo BEGRICH) *l'oracolo di salvezza* (suddiviso da WESTERMANN in promessa e annuncio di salvezza), il *discorso processuale* e la *disputa*. Questi due ultimi generi si ritrovano anche presso altri profeti e riflettono le polemiche con i contemporanei. Per quanto riguarda le parole di salvezza, rimane controversa la questione di sapere se esse siano sorte direttamente nel quadro del culto dei giudaiti esiliati. In questo caso, l'immagine della figura che sta dietro a Is. 40-55 sarebbe più chiaramente afferrabile.

Forme di discorso

→ 168 s.

→ 128 s. 166 s.

Malgrado l'impenetrabile anonimità, i capp. 40-55 di Isaia presentano una marcata indipendenza e coerenza interna, sia nella forma, sia nelle affermazioni teologiche. I testi dei vari generi letterari servono tutti a un unico scopo principale che già viene formulato nel

Prologo

prologo (40,1-11): annunciare ai giudaiti che vivono in esilio che il loro «lavoro forzato» sta per finire (vv. 1 s.), che Jhwh verrà verso Gerusalemme su una via attraverso il deserto (vv. 3-5) e che, come un pastore, condurrà con sé quelli che avrà liberato dall'esilio (vv. 9-11).

Epilogo

Nell'*epilogo* (55,8-13), ciò viene ribadito: la parola di Jhwh si realizzerà (vv. 10 ss.) e quelli che saranno stati liberati faranno ritorno, nella gioia e circondati dal giubilo del creato (vv. 12 s.).

→ 161 s.

Spesso, 40,1-8 viene interpretato come *racconto di vocazione* (modificando però il testo massoretico al v. 6 e leggendovi «io dissi» anziché «egli disse») e vengono segnalate somiglianze con altri racconti di vocazioni profetiche, in particolare Is. 6 e Ger. 1. Anche qui, tuttavia, c'è incertezza, e l'«io» del profeta nel testo modificato rimarrebbe l'unico nei capp. 40-55.

La promessa e l'annuncio della liberazione vengono ripetuti, con molte variazioni, nelle parole di salvezza. Gli altri generi letterari hanno soprattutto la funzione di rimuovere obiezioni e di superare dubbi (come già 40,6-8 e 55,8 s.). Le dispute e alcuni discorsi di giudizio si rivolgono a Israele; la maggioranza dei discorsi di giudizio sono contro altri popoli e i loro dèi, dei quali viene negata non solo la potenza, ma anche l'esistenza.

Composizione

Soltanto in epoca recente la questione della *struttura* e della *composizione* di Is. 40-55 ha trovato maggiore attenzione.

Nel passato, gli studiosi hanno tentato di dimostrare che i singoli testi erano ordinati sulla base di parole chiave (MOWINCKEL) o in collezioni minori, distinte per contenuto (ELLIGER), mentre MUILENBURG postulava una serie di composizioni poetiche più ampie, divise in strofe. WESTERMANN ha poi osservato che, in tutta una serie di casi, brevi *brani innici* (WESTERMANN li chiama «cantici» [*Loblieder*]) hanno la funzione di chiudere unità maggiori. Questa linea è stata portata avanti da MELUGIN e METTINGER.

Divisione

Per Isaia 40-55 emerge dunque la seguente divisione:

40,1-11	prologo
40,12 - 42,13	(inno conclusivo 42,10-13)
42,14 - 44,23	(inno 44,23)
44,24 - 45,8	(inno 45,8)
45,9 - 48,22	(inno 48,20 s.)
49,1-13	(inno 49,13)
49,14 - 51,3	(inno 51,3)
51,4 - 52,12	(inno 52,9 s.)
52,13 - 54,3	(inno 54,1-3)
54,4 - 55,7	
55,8-13	(epilogo, vv. 12 ss. tematica degli inni)

In questo quadro, il canto del «servo di Dio» Israele, di cui Dio fa «la luce delle nazioni» (49,1-12), è come un ponte fra le due parti principali di Is. 40-55 (NIELSEN, METTINGER). Nella prima parte (40-48), che in base alla sua tematica può essere definita «sezione di Giacobbe-Israele» (HESSLER, MENUGIN), si staglia il discorso su Ciro, un breve brano circondato da inni (44,24 - 45,7; il nome di Ciro è menzionato soltanto qui in 44,28 e 45,1); a esso corrisponde, nella «sezione di Sion-Gerusalemme» (49-55), il discorso sul servo sofferente di Dio (52,13 - 53,12). A mo' di contrasto, al discorso sul vittorioso Ciro segue la caduta di Babilonia (46 s.), e al discorso sull'«anti-eroe» sofferente segue l'innalzamento di Gerusalemme (cap. 54) (METTINGER).

Sezione Giacobbe-Israele → 88

Sezione Sion-Gerusalemme

Anche altrove, la *formazione di contrasti* sembra sia un principio complessivo di composizione (MELUGIN). Nella prima unità maggiore (40,12 - 42,9), a una composizione introduttiva composta da quattro dispute (40,12-31), seguono due brani, composti ciascuno da un discorso di giudizio contro «i popoli» e da successive parole di salvezza (41,1-7 e 8-20; 41,21-29 e 42,1-9); queste ultime si rivolgono al "servo" (*'ebed*), che nel primo caso è espressamente identificato con Israele (41,8). Anche la seconda unità maggiore (42,14 - 44,22) ha una struttura analoga: a un'introduzione (42,14-17) seguono tre (o quattro?) discorsi di giudizio contro Israele, con successivo detto di salvezza (42,18-25 e 43,1-7; 43,8-13 e 14-21; 43,22-28 e 44,1-5; 44,6-7 e 8 [?]). Analoghi contrasti appaiono ancora in 45,9-13 e 14-17; 45.18-21 e 22-25; 46,1-7 e 8-13; 50,1-3 e 4-11; 51,9-11 e 12-16; 51,17-20 e 21-23; 52,3-6 e 7 s.; 54,7 s. e 9 s.; 54,11-14a e 14b - 17 (e forse anche in altri passi di difficile comprensione).

Contrasti

Un problema particolare è costituito dai cosiddetti *canti del servo di Dio*. DUHM aveva scorporato i brani 42,1-4; 49,1-6; 50,4-9; 52,13 - 53,12, considerandoli «canti dello Ebed Jhwh» e li aveva attribuiti a un autore più tardivo. Da allora in poi, questa ipotesi si è mantenuta pressoché indiscussa (alcuni esegeti ampliano il primo canto a 42,1-9; il secondo a 49,1-12 e il terzo a 50,4-11) ed è divenuta uno dei temi più dibattuti della ricerca intorno all'Antico Testamento, ma non ha condotto a risultati tangibili o universalmente riconosciuti.

Canti del servo di Dio

Si discute soprattutto se per «servo di Dio» si intenda una figura individuale o se i testi si riferiscano a Israele (interpretazione collettiva). A favore di quest'ultima ipotesi depone il fatto che, anche altrove in Is. 40-55, Israele è spesso definito «servo» di Jhwh (41,8.9; 42,19 [due volte]; 43,10 [?]; 44,1.2.21 [due volte]; 45,4; 48,20) e che anche nel secondo «canto del servo di Dio», in 49,3, viene compiuta questa equiparazione (e i sostenitori dell'interpretazione individuale devono interpretarla come glossa posteriore). Nel caso dell'interpretazione individuale, rimane aperta la questione di sapere se i testi alludano a una determinata figura storica (e qui, in tempi recenti, predomina l'interpretazione che vi vede il profeta «Deutero-Isaia») o se hanno in vista un futuro mediatore, forse «messianico».

Figura del servo di Dio

Posizione nella composizione

Le nuove visuali sulla composizione di Is. 40-55 portano a porre il problema in maniera completamente diversa. Il primo canto (42,1-9) costituisce un parallelo preciso a 41.8-13; in entrambi i testi, il «servo» è Israele (MELUGIN) e, nella composizione, entrambi stanno in contrasto con i rimandi a Ciro che li precedono (METTINGER). Ciò corrisponde, in piccolo, al già menzionato contrasto tra Ciro (44,24 - 45,7) e il servo sofferente di Dio (52,13 - 53,12) nella struttura complessiva di Is. 40-55. Anche il secondo canto (49,1-12) ha il suo posto fisso, al centro della composizione. Non è dunque possibile estrapolare i «canti del servo di Dio» come un gruppo di testi a sé (il significato che la designazione di Israele come «servo» ha per l'intera composizione appare anche nelle affermazioni di 44,21 e 48,20, enfaticamente poste alla fine di unità maggiori, e in 45,4). L'ambivalenza dell'immagine del servo di Jhwh, che in parte viene chiaramente identificato con Israele, e in parte reca tratti individuali più o meno marcati, deve essere spiegata a partire dal quadro della predicazione del Deutero-Isaia e qui bisogna pensare che anche in molti altri passi dell'Antico Testamento si parla di Israele come di una persona.

Bibliografia

Commentari a Is. 40-66: VOLZ (KAT) 1932; MUILENBURG (IB) 1956; WESTERMANN (ATD) 1966 (1981[4], 1986[5]), trad. it. 1978; ELLIGER (BK) 1978 (fino a 45,7).

J. BEGRICH, *Studien zu Deuterojesaja*, 1938 (1963); K. ELLIGER, *Deuterojesaja in seinem Verhältnis zu Tritojesaja*, 1933; H.J. HERMISSON, *Deuterojesajaprobleme*, in VF 1/1986, 53-84; E. HESSLER, *Gott der Schöpfer. Ein Beitrag zur Komposition und Theologie Deuterojesajas*, tesi dott. Greifswald, 1961; R.F. MELUGIN, *Deutero-Isaiah and Form Criticism*, in VT 21, 1971, 326-337; IDEM, *The Formation of Isaiah 40-55*, 1976; T.N.D. METTINGER, *Die Ebed-Jahwe-Lieder. Ein fragwürdiges Axiom*, in ASTI 11, 1978, 68-76; T.N.D. METTINGER, *A Farewell to the Servant Songs. A Critical Examination of an Exegetical Axiom*, 1983; S. MOWINCKEL, *Die Komposition des deuterojesajanischen Buches*, in ZAW 49, 1931, 87-112.242-260; E. NIELSEN, *Deuterojesaja. Erwägungen zur Formkritik, Traditions- und Redaktionsgeschichte*, in VT 20, 1970, 190-205; C. WESTERMANN, *Sprache und Struktur der Prophetie Deuterojesajas*, in *Forschung am Alten Testament*, 1964, 92-170 (ristampa indipendente con storia della ricerca a cura di A. RICHTER, 1981).

STEUERNAGEL, par. 107-109; EISSFELDT, par. 44; FOHRER, par. 57; SOGGIN, par. 25; KAISER, par. 24k; SMEND, par. 25; SCHMIDT, par. 21; CHILDS XVII.

3.1.3 Isaia 56-66 (Trito-Isaia)

Autore

Anche l'ultima, grande sezione del libro di Isaia è anonima e dà un'impressione molto meno unitaria e conchiusa di quella precedente. Nella migliore delle ipotesi, una persona definita è riconoscibile in 61,1 dove si parla, in prima persona singolare, del conferimento di un incarico e di un invito; tuttavia, questo testo ricorda non tanto racconti di vocazione profetica quanto piuttosto le affermazioni sul «servo di Jhwh» di 42,1-9 e 49,1-12, cosicché rimane dubbio se dietro di esso si celi la figura di un profeta. Essenzialmente, dunque, l'espressione «Trito-Isaia» definisce la raccolta di testi dei capp. 56-66. → 261

Una *redazione* unitaria di questi capitoli è stata sostenuta con forza in particolare da ELLIGER, ma in epoca recente non trova quasi più sostenitori. Occasionalmente, come alternativa, si suppone che i capp. 56-66 di Isaia, almeno nei loro elementi di fondo, risalgano al Deutero-Isaia, che sarebbe rientrato a Gerusalemme dall'esilio dopo il 538 e che vi sarebbe ancora stato attivo (HARAN, MAASS). Nonostante le evidenti relazioni tra le due raccolte di testi, la compattezza della composizione di Is. 40-55 rende poco probabile questa supposizione.

Violazioni del diritto

Imminente salvezza

Un problema particolare della raccolta di Is. 56-66 consiste nel fatto che vi si trovano affiancati temi molto diversi: da un lato, il lamento e l'accusa per gravi *violazioni del diritto* (capp. 56-59) e del vero culto (capp. 65 s.) e, dall'altro, la promessa di *imminente salvezza* (capp. 60-62; 64 s.). Nella composizione della raccolta, i temi sono stati uniti e reciprocamente collegati. Questo appare chiaro fin dal verso introduttivo 56,1: l'appello a realizzare «diritto e giustizia» viene motivato con il fatto che «la salvezza e la giustizia» di Jhwh verranno presto. Il termine *z^e^dakah*, in queste due accezioni, domina entrambi i blocchi di testi: come accusa e lamento sul tramonto della giustizia umana (57,1.12; 58,2.8; 59,4.9.14; 64,4 s.) e come attesa e promessa della veniente «giustizia» divina che salva (59,16 s.; 60,17; 62,1; 63,1) che significa al tempo stesso ristabilimento della giustizia umana (60,21; 61,10 s.; 62,2).

z^e^dakah

Divisione

Le *parole di salvezza* dei capp. 60-62 costituiscono il centro del libro e rivelano numerose assonanze col Deutero-Isaia. Queste parole di salvezza sono, in 59,1-14 e 63,7 - 64,11, incorniciate da *lamenti del popolo*; in mezzo, si trova ogni volta una descrizione dell'intervento di Jhwh (59,15-21; 63,1-6). Nel → 142 complesso introduttivo dei capp. 56-58, ai *discorsi di giudizio* (56,9 - 57,13), → 128 s. segue un annuncio dell'avvento di Jhwh, che ricorda il Deutero-Isaia (57,14-21); il cap. 58 ricomincia con un'accusa e una *esortazione* sul digiuno, che porta al lamento del popolo del cap. 59. Il complesso conclusivo dei capp. 65 s. rivela una struttura analoga: tra due brani contenenti accuse ed esortazioni (65,1-16a; 66,1-24, quest'ultimo è disseminato di parole di salvezza) si trova un annuncio di imminente salvezza (65,16b-25), presentata come nuova creazione (*bara'*, v. 17, cfr. 41,20; 48,7). Inizio (56,2-8) e conclusione (66,18-24) sono collegati tramite le parole chiave Sabato (56,2.4.6, cfr. 66,23), casa di Dio e monte santo (56,5.7, cfr. 66,20), nome (56,5, cfr. 66,22), come pure tramite l'annuncio dell'inserimento di stranieri fra gli israeliti che verranno rimpa- → 165 s.

triati (56,6-8, cfr. 66,18-21; LACK, 142; per la composizione, cfr. inoltre WESTERMANN e PAURITISCH; per i rapporti col Deutero-Isaia, ZIMMERLI, MICHEL, KRAUS).

Datazione

I testi qui raccolti rispecchiano sempre l'*epoca post-esilica*. La promessa di ritorno del Deutero-Isaia si è attuata, è vero, ma l'inizio del tempo della salvezza non è ancora giunto. Esso è ritardato e messo in forse dalle condizioni della comunità, caratterizzate da varie infrazioni contro il diritto e il culto. Sembra che qui abbiano svolto un certo ruolo tensioni fra diversi gruppi, riconoscibili nei testi, ora chiaramente (ad es. 56,3-7), ora con meno evidenza (ad es. 66,14.24).

È quasi impossibile datare con precisione i singoli testi o l'intera raccolta. Alcuni esegeti assegnano all'epoca esilica il lamento sulla distruzione del Tempio in 63,15 - 64,11. Per il nucleo centrale dei testi, molti pensano all'epoca tra il ritorno dall'esilio (538) e la ricostruzione del Tempio (515), sebbene i testi non contengano praticamente alcun indizio concreto. Per il resto, si postulano appendici di origine apocalittica (WESTERMANN) o deuteronomistica (SEHMSDORF), il che complica ulteriormente il quadro. Alla domanda su come sia avvenuta la raccolta si potrà rispondere solo nel quadro del libro di Isaia nel suo complesso.

→ 88 ss.

Bibliografia

Per i Commentari, vedi la Bibliografia in 3.1.2.

K. ELLIGER, *Die Einheit des Tritojesaia*, 1928; IDEM, *Der Prophet Tritojesaja*, in ZAW 49, 1931, 112-141; M. HARAN, *The Literary Structure and Chronological Framework of the Prophecies in Is. XL-XLVIII*, in VT.S 9, 1963, 127-155; H.J. KRAUS, *Die ausgebliebene Endtheophanie. Eine Studie zu Jes 56-66*, in ZAW 78, 1966, 317-332 (= *Biblisch-theologische Aufsätze*, 1972, 134-150); R. LACK, *La Symbolique du Livre d'Isaïe. Essai sur l'image littéraire comme élément de structuration*, 1973; F. MAASS, «*Tritojesaia*»?, in *Das ferne und nahe Wort, FS L. Rost*, 1967, 153-163; D. MICHEL, *Zur Eigenart Tritojesajas*, in ThViat 10, 1965/66, 213-230; K. PAURITSCH, *Die neue Gemeinde: Gott sammelt Ausgestossene und Arme (Jesaia 56-66). Die Botschaft des Tritojesaja-Buches literar-, form-, gattungskritisch und redaktionsgeschichtlich untersucht*, 1971; E. SEHMSDORF, *Studien zur Redaktionsgeschichte von Jesaja 56-66*, in ZAW 84, 1972, 517-561.562.576; W. ZIMMERLI, *Zur Sprache Tritojesajas*, in SThU 20, 1950, 110-122 (= *Gottes Offenbarung*, 1963 [1969²], 217-233).

STEURNAGEL, par. 110-111; EISSFELDT, par. 45; FOHRER, par. 58; SOGGIN, par. 28; KAISER, par. 24k; SMEND, par. 25; SCHMIDT, par. 21; CHILDS XVII.

3.1.4 La composizione del libro di Isaia

Tra le tre parti del libro di Isaia (qui di seguito indicate con I - III) esistono svariati collegamenti. Il rapporto fra II e III è stato spesso spiegato presupponendo che il Trito-Isaia fosse un discepolo del Deutero-Isaia (ELLIGER e altri). MOWINCKEL ha esteso a tutte e tre le parti l'idea di una «scuola di Isaia» (cfr. anche EATON, SCHREINER). In epoca recente, infine, anche il problema della *composizione* del libro di Isaia è stato chiarito maggiormente (LACK, riprendendo LIEVREICH, MELUGIN, CHILDS, cfr. anche BECKER) ed è apparso che, da un lato, le tre parti hanno la loro chiara autonomia e le loro peculiarità ma che, dall'altro, esistono numerosi collegamenti e legami fra di esse, certamente dovuti a un cosciente lavoro di composizione.

Consolare

Questi legami sono meglio riconoscibili se si parte dalla II parte, quella centrale. Le prime parole: «Consolate, consolate il mio popolo; parlate al cuore di Gerusalemme!» (40,1 s.) riprendono le parole iniziali del salmo che in I chiude la composizione dei capp. 1-12 (12,1). La parola usata per *consolare* (*nichcham*) ritorna inoltre in alcuni degli inni che chiudono in II le unità maggiori; in 49,13 la consolazione è diretta al popolo, in 51,3 a Sion (cioè Gerusalemme) e in 52,9 a tutt'e due (come in 40,1 s.); in 51,12 Jhwh stesso si definisce come consolatore. In III, consolare chi fa cordoglio è compito dell'incaricato di Jhwh (61,2) e, infine, nella chiusa, Jhwh stesso appare di nuovo come consolatore del suo popolo e di Gerusalemme (66,13).

Colpa

La successiva parola chiave in 40,1 riprende l'inizio del libro: la *colpa* (*'awon*) di Israele, di cui si era parlato con enfasi una prima volta in 1,4, è perdonata. Verso la fine di I, 33,24 anticipa già l'annuncio del perdono della colpa. Nelle affermazioni sul servo sofferente di Dio ha poi un ruolo decisivo il farsi vicariamente carico della colpa (53,5.6.11) e, infine, in 64,4-8 si trova ancora una dettagliata confessione di peccato. Qui la linea che conduce da I (1,4) a II (40,1) appare invece interrotta.

Sion / Gerusalemme

La parola chiave *Sion/Gerusalemme* svolge in tutte e tre le parti un ruolo di primo piano. In I, la troviamo di nuovo nel primo capitolo (1,8) e percorre questa parte fino alla conclusione del salmo (12,6). In 1,8 il discorso sulla «figlia Sion» abbandonata mostra reminiscenze della tematica di II (in particolare a partire da 49,14) e III (in particolare i capp. 60 ss.). Anche il detto sulla purificazione di Gerusalemme fino a farne una «città di giustizia» (1,21-26.27) viene ripreso in 54,14 e 60,14.21; 62.

Kabod di Jhwh

L'affermazione che la *maestà* (*kabod*) *di Jhwh* si manifesterà (40,5) costituisce una chiara reminiscenza di 6,3. Là, nella visione di Isaia, appare l'affermazione che il *kabod* di Jhwh riempie la terra: in 35,2 esso viene preannunciato, come in II, come realtà che si manifesterà in futuro (cfr. 42,12). In III esso costituisce un elemento essenziale dell'annuncio di salvezza per Sion (60,1-3; 62,2; 66,18),

Santo d'Israele

Un elemento particolarmente caratteristico è la designazione di Jhwh come *santo d'Israele* (*k^{e}dosh jiśra^{e}l*) che compare in tutte e tre le parti del libro di Isaia, mentre nel resto dell'Antico Testamento appare soltanto sporadicamente (II Re 19,22 = Is. 37,23; Ger. 50,29; 51,5; Sal. 71,22; 78,41; 89,19). Qui appare però al tempo stesso una differenza notevole: in I questa designazione di Jhwh è impiegata prevalentemente nell'accusa (1,4; 5,19.24; 30,11 s.15; 31,1), mentre in II essa compare esclusivamente in annunci di salvezza (41,14.16.20; 43,3.14 s.; 45,11; 47,4; 48,17; 49,7; 54,5; 55,5, cfr. 40,25). Il termine ha lo stesso impiego anche in una serie di detti escatologici in I, che rivelano chiare affinità con II (10,20; 12,6; 17,7; 29,19.23; 37,23), e poi anche in III (60,9.14, cfr. 57,15).

Giustizia

Un'analoga differenza nell'uso dei termini appare anche per la parola «*giustizia*» (*zedek/*z^e*dakah*). In I essa indica soprattutto il comportamento umano, spesso unitamente alla parola «diritto» (*mishpat*) (1,21.27; 5,7; 9,6; 16,5, inoltre 1,26; 5,23; 11,4 s.; 26,10); ma anche a proposito dell'agire di Dio troviamo questa associazione di «diritto e giustizia» (5,16; 26,9; 28,17). In II, al contrario, questa associazione manca del tutto. Invece, per indicare l'agire di Jhwh, compare l'associazione «giustizia e salvezza» (*j'sha'* / *j*^{e}*shu'a t*^{e}*shu'a*) (45,8; 46,13; 51,5.6.8; con *shalom* 48,18; 54,13 s.; cfr. inoltre 41,2.10; 42,6.21; 45,13.19.23 s.; 54,14; in riferimento a uomini in 46,12; 48,1; 51,1.7). Nella prima frase di III le due coppie di concetti vengono unite (56,1) indicando così al tempo stesso il duplice tema di questa parte. Questo verso ha dunque una funzione chiave per la composizione dell'intero libro.

56,1 come testo chiave

La terza parte collega così tematica e terminologia della prima e seconda parte. In ciò sta un indizio del fatto che III non esisteva come raccolta indipendente, poi agganciata a I e II; l'origine di III va invece vista nel quadro della composizione complessiva del libro di Isaia. I numerosi brani che in I alludono a II mostrano chiaramente che anche l'origine della prima parte, nella sua forma attuale, non può essere compresa disgiuntamente dalla composizione dell'intero libro di Isaia. Tutt'al più la seconda parte, con la sua composizione sistematica e coerente, potrebbe essere esistita per conto proprio, prima di venire inserita nell'attuale composizione complessiva.

Capp. 40-55 come nucleo

Tutto questo s'accorda con le osservazioni che abbiamo fatto sulla prima parte. Là si era riconosciuto che nella raccolta dei capp. 1-12, alla fine di raccolte minori, si trovano sempre parole di salvezza (2,1-5; 4,2-6; 9,1-6; 11,1-16). Questo ricorda il contrasto fra parole di giudizio e di salvezza, che avevamo riconosciuto in II come un criterio continuativo di composizione. Evidentemente, questo modello è stato utilizzato anche per la costruzione della prima parte (anche nei capp. 28-35 si nota un alternarsi di parole di giudizio e di salvezza, che abbisogna di una più approfondita indagine).

Composizione complessiva

Di conseguenza, il libro di Isaia non è sorto dall'unione di tre libri indipendenti, ma è una *composizione globale stratificata, avente dietro di sé una lunga storia*, con due nodi principali: l'attività del profeta Isaia nella seconda metà dell'VIII secolo e la raccolta delle parole di un anonimo profeta o predicatore verso la fine dell'esilio babilonese. L'annuncio di salvezza di quest'ultimo divenne il punto di avvio di una grandiosa raccolta, in cui, nel messaggio di salvezza dell'epoca dell'esilio, e nella sua ricezione post-esilica, l'annuncio di giudizio di Isaia trovò il suo seguito ed ebbe risposta. *Giudizio* e *salvezza* sono ora inscindibilmente legati e correlati. La comunità post-esilica non ascolta uno senza l'altro: il messaggio di giudizio non rimane l'ultima parola, ma la salvezza non ha ancora fatto la sua apparizione definitiva. A Israele è ancora richiesto di realizzare la giustizia e il diritto, perché la salvezza e la giustizia di Jhwh vogliono compiersi (56,1). Giudizio e salvezza

Bibliografia

J. BECKER, *Isaia - der Prophet und sein Buch*, 1968; J.H. EATON, *The Origin of the Book of Isaiah*, in VT 9, 1959, 138-157; K. ELLIGER, *Deuterojesaja in seinem Verhältnis zu Tritojesaja*, 1933; R. LACK, *La Symbolique du Livre d'Isaïe*, 1973; L.J. LIEBREICH, *The Compilation of the Book of Isaiah*, in JQR 46, 1955/56, 259-277; 47, 1956/57, 114-138; R.F. MELUGIN, *The Formation of Isaiah 40-55*, 1976; S. MOWINCKEL, *Prophecy and Tradition*, 1946; R. RENDTORFF, *Zur Komposition des Buches Jesaja*, in VT 34, 1984, 295-320; J. SCHREINER, *Das Buch jesajanischer Schule*, in J. SCHREINER (a cura di), *Wort und Botschaft*, 1967, 143-162.
CHILDS XVII.

3.2 Il libro di Geremia

Nel libro di Geremia sono uniti diversi insieme di testi, che però (a differenza di quanto avviene nel libro di Isaia) sono stati tutti esplicitamente collegati alla persona del profeta Geremia. Un'eccezione è costituita dall'appendice, ripresa da II Re 24,18 - 25,30, del cap. 52; → 244 ma proprio l'assunzione di un paragrafo dal II libro dei Re ha un parallelo nel libro di Isaia, come pure l'accoglimento di un blocco completo di parole *contro popoli stranieri* (capp. 46-51). → 169 s.

Dalle sezioni principali del libro di Geremia risulta la seguente *divisione*: Divisione

1-25	in prevalenza parole di Geremia (nota finale 25,13)
26-45	in prevalenza racconti su Geremia
46-51	parole contro popoli stranieri (nota finale 51,64)
52	appendice

Nei capp. 1-25, accanto ai numerosi testi aventi lo stile «poetico» caratteristico delle parole dei profeti, se ne trovano anche alcuni redatti in una prosa prolissa, che mostra evidenti parentele con il linguaggio del Deuteronomio. In essi MOWINCKEL (1914) ravvisò una «fonte» indipendente (così anche RUDOLPH e altri). Altri esegeti interpretano questi testi come «predicazioni» che Geremia avrebbe tenuto in occasione di determinati eventi cultuali (EISSFELDT, WEISER, MILLER). In epoca recente, si afferma sempre di più l'opinione secondo cui, in questi testi, sarebbe da ravvisare il lavoro di una *redazione deuteronomistica* che ha rielaborato sia le parole di Geremia dei capp. 1-25, sia i racconti su Geremia dei capp. 26-45 e che ha dato al tutto la sua forma attuale (THIEL, riallacciandosi a HYATT, cfr. anche NICHOLSON; di altra opinione WEIPPERT, cfr. anche MCKANE). I detti contro popoli stranieri (capp. 46-51) sono dalla maggior parte degli esegeti considerati un complesso indipendente di tradizioni che è stato unito con le prime due parti solo al momento della redazione finale.

Stile della prosa deuteronomistica → 209 s.

Rotolo originario

Per molto tempo è stata oggetto di particolare discussione la questione del «*rotolo originario*», cioè della più antica raccolta di parole di Geremia, che si trovavano sul rotolo che Baruc scrisse su dettatura di Geremia e che poi lesse davanti al re Joiakim (cap. 36). A questa questione furono date risposte del tutto opposte: alcuni identificarono il contenuto del «rotolo originario» con i brevi discorsi formulati nel «classico» stile profetico, altri invece proprio con i discorsi in prosa di stile deuteronomistico (ROBINSON, EISSFELDT, MILLER). La recente impostazione storico-redazionale ha mostrato come il tentativo di ricostruire questa raccolta «originaria» non abbia praticamente senso (cfr. però HOLLADAY 1980), perché è apparso chiaro che i testi ci sono prevalentemente giunti in una forma che ha subito rielaborazioni.

Parole di Geremia

La raccolta delle *parole di Geremia* (capp. 1-25) rappresenta una composizione piuttosto stratificata, probabilmente basata su precedenti raccolte più limitate. Diversi elementi depongono a favore dell'ipotesi che la redazione si sia svolta in più fasi, ma vari interrogativi rimangono comunque senza risposta. Da qui in avanti, si tenterà di abbracciare il più estesamente possibile origine e intenzione del testo che ci sta ora dinanzi (su questo cfr. THIEL, in particolare 1973, 283 ss., e HOLLADAY).

Capp. 1-10

All'interno dei capp. 1-25 si possono riconoscere alcune cesure. In primo luogo, i capp. 1-10 si distinguono dal seguito per il fatto che in essi prevalgono le parole profetiche formulate «in poesia» (a eccezione di 7,1 - 8,3), mentre in seguito prevale il linguaggio della prosa. Al cap. 10 si trovano inoltre, nell'inno dei vv. 12-16 e nella preghiera dei vv. 23-25, brani che hanno una funzione di chiusa. Un'ulteriore cesura si riconosce alla fine del cap. 6, dove i vv. 6,27-30 costituiscono chiaramente la chiusa dei capp. 2-6. Infine, ulteriori sottosezioni sono segnate da 4,4 e 9,24 s. Risulta perciò la seguente *divisione* in paragrafi: 1; 2,1 - 4,4; 4,5 - 6,30; 7,1 - 8,3; 8,4 - 9,25; 10 (HOLLADAY 1976 in parte diverge). Divisione

All'introduzione (1,1-3), che probabilmente si riferisce alla raccolta dei capp. 1-25, segue in 1,4-19 una composizione in sé conchiusa. Il *racconto di vocazione* (vv. 4-10) è sviluppato in due *visioni* (vv. 11 s. e 13 s.) e in un discorso di Jhwh (vv. 15-19): la parola di Jhwh (vv. 7.9) si compirà (v. 12), quando Jhwh farà venire (v. 14 s.) dal nord le nazioni (vv. 5.10) per compiere il giudizio su Israele e proteggerà Geremia nonostante tutte le ostilità (vv. 8.17-19). → 160 s.

In 2,1 - 4,4, al cap. 2, Israele, che all'epoca del deserto era intimamente legato a Jhwh (vv. 1-3), viene messo sotto accusa in un discorso di giudizio (vv. 4-13) per la sua *apostasia da Jhwh* dopo la conquista; il comportamento ostile a Jhwh di Israele viene poi ulteriormente evidenziato sotto vari aspetti in una composizione contrassegnata da elementi tipici dei generi della disputa e del discorso di giudizio (vv. 14-37). Al cap. 3 viene posto l'interrogativo se sia possibile la *conversione* (3,1-5). La risposta è, in primo luogo, affermativa per quanto riguarda il regno del nord (3,6-10.11-13) e viene, in varie tappe, lasciata aperta come possibilità futura per tutto Israele e Giuda (3,14-18.19-25; 4,1-4). La sezione 2,1 - 4,4 costituisce dunque una composizione che collega insieme *giudizio e salvezza*; qui l'appello alla conversione ha un significato centrale (3,12.14.22; 4,1, cfr. v. 4). Conversione

In 4,5 - 6,30, da un lato, viene descritto, con un susseguirsi di immagini drammatiche, l'avvicinarsi di un *nemico dal nord* (4,5-31; 6,1-5.22-26) e, dall'altro, la *colpa d'Israele* è presentata come causa di questo giudizio (4,12b.14.18.22.26b; 5,1-31; 6,6-21). Il brano conclusivo (6,27-30), che forse deve chiudere l'intera raccolta dei capp. 2-6, equipara il compito del profeta di rivelare la colpa dei suoi contemporanei con quello di un saggiatore di metalli, rispecchiando così un'autocoscienza profetica che non si limita alla mera trasmissione di parole ricevute da Jhwh, ma che attribuisce al profeta una propria autonoma funzione critica nei confronti dell'ambiente circostante. Al tempo stesso, questo brano conduce al «discorso al Tempio» che segue. Nemico dal nord → 163 s.

Mentre nei capp. 2-6 predominano le parole profetiche in forma «poetica», il quadro cambia in 7,1 - 8,3. Qui troviamo una prosa di ampio respiro che mostra tutti i tratti dello stile deuteronomistico. Al *discorso al Tempio* (7,1-15, cfr. cap. 26), con la sua polemica contro un malinteso culto al Tempio, fanno seguito altri paragrafi contenenti critiche al comportamento cultuale: sul «culto alla regina del cielo» (7,16-20), sul sacrificio (7,21-29), e sul sacrificio di bambini (7,30 s.) e infine un terribile annuncio di giudizio (7,32 - 8,3). Probabilmente, il brano è stato interamente formulato dalla redazione deuteronomistica e pone totalmente in questo contesto la predicazione di Geremia. Discorso al Tempio

In 8,4 - 9,25 si ritrovano gli stessi elementi che in 4,5 - 6,30: descrizione dell'imminente rovina (8,16-23) e lamento su questo fatto (8,14 s.; 9,9 s. 16-21), come pure accusa contro quelli la cui colpa è causa del giudizio (8,4-13; 9,1-8). Qui la composizione è posta sotto la *parola guida «essere saggio»*: in 8,8 Essere saggi

s. viene criticata la orgogliosa sapienza, che si riduce a nulla; tuttavia ci vuole sapienza per capire il giudizio di Jhwh (9,11-15); chi ha ottenuto questo discernimento, però, non deve vantarsi della sua sapienza, ma del discernimento nell'agire di Jhwh (9,22 s.). Anche l'appello al lamento (9,16-21) è collegato a questa parola guida tramite la convocazione di «donne sagge» (v. 16). La chiusa della sezione (9,24 s.), di difficile comprensione, riprende nuovamente l'invito alla circoncisione dei cuori, che anche in 4,4 rappresenta la chiusa di una sezione.

Il cap. 10 contiene diversi elementi di varia natura. Nei vv. 1-16, si trova una polemica contro gli idoli fatti da sé, che mostra molte consonanze col Deutero-Isaia (e in cui viene più volte ripreso il termine «saggio», vv. 7.9),
→ 141 unitamente a un inno (vv. 12 s.16) che si chiude con l'espressione «Jhwh Zebaot è il suo nome». 10,12-16 viene ripetuto in 51,15-19; si trovano inoltre in-
→ 292 ni di questo tipo in 31,35; 32,18; 33,2 (e ripetutamente nel libro di Amos). In alcuni casi, essi hanno una funzione precisa nella composizione. Qui segue ancora un lamento sulla distruzione di Gerusalemme (vv. 17-22) e infine una preghiera (vv. 23-25), il cui ultimo verso corrisponde a Sal. 79,6 s. Questa preghiera mostra ancora una volta molto chiaramente che qui si conclude una sezione nella composizione delle parole di Geremia.

Capp. 11-20

A partire dal cap. 11 predomina il linguaggio in prosa di impronta deuteronomica. Al tempo stesso, sono riconoscibili composizioni di una certa ampiezza in questo linguaggio e in questo stile, che po-
Stilizzazione
trebbero essere definite *scene stilizzate della predicazione di Geremia* (THIEL): 11,1 - 12,6; 14 s.; 18; 19 s. Esse hanno tutte la stessa struttura: circostanze della predicazione - annuncio di giudizio - persecuzione del profeta - lamento. Nei particolari, queste composizioni si distinguono sulla base dei diversi materiali tradizionali che vi sono stati utilizzati. Particolarmente caratteristico è il lamento che fa ogni volta da chiusa; vengono qui ripresi testi che esprimono, con formulazioni molto personali, la sofferenza del profeta in rapporto al suo mi-
Confessioni
nistero, e che si è soliti chiamare *confessioni* di Geremia (11,18-23; 12,1-6; 15,10 s.15-21; 17,12-18; 18,18-23; 20,7-12.14-18; solo 17,12-18 non è incluso in una composizione del genere).

→ 142 Dal punto di vista del genere letterario, le «confessioni» sono lamenti individuali (BAUMGARTNER). È controverso se esse siano da comprendere come espressione del tutto individuale della sofferenza di Geremia in rapporto al suo ministero (VON RAD). L'interpretazione che vi vede formulari liturgici (REVENTLOW) ha pochi elementi dalla sua; anche l'ipotesi che esse rappresentino un'interpretazione posteriore della predicazione e della persona di Geremia (GUNNEWEG) è molto poco verosimile. Proprio il loro inserimento in composizione più ampie mostra invece che esse preesistevano ai loro redattori come tradizioni di Geremia (THIEL). Ciò rende anche comprensibile la loro distribuzione nei capp. 11-20, apparentemente casuale.

All'interno dei capp. 11-20 si trovano, tra queste scene principali, anche altri testi, in parte in poesia, in parte in prosa. Spesso, solo a stento si possono individuare i punti di vista con cui essi sono stati accostati e inseriti. A volte, potrebbero essere state determinanti associazioni di termini, a volte correlazioni tematiche (cfr. THIEL 1973, 288 s.).

Discorsi contro i dirigenti

I capp. 21-24, contenenti *discorsi contro le classi dirigenti*, spiccano come composizione indipendente. Due soprascritte intermedie fanno trasparire che sono state qui incluse due raccolte precedenti: in 21,11, «Sulla casa reale di Giuda» introduce ora la sezione 21,11 - 23,8 che contiene parole contro diversi *re* e che viene chiusa da una composizione di detti messianici (23,1-8); in 23,9, «Sui profeti» apre una raccolta di parole contro *profeti* in 23,9-40. Da cornice fungono 21,1-10, dove la sorte dell'ultimo re, Sedekia, è posta nel contesto dell'incombente conquista di Gerusalemme, e il cap. 24, dove a questa sua sorte è contrapposto il futuro gravido di salvezza di quelli che erano stati deportati a Babilonia nel 597. → 79

Chiusa

25,1-13 costituisce la *chiusa della raccolta delle parole di Geremia*. Il brano, conformemente alla forma basilare del discorso profetico, è suddiviso in accusa (vv. 1-7) e annuncio di giudizio (vv. 8-13). Esso riprende temi contenuti in detti della sezione precedente (soprattutto dal cap. 7) e al tempo stesso anticipa il seguito (ad es. il cap. 29). Mostra chiari legami con il sommario d'interpretazione deuteronomistica della storia d'Israele di II Re 17. → 242 s.

Giudizio contro le nazioni

Un problema particolare è posto dal brano 25,15-38, in cui si parla di *giudizio di Jhwh contro le nazioni*. Esso si trova visibilmente isolato, tra le parole di Geremia su Giuda e Gerusalemme dei capp. 1-25 e i racconti su Geremia dei capp. 26-45. In ogni caso, il brano è allacciato a quel che lo precede dalle ultime parole del v. 13 «quel che Geremia ha profetizzato su tutti i popoli» e dal v. 12 (e 14?), in cui viene annunciato il giudizio su Babilonia. Nella Settanta, dopo questo brano, vengono le parole contro i popoli stranieri, che nel testo massoretico si trovano ai capp. 46-51, ma in un altro ordine. Alcuni esegeti ritengono più antica la versione della Settanta, perché anche nel libro di Isaia le parole sui popoli stranieri si trovano immediatamente dopo il primo complesso di parole profetiche. Tuttavia, da questo confronto si può dedurre anche la conclusione opposta, cioè che la Settanta, per uniformarsi al libro di Isaia, abbia operato uno spostamento. Per di più, rimane aperta la questione del perché, al momento dello spostamento delle parole sui popoli stranieri, il brano 25,15-38 sarebbe stato lasciato nella posizione attuale. Su questo punto non è attualmente possibile dare una risposta chiara (anche altrove nel libro di Geremia, la Settanta si scosta sovente dal testo massoretico ed è complessivamente più breve di circa un ottavo).

Racconti

La raccolta dei *racconti su Geremia* (capp. 26-45) si suddivide chiaramente in due parti. Il cap. 26 e il cap. 36 corrispondono uno all'al-

tro: entrambi iniziano con una parola di Jhwh a Geremia all'epoca di
→ 79 Jojakim (mentre i capp. 27 ss. si svolgono già al tempo di Sedekia);
l'apparizione pubblica di Geremia al cap. 26 conduce in primo luo-
Conflitti go a un *conflitto con i sacerdoti e i profeti* (solo in 34,1-7 si parla breve-
→ 129 mente del re Sedekia), mentre al cap, 36, con la lettura pubblica del-
le parole messe per iscritto, inizia il *confronto con il re e i funzionari di*
corte, che mette in pericolo la vita di Geremia (sulla composizione cfr.
anche THIEL 1981, 100 ss.).

Come apertura della prima parte (capp. 26-35), viene ripetuto al
→ 269 cap. 26 il programmatico *discorso al Tempio* di 7,1 - 8,3, con amplia-
menti narrativi (vv. 7 ss.). I capp. 27-29 sono uniti dal tema dei *falsi*
→ 160 *profeti*: l'azione simbolica di Geremia con il «giogo del re di Babilo-
nia» (cap. 27) suscita lo scontro con il profeta Anania (cap. 28), e an-
Lettera di Geremia che nella *lettera di Geremia* agli esiliati (cap. 29) i falsi profeti svolgo-
no un ruolo (vv. 8 s.15.21-23, cfr. vv. 24 ss.).

Nella sezione dei capp. 30-33, in cui soltanto il cap. 32 ha caratte-
re narrativo, vien sviluppato il tema della salvezza futura, a cui si era
già accennato al cap. 29. I capp. 30 s. vengono spesso definiti *scritto*
Scritto consolatorio *consolatorio* (in 30,2 si parla di un libro); essi contengono una raccol-
ta di parole di salvezza molto varie, introdotte dall'annuncio del rien-
Nuovo patto tro dall'esilio (30,3) e chiuse dal detto sul *nuovo patto* (31,31-34) e da
→ 141 affermazioni inniche su Jhwh creatore (31,35-37; 31,38-40 contiene un
annuncio supplementare della ricostruzione di Gerusalemme). An-
Acquisto del campo che il racconto dell'azione simbolica dell'*acquisto del campo* da parte
di Geremia al cap. 32 indica un futuro carico di salvezza (vv. 15.42-
44). Infine, nel cap. 33, segue un'ulteriore raccolta di affermazioni di
salvezza, in cui vengono ripresi alcuni termini dai capp. 30 s.: la *svol-*
ta (*sh*^{e}*but*) che Jhwh provocherà (33,7.11.26, cfr. 30,3.18; 31,23; 32,44),
e il *patto* (33,20 s., 25 s., cfr. 31,31-34); qui il patto è ora riferito a Da-
vide (e ai leviti) e la promessa della sua stabilità è unita ad afferma-
zioni inniche su Jhwh creatore che ricordano 31,35-37.

I capp. 34 s. presentano un contrasto con le parole di salvezza che
precedono: esse non hanno alcuna validità per Sedekia (34,1-7) e per
Recabiti le classi dirigenti di Giuda, infedeli al patto (34,8-22), mentre i reca-
biti, in base alla loro obbedienza esemplare, stanno sotto la promes-
sa divina (cap. 35).

La seconda parte (capp. 36-45) non contiene più alcuna afferma-
zione di salvezza per Giuda o Israele; si trovano soltanto due pro-
Promesse di salvezza individuali messe individuali di salvezza che mostrano evidenti paralleli. Esse
sono indirizzate a un funzionario kushita di corte, che aveva aiutato
Geremia (39,15-18, cfr. 38,7-13), e a Baruc (cap. 45). Quest'ultima ha
al tempo stesso una funzione di cornice per questa sezione: Baruc
viene menzionato una prima volta al cap. 36, dove scrive le parole di
Geremia, su dettatura di quest'ultimo, per poi leggerle pubblicamente

nel Tempio. Entrambi i testi recano la stessa data, il quarto anno di Joiakim; la composizione ritorna dunque all'inizio.

Il cap. 36 rappresenta, rispetto al cap. 26, un evidente parallelo e al tempo stesso un'accentuazione. Al cap. 26 è lo stesso Geremia a presentarsi al Tempio; si giunge a un conflitto con «sacerdoti e profeti» (vv. 8.11.16), che però è risolto a favore di Geremia dai funzionari regi dell'ordine giudiziario. Al cap. 36, invece, Geremia non osa comparire personalmente, ma incarica Baruc di leggere le sue parole (vv. 4-8); i funzionari regi reagiscono turbati (vv. 11-20), ma il re stesso dimostra il suo disprezzo per le parole di Geremia bruciando il rotolo, dopo averlo fatto a pezzi (vv. 21-23) e ordina l'arresto di Baruc e di Geremia (v. 26). In questo modo il conflitto diventa aperto. È inoltre importante osservare come Ger. 36 sia visibilmente costruito in modo da fungere da contrastante parallelo al racconto del ritrovamento e della lettura del «libro della legge» alla presenza di Giosia in II Re 22 (NICHOLSON, WANKE): Giosia «si strappa i vestiti» (II Re 22,11, cfr. v. 19), mentre viene sottolineato che Joiakim non lo ha fatto (Ger. 36,24) e che non ha neppure prestato ascolto agli ammonimenti dei suoi funzionari di corte (v. 25). Cfr. su questo la contrapposizione di Joiakim e Giosia in Ger. 22,13-19; per il rapporto di Ger. 26; 36 e II Re 22 cfr. anche LOHFINK).

→ 271 s.

→ 243

Sorte di Geremia → 80 s.

I capitoli 37-44 contengono una compiuta esposizione della *sorte di Geremia*, dal suo arresto (37,11 ss.) fino al suo trasferimento forzato in Egitto (43,5 ss.), passando per la sua liberazione da parte dei babilonesi (39,11 ss.); essa è incassata fra le notizie sulla conquista di Gerusalemme da parte dei babilonesi e le relative conseguenze. Questa esposizione è stata chiamata «racconto della passione» di Geremia (KREMERS). Se ne è spesso sottolineato il carattere letterario unitario (ad es. WANKE, LOHFINK; di diverso avviso POHLMANN), il che non esclude che, ad es., nei grandi brani di stile omiletico di 42,10-22 e 44, sia riconoscibile un lavoro redazionale deuteronomistico (THIEL).

Scritto di Baruc

Da DUHM in poi, i brani narrativi contenuti nel libro di Geremia a partire dal cap. 26 (spesso includendo anche 19,1 - 20,6) sono spesso stati considerati *opera di Baruc*. MOWINCKEL vi ravvisava una «fonte» indipendente, anche se lasciava comunque aperto il problema di chi ne fosse l'autore. Seguendo altri, è stato soprattutto WANKE a sviscerare le differenze tra i capp. 37-44 e i precedenti brani narrativi, per cui è praticamente impossibile continuare a considerarli una unità originaria. Il problema dell'autore non si può dirimere, dato che i testi non forniscono alcun indizio e inoltre noi non sappiamo nulla di preciso sui rapporti tra Geremia e Baruc.

La persona di Geremia

Sulla *persona* di Geremia, da 1,1 apprendiamo che egli era originario di una famiglia sacerdotale di Anatoth, città beniaminita a pochi chilometri a nord-est di Gerusalemme. Secondo 1,2 (cfr. 25,3) egli ha iniziato la sua attività profetica nel tredicesimo anno di Giosia,

cioè nel 627/626 (è difficile che l'indicazione precisa dell'anno sia un'invenzione posteriore, per cui una datazione più tardiva dell'inizio della sua attività è poco verosimile). Sul suo destino personale
→ 80 s.
negli ultimi anni, apprendiamo alcuni particolari dai capitoli 37-44; ma anche da molti altri testi appare chiaro che egli, a causa della sua azione profetica, incontrò diversi conflitti e che ebbe a soffrirne personalmente (cfr. ad es. 1,8; 20,1 ss.; cap. 26; 28 e soprattutto le «confessioni»). Alla fine, fu anch'egli trascinato nel giudizio annunziato-
→ 270
gli, divenendo così chiaramente il modello del profeta sofferente.

Messaggio

Come già per Isaia, anche il messaggio di Geremia non può più essere ricostruito nella sua forma originaria, perché il libro di Geremia che ci è stato tramandato sviluppa una determinata visione del profeta, già marcata dall'avverarsi del suo annuncio di rovina. Perciò, ampio spazio è stato concesso all'annuncio di salvezza, visto che il libro si rivolge a chi è stato toccato dalla catastrofe. Non vi è però praticamente alcun dubbio che neppure lo stesso Geremia fu esclusivamente un profeta di rovina; una parte degli annunci di salvezza, nell'intenzione o anche nel tenore testuale, risale a lui stesso. Qui sono sicuramente state estese a tutto Israele, con l'inclusione di Giuda, parole che in origine alludevano al regno del nord (ad es. 3,6 ss., cfr. HERRMANN).

Rapporto col Deuteronomio
→ 76 s. 243 s.

Un problema particolarmente controverso è quello del rapporto di Geremia col *Deuteronomio*. Molti esegeti rilevano l'assenza di una esplicita presa di posizione rispetto al «libro della legge», secondo II Re 22 s. introdotto all'epoca dell'attività di Geremia, e rispetto alla riforma di Giosia. Ma ha senso aspettarsi una presa di posizione del genere? Geremia, la cui predicazione profetica era totalmente concentrata sulla critica al comportamento dei suoi contemporanei, avrebbe dovuto dichiarare nel suo discorso profetico pubblico (e solo in quel caso sarebbe stato tramandato!) il suo accordo con i provvedimenti di un re che non ha mai criticato? L'introduzione del Deuteronomio, inoltre, avvenne in modo molto meno spettacolare di come la presenti il racconto di II Re 22 s. Che Geremia concordasse con gli intenti del Deuteronomio e della riforma di Giosia è fuori di dubbio; li accomuna il ruolo centrale che entrambi attribuiscono alla critica al culto cananeo (già riscontrabile in Osea) (cfr. ad es. Ger. 2,5-8.20 con Deut. 6,12-14; 12,2 ecc.; cfr. anche le tabelle in WEINFELD, 359 ss.). La redazione deuteronomistica ha accentuato questa tendenza, realizzando così una attualizzazione che riprende e porta avanti, in una situazione mutata, gli intenti della predicazione di Geremia.

Bibliografia

Commentari: DUHM (KHC) 1901; GIESEBRECHT (HK) 1907^{2}; VOLZ (KAT) 1922, 1928^{2}; RUDOLPH (HAT) 1947, 1968^{3}; WEISER (ATD) 1952, 1979^{9}; HYATT (IB) 1956; BRIGHT (AB) 1965; HERRMANN (BK) 1986 ss.; HOLLADAY (*Hermeneia*) cap. 1-25, 1982.

P.R. ACKROYD, *The Book of Jeremiah. Recent Studies*, in JSOT 28, 1984, 47-59; W. BAUMGARTNER, *Die Klagegedichte des Jeremia*, 1917; A.H.J. GUNNEWEG, *Konfession oder Interpretation im Jeremiabuch*, in ZThK 67, 1977, 395-416; S. HERRMANN, *Die propetischen Heilserwartungen im Alten Testament*, 1965; W.L. HOLLADAY, *The Architecture of Jeremiah 1-20*, 1976; IDEM, *The Identification of the two Scrolls of Jeremiah*, in VT 30, 1980, 452-467; J.P. HYATT, *The Deuteronomic Edition of Jeremiah*, in *Vanderbilt Studies in the Humanities* I, 1951, 71-95; N. ITTMANN, *Die Konfessionen Jeremias*, 1981; H. KREMERS, *Leidensgemeinschaft mit Gott im Alten Testament. Eine Untersuchung der «biographischen» Berichte im Jeremiabuch*, in EvTh 13, 1953, 122-140; N. LOHFINK, *Die Gattung der «Historischen Kurzgeschichte» in den letzen Jahren von Juda und in der Zeit des Babylonischen Exils*, in ZAW 90, 1978, 319-347; W. MCKANE, *Relations between Poetry and Prose in the Book of Jeremiah with Special Reference to Jeremiah III 6-11 and XII 14-17*, in VT.S 32, 1981, 220-237; J.W. MILLER, *Das Verhältnis Jeremias und Hesekiels sprachlich und theologisch untersucht mit besonderer Berücksichtigung der Prosareden Jeremias*, 1955; S. MOWINCKEL, *Zur Komposition des Buches Jeremia*, 1914; E.W. NICHOLSON, *Preaching to the Exiles. A Study of the Prose Tradition in the Book of Jeremiah*, 1970; K.-F. POHLMANN, *Studien zum Jeremiabuch. Ein Beitrag zur Frage nach der Entstehung des Jeremiabuches*, 1978; G. V. RAD, *Die Konfessionen Jeremias*, in EvTh 3, 1936, 265-276 (= *Ges. St.* II, 224-235) trad. it. in G. V. RAD, *Scritti sul Vecchio Testamento*, 1984, pp. 157-173; H. GRAF REVENTLOW, *Liturgie und prophetisches Ich bei Jeremia*, 1963; Th.H. ROBINSON, *Baruch's Roll*, in ZAW 42, 1924, 209-221; W. THIEL, *Die deuteronomistische Redaktion von Jeremia 1-25*, 1973; IDEM, *Die deteronomistische Redaktion von Jeremia 26-45*, 1981; W. THIEL, *Ein Vierteljahrhundert Jeremia-Forschung*, in VF 1/1986, 32-52; G. WANKE, *Untersuchungen zur sogenannten Baruchschrift*, 1971; M. WEINFELD, *Deuteronomy and the Deuteronomic School*, 1972; H. WEIPPERT, *Die Prosareden des Jeremiabuches*, 1973.

STEUERNAGEL, par. 112-120; EISSFELDT, par. 46; FOHRER, par. 59; SOGGIN, par. 23; KAISER, par. 24h; SMEND, par. 26; SCHMIDT, par. 19; CHILDS XVIII.

3.3 Il libro di Ezechiele

Il nome ebraico *J^{e}cheskel* viene reso nella Settanta con la forma *Ἰεζεκιήλ*, da cui è derivata la forma latina della Vulgata *Ezechiel*. Lutero ha creato la forma tedesca *Hesekiel*. Nel linguaggio scientifico ed ecumenico si è comunque imposta la forma latina.

Il libro di Ezechiele, in confronto agli altri grandi libri profetici, dà un'impressione di maggiore unitarietà e compattezza. Ciò è dovuto innanzitutto al fatto che esso presenta una divisione evidente. In quat- Divisione tordici casi, una unità di discorso è introdotta da un'*indicazione di data o di tempo* (1,1 s.; 3,16; 8,1; 20,1; 24,1; 26,1; 29,1.17; 30,20; 31,1; 32,1.17; 33,21; 40,1). Queste datazioni non sono comunque distribuite uniformemente per tutto il libro. Esse abbracciano innanzitutto il lasso di tempo che va dal quinto anno dopo la deportazione (1,2; il numero 30 in 1,1 rimane oscuro) all'undicesimo anno (33,21), momento dell'arrivo della notizia della caduta di Gerusalemme nell'anno 586; la grande visione conclusiva, la visione del Tempio, viene datata 14 anni più tardi (40,1). In numerosi altri casi, unità di discorso sono introdotte dalla *formula dell'evento della parola* (*Wortereignisformel*) «allora la parola di Jhwh fu rivolta a me (oppure a Ezechiele)» (1,3; 3,16; 6,1; 7,1; 11,14; 12,1 ecc.). In base a questi due criteri, ZIMMERLI, ad es., ha rintracciato 50 (oppure 52) unità indipendenti (*Commentario*, 38* s.).

Formula dell'evento della parola → 162 s.

Linguaggio → 192 s. 221 s.

Un altro contrassegno del libro è il caratteristico *linguaggio*, la cui impronta si ritrova quasi in ogni parte: una prosa ampia ed estrosa, che mostra evidenti affinità con le componenti «sacerdotali» del Pentateuco e, per certi aspetti, anche con il linguaggio deuteronomistico. Una particolarità notevole è anche il fatto che Jhwh si rivolga al profeta chiamandolo «figlio d'uomo» (*ben-'adam*, nel senso di «uomo singolo», a differenza del significato collettivo che *'adam* ha come concetto per indicare genericamente «l'uomo»: 2,1.3.6.8; 3,1.3.4.10.17.25 ecc.).

Visioni → 160 ss.

È però soprattutto caratteristico il fatto che la parola profetica passi in secondo piano rispetto ad altre forme espressive del messaggio profetico. Il libro è contrassegnato da quattro grandi *visioni* (1,1 - 3,15 [22-24]; 8-11; 37,1-14; 40-48). Il profeta vi è personalmente molto coinvolto. Spesso si parla della «mano di Jhwh» che viene su di lui (1.3; 3,14.22; 8,1; 37,1; 40,1); egli cade a terra (1,28; 3,23; 9,8; 43,3; 44,4) e viene risollevato (2,2; 3,24) dallo «spirito» (*ru^{a}ch*) o trasferito altrove (3,12.14; 8,3; 11,1.24; 40,1 s.; 43,5); deve mangiare un rotolo scritto (3,1 s.), attraversare delle acque (47,3 s.) e parlare alle ossa di morti (37,4 ss.) ecc.

Azioni simboliche → 160

Discorsi metaforici → 166

Ancora più numerose sono le *azioni simboliche* di cui il profeta viene incaricato (4,1-3.4-8.9-17; 5,1-17; 12,1-16.17-20; 21,11 s. 23-29; 24,15-24; 37,15-28). È notevole che qui venga quasi sempre riferito soltanto l'incarico di compiere l'azione simbolica dato da Jhwh, spesso con una interpretazione particolareggiata, ma non l'esecuzione. Comunque, dalle reazioni degli abitanti di Giuda riferite in 12,8 ss. e 24,19, si deduce che l'esecuzione dell'azione simbolica è presupposta (cfr. anche 4,14 s.). Un ulteriore elemento caratteristico è costituito dai *discorsi metaforici* (15; 16; 17; 19 [sotto forma di lamento funebre, di *kinah*]; 23; 27 [di nuovo come *kinah*]; 31). Alcuni di essi contengono una *retrospettiva storica* di ampio respiro (16; 23), come si trova anche, senza discorso metaforico, nel cap. 20.

Fra gli elementi tipici della lingua del libro di Ezechiele e spesso ricorrenti in modo evidentemente stereotipo va annoverata, accanto alla «formula dell'evento della parola» (vedi sopra), anche l'espressione: «Io, Jhwh, ho parlato», con cui spesso vengono chiuse unità di discorso (5,13.15.17; 17,21.24; 21,22.37; 22,14; 24,14; 26,14; 30,12; 34,24; 36,36; 37,14). Fra i numerosi ampliamenti che questa formula ha subito, è particolarmente significativa l'unione con la *formula di conoscenza* (*Erkenntnisaussage*) «Voi conoscerete (essi conosceranno) che io (sono) Jhwh» (5,13; 17,21; 37,14). Questa dichiarazione costituisce uno degli elementi più frequenti e caratteristici e attraversa l'intero libro (salvo i capp. 40-48). Il più delle volte essa si trova enfaticamente al termine di una unità di discorso (6,7.10.13.14; 7,4.9.27; 11,10.12 ecc.); spesso vi si può ravvisare il culmine vero e proprio del discorso divino e si può quindi parlare del genere letterario del *detto di dimostrazione* (*Erweiswort*), che verte sulla «autodimostrazione» divina (ZIMMERLI 1957, cfr. 1954).

Formula di conoscenza

Detto di dimostrazione

Il libro di Ezechiele ha dunque una sua impronta tutta particolare. Tuttavia vi sono diversi indizi del fatto che esso, esattamente come gli altri libri profetici, non sia, dal punto di vista letterario, opera di un'unica mano. Il quadro del profeta Ezechiele, della sua attività e del suo messaggio che questo libro ci pone davanti agli occhi è senza dubbio il risultato di una storia di tradizione e di composizione.

Per quanto riguarda la questione di come questa storia vada immaginata nei particolari, le opinioni sono divergenti. Dopo che HÖLSCHER ha voluto assegnare al «poeta» Ezechiele solo una piccola parte dei testi del libro e ha attribuito a un redattore proprio gli elementi più caratteristici e TORREY ha addirittura voluto comprendere l'intero libro come uno scritto pseudoepigrafico del III sec. a.C., ZIMMERLI (riallacciandosi a MOWINCKEL) ha cercato di interpretare la manifesta stratificazione di molti testi, che lascia trasparire una sorta di rimaneggiamento interpretativo, come opera di una *scuola* (*Commentario* e 1980). Questo punto di vista è particolarmente illuminante, perché offre una spiegazione del fatto che il libro abbia mantenuto la sua impronta e una certa compattezza, nonostante che il lavoro di rielaborazione si sia presumibilmente svolto in un lungo arco di tempo e in numerose fasi. In epoca recente, è di nuovo cresciuta la propensione a scomporre il libro in numerosi strati redazionali (ad es. SCHULZ, GARSCHA, HOSSFELD), anche se con risultati spesso divergenti. In questo quadro, affiora anche l'ambiguo concetto di «Deutero-Ezechiele» (con diverso significato per SCHULZ e GARSCHA); in considerazione della terminologia introdottasi nella ricerca dove, con i termini «Deutero-Isaia» e «Deutero-Zaccaria», si indicano parti indipendenti dei rispettivi libri, l'uso di un concetto simile dovrebbe invece essere evitato per indicare uno strato redazionale.

Scuola di Ezechiele

Il libro di Ezechiele che abbiamo ora di fronte è chiaramente suddiviso in tre parti:

Divisione

- 1-24 annunci di giudizio su Giuda e Gerusalemme,
- 25-32 annunci di giudizio su popoli stranieri,
- 33-48 annunci di salvezza per Israele.

Le singole parti sono variamente collegate le une alle altre (cfr. ZIMMERLI, *Commentario* 4*; GARSCHA). Particolarmente stretto è *il parallelo fra la prima e la terza parte*: all'inizio degli annunci di giudizio è detto: «riconosceranno che un profeta era in mezzo a loro» (2,5); questa affermazione viene ripetuta all'inizio degli annunci di salvezza (33,33): il compito del profeta mandato da Jhwh a Israele era quello di annunciare giudizio e salvezza. Molto enfaticamente, all'inizio della prima e della terza parte si trova il discorso sull'*ufficio di sentinella del profeta* (3,16-21; 33,1-9). Infine, il mutismo, imposto al profeta dopo la visione profetica (3,25-27), viene eliminato con la notizia della caduta di Gerusalemme (33,21 s., cfr. 24,25-27).

Il profeta come sentinella

Anche le *visioni* formano un arco dalla prima alla terza parte: all'inizio, il profeta vede lo «splendore» (*kabod*) di Jhwh, mentre si trova fra gli esuli in Babilonia (1,1 ss.); egli viene poi rapito a Gerusalemme e là, per la seconda volta, vede il *kabod* di Jhwh (capp. 8-11); innanzitutto all'interno del Tempio (10,1 ss.), e poi ancora uscendo dalla città, sul monte «che si trova a oriente della città» (11,22 s.); infine, egli è testimone del ritorno del *kabod* nel Tempio, «da oriente» (43,1 ss.). Nell'ultimo testo, c'è un esplicito rimando alle due precedenti apparizioni del *kabod* (43,3). – Anche la visione della rivitalizzazione delle ossa dei morti, 37,1-14, ha un'evidente corrispondenza nella prima parte, e precisamente nel singolare canto di 24,1-14, dove si parla ripetutamente e con enfasi delle «ossa» (vv. 4.5 [2 volte].10), usando lo stesso termine (*'ezem*) che, al cap. 37, indica le ossa dei morti.

Kabod di Jhwh

Un'altra importante corrispondenza sta nella *contrapposizione fra gli esuli e coloro che sono rimasti nel paese*. In 11,14-21, alla pretesa di quelli che sono rimasti nel paese di esserne i proprietari esclusivi (v. 15), viene opposta una promessa di salvezza per gli esuli; in 33,23-29, la pretesa di quelli che sono rimasti viene nuovamente respinta e viene loro annunciata la distruzione, a causa del culto da loro prestato agli idoli. Ciò apre la strada al rinnovamento della vita a Gerusalemme e nella terra d'Israele da parte dei rimpatriati dall'esilio. Anche all'annuncio di rovina relativo ai «monti d'Israele» (cap. 6) corrisponde un annuncio di salvezza (36,1-15).

Esuli

Il grande annuncio di salvezza di 36,16-38, infine, riprende ampiamente i precedenti annunci di rovina; particolarmente strette sono le relazioni con il cap. 20, poiché 36,16-38 costituisce il *prosieguo della retrospettiva storica*.

Già in Egitto e nel deserto, Jhwh aveva voluto «riversare la sua ira» su Israele (20,8.13.21), ma non lo aveva fatto «per amore del mio nome» (20,9.14.22);

tuttavia, aveva già annunciato nel deserto la dispersione d'Israele «fra le nazioni» (20,23 s.). Questo è ora avvenuto: Jhwh ha rivelato la sua ira e li ha dispersi fra le nazioni (36,18 s.). Tuttavia, di nuovo «per amore del mio nome» (vv. 22 s.), Jhwh li trarrà da tutte le nazioni e li ricondurrà nella loro terra (v. 24). Là, li purificherà da ogni impurità (v. 25), darà loro un nuovo cuore e un nuovo spirito, cosicché essi osserveranno i suoi comandamenti e i suoi ordinamenti (vv. 26 s.) e vivranno finalmente come popolo di Jhwh nella terra già promessa ai padri (v. 28). Anche la natura sarà coinvolta in questa futura condizione di salvezza (v. 29 s.), il paese sarà riedificato (vv. 33-35) e ripopolato (vv. 37 s.), cosicché finalmente anche le nazioni riconosceranno che Jhwh ha fatto tutto ciò (v. 36).

Anche all'interno delle singole parti, i punti di vista della composizione sono spesso chiaramente riconoscibili (cfr. CASSUTO; ZIMMERLI, *Commentario*, 113* s.; GARSCHA). La prima parte (capp. 1-24), dal punto di vista tematico, è dominata dall'*assedio di Gerusalemme*. Dopo la grande visione iniziale (cap. 1), legata alla *vocazione del profeta* e alla descrizione del suo ufficio di sentinella (capp. 2 s.), segue, in primo luogo, un'azione simbolica, in cui viene rappresentato l'assedio di Gerusalemme (4,1-3); in 24,1 viene poi raccontato l'effettivo inizio dell'assedio. In questo modo è ottenuta la cornice per questa parte.

Assedio di Gerusalemme

Vocazione

In 4,1 - 5,4 sono raggruppate quattro azioni simboliche (4,1-3.4-8.9-17; 5,1-4) che hanno a che fare con l'assedio di Gerusalemme; a esse si unisce, in 5,5-17, una minuziosa spiegazione che inizia con le parole: «Questa è Gerusalemme» (5,5). Nei capp. 6 e 7 seguono due ampi detti di giudizio contro i «monti d'Israele» (6) e sulla imminente «fine» (7: viene qui sviluppata una citazione da Am. 8,2). Qui la «formula di conoscenza» compare particolarmente di frequente (6,7.10.13.14; 7,4.9.27).

→ 160

→ 277

La grande *visione del giudizio su Gerusalemme* (capp. 8-11, cfr. GREENBERG), che inizia con un'indicazione di data (8,1), si chiude con un annuncio di salvezza agli esuli (11,14-21, vedi sopra) che segna una chiara cesura. Il blocco seguente comincia nuovamente con una serie di azioni simboliche (12,1-16.17-20), in cui viene nuovamente ripresa la tematica dell'assedio/esilio; esse provocano una discussione sulla affidabilità delle visioni (12,21-25.26-28), a cui si collegano diversi detti; alcuni uniti dalla parola chiave *profeti* (13,1-16.17-23; 14,1-11, cfr. TALMON - FISHBANE), e uno sulla impossibilità della salvezza tramite singoli uomini pii come Noè, Daniele e Giobbe (14,12-23).

Giudizio su Gerusalemme

Nei capp. 15-19 si trova un gruppo di *discorsi metaforici*. I primi due, dedicati all'inutilizzabile legno della vite (15) e alla trovatella infedele (16), trattano di *Gerusalemme*; il secondo si conclude nuovamente con un annuncio di salvezza (16,53-63), in cui compare la parola «*patto*» (*b*[e]*rit*) (vv. 59-62, cfr. inoltre 34.25; 37,26). I capp. 17 e 19 trattano del *re*: il primo è un complesso poema che parla di aquila, cedro e vite e sbocca nell'immaginoso annuncio di un nuovo re (salvatore) (17,22-24); il secondo è un lamento funebre (19). Tra i due, al cap. 18, si trova un testo di tutt'altra natura: un dibattito di di-

Discorsi metaforici

ritto sacro sul problema della *responsabilità individuale*. Usando le forme tipiche del diritto apodittico relative alla pena di morte (SCHULZ), viene motivata la tesi secondo cui un figlio non deve portare la colpa del padre e un padre quella del figlio, ma ognuno la sua. La posizione del capitolo tra i due discorsi metaforici sul destino del re potrebbe essere motivata dal fatto che, in questo modo, deve essere sottolineata la responsabilità dei figli di Giosia, Joiakim e Sedekia, per i propri peccati.

Retrospettiva storica

La *retrospettiva storica* del cap. 20 (vedi sopra) inizia nuovamente con una indicazione di data (v. 1) e si conclude con un annuncio di salvezza (vv. 39-44), l'ultimo nella prima parte del libro (cfr. 11,14-21; 16,53-63; 17,22-24). Ne risulta una tripartizione di questa prima parte principale (capp. 1-24): soltanto nella parte centrale, tra la visione del giudizio su Gerusalemme (capp. 8-11) e la retrospettiva storica (cap. 20), si trovano annunci di salvezza.

I capitoli successivi contengono diverse azioni simboliche che rimandano tutte alla ormai imminente *fine di Gerusalemme* (21,11 s.23-29; 24,15-24). Le prime due sono incorporate in una più ampia composizione, improntata alla parola chiave *spada* (cap. 21, cfr. ZIMMERLI, *Commentario*) e incorniciata da detti sul *fuoco* (21,1-4.36 s.). Nei capp. 22 s. sono riuniti diversi annunci di giudizio; in 22,1-16 si riconoscono nuovamente tradizioni di diritto sacro (SCHULZ), mentre il discorso metaforico del cap. 23 estende il discorso sulla donna infedele Gerusalemme (cap. 16) alle due «sorelle» Gerusalemme e Samaria (cfr. già 16,44 ss.). In 24,1-14 viene presentata, sotto forma di un canto che parla di un paiolo al fuoco, l'ineluttabilità del destino di
→ 279
Gerusalemme (vedi sopra a 37,1-14). Nell'ultima azione simbolica, il profeta stesso diventa ancora una volta «segno» (*mophet*, 24,24, cfr. v. 27 e 12,6.11).

Giudizio su popoli stranieri → 169 s.

La seconda parte (capp. 25-32), contenente *annunci di giudizio su popoli stranieri*, è più chiaramente legata alla composizione complessiva del libro, più di quanto non accada per altri libri profetici, soprattutto tramite le indicazioni *di data* che percorrono tutte e tre le parti. Non sono però egualmente ripartite: al cap. 25, nelle parole di giudizio, aventi la stessa struttura, contro gli immediati vicini di Israele, cioè ammoniti (vv. 2-5.6 s.), Moab (vv. 8-11), Edom (vv. 12-14) e filistei (vv. 15-17) manca l'indicazione della data. In 26,1 una datazione apre il ciclo delle parole contro Tiro (26,1 - 28,19), a cui fa seguito una parola contro Sidone (28,20-23), che nella struttura si avvicina ai discorsi del cap. 25. Segue poi un *annuncio di salvezza rivolto a Israele* (28,24.25 s.), con cui viene marcata una netta cesura. Segue una raccolta di detti contro l'Egitto (29-32), in cui si trova ora una serie di datazioni (29,1.17; 30,20; 31,1; 32,1.17) riferite, sempre a eccezione di 29,17, al decimo-dodicesimo anno dopo la deportazione. I detti sull'Egitto vengono dunque posti in relazione temporale con gli avvenimenti dell'assedio e della distruzione di Gerusalemme.

Salvezza per Israele

Nonostante vi sia in mezzo questa seconda parte, i rapporti fra la prima e la terza parte (capp. 33-48), che contiene prevalentemente *annunci di salvezza per Israele*, sono molto più stretti. Il cap. 33 è dominato dalle relazioni con la prima parte (cfr. 33,1-9 con 3,16-21; 33,10-20 col cap. 18; 33,21 s. con 3,25-27 e 24,25-27; 33,23-29 con 11,14-21; 33,30-33 con 2,3-5 e 24,24). Qui, nella svolta dalla predicazione di rovina a quella di salvezza, viene messa ancora una volta in risalto la rilevanza centrale del *profeta* e del suo ufficio.

Al cap. 34, l'immagine del *pastore del gregge* viene modificata e sviluppata da diversi aspetti: fino a quel momento, i capi del popolo erano cattivi pastori, a cui Jhwh toglie l'ufficio (vv. 1-10); pascerà egli stesso il suo gregge e lo raccoglierà dalla dispersione (vv. 11-16); egli si curerà anche del diritto all'interno del gregge (vv. 17-22); infine, egli insedierà un nuovo *Davide* come unico pastore (vv. 23 s., cfr. 17,22-24) e stipulerà con il gregge un'*alleanza di pace*, di modo che possa vivere senza minacce e senza fame (vv. 25-31). I capp. 35 e 36 sono reciprocamente collegati: a un annuncio di rovina contro «il territorio montuoso di Seir» (cap. 35; il nome di Edom, a esso associato, viene menzionato solo al v. 15, cfr. invece 25,12-14) segue l'annuncio di salvezza per i «monti d'Israele» (36,1-15, cfr. il cap. 6), che torneranno a essere fertili e popolati. Viene poi il *seguito della retrospettiva storica* della prima parte (36,16-38, cfr. il cap. 20), centrato sulla terra in cui in avvenire Israele dovrà vivere, purificato e liberato da ogni impurità precedente. La visione di 37,1-14 annuncia infine la *rinascita di Israele*, presupposto essenziale per il ristabilimento futuro; in un'azione simbolica (37,15-28), viene inoltre annunciata la riunificazione di Giuda e di Israele sotto il regno di Davide.

Davide come pastore

→ 278 s.

Rinascita di Israele

Nel singolare brano 38,1 - 39,22 *Gog, principe di Mescec e di Tubal* (= Magog in 38,2; 39,6), viene presentato come «ultimo nemico», sconfiggendo il quale Jhwh si rivelerà «santo» (39,1-7, cfr. 38,16). Questo testo contiene elementi marcatamente apocalittici (in particolare in 38,17-23). In 39,23-29 questa parte degli annunci di salvezza viene chiusa con un annuncio di salvezza per Israele, che riprende molti elementi dai capitoli precedenti ed è paragonabile, per la sua funzione di chiusa, a 28,24-26.

Gog di Magog

Anche la grande visione conclusiva (capp. 40-48) è di nuovo esplicitamente collegata alla prima parte del libro. Essa corrisponde alle due visioni dei capp. 1-3 e soprattutto dei capp. 8-11, in cui il profeta vide il *kabod* in Jhwh uscire dal Tempio contaminato (11,22 ss.), che venne così lasciato in preda alla distruzione; ora lo vede ritornare nel nuovo, puro Tempio (43,1 ss.; cfr. GREENBERG). Nella descrizione di questo nuovo Tempio, dei suoi arredi e del suo culto, e anche della suddivisione del paese e della città di Gerusalemme è stato utilizzato parecchio materiale legal-cultuale (per la divisione cfr. anche GESE).

Visione del Tempio → 278

In 40,1 - 43,12 un progetto del *Tempio*, che viene misurato con precisione alla presenza del profeta, è incorniciato dalla visione del *kabod* (cfr. TALMON - FISHBANE); seguono dati sulle dimensioni dell'*altare* (43,13-17) e prescrizioni per la sua purificazione (43,18-27); la porta orientale, attraverso cui il *kabod* era entrato (cfr. 43,4), dovrà in avvenire rimanere chiusa (44,1-3). Il profeta vede ancora un'ultima volta il *kabod* riempire il Tempio e cade a terra (44,4, cfr. 1,28; 3,23; 43,3). A questo punto, gli vengono comunicate le prescrizioni riguardanti l'accesso al Tempio (44,5 ss.), e in particolare le disposizioni di servizio per *leviti* (44,10-14) e *sacerdoti* (44,15-27), i loro introiti (44,28-31) e i rapporti di proprietà nell'ambito della città (45,1-8; il nome di Gerusalemme non è menzionato, cfr. 48,35). Il termine *principe* (*naśi'*) (usato nei capp. 40-48 al posto della parola «re» [*melek*], cfr. già 34.24 e 37,25) attrae altri detti sui principi/sul principe (45,9 ss.), in particolare sui tributi a lui dovuti (vv. 13-16; nei vv. 10-12 abbiamo inoltre la determinazione delle unità di misura) e sui suoi doveri in materia di sacrifici (v. 17). Seguono altre *prescrizioni sacrificali*, in cui vengono messi in particolare risalto gli obblighi cultuali del principe (45,18 - 46,15) e, infine, prescrizioni sul diritto di successione del principe (46,16-18). In 46,19-24 viene ripreso il «giro» («egli mi portò», cfr. 40,2 s.17.24.28 ecc.; 44,1.4), per mostrare un particolare complementare del culto sacrificale: le cucine per i sacrifici.

L'ultima tappa della «visita» (47,1-12) introduce un nuovo elemento sorprendente: sotto la soglia del Tempio, sgorga dell'acqua che si riversa per tutto il paese, fino al Mar Morto, rendendone così salubri le acque. Ancora una volta, viene ripresa la procedura di misurazione di 40,5 ss., questa volta con la collaborazione del profeta che deve misurare (o mostrare) con il → 162 suo corpo la profondità delle acque (vv. 3 s.). Con ciò si abbandona l'ambito del Tempio e anche la descrizione di visioni è giunta al temine. In 47,13 - 48,29, con una nuova assegnazione di territori come *nachalah* («eredità», 47,13 s.; 48,29), viene delineato un nuovo assetto territoriale e, di conseguenza, un nuovo assetto del popolo, che riprende l'antico ordinamento delle dodici tribù (MACHOLZ). La conclusione è costituita dalla «città» con le sue dodici porte (48,30-35) il cui nuovo nome è «Jhwh è qui» (v. 35). Viene così suggellato il ritorno di Jhwh nella nuova, purificata Gerusalemme.

Persona

La composizione del libro di Ezechiele, artistica e stratificata, rende pressoché impossibile apprendere qualcosa sulla *persona* del profeta. Da 1,1-3 risulta che egli era sacerdote e che apparteneva ai giudaiti deportati in Babilonia nell'anno 597. In 24,15 ss., nel contesto di → 78 s. un'azione simbolica, si parla della morte di sua moglie. È però incerto se questa indicazione vada intesa in senso biografico. È anche incerto se gli stati corporei anormali, come il mutismo temporaneo (3,25-27; 33,21 s.) e il giacere su un lato (4,4-8), presentati come azioni simboliche, vadano intesi come manifestazioni patologiche o se le azioni simboliche ed espressive talora eccentriche, come battere le mani, pestare i piedi, ecc. (6,11; 21,19) siano espressione di una personalità anormale. Al più tardi nel caso delle scene di rapimento, in cui il profeta viene portato avanti e indietro tra Babilonia e Gerusalemme (8,3; 11,24; 40,1 s.), le spiegazioni di tipo psicologico-biografico si escludono da sé. Il ritratto del profeta offerto dal libro di Ezechiele non si lascia più scomporre negli elementi che lo compongono.

L'avvenimento della conquista e della distruzione di Gerusalemme nell'anno 586 (33,21 s.) rappresenta una cesura molto marcata nel messaggio di Ezechiele, esposto nel libro omonimo. Prima di esso, prevale l'annuncio della rovina, in seguito, quello della salvezza. Entrambe le parti presentano reciproci collegamenti. Per questo, l'ipotesi secondo cui nulla della predicazione di salvezza risalirebbe al profeta esilico (HERRMANN) è altamente improbabile, perché con essa andrebbe in pezzi l'intero libro e non rimarrebbe assolutamente più nulla di comprensibile. In considerazione della composizione del libro si dovrà tuttavia rinunciare a ricostruire una «originaria» predicazione del profeta.

Il 586 come cesura → 86

Bibliografia

Commentari: BERTHOLET (KHC) 1897; KRAETZSCHMAR (HK) 1900; HERRMANN (KAT) 1924; FOHRER - GALLING (HAT) 1955; EICHRODT (ATD) I 1959, 1977⁴, II 1966, 1969² (1985³); ZIMMERLI (BK) I/II 1969, 1979²; GREENBERG (AB), capp. 1-20, 1983.

U. CASSUTO, *The Arrangement of the Book of Ezekiel*, in *Biblical and Oriental Studies* I, 1973, 227-240; J. GARSCHA, *Studien zum Ezechielbuch. Eine redaktionsgeschichtliche Untersuchung von Ez 1-39*, 1974; H. GESE, *Der Verfassungsentwurf des Ezechiel (Kap. 40-48), traditionsgeschichtlich untersucht*, 1957; M. GREENBERG, *The Vision of Jerusalem in Ezekiel 8-11. A Holistic Interpretation*, in *The Divine Helmsman, FS L.H. Silberman* (a cura di J.L. CRENSHAW e S. SANDMEL), 1980, 143-164; IDEM, *Ez. 17. A Holistic Interpretation*, in JAOS 103, 1983, 149-154; S. HERRMANN, *Die prophetischen Heilserwartungen im Alten Testament*, 1965; G. HÖLSCHER, *Hesekiel. Der Dichter und das Buch*, 1924; F. HOSSFELD, *Untersuchungen zu Komposition und Theologie des Ezechielbuches*, 1977; G. CHR. MACHOLZ, *Noch einmal: Planungen für den Wiederaufbau nach der Katastrophe von 587*, in VT 19, 1969, 322-352; S. MOWINCKEL, *Prophecy and Tradition*, 1946; H. SCHULZ, *Das Todesrecht im Alten Testament*, 1969; S. TALMON - M. FISHBANE, *The Structuring of Biblical Books. Studies in the Book of Ezekiel*, in ASTI 10, 1976, 129-153; C.C. TORREY, *Pseudo-Ezekiel and the Original Prophecy*, 1930; W. ZIMMERLI, *Erkenntnis Gottes nach dem Buche Ezechiel*, 1954 (= *Gottes Offenbarung*, 1969², 41-119) trad. it., *Rivelazione di Dio*, 1975, pp. 45-107; IDEM, *Das Wort des göttlichen Selbsterweises (Erweiswort), eine prophetische Gattung* (1957), in *Gottes Offenbarung*, 1969², 120-132, trad. it. cit., pp. 109-119; IDEM, *Das Phänomen der «Fortschreibung» im Buche Ezechiel*, in *Prophecy, FS G. Fohrer*, 1980, 174-191.

STEUERNAGEL, par. 121-127; EISSFELDT, par. 47; FOHRER, par. 60; SOGGIN, par. 24; KAISER, par. 24i; SMEND, par. 27; SCHMIDT, par. 20; CHILDS XIX.

3.4 Il libro dei dodici profeti

Già nelle più antiche citazioni tramandateci, i profeti da Osea a Malachia vengono complessivamente indicati come «i dodici profeti» (Siracide 49,10). Questa definizione ebraica si trova anche nel Talmud babilonese (*Baba Batra* 14b/15a); a essa corrisponde l'espressione greca della Settanta: *Δωδεκαπροφητον*, mentre la Vulgata li chiama *Prophetae minores*, da cui è originata la definizione tedesca (e italiana, *N.d.T.*) corrente di «profeti minori». In queste definizioni, i dodici profeti sono sempre computati come un unico libro.

Collocazione

Nel Talmud la collocazione dei singoli libri all'interno di questa raccolta è espressamente interpretata come sequenza temporale, intendendo Os. 1,2 come se Dio avesse parlato *in primo luogo* a Osea. La sequenza si orienta in base alle indicazioni temporali contenute all'inizio dei libri di Osea, Amos, Michea, Sofonia, Aggeo, Zaccaria e, nel caso di Giona, alla menzione che ne è fatta in II Re 14,25. L'ordine degli altri libri mostra come essi venivano compresi all'epoca della raccolta del libro dei dodici profeti. Ne risulta un raggruppamento cronologico: i primi sei profeti vengono attribuiti all'VIII secolo, i tre seguenti al VII e gli ultimi tre al periodo post-esilico (nella Settanta, la sequenza dei primi sei libri è abbastanza diversa: Osea, Amos, Michea, Gioele, Abdia, Giona).

Soprascritte

Le soprascritte poste all'inizio dei singoli libri permettono di riconoscere vari stadi della raccolta. La soprascritta di Os. 1,1: «La parola di Jhwh, che fu rivolta a Osea» ha un preciso parallelo in Gioele 1,1; Mich. 1,1 e Sof. 1,1; in Giona 1,1 è modificata dall'uso della forma narrativa del verbo: «Allora la parola fu rivolta a...», in Aggeo 1,1 e Zac. 1,1 è preceduta da un'indicazione di data (e in Aggeo 1,1 si dice inoltre «per mezzo [*b^ejad*] di Aggeo»), in Mal. 1,1 si dice: «La parola di Jhwh *a* Israele *per mezzo di* Malachia». Questi otto libri costituiscono dunque un gruppo, nel quale, nella soprascritta, si parla della «parola di Jhwh». Un altro gruppo utilizza il concetto di «visione» (*chason*) nel senso di «profezia» (Abd. 1) o quello di «detto» (*maśśa'*), unito al primo (Nah.1,1), oppure all'espressione verbale «che egli vide (Abac. 1,1); quest'ultima viene inserita anche in Mich. 1,1, e in Am. 1,1 è aggiunta alla soprascritta indipendente: «Le parole di Amos...». In questo modo, i libri da Amos ad Abacuc (senza Giona, tuttavia) costituiscono di nuovo un gruppo distinto (per *chason* cfr. anche Is. 1,1; per la data anteposta all'espressione: «fu rivolta la parola di Jhwh», Ez. 1,1-3; in Ger. 1,1 s. la frase: «Le parole di Geremia», che ricorda Am. 1,1, è unita alla formula «parola di Jhwh»).

Infine, è degno di nota anche il fatto che, al termine della raccolta, si trovino tre brani con la soprascritta «detto» (Riv.: «oracolo»)

(Zac. 9-11; 12-14; Mal.); di questi, i due primi sono stati integrati nel libro di Zaccaria, mentre il terzo ha conservato una propria soprascritta, forse per portare a dodici il numero dei libri (su tutta la questione cfr. TUCKER).

Bibliografia

Commentari: NOWACK (HK) 1897, 1922³; MARTI (KHC) 1904; SELLIN (KAT) 1922, 1929/30²·³; ROBINSON - HORST (HAT) 1936, 1954² (1964³); WEISER - ELLIGER (ATD) 1949/50, 1959³·⁴ (1979/75⁷, 1985/82⁸); RUDOLPH (KAT²) 1966-1976.

G.M. TUCKER, *Prophetic Superscriptions and the Growth of a Canon*, in G.W. COATS e B.O. LONG (a cura di), *Canon and Authority. Essays in Old Testament Religion and Theology*, 1977, 56-70.

EISSFELDT, par. 48.

3.4.1 Osea

Il libro di Osea presenta soltanto pochi tratti evidenti che permettano di delinearne la divisione: i capp. 1-3 costituiscono un'unità tematica, nella quale il rapporto fra Jhwh e Israele è descritto con l'immagine del matrimonio e simbolicamente raffigurato col matrimonio di Osea. L'unità successiva è quella dei capp. 4-11, delimitata dalla formula introduttiva: «Ascoltate la parola di Jhwh, o israeliti!» (4,1), e dalla formula conclusiva: «oracolo di Jhwh» (11,11). Considerando anche la parte conclusiva, i capp. 12-14 risultano così composti di tre unità maggiori. Le accomuna il fatto di cominciare sempre con un'accusa e *l'annuncio del giudizio* contro Israele e di concludersi con un *annuncio di salvezza* (3,5; 11,8-11; 14,2-9); qui hanno una parte di rilievo, da un lato, il termine «controversia giudiziaria» (*rib*, 2,4; 4,1; 12,3), dall'altro, la parola «convertirsi» / «ricondurre» (*shub*, 3,5; 11,11; 14,2.3.8). Inoltre, è notevole come manchino quasi del tutto le formule introduttive e conclusive caratteristiche della maggioranza dei libri profetici; la *formula dell'inviato* non compare per nulla, la formula: «oracolo di Jhwh», oltre che in 11,11, compare ancora soltanto nel cap. 2 (al v. 15 come formula conclusiva e poi ai vv. 18 e 23). Da ciò si può dedurre che la raccolta e la redazione delle parole di Osea non fu guidata dall'intento di salvaguardare le unità di discorso originarie. L'accostamento dei testi sembra essere stato in larga misura determinato da interessi tematici e da associazioni di parole chiave. Per questo è pressoché impossibile ritrovare in Osea le forme caratteristiche del discorso profetico.

Divisione

Giudizio e salvezza

→ 162

Nei capp. 1-3, due testi narrativi (capp. 1 e 3) sono uniti a una serie di detti profetici, a formare un'unica composizione. Entrambi i rac-

Matrimonio di Osea → 160

conti trattano del *matrimonio di Osea*; al cap. 1 nella forma di un *racconto in terza persona su Osea*, al cap. 3 in quella del *racconto in prima persona*. Il rapporto fra i due testi è molto difficile da determinare. Trattano dello stesso matrimonio? O di un duplice matrimonio di Osea con la stessa donna? O di due donne diverse? Il nome è menzionato solo al cap. 1. Non è possibile chiarire il problema dei retroscena biografici; per capire il rapporto fra i due testi è però decisivo il fatto che essi siano racconti di un'*azione simbolica* (WOLFF). L'elemento che funge da segno è diverso nei due casi: nel cap. 1 è il nome dei figli (vv. 4.6.9), al cap. 3 il fatto che la donna stia lontana da (altri) uomini (vv. 4 s.). All'interno della composizione dei capp. 1-3, entrambi i motivi hanno un parallelo nell'annuncio di salvezza (2,1-3.26 o 3,5).

→ 160

Nomi dei figli

Il fatto che i nomi dei figli siano stati ripresi due volte in un annuncio di salvezza (2,1-3.25), fa probabilmente supporre che la composizione si sia formata per gradi. Nel contesto attuale, alla prima azione simbolica con i funesti nomi dei figli (1,1-9), segue un sonoro annuncio di salvezza per Giuda e Israele (2,1-3); poi riprende nuovamente l'accusa, nella forma di una controversia giudiziaria (*rib*), condotta da Jhwh contro Israele, la madre dei bambini (2,4 ss.), che sfocia nuovamente in un annuncio di salvezza (vv. 16 s.), a cui è stato aggiunto un altro gruppo di parole di salvezza (vv. 18-25).

→ 128 s. 166 s.

Nelle altre due unità maggiori non si trovano evidenti linee di divisione. WOLFF si fa guidare dai «capoversi» che vengono espressi ora da una nuova apostrofe ora da un evidente cambiamento tematico (4,1.4; 5,1.8; 8,1; 9,1.10; 10,1.9; 11,1). Ai detti introdotti come si è detto, ne sono uniti altri, di modo che ne risultano «unità kerygmatiche», che WOLFF interpreta come «abbozzi di scene» (*Auftrittsskizzen*), nei quali ogni apparizione del profeta sarebbe stata registrata come in un verbale; qui egli si rivolge a vari destinatari (*Commentario* XXIV s.). Altri esegeti costruiscono gruppi più ampi di detti (ad es. FREY, WILLI-PLEIN, BUSS).

Unità kerygmatiche

Così, BUSS distingue nei capp. 4-11 quattro cicli: I (4,1-9[10].11 - 14.15-19; 5,1-7) avente per tema il *culto* e come parola chiave «prostituzione»; II (5,8-10; 5,11 - 7,7; 7,8-16; 8,1-7.8-10) avente per tema gli *abusi sociali e politici* e menzionante con frequenza «re» (5,13; 7,3.5.7; 8,4.10) e «prìncipi» (5,10; 7,3.5.16; 8,4.10); III (8,11-13; 9,1-9) avente nuovamente per tema il culto e il motivo del *ritorno in Egitto*; IV (9,10-17; 10,1-8.9-15; 11,1-11) contenente una serie di *retrospettive storiche*.

Nei capp. 12-14, si possono delimitare i brani 12,3-15; 13,1 - 14,1 (BUSS fa una cesura anche dopo 13,11); in essi si trovano «citazioni» dalla tradizione cultuale su Giacobbe (12,4-7.13), sull'esodo (12,10 s.14; 13,4 s.) e sulla creazione (13,14) (BUSS). All'annuncio di salvezza conclusivo (14,2-9) segue ancora un epilogo sapienziale (14,10).

Per quanto riguarda la persona di Osea, apprendiamo dalla soprascritta (1,1) l'epoca della sua attività: come per Isaia, vengono citati i re di Giuda Uzzia, Jotham, Achaz ed Ezechia, e inoltre Geroboamo II d'Israele il cui periodo di regno, tuttavia, si sovrappone soltanto a quello di Uzzia. La maggior parte degli esegeti, tuttavia, ritiene che l'attività di Osea si sia estesa oltre l'epoca di Geroboamo; ALT ravvisò in 5,8 - 6,6 rimandi alla guerra siro-efraimitica, anche se la caduta di Samaria non è ancora presupposta. L'epoca di Osea viene dunque collocata per lo più fra il 750 e il 725. Persona

La predicazione di Osea è tutta indirizzata al *regno del nord*: già in 1,4 si apostrofa la dinastia di Jehu ricordandole «l'assassinio di Jizreel» (cfr. II Re 9); vengono menzionate la capitale, Samaria (7,1; 8,5 s.; 10,5.7; 14,1), come anche i luoghi di culto di Bethel (10,5; 12,5; cfr. 4,15; 5,8) e Ghilgal (4,15; 9,15; 12,12); Giuda appare come nemico di «Efraim», cioè del regno del nord (5,10; in 1,7; 5,5; 6,11 ecc. compare una rielaborazione giudaita). Regno del nord

In che misura i racconti sul(i) matrimoni(o) di Osea siano da considerare biografici rimane incerto. In essi compare comunque chiaramente un tema centrale e, in questa forma, nuovo, della predicazione di Osea: il rapporto di Jhwh nei confronti di Israele viene descritto con l'immagine dell'*amore e del matrimonio*. In ciò si può certamente vedere l'assunzione di concezioni cananaiche, nelle quali l'elemento sessuale svolgeva una funzione importante nel culto. Tuttavia, questa assunzione avviene innanzitutto polemicamente, usando l'immagine della prostituzione e dell'adulterio (WOLFF), cosicché soltanto l'abbandono della prassi cultuale, ora dominante, può rendere possibile il (ri)stabilimento del rapporto d'amore fra Jhwh e Israele. Matrimonio Jhwh-Israele

WOLFF ha sviluppato la tesi secondo cui la «prostituta» che Osea deve sposare (1,2) era una normale «israelita media», che si sarebbe data alla «moderna» pratica della prostituzione cultuale per l'ottenimento della fertilità. Questa concezione rimane comunque controversa (cfr. RUDOLPH).

Una particolarità di Osea è costituita anche dall'esplicita ripresa delle *tradizioni dei primordi d'Israele* con la menzione di Giacobbe (12,4 s.13), dell'esodo dall'Egitto (2,17; 11,1; 12,10.14; 13,4) e della guida nel deserto (2,16 s.; 9,10; 13,5). Se da ciò si possa risalire a una specifica tradizione nord-israelitica rimane incerto. È però evidente che Osea si colloca nel contesto delle tradizioni da cui è uscito il *Deuteronomio* (WOLFF 1956). Tradizioni dei primordi → 26 ss. 34 ss. → 214 s. 249

Bibliografia

Per i Commentari, vedi la Bibliografia in 3.4; inoltre WOLFF (BK) 1961, 1976[3]; JACOB (CAT) 1965; MAYS (OTL) 1969; ANDERSEN - FREEDMAN (AB) 1980; JEREMIAS (ATD) 1983.

A. ALT, *Hosea 5,8-6,6. Ein Krieg und seine Folgen in prophetischer Beleuchtung* (1919), in *Kl. Schr.* II, 163-187; M.J. BUSS, *The Prophetic Word of Hosea. A Morphological Study*, 1969; H. FREY, *Der Aufbau der Gedichte Hoseas*, in WuD NF 5, 1957, 9-103; I. WILLI-PLEIN, *Vorformen der Schriftexegese innarhalb des Alten Testaments. Untersuchungen zum literarischen Werden der auf Amos, Hosea und Micha zurückgehenden Bücher im hebräischen Zwölfprophetenbuch*, 1971; H.W. WOLFF, *Hoseas geistige Heimat*, in ThLZ 81, 1956, 83-94 (= *Ges. St.*, 232-250). STEUERNAGEL, par. 128; EISSFELDT, par. 49; FOHRER, par. 61; SOGGIN, par. 19; KAISER, par. 24b.; SMEND, par. 28; SCHMIDT, par. 15; CHILDS XX.

3.4.2 Gioele

Non è facile determinare il carattere di questo libro. Due elementi risaltano in modo particolare: da un lato, *espressioni* spiccatamente *liturgiche* (in particolare in 1,5-20; 2,2-17) e, dall'altro, ampie *descrizioni escatologiche* (in particolare in 2,1-11; 3 s. [La versione «Riveduta» della Bibbia numera il cap. 3 come 2,28-32 e il cap. 4 come cap. 3]). Entrambi gli elementi sono collegati a formare un'artistica composizione (WOLFF), in cui si stagliano chiaramente due parti: i capp. 1 s. e 3 s.

→ 154 s.

Penitenza del popolo → 142 s.

Giorno di Jhwh

La prima parte, dopo un «appello a lasciarsi ammaestrare» (*Lehreröffnungsruf*) di impronta sapienziale (1,2 s.), menziona in una frase narrativa l'occasione del tutto: un catastrofico flagello, costituito da cavallette, che ha distrutto ogni cosa (v. 4). Il flagello motiva il successivo, ampio invito a bandire una giornata di penitenza del popolo (Cerimonia di lamento del popolo, *Volksklagefeier*), centrata sul *digiuno* (vv. 5-14); all'invito seguono un lamento (vv. 15-18), in cui si parla, per la prima volta, del *giorno di Jhwh* (v. 15), e una breve preghiera (vv. 19 s.). In 2,1-11 il discorso sul giorno di Jhwh viene ampliato, al di là dell'occasione concreta del già sopravvenuto flagello delle cavallette, fino a comprendere un assalto escatologico di un esercito nemico, assalto che deve ancora venire. Qui inizia un *appello al pentimento* (vv. 12-14), che ritorna all'invito al digiuno (vv. 15-17).

→ 277

2,18 rappresenta una svolta e, insieme a 1,4, costituisce il conciso quadro narrativo: Jhwh è «mosso a gelosia» e ha compassione del suo popolo. A questo segue, come risposta di Jhwh, una *promessa di adempimento* (2,19-27) con il caratteristico «non temere / non temete», più volte ripetuto (vv. 21 s.) che sfocia in un *detto di conoscenza* (v. 27). In questo detto di salvezza, vengono uniti i temi del grande disagio causato dal flagello delle cavallette e della grande minaccia escatologica (CHILDS); Jhwh manda nutrimento e fertilità (vv. 22-26), ma anche scampo dal suo «esercito» (v. 25b, cfr. 11); non solo egli è ora presente in mezzo a Israele, ma lo sarà anche in futuro (v. 27).

Spirito di Jhwh

Sion

I due capitoli della seconda parte rappresentano, all'interno della composizione, lo svolgimento di 2,27: Jhwh *spanderà il suo Spirito* in Israele (3,1 s.) e invierà *segni cosmici premonitori* del giorno di Jhwh (vv. 3 s.); ma chi si professerà per Jhwh, troverà salvezza sul *monte Sion* e a Gerusalemme (v. 5).

E quando Jhwh giudicherà i popoli nella grande battaglia escatologica finale (4,1-17 [i v. 4-8 sono un'interpolazione tardiva]), anche gli israeliti, che erano dispersi nella diaspora (vv.1-3), troveranno rifugio in Sion (v. 16). Qui viene ripreso il *detto di conoscenza* di 2,27: Jhwh stesso dimora in Sion e con la sua presenza santifica il monte e Gerusalemme (nei vv. 18-21 sono state aggiunte alcune ulteriori promesse escatologiche).

Nell'interpretazione recente del libro di Gioele, risaltano soprattutto due concezioni che mantengono ferma l'unitarietà del libro (mentre in precedenza ciò veniva contestato). RUDOLPH (facendo seguito a KAPELRUD e altri) vede in Gioele un *profeta cultuale*, che racconta nei capp. 1 s. la giornata di penitenza del popolo a cui egli stesso ha contribuito in maniera decisiva, e che espone, nei capp. 3 s., le conseguenze che derivano dagli annunci di salvezza di Jhwh. Egli suppone che il libro sia sorto prima della distruzione di Gerusalemme, comunque dopo il 597, vista la menzione degli «stranieri» che avrebbero messo piede in città (4,17 b), dunque nel decennio tra il 597 e il 587/6.

Autore

→ 169

WOLFF, al contrario, sottolinea più fortemente il *carattere letterario* dell'intero libro che appare, non da ultimo, nelle frequenti reminiscenze di detti di profeti anteriori (cfr. 1,15 con Is. 13,6; 2,1 s. con Sof. 1,14 s.; 2,10a.b con Is. 13,13.10; 2,13 con Giona 4,2b; 4,16 con Am. 1,2 ecc.; vedi WOLFF, 10 s.). Inoltre, il linguaggio e la mentalità escatologici, mostrano che l'autore «è già in cammino verso l'apocalittica», senza comunque «averne ancora varcato la soglia» (WOLFF, 15). Con PLÖGER, WOLFF lo annovera fra i *circoli escatologici del IV sec. a.C.*, a cui appartengono anche gli autori della «apocalisse di Isaia», Is. 24-27, e di Zac. 12-14.

→ 257
→ 313 s.

La collocazione del libro di Gioele nel libro dei dodici profeti, fra Osea e Amos, potrebbe essere dovuta al fatto che lo si attribuiva all'epoca corrispondente. È però notevole che Am. 1,2 inizi con una «citazione» di Gioele 4,16, di modo che ci può essere qui un collegamento di parole chiave (*Stichwortanknüpfung*); anche il tema, dominante nel libro di Gioele, del giorno di Jhwh compare in Am. 5,18-20 con reminiscenze di Gioele 2,2.

Bibliografia

Per i Commentari, vedi la Bibliografia in 3.4; inoltre KELLER (CAT) 1965; WOLFF (BK) 1969, 1975^2 (1985^3).

A.S. KAPELRUD, *Joel Studies*, 1948; O. PLÖGER, *Theokratie und Eschatologie*, 1968^3.

STEUERNAGEL, par. 129; EISSFELDT, par. 50; FOHRER, par. 62; SOGGIN, par. 32; KAISER, par. 24o; SMEND, par. 29; SCHMIDT, par. 23; CHILDS XXI.

3.4.3 Amos

Il libro di Amos offre un profilo molto chiaro di questo profeta. Ciò dipende, non da ultimo, dal fatto che le singole unità del discorso sono quasi sempre chiaramente distinte le une delle altre e inoltre precisamente evidenziate da formule introduttive e conclusive. Grazie a ciò, si ricava spesso l'impressione di una grande vicinanza alle parole pronunciate dal profeta stesso. L'analisi più precisa rivela però che la raccolta che abbiamo ora ha avuto una storia assai lunga, in cui si possono distinguere vari stadi; in questa storia, però (a differenza di quanto accade, ad esempio, nel libro di Osea) le varie forme originarie di discorso sono state chiaramente conservate in larga misura.

Detti sui popoli → 169 s.

Ciclo di visioni → 160 ss.

Intercessione

Composizione

→ 165 s.

Innanzitutto si stagliano due cicli di discorsi unitariamente strutturati: *gli annunci di rovina contro le nazioni* (1.3 - 2,16: contro Damasco 1,3-5, Gaza 1,6-8, Tiro 1,9 s., Edom 1,11 s., gli ammoniti 1,13-15, Moab 2,1-3, Giuda 2,4 s. e Israele 2,6-16; le strofe contro Tiro, Edom e Giuda sono da attribuire a una redazione successiva) culminano nella strofa su Israele che solleva le accuse, caratteristiche per Amos, di *oppressione dei poveri e violazione del diritto* (2,6 s.) e annuncia la rovina (vv. 13-16). – Il *ciclo di visioni* in 7,1-8; 8,1-3 non contiene alcuna motivazione per l'annunciata rovina. Esso rivela però un caratteristico spostamento: in entrambe le prime due visioni (7,1-3.4-6), *l'intercessione* del profeta ha successo; nelle altre due (7,7 s.; 8,1-3), invece, una revoca dell'annunzio della rovina è espressamente esclusa e questa non è più evitabile: «La *fine* è venuta sul mio popolo Israele» (8,2). In 8,4-8, come motivazione per questo, vengono riprese letteralmente le accuse di 2,6 s. (vv. 4.6; al v. 5 ampliamento con l'accusa di agire disonestamente) e si prosegue col giuramento di Jhwh di non dimenticare mai queste azioni (v. 7); in questo modo viene ancora una volta confermata l'irrevocabilità del giudizio. Al v. 8, segue una domanda retorica che riprende da 1,2 il termine «essere in lutto»: la terra deve tremare ed essere in lutto. Viene così teso un arco nella *composizione del libro*: ciò che era annunciato nei capp. 1 s. è ora divenuto ineludibile. In 8,9 - 9,6 viene ulteriormente rappresentata la rovina incombente, con tre detti introdotti dalla formula «in quel giorno» (8,9 s. 13 s.), oppure «i giorni vengono» (8,11 s.), con un detto introdotto come descrizione di visione (9,1-4) e con un frammento innico (9,5, vedasi oltre). Anche qui, è più volte ripetuto il termine «essere in lutto» (8,10 due volte; 9,5). – In questo modo, i capp. 1 s. e 7-9 (su 7,10-17 e 9,7-15 si veda oltre) si dispongono come un anello intorno al resto del libro (WOLFF).

Parola di giudizio

Anche all'interno di questo quadro, si possono riconoscere altre strutture dovute alla composizione. In 3,1 - 4,3, una *parola di giudizio* a due membri con un invito all'ascolto ampiamente sviluppato sta programmaticamente all'inizio (3,1 s.); Jhwh punirà in modo particolare la colpa di Israele, con cui egli ha agito in modo così particolare. A ciò segue una *disputa* (vv. 3-8; il v. 7 Disputa è un'aggiunta redazionale, il v. 8 in origine era forse un'affermazione indi- → 166 s. pendente) che, nel contesto attuale, ha la funzione di legittimare il profeta che parla in questo modo. Seguono poi tre (o quattro) altre parole di giudi- → 71 zio contro le *classi superiori della capitale Samaria* (3,9-11[12].13-15; 4,1-3).

Nella sezione seguente, 4,4 - 5,17, si trovano tre *ammonimenti* con analo- Ammonimenti ga struttura, tutti riferentisi al culto (4,4 s.; 5,4-6.14 s.); essi costituiscono un → 166 evidente *climax*, che riveste una determinata funzione nel quadro della composizione. In 4,4 s. (spesso definiti parodia di una Torah [= istruzione, *N.d.T.*] sacerdotale), gli israeliti sono ironicamente invitati a prestare il loro culto nel modo che aggrada loro. In contrasto a questo, segue in 4,6-11 un richiamo all'agire di Dio, che avrebbe dovuto portare gli israeliti alla *conversione*, con il ritornello: «ma voi non vi convertiste a me» (vv. 6.8.9.10.11). All'annuncio che Jhwh «farà» qualcosa a Israele e all'invito a prepararsi all'incontro con Jhwh (v. 12, ripreso nel frammento innico del v. 13, che conclude con un enfatico «Jhwh, Dio Zebaot è il suo nome») segue la parodia di un lamento funebre (*kinah* 5,1 s.) sulla «vergine Israele», che viene illustrato con la minac- *Kinah* cia, in forma di oracolo, dell'incombente decimazione d'Israele (v. 3). Ri- → 119. 166 prende poi il secondo ammonimento che invita gli israeliti a cercare Jhwh e non i santuari (in opposizione a 4,4 s.) *affinché egli non* (*pen*) bruci come fuoco la casa di Giuseppe (= Israele). A una nuova accusa di violazione del diritto (vv. 7.10, interrotta da un frammento innico, vv. 8 s.) e a una parola di giudizio (vv. 11 s.; il v. 13 è un'annotazione tardiva) segue il terzo ammonimento (vv. 14 s.), con l'invito a cercare il bene e a mantenere il diritto, affinché Jhwh sia poi *forse* (*'ulai*) benevolo verso il resto della casa di Giuseppe. Ma tutto è inutile e viene intonato il lamento funebre (vv. 16 s.) «perché io passo in mezzo a te»: l'incontro con Jhwh ha avuto luogo (cfr. 4,12 s., anche 5,16 «Jhwh, Dio Zebaot»).

Con il grido *hoj* «guai» (5,18; 6,1), derivante dal lamento funebre, abbia- → 166 mo una raccolta di ulteriori detti: sul *giorno di Jhwh* (5,18-20), contro la *pra-* Giorno di Jhwh *tica cultuale* dominante (vv. 21-27; al v. 22 c'è una formula di accredito [*Anrechnungsformel*] simile a una riscontrabile in Lev. 1,4 ma usata al negativo), → 139 un'accusa di ampio respiro contro la *vita lussuriosa di Samaria* con conseguente annuncio di giudizio (6,1-7) e due altre parole di giudizio (vv. 8-19[11].12-14, chiusa di nuovo con «Jhwh, Dio Zebaot»).

Il brano 7,10-17, dedicato alle *dispute al santuario di Bethel*, si staglia come frammento indipendente. Non va compreso come raccon- → 161 to profetico o come parte di un più ampio racconto su Amos andato perduto, ma piuttosto come discorso profetico con ampia introduzione per descrivere la situazione (WOLFF, BACH 1981). L'affermazione di Amos al v. 14 «non sono un profeta» va compresa nella li- Scena di Amatsia nea del discorso di accusa: Amos, il non profeta (v. 14), ha ricevuto da Jhwh un mandato profetico (v. 15); siccome Amatsia ne vuole ostacolare lo svolgimento (v. 16), gli viene annunciata la rovina (v. 17). La questione, molto dibattuta, se Amos sia *ora* un profeta, esorbita dall'interesse di questo testo, tutto orientato all'annuncio di giudizio ad Amatsia (BACH). – L'introduzione di questo brano nel ciclo di visioni è probabilmente determinata soprattutto dalla menzione del nome di Geroboamo in 7,9, che è ripreso in 7,10 s. Al tempo stesso, però, l'annuncio di giudizio ad Amatsia conduce all'annuncio della fine nella quarta visione (8,1-3).

Frammenti innici → 141

Un problema particolare è costituito dai *frammenti innici* fra i quali vanno annoverati, oltre a 4,13; 5,8 s. e 9,5 s., anche 1,2 e 8,8. HORST ha tentato (rifacendosi a Gios. 7,19 ecc.) di interpretare i primi tre frammenti, tutti aventi la stessa chiusa: «Jhwh è il suo nome» (ampliata in 4,13), come dossologie di giudizio. Più illuminante è l'impostazione di KOCH (1974) che li considera elementi della *composizione*. 1,2 e 9,5 s. (insieme a 8,8, vedasi sopra) costituiscono la cornice della composizione costituita da 4,4 - 5,17 (vedasi sopra; di diversa opinione KOCH; i vv. 5,8 s. sono spiegati da DE WAARD nel quadro della composizione chiastica di 5,1-17). KOCH (1976) fornisce diverse altre osservazioni sulla composizione del libro che necessitano di essere ulteriormente valutate.

Parola conclusiva di salvezza

Il brano 9,7-15 rimane al di fuori della composizione contrassegnata dai frammenti innici. Comunque, la chiusa (a parte la raccolta di detti dei vv. 7-10, che sembra essere un'aggiunta posteriore) dà ancora una volta una impronta del tutto diversa all'intero libro; infatti essa contiene *annunci di salvezza*, come non se ne trovano nel resto del libro: ripristino del dominio di Davide sul «resto di Edom e su tutti i popoli» (vv. 11 s., probabile allusione a 1,3 - 2,3), fertilità paradisiaca (v. 13) e ritorno degli esiliati che dimoreranno sicuri nel paese (vv. 14 s.). Così, anche nel libro di Amos come in tutti gli altri libri profetici, l'annuncio della rovina viene collegato all'annuncio escatologico della salvezza.

Epoca di composizione

Il libro ha certamente subito quest'ultima trasformazione soltanto in epoca *post-esilica*. Anche in precedenza, bisogna probabilmente postulare diversi stadi di composizione. KOCH (1976) suppone che la formulazione complessiva del libro sia stata composta in Giuda, in epoca pre-esilica. SCHMIDT ha indicato una rielaborazione *deuteronomistica* a cui egli attribuisce, fra l'altro, la formulazione della soprascritta in 1,1 e del discorso in 3,1, l'espansione dei detti sulle nazioni, i riferimenti alla storia della salvezza in 2,10-12 e il detto sui profeti in 3,7. WOLFF ipotizza inoltre una interpretazione di Bethel, all'epoca di Giosia, a cui egli attribuisce anche i frammenti innici. In tutte queste impostazioni, però, non ci si è ancora posti il problema della composizione complessiva del libro, cosicché esse dovrebbero essere ora nuovamente verificate a partire da questo punto di vista. Soprattutto, non si dovrebbero interpretare indipendentemente dal loro contesto i testi attribuiti ai singoli strati redazionali, perché essi vogliono proprio condurre a una nuova comprensione *del tutto* (CHILDS).

Sulla *persona* di Amos, la soprascritta informa che egli proviene da Tekoa (nella zona montagnosa a sud di Gerusalemme), cioè da *Giuda*, dove egli ha vissuto come allevatore di pecore fino alla sua vocazione profetica (7,14 s.). La sua attività profetica si è però svolta esclusivamente nel regno del nord, in *Israele*, come mostrano le sue accuse contro il re Geroboamo (7,9.11), contro le classi superiori di Samaria (3,9; 4,1; 6,1; 8,14) e contro i santuari nord-israelitici di Bethel e Ghilgal (4,4; 5,5, s. e inoltre 7,13 e 3,14). Come luogo della sua attività è esplicitamente menzionato solo Bethel (7,13). L'epoca è definita dalla menziona di Geroboamo II (787-747), ma non la si può delimitare con maggiore precisione.

Persona

→ 64 → 226 → 71

Per nessun altro profeta si è discusso, in modo così intenso e così controverso come per Amos, il problema della sua *autocoscienza di profeta*. In questa discussione, si sono al tempo stesso di frequente sollevati problemi di fondo riguardo all'interpretazione del fenomeno profetico. Così Amos è stato a volte considerato un tipico esempio di profeta cultuale (WÜRTHWEIN, REVENTLOW), ipotesi che è stata però in generale abbandonata. In alternativa, si è cercata la sua «patria spirituale» nella sapienza del clan rurale (WOLFF 1964); anche antiche tradizioni legali israelitiche sono state individuate tra i presupposti del suo discorso (BACH 1957). In questo quadro, sono state fatte molte osservazioni pertinenti, ma non è risultato, all'interno delle tradizioni israelitico-giudaiche, alcun ambito definito a partire dal quale Amos potrebbe e dovrebbe essere compreso.

Autocoscienza

Bibliografia

Per i Commentari, cfr. la Bibliografia in 3.4; inoltre AMSLER (CAT) 1965; WOLFF (BK) 1969, 1975[2] (1985[3]); MAYS (OTL) 1969.

R. BACH, *Gottesrecht und weltliches Recht in der Verkündigung des Propheten Amos*, in *FS G. Dehn*, 1957, 23-24; IDEM, *Erwägungen zu Amos 7,14*, in *Die Botschaft und die Boten, FS H.W. Wolff*, 1981, 203-216; H. GESE, *Komposition bei Amos*, in VT.S 32, 1981, 74-95; F. HORST, *Die Doxologien im Amosbuch*, in ZAW 47, 1929, 45-54 (= *Gottes Recht*, 1961, 155-166); K. KOCH, *Die Rolle der hymnischen Abschnitte in der Komposition des Amos-Buches*, in ZAW 86, 1974, 504-537; IDEM (e collaboratori), *Amos. Untersucht mit den Methoden einer strukturellen Formgeschichte*, 3 volumi, 1976; H. GRAF REVENTLOW, *Das Amt des Propheten bei Amos*, 1962; W.H. SCHMIDT, *Die deuteronomistiche Redaktion des Amosbuches*, in ZAW 77, 1965, 168-193; J. DE WAARD, *The Chiastic Structure of Amos V 1-17*, in VT 27, 1977, 170-171; H.W. WOLFF, *Amos' geistige Heimat*, 1964; E. WÜRTHWEIN, *Amos-Studien*, in ZAW 62, 1950, 10-52 (= *Wort und Existenz*, 1970, 68-110).

STEUERNAGEL, par. 130; EISSFELDT, par. 51; FOHRER, par. 63; SOGGIN, par. 18; KAISER, par. 24a; SMEND, par. 30; SCHMIDT, par. 14; CHILDS XXII.

3.4.4 Abdia

Tema
→ 284

Questo breve scritto, tramandatoci con la soprascritta di «visione (*chason*) di Abdia», sembra a prima vista avere per tema esclusivamente il giudizio su Edom. Se però si prendono in considerazione i 21 versi come un tutto, appare un altro tema dominante: il *giorno di Jhwh*. Questi due temi sono collegati uno all'altro nel v. 15. La maggior parte degli esegeti divide lo scritto in due parti; per far ciò, si devono però investire i due emistichi del v. 15 e distruggere così quella che è chiaramente una composizione intenzionale (CHILDS).

Divisione

La composizione risulta dall'unione di diverse parti. Seguendo le indicazioni per la suddivisione fornite dalle formule e dalle caratteristiche stilistiche evidenti, risultano le seguenti sottosezioni: vv. 1-4.5-7.8-11.12-15.16.17 s.19-21. Talvolta esse sono esplicitamente collegate, una all'altra, di modo che non si può pensare che abbiano tutte avuto un'esistenza autonoma.

Edom
→ 79

Un punto di partenza per comprendere la prima parte (1-15) che, a parte il v. 15s che ha funzioni di collegamento, parla esclusivamente di Edom, è costituito dai vv. 10 s.12-14 che parlano del vergognoso comportamento di Edom nei confronti di «suo fratello» Giacobbe. Qui si intende evidentemente la *collaborazione degli edomiti con i babilonesi* all'epoca della distruzione del regno di Giuda nell'anno 586. I versi precedenti (vv. 1-4.5-7.8 s.) dipingono, con svariate immagini, il giudizio su Edom che è motivato da questo comportamento. Colpisce qui il fatto che i vv. 1-4.5 corrispondano in larga misura con il detto su Edom in Ger. 49 (vv. 14-16.9). Le discrepanze tra i due testi si spiegano supponendo l'utilizzazione di un modello comune (forse orale) piuttosto che una dipendenza letteraria (WOLFF).

Giorno di Jhwh

Al v. 15 viene annunciato a Edom il castigo per il suo comportamento, anteponendovi però l'annuncio «*perché è vicino il giorno di Jhwh per tutti i popoli*». Così ora il giudizio su Edom diventa un elemento del giudizio finale sui popoli; tutti i popoli devono bere al «calice dell'ebbrezza» (v. 16, cfr. Ger. 25,15 ss. ecc.) – ma «*sul monte Sion c'è salvezza*» (v. 17). Ora i rapporti vengono rovesciati: la casa di Giacobbe riprenderà ora possesso di ciò che le apparteneva e le era stato tolto e diventerà per Edom un fuoco distruttore (vv. 17b.18). La presa di possesso di ciò che era stato sottratto viene ulteriormente descritta concretamente (vv. 19 s.). Il giudizio su Edom non è però fine a se stesso, ma serve a uno scopo escatologico: «*il regno apparterrà a Jhwh*» (v. 21 b).

→ 169 s.

Molti esegeti definiscono Abdia: «profeta nazionale di salvezza» (spesso anche «profeta cultuale») e avvertono come problematica l'accettazione di questo scritto nel canone. Questo giudizio deve però essere mutato, se si considera la seconda parte non solo come «aggiunta» o come «appendice» e se si prende invece sul serio il fatto che la prima parte non è stata tramandata isolatamente, ma come parte di questa composizione. Del resto, nei discorsi contro popoli stranieri dei grandi libri profetici, si trovano numerosi testi dello stesso tipo; anch'essi sono stati tramandati nel quadro dei più ampi contesti, in cui ora si trovano.

Il fatto che questo breve scritto sia stato tramandato in forma autonoma, permette probabilmente di stabilire che, dietro il nome di Abdia, sta veramente una figura profetica individuale, le cui parole costituivano il punto di cristallizzazione di questa raccolta. Il fatto che essa sia stata inserita a questo punto nel libro dei dodici profeti, ha la sua migliore motivazione nelle parole chiave «giorno di Jhwh» e «Edom», che stabiliscono un legame con i precedenti libri di Amos → 291
(cfr. 5,18-20 e 9,12) e Gioele (cfr. 1,15; 2,1 ecc.). → 288

Bibliografia

Per i Commentari vedi la Bibliografia in 3.4; inoltre KELLER (CAT) 1965; WOLFF (BK) 1977.
STEUERNAGEL, par. 131; EISSFELDT, par. 52; FOHRER, par. 64; SOGGIN, par. 29; KAISER, par. 24j; SMEND, par. 31; SCHMIDT, par. 18; CHILDS XXIII.

3.4.5 Giona

Racconto profetico → 159 s.

Tra i libri profetici, il libro di Giona occupa una posizione particolare, in quanto contiene un *racconto profetico*, in cui si trova un unico, breve detto profetico (3,4b). Il suo accoglimento nel canone dei libri profetici, tuttavia, non è probabilmente stato dettato soltanto dal fatto che il nome del profeta Giona era ancorato nella tradizione (II Re 14,25), ma anzi indica che gli fu riconosciuta una determinata posizione nella tradizione profetica.

Due parti principali

Il racconto è molto chiaro e vivo. Si divide in *due parti principali a struttura parallela* (cfr. COHN); entrambe iniziano con il conferimento al profeta dell'incarico, espresso quasi negli stessi termini, di annunciare il giudizio sulla città di Ninive (1,1 s.; 3,1 s.). Nella prima parte, a ciò segue la fuga di Giona su una nave che incorre nel pericolo di naufragare, cosa che, alla fine, conduce i marinai a riconoscere Jhwh come Dio (1,3-16). Parallelamente, nella seconda parte, si racconta che Giona svolge il suo incarico e che gli abitanti fanno penitenza (3,3-10). In entrambe le parti principali del libro, segue poi una preghiera di Giona (formula introduttiva di uguale tenore in 2,2 e 4,2): in 2,3-10 (con cornice narrativa ai vv. 1 e 11) un «salmo» (vedi oltre) e in 4,2 una preghiera che conduce a una discussione tra Jhwh e Giona, in cui Jhwh motiva il suo agire (vv. 4-11). L'elemento narrativo, che ha avuto nella tradizione una particolare efficacia, e cioè il fatto che Giona viene gettato in mare, inghiottito da una balena e vomitato in capo a tre giorni (1,15; 2,1.11), non ha un peso narrativo proprio.

Mezzi stilistici

Il racconto è elaborato con arte, usando vari mezzi stilistici, sia nella struttura (ripetizioni, contrasti, chiasmo ecc.), sia nel linguaggio (creazioni di parole chiave, ripetizioni di parole, uso di termini a più significati ecc.) che rivelano una *costruzione intenzionale* (cfr. WOLFF 1965, COHN, MAGONET). Tuttavia, l'unità del racconto è stata ripetutamente messa in discussione (ad es. ultimamente da parte di L. SCHMIDT), ma nessuna delle analisi di critica letteraria si è imposta. Il *salmo* (2,3-10, modellato, per quanto riguarda il genere letterario, sul ringraziamento individuale) è largamente considerato un'aggiunta tardiva. Esso ha comunque chiari legami con il contesto del racconto. MAGONET ha inoltre mostrato che le «citazioni» da altri salmi sono state spesso modificate per la situazione particolare del racconto di Giona (ad es.: nel paragone fra Sal. 120,1 e Giona 2,3 [trasposizione nel testo ebraico] o fra Sal. 31,23b e Giona 2,5b, si nota l'accentuazione dell'«io» di Giona; le parole «io odio» di Sal. 31,7 sono omesse in Giona 2,9 ecc.) e che, nel centro del racconto sull'affondamento (vv. 6b.7a), mancano paralleli da altri salmi. La preghiera è dunque stata formulata per il contesto in cui è attualmente, probabilmente utilizzando motivi del linguaggio dei salmi, e messa in parallelo alla preghiera di 4,1 s. (LANDES).

Salmo → 145

Genere letterario

Il racconto è stato definito *midrash* (LORETZ, riallacciandosi a WELLHAUSEN), novella (WOLFF) o parabola (ROFÉ), mentre KELLER vuole espressamente mantenere il concetto di *racconto profetico*. Questo problema è connesso con l'interpretazione complessiva del libro di Giona, come anche il problema di sapere se e in quale misura vi si trovino elementi dell'ironia o addirittura della satira (BURROWS).

Tema

Il libro di Giona tratta un problema centrale: *gli annunci di giudizio di Jhwh sono validi*? Giona sapeva che Jhwh è un Dio misericordioso, che si pente del giudizio che ha annunciato (4,2): perciò fuggì, per non essere un falso profeta (cfr. Deut. 18,21 s.). Abbiamo discussioni sullo stesso problema nei libri di Geremia ed Ezechiele (cfr. Ger. 18, in particolare i vv. 7 s.; Ez. 18, in particolare i vv. 25-29) dove, in Ger. 18, si parla espressamente di giudizio su altri popoli. In riferimento a Israele, il problema viene trattato nell'opera storiografica deuteronomistica, e proprio dove si menziona il profeta Giona (II Re 14,25-27). Qui, viene respinta l'opinione secondo cui il giudizio di Jhwh annunciato su Israele sarebbe definitivo (v. 27; se viene qui mossa una critica ad Amos, Giona potrebbe essere inteso come diretto contemporaneo di Amos e come suo correttivo, cfr. CLEMENTS). Giona 4 dà la motivazione di ciò: la vita degli uomini (e persino degli animali) è per Jhwh più importante della sua coerenza nell'attenersi a una parola di giudizio pronunciata a suo tempo (cfr. anche HEIN-

→ 279 s.

RICH). Questo viene detto anche in Ez. 18,23.32: *Jhwh non vuole che il peccatore muoia, ma che si converta e viva.* Jhwh vuole conversione

Questo è anche il messaggio del libro di Giona (CLEMENTS, ROFÉ). Esso si situa nel quadro di una discussione di grande tensione, espressa nell'opera storiografica deuteronomistica e fissata nella rielaborazione della maggioranza dei libri profetici: in modo particolarmente evidente in Geremia ed Ezechiele, ma anche negli altri, in cui sempre sono stati uniti giudizio e salvezza. Qui, l'*appello alla conversione* svolge un ruolo importante, di modo che anche in questo si può vedere un aspetto del libro di Giona: mostrare che la possibilità della conversione è sempre aperta. La figura di Giona viene presentata in evidente parallelo a *Geremia* (KELLER): il rifiuto iniziale di svolgere il compito di predicazione (cfr. Ger. 1,6), che, invece, è poi eseguito per costrizione (1,7; 20,9); la rabbiosa solitudine (15,17), il desiderio di morire (20,14 ss.; 15,10; qui si nota anche un parallelo con Elia, cfr. I Re 19,4), la protesta contro la longanimità di Jhwh (15,15b), il rimprovero con cui Jhwh risponde (12,5; 15,19). Pur con tutte le differenze, i tratti comuni sono evidenti: il profeta disobbediente e ribelle, che rimane profeta di Jhwh anche contro la sua volontà. Parallelo a Geremia → 270

Spesso, il libro di Giona viene interpretato a partire da aspetti molto diversi. Il rapporto di Israele con i pagani viene spesso considerato il tema centrale e la figura di Giona viene compresa come la raffigurazione, volutamente dipinta in termini negativi, di un Israele egoisticamente preoccupato solo della propria salvezza e che, come Giona, «preferisce andare a fondo piuttosto che sopravvivere a una conversione dei pagani» (KAISER 1973; cfr. anche WOLFF, RUDOLPH ecc.). Di conseguenza, vengono ravvisati nel testo numerosi tratti ironici, satirici o addirittura grotteschi e le affermazioni che Giona attinge alla tradizione religiosa (ad es. 1,9 e 4,2) vengono considerate insincere, ciniche, persino blasfeme (cfr. il Commentario di WOLFF). Ma la contrapposizione fra ebrei e pagani non è mai tematizzata nel libro di Giona (a differenza di quanto avviene, ad esempio, in Gen. 20, dove Abramo è posto in forte contrasto con i pagani timorati di Dio) e non v'è una sola parola che accenni al fatto che Giona sia da interpretare come il rappresentante di un ebraismo contemporaneo (criticato dal redattore del libro) – a prescindere, poi, dalla questione di vedere se l'immagine dell'ebraismo post-esilico qui presupposta, ma esegeticamente per nulla documentabile, sia giusta. Contro questa interpretazione, vale soprattutto il fatto che essa, contraddicendo la tradizione biblica, strappa Giona dal contesto della storia della profezia anziché tentare di comprenderlo in esso. → 190

La *datazione* del libro di Giona dipende essenzialmente dall'interpretazione complessiva che se ne dà. Un'attribuzione all'epoca di Geroboamo II, in conformità a II Re 14,25, è ormai sostenuta soltanto di rado (di nuovo, recentemente, da PORTEN, che si riallaccia a KAUFMANN). La diffusa opinione che vede riflessa in Giona una immagi- Datazione ne speculare negativa dell'ebraismo post-esilico data il libro, per lo più senza maggiori precisazioni, all'epoca persiana o agli inizi di quella ellenistica. Se si tiene conto dei legami con la tradizione deuteronomistica, risulta conseguentemente una collocazione in epoca più antica. CLEMENTS propone la fine del VI secolo, ma non ritiene possibile un'indicazione cronologica più precisa.

Bibliografia

Per i Commentari, cfr. la Bibliografia in 3.4; inoltre KELLER (CAT) 1965; WOLFF (BK) 1977.
M. BURROWS, *The Literary Category of the Book of Jonah*, in *Translating and Understanding the Old Testament, FS H.G. May*, 1970, 80-107; R.E. CLEMENTS, *The Purpose of the Book of Jona*, in VT.S 28, 1975, 16-28; G.H. COHN, *Das Buch Jona im Lichte der biblischen Erzählkunst*, 1969; K. HEINRICH, *Parmenides und Jona*, 1966; O. KAISER, *Wirklichkeit, Möglichkeit und Vorurteil. Ein Beitrag zum Verständnis des Buches Jona*, in EvTh 33, 1973, 91-103; C.A. KELLER, *Jonas. Le portrait d'un prophète*, in ThZ 21, 1965, 329-340; G.M. LANDES, *The Kerygma of the Book of Jonah. The Contextual Interpretation of the Jonah Psalm*, in "Interpretation" 21, 1967, 3-31; E. LEVINE, *Jonah as a Philosophical Book*, in ZAW 96, 1984, 235-245; O. LORETZ, *Herkunft und Sinn der Jona-Erzählung*, in BZ NF 5, 1961, 18-29; J. MAGONET, *Form and Meaning. Studies in Literary Techniques in the Book of Jonah*, 1976; B. PORTEN, *Baalshamem and the Date of the Book of Jonah*, in *De la Tôra au Messie, FS H. Cazelles*, 1981, 237-244; A. ROFÉ, *Classes in the Prophetical Stories: Didactic Legenda and Parable*, in VT.S 26, 1974, 143-164; L. SCHMIDT, *«De Deo». Studien zur Literarkritik und Theologie des Buches Jona, des Gesprächs zwischen Abraham und Jahwe in Gen 18,22ff und von Hi 1*, 1976; H.W. WOLFF, *Studien zum Jonabuch*, 1965, 1975², trad. it. *Studi sul libro di Giona*, 1982.
STEUERNAGEL, par. 94; EISSFELDT, par. 53; FOHRER, par. 65; SOGGIN, par. 33; KAISER, par. 31; SMEND, par. 32; SCHMIDT, par. 23; CHILDS XXIV.

3.4.6 Michea

Divisione

Il libro di Michea presenta una raccolta stratificata di testi profetici, il che dimostra un lungo processo di composizione. Qui la correlazione di *giudizio e salvezza*, che si ritrova anche in altri libri profetici, è particolarmente marcata. Ciò vale, in primo luogo, per il libro nel suo complesso: esso inizia con una ampia composizione in cui, dopo un invito ad aprire il processo (1,2), viene annunciato, in una scena di teofania (vv. 3 s.), l'*avvento di Jhwh per giudicare* le colpe d'Israele (vv. 5-7), a cui si collega una ampia *lamentazione* (vv. 8-16). Al termine del libro si trova una lunga *preghiera* (7,14-20), con la richiesta a Jhwh di mostrare la sua fedeltà a Israele come all'epoca dell'esodo (v. 15) e dei patriarchi (v. 20).

Si possono riconoscere altre sotto-sezioni. Nei capp. 1 s., all'annuncio del giudizio contro Giuda del cap. 1 (vedi sopra), segue un'accusa (2,1 s.), con successivo annuncio di giudizio (vv. 3-5) contro *gli strati economicamente potenti*, i quali sfruttano gli altri. L'accusa viene ulteriormente sviluppata nel quadro di una discussione con gli uditori (vv. 6-11). Questa sezione si chiude con un *annuncio di salvezza* (vv. 12 s.) che presuppone con ogni evidenza come già avvenuto il giudizio e la dispersione nella diaspora.

Contro i potenti

Con il cap. 3, inizia una nuova serie di detti di giudizio: contro i *responsabili del diritto* (vv. 1-3 accusa, v. 4 annuncio del giudizio) e contro i *profeti* che seducono il popolo con promesse fatte per motivi venali (v. 5 accusa, vv. 6 s. annuncio del giudizio); al v. 8 Michea stesso si contrappone loro come profeta di rovina legittimato da Jhwh stesso. Ai vv. 9-12, riprendono le accuse contro i gruppi dominanti (oltre ai due già menzionati, anche i *sacerdoti*, v. 11) e viene annunciata la completa *distruzione di Gerusalemme* (v. 12). Di nuovo segue una *parola di salvezza per Gerusalemme* (4,1-8; i vv. 1-3 corrispondono, quasi alla lettera, a Is. 2,2-4) in cui, come in 2,12 s., vengono promesse la riunione di coloro che sono dispersi nella diaspora (vv. 6 s.) e il ripristino della monarchia (v. 8b - contrapposta alla regalità di Jhwh, v. 7b).

Contro i profeti

Contro i sacerdoti

→ 257

Anche il brano successivo, 4,9 - 5,14, si rivela una composizione accuratamente strutturata: in 4,9 - 5,5 si trova una serie di parole introdotte ogni volta da «ora» (*'atta*) (4,9[10].11.14), mentre le parole che seguono, in 5,6-14, cominciano sempre con «allora» (*w^{e}haja*, letteralmente «sarà» / «avverrà» vv. 6.7.9). Il primo gruppo parla soprattutto dello *stato di bisogno di Sion*; vi risuona però la salvezza futura, nei «pensieri» di Jhwh su Sion (4,12 s.) e, soprattutto, nell'annuncio di un *nuovo dominatore da Bethleem* (5,1.3). Il secondo gruppo è dominato dagli annunci di salvezza per il *resto di Giacobbe* (5,6.7) che non dovrà più soffrire sotto i suoi nemici (v. 7 s.) e, alla fine, non avrà più bisogno di armi e fortificazioni, perché Jhwh le toglierà via (vv. 9 s.), come tutti gli oggetti cultuali stranieri (vv. 11-13).

Nuovo dominatore da Bethleem

In 5,14, si riconosce una chiara cesura nella composizione: con la parola di Jhwh contro «i popoli che non ascoltano» si riprende chiaramente l'appello introduttorio: «Ascoltate, popoli tutti» di 1,2 (WOLFF). Si chiude così un cerchio: i popoli dovevano essere testimoni del giudizio di Jhwh su Israele, ma non hanno assolto questo compito. Eppure, neppure con questo, è ancora chiusa la composizione complessiva. Con un nuovo: «ascoltate», ci si rivolge a montagne e colline (6,1; in qualità di testimoni o di accusate?). Si apre così la quarta sotto-sezione, che contiene di nuovo un'alternanza di giudizio e salvezza (capp. 6 s.).

6,2-8 tratta di una *controversia giudiziaria di Jhwh con Israele*. Dopo il discorso di auto-difesa di Jhwh (vv. 3-5), Israele, sotto accusa, chiede quali prestazioni cultuali per Jhwh siano possibili (vv. 6 s.); la risposta (v. 8) contiene una sintesi delle richieste religiose ed etiche di Jhwh (v. 8). L'insieme costituisce una *predicazione didattica* ad arte (WOLFF e altri). 6,9-16 contiene una accusa contro le classi dirigenti per le loro violazioni del diritto e per l'op-

Controversia con Jhwh

→ 129. 167

→ 154

pressione dei poveri (vv. 10-12), con successivo annuncio del giudizio (vv. 13-16, con enfasi sull'«io» di Jhwh al v. 13 e triplice enfasi sul «tu» ai vv. 14.15a.b). In 7,1-6, segue un lamento sulla fine del diritto e la distruzione della fiducia fra gli uomini, a cui si unisce, al v. 7, un'espressione, in forma di salmo, della fiducia nell'aiuto di Jhwh. Anche il tema di *Sion* viene nuovamente ripreso (7,7-13) ora però (in confronto a 4,9 - 5,5) con una ancor più fiduciosa attesa del futuro di salvezza, in cui Jhwh renderà ragione a Gerusalemme, la trarrà alla luce (v. 9b), ne ricostruirà le mura (v. 11) e ne ricondurrà gli abitanti, dispersi in tutto il mondo (v. 12). A ciò segue la grande preghiera invocante la manifestazione della fedeltà di Jhwh (7,14-20), che costituisce al tempo stesso la chiusa di tutto il libro (vedi sopra).

Nucleo di base

Questa raccolta contiene evidentemente parti provenienti da epoche molto diverse. Il *nucleo basilare* è costituito da parole del profeta Michea dell'VIII sec. (vedi oltre). Sull'ampiezza di questo nucleo fondamentale le opinioni sono discordi; per lo più gli si attribuisce la maggior parte delle parole dei capp. 1-3 (eccetto però l'annuncio di salvezza di 2,12 s.), spesso ancora qualcosa dai brani seguenti, in cui però prevalgono chiaramente i successivi strati di rielaborazione. Particolarmente controversi sono il detto sul futuro dominatore da Bethleem (5,1 ss.) e il brano famoso, soprattutto a causa del suo ultimo verso, 6,1-8; per ognuno di questi testi, una minoranza di esegeti continua a pensare a una stesura da parte dello stesso Michea. Inoltre, il corso della storia della redazione e della composizione viene valutato in modi molto diversi. Frequentemente, si ipotizzano una *rielaborazione in (agli inizi dello) esilio,* intesa a interpretare gli avvenimenti del 586 come adempimento degli annunci di giudizio del profeta Michea (JEREMIAS e altri) e una o più *rielaborazioni post-esiliche* (WILLI-PLEIN, RENAUD e altri, cfr. WOLFF 1982, XXXVI). Per la datazione di queste ultime, alcuni esegeti arrivano fino in epoca ellenistica, tra l'altro perché vedono nell'annuncio della distruzione di Samaria in 1,6 s. una polemica contro i samaritani (LESCOW; appare qui l'incertezza di tali datazioni, dato che altri esegeti vedono in questi versi una prova dell'attività di Michea prima della distruzione del regno del nord nell'anno 722!). Infine, hanno un ruolo anche le evidenti *relazioni con il libro di Isaia,* che appaiono nella tematica comune (CHILDS menziona: messia, resto, piano di Jhwh ecc.) e, non da ultimo, nel notevole (e forse intenzionale) parallelo fra Is. 2,2-4 e Mich. 4,1-3. Esse sono comunque un indizio del fatto che la rielaborazione interpretativa dei singoli libri profetici non avveniva isolatamente.

Rielaborazioni

→ 256 s.

Persona

Sulla persona di Michea, ci dà notizie innanzitutto la soprascritta (1,1), che lo presenta come un contemporaneo un po' più giovane di Isaia, e giudaita anch'egli (da Moreshet-Gat, cfr. 1,14). Questa tradizione è confermata dalla menzione di Michea in Ger. 26,18, dove anche si cita alla lettera Mich. 3,12. Michea si avvicina a Isaia (e ad Amos)

→ 272

anche nella sua critica al comportamento sociale delle classi superiori. WOLFF (1978) vuole dedurre dalla marcata autoaffermazione di Michea in 3,8 (espungendo le parole «Spirito di Jhwh») che Michea sarebbe stato uno degli «anziani locali» di Moreshet-Gat; questa interpretazione rimane controversa.

Bibliografia

Per i Commentari, cfr. la Bibliografia in III.4; inoltre WOLFF (BK) 1982; MAYS (OTL) 1976; VAN DER WOUDE (POuT) 1976.

J. JEREMIAS, *Die Deutung der Gerichtsworte Michas in der Exilszeit*, in ZAW 83, 1971, 330-354; TH. LESCOW, *Redaktionsgeschichtliche Analyse von Micha 1-5 (6-7)*, in ZAW 84, 1972, 46-85 (182-212); J.L. MAYS, *The Theological Purpose of the Book of Micah*, in *Beiträge zur alttestamentlichen Theologie, FS W. Zimmerli*, 1977, 276-287; B. RENAUD, *La formation du livre de Michée*, 1977; I. WILLI-PLEIN, *Vorformen der Schriftexegese. Untersuchungen zum literarischen Werden der auf Amos, Hosea und Micha zurückgehenden Bücher im hebraïschen Zwölfprophetenbuch*, 1971; H.W. WOLFF, *Wie verstand Micha von Moreschet sein prophetisches Amt?*, in VT.S 29, 1978, 403-417.

STEUERNAGEL, par. 132; EISSFELDT, par. 54; FOHRER, par. 66; SOGGIN, par. 21; KAISER, par. 24d; SMEND, par. 33; SCHMIDT, par. 17; CHILDS XXV.

3.4.7 Nahum

Nel libro di Nahum due brani risaltano nettamente: un salmo introduttorio (1,2-8) e un *annuncio di rovina per Ninive* (2,4 - 3,19) a più strofe. Controversa è la questione del loro reciproco rapporto e di come vadano intesi i versi 1,9 - 2,3, compresi fra le due parti.

Indubbiamente, il *salmo* offre un'interpretazione del libro nel suo complesso: Jhwh è il Dio punitivo e misericordioso (1,2-3a); poiché egli è creatore e Signore del mondo (vv. 3b-5), nessuno può resistergli (v. 6); e mentre è un rifugio per quelli che hanno fiducia in lui (v. 7), egli prepara la fine dei suoi avversari (v. 8). Salmo

Il salmo ha evidentemente una struttura alfabetica; in vari punti, tuttavia, ciò non è più chiaramente osservabile: questa struttura, inoltre, abbraccia soltanto metà dell'alfabeto, forse intenzionalmente (HUMBERT). La domanda, se il salmo facesse originariamente parte della predicazione di Nahum, non trova risposta, almeno in questa forma, perché dello stesso Nahum non sappiamo nulla (vedi oltre). Il libro che abbiamo ora è comunque la composizione intenzionale di testi di varia natura, che deve essere compresa a partire dal salmo introduttorio (KELLER, CHILDS e altri). → 345

La contrapposizione di minaccia da parte dei nemici e di protezione da parte di Jhwh caratterizza anche il brano 1,9 - 2,3 (se però non si spostano o modificano i versi, vedi sotto): gli uditori (secondo 2,1 si tratta di Giuda) non devono fare piani (1,9a) perché Jhwh annienterà i nemici (1,9b.10.12a.13 s.; 2,1b) che salgono contro Gerusalemme (2,2), in particolare quello che fa piani contro Dio (*jo'ez* b^{e}-*lija'al* 1,11 cfr. 2,1b) e il cui giogo Giuda deve ancora portare (1,13); Jhwh non umilierà più Giuda (1,12b), di modo che vi regni il giubilo (2,1a), poiché Jhwh ripristina tutto Israele (2,3).

Spesso questi versi vengono interpretati in modo del tutto diverso. JEREMIAS vede in 1,11.14 e 2,2 s. originari detti di giudizio contro Israele; 2,1 è per lui dipendente da Is. 52,7 e lo attribuisce, insieme a 1,12 s., a una interpretazione esilica / post-esilica, che avrebbe completamente mutato il senso originario. In 3,1-5.8-11 egli vede detti di giudizio contro Gerusalemme e interpreta così Nahum nel suo complesso come profeta di giudizio contro Israele il quale, – similmente ad altri profeti pre-esilici – avrebbe pronunciato solo alcuni detti contro un popolo straniero (Assiria). SCHULZ ritiene che 1,11.14; 2,2 siano elementi di un «canto di battaglia» che egli ricostruisce con svariate trasposizioni testuali; nell'attuale collegamento di questi versi con quello che era in origine un detto di salvezza per Giuda (1,12 s.; 2,1) egli vede però una composizione intenzionale. Sulla base di correzioni testuali, RUDOLPH interpreta l'intero brano 1,11 - 2,3 come «parole di consolazione per Giuda».

Ninive

Il brano seguente, 2,4 - 3,19 è tutto rivolto *contro Ninive*, che viene menzionata esplicitamente in 2,9; 3,7 (cfr. «Assiria» in 3,18) e si suddivide chiaramente in tre sotto-sezioni: in 2,4-14 viene drammaticamente descritta la conquista di Ninive da parte di un nemico terribile, il cui nome è menzionato; la chiusa, dopo un canto di scherno (vv. 12 s.), è costituita dalla minacciosa parola di Jhwh: «Eccomi a te...» (2,14). 3,1-7 segna nuovamente un inizio con un «guai» sulla «città di sangue» e prosegue la descrizione della distruzione, di nuovo con il minaccioso: «eccomi a te...» (vv. 5 s.) e un canto di scherno (v. 7). In
→ 119
3,8-19 Ninive viene paragonata alla città di No-Amon (= Tebe), che pure dovette cadere; nuovamente abbiamo un canto di scherno come chiusa (vv. 18 s.).

Questa chiusa del libro appare davvero brusca. Evidentemente, qui il lavoro interpretativo della composizione si è concentrato sull'inizio – a differenza del libro di Abdia, in cui una parola contro un altro popolo (Edom) è stata inserita in un più ampio contesto teologico tramite una seconda parte, interpretativa. Nel libro di Nahum, si chiarisce

Potenze opposte a Dio

fin dall'inizio che Ninive rappresenta ed esemplifica le *potenze opposte a Jhwh* e che nessuna di queste potenze può resistergli, in quanto è il *creatore del mondo* (1,3b-6). In questo risuonano anche *tonalità escatologiche*: ciò appare evidentissimo nel discorso sul «giorno della distretta» (1,7), che ricorda il «giorno di Jhwh», ma anche nella descrizione della teofania, che informa l'intero salmo, e nel suo collegamento col motivo del giudizio (SCHULZ). Qui è al tempo stesso contenuta una *promessa di salvezza* per quelli «che hanno fiducia in lui» (1,7).

Soprascritta

Anche la soprascritta del libro (1,1) mostra che esso risulta dall'unione di diverse componenti. Essa contiene due elementi: la parola *maśśa'* («oracolo») e la parola *chason* (visione). Il primo termine compare spesso come soprascritta di detti profetici indipendenti, spesso anonimi, rivolti soprattutto contro altri popoli (ad es. Is. 13,1; 15,1; 17,1 ecc., Zac. 9,1; 12,1); l'altro si trova, come soprascritta, solo all'inizio di libri profetici, in unione al nome del profeta (Is. 1,1; Abd. 1,1; Nah. 1,1), di modo che bisogna ritenerlo un elemento della composizione, il che è indicato anche dall'aggiunta della parola *séfer* (libro).

→ 284

Persona

Sulla *persona* del profeta, a parte il nome e l'indicazione che egli proveniva dalla località (sconosciuta) di Elkosh, non si sa nulla. In nessun punto, il libro ci riconduce a una figura profetica. L'epoca dei detti su Ninive può essere determinata a partire dalla menzione di Tebe (3,8), che fu distrutta nel 667 (o nel 663, secondo un altro computo); la distruzione di Ninive nel 612 è chiaramente ancora da venire. Alcuni esegeti attribuiscono il libro nel suo complesso all'epoca compresa fra questi due avvenimenti (ad es. KELLER, RUDOLPH); a mio avviso è però più ovvio, come per gli altri libri profetici, situare la composizione complessiva non prima dell'epoca dell'esilio.

Epoca

Bibliografia

Per i Commentari cfr. le Bibliografie in III.4; inoltre KELLER (CAT) 1971.
P. HUMBERT, *Essai d'analyse de Nahoum 1,2-2,3*, in ZAW 44, 1926, 226-280; J. JEREMIAS, *Kultprophetie und Gerichtsverkündigung in der späten Königszeit Israels*, 1970; C.A. KELLER, *Die theologische Bewältigung der geschichtlichen Wirklichkeit in der Prophetie Nahums*, in VT 22, 1972, 399-419; H. SCHULZ, *Das Buch Nahum. Eine redaktionskritische Untersuchung*, 1973.
STEUERNAGEL, par. 133; EISSFELDT, par. 55; FOHRER, par. 67; SOGGIN, par. 22; KAISER, par. 24f; SMEND, par. 34; SCHMIDT, par. 18; CHILDS XXVI.

3.4.8 Abacuc

Nel libro di Abacuc manca completamente il discorso profetico pronunciato su incarico e in nome di Jhwh (cfr. KELLER 1973). Il libro contiene però altri generi di discorso, che si trovano anche altrove in libri profetici, di modo che esso rimane all'interno del ventaglio offerto dalle tradizioni profetiche dell'Antico Testamento.

Divisione

La divisione del libro è chiaramente individuabile: per due volte, a un *lamento del profeta* (1,2-4.12-17), segue una *risposta divina* (1,5-11; 2,1-5); alla seconda risposta segue una serie di *detti contenenti «guai...!»*
→ 166 (2,6-20); la chiusa è costituita da un *salmo* (cap. 3), provvisto di una
→ 321 propria introduzione (v. 1) e di una notazione conclusiva (v. 19b) di carattere tecnico-musicale.

Analogamente a quanto avviene in altri libri profetici, il salmo indica quale debba essere l'interpretazione globale del libro. A diffe-
→ 301 s. renza del libro di Nahum, tuttavia, il salmo si trova alla fine, di modo che tutto culmina in esso. Accentuazioni simili sono state inseri-
Lamento → 144 te per tutto il libro. Già l'introito del primo lamento: «Fino a quando, Signore...?» (1,2) punta in avanti. Il secondo lamento, rivolgendosi a Jhwh come a colui che è dai primordi il Dio santo (1,12), anticipa i motivi del salmo (cfr. 3,2 s.). Quindi il profeta cerca con lo sguardo la risposta di Jhwh (2,1), nella quale poi si parla di una visione orientata al futuro (2,2 s.). Infine, anche all'interno e alla fine delle parole contenenti «guai...», si trovano accenni al futuro di Jhwh (2,13a.14.20).
Teofania Il salmo stesso rappresenta una *teofania* di Jhwh (cfr. JEREMIAS 1965), in cui sono intrecciati motivi della creazione e del tempo della fine.

Lamento sociale

Le parole di 1,2 - 2,5 sembrano muoversi su due diversi piani. Il profeta deplora la violenza (*chamaś*), l'ingiustizia (*'amal*) e il tramonto del diritto (*mishpat*) presso il suo proprio popolo (1,2-4). La risposta divina (vv. 5-11) annuncia, anziché lo sperato soccorso, l'irruzione di un popolo nemico (secondo il v. 6 si tratta dei babilonesi) che eserciterà (v. 9) il suo proprio diritto (*mishpat*, v. 7) e la sua violenza (*chamaś*, v. 9). Nella ripresa del lamento (vv. 12-17), il discorso sul popolo destinato da Jhwh al giudizio (*mishpat*, v. 12b) si collega con il lamento sull'ingiustizia (*'amal*, v. 13a) e sull'oppressione del giusto (*zaddiq*) da parte del malvagio (*rasha'*, v. 13b, cfr. v. 4b). OTTO vede qui un originario lamento di critica sociale da parte del profeta, successivamente reinterpretato introducendovi i babilonesi ai vv. 5-11.12b.; RUDOLPH (come altri prima di lui) riferisce il discorso sul malvagio che divora il giusto (v. 13b) ai babilonesi: essi sono stati chiamati da Jhwh per punire i malvagi e si dimostrano a loro volta tali. Così, il secondo lamento è una «rimostranza» (cfr. 2,1b) e la critica al comportamento dei babilonesi, che sono andati di loro iniziativa oltre il compito loro assegnato (vv. 15-17), si comprende a partire dal contesto (se alla base dei testi sta un lamento di critica sociale, esso non è stato soltanto modificato con «aggiunte» secondarie, ma è stato coerentemente reinterpretato). La seconda risposta di Jhwh (2,1-5) va ugualmente compresa in questa luce: contrariamente a ciò che appare in quel momento, al profeta viene detto, in una «visione» orientata al futuro, che al-
Il giusto vivrà la fine *il giusto*, che avrà mantenuto fino ad allora la fedeltà (*'emunah*), *vivrà* (v. 4), mentre il dominatore violento e superbo andrà in rovina (v. 5).

Anche nelle successive cinque parole contenenti «guai...» (2,6b-8.9-11.12 s. 15-17.18 s.) affermazioni su abusi sociali (usura, vv. 6 ss., avidità di guadagni illeciti, v. 9, attività edilizia senza scrupoli, v. 12, orgia, v. 15, idolatria,

vv. 18 s., cfr. JEREMIAS 1970, OTTO) vengono reinterpretate ponendole in relazione all'oppressione di «popoli» (vv. 8.10.13b, cfr. v. 17), cosicché ora esse si rivolgono contro i conquistatori nominati nel cap. 1, cioè i *babilonesi*. L'introduzione, costituita dal v. 6a, realizza il collegamento con quanto precede: i popoli riuniti (v. 5b) intonano un canto di scherno (*mashal*) sul conquistatore caduto, usando il «guai...» (*hoj*) derivato dal lamento funebre. Babilonesi

Le tensioni interne che dominano il libro di Abacuc, dipendono essenzialmente dalla storia della tradizione: *accuse di tipo sociale vengono mutate in annuncio di giudizio contro i babilonesi*. Questa nuova interpretazione, tuttavia, si spinge molto oltre la contingenza storica del presente per sfociare in una *teofania escatologica di Jhwh* (cap. 3). A essa rimanda in fondo anche la «visione» che il profeta riceve (2,1-3) ed essa è il motivo della sua fiducia (3,18 s.), in cui viene incorporata anche la promessa che il giusto vivrà (2,4) (CHILDS). Nuova interpretazione

Sulla *persona* del profeta Abacuc non ci viene detto nulla, se non il nome. Spesso lo si definisce «profeta cultuale», in quanto si comprende l'intero libro come «liturgia» cultual-profetica (HUMBERT) o comunque si attribuisce al nucleo centrale delle parole del profeta un carattere «liturgico» (JEREMIAS 1970). In alternativa, da altri esegeti, viene messo in risalto l'aspetto della critica sociale (OTTO) o quello della sofferenza causata dall'ingiustizia del mondo (KELLER). Come epoca per l'azione del profeta si indica per lo più, sulla base della menzione dei «caldei» (= «babilonesi») in 1,6, l'ultimo terzo del VII secolo (alcuni esegeti, attraverso una diversa interpretazione dei caldei, approdavano a datazioni più tardive, ad es. all'epoca di Alessandro Magno, DUHM e altri). Se si considera il libro come risultato di un lavoro di redazione e composizione, allora, allo stesso modo che per altri libri profetici, non si può collocarne la conclusione prima dell'epoca dell'esilio. Persona → 169 → 77 ss. → 105

Bibliografia

Per i Commentari, cfr. la Bibliografia in III.4; inoltre DUHM 1906; KELLER (CAT) 1971.

P. HUMBERT, *Problèmes du livre d'Habacuc*, 1944; J. JEREMIAS, *Theophanie. Die Geschichte einer alttestamentlichen Gattung*, 1965; IDEM, *Kultprophetie und Gerichtsverkündigung in der späten Königszeit Israels*, 1970; P. JÖCKEN, *Das Buch Habakuk*, 1977 (storia della ricerca); C.A. KELLER, *Die Eigenart der Prophetie Habakuks*, in ZAW 85, 1973, 156-167; E. OTTO, *Die Stellung der Wehe-Worte in der Verkündigung des Propheten Habakuk*, in ZAW 89, 1977, 73-107.

STEUERNAGEL, par. 134; EISSFELDT, par. 56; FOHRER, par. 68; SOGGIN, par. 22; KAISER, par. 24g; SMEND, par. 35; SCHMIDT, par. 18; CHILDS XXVII.

3.4.9 Sofonia

Il libro di Sofonia dà un'impressione di maggiore unità e compattezza rispetto ai libri profetici immediatamente precedenti. Il quadro della profezia che vi compare si colloca in continuità con i grandi profeti di Giuda dell'VIII secolo (Amos, Isaia, Michea). Al tempo stesso, si nota però anche che il libro, nella sua forma attuale, è il risultato di una composizione metodica, che molto difficilmente può risalire al profeta stesso.

Temi

Nel corso del libro appaiono tre centri tematici. Innanzitutto predominano *i detti di giudizio su Giuda e Gerusalemme* (1,2 - 2,3). Questa sezione è contraddistinta dalla menzione del giorno di Jhwh (1,7.14 ecc.). In 2,4 cominciano i detti di *giudizio su altri popoli*, che tuttavia non sono separati come blocco in sé conchiuso, in quanto, in 3,1-7, segue ancora una volta un detto contro Gerusalemme, a cui segue un detto conclusivo contro le nazioni (3,8). Seguono poi *detti di salvezza* (3,9-20), prima per le nazioni (vv. 9 s.), poi per Gerusalemme e Israele. La suddivisione del libro in tre parti, spesso proposta orientandosi al libro di Ezechiele, non rende tuttavia ragione della struttura

Composizione

del libro. Si potrebbe piuttosto parlare di una composizione «a catena», in cui ogni blocco si riaggancia al precedente, riprendendone e sviluppandone il tema in una determinata direzione.

Dopo la soprascritta (1,1), il libro inizia con l'annuncio di un'azione di giudizio di Jhwh sull'intera creazione (vv. 2 s.), che culmina in un'azione di giudizio contro Giuda e gli abitanti di Gerusalemme (vv. 4-6), che adorano altre divinità e «non cercano Jhwh» (*bikkesh*, v. 6b). Con l'espressione «poi-

Giorno di Jhwh
→ 288. 294

ché il *giorno di Jhwh* è vicino» (v. 7), viene introdotto il motivo conduttore di questa intera sezione (cfr. Is. 13,6; Gioele 1,15; Abdia 15). Esso viene sviluppato alternando parole di Jhwh in prima persona (vv. 8 s.12 s.17 [in 18 terza persona]) contro le corrotte *classi superiori* che Jhwh «visiterà» (*pakad*, vv. 8.9.12), e descrizioni, in forma impersonale, del giorno di Jhwh (vv. 10 s.14-16). La conclusione è costituita da un ammonimento (2,1-3), contenente l'invito a cercare Jhwh (*bikkesh*, v. 3, cfr. 1,6), prima che arrivi il giorno dell'ira di Jhwh (v. 2 s., cfr. 1,15.18).

→ 169 s.

I *detti contro altri popoli* sono costituiti dall'unione di detti contro le città filistee (2,4-7), contro Moab e gli ammoniti (vv. 8-11), contro i kushiti (= etiopi, v. 12) e contro Assur e la sua capitale Ninive (vv. 13-15), contro la quale Jhwh «stenderà la mano» (v. 13), come prima contro Giuda e Gerusalemme (1,4). Fra questi detti contro i popoli, in due punti, sono stati inseriti *annunci di salvezza per il «resto» di Giuda*, a cui dovranno toccare i possedimenti dei popoli (2,7.9b). Tanto più stridente è l'accostamento dell'annuncio di giudi-

Giudizio su Gerusalemme

zio contro la città di Ninive (*'ir* 2,15) e la città di Gerusalemme (3,1-7, *'ir* v. 1). Il «guai...» è indirizzato alla città, e in particolare ai suoi *funzionari, giudici, profeti e sacerdoti* (vv. 3 s.), che imperversano «in mezzo a essa» (v. 3), mentre «in mezzo a essa» solo Jhwh è giusto (v. 5). Neppure l'esempio della distruzione di altre città ha portato Gerusalemme ad «accettare la correzione» (vv. 6 s., cfr. v. 2).

La transizione all'ultima sezione viene realizzata con un *detto di giudizio sui popoli* (3,8), sui quali Jhwh «riverserà la sua ira», seguito da un *annuncio di salvezza* (vv. 9 s.), secondo cui dovranno essere date loro «labbra pure» di modo che essi adorino Jhwh e gli offrano sacrifici (cfr. anche 2,11). «Quel giorno» comincerà anche la salvezza per Gerusalemme. «In mezzo a essa» (vv. 11 s., cfr. vv. 3.5) Jhwh eliminerà tutti gli orgogliosi e «farà restare» (*hish'ir*) un popolo umile che cercherà rifugio in Jhwh e che, allo stesso modo del resto (*she'ar*) di Israele, non commetterà più il male e vivrà in pace (v. 13). Seguono un breve *inno* imperativo (vv. 14 s.), che invita Sion a esultare, perché Jhwh sarà re «in mezzo a essa», una *promessa di salvezza* (vv. 16-18), secondo cui Jhwh sarà «in mezzo a essa» il suo Dio e il suo protettore, e una duplice promessa di aiuto nei confronti dei nemici, di riunificazione della diaspora e di rovesciamento della situazione di prigionia (vv. 19 s., cfr. 2,7b).

Salvezza per Sion

La composizione è stata realizzata con gli strumenti della *parola chiave* e della *ripetizione di termini*, per mezzo dei quali si realizzano collegamenti all'interno del libro: la frequente e varia menzione del giorno di Jhwh (1,7.14), del giorno dell'ira (di Jhwh) (1,15.18; 2,2.3), del giorno della distretta, dell'angustia, delle tenebre ecc. (1,14-16), del giorno del sacrificio cruento (1,8), del giorno in cui Jhwh si leva (3,8) o, semplicemente, di quel giorno (1,9.15, in formule introduttorie 1,8.10; 3,11.16, cfr. «a quel tempo» 1,12; 3,19,20): la menzione di ciò che succede «in mezzo» a Gerusalemme (3,3.5.11.12.15.17); del «cercare Jhwh» (1,6; 2,3), «accettare la correzione» (3,2.7), «adorare» (1,5; 2,11; cfr. 3,9 s.), «temere» (3,7.15.16), «visitare» (1,8.9.12; 2,7; 3,7), «levare la mano» (1,4; 2,13), «raccogliere» (*'aśaph, kibbez*) in svariate accezioni (1,2; 3,8.19.20), (lasciare un) «resto» (2,7.9; 3,12.13, cfr. 1,4b), «ribaltare la prigionia» (2,7; 3,20); la menzione della città (2,15; 3,1), degli «orgogliosi» (2,15; 3,11), del *mishpat* (diritto ecc.) in varie accezioni (2,3; 3,5.8.15) ecc. Tutto ciò mostra come non siano semplicemente state riunite unità di discorso indipendenti, ma che la composizione ha spesso contribuito a determinare la scelta delle parole. Le conseguenze derivanti da queste osservazioni (anche per altri libri) devono ancora essere valutate più precisamente.

Mezzi stilistici

La soprascritta (1,1) corrisponde a quella di Os. 1,1. È notevole la lunga genealogia che accompagna l'indicazione del *nome* del profeta; si è supposto che lo scandaloso nome del padre (Cusci = l'etiope, il «negro», cfr. Am. 9,7) dovesse essere bilanciato dalla prova della discendenza dal re Ezechia, ma questa rimane una pura supposizione. Come epoca, è indicato il periodo del regno di Giosia; il libro non contiene però alcun rimando concreto a determinati eventi, ma il tipo di profezia di Sofonia depone a favore di una sua attività prima dell'esilio (vedi sopra). La composizione del libro presuppone co-

→ 284

Nome

Epoca

munque già l'esilio (cfr. ad es. il «raccogliere» e il «ribaltamento della prigionia» 3,19 s.).

Bibliografia

Per i Commentari, cfr. la Bibliografia in III.4; inoltre KELLER (CAT) 1971.
A.S. KAPELRUD, *The Message of the Prophet Zephaniah*, 1975; G. KRINETZKI, *Zefanjastudien. Motiv- und Traditionskritik und Kompositions- und Redaktionskritik*, 1977; L. SABOTTKA, *Zephanja. Versuch einer Neuübersetzung mit philologischem Kommentar*, 1972.
STEUERNAGEL, par. 135; EISSFELDT, par. 57; FOHRER, par. 69; SOGGIN, par. 22; KAISER, par. 24e; SMEND, par. 36; SCHMIDT, par. 18; CHILDS XXVIII.

3.4.10 Aggeo

Con il libro di Aggeo, inizia nel libro dei dodici profeti il gruppo dei tre profeti post-esilici. I primi due, Aggeo e Zaccaria, sono collegati da precise indicazioni di data con la ricostruzione del Tempio negli anni 520 e seguenti.

Cornice

Il libro di Aggeo è suddiviso dalle *indicazioni cronologiche* in quattro sezioni: cap. 1 (l'ultimo mezzo verso appartiene però al seguito); 2,1-9.10-19.20-23. Le indicazioni cronologiche introduttive in 1,1; 2,1.10.20 (in 1,15 si trova addizionalmente una data conclusiva) sono ogni volta collegate con la «*formula dell'evento della parola*» (*Wortereignisformel*) «La parola di Jhwh fu rivolta tramite il / al (profeta) Aggeo». Di questa cornice sistematicamente strutturata fanno parte anche i brani narrativi di 1,2 s.12-15; 2,2. La cornice abbraccia un certo numero di parole profetiche, a loro volta suddivise da altre formule introduttive e conclusive (sul problema nel suo complesso cfr. BEUKEN).

→ 162

Costruzione del Tempio → 89 ss.

Il tema dominante è quello della *ricostruzione del Tempio*. L'impianto del libro evidenzia innanzitutto il ruolo del profeta Aggeo nella ripresa dei lavori del Tempio: la prima sezione (cap. 1) riferisce come la sua *predicazione esortativa* (vv. 4-8; i vv. 9-11 sono parole aggiuntive sullo stesso tema) conduca i destinatari ad «ascoltare la voce di Jhwh» e a «temerlo» (v. 12). Con la promessa da parte di Jhwh di essere con loro (v. 13), Aggeo «risveglia» il loro «spirito», cosicché essi iniziano il lavoro.

→ 165 s.

Qui è significativo il modo preciso con cui sono definiti i destinatari. Aggeo si rivolge a Zorobabele in quanto figlio di Scealtiel e quindi come davidide (1,12.14; 2,2 cfr. I Cr. 3,17). Nel caso di Giosuè, oltre al suo titolo di «sommo sacerdote», viene anche menzionato il nome del padre, Jehotsadak, che era stato deportato in esilio come figlio dell'ultimo sacerdote superiore della tribù di Levi (cfr. I Cr. 5,40 s.; II Re 25,18). Entrambi realizzano la continuità della monarchia davidica e del sacerdozio levitico. La popolazione cui Aggeo si rivolge viene definita «tutto il rimanente (*sh^{e}'erit*) del popolo» (1,12.14; 2,2); con questo, vengono senza dubbio riprese le affermazioni sul «resto», frequenti nei libri profetici (ad es. Am. 5,15; Ger. 31,7; Sof. 3,12). Il fatto che Jhwh «risvegli lo spirito» per il lavoro al Tempio ricorda Es. 35,29; 36,2, di modo che qui si intende probabilmente realizzare un parallelo esplicito alla costruzione del primo Tempio (MASON).

→ 291. 307

→ 199. 238

Nella seconda sezione (2,1-9), Zorobabele, Giosuè e il popolo vengono invitati, di fronte alla miseria della nuova costruzione (v. 3), a essere forti e ad andare al lavoro (v. 4, cfr. I Cr. 22,11-16; 28,10.20, anche Gios. 1,6 s.) perché Jhwh sarà con loro (v. 5, cfr. 1,13). A ciò segue un *annuncio escatologico di salvezza* per lo splendore del nuovo Tempio (vv. 6-9), in cui Jhwh darà salvezza (*shalom*). Nella struttura del libro vengono così superate le ultime resistenze contro la costruzione del Tempio.

Salvezza escatologica

Nella terza sezione (2,10-19) compare un nuovo tema. Il profeta riceve l'incarico di richiedere una *torah sacerdotale* sul problema della trasmissione dell'impurità cultuale (vv. 11-13). L'interpretazione è offerta dal v. 14: «questo popolo» è impuro. Spesso queste parole sono riferite ai samaritani, ma KOCH e (indipendentemente da lui) MAY hanno mostrato come sia più verosimile che l'interpretazione si riferisca al proprio popolo (cfr. anche 1,2). Allora, però, anche il seguito, vv. 15-19, fa certamente parte di questo discorso (sul nuovo inizio con «ma ora» [*w^{e}'atta*] cfr. 1,5; 2,4): dal giorno della posa della prima pietra del nuovo Tempio in poi, Jhwh non solo concederà la fertilità finora rifiutata (cfr. 1,6.9-11), ma con il suo «compiacimento» per il Tempio (1,8), con la salvezza (2,9) e la benedizione (2,19b) cesserà anche l'impurità (KOCH). Tutto questo non è però inteso in senso puramente cultuale: l'inizio della costruzione del Tempio era invero già segno di un nuovo spirito (CHILDS, cfr. TOWNSEND).

Torah sacerdotale → 139

→ 91 s.

Nella quarta sezione (2,20-23), l'orientamento escatologico del libro raggiunge il suo culmine. Compariranno (vv. 21 s.) i preannunciati fenomeni escatologici (cfr. 2,6 s.), e Zorobabele sarà il *re di salvezza* scelto da Dio (v. 23). Si esprime qui una chiara attesa escatologica collegata alla persona di Zorobabele.

→ 91 s.

Datazione

La cornice del libro ha dato alle parole di Aggeo determinate impronte e tendenze, ma non ne ha probabilmente modificato l'intenzione originaria. Non c'è dunque alcuna ragione per scostare la *redazione del libro* molto lontano dalla scomparsa di Aggeo e quindi dall'anno 520. È vero che sussistono evidenti legami dei brani della cornice con la tradizione cronistica (BEUKEN), ma allo stesso modo si trovano elementi deuteronomistici e reminiscenze delle tradizioni sacerdotali del Pentateuco (MASON). Non dovremmo probabilmente

→ 105 s. dividere troppo nettamente le une dalle altre le tradizioni post-esiliche, tanto più che mancano ancora indagini in questo campo. Una ragione per collocare il libro poco dopo il 520 sta nel fatto che Zorobabele e Giosuè siano affiancati senza problemi e nell'indomita attesa messianica indirizzata a Zorobabele. Entrambi questi aspetti sono divenuti problematici poco più tardi, nel libro di Zaccaria (è comunque poco verosimile che il libro presenti una «apologia per Aggeo»,
→ 311 tesa a dimostrare la sua priorità rispetto a Zaccaria nell'avvio della costruzione del Tempio [RUDOLPH]).

Bibliografia

Per i Commentari, cfr. la Bibliografia in 3.4; inoltre: WOLFF (BK) 1986; PETERSEN (OTL), *Haggai and Zechariah 1-8*, 1984.

P.R. ACKROYD, *Exile and Restoration*, 1968, 153-170; W.A.M. BEUKEN, *Haggai-Sacharja 1-8. Studien zur Überlieferungsgeschichte der frühnachexilischen Prophetie*, 1967; K. KOCH, *Haggais unreines Volk*, in ZAW 79, 1967, 52-66; R.A. MASON, *The Purpose of the «Editorial Framework» of the Book of Haggai*, in VT 27, 1977, 413-421; H.G. MAY, *«This People» and «This Nation» in Haggai*, in VT 18, 1968, 190-197; T.N. TOWNSEND, *Additional Comments on Haggai II, 10-19*, in VT 18, 1968, 559 s.

STEUERNAGEL, par. 136; EISSFELDT, par. 58; FOHRER, par. 70; SOGGIN, par. 26; KAISER, par. 24m; SMEND, par. 37; SCHMIDT, par. 22; CHILDS XXIX.

3.4.11 Zaccaria

Il libro di Zaccaria è l'unico, all'interno del libro dei dodici profeti, a contenere una *raccolta* le cui parti si stagliano chiaramente le une dalle altre. La prima parte (capp. 1-8) è collegata molto strettamente
→ 308 al libro di Aggeo e alla ricostruzione del Tempio dalle indicazioni cronologiche contenute in 1,1.7; 7,1. La seconda parte (capp. 9-14) non è
→ 284 compresa in questa datazione. Tramite la soprascritta *maśśa'* «oracolo» in 9,1 e 12,1, questa seconda parte è chiaramente distinta dalla prima e al tempo stesso è ulteriormente suddivisa. Per questi capitoli, si usa frequentemente la definizione di «Deutero-Zaccaria», sebbene essi non abbiano un loro profilo particolare così netto come nel
→ 259 ss. caso del Deutero-Isaia; talvolta, questa definizione è limitata ai capp. 9-11 e per i capp. 12-14 si usa quella di «Trito-Zaccaria».

La prima parte (capp. 1-8) viene suddivisa dalle indicazioni cronologiche in tre sezioni di ampiezza ineguale. 1,1-6 è collocata avanti al resto, come introduzione: un *appello alla conversione* (v. 3), che rimanda all'esempio dei «padri», in primo luogo negativamente, perché essi non hanno prestato ascolto alle parole dei «profeti precedenti» (vv. 4 s.), poi positivamente, perché essi, dopo che si fu realizzato quello che i profeti avevano annunciato, si convertirono (v. 6). Da queste esperienze dei padri la generazione post-esilica dovrebbe trarre lezione.

La seconda, più ampia, sezione (1,7 - 6,15) contiene una serie di *visioni*, che si è usi chiamare «visioni notturne» (cfr. 1,8; 4,1). Le otto scene di visioni che si susseguono l'una all'altra rivelano uno schema molto marcato; esse vengono talvolta integrate con ulteriori parole di Jhwh.

Visioni notturne
→ 160 ss.

1,7-15; *cavaliere*, vv. 16 s. detto di salvezza per Gerusalemme che si riallaccia al v. 12; 2,1-4 *corna e fabbri*; 2,5-9 *corda per misurare Gerusalemme*; vv. 10-17 completamento delle tre prime visioni: invito a partire dall'esilio (vv. 10-13), inno al ritorno di Jhwh in Sion (vv. 14-16), in entrambi i casi con evidenti echi del Deutero-Isaia (cfr. Is. 52,1-12, e anche 48,20 s.; 40,9) e la formula, ripetuta due volte, «voi riconoscerete (tu riconoscerai) che Jhwh Zebaot mi ha mandato» (vv. 13 e 15), nota conclusiva «silenzio in presenza di Jhwh!» (v. 17, cfr. Abac. 2,20; Sof. 1,7); 3,1-7 *riabilitazione di Giosuè*, vv. 8-10 parole complementari di salvezza per Giosuè; 4,1-5.10b-14 *candelabri e ulivi*, con inframezzate parole di salvezza per Zorobabele (vv. 6-10a); 5,1-4 *rotolo volante* contenente maledizioni; 5,5-11 *malvagità nel moggio*; 6,1-8 *carri*; vv. 9-15 poscritto: una corona per Giosuè (vedi più oltre).

Le visioni sono state chiaramente composte a formare un *ciclo coerente*. Ciò appare particolarmente chiaro se si valuta come blocco di tradizione autonoma (JEPSEN) la sezione sul sommo sacerdote Giosuè al cap. 3, dato che è sprovvista degli elementi caratteristici delle scene di visioni. Le rimanenti sette visioni costituiscono una composizione conchiusa, a *struttura simmetrica* (GESE, cfr. GALLING, SEYBOLD). In posizione centrale si trova la quarta (quinta, nell'attuale numerazione complessiva) visione (4,1-14), quella del candelabro e dei due olivi, cioè gli unti; immediatamente prima e dopo abbiamo una coppia di visioni che dipingono la liberazione interiore dai peccati (5,1-4-11); all'inizio e alla fine, abbiamo una visione in cui viene prima annunciato (1,8-15) e poi messo in moto (6,1-8) l'intervento di Jhwh nel corso degli eventi mondani. Tutto quanto avviene per amore di Gerusalemme (1,12.14, cfr. 16 s.; cfr. la tabella in GESE, pp. 36 e 218).

Composizione ciclica

Un problema particolare è costituito dal rapporto fra *Zorobabele e Giosuè*. In 4,14 essi sono affiancati come i due unti («figli dell'olio», dunque senza l'uso del termine *mashi*[a]*ch*). In 4,6-10a ci si rivolge separatamente a Zorobabele e lo si mette in risalto come costruttore del Tempio (v. 9), mentre al cap. 3 solo Giosuè si trova al centro e viene riabilitato per il suo ufficio nel Tem-

Zorobabele e Giosuè

pio (v. 7) da «Jhwh», che ha scelto Gerusalemme» (v. 2). Secondo 6,9-15, infine, a Giosuè deve essere posta una corona» (v. 11), ma sarà un uomo di nome «germoglio» (*zemach*) a costruire il Tempio (v. 13a, con reminiscenze letterali di II Sam. 7,13 e I Re 5,19, cfr. BEUKEN) e a esercitare il potere; la sua → 91 s. corona rimane comunque provvisoriamente nascosta nel Tempio (v. 14). Dietro a ciò, potrebbe celarsi una dissimulazione delle attese messianiche fatta in considerazione della forza di occupazione persiana (altri esegeti pensano a una frustrazione delle attese messianiche e al passaggio al sommo sacerdote delle funzioni di potere; contro questo depone però, con ogni evidenza, il v. 13).

La terza sezione (capp. 7 s.) contiene una raccolta di parole profetiche, nuovamente dominata dalla correlazione fra *giudizio e salvezza*. La questione del digiuno — Il punto di partenza è costituito da una richiesta su un digiuno in ricordo della distruzione del Tempio (7,1-3, cfr. II Re 25,8). Alla domanda viene risposto innanzitutto con una critica alla prassi del digiuno (7,4-7) che, dal punto di vista del contenuto, ha il suo seguito solo in 8,16 s.: i richiedenti devono fare ciò che i «profeti di prima» (7,7) hanno detto: realizzare gli uni con gli altri sincerità e diritto – allora i giorni di digiuno diverranno giorni di festa (8,18 s.). In questa cornice, sono inseriti due gruppi di testi: 7,8-14 contiene una *retrospettiva storica* che, nella linea della teologia deuteronomistica, presenta il giudizio come conseguenza della disobbedienza alle parole dei «profeti di prima» (v. 12, cfr. v. 7). In 8,1-15 sono raggruppate *parole di salvezza per Gerusalemme e per Giuda*: Salvezza per Gerusalemme — vv. 1-5 parole di salvezza per Gerusalemme; vv. 6-8 parole di salvezza per la diaspora; vv. 9-13 parole di salvezza collegate alla costruzione del Tempio, con evidenti reminiscenze di Aggeo (cfr. Aggeo 2,15-19); vv. 14 s. parole di sal- → 307 vezza per Gerusalemme e Giuda che riprendono 1,1-6: l'ira contro i padri viene mutata in salvezza. In 8,20-23, infine, sono allegate altre parole di salvezza, secondo le quali Gerusalemme e Giuda costituiranno, *alla fine dei tempi, il centro del mondo dei popoli.*

La ripresa dell'introduzione (1,1-6) nella parola di salvezza di 8,14 s. mostra chiaramente che Zac. 1-8 è, nella sua forma attuale, il ri- Composizione — sultato di *una composizione ponderata*. La base della raccolta è costi- Datazione — tuita dalle visioni di Zaccaria che, grazie alla loro datazione in 1,7, vanno collocate poco dopo la scomparsa di Aggeo (febbraio 519). Secondo la datazione riportata nell'introduzione di 1,1 la comparsa di Zaccaria era iniziata alcuni mesi prima, di modo che egli avrebbe ancora agito contemporaneamente ad Aggeo; l'indicazione cronologica in 7,1 situa le parole dei capp. 7 s. due anni scarsi dopo le visioni (dicembre 518). I capitoli non contengono nulla che non sia spiegabile a partire da questi anni. Non è possibile stabilire se lo stesso Zaccaria sia anche responsabile della composizione complessiva. Per quanto riguarda la sua *persona*, conosciamo soltanto i nomi dei suoi avi (1,1.7, cfr. Esd. 5,1; 6,14), in base ai quali, secondo Neh. 12,16, potrebbe trattarsi di una famiglia sacerdotale. Persona

La seconda parte del libro di Zaccaria (capp. 9-14) contiene brani di natura molto varia, le cui relazioni reciproche non sono facilmente riconoscibili. Chiara è in primo luogo la suddivisione in due parti, entrambe introdotte dalla soprascritta *maśśa'* «oracolo» (capp. 9-11 e 12-14). Risulta inoltre una suddivisione nelle sottosezioni: capp. 9 s.; 11; 12 s.; 14 (OTZEN, SAEBØ, di diverso avviso LAMARCHE). Capp. 9-14 *maśśa'* → 284

I capp. 9 s. iniziano e terminano con un detto contro popoli stranieri (9,1-8; 10,11b-12). Secondo OTZEN, abbiamo qui una composizione chiastica ad anello: vittorioso ingresso del re (9,9 s.); vittoriosa epifania di Jhwh (10,11a); rimpatrio dall'esilio del regno del nord (9,11 s.; 10,6-10); lotta contro il nemico (9,13-15; 10,3b-5); immagine del pastore, «in positivo» e «in negativo» (9,16; 10,2b-3a); motivo della fertilità, «in positivo» e «in negativo» (9,17 - 10,1; 10,2a). Il termine «pastore» (10,2b.3a) crea anche un collegamento con il cap. 11, la cui *allegoria del pastore* (11,4-7, con i vv. 1-3 come introduzione) contiene un'azione profetica dimostrativa (vv. 7.10-14) e allusioni alla storia contemporanea di difficile interpretazione (in particolare il v. 8) (sulla composizione dei capp. 9-11 cfr. anche WILLI-PLEIN). Allegoria del pastore

Al cap. 12 s., una prima sezione unitaria è costituita da 12,2 - 13,6, contrassegnata dalla ricorrente espressione «in quel giorno (accadrà)» (12,3.4.6.8.9.11; 13,1.2.4). Qui *Gerusalemme* si trova in posizione centrale; essa viene protetta di fronte all'assalto dei nemici (12,2-8; nei vv. 5-7 compare una singolare opposizione fra Giuda e Gerusalemme) e poi anche purificata con lo spargimento di «uno spirito di grazia e di supplicazione» (v. 10; vv. 9-14; chi sia il personaggio «trafitto» del v. 10, per il quale vien fatto cordoglio, non è chiaro). La purificazione da «peccato e impurità» (13,1) comprende anche l'eliminazione dei «profeti e dello spirito immondo» (v. 2), espressione con cui, secondo i vv. 3-6, si intende evidentemente una forma estatica di profezia, considerata inconciliabile con il nuovo spirito. La purificazione e il raffinamento del popolo comprendono infine anche l'eliminazione del pastore infedele (13,7-9, cfr. cap. 11), insieme al quale i due terzi del popolo devono andare in rovina; soltanto l'ultimo terzo sarà il popolo di Jhwh (v. 9b). Battaglia finale per Gerusalemme

Il cap. 14 contiene una grande raffigurazione escatologica della *battaglia per Gerusalemme.* Diversamente da 12,2-8, qui, in un primo tempo, Gerusalemme viene duramente colpita (vv. 2 s., cfr. LUTZ), per diventare poi il centro escatologico del mondo (vv. 8-11), a cui i popoli si recano in pellegrinaggio (v. 16) e in cui persino le cose quotidiane diverranno cultualmente pure (vv. 20 s.).

Il cap. 14 riprende dunque il tema del pellegrinaggio dei popoli a Sion, con cui si conclude la prima parte del libro di Zaccaria (8,20-23): in questo si rivela una voluta *concessione delle due parti* del libro. Si possono individuare anche altri collegamenti trasversali, come ad Composizione complessiva es. l'indisturbata sicurezza di Gerusalemme (2,8; 9,8; 14,11), la «formula del patto» (8,8; 13,9), il rientro della diaspora (8,7; 10,9 s.), lo spargimento dello Spirito (4,6; 12,10), l'eliminazione dei portatori di impurità (5,4; 13,2) e la figura del Messia senza potere (4,6; 9,9 s.). Con l'inserimento dei capp. 9-14, viene conferita al libro di Zaccaria una nuova dimensione escatologica, che va molto oltre il quadro dei capp. 1-8 (CHILDS).

È difficile determinare l'*epoca* della formazione e della raccolta dei capp. 9-14 e dell'unione delle due parti in libro unico, dato che le allusioni alla storia contemporanea, chiaramente presenti, ci rimangono in larga misura incomprensibili e dato che anche le nostre conoscenze della situazione post-esilica sono nel complesso ancora troppo incomplete.

Bibliografia

Per i Commentari, cfr. la Bibliografia in 3.4; inoltre PETERSEN (OTL) *Haggai and Zechariah 1-8*, 1984.

Per Zac., 1-8: P.R. ACKROYD, *Exile and Restoration*, 1968, 171-217; W.A.M. BEUKEN, *Haggaj - Sacharja 1-8. Studien zur Überlieferungsgeschichte der frühnachexilischen Prophetie*, 1967; K. GALLING, *Die Exilswende in der Sicht des Propheten Sacharja*, in *Studien zur Geschichte Israels im persischen Zeitalter*, 1964, 109-126; H. GESE, *Anfang und Ende der Apokalyptik, dargestellt am Sacharjabuch*, in ZThK 70, 1973, 20-49 (= *Vom Sinai zum Zion*, 1974, 202-230); A. JEPSEN, *Kleine Beiträge zum Zwölfprophetenbuch III*, in ZAW 61, 1945/48, 95-114; C. JEREMIAS, *Die Nachtgesichte des Sacharja*, 1977; A. PETITJEAN, *Les oracles du Proto-Zacharie*, 1969; K. SEYBOLD, *Bilder zum Tempelbau. Die Visionen des Propheten Sacharja*, 1974.

Per Zac. 9-14; A. JEPSEN, *Kleine Beiträge zum Zwölfprophetenbuch II*, in ZAW 57, 1939, 242-255; P. LAMARCHE, *Zacharie IX-XIV. Structure littéraire et messianisme*, 1961; H.-M. LUTZ, *Jahwe, Jerusalem und die Völker. Zur Vorgeschichte von Sach 12,1-8 und 14,1-5*, 1968; R.A. MASON, *The Relation of Zech 9-14 to Proto-Zechariah*, in ZAW 88, 1976, 227-239; B. OTZEN, *Studien über Deuterosacharja*, 1964; O. PLÖGER, *Theokratie und Eschatologie*, 1959; M. SAEBØ, *Sacharja 9-14. Untersuchungen von Text und Form*, 1969; I. WILLI-PLEIN, *Prophetie am Ende. Untersuchungen zu Sacharja 9-14*, 1974.

STEUERNAGEL, par. 137; EISSFELDT, par. 59 e 60; FOHRER, par. 71 e 72; SOGGIN, par. 27 e 31; KAISER, par. 24n e q; SMEND, par. 38; SCHMIDT, par. 22; CHILDS XXX.

3.4.12 Malachia

La transizione dal libro di Zaccaria a quello di Malachia è sorprendente. Dopo la battaglia escatologica per Gerusalemme (Zac. 14), ora si torna nuovamente a parlare di problemi della vita presente.

Entrambi gli aspetti fanno evidentemente parte della vita della comunità post-esilica, cosicché ci sono state tramandate parole profetiche riguardanti entrambi. Il libro di Malachia possiede una struttura letteraria del tutto particolare. Esso consta di sei unità nettamente distinte, tutte contrassegnate dalla forma della *disputa*: 1,2-5; 1,6 - 2,9; 2,10-16; 2,17 - 3,5; 3,6-12; 3,13-21. Esse iniziano sempre con una parola di Jhwh o del profeta, contestata dall'interlocutore; si avvia così la discussione (cfr. PFEIFFER). In alcuni casi il discorso è chiaramente rivolto a sacerdoti (1,6; 2,1.8, cfr. 3,3); da questo, tuttavia, non si può far derivare una suddivisione del libro in un discorso ai laici e uno ai sacerdoti (così WALLIS; per i problemi letterari del libro cfr. anche RENKER, 63 ss.).

→ 105

Dispute → 166 s.

Nei particolari, i temi sono: 1,2-5: *l'amore di Jhwh per Israele* si manifesta per contrasto col modo in cui egli tratta Edom; 1,6 - 2,9: la richiesta adorazione di Jhwh non può essere conciliata con *sacrifici difettosi*. Qui, le domande critiche rivolte ai sacerdoti rappresentano al tempo stesso un'invettiva (1,8-10), alla quale viene contrapposto il comportamento dei popoli nei confronti di Jhwh (1,11-14) e a cui segue in 2,1-9 un annuncio di giudizio; 2,10-16: la mancanza di fedeltà a Jhwh appare, come già agli inizi della storia d'Israele (vv. 11 s.), nella *mancanza di fedeltà alla moglie*. Qui, la discussione diventa ammonimento (vv. 15b.16); 2,17 - 3,5: il *giudizio di Jhwh* raggiunge chi ne dubita (2,17) e quindi infrange la sua volontà (3,5). Compaiono nuovamente le forme dell'invettiva (2,17) e dell'annuncio di giudizio (3,1-5); 3,6-12: la conversione a Jhwh consiste nella corretta *consegna delle decime*. Qui, all'ammonimento (v. 10a) segue un annuncio di salvezza (vv. 10b-12); 3,13-21: al dubbioso viene obiettato che il giudizio venturo *differenzierà fra giusti e ingiusti*.

Sacrifici

Decime

Giusti e ingiusti

Il brano 3,22-24 è spesso considerato un'aggiunta. Senza dubbio, queste frasi finali devono fornire un'interpretazione complessiva e conclusiva al libro di Malachia (secondo RUDOLPH, esse fungono da chiusa per l'intero canone profetico, ma questo è poco verosimile). Al v. 22, le richieste cultuali ed etiche del profeta vengono espressamente motivate con la *Torah di Mosè*, cioè con il Deuteronomio. I vv. 23 s. annunciano che, prima del giorno di Jhwh, verrà il *profeta Elia*, per offrire un'ultima possibilità di conversione e quindi di salvezza dal giudizio. Questo si ricollega direttamente all'ultima disputa di 3,13-21. Al tempo stesso, viene ripreso l'annuncio di un inviato (*mal'ak*), che Jhwh manderà prima dell'avvento del giudizio (3,1): l'inviato sarà Elia!

Torah di Mosè → 213. 222 s.

Profeta Elia

Riguardo alla *persona* del profeta non ci viene detto nulla. Persino il suo nome è controverso: spesso si suppone si sia trattato di uno scritto anonimo e che la denominazione «mio inviato» in 3,1 sia stata posteriormente interpretata come nome (proprio) e posta all'inizio; tuttavia, la forma *mal'aki* può, in ogni caso, essere intesa come nome proprio (forse come forma abbreviata di *mal'akijahu*, cfr. RUDOLPH) e inoltre l'«inviato» di 3,1 al v. 23 è interpretato come Elia.

Persona

Nome

Epoca

L'*epoca* di Malachia non può essere definita con esattezza. Il sussistere del culto al Tempio è presupposto. In 1,8 si parla di governatore, il che rimanda all'epoca post-esilica (persiana). A ciò corrisponde la posizione, dopo Aggeo e Zaccaria, in cui il libro è stato tramandato. Infine, la menzione della Torah di Mosè in 3,22 mostra un chiaro legame con la tradizione che compare in *Esdra*.

Bibliografia

Per i Commentari, cfr. la Bibliografia in 3.4; inoltre v. BULMERINCQ 1926-1932.
J.A. FISCHER, *Notes on the Literary Form and Message of Malachi*, in CBQ 34, 1972, 315-320; E. PFEIFFER, *Die Disputationsworte im Buche Maleachi*, in EvTh 19, 1959, 546-568; A. RENKER, *Die Torah bei Maleachi*, 1979; G. WALLIS, *Wesen und Struktur der Botschaft Maleachis*, in *Das ferne und nahe Wort, FS L. Rost*, 1967, 229-237.
STEUERNAGEL, par. 128; EISSFELDT, par. 61; FOHRER, par. 73; SOGGIN, par. 30; KAISER, par. 24p; SMEND, par. 39; SCHMIDT, par. 22; CHILDS XXXI.

3.5 Storia della composizione dei libri profetici

La nostra presentazione dei libri profetici ha mostrato che la forma che essi hanno attualmente è, senza eccezioni, il risultato di un processo, più o meno lungo, di rielaborazione e composizione. Nella maggioranza dei casi trattati è stato possibile individuare più o meno chiaramente l'intenzione della forma finale dei singoli libri. Se, retrospettivamente, si confrontano fra loro queste composizioni, appaiono sia affinità basilari, sia differenze caratteristiche.

Salvezza per Israele

Il più notevole tratto comune consiste nel fatto che tutti i libri profetici contengono *annunci di salvezza per Israele*. In alcuni casi (in Amos ad esempio) nessun annuncio di salvezza era stato tramandato come parola del profeta in questione. Spesso l'introduzione di questi annunci viene valutata come falsificazione dei duri annunci di giudizio originari. In questo modo, però, si disconosce l'intenzione con cui i libri profetici sono stati tramandati. Indubbiamente essi sono stati in maggioranza composti e raccolti solo dopo la catastrofe del 586. Il giudizio che i profeti avevano annunciato era dunque visibilmente avvenuto. La conservazione e la trasmissione di mere profezie di giudizio non avrebbero perciò più avuto alcuna funzione per le generazioni dell'epoca esilica e post-esilica (e non bisogna certo pensare che, a quell'epoca, esistesse un interesse puramente «storico» per la profezia). Potevano di nuovo avere un funzione, ma soltanto in una forma che rispondesse alla mutata situazione. → 106

È altrettanto notevole il fatto che neppure un solo libro profetico contenga esclusivamente annunci di salvezza per Israele. L'avvento del giudizio non significava affatto che tutto ciò che i profeti pre-esilici avevano annunciato fosse superato e messo da parte. Al contrario: sono proprio i profeti post-esilici a ricollegarsi esplicitamente ai «profeti precedenti» (Zac. 1,4; 7,7.12) e le richieste, le esortazioni e le → 311 s. accuse dei profeti pre-esilici vengono riprese, ripetute e sviluppate. Questo significa che, nella trasmissione delle parole dei profeti precedenti, anche e proprio i loro *annunci di giudizio* venivano considerati *ancora validi* e quindi ritenuti un messaggio alle generazioni presenti. Essi non potevano però più essere considerati annuncio di un giudizio inevitabile e definitivo. Infatti, non soltanto si era realizzato il giudizio che i profeti avevano annunciato, ma era anche apparso che Jhwh non voleva completamente annientare il suo popolo e che era sua intenzione dargli «un avvenire e una speranza» (Ger. 29,11). Tuttavia, questa speranza in un futuro di salvezza stava sotto il segno dell'esperienza del giudizio.

Le parole di giudizio permangono valide

→ 272

Tensione giudizio / salvezza → 264 ss.

La *tensione fra giudizio e salvezza* dà un'impronta sia ai libri profetici presi singolarmente, sia alla raccolta nel suo complesso. Questo appare evidente, per esempio, nel caso del libro di Isaia. In esso, non solo sono stati uniti gli annunci di giudizio dell'Isaia pre-esilico e gli annunci di salvezza pronunciati in esilio dal Deutero-Isaia ma, col Trito-Isaia, viene ulteriormente sviluppata, con un nuovo approccio, la relazione, carica di tensione, fra le richieste e le accuse fatte alla generazione presente, e la salvezza che è già iniziata con il ritorno dall'esilio, e che va incontro alla sua piena realizzazione. Ognuno dei libri profetici, a modo proprio, ha tenuto conto di questa tensione. Per una serie di profeti, fin dall'inizio erano state tramandate parole di giudizio e di salvezza (ad es. Osea, Geremia, Ezechiele), di modo che esse poterono essere ulteriormente sviluppate. Nel libro di Amos, gli annunci di salvezza sono chiaramente stati inseriti nell'ultima fase del processo di formazione del libro, mentre la composizione del libro di Michea è totalmente improntata al rapporto fra giudizio e salvezza. Nei profeti post-esilici, l'annunzio di giudizio e quello di salvezza erano collegati fra loro fin da principio.

Escatologia

Un altro tratto comune ai libri profetici è rappresentato dal fatto che essi, nella loro forma attuale, contengono tutti (eccetto il libro di Giona) un *elemento escatologico*, cioè essi attendono tutti un futuro non ancora presente in cui, grazie all'intervento di Jhwh, le condizioni presenti verranno modificate o sostanzialmente superate. Sotto questo aspetto, le differenze tra i singoli libri profetici sono particolarmente grandi, poiché questo elemento preesisteva in modi diversi

nella predicazione di ogni singolo profeta. Così, ad es., nel libro di Amos, l'attesa della «fine» (8,2) è stata interpretata in senso escato-
→ 290. 292 logico per mezzo dei frammenti innici, per poi ricevere nuovamente un'altra interpretazione dalle parole conclusive di salvezza di 9,7-
→ 285 ss. 15. In Osea, al contrario, gli annunci di un nuovo inizio carico di salvezza fanno parte del nucleo originario della sua predicazione, cosicché una reinterpretazione di fondo non fu avvertita come neces-
→ 264 ss. 298 ss. saria. I libri di Isaia e Michea contengono, nella loro attuale composizione complessiva, tratti escatologici molto marcati, collegati ad at-
→ 267 ss. 275 ss. tese messianiche. In Geremia ed Ezechiele, lo stesso fatto che essi siano stati attivi dopo il 586 ha prodotto l'attesa di una svolta radicale, accentuata nell'ulteriore rielaborazione dei rispettivi libri. In alcuni libri profetici (ad es. Gioele, Sofonia, Aggeo, Zaccaria, Malachia), l'attesa escatologica costituisce un elemento fondamentale della predicazione; in altri (ad es. Abdia, Nahum, Abacuc) essa contrassegna la composizione attuale e determina perciò la comprensione del libro nel suo complesso.

Significato della profezia

Questi tratti comuni rivelano nell'Israele post-esilico una comprensione della profezia unanime nelle intenzioni di fondo. I profeti mantengono il loro significato fondamentale nel fatto che essi annunciano anche per il presente l'esigenza di una vita vissuta sia dalla comunità, sia dal singolo secondo la volontà di Jhwh. La serietà di questa esigenza viene rafforzata dal fatto che l'esperienza del giudizio rimane costantemente presente. Al tempo stesso, i profeti vengono compresi come araldi di un futuro di salvezza per Israele, per tutto il mondo e per tutta l'umanità. La via a questa salvezza escatologica può nuovamente passare attraverso il giudizio e gravi catastrofi, ma la meta finale è chiaramente indicata.

4

Gli scritti

La terza parte del canone ebraico contiene gli «scritti» (*k^e^tubim*). La terminologia scientifica li designa spesso col termine «agiografi» («scritti sacri»), di derivazione greca. Questa parte del canone ha contorni meno definiti delle due precedenti. Essa contiene scritti di carattere molto diverso, i cui tratti comuni consistono in fondo solo nel fatto che essi non sono stati accolti in una delle altre due parti del canone. Ma anche questo fatto fu ancora a lungo irrisolto, come mostra, tra l'altro, il diverso ordine della Settanta.

Posizione nel canone

Nella Settanta, il libro di Ruth segue quello dei Giudici; i libri delle Cronache, i libri di Esdra e Nehemia (uniti in *un* libro, chiamato II Esdra, preceduto da un I libro di Esdra, apocrifo) e anche il libro di Ester si trovano dopo i libri dei Re; le Lamentazioni (*Threni*) sono unite al libro di Geremia (o di Baruc), e Daniele chiude la serie dei «profeti maggiori».

Sequenza

La sequenza dei singoli libri oscilla anche nella tradizione ebraica. Così, secondo il Talmud babilonese (*Baba Batra* 14b) il libro di Ruth si trova in testa agli «scritti», certo a causa del fatto che veniva datato nell'epoca dei giudici. In alcuni manoscritti ebraici medievali, i libri delle Cronache si trovano all'inizio. Nelle edizioni a stampa, si è comunque imposta la successione oggi esistente: all'inizio il gruppo dei «tre scritti maggiori» (così il Talmud babilonese, *Berakot* 57b) Salmi, Giobbe e Proverbi, poi il gruppo delle cinque *m^e^gillot* («rotoli», vedasi sotto, par. 4.4) e infine Daniele, Esdra, Nehemia e i libri delle Cronache.

Le traduzioni tedesche (e italiane, *N.d.T.*) della Bibbia seguono di norma la *Vulgata*, che colloca Giobbe prima dei Salmi e dei Proverbi e che tra l'altro contiene le summenzionate variazioni della Settanta.

Bibliografia

EISSFELDT, par. 62; CHILDS XXXII.

4.1 I salmi

Il libro dei Salmi (*t^{e}hillim* «canti di lode», Settanta = *Ψαλμοί*, «Salterio»), è costituito da una collezione di salmi dei generi letterari più
→ 140 ss.
vari, provenienti dai più diversi periodi della storia d'Israele. Molti di essi, originariamente, avevano funzioni precise nel culto pubblico del Tempio di Gerusalemme (ad es. vari tipi di inni, lamenti del popolo, salmi regi); altri servivano per atti di culto di singoli israeliti (lamento e canto di ringraziamento individuali); altri ancora sono da considerare composizioni poetiche religiose senza particolare radicamento nel culto (ad es. inni individuali, salmi sapienziali).

Il libro, così com'è ora, rappresenta lo *stadio conclusivo di un lungo processo di raccolta* dei salmi, in cui motivi cultuali e liturgici hanno certamente avuto un ruolo primario. Per questo, i salmi sono spesso definiti «innario della comunità post-esilica». Il parallelo con gli innari moderni è giustificato, sia perché anche questi ultimi contengo-
→ 112
no soltanto la parte pronunciata dalla comunità e non gli elementi del culto svolti dal sacerdote oppure dal pastore, sia perché, anche qui, si trovano giustapposti inni delle più svariate epoche. È però evidente che la forma finale che la raccolta ha attualmente non è soltanto determinata da intenti liturgici, ma vuole anche fornire una interpretazione teologica complessiva dei salmi (vedi più oltre).

Cinque libri

Il libro dei Salmi viene comunemente diviso in *cinque libri*: Sal. 1-41; 43-72; 73-89; 90-106; 107-150. Questa suddivisione si basa sul fatto che ogni volta, alla fine dell'ultimo salmo di ogni «libro», si trova una dossologia che si chiude con *'amen 'amen* (41,14; 72,18 s.; 89,53; 106,48) mentre per il quinto libro si considera come dossologia finale il Salmo 150. Nel testo massoretico, tuttavia, questa suddivisione non viene evidenziata; si tratta dunque certamente di una tradizione interpretativa posteriore, secondo la quale i cinque libri del Salterio furono considerati in analogia ai cinque libri del Pentateuco (cfr. GESE). Questa suddivisione è però molto formale e, in parte, contraddice altri raggruppamenti di salmi.

Raccolte

Si possono (con GESE) postulare le seguenti *raccolte singole*, sebbene non siano tutte riconoscibili con uguale chiarezza:

3-41 salmi di Davide
42-49 salmi dei corachiti (50 salmo di Asaf, conclusivo)
51-71 salmi di Davide (72 salmo di Salomone, conclusivo)
73-83 salmi di Asaf
84-89 salmi di varie corporazioni di cantori (eccetto 86)
90-107 salmi apparentati nel contenuto (quelli da 105 [includendo la fine di 104,35] a 107 hanno la stessa introduzione)

108-110 salmi di Davide, cui seguono i salmi introdotti da *hall^elu jah*, 111-118

119 salmo acrostico (alfabetico) della Torah

120-134 salmi di *ma'alot* («pellegrinaggio»), cui seguono i salmi *hall^elu jah* 135 e 136 e il salmo, di contenuto affine, 137

138-145 salmi di Davide e, in chiusura, salmi *hall^elu jah* 146-150.

La caratterizzazione dei singoli gruppi varia molto. Prevalentemente l'appartenenza a un gruppo viene segnalata con *soprascritte* comuni, che sono tuttavia di tipi molto diversi. La maggior parte delle soprascritte è costituita da *nomi*, preceduti dalla proposizione *l^e*. Secondo l'opinione corrente (ma spesso controversa), in questo modo si indicherebbe l'*autore* (che questa fosse l'opinione della rielaborazione conclusiva del libro dei Salmi risulta chiaramente dai rimandi a determinate situazioni della vita di Davide nelle soprascritte dei salmi 3; 18 ecc., vedi oltre). Accanto a Davide, a cui vengono attribuiti 73 salmi (abbiamo poi Salomone: salmi 72 e 127; Mosè: salmo 90), si trovano soprattutto nomi di corporazioni di leviti cantori, menzionate nei libri delle Cronache e che certamente svolgevano le loro funzioni nel culto post-esilico del Tempio: Core (Sal. 42/43; 44-49; 84 s.; 87 s., cfr. II Cr. 20,19), Asaf (Sal. 50; 73-83; cfr. I Cr. 6,24; 25,1 s.), Heman (Sal. 88, cfr. I Cr. 6,18; 25,1.4), Jeduthum (Sal. 39; 62; 77, cfr. I Cr. 25,1.3), Etan (Sal. 89, cfr. I Cr. 6,29). Che questi nomi indichino effettivamente gli autori è incerto per gli ultimi nomi, del tutto improbabile per Davide (come anche per Salomone e Mosè).

Soprascritte

I salmi 120-134 mostrano un altro tipo di soprascritta; essi iniziano tutti con le parole *shir ha-ma'alot*, espressione che si è soliti rendere con «salmi dei pellegrinaggi». Si tratta qui di un gruppo di salmi accomunati dal tema o da una determinata circostanza. Rimane invece dubbio se si debbano considerare gruppo unitario i salmi introdotti da *hall^elu jah*.

Nelle soprascritte si trovano poi numerose espressioni di cui non conosciamo l'esatto significato: esse contengono però certamente indicazioni per l'*esecuzione musicale* dei salmi (cfr. KRAUS, introduzione, par. 4; DELEKAT); *shir* e *mismor* indicano entrambi «canti», presumibilmente comunque di forme diverse, *t^ephillah* indica una preghiera, *todah* un rendimento di grazie (collegato a un sacrificio di riconoscenza), *maśkil* indica forse un «canto artistico» (*Kunstlied*). L'espressione *lam^enaze^ach*, spesso usata, non è chiara; viene per lo più tradotta con «per il direttore del coro» o in modo simile, ma questa interpretazione è del tutto incerta. Le numerose espressioni restanti, per lo più usate poche volte, possono segnalare strumenti musicali, melodie o altre indicazioni musicali; esse si sottraggono in larga misura alla nostra comprensione, come pure il termine *śela*, che spesso compare come chiusa della strofa o in funzioni simili.

Indicazioni musicali

La suddivisione in cinque libri si è rifatta a *raccolte parziali* già esistenti; i salmi 41, 72 e 89, infatti, si trovano sempre alla conclusione di un gruppo più o meno grande. In 72,20, inoltre, dopo una parti-

Raccolte parziali

colareggiata dossologia. si trova questa informazione: «Qui finiscono le preghiere di Davide, figlio d'Isai», che un tempo deve aver fatto da chiusa a una raccolta di salmi di Davide. Questa cesura viene però inglobata in un altro raggruppamento di testi: i salmi 42-83 hanno subito una rielaborazione «elohistica», cioè il nome divino *jhwh* è stato continuamente (anche se non con coerenza totale) sostituito con la designazione divina *'elohim*. Questo fatto appare con particolare evidenza dal raffronto delle due versioni del Salmo 14 = 53, trasmesso due volte, ma può essere evidenziato nel testo anche in molti altri casi. Questa rielaborazione ha perciò abbracciato le raccolte parziali 42-50; 51-72 e 73-83 (con 84-89 come probabile appendice).

→ 33 s.

Alcune delle raccolte parziali contengono prevalentemente salmi di un determinato genere. Così, in 3-41 e 51-72 dominano i salmi individuali, in maggioranza lamenti: al di fuori di queste due raccolte, si trovano lamenti individuali solo in 77; 94; 102; 109 e, in piccolo gruppo, in 140-143. A ciò si possono allacciare osservazioni sulla *composizione* (cfr. WESTERMANN): il «salterio elohistico» all'inizio (42-50) e alla fine (73-83) contiene in prevalenza salmi comunitari, al centro (51-72) salmi individuali. Questa parte centrale si conclude però con il *salmo regio* 72, con il quale viene dato un carattere pubblico a questa raccolta «privata» (un altro elemento a favore di questa interpretazione è la dossologia conclusiva dei vv. 18 s., con «amen» come risposta della comunità, cfr. GESE). Con la «appendice» 84-89 un altro salmo regio (89) viene a trovarsi alla fine, anche se qui non è chiaro se con questo debba essere chiusa solo la raccolta «elohistica» (42 ss.) o se sia già ricompresa la raccolta 3-41. Questo dipende dall'interpretazione della posizione di altri due salmi regi. Il Salmo 2 si trova ora prima dell'ampia composizione che inizia col Salmo 3. WESTERMANN suppone che esso corrisponda al Sal. 89, di modo che questi due salmi regi fungono da cornice per la composizione 3-88. A mio avviso, bisogna però ancora includere il passo successivo nella storia della composizione: il Sal. 110 è nuovamente un salmo regio, che ha paralleli particolarmente evidenti col Sal. 2; entrambi parlano del re come dominatore del mondo, insediato dallo stesso Jhwh. Al Sal. 110 segue il gruppo dei salmi di «halleluja» 111-118, che hanno qui manifestamente la funzione di solenne conclusione. Il tutto si chiude infine con l'ampio salmo della Torah, il 119, che nuovamente si trova a corrispondere a un altro salmo della Torah, il Sal. 1. *I Salmi 1 e 119 incorniciano così l'intera composizione. Al tempo stesso i due salmi regi 2 e 110 sono collegati l'uno all'altro.*

Composizione

→ 152

Cornice

Composizione Sal. 1-119

Alla grande composizione dei Sal. 1-119 si unisce innanzitutto la raccolta dei «salmi di pellegrinaggio» (120-134), la cui autonomia è manifesta (cfr. SEYBOLD); essi vengono chiusi con i salmi di «halleluja» 135 s. e con la «appendice» 137. L'ultimo gruppo di salmi di Davide, 138-145, viene nuovamente chiuso con i salmi di «halleluja» 146-150. Il principio di composizione è manifesto: *una composizione maggiore (2-118) e due minori (120-136; 138-159)* si chiudono ogni volta con un gruppo di salmi di «halleluja»; la composizione ampia è inoltre ancora incorniciata dai due salmi della Torah 1 e 119.

Composizioni minori

Da questo si possono trarre alcune conseguenze per l'*interpretazione globale* della raccolta dei salmi. In primo luogo, è chiaro che lo sfociare nella *lode a Dio* nei salmi di «halleluja» determina il carattere dell'intera raccolta, il che trova espressione anche nel fatto che essa sia chiamata con il termine t^{e}*hillim* «canti di lode» (derivato dalla stessa radice *hll*). In secondo luogo, la collocazione dei salmi regi in posizione di rilievo è di grande significato: essi chiudono raccolte parziali (72; 89) e incorniciano la prima raccolta (2 e 110). Non può praticamente esservi dubbio che, a questo stadio, essi venissero interpretati messianicamente: la lode a Dio non è rivolta solo al passato o al presente, ma abbraccia anche il futuro messianico. A tutto questo, nei salmi della Torah che fanno da cornice, 1 e 119, si aggiunge un altro elemento fondamentale: i salmi sono divenuti *Parola di Dio*, che deve essere sempre nuovamente letta e meditata e che, come la Torah, fa riconoscere la volontà di Dio e mostra la retta via a chi vi si attiene (cfr. CHILDS). REINDL sottolinea, oltre a ciò, il carattere *sapienziale* della raccolta.

Interpretazione globale

Messianica

Parola di Dio

Sapienziale

Un interessante squarcio sugli inizi della storia dell'interpretazione dei salmi è offerto dalle soprascritte che si riferiscono a determinati *avvenimenti della vita di Davide* (Sal. 3; 18; 34; 51; 52; 54; 56; 57; 59; 60; 63; 142, cfr. CHILDS 1971), Si tratta sempre di avvenimenti o di contesti descritti nei libri di Samuele. In questo si rispecchia un'esegesi di tipo midrashico, che riferisce determinati testi a situazioni della vita di personaggi noti, permettendo così al lettore della Bibbia di riviverli. Qui non si tratta del lato regale della figura di Davide, ma delle difficoltà e dei pericoli che egli dovette sostenere sul piano personale. Il «salmista» Davide mostra qui il suo lato umanamente debole.

→ 234 ss.

L'*epoca di composizione* dei singoli salmi e delle diverse raccolte può difficilmente essere determinata. Bisogna ritenere possibile che, in singoli salmi, si trovino *elementi molto antichi*, così ad es. nel Sal. 19,2-7, testo che appare complessivamente come un salmo cananeo, o nel Sal. 29, che rappresenta probabilmente la rielaborazione di un salmo al dio cananeo delle tempeste Baal-Hadad. I salmi regi presuppongono senza dubbio l'esistenza della monarchia, il che è particolarmente evidente nel caso di salmi del tutto non messianici, come il canto nuziale Sal. 45, o l'impegno ad applicare l'ordinamento giuridico Sal. 101 (cfr. anche i Sal. 20; 21; 144), ma anche nel caso di un testo liturgico come il Sal. 132; si può perciò contare con sicurezza su

Datazione

→ 67 s.

→ 152

un *patrimonio di testi pre-esilici.* Altrettanto certo è che alcuni salmi presuppongono l'esilio babilonese (ad es. 126; 137), cioè che essi pro-
→ 85 s. vengono da epoca *post-esilica.* Siccome sappiamo poco sui particolari del culto al Tempio di Gerusalemme e siccome lo svolgimento del culto rimaneva probabilmente immutato per secoli, per la maggior parte dei salmi non è possibile una datazione più precisa. Ciò vale in misura ancora più massiccia per i salmi individuali che, per lo più, non contengono alcun elemento databile. Come limite inferiore possono valere le citazioni dei salmi nei libri delle Cronache, che presuppongono l'esistenza di una raccolta, come ad es. I Cr. 16,8 ss. dove vengono combinati frammenti dai Sal. 105; 96 e 106 (ivi compresa la dossologia finale di Sal. 106,48 con l'«amen» della comunità, cfr.
→ 364 I Cr. 16,36). Per questo oggi, in generale, si è abbandonata l'attribuzione, un tempo spesso sostenuta, di una parte dei salmi all'epoca
→ 19 dei Maccabei.

Bibliografia

Commentari: DELITZSCH (BC) 1859, 1894^5; DUHM (KHC) 1899, 1922^2; KITTEL (KAT) 1914, 1929$^{5.6}$; GUNKEL (HK) 1926 (1968^5); SCHMIDT (HAT) 1934; WEISER (ATD) I/II 1950 (1979^9) trad. it. 1984; KISSANE I 1953; II 1954; I/II 1964^2; KRAUS (BK) I/II 1960, 1978^5; DAHOOD (AB) I 1966; II 1968; III 1970.

B.S. CHILDS, *Psalm Titles and Midrashic Exegesis*, in JSSt 16, 1971, 137-150; L. DELEKAT, *Probleme der Psalmenüberschriften*, in ZAW 76, 1964, 280-297; H. GESE, *Die Entstehung der Büchereinteilung des Psalters*, in *Wort, Lied und Gottesspruch, FS J. Ziegler*, 1972, II, 57-64 (= *Vom Sinai zum Zion*, 1974 [1984^2], 159-167); J. REINDL, *Weisheitliche Bearbeitung von Psalmen. Ein Beitrag zum Verständnis der Sammlung des Psalters*, in VT.S 32, 1981, 333-356; K. SEYBOLD, *Die Redaktion der Wallfahrtspsalmen*, in ZAW 91, 1979, 247-268; IDEM, *Die Psalmen. Eine Einführung*, 1986; C. WESTERMANN, *Zur Sammlung des Psalters*, in Th Viat 8, 1961/62, 278-284 (= *Forschung am Alten Testament*, 1964, 336-343).

STEUERNAGEL, par. 152-157; EISSFELDT, par. 63; FOHRER, par. 43; SOGGIN, par. 34; KAISER, par. 30 e 31; SMEND, par. 40; SCHMIDT, par. 25; CHILDS XXXIII. Cfr. anche la Bibliografia in II.4.

4.2 Il libro di Giobbe (Ijob)

Nel libro di Giobbe si possono distinguere, fin dal primo sguardo, due elementi diversi: una *cornice narrativa* in prosa (capp. 1 s. e 42,7-17) e un corpo in poesia, contenente *dialoghi* tra Giobbe e i suoi amici (3-37) e *discorsi divini* con le risposte di Giobbe (38,1 - 42,6). Uno dei problemi principali del libro di Giobbe sta proprio nel rapporto che intercorre fra queste due parti.

La cornice narrativa parla del *pio e giusto Giobbe* che, nonostante la grande sofferenza dovuta alla perdita dei suoi avere e della sua famiglia e a una grave malattia, resta fedele alla sua pietà sottomessa e alla fine viene riabilitato. A eccezione di alcune brevi frasi (1,21; 2,10), egli soffre in silenzio. Al contrario, i discorsi di Giobbe nella parte dialogica sono contrassegnati da *lamenti e accuse nei confronti di Dio* che, nella loro profondità e durezza e nelle loro affermazioni spesso provocatorie, rappresentano un caso unico all'interno dell'Antico Testamento. Queste due parti non possono essere state scritte contemporaneamente e insieme. Molti elementi fanno ritenere che la cornice narrativa sia esistita in un primo tempo autonomamente (di opinione contraria, ad es., HOFFMAN). Cornice narrativa

In passato, la cornice narrativa veniva volentieri definita «racconto popolare». Nel frattempo se ne è però riconosciuta la «dotta ed elevata arte narrativa» (FOHRER) e la si è definita *racconto didattico* sapienziale (MÜLLER 1977). → 154 s. Controversa è la questione se il racconto possedesse fin dall'inizio la forma e l'ampiezza che ha attualmente. Alcuni esegeti ritengono che le due *scene celesti* (1,6-12; 2,1-7a) siano state aggiunte solo in un secondo tempo (cfr. HORST) o che la figura del *satana* sia stata inserita posteriormente (FOHRER) e che quindi, in origine, Dio stesso sarebbe stato la causa delle sofferenze di Giobbe. Anche il ruolo degli *amici* solleva alcuni interrogativi: nella parte conclusiva della cornice narrativa si parla di una visita fatta a Giobbe da parenti e conoscenti (42,11), che non sembra presupporre la scena precedente, 42,7-9. Da questo si è dedotto che, originariamente, nel racconto non si parlava di amici (ALT) o che i visitatori di 2,11.13 erano in un primo tempo parenti e conoscenti di Giobbe, poi trasformati in amici solo a causa dei dialoghi che seguono. MÜLLER (1970), al contrario, ritiene che gli amici avessero in origine il ruolo di «tentatori» di Giobbe, ruolo che è ora rivestito dalla moglie (2,9). Il racconto non può essere slegato dalla sua funzione di cornice, per cui ogni tentativo di ricostruzione del tipo di quelli descritti rimane ipotetico.

Il corpo del libro inizia con i dialoghi tra Giobbe e i suoi amici (3-37). Qui appare una ulteriore suddivisione. Prima di tutto, si svolge il dialogo fra Giobbe e i *tre amici*, che sono stati introdotti in 2,11: Elifaz, Bildad, Tsofar (3-27). Il dialogo avviene in *tre tornate*, che iniziano ogni volta con un discorso di Giobbe, a cui gli amici rispondono nell'ordine, e ognuno in alternanza con Giobbe. Le prime due tornate di discorsi sono svolte integralmente. I: Giobbe (3), Elifaz (4 s.), Giobbe (6 s.), Bildad (8), Giobbe (9 s.), Tsofar (11); II: Giobbe (12-14), Elifaz (15), Giobbe (16 s.), Bildad (18), Giobbe (19); Tsofar (20). La terza tornata è molto frammentaria nella parte finale. III: Giobbe (21), Elifaz (22), Giobbe (23 s.), Bildad (25), Giobbe (26 s.); l'ultimo discorso di Bildad è molto breve (6 versi), Tsofar non prende più la parola. È controverso se qui siano andate perdute parti del testo o se in questo si rispecchi un intento letterario o compositivo (cioè dimostrare il fal- Dialoghi Tre tornate limento degli argomenti degli amici). Giobbe riprende con un grande *discorso di sfida* (29-31, per il cap. 28 vedi oltre), in cui egli invita Dio a dare una risposta (31,35 ss.). Invece della risposta, segue una

Discorsi di Elihu

nuova sezione discorsiva in cui *Elihu*, finora mai menzionato, riprende e porta avanti le argomentazioni dei tre amici di Giobbe (32-37). Questi discorsi non facevano certo originariamente parte di questo contesto, ma rivestono una funzione chiaramente individuabile nella composizione del libro (vedi oltre). Infine, Giobbe ottiene risposta in

Discorsi di Dio

due *discorsi divini* (38,1 - 40,2; 40,6 - 41,26), a ognuno dei quali segue una breve replica di Giobbe (40,3-5; 42,1-6).

Oltre ai discorsi di Elihu (32-37), altri brani vengono spesso considerati glosse: il *canto della sapienza* (28), come ampliamento dell'ultimo discorso che Giobbe tiene nella sezione dei dialoghi (spesso anche parti dei capp. 26 s. sono considerate aggiunte tardive: 26,5-14; 27,7-10.13-23, come pure il cap. 24, cfr. FOHRER) e i brani sui due grandi animali *b^ehemot* (40,15-24 ippopotamo? animale mitologico?) e *liwjatan* (40,25 - 41,26: coccodrillo? cfr. però Sal. 74,14), come glosse al secondo discorso divino, i cui resti vengono spesso uniti al primo (contrari alla separazione dei brani in questione sono ora KEEL e KUBINA).

Trama complessiva

Nonostante le tensioni letterarie, la trama complessiva del libro di Giobbe è chiaramente individuabile. Nell'introduzione (capp. 1 s.), si narra che, con autorizzazione divina, vennero inflitte sofferenze a Giobbe, uomo di pietà esemplare; ciò nonostante egli non si lasciò smuovere dalla sua pietà e neppure «peccò con le sue labbra» (2,10; qui al lettore viene dato, rispetto a Giobbe, un vantaggio in informazioni: egli sa che si tratta di una messa alla prova della pietà

→ 190

di Giobbe, cosa che Giobbe non sa! Cfr. anche Gen. 22!). Quando gli amici vengono a trovare Giobbe (2,11-13), Giobbe si effonde in un

Lamento di Giobbe

possente *lamento*, in cui maledice il giorno della sua nascita (3). Né qui, né nella cornice narrativa, Giobbe prega per la fine delle sue sofferenze, in grande contrasto con i salmi di lamento, con i quali vi sono, per altri versi, stretti legami nella forma (CRÜSEMANN, contro WESTERMANN). Il lamento ha qui una funzione diversa: è *protesta*, che in

Accusa

seguito cresce fino a diventare *accusa*. Giobbe sottolinea continuamente che egli è senza colpa, di fronte agli amici (6,24 ecc.), ma soprattutto di fronte a Dio stesso (7,20; 9,20; 23,10-12; 27,2-6 e soprattutto il cap. 31). Dietro questo fatto si cela la concezione secondo cui ogni *sofferenza ha la sua causa nel peccato* (il «nesso causa-effetto»). Poiché Giobbe non ha coscienza di alcun peccato, considera immotivate le sue sofferenze: *Dio lo priva del suo diritto* (27,2).

La posizione iniziale degli amici è la stessa, ma essi argomentano in direzione opposta: se uno soffre, deve aver peccato. Con vari, rinnovati tentativi tentano di chiarirlo a Giobbe e di portarlo a riconoscere che la sua sofferenza è una dimostrazione del suo peccato (4,7; 8,5-7; 11-4-6 ecc., soprattutto cap. 22). In questo, essi non argomentano semplicemente a partire da una posizione dogmatica, come spesso si ritiene, ma motivano continuamente le loro affermazioni con l'esperienza di molte generazioni (8,8; 15,9 s.17 s.; 20,4 ecc.). Il problema di Giobbe consiste però proprio nel fatto che, nella sua personale esperienza, non può vedere confermate le regole di questa «sapienza sperimentale». Egli soffre senza ragione. Perciò egli si sente non soltanto abbandonato da Dio, come affermano anche oranti dei salmi (Sal. 22,2 s.; 31,23; 88,6 ecc.), ma anche aggredito e perseguitato: *Dio gli è divenuto nemico* (6,4; 7,12; 9,17 s.; 16,9-14; 19,6-12 ecc.), cosicché Giobbe, rovesciando le richieste degli oranti dei salmi che chiedono l'attenzione di Dio (Sal. 6,5; 13,4; 25,16 ecc.), arriva a dire: «distogli il tuo sguardo da me!» (10,20 cfr. 7,16; 13,21; 14,6.13). Il motivo decisivo di questa richiesta è che Dio stesso non si attiene più al diritto: «*Egli distrugge colpevoli e innocenti*» (9,22 s.; 10,14-17 ecc.). Perciò Giobbe lo sfida a sottoporsi a un *procedimento giudiziario* (23,3-5; 31,35-37).

Sapienza dell'esperienza

→ 152 ss.

→ 142 ss.

→ 128 ss.

Teofania

La risposta di Dio giunge in un *discorso di teofania* (38,1 - 42,6). Ma non si tratta affatto di una risposta alla sfida di Giobbe, al contrario: Giobbe viene ridimensionato, contrapponendogli, in una lunga serie di domande retoriche, *l'infinita distanza* fra Dio, creatore del mondo, e lui stesso (capp. 38 s.), di modo che la sua sfida può ora solo apparire assurda (40,1). Il secondo discorso parallelo di Dio (40,6 - 41,26) ribadisce ancora una volta tutto ciò. Giobbe riconosce l'inadeguatezza di tutto il suo discorso (40,3-5; 42,1-6).

Crisi della sapienza

L'interpretazione del libro di Giobbe nella sua interezza dipende essenzialmente dalla comprensione del(i) discorso(i) di Dio. Molti esegeti vi ravvisano innanzitutto una risposta allo stesso Giobbe, che verrebbe così vinto interiormente da Dio «affinché egli trovi la via a un'autentica e radicale conversione a Dio» (FOHRER), o che ora «saprebbe il suo destino ben accolto nel mistero di questo Dio» (VON RAD). Bisogna però ravvisarvi anche una *risposta agli amici di Giobbe*. Secondo la struttura del libro, essi non sono riusciti a convincere Giobbe (cfr. 32,3-5; 42,7-9), e così la loro concezione della giustizia di Dio, legata a una connessione visibile di causa ed effetto, si è rivelata non affidabile (CHILDS). Perciò non essi hanno detto «il vero» su Dio (42,7), ma Giobbe, che ha contestato la loro concezione. Qui si esprime la *crisi della sapienza* (SCHMID), che segna tutto il libro di Giobbe. Le regole della sapienza sperimentale si infrangono per Giobbe contro la realtà della sua sofferenza (cfr. CRÜSEMANN). Al loro posto non vengono però poste nuove regole, ma una nuova *conoscenza* (la radice *jd'* «conoscere» compare quattro volte nella risposta di Giobbe in 42,2-

Nuova conoscenza

4, quattro volte anche all'inizio del discorso divino in 38,2-5, e poi ai vv. 12.18.21.33; 39,1 s.); è affare di Dio e non degli uomini conoscere l'ordine del mondo e le regole dell'agire divino, e per queste cose l'uomo è rinviato all'ammaestramento di Dio (42,4).

Canto della Sapienza → 155

Questo è quanto afferma anche il cap. 28: l'uomo non sa (*jd'*) dove si possa trovare la *sapienza* (vv. 12 s.), ma Dio sì (v. 23). Perciò, indubbiamente, il capitolo occupa un posto coscientemente scelto nella composizione: al termine del ciclo di discorsi, prima del «discorso di sfida» di Giobbe. Esso esprime anche che cosa è importante per l'uomo: «Temere il Signore, questa è la sapienza, e fuggire il male è l'intelligenza» (v. 28) – esattamente ciò che ha fatto il Giobbe della cornice narrativa (1,1, cfr. LAURIN)! Anche nei *discorsi di Elihu* (32-37) compare il termine «conoscenza» (*de*[ac]), all'inizio del primo (32,6.10.17) e del quarto discorso (36,3): Giobbe parla «senza conoscenza» (34,33.35; 35,16, cfr. 36,12) – come nel discorso di Dio (38,2) e nella risposta di Giobbe (42,3); e, verso la fine, Elihu prelude in certo qual modo alle domande sulla conoscenza di Giobbe nel discorso di Dio (32,26; 37,5.7.15.16.19). Nella composizione complessiva, i discorsi di Elihu hanno così la funzione di creare un ponte fra i dialoghi e i discorsi di Dio, fornendo in positivo l'esempio di una sapienza cosciente dei limiti che le vengono posti da Dio e, al tempo stesso, quella di evidenziare la connessione fra sapienza e creazione (CHILDS).

Discorsi di Elihu

La chiusa della cornice narrativa mostra Giobbe nel ruolo di colui che offre un sacrificio vicario per i suoi amici (42,7-9), come già per i suoi figli (1,5). Si parla poi brevemente del suo ristabilimento, che arriva persino a superare lo stato precedente (42,10-17). Questa chiusa appare notevolmente impropria in confronto alle dure contrapposizioni della sezione dei discorsi. Inoltre, essa non ha una propria rilevanza narrativa; insieme con 1,22; 2,11 e 42,7, deve esprimere il fatto che Giobbe ha superato la prova cui è stata sottoposta la sua pietà (anche Abramo, in Gen. 22,19, torna a casa come se nulla fosse successo).

Tradizioni di Giobbe

Età e origine della tradizione di Giobbe sono difficili da determinare. Dall'antico Oriente sono noti numerosi testi che trattano, in disparate forme letterarie, il problema della sofferenza incolpevole del giusto. Il più antico di essi proviene dall'ambito sumerico ed è probabilmente sorto verso il 2000 a.C.; da una realtà geograficamente e temporalmente più prossima a Israele provengono testi ugaritici che possono essere paragonati a Giobbe, altri da Babilonia o dall'Egitto, ma anche da tradizioni arabe ed ebraiche posteriori. La comparabilità è controversa nei particolari (cfr. MÜLLER 1978, LÉVÊQUE, GRAY, PREUSS). È però interessante che anche le tradizioni bibliche qualifichino Giobbe non come israelita, ma lo localizzino nel paese di Uz (1,1; in Lam. 4,21 questo paese è identificato con Edom). Le sue ricchezze sono paragonate a quelle della «gente dell'est» (*b^ene kedem*) (1,3), che funge da termine di paragone anche per la sapienza di Salomone (I Re 5,10). Questo evidenzia così chiaramente la connessione di Giobbe con la *sapienza antico-orientale* internazionale. → 59. 238

Epoca della redazione

Non è possibile determinare l'*epoca della redazione* della cornice narrativa. Lo stile di vita di Giobbe è dipinto come quello di un ricco proprietario di armenti; lo si potrebbe definire: «sceicco beduino». In questo modo si vuole forse anche istituire un parallelo con i patriarchi, ma ciò, tuttavia, non è mai reso esplicito. In Ez. 14,14.20 Giobbe è menzionato, insieme a Noè e Daniele, come esempio di giusto esemplare, il che indica similmente una tradizione che lo annovera fra le grandi figure dei primordi. → 23 ss. 189 ss. → 279

La sezione dei discorsi presuppone condizioni totalmente diverse: Giobbe era un rispettato e influente cittadino di una città (cfr. 29,7-10.21-25). La composizione poetica è probabilmente sorta in simili circoli cittadini di *persone colte e versate nella sapienza* (cfr. WHYBRAY). Qui, si pensa ovviamente all'*epoca post-esilica*, in cui è sorto anche *Kohelet*, altro esempio della «crisi della sapienza», che rispecchia al tempo stesso una crisi dell'ordinamento sociale (CRÜSEMANN, ALBERTZ, cfr. anche LÉVÊQUE 1981). → 175 → 341 ss.

Bibliografia

Commentari: DELITZSCH (BC) 1864, 1876[2]; DUHM (KHC) 1897; BUDDE (HK) 1896, 1913[2]; DRIVER - GRAY (ICC) 1921 (1951); DHORME 1926; HÖLSCHER (HAT) 1937, 1952[2]; TORCZYNER (TUR-SINAI) 1941; IDEM 1957; WEISER (ATD) 1951, 1980[7], trad. it. 1975; FOHRER (KAT) 1963; HORST (BK) capp. 1-19, 1968 (1983[4]); POPE (AB) 1965, 1974[3]; HESSE (ZBK) 1978.

R. ALBERTZ, *Der sozialgeschichtliche Hintergrund des Hiobbuches und der «Babylonischen Theodizee»*, in *Die Botschaft und die Boten, FS H. W. Wolff*, 1981, 349-372; A. ALT, *Zur Vorgeschichte des Buches Hiob*, in ZAW 55, 1937, 265-268; F. CRÜSEMANN, *Hiob und Kohelet. Ein Beitrag zum Verständnis des Hiobbuches*, in *Werden und Wirken des Alten Testaments, FS C. Westermann*, 1980, 373-393; G. FOHRER, *Studien zum Buch Hiob*, 1963; H. GESE, *Lehre und Wirklichkeit in der alten Weisheit. Studien zu den Sprüchen Salomos und zu dem Buche Hiob*, 1958; J. GRAY, *The Book of Job in the Context of Near Eastern Literature*, in ZAW 82, 1970, 251-269; Y. HOFFMAN, *The Relation between the Prologue and the Speach-Cycle in Job*, in VT 3, 1981, 160-170; A. JEPSEN, *Das Buch Hiob und seine Deutung*, 1963; O. KEEL, *Jahwes Entgegnung an Ijob*, 1978; V. KUBINA, *Die Gottesreden im Buche Hiob*, 1979; R. LAURIN, *The Theological Structure of Job*, in ZAW 84, 1972, 86-89; J. LÉVÊQUE, *Job et son Dieu*, 2 voll., 1970; IDEM, *La datation du livre de Job*, in VT.S 32, 1981, 206-219; V. MAAG, *Hiob. Wandlung und Verarbeitung des Problems in Novelle, Dialogdichtung und Spätfassungen*, 1982; H.-P. MÜLLER, *Hiob und seine Freunde. Traditionsgeschitliches zum Verständnis des Hiobbuches*, 1970; IDEM, *Die weisheitliche Lehrerzählung im Alten Testament und seiner Umwelt*, in WO 9, 1977/78, 77-98; IDEM, *Das Hiobproblem. Seine Stellung und Entsehung im Alten Orient und im Alten Testament*, 1978; R.M. POLZIN, *An*

Attempt at Structural Analysis: The Book of Job, in *Biblical Structuralism*, 1977, 54-125; H.D. PREUSS, *Jahwes Antwort an Hiob und die sogenannte Hiobliteratu-re des alten Vorderen Orients*, in *Beiträge zur alttestamentlichen Theologie, FS W. Zimmerli*, 1977, 323-343; G. v. RAD, *Weisheit in Israel*, 1970; H.H. SCHMID, *Wesen und Geschichte der Weisheit*, 1966; C. WESTERMANN, *Der Aufbau des Buches Hiob*, 1956, 1978³; R.N. WHYBRAY, *The Intellectual Tradition in the Old Testament*, 1974; E. WÜRTHWEIN, *Gott und Mensch in Dialog und Gottesreden des Buches Hiob* (1938), in *Wort und Existenz*, 1970, 217-295.

STEUERNAGEL, par. 145-148; EISSFELDT, par. 64; FOHRER, par. 50; SOGGIN, par. 37; KAISER, par. 36; SMEND, par. 41; SCHMIDT, par. 29; CHILDS XXXIX.

4.3 I Proverbi di Salomone

Raccolte

Il libro dei «Proverbi di Salomone» si presenta come raccolta di parti indipendenti che recano proprie soprascritte:

1-9	«Proverbi di Salomone, figlio di Davide, re d'Israele»
10,1 - 22,16	«Proverbi di Salomone»
22,17 - 24,22	(«Parole di saggi»)
24,23-34	«Anche queste (sono) di saggi»
25-29	«Anche questi sono proverbi di Salomone, che gli uomini di Ezechia, re di Giuda, hanno tramandato
30	«Parole di Agur, figlio di Jaké (da Massah?)»
31	«Parole di Lemuel, il re (di Massah?)».

Le grandi raccolte 1-9; 10,1 - 22,16 e 25-29, recanti la soprascritta «Proverbi di Salomone», sono quelle che si lasciano circoscrivere con maggiore evidenza. Esse segnano il carattere dell'intero libro, che la
→ 59. 238 soprascritta di 1,1 intende evidentemente attribuire complessivamente a Salomone.

Nella raccolta introduttiva dei capp. 1-9 i detti sapienziali sono
Discorsi didattici → 154
riuniti in dieci unità maggiori che possono essere definite discorsi didattici. In esse, come prima figura di rilievo, viene introdotto il *maestro di sapienza* che apre ogni volta i suoi discorsi con l'apostrofe: «figlio mio» (1,8 ecc.). Accanto a lui, come seconda figura, compare la
→ 155 s. *sapienza stessa* che impartisce pubblicamente il suo ammaestramento (1,20-33). Il suo discorso, insieme all'altro grande discorso della sapienza (cap. 8), costituisce una cornice intorno ai discorsi del maestro di sapienza, capp. 2-7 (cfr. PLÖGER, Commentario). In questo modo, questa prima raccolta riceve un carattere programmatico per l'intero libro. Ciò vale in modo particolare anche per l'*introduzione* (1,1-7), in cui i concetti centrali della terminologia sapienziale sono pre-

sentati come scopi della raccolta: sapienza (*chokmah*), intelligenza (*bina*), conoscenza (*da'at*), disciplina (*muśar*) e, come culmine che tutto riassume, il timore di Dio (*jir'at jhwh*). L'affermazione programmatica sul «principio della sapienza» (1,7) viene ripetuta, in forma leggermente diversa, verso la fine della raccolta (9,10). Essa è preceduta dall'invito della sapienza a essere ospiti a pranzo in casa sua (9,1-6), opposto all'invito di «donna follia» (9,13-18). → 155 s.

LANG delimita i discorsi didattici come segue: 1,8-19; 2; 3,1-12; 3,21-35; 4,1-9; 4,10-19; 4,20-27; 5; 6,20-35; 7 (similmente SCOTT, WHYBRAY si scosta maggiormente). Inoltre, i capp. 1-9 sono spesso considerati come la parte più recente del libro, soprattutto in considerazione della personificazione (o addirittura, in 8,22-31, della ipostatizzazione) della sapienza, per la quale si suppongono influenze greche. WHYBRAY, KAYATZ e altri hanno tuttavia fatto notare il retroterra egiziano di questa raccolta e hanno supposto che essa sia stata accolta e trasformata in Israele prima dell'esilio.

Proverbi sciolti

L'ampia raccolta di «proverbi di Salomone» 10,1 - 22,16 è formata da un gran numero di singoli proverbi indipendenti (in totale 375). Qui appare molto difficile individuare le regole o i princìpi in base ai quali i proverbi sono disposti. In molti casi, si notano effettivamente associazioni terminologiche o contatti tematici tra proverbi vicini: essi, però, abbracciano per lo più solo pochissimi versi e quasi non si riesce a individuare un principio costante (cfr. HERMISSON, 174 ss. sui capp. 10-15, PLÖGER 1971). Un passo essenziale per la chiarificazione delle associazioni è stato però fatto da WHYBRAY (1979). Egli ha riconosciuto che, in molti casi, proverbi che parlano esplicitamente di Jhwh hanno nell'attuale contesto la funzione di dare una nuova interpretazione di detti più antichi. Risulta inoltre che il brano 15,33 - 16,9, in cui i proverbi di Jhwh compaiono con maggiore frequenza, rappresenta il *centro della raccolta* 10,1 - 22,16. Qui viene quasi sviluppata una sorta di «teologia sapienziale» in forma estremamente concisa. Al tempo stesso, sono evidenti i rapporti col contesto: 15,33 costituisce la chiusa di un piccolo gruppo di testi che parlano del rimprovero e della disciplina (vv. 31-33). 16,10-15 ha invece a che fare con il re, che appare così come «uomo» esemplare (v. 7), del cui cammino Dio si compiace. Così 15,31 - 16,15 costituisce un'unità coscientemente costruita al centro della raccolta 10,1 - 22,16.

Proverbi di Jhwh

Teologia sapienziale

Altri esempi del procedimento di reinterpretazione di detti sapienziali più antichi per mezzo di proverbi di Jhwh: a 15,17 viene attribuita una interpretazione «religiosa» anteponendogli il v. 16: il timore di Dio è ancora più importante che l'affetto degli uomini (forse il v. 16 interpreta al tempo stesso anche il 15 e così si forma qui un piccolo gruppo). 18,10 non soltanto interpreta il successivo v. 11, ma lo contraddice: non è la ricchezza a dare sicurezza, ma solo il «nome di Jhwh». 19,20: il consiglio umano (*'eza*) ha consistenza solo se si fonda nel decreto (*'eza*) di Jhwh (v. 21). La «sapienza» (14,1) viene interpretata tramite il «timore di Dio» (v. 2); la giustizia che salva (10,2) viene da Jhwh (v. 3). La realizzazione di gruppi per mezzo dei proverbi di Jhwh appare in 16,33 - 17,3; 20,8-12 ecc.

Paralleli egizi

La raccolta di «parole dei saggi» 22,17 - 24,22 contiene in gran quantità paralleli letterali con l'egiziano «*insegnamento di Amenemope*», soprattutto in 22,17 - 23,11 (cfr. GRESSMANN: il testo in AOT 38-64, RTAT 75-88). Il testo ebraico è comunque più breve, e la successione dei singoli proverbi è fortemente modificata; la sua dipendenza dall'originale egiziano può tuttavia difficilmente essere messa in dubbio, di modo che qui si scorge l'intreccio internazionale delle tradizioni sapienziali. Al tempo stesso, è però anche evidente la rielaborazione interpretativa per mezzo di proverbi di Jhwh: 22,22 ha un parallelo quasi verbale nel testo egiziano, il v. 23 aggiunge una motivazione riferita a Jhwh (cfr. anche 24,17 e 18 senza originale egiziano). Un proverbio di Jhwh si trova nell'introduzione (22,19), uno nel brano conclusivo (24,21) e nel centro della raccolta (23,17) abbiamo un invito al timore di Dio.

Raccolta di Ezechia

La terza raccolta di «proverbi di Salomone», capp. 25-29 che, secondo la soprascritta, fu realizzata al tempo di Ezechia, contiene di nuovo esclusivamente singoli proverbi. Spesso, sulla base della diversa tematica e delle varie forme dei proverbi, viene operata una suddivisione in due parti (capp. 25-27 e 28 s.) (cfr. SKLADNY), ma i motivi addotti non sono decisivi (cfr. HERMISSON, 76 ss., MCKANE, 10 ss.), cosicché è consigliabile mantenere la suddivisione indicata dalla soprascritta. A differenza di 10,1 - 22,16, il numero dei proverbi di Jhwh è molto più basso. In 25,22 è stata introdotta una motivazione per il proverbio che precede, la quale ricorda 22,22 s. e 24,17 s. (vedi sopra); 28,5 funge da sintesi programmatica dei vv. 1-4; 28,25 interpreta il verso precedente e quello seguente; 29,25 s. si trovano nella parte conclusiva della raccolta (non mi è possibile classificare 29,13).

Parole di Agur

→ 120. 153

Fra le «parole di Agur», cap. 30, oltre ai *proverbi numerici* (vv. 15-31) si trovano un singolare lamento sulla vana ricerca di sapienza e un interrogativo sul nome del creatore del mondo (vv. 1b-4), che ricordano Giobbe. I vv. 5 s. vi rispondono, con citazioni da altri libri dell'Antico Testamento (II Sam. 22,31 = Sal. 18,31; Deut. 4,2) che qui sono già evidentemente presupposti essere scritti sacri (cfr. CHILDS). A queste parole viene nuovamente risposto con una preghiera (vv. 7-9). Le «parole di Lemuel», cap. 31, contengono un *ammaestramento del re* da parte di sua madre (vv. 1-9), a cui è stata unita la «lode della donna virtuosa» (vv. 10-31), strutturata alfabeticamente. È chiaro che qui sono stati aggiunti testi anche dopo la chiusura della raccolta.

Parole di Lemuel

Pensieri conduttori

La chiusa del libro è meno chiara dell'inizio. L'interpretazione globale è comunque chiaramente segnata dai capp. 1-9, il che si è ripercosso anche nel lavoro di interpretazione teologica delle raccolte che seguono (particolarmente in 10,1 - 22,16). Possiamo lasciare aperta la questione se una parte dei proverbi fu originariamente intesa «in senso profano». Essi si trovano ora raccolti sotto il pensiero guida formulato in 1,7, secondo cui «il timore di Dio è il principio della conoscenza» (cioè, secondo 9,10, della sapienza) e vengono in questo modo inclusi nel quadro complessivo delle tradizioni dell'Antico Testamento. Le tradizioni sapienziali mantengono comunque la loro indipendenza in rapporto alla «legge» e ai «profeti».

L'*epoca* a cui appartengono le singole raccolte può essere determinata solo approssimativamente. Il rimando più chiaro è quello all'epoca di Ezechia (25,1) e nulla si oppone a collocare la raccolta dei capp. 25-29 in epoca monarchica. In linea di massima, anche per 10,1 - 22,16 le cose non possono essere diverse. Qui appare addirittura che, anche quando si sono introdotti i proverbi di Jhwh a mo' di interpretazione, si è usata la figura del re come modello (vedi sopra a proposito di 15,31 - 16,15), il che presuppone l'esistenza della monarchia. Anche per 22,17 - 24,22, sulla base dei paralleli egiziani, è verosimile un'origine in epoca monarchica. Gli argomenti spesso addotti in passato per sostenere l'origine post-esilica dei capp. 1-9 hanno perso la loro portata, cosicché mancano appigli sicuri per la datazione di questa parte e quindi anche per la composizione nel suo complesso. Come per la maggior parte degli scritti dell'Antico Testamento, si può ipotizzare una formulazione conclusiva in epoca post-esilica (per 30,1-9 questo appare certo). L'indicazione di Salomone come autore della raccolta di proverbi sapienziali corrisponde pienamente all'immagine del re saggio che di lui ha sviluppato la storiografia deuteronomistica.

Datazione

→ 238

Bibliografia

Commentari: WILDEBOER (KHC) 1897; GEMSER (HAT) 1937, 1963[2]; RINGGREN (ATD) 1962, 1980[3]; SCOTT (AB) 1965; MCKANE (OTL) 1970; PLÖGER (BK) 1981, 1984.

E.G. BAUCKMANN, *Die Proverbien und die Sprüche des Jesus Sirach. Eine Untersuchung zum Strukturwandel der israelitischen Weisheitslehre*, in ZAW 72, 1960, 33-63; J. BLENKINSOPP, *Wisdom and Law in the OT*, 1983; H. GRESSMANN, *Die neugefundene Lehre des Amen-em-ope und die vorexilische Spruchdichtung Israels*, in ZAW 42, 1924, 272-296; H.-J. HERMISSON, *Studien zur israelitischen Spruchweisheit*, 1968; C. KAYATZ, *Studien zu Proverbien 1-9*, 1966; B. LANG, *Die weisheitliche Lehrrede. Eine Untersuchung von Sprüche 1-7*, 1972; O. PLÖGER, *Zur Auslegung der Sentenzensammlungen des Proverbienbuches*, in *Probleme biblischer Theologie, FS G. v. Rad*, 1971, 402-416; H.H. SCHMID, *Wesen und Geschichte der Weisheit*, 1966; U. SKLADNY, *Die ältesten Spruchsammlungen in Israel*,

1962; R.N. WHYBRAY, *Wisdom in Proverbs*, 1965; IDEM, *Yahwehsayings and their Contexts in Proverbs 10,1-22,16*, in M. GILBERT (a cura di), *La Sagesse de l'Ancien Testament*, 1979, 153-165.
STEUERNAGEL, par. 143-144; EISSFELDT, par. 65; FOHRER, par. 49; SOGGIN, par. 36; KAISER, par. 35; SMEND, par. 42; SCHMIDT, par. 27; CHILDS XXXV.
Cfr. anche la Bibliografia in II.5.

4.4 Le cinque Meghillot (rotoli festivi)

Nella tradizione ebraica, i cinque libri di Ruth, Cantico dei Cantici, Kohelet, Lamentazioni, Ester sono trattati come gruppo unitario perché essi venivano utilizzati come letture per determinate festività. Nella successione delle feste sull'arco dell'anno, si ha la seguente sequenza: Cantico dei Cantici (Pesach), Ruth (festa delle settimane), Lamentazioni (commemorazione della distruzione del Tempio, il 9 del mese di Av), Kohelet (festa delle capanne), Ester (Purim). Questa sequenza viene utilizzata anche nelle normali edizioni ebraiche della Bibbia. In qualche manoscritto medievale, comunque, si trova un ordine cronologico: all'inizio il libro di Ruth, che tratta la preistoria di Davide, poi il Cantico e Kohelet, di cui Salomone è considerato l'autore, e infine Lamentazioni ed Ester. Anche il manoscritto di Leningrado, su cui si basa la *Biblia Hebraica*, contiene questa sequenza, che così è divenuta corrente nell'uso scientifico.

Che il raggruppamento delle cinque Meghillot si sia imposto soltanto in fase tardiva è mostrato dal fatto che in manoscritti medievali Ruth si trova frequentemente in testa agli «scritti» (come anche nel Talmud babilonese, trattato *Baba Batra* 14b) mentre Ester viene soltanto dopo Daniele. A ciò corrisponde il fatto che, in un altro punto del Talmud babilonese (*Berakot* 57b), vengono menzionati come «tre scritti minori» il Cantico dei Cantici, Kohelet e le Lamentazioni e poi, a parte, il «rotolo di Ester». Dopo essere state raggruppate, comunque, le Meghillot godettero di una stima particolare e, in molti manoscritti e persino in antiche edizioni a stampa, vennero poste subito dopo il Pentateuco, sicuramente a causa del loro impiego nel culto. Si spiega così anche il fatto che siano chiamate *m^e^gillot* «rotoli»: ancora a lungo, nell'uso liturgico, furono utilizzate in forma di rotolo, appunto, cosa che oggi si usa fare ancora soltanto con il rotolo di Ester (cfr. EJ 4,827 ss. con tabelle).

4.4.1 Il libro di Ruth

Da quando, in epoca moderna, si è cominciato a considerare i libri biblici anche come «letteratura», l'arte poetica e la bellezza del libro di

Ruth sono state spesso celebrate (ad es. da Herder e Goethe). Esegeti più moderni hanno poi riconosciuto come questo racconto apparentemente «idilliaco» contenga numerose allusioni e rimandi a questioni e problemi, di cui i lettori o ascoltatori contemporanei dovevano immediatamente essere coscienti (cfr. il modo, pieno di immedesimazione, con cui GUNKEL ha rinarrato la storia). Così, il brano decisivo del racconto (capp. 3 s.) tratta le questioni giuridiche di un *matrimonio per levirato* (cioè l'obbligo di sposare la vedova di un parente deceduto, cfr. Deut. 25,5-10) e della pretesa di proprietà di terreni a ciò collegata. Un altro aspetto deriva dal fatto che è di una *straniera* (la moabita Ruth) che qui si parla in termini tanto elogiativi. Inoltre è significativo che questa donna (straniera), presentata come esempio, sia una *antenata del re Davide* (4,17-20). Infine, il racconto può essere considerato dalle più diverse angolature etiche o religiose: come lode della fedeltà della vedova (GUNKEL, 88) o della fedeltà (*chešed*) in generale, come essa è praticata dai personaggi del racconto, Ruth, Boaz e Naomi (WÜRTHWEIN) o come racconto esemplare che illustra la guida divina (RUDOLPH, HERTZBERG). L'interpretazione complessiva del racconto dipende essenzialmente da quale significato si attribuisce ai singoli aspetti.

Matrimonio per levirato → 128

Antenata di Davide

Struttura

La struttura del racconto è chiara ed evidente. Secondo GUNKEL, esso si suddivide in quattro blocchi narrativi principali, contenenti ognuno diverse scene singole, collegate da interludi e incorniciate da una introduzione e da una parte conclusiva: 1,1-5 introduzione: la situazione di Naomi; 1,6-18 primo blocco: ritorno a casa di Naomi, decisione di Ruth di stare con Naomi; 1,19-22 interludio: arrivo a Bethleem; 2,1-17 secondo blocco: incontro fra Ruth e Boaz; 2,18-22(23) interludio: dialogo fra Ruth e Naomi; 3,1-15 terzo blocco: piano di Naomi e relativa esecuzione; 3,16-18 interludio: dialogo fra Ruth e Naomi: 4,1-12 quarto blocco: negozio giuridico, Boaz ottiene il terreno e Ruth; 4,13-17 conclusione: nascita della posterità, fine della disgrazia di Naomi; 4,18-20: genealogia di Davide (divisione un po' diversa in BERTMAN, che sottolinea la struttura simmetrica del racconto).

Intenzione

Semplificando molto, il problema di come interpretare il libro nella sua globalità può essere ridotto alla questione di sapere quale significato ha il riferimento a Davide. Nella versione attuale, questo collegamento è enfaticamente messo in risalto per mezzo della genealogia alla fine, e vi si fa culminare tutto il racconto. Esso è però già contenuto al v. 17, cosicché il racconto non avrebbe alcuna conclusione, se si ritenesse che questo aspetto sia stato introdotto in un secondo tempo (perciò, molti esegeti suppongono che la conclusione originaria sia stata rimossa dalla redazione). Così anche molti esegeti moderni, «critici», continuano a ritenere che questa connessione sia originaria (ad es. RUDOLPH, GERLEMAN, LORETZ 1960), pur traendone conseguenze diverse per l'interpretazione globale. Rilevante è l'argomento di GERLEMAN, secondo cui è difficilmente immaginabile che, in epoca tardiva, si sia «attribuita» a Davide una bisnonna moabita, se la tradizione non ne sapeva nulla.

Riferimento a Davide

A mio avviso, la cosa più probabile è che il racconto fosse, fin dall'inizio, orientato a Davide. Quanto il racconto si radichi nel contesto della storia d'Israele appare dalla menzione di Rachele e Lea (4,11), altrimenti mai menzionate fuori della Genesi, come capostipiti di Israele, e del figlio di Giuda, Perets (v. 12, cfr. Gen. 38; anche Perets era nato da una sorta di matrimonio per levirato). Il carattere esemplare dei personaggi e, soprattutto, la guida divina (non senza concorso umano!) sono qui aspetti rilevanti del racconto che certamente (come la maggior parte dei racconti dell'Antico Testamento) poteva essere raccontato, udito o letto con interessi molto diversi (cfr. anche PRINSLOO).

È degno di considerazione il suggerimento di GERLEMAN, secondo cui, tramite la presentazione di Ruth in termini esemplari e il negozio giuridico, esposto in modo particolareggiato, si doveva reagire alla critica mossa alle origini moabite della dinastia davidica. Meno illuminante è la tesi, spesso sostenuta, secondo cui il racconto voleva fare da contrappeso al divieto dei matrimoni misti da parte di Esdra e Nehemia, perché i problemi religiosi che là stanno in primo piano sono qui a priori sgombrati dalla confessione di Ruth in 1,16 s.

Genere letterario
→ 124. 154 s.

Per quanto riguarda il genere letterario, il racconto può essere definito *novella* (GUNKEL, WITZENRATH). Molto marcato è anche l'intento didattico nella presentazione delle figure esemplari e dei loro fortunati destini, cosicché lo si può anche definire *racconto didattico*. L'*età* del racconto è molto difficile da determinare. Se il collegamento con Davide fa parte del racconto originario, molto depone a favore dell'origine in epoca monarchica (così RUDOLPH, GERLEMAN; contrario, fra gli altri, VESCO). Il racconto non offre comunque appigli sicuri per la datazione.

Bibliografia

Commentari: BERTHOLET (KHC) 1898; RUDOLPH (KAT) 1939, 1962; HALLER (HAT) 1940; HERTZBERG (ATD) 1953 (1974[5]); GERLEMAN (BK) 1965, 1981[2]; WÜRTHWEIN (HAT[2]) 1969; CAMPBELL (AB) 1975; ZENGER (ZBK) 1986.

D.R.G. BEATTIE, *Jewish Exegesis of the Book of Ruth*, 1977; S. BERTMAN, *Symmetrical Design in the Book of Ruth*, in JBL 84, 1965, 165-168; H. GUNKEL, *Ruth* (1905), in *Reden und Aufsätze*, 1913, 65-92; O. LORETZ, *The Theme of the Ruth Story*, in CBQ 22, 1960, 391-399; IDEM, *Das Verhältnis zwischen Rut-Story und David-Genealogie im Rut-Buch*, in ZAW 89, 1977, 124-126; J.M. MYERS, *The Linguistic and Literary Form of the Book of Ruth*, 1955; W.S. PRINSLOO, *The Theology of the Book of Ruth*, in VT 30, 1980, 330-341; T. e D. THOMPSON, *Some Legal Problems in the Book of Ruth*, in VT 18, 1968, 79-99; J.-L. VESCO, *La date du livre de Ruth*, in RB 74, 1967, 235-247; H.H. WITZENRATH, *Das Buch Ruth*, 1975. STEUERNAGEL, par. 92; EISSFELDT, par. 66; FOHRER, par. 36; SOGGIN, par. 38; KAISER, par. 20; SMEND, par. 43; SCHMIDT, par. 26; CHILDS XXXVI.

4.4.2. Il Cantico dei Cantici

L'interpretazione del Cantico dei Cantici (ebraico: *shir-ha-shirim*) solleva un interrogativo di fondo: in quale modo una raccolta di canti d'amore è potuta finire nel canone delle sacre Scritture? Una diffusa interpretazione ebraica e cristiana rispondeva a questa domanda con un'esegesi allegorica: i testi non trattano dell'amore fra uomo e donna, ma di quello fra Dio e Israele o fra Cristo e la comunità.

Interpretazione allegorica

Comunque non è affatto sicuro che questa interpretazione allegorica si sia già affermata prima dell'assunzione nel canone. È tramandata una dura critica di Rabbi Aqiba (circa 50-135 d.C.) a quelli che cantano il Cantico nelle osterie (*Tosefta Sanhedrin* XII,10, cfr. SEGAL), il che, evidentemente, a quell'epoca avveniva. La *Mishnah* (trattato *Jadajim* III,5) tramanda una discussione rabbinica sulla santità (cioè sulla canonicità) del Cantico dei Cantici (e di Kohelet) in cui, di nuovo, Rabbi Aqiba dichiara, contro chi la contesta: «Tutte le Scritture sono sante, ma il Cantico dei Cantici è santissimo».

In epoca moderna, si è sempre più affermata la concezione che si tratti effettivamente di *canti d'amore*. Questa concezione ha comunque avuto molteplici variazioni. Innanzitutto è stata sostenuta la tesi che si tratta di canti eseguiti in occasione di una *festa matrimoniale*: per questo si è fatto ricorso a materiale comparativo originario della Siria (raccolto nel XIX secolo da WETZSTEIN, cfr. BUDDE). BUDDE vede nel Cantico dei Cantici «in certo qual modo il testo di un matrimonio palestino-israelitico» (XIX). In tutt'altra direzione va l'*interpretazione cultuale e mitologica* che vede nel Cantico dei Cantici il riflesso di un *hieros gamos*, di «nozze sacre», in cui l'unione sessuale di due divinità (secondo la tradizione babilonese si tratterebbe di Ishtar e Tammuz) viene rappresentata nel culto da una coppia di sacerdoti (HALLER, SCHMÖKEL). Questa interpretazione dipende però da una determinata visione dell'assunzione di tradizioni cultuali cananee in Israele, in particolare quelle della «monarchia sacrale», che attualmente è largamente abbandonata. Inoltre, SCHMÖKEL fu costretto a spostare arbitrariamente i testi del Cantico per poter «ricostruire» lo svolgimento della supposta celebrazione cultuale. MÜLLER, infine, contro una interpretazione puramente «naturale» dei canti d'amore, vorrebbe si cogliesse la dimensione mitica di questa lirica (cfr. le storie della ricerca di KUHL e WÜRTHWEIN). La concezione più illuminante rimane quella che vede nel Cantico dei Cantici una raccolta di canti d'amore. In

Canti d'amore → 118

questa linea, prevale l'opinione che si tratti di una raccolta fluida senza una divisione evidente. Si può comunque mostrare che, nella sua forma attuale, l'intero testo rivela una *composizione* molto studiata.

Composizione

Cornice

La *cornice* è costituita da 1,2-6 e 8.8-14. Questi testi contengono una struttura chiastica con i seguenti elementi: 1. dichiarazione d'amore della donna al suo amato, con l'invito «attirami a te, corriamo» (1,2-4); a essa corrisponde, alla fine, il dialogo fra gli amanti (8,13 s.), che sfocia nuovamente nell'invito della donna: «Fuggi, amore mio!»; 2. la metafora della vigna (1,6b e 8,11 s.), in cui la donna è presentata come vigna; 3. a questo si collega il discorso dei fratelli (1,6b e 8,8-10), che si preoccupano della sorella, ma non possono impedire che lei si apra all'amato. Questa cornice è per così dire ancorata al centro della composizione dall'invito dell'uomo alla sua amata: «Vieni con me mia fidanzata!» (4,8), che corrisponde agli inviti della donna all'inizio e alla fine.

Figlie di Gerusalemme

L'apostrofe della donna alle «figlie di Gerusalemme» costituisce un fondamentale elemento di divisione. Nella composizione, essa rivesta una duplice funzione. Da un lato, l'espressione «vi scongiuro, figlie di Gerusalemme», che ricorre quattro volte (2,7; 3,5; 5,8; 8,4) segna ogni volta una chiusa, di modo che l'intera raccolta all'interno della cornice viene suddivisa in *quattro sezioni*: 1,7 - 2,7 contiene tre dialoghi fra gli amanti (1,7 s.9-17; 2,1-3) e una descrizione finale della scena d'amore con parole della donna (2,4-7), che termina con l'apostrofe alle «figlie di Gerusalemme»; 2,8 - 3,5 contiene soltanto discorsi o canti della donna, dove 2,8 s. e 17 sono correlati e in 3,1-5 viene nuovamente tratteggiata una scena d'amore conclusiva che termina con l'apostrofe alle «figlie di Gerusalemme»; 3,6 - 5,1 comincia con la descrizione di uno sfarzoso corteo del re Salomone (3,6-11), cui seguono, innanzitutto, la descrizione dell'amata con parole dell'uomo (4,1-7), e poi ulteriori discorsi e canti alla «fidanzata» (*kalla* solo qui e in 4,8-12; 5,1), che si concludono con un dialogo (4,16 - 5,1). La sezione 5,2-8 svolge una funzione di transizione: questa volta, la scena d'amore finale non ha luogo, cosicché l'apostrofe che scongiura le «figlie di Gerusalemme» (5,8) fa al tempo stesso da introduzione a un dialogo con un doppio gioco di domanda e risposta (5,9-16; 6,1-3). 6,4 - 7,10 contiene descrizioni dell'amata e canti d'amore dell'uomo (6,4-7.8-10.11 s. [+ 7,1?]; 7,[1]2-6.7-10), in 7,11 la donna riprende nuovamente la parola fino alla scena d'amore conclusiva di 8,1-4 che di nuovo termina con l'apostrofe alle «figlie di Gerusalemme».

Quattro scene d'amore

Oltre che in punti in cui hanno la funzione di segnare una divisione, le «figlie di Gerusalemme» compaiono come interlocutrici della donna anche in altri momenti rilevanti. In 1,5 s., in riferimento alla bellezza della donna, si afferma «non guardatemi!», in 3,11 «guardate il re Salomone!» e in 5,16, come conclusione della descrizione dell'amato, «questo è il mio amore, questo il mio amico, figlie di Gerusalemme!». Quest'ultima affermazione si trova nel contesto del dialogo che inizia già con l'implorazione in 5,8 (vedi sopra), di modo che qui si intrecciano ambedue le funzioni delle «figlie di Gerusalemme».

Tra l'ultima scena d'amore (8,1-4) e la parte conclusiva della cornice (8,8-14) c'è un dialogo finale tra i due amanti (vv. 5-7), che contiene affermazioni forti e profonde sull'amore (vv. 5-7) («l'amore è forte come la morte» v. 6) e che perciò costituisce il punto culminante dei discorsi e canti d'amore.

Forte come la morte

La composizione del Cantico dei Cantici può essere così rappresentata:

1,2-6 invito a mettersi in movimento, metafora della vigna, fratelli (v. 5 «figlie di Gerusalemme»)	
I. 1,7 - 2,7	
1,7 s.	
9-17	dialoghi degli amanti
2,1-3	
2,4-7	*scena d'amore* («vi scongiuro, figlie di Gerusalemme»)
II. 2,8 - 3,5	
2,8-14	
15	canti della donna
16 s.	
3,1-5	*scena d'amore* («vi scongiuro, figlie di Gerusalemme»)
III. 3,6 - 5,1	
3,6-11	sfarzoso corteo del re Salomone (vv. 10 s. «figlie di Gerusalemme/Sion»)
4,1-7	
4,8	(invito a mettersi in movimento)
9-11	canti dell'uomo
4,12-15	
4,16 - 5,1	dialogo degli amanti
intermezzo 5,2 - 6,3	
5,2-8	*scena d'amore mancata* («vi scongiuro, figlie di Gerusalemme»)
9-16	
6,1-3	dialoghi con le «figlie di Gerusalemme»
IV. 6,4 - 8,4	
6,4-7	
8-10	
11 s. (e 7,1 s.)	canti dell'uomo
7,(1)2-6	
7-10	
11-14	invito all'amato
8,1-4	*scena d'amore* («vi scongiuro, figlie di Gerusalemme»
8,5-7	dialogo conclusivo degli amanti («l'amore è forte come la morte»)
8,8-14	fratelli, metafora della vigna, invito a mettersi in movimento

Una suddivisione simile, ma con altre motivazioni, si trova in J.C. EXUM; una proposta diversa è quella di W.H. SHEA.

Canto della donna

L'osservazione del piano della composizione rivela che il Cantico dei Cantici è complessivamente costruito come un *canto della donna* a cui toccano la prima e l'ultima parola e che, anche altrimenti, svolge il ruolo predominante. Per interlocutrici, essa ha sempre le «figlie di Gerusalemme». Il suo amato, che spesso prende la parola (più volte indirettamente, all'interno di un discorso della donna: 2,10-14; 5,2) è descritto come *pastore* (1,7; 2,16 ecc.) che sopraggiunge dall'esterno, dai monti (2,8.17 ecc.). In *contrasto* a lui viene posta la figura del re Salomone, che osserva da lontano la donna insieme con le «figlie di Gerusalemme» (3,6-11); le sue molte donne (6,8) e le sue ricche vigne (8,11) servono soltanto come contrasto all'*unica* amata (6,9; 8,12; in 4,12 il termine «re» è probabilmente una metafora per indicare l'amato).

Salomone come figura di contrasto

Deve per ora rimanere aperta la questione se questa composizione sia da considerare puramente letteraria o se era destinata a una «esecuzione» (con un alternarsi di scene e oratori oppure cantori). Non è però possibile interpretarla come «dramma», come si è spesso sostenuto in passato, perché non vi si rilevano né una progressione dell'azione né uno sviluppo interno.

→ 152 ss.

Infine è importante notare come la menzione di Salomone come autore (1,1) ponga il Cantico dei Cantici nel contesto della *letteratura sapienziale* che, in effetti, è complessivamente attribuita a Salomone (AUDET, GORDIS, CHILDS). È difficile chiarire in che misura si sia in questo modo modificata l'intenzione dei canti d'amore. Le riflessioni delle frasi conclusive in 8,6 s. mostrano una generalizzazione di impronta sapienziale delle affermazioni sull'amore. Colpisce il fatto che nel Cantico dei Cantici l'iniziativa d'amore parta sempre dalla donna, il che è in contrasto con la struttura patriarcale della società israelitica (CRÜSEMANN).

Origine

Sull'*origine* e l'*età* dei singoli canti come della composizione nel suo insieme si può dire poco. Particolarità linguistiche fanno pensare che la forma finale sia post-esilica, ma è stata anche sottolineata l'affinità con tradizioni cananee pre-israelitiche (ad es. da parte di LORETZ). Dobbiamo forse ritenere che i singoli canti abbiano avuto una lunga storia della tradizione, fino a quando, in epoca post-esilica, sono stati raccolti e raggruppati in un'unica composizione. In questa sua versione finale, il Cantico dei Cantici non può essere attribuito alla sapienza di corte (così ad es. GERLEMAN); anche il contenuto, che presuppone piuttosto un ambiente rurale, lo esclude. Le «figlie di Gerusalemme» e la descrizione della città (ad es. 3,2 s.; 5,7) mostrano in ogni caso che la forma finale del testo ha un legame con Gerusalemme.

Bibliografia

Commentari: BUDDE (KHC) 1898; HALLER (HAT) 1940; GORDIS 1954, 1974²; RINGGREN (ATD) 1958, 1981³; RUDOLPH (KAT) 1962; ROBERT - TOURNAY - FEUILLET 1963; GERLEMAN (BK) 1965, 1981²; WÜRTHWEIN (HAT²) 1969; POPE (AB) 1977; KEEL (ZBK) 1986.

J.-P. AUDET, *Le sens du Cantique des Cantiques*, in RB 62, 1955, 197-221; F. CRÜSEMANN - H. THYEN, *Als Mann und Frau geschaffen*, 1978 (in part. 81-91); J.C. EXUM, *A Literary and Structural Analysis of the Song of Songs*, in ZAW 85, 1973, 47-79; P. HAUP, *Biblische Liebeslieder. Das sogenannte Hohelied Salomos*, 1907; F. HORST, *Die Formen des althebräischen Liebesliedes* (1935), in *Gottes Recht*, 1961, 176-187; C. KUHL, *Das Hohelied und seine Deutung*, in ThR NF 9, 1937, 137-167 (storia della ricerca); O. LORETZ, *Das althebräische Liebeslied*, 1971; H.-P. MÜLLER, *Die lyrische Reproduktion des Mythischen im Hohenlied*, in ZThK 73, 1976, 23-41; H.H. ROWLEY, *The Interpretation of the Song of Songs* (1937), in *The Servant of the Lord*, 1965², 195-245; H. SCHMÖKEL, *Heilige Hochzeit und Hoheslied*, 1956; M.H. SEGAL, *The Song of Songs*, in VT 12, 1962, 470-490; W.H. SHEA, *The Chiastic Structure of the Song of Songs*, in ZAW 92, 1980, 378-390; E. WÜRTHWEIN, *Zum Verständnis des Hohenliedes*, in ThR NF 32, 1967, 177-212 (storia della ricerca).

STEUERNAGEL, par. 160-161; EISSFELDT, par. 67; FOHRER, par. 45; SOGGIN, par. 39; KAISER, par. 33; SMEND, par. 44; SCHMIDT, par. 26; CHILDS XXXVII.

4.4.3 Il libro di Kohelet (Ecclesiaste)

Il libro di Kohelet (per il nome si veda più oltre) fa parte della letteratura sapienziale. Rispecchia la *crisi della sapienza* che appare, in forma diversa, anche in Giobbe. A differenza di Giobbe, però, Kohelet si confronta con questa crisi soltanto nella forma della *riflessione*, senza che ci si rivolga mai a Dio o che egli prenda la parola. → 327

Il libro di Kohelet si avvicina ai «Proverbi di Salomone» per il fatto che contiene un gran numero di detti indipendenti e che all'interno del libro non è riconoscibile una ovvia progressione di pensiero. Questo aspetto è stato particolarmente sottolineato da GALLING (1932) che, in un primo tempo (1940), ha suddiviso il libro in 37 «sentenze», poi (1969) ridotte a 27. Kohelet si differenzia comunque dal libro dei Proverbi per il fatto che queste «sentenze» sono più ampie dei brevi detti colà raccolti e contengono spesso un chiaro sviluppo di argomentazioni, in cui si manifesta con evidenza il carattere riflessivo del libro (cfr. anche ZIMMERLI 1974). → 330 ss.

Detti indipendenti

Molti esegeti hanno tentato di delineare unità maggiori e di individuare una divisione nel libro, senza però che si sia potuto finora raggiungere un accordo (tabelle con le varie proposte in ELLERMEIER [131 ss.] e WRIGHT [315 ss.]). CASTELLINO e WRIGHT presentano un'impostazione nuova, in quanto individuano nelle espressioni frequentemente ricorrenti e quasi stereotipe dei segnali per la divisione. La formula conclusiva «tutto (oppure: questo) è (un nulla e) un correre dietro al vento» compare nove volte nella sezione 1,12 - 6,9 (1,14.17; 2,11.17.26, 4,4.6.16; 6,9) e poi non più. Per WRIGHT, altri segnali per la divisione sono rappresentati dall'espressione «non lo si può trovare» (oppure «chi lo può trovare?») (7,14.24; 8,17, cfr. 7,25-29) e dall'affermazione che l'uomo «non sa» (9,1.5.10.12; 10,14.15; 11,2.5.6).

Divisione

Secondo l'illuminante proposta di WRIGHT, emerge la seguente divisione:

1,1	Soprascritta
1,2-11	Poema sulla vana fatica
I. 1,12 - 6,9	Esame critico (investigazione) dell'esistenza umana. Tenore complessivo: «tutto è un nulla e un correre dietro al vento». Sottosezioni: 1,12-15.16-18 (doppia introduzione); 2,1-11.12-17.18-26; 3,1 - 4,6; 4,7-16; 4,17 - 6,9.
II. 6,10 - 11,6	Conseguenze
6,10-12	Introduzione
A. 7,1 - 8,17	L'uomo non riesce a scoprire ciò che per lui è bene fare. Sottosezioni: 7,1-14.15-24.25-29; 8,1-7.
B. 9,1 - 11,6	L'uomo non sa quel che verrà dopo di lui. Sottosezioni: 9,1-6.7-10.11 s.; 9,13 - 10,15; 10,16 - 11,2; 11,3-6
11,7 - 12,8	Poema sulla gioventù e la vecchiaia
12,9-14	Epilogo

Parole chiave

Ovviamente, sono possibili altre divisioni (cfr. i vari Commentari). Ulteriore chiarezza potrebbe derivare dall'esame attento di certe parole chiave. Così, ad esempio, la parola *'amal* «fatica» oppure «affaticarsi» compare quasi esclusivamente nella prima parte (29 volte, tra nome e verbo, contro 5 volte nella seconda parte), mentre il gruppo *ra' / ra'a* «cattivo, malvagio» predomina nella seconda parte. I termini derivati dalla radice *chakam* «essere saggio» compaiono nella prima parte soltanto nel cap. 1 (a parte 6,8), mentre sono disseminati con frequenza nella seconda, e così via. Anche le strutture dei singoli discorsi richiedono un'analisi più minuziosa (cfr. le tabelle in ELLERMEIER, 66 ss.).

Crisi della sapienza

La crisi della sapienza, in Kohelet come in Giobbe, ha le sue radici innanzitutto nell'opinione secondo cui l'uomo non può capire l'agire di Dio né conoscerne i piani. La reazione è però fondamentalmente diversa: Kohelet non si ribella a questo, ma lo accetta come un dato di fatto. In confronto alla sapienza tradizionale, c'è qui una profonda *rassegnazione*, anche se i presupposti di fondo non sono messi in questione. L'«onnipotenza» di Dio è pienamente accettata (3,14), quantunque l'uomo non sia capace di comprenderne appieno l'azione (v. 11), perché Dio è in cielo e l'uomo sulla terra (5,1). Si può addirittura dire che Kohelet trae le conseguenze di Giobbe e fa sua la posizione dell'autore delle parti in poesia di Giobbe, come essa appare nei discorsi divini (CRÜSEMANN 1980). Da ciò discende l'invito al *timor di Dio* (3,14; 7,18; 8,12; 12,13, cfr. GESE). In questo senso, Kohelet non è affatto uno «scettico», come spesso si dice (cfr. KLOPFENSTEIN). Il fatto che egli constati ripetutamente che per l'uomo non vi sia nulla di meglio che godere la vita (2,24; 3,12 s.22; 8,15) viene sempre motivato con il fatto che questa gli è data da Dio.

Conseguenze di Giobbe

Timor di Dio

La rassegnazione di Kohelet mostra però anche tratti che si potrebbero definire cinici. Egli parla dal punto di vista degli *strati sociali agiati* (ad es. 2,4 ss.) per i quali il danaro è tanto importante quanto la saggezza (7,11 ss.) per i quali, col danaro, si può davvero avere tutto (10,19). Abbiamo qui un riflesso della situazione sociale dell'*epoca ellenistica* (CRÜSEMANN 1979, MÜLLER). Anche la lingua, che mostra già chiari punti di contatto con l'ebraico post-biblico della *Mishnah*, porta ad assegnare il libro a un'epoca tardiva. Ripetutamente sono stati postulati influssi sul pensiero dell'autore da parte della filosofia ellenistica (cfr. HENGEL, BRAUN), ma anche di origine egiziana o babilonese (cfr. LORETZ); tuttavia la cosa rimane controversa. Certamente predomina il richiamo (critico) alle tradizioni sapienziali d'Israele.

→ 105

→ 152 ss.

Il nome *kohelet* non ha una spiegazione univoca. Va però compreso come designazione di una funzione in relazione a una assemblea (*kahal*), all'incirca dunque «presidente di assemblea» o simili. In 1,12, l'autore dà al suo discorso la forma di un «testamento regio»; la soprascritta ha ampliato questo motivo, definendolo «figlio di Davide» (1,1), alludendo senza dubbio a Salomone. Con questo, il libro viene enfaticamente collocato nel contesto della letteratura sapienziale. Questo avviene anche tramite l'epilogo dove Kohelet è definito «saggio» (*chakam*) (v. 9) e dove, come sintesi, sono menzionati timore di Dio e osservanza dei comandamenti (v. 13). Si affaccia qui una più ampia comprensione della sapienza, che collega questa con la Torah, come poi avverrà compiutamente nella sapienza post-biblica (cfr. SHEPPARD).

Nome *kohelet*

→ 57 ss. 238 ss.

→ 105 s. 155

Bibliografia

Commentari: DELITZSCH (BC) 1875; WILDEBOER (KHC) 1898; SIEGFRIED (HK) 1898; HERTZBERG (KAT) 1932, 1963; GALLING (HAT) 1940, 1969[2]; ZIMMERLI (ATD) 1962, 1980[3]; SCOTT (AB) 1965; LAUHA (BK) 1978.

R. BRAUN, *Kohelet und die frühhellenistische Popularphilosophie*, 1973; G.R. CASTELLINO, *Qohelet and his Wisdom*, in CBQ 30, 1968, 15-28; F. CRÜSEMANN, *Die unveränderbare Welt. Überlegungen zur «Krisis der Weisheit» beim Prediger (Kohelet)*, in W. SCHOTTROFF - W. STEGEMANN (a cura di), *Der Gott der kleinen Leute. Sozialgeschichtliche Auslegungen* I, 1979, 80-104; IDEM, *Hiob und Kohelet*, in *Werden und Wirken des Alten Testaments, FS C. Westermann*, 1980, 373-393; F. ELLERMEIER, *Qohelet* I, 1, 1967; K. GALLING, *Kohelet-Studien*, in ZAW 50, 1932, 276-299; H. GESE, *Die Krisis der Weisheit bei Kohelet* (1963), in *Vom Sinai zum Zion*, 1974, 168-179; H.L. GINSBERG, *The Structure and Contents of the Book of Koheleth*, in VT.S 3, 1955, 138-149; M. HENGEL, *Judentum und Hellenismus*, 1973², 210-240; M.A. KLOPFENSTEIN, *Die Skepsis des Qohelet*, in ThZ 28, 1972, 97-109; O. LORETZ, *Qohelet und der Alte Orient*, 1964; H.-P. MÜLLER, *Neige der althebräischen «Weisheit». Zum Denken Qohäläts*, in ZAW 90, 1978, 238-264; G. V. RAD, *Weisheit in Israel* 1970; H.H. SCHMID, *Wesen und Geschichte der Weisheit*, 1966; G.T. SHEPPARD, *The Epilogue to Qoheleth as Theological Commentary*, in CBQ 39, 1977, 182-189; A.G. WRIGHT, *The Riddle of the Sphinx: The Structure of the Book of Qoheleth*, in CBQ 30, 1968, 313-334 (= J.L. CRENSHAW [a cura di], *Studies in Ancient Israelite Wisdom*, 1976, 245-266); W. ZIMMERLI, *Das Buch Kohelet - Traktat oder Sentenzensammlung?*, in VT 24, 1974, 221-230.
STEUERNAGEL, par. 149-151; EISSFELDT, par. 68; FOHRER, par. 51; SOGGIN, par. 39; KAISER, par. 37; SMEND, par. 45; SCHMID, par. 28; CHILDS XXXVIII.

4.4.4 Le Lamentazioni (Threni)

Lamento su Gerusalemme

Il libro delle Lamentazioni (spesso chiamato Threni, dalla *Vulgata*) contiene una raccolta di cinque canti indipendenti, collegati dall'elemento dominante del lamento. Il motivo del lamento sta nella *distruzione di Gerusalemme e del Tempio* con tutte le relative catastrofiche conseguenze per le persone coinvolte.

Nei particolari, invece, i cinque canti (corrispondenti alla divisione in capitoli) mostrano grandi differenze. Questo vale già per il soggetto del discorso: nel I, II e IV canto si parla di Gerusalemme, in termini di descrizione, di resoconto o di lamento, senza che entri in campo la persona del narratore o del poeta; nel II canto ci si rivolge a Gerusalemme e la si invita a pronunciare un lamento, nel I Gerusalemme stessa prende ampiamente la parola. Nel III canto compare un soggetto che parla in prima persona, ma non ne è rivelata l'identità; nel V canto predomina il «noi» della comunità in preghiera.

Lamento collettivo → 142 s.

Per quanto riguarda il genere letterario, il V canto è un *lamento collettivo*, strettamente apparentato ai salmi dello stesso tipo. Gli altri canti non possono essere inequivocabilmente attribuiti a generi letterari altrimenti conosciuti. I canti I, II e IV sono contrassegnati da elementi del *lamento per i morti*, come appare già dal «come» (*'eka*, cfr. II Sam. 1,19.25.28; Is. 1,21 ecc.) che apre il lamento e, in secondo luogo, dal caratteristico metro usato, la *kinah*. Un cambiamento rispetto al lamento per i morti sta comunque nel fatto che qui sono Gerusa-

Lamento funebre → 119

lemme/Sion oppure i suoi abitanti a pronunciare il lamento o a essere ritratti nel lamento o nel lutto (a differenza ad es. di Am. 5,1 s.; cfr. però Am. 5,16 per l'atmosfera del lamento per i morti in generale). Gli elementi del genere letterario sono dunque stati adottati con una funzione derivata. Il III canto inizia come *lamento individuale*, contiene però anche elementi di altri generi (vedi oltre). → 166 → 144 s.

Forma acrostica

Una particolare caratteristica delle Lamentazioni è costituita dal fatto che i canti I-IV hanno una struttura acrostica alfabetica, cioè le 22 strofe iniziano rispettivamente con una lettera dell'alfabeto; nel III, tutte le tre righe di ogni strofa iniziano con la stessa lettera dell'alfabeto (nei canti II-IV, la successione delle lettere ʿ e *p* rovesciata rispetto a quella corrente). Forse il V canto, che non ha una struttura alfabetica, contiene 22 versi per gli stessi motivi (BERGLER vi vuole vedere un acrostico basato su parole; le lettere iniziali di ogni riga costituirebbero un detto). Queste particolarità non permettono comunque di ricavare indicazioni per valutare le Lamentazioni, dato che la forma acrostica si ritrova anche in salmi di generi letterari molto diversi.

Cerimonie di lamento → 312

I cinque canti formano un gruppo unitario, cosicché è probabile che abbiano anche un comune ambiente vitale. Si pensa qui spesso alle *cerimonie di lamento* menzionate in Zac. 7,3.5; 8,19, sulle quali però non abbiamo altre informazioni. KRAUS, sulla base di un parallelo sumerico, ritiene che tutti i canti appartengano allo stesso genere letterario, il «lamento per il santuario distrutto» (cfr. la posizione contrario di MCDANIEL 1968); le marcate differenze di genere fra i singoli canti non depongono però a favore di questa ipotesi. Esse sono anzi indicative di come i redattori di queste lamentazioni abbiano affrontato la situazione susseguente alla distruzione di Gerusalemme e del Tempio da prospettive molto diverse (cfr. LANAHAN). Nulla vieta di pensare che questi canti diversi possano essere stati cantati insieme nel quadro di una cerimonia di lamentazione.

Il I canto è un lamento sul destino di Gerusalemme, dipinta come una vedova, ed è percorso dal motto: «non ha chi la consoli» (1.2.9.17, ai vv. 16 e 21 in prima persona). Ai vv. 9b.11b è Sion stessa a prendere la parola per supplicare: «Guarda dunque Jhwh!» (cfr. v. 20) e i vv. 12-16.18-22 sono interamente formulati come lamento di Sion. In entrambe le parti si parla con enfasi del peccato di Gerusalemme come causa del suo destino (v. 5 [cfr. 12] 8.14.22). Nel II canto domina la descrizione della distruzione, vissuta come opera dell'ira divina (vv. 1 ss., cfr. 1,12); ai vv. 13-17 Sion viene apostrofata; ai vv. 18 s. è invitata a pronunciare un lamento, che segue ai vv. 20-22 (nuovamente iniziando con la supplica: «guarda dunque Jhwh!», v. 2) e che, con la parola sul giorno dell'ira (v. 22), si ricollega all'inizio (v. 1). Il IV canto descrive la situazione catastrofica nella città distrutta e parla, come il cap. 1, del peccato di Gerusalemme (v. 6) e dei suoi funzionari (v. 13), come pure → 84 s.

dell'ira di Jhwh (v. 11, cfr. v. 16); ai vv. 21 s. viene annunciato un rovesciamento dei destini di Edom e di Sion. Il V canto, infine, è complessivamente una preghiera del popolo, che inizia con le parole: «Ricordati, Jhwh... guarda e vedi!» (v. 1, cfr. 1,9.11.20; 2,20). Anche in questo caso, la descrizione della rovina è legata alla confessione di peccato (vv. 7.16). La preghiera si conclude con la proclamazione della eterna signoria regale di Dio (v. 19) e con la richiesta di restaurazione finale (vv. 20-22, cfr. GORDIS).

Di difficile comprensione rimane il III canto in cui, all'inizio, un singolo → 270. 326 eleva un lamento (vv. 1-18) che ricorda le confessioni di Geremia e Giobbe; esso conduce, attraverso l'invito a «ricordare» rivolto a se stesso (vv. 19-21), a stereotipate affermazioni di fede sulla immutabile grazie e fedeltà di Dio (vv. 22-24). Seguono affermazioni sapienziali (vv. 25-36), che si concludono nuovamente con stereotipate affermazioni di fede su Dio creatore (vv. 37-39, cfr. Sal. 33,9; il v. 39 ricorda l'argomentazione dei discorsi divini nel libro di → 327 Giobbe; il testo è però difficilmente comprensibile). Ai vv. 40-47 segue un lamento collettivo e ai vv. 48-66 abbiamo nuovamente la preghiera di un singolo, che passa dal lamento (vv. 48-51) alla descrizione della salvezza, cosicché i vv. 52-59 sono da considerarsi un canto di ringraziamento (con men- → 145 zione dell'«oracolo di salvezza» al v. 57), che ritorna poi a essere lamento e → 144 s. supplica (contro i «nemici», come spesso nei salmi di lamento) ai vv. 59-66. Il capitolo sembra quasi essere una liturgia indipendente: alcuni esegeti pensano piuttosto si tratti di un testo letterario che si avvale di elementi liturgici.

Rimane oscuro chi sia la persona che parla nel III canto. L'alter- «io» e «noi» narsi di «io» e «noi» all'interno del capitolo rivela che chi parla vuole essere compreso come rappresentante del popolo. La posizione di questo capitolo, al centro della raccolta, è dunque certamente intenzionale, come pure la posizione delle strofe, a forma di confessione di fede, dei vv. 22-24.37-39 e 55-57. Contemporaneamente, in questo anonimo io, vi sono tratti che ricordano la concezione di una persona che soffre in vece di altri (o «vicariamente»), quale essa appare anche nel → 261 sofferente «servo di Dio» di Is. 53. Qui, la tradizione ha anche chiara- → 273 s. mente visto la prossimità a Geremia (che è anche cronologica); forse l'autore di questo capitolo aveva presente proprio lui (RUDOLPH), oppure la visione del profeta sofferente offerta dal libro di Geremia.

Autore La tradizione ebraica vede in *Geremia* l'autore delle Lamentazioni (cfr. Talmud babilonese, *Baba Batra* 15a; là le Lamentazioni vengono chiamate *kinot*, mentre nella tradizione ebraica posteriore e nelle edizioni della Bibbia sono chiamate *'eka*, dalla prima parola del libro); anche la Settanta ha una soprascritta di questo tenore. Gli esegeti più recenti pensano per lo più che questi canti abbiano avuto diversi auto- Epoca ri. Come epoca di composizione si indicano prevalentemente gli anni successivi alla distruzione del Tempio nel 586 (secondo RUDOLPH, il cap. 1 è stato redatto già poco dopo il 597, i capp. 2 e 4 immediatamente dopo il 586, i capp. 3 e 5 un po' più tardi). MCDANIEL ritiene persino che la lingua del libro (nonostante la sua origine esilica) sia «pre-esilica», mentre KAISER assegna i singoli canti al V e al VI secolo. A mio avviso tutto depone però a favore di una datazione anteriore alla fine dell'esilio, perché non si accenna mai a una svolta radicale (come invece avviene sempre nei libri profetici). Qui è però importante osservare come si possano cogliere numerosi riferimenti diretti o indiretti ad altri testi dell'Antico Testamento (ALBREKTSON evidenzia in particolare i legami con le tradizioni di Sion); le Lamentazioni sono la testimonianza di una *reazione alla catastrofe del 586*, con i mezzi e sullo sfondo della tradizione religiosa.

→ 316 ss.

→ 140 s.

Di tutt'altra opinione è BRUNET, che vede nelle Lamentazioni l'opera di circoli nazionalistici di Gerusalemme avversi a Geremia durante gli ultimi 27 giorni prima della definitiva presa e distruzione della città (cfr. II Re 25,3.8).

→ 79

Bibliografia

Commentari: LÖHR (HK) 1893, 1906²; BUDDE (KHC) 1898; RUDOLPH (KAT) 1939, 1962; HALLER (HAT) 1940; GORDIS 1954, 1974²; KRAUS (BK) 1956, 1968³ (1983⁴); WEISER (ATD) 1958, 1967²; PLÖGER (HAT²) 1969; HILLERS (AB) 1972; KAISER (ATD³) 1981.

A. ALBREKTSON, *Studies in the Text and Theology of the Book of Lamentations*, 1963; S. BERGLER, *Threni V - nur ein alphabetisierendes Lied? Versuch einer Deutung*, in VT 27, 1977, 304-320; G. BRUNET, *Les Lamentations contre Jérémie*, 1968; R. GORDIS, *The Conclusion of the Book of Lamentations (5: 22)*, in JBL 93, 1974, 289-293; N. GOTTWALD, *Studies in the Book of Lamentations*, 1954; W.F. LANAHAN, *The speaking Voice in the Book of Lamentations*, in JBL 93, 1974, 41-49; T.F. MCDANIEL, *The Alleged Sumerian Influence upon Lamentations*, in VT 18, 1968, 198-209; IDEM, *Philological Studies in Lamentations*, in Bib. 49, 1968, 27-53; 199-220.

STEUERNAGEL, par. 158-159; EISSFELDT, par. 69; FOHRER, pa. 44; SOGGIN, par. 38; KAISER, par. 32; SMEND, par. 46; SCHMIDT, par. 26; CHILDS XXXIX.

4.4.5 Il libro di Ester

Tradizioni della diaspora

Da molti punti di vista, il libro di Ester occupa una posizione particolare nell'Antico Testamento. Si svolge interamente nella *diaspora*, senza alcun accenno a relazioni con la madre patria Giuda. Il punto cruciale di conflitto è costituito dallo stato particolare degli ebrei nell'ambiente persiano, ma esso (a parte la generica formulazione di 3,8) non è mai motivato da uno specifico comportamento ebraico in campo religioso (come ad esempio, invece, l'osservanza delle leggi alimentari in Dan. 1,8 ss.). Infine, in tutto il libro, Dio non viene mai menzionato (eccetto che, forse, nella velata allusione di 4,14 a un aiuto «da un altro luogo»).

Un esame più attento mostra però come il libro sia variamente collegato con le altre tradizioni dell'Antico Testamento. Il pensiero che Dio agisca misteriosamente attraverso gli intrighi umani contraddi-
→ 154 s. stingue anche altri racconti biblici (ad es. la storia di Giuseppe e la storia della successione al trono, cfr. anche Est. 6,13). Con la storia di Giuseppe, anch'essa ambientata in una corte straniera, Ester presenta diverse concordanze che vanno fino alla fraseologia (cfr, ROSENTHAL, GERLEMAN, MEINHOLD). Il libro è contrassegnato da tradizioni sa-

Tradizioni sapienziali

pienziali (cfr. TALMON). Infine, i due antagonisti riflettono un'inimicizia che risale alle tradizioni sui primordi d'Israele: Haman, il persecutore degli ebrei, è un discendente di Agag (3,1), re degli amalekiti, nemici mortali d'Israele (Es. 17,14.16; Deut. 25,17-19), mentre l'albero genealogico dell'ebreo Mardocheo rimonta a Saul (2,5, cfr. I
→ 233 Sam. 9,1 s.) che voleva risparmiare Agag (I Sam. 15). Siccome, inoltre, il libro sfocia nell'istituzione della *festa di Purim* (9,20 ss.), che è stata generalmente introdotta come festa ebraica, non si può troppo enfatizzare la distanza di questo dagli altri libri dell'Antico Testamento; essa andrà invece compresa a partire dalla situazione in cui il libro è sorto.

Notevole arte narrativa

La notevole arte narrativa del libro di Ester è universalmente celebrata. La tensione narrativa è creata soprattutto dal contrasto fra i due antagonisti Mardocheo (con Ester) e Haman, dagli intrecci paralleli e inoltre dall'impiego di mezzi stilistici quali l'occultamento, il ritardo e l'accelerazione (cfr. STRIEDL, DOMMERSHAUSEN). *L'esposizione* (1,1 - 2,23) narra l'antefatto: il re persiano Assuero ripudia la sua insubordinata moglie Vashti (cap. 1) e l'ebrea Ester diventa regina al

Ester diventa regina

suo posto (2,1-18). Già a questo punto è introdotto Mardocheo (2,5-7) e viene raccontato un fatto che lo mette in buona luce (vv. 19-23); in un primo tempo dimenticato, in seguito il fatto assume una posizione chiave nel racconto (6,1 ss.). La *parte principale* (3,1 - 9,19) ini-

Conflitto Haman-Mardocheo

zia immediatamente presentando il conflitto tra Haman e Mardocheo, che presto si dilata dal livello di inimicizia personale fino a trasformarsi nel progetto di un *pogrom* anti-ebraico condotto su larga scala in tutto l'impero persiano (cap. 3). Mardocheo fa intervenire Ester per impedire la sciagura (cap. 4): dopo una esitazione iniziale, ella si dichiara disponibile a questa impresa per lei pericolosa, sostenuta da un digiuno di tre giorni di tutti gli ebrei dell'impero persiano (vv. 16 s.). La realizzazione del suo piano si svolge, con un voluto ritardo, in più tappe (capp. 5-7) mentre, nel frattempo e in contrasto con ciò che sta avvenendo, Haman ritiene che sia giunto il suo grande momento e prepara l'eliminazione di Mardocheo (5,9-14); deve però poi riconoscere che ha perso la partita (cap. 6, il v. 13 in particolare!) e, alla fine, viene lui stesso impiccato alla forca che aveva fatto erigere per Mardocheo (7,9 s.). Mardocheo assume ora la posizione di prestigio finora occupata da Haman (8,1 s.) e, con l'appoggio del re, gli ebrei si difendono con successo dal progettato *pogrom*, il che diventa per loro una gioiosa festa (8,3 - 9,19; secondo GORDIS, 8,11 cita 3,13 e parla dunque dei piani omicidi degli avversari, non degli ebrei). La *parte finale* contiene, oltre a una notizia conclusiva (10,1-3) che ricorda le cornici dei libri dei Re, una particolareggiata esposizione della data e della regolamentazione della festa di Purim e delle sue motivazioni (9,20-32); il carattere obbligatorio della festa e delle relative regole viene continuamente sottolineato (vv. 21.23.27.31.32).

Pogrom evitato

La conclusione mostra chiaramente che il libro, nella sua forma attuale, vuole essere compreso come *leggenda della festa di Purim*. Tuttavia molti esegeti dubitano che questo fosse già l'intento del racconto originario. In effetti, il nome «Purim» compare soltanto nella parte conclusiva e viene esplicitamente introdotto e spiegato in 9,26. La parola *pur*, da cui Purim vien fatto derivare (9,24.26), si trova comunque già nel racconto (3,7) e viene spiegata con il termine ebraico *goral* «sorte» (in accadico, la parola *puru* è attestata col significato di «sorte»). Inoltre, il motivo della festa è ancorato nel racconto (9,17.19). La festa regolare potrebbe dunque essere stata sviluppata a partire dal racconto di un episodio singolo.

Festa di Purim

Il racconto stesso può essere definito *novella*. GUNKEL lo chiama «romanzo storico»; la situazione della minoranza ebraica nella diaspora persiana vi sarebbe presentata in modo storicamente esatto, l'azione sarebbe invece un'invenzione romanzesca. TALMON evidenzia gli elementi sapienziali e parla di «racconto sapienziale storicizzato». Queste diverse definizioni del genere letterario hanno in comune il fatto che considerano il racconto un travestimento storico, la cui intenzione specifica non sta nella presentazione di un avvenimento storico.

Novella di diaspora

→ 155

Spesso viene supposto che il racconto abbia avuto una lunga preistoria. BICKERMAN postula due, BARDTKE addirittura tre, diversi racconti rielaborati dall'autore, CAZELLES un testo storico-politico e uno liturgico. LEBRAM vede nella combinazione di diverse tradizioni il tentativo di appianare le differenze fra la festa di Purim nella diaspora orientale e in Palestina (cfr. il «giorno di Mardocheo» in II Macc. 15,36). GERLEMAN interpreta il racconto di Ester come reinterpretazione della storia dell'esodo, intesa forse a sostituire Purim a Pesach nella diaspora persiana. Tutti gli esegeti sottolineano l'artistica coesione narrativa dell'attuale forma finale del testo, cosicché l'ipotesi di stadi preliminari rimane del tutto ipotetica e contribuisce poco all'interpretazione. Finora non chiarita rimane anche la questione dell'origine della festa di Purim e di una sua eventuale preistoria pagana.

Non c'è praticamente alcun dubbio che il racconto abbia *origine* nella diaspora persiana. L'autore conosce con molta esattezza la si-

Origine

tuazione persiana e, in particolare, la vita alla corte persiana. Inoltre, è molto difficile immaginare al di fuori della diaspora (cfr. anche HUMPHREYS) l'interesse e l'occasione per l'origine di un racconto come questo, centrato sul problema della sopravvivenza della minoranza ebraica in un'epoca di montante anti-ebraismo (cfr. 3,8 s.!). Vi sono pochi appigli per determinare l'*epoca* di composizione. Viene comunemente ammesso che l'epoca di Assuero (cioè Serse I, 485-465) faccia parte del rivestimento storico. Vi sono molti motivi per pensare che il racconto sia nato ancora all'epoca del dominio persiano; spesso ci si richiama tuttavia a una affinità con il romanzo ellenistico per sostenere una collocazione nel III secolo.

Aggiunte della Settanta

La carenza di «contenuto religioso», spesso sottolineata, è già stata avvertita dai traduttori della Settanta, che hanno aggiunto vari brani al racconto: un sogno di Mardocheo all'inizio e la relativa spiegazione alla fine, preghiere di Mardocheo e di Ester (dopo 4,17) e così via. Lutero ha incluso questi brani fra gli «apocrifi».

Bibliografia

Commentari: WILDEBOER (KHC) 1898; SIEGFRIED (HK) 1901; HALLER (HAT) 1940; RINGGREN (ATD) 1958, 1981[3]; BARDTKE (KAT) 1963; WÜRTHWEIN (HAT[2]) 1969; MOORE (AB) 1971; GERLEMAN (BK) 1973, 1982[2]; MEINHOLD (ZBK) 1983.
E. BICKERMAN, *Four Strange Books of the Bible*, 1967, trad. it., *Quattro libri stravaganti della Bibbia: Giona, Daniele, Kohelet, Ester*, 1979; H. CAZELLES, *Note sur la composition du rouleau d'Esther*, in *Lex tua veritas, FS H. Junker*, 1961, 17-29; W. DOMMERSHAUSEN, *Die Estherrolle. Stil und Ziel einer alttestamentlichen Schrift*, 1968; R. GORDIS, *Studies in the Esther Narrative*, in JBL 95, 1976, 43-58; H. GUNKEL, *Esther*, 1916; W.L. HUMPHREYS, *A Life-Stile for Diaspora: A Study of the Tales of Esther and Daniel*, in JBL 92, 1973, 211-223; J.C.H. LEBRAM, *Purimfest und Estherbuch*, in VT 22, 1972, 208-222; A. MEINHOLD, *Die Gattung der Josephsgeschichte und des Estherbuches: Diaspora-novelle* (I e II), in ZAW 87, 1975, 306-324; 88, 1976, 72-93; L.A. ROSENTHAL, *Die Josephsgeschichte mit den Büchern Ester und Daniel verglichen*, in ZAW 15, 1895, 278-284; 17, 1897, 126-128; H. STRIEDL, *Untesuchungen zur Syntax und Stilistik des hebräischen Buches Esther*, in ZAW 55, 1937, 73-108; S. TALMON, *«Wisdom» in the Book of Esther*, in VT 13, 1963, 419-455.
STEUERNAGEL, par. 93; EISSFELDT, par. 70; FOHRER, par. 37; SOGGIN, par. 40; KAISER, par. 22; SMEND, par. 47; SCHMIDT, par. 26; CHILDS XL.

4.5 Il libro di Daniele

Il libro di Daniele è uno dei libri più controversi di tutto l'Antico Testamento. Ciò appare già dal problema della collocazione del libro:

nel canone ebraico, esso si trova proprio alla fine, fra gli «scritti» (prima di Esdra e Nehemia e dei libri delle Cronache), mentre, nella Settanta, chiude la serie dei «profeti maggiori»; la *Vulgata* e la maggior parte delle traduzioni tedesche seguono la Settanta. Il fatto che la tradizione ebraica non annoveri Daniele fra i profeti può dipendere dalla semplice ragione che la raccolta dei libri profetici era già chiusa quando esso venne composto. Si è però anche ripetutamente supposto che Daniele sia stato volutamente separato dai (rimanenti) profeti e che in questo si esprima una valutazione negativa (cfr. KOCH 1980, 28 s.).

Posizione nel canone

La tradizione della Settanta si scosta notevolmente dalla versione ebraica anche per quel che riguarda il testo, e contiene numerosi ampliamenti e inserti: due aggiunte maggiori al cap. 3, la «preghiera di Azaria» e il «canto dei tre uomini nella fornace», e inoltre, alla fine, due capitoli supplementari contenenti il racconto di Susanna e il doppio racconto di Bel e del drago di Babilonia. Lutero ha accolto questi brani fra gli apocrifi, mentre nelle Bibbie cattoliche essi compaiono all'interno del libro di Daniele.

Aggiunte della Settanta

Il libro occupa una posizione particolare anche dal punto di vista del genere letterario. A un primo esame, sembra suddividersi in due parti di carattere molto diverso: capp. 1-6 *racconti* su Daniele e i suoi amici, capp. 7-12 *visioni*. A questa divisione si oppone però un altro criterio di suddivisione che rappresenta un'ulteriore peculiarità del libro di Daniele: *il cambiamento di lingua*. Il libro inizia in lingua ebraica, passa in 2,4, nel mezzo del racconto, all'aramaico e, con l'inizio del cap. 8, ritorna all'ebraico. La parte aramaica, 2,4b - 7,28, è dunque incorniciata dalla parte ebraica; questa suddivisione non coincide con quella, basata sui generi letterari, in racconti e visioni. Questa apparente contraddizione trova la sua spiegazione migliore in termini di *composizione*. Il cap. 1 costituisce l'introduzione, in cui sono presentati i personaggi: quattro giovani ebrei deportati, scelti per prestare servizio alla corte del re, rifiutano per motivi religiosi l'assunzione dei cibi «impuri» della corte regia; tuttavia, con l'aiuto di Dio, si sviluppano meglio di tutti gli altri e si segnalano particolarmente per la loro «sapienza» (vv. 17.20). Daniele ha in più il dono particolare di saper interpretare sogni e visioni (v. 17b). Che il cap. 1 abbia essenzialmente una funzione introduttiva appare anche dal fatto che, successivamente, Daniele e i suoi amici non agiscono mai contemporaneamente (a parte alcune osservazioni connettive in 2,13.17 s.49) e dal fatto che, a proposito degli amici di Daniele, si parla di fedeltà nella fede, non di sapienza (cap. 3).

Cambiamento di lingua

Composizione

La sezione aramaica dei capp. 2-7 (il cambio di lingua in 2,4 è collegato, dal punto di vista narrativo, con l'inizio del discorso del consigliere «caldeo» del re) appare essere una ponderata composizione «concentrica» (cfr. LENGLET, in parte già PLÖGER 1959, 19 ss.). La cornice è costituita dai capp. 2 e 7, le due *visioni dei quattro imperi mondiali* (sarebbe più esatto parlare di «sogni», cfr. 2,1; 7,1), che presentano molte affinità e legami (vedi sotto). Anche i capp. 3 e 6 sono in relazione: sono *leggende di martiri* (per la definizione di questo genere cfr. KOCH 1970, 88 ss.), i cui personaggi sono al cap. 3 i tre amici, al cap. 6 Daniele. La struttura è in larga misura parallela: ordine di adorare il re come un dio, rifiuto, denuncia, esecuzione della pena, liberazione miracolosa (rispettivamente dalla fornace ardente e dalla fossa dei leoni), riconoscimento del Dio degli ebrei da parte del sovrano pagano (cfr. LENGLET, 182 ss.). I capp. 4 e 5 costituiscono infine il centro (e perciò, secondo LENGLET, anche l'affermazione centrale) della composizione. Trattano entrambi del *giudizio divino su un re*. Annunciato in modo misterioso (in 4,2 per mezzo di un sogno, in 5,5 per mezzo di una scritta alla parete), sarà interpretato solo da Daniele (4,5 ss.; 5,13 ss.), per poi adempiersi (4,25 ss.; 5,30). Il messaggio di questi due capitoli è che: «l'Altissimo domina sul regno degli uomini e lo dà a chi vuole» (4,14.22.29, cfr. 4,32; 5,22 ss.).

Visioni → 160 s.

Leggende → 125 s.

Giudizio su un re

È pressoché impossibile rispondere con sicurezza alla domanda sul perché questa sezione sia scritta in aramaico (sull'intera problematica cfr. KOCH 1980, 34 ss.). A mio avviso, la cosa più probabile è che l'autore del libro nel suo complesso abbia trovato parti più o meno grandi di questi capitoli già redatte in aramaico e le abbia incorporate in questa forma nella sua opera, formulandone in aramaico anche il contesto.

Cap. 7

Il cap. 7 funge al tempo stesso da collegamento con i capitoli successivi; infatti, mentre i capp. 1-6 mostrano sempre Daniele e i suoi amici di fronte al re babilonese oppure persiano, nel cap. 7, come anche nei successivi, Daniele è solo con la sua visione. Da un punto di vista terminologico, il ponte all'indietro è costituito dalla parola «sogno» in 7,1 (cfr. 2,1 ss.; 4,2 s.) che non compare nei capitoli successivi. Un collegamento è inoltre costituito dalle datazioni introduttive in 2,1; 7,1; 8,1; 9,1; 10,1.

Per i capp. 7-12 si parla per lo più di *visioni*, sebbene essi siano di carattere molto vario. Il cap. 8, con la sua «visione» (*chason* 8,1) della lotta dell'ariete e del capro, è più prossimo ai capp. 2 e 7, mentre nei capp. 9-12 l'elemento visionario sta soltanto nel fatto che Daniele vede angeli e altre figure, per mezzo dei quali gli viene rivelata e spiegata una «parola» (9,23; 10,1). I drammatici eventi storici di cui si parla diffusamente non vengono raffigurati in visioni.

Quattro imperi mondiali

I sogni e le visioni mostrano una tendenza molto precisa. Il cap. 2 presenta, con l'immagine del «colosso dai piedi d'argilla», i quattro successivi imperi mondiali (verosimilmente quello babilonese, quello dei Medi, quello persiano e quello greco, cfr. KOCH 1980, 187), l'ultimo dei quali (e con esso l'intera opera) viene distrutto e sostituito da un regno «eterno» (vv. 34 s.44 s.). Qui, il quarto regno è descritto come fatto «di ferro» (vv. 33.40), cioè violento, ma questo dato non viene ulteriormente sviluppato. Al cap. 7, dove i quattro imperi mondiali sono rappresentati come quattro animali, tutto l'interesse è per questo quarto impero, i suoi misfatti e il suo destino (vv. 7 ss.). Abbiamo qui un'ulteriore differenziazione: all'interno del quarto impero, sorgerà alla fine un «corno» (v. 8), che simboleggia un re più malvagio di tutti gli altri che parlerà e agirà contro Dio (vv. 24 ss.). Questa immagine viene ripresa al cap. 8 (vv. 9 ss.) e interpretata nello stesso senso (vv. 23 ss.): qui si parla anche di intromissione sacrilega nel culto sacrificale (vv. 11 s.13).

Interpretazione storica 168 a.C.

Qui l'*interpretazione storica* è ovvia: si parla di Antioco IV (Epifane), che profanò nel 168 a.C. l'altare dei sacrifici del Tempio di Gerusalemme, provocando fra l'altro la rivolta dei Maccabei (cfr. LEBRAM 1975). Di lui si parla ampiamente anche nell'ultima grande visione (capp. 10-12, cfr. KOCH 1980, 141 ss.), dove egli viene presentato, in 11,21, come «uomo spregevole» che sopprime il sacrificio quotidiano e installa «l'abominazione che provoca desolazione» (v. 31, cfr. 8,13; 9,27; 12,11).

Durata dell'oppressione

I dati temporali sulla *durata dell'oppressione* presentano qualche difficoltà. Secondo 7,25, le intromissioni nel culto durano «un tempo, (due) tempi e un mezzo tempo», cioè probabilmente tre anni e mezzo; con ciò concordano l'indicazione: «una mezza settimana (di anni)» (9,27) e quella di 12,7: «un tempo di culto (*mo'ed*), (due) tempi di culto e mezzo». Un computo simile risulta probabilmente da 8,14, dove si parla di «2300 sere e mattine» che potrebbero essere intese come indicazione di 1150 giorni, cioè più di tre anni, comunque un po' meno di tre e mezzo. In 12,11 si parla di 1290 giorni, al v. 12 (come correzione?) di 1335 giorni. Secondo I Macc. 4,52 s. (confrontato con 1,59) l'altare fu però nuovamente consacrato esattamente tre anni dopo la profanazione. I termini di cui sopra sono dunque troppo lunghi. Sono stati scritti prima di questo evento? Oppure i tre anni e mezzo indicano una grandezza mitico-indeterminata (GUNKEL, 266 ss., cfr. KOCH 1980, 145 ss.)? Se così fosse, la «correzione» di 12,12 sarebbe ancora più difficilmente comprensibile (cfr. però BURGMANN). Essenzialmente più difficile ancora è rispondere alla domanda su che cosa si intenda in 9,24 ss. con le settanta settimane (di anni), presentate come interpretazione dei settanta anni predetti da Geremia (v. 2, cfr. Ger. 25,11 s.; 29,10). Vi sono qui computi di vario tipo, che tentano di trovare un riferimento alla storia contemporanea per i 7 per 70 (= 490) anni (cfr. KOCH 1980, 149 ss.). Anche qui, tuttavia, rimangono interrogativi di fondo: si tratta di calcoli che prevedono il futuro? Oppure di un *vaticinium ex eventu* che guarda retrospettivamente? I calcoli sono indirizzati al ripristino dell'altare degli olocausti oppure, al di là di questo fatto, alla fine del mondo?

Giudizio finale celeste

La presentazione del *giudizio finale celeste* in 7,9-14 e le relative interpretazioni ai vv. 18.22.26 s. sollevano problemi esegetici particolari. In una scena di giudizio celeste, alla presenza di un «vegliardo» (letteralmente: «vecchio di giorni», vv. 9.13.22), insieme alle nuvole del cielo, appare uno «come un figlio d'uomo» (v. 13) a cui viene affidato (v. 14) l'eterno, imperituro dominio su tutti i popoli del mondo. Nella successiva spiegazione, il dominio viene però dato ai «santi dell'Altissimo» (vv. 18.22), oppure al «popolo dei santi dell'Altissimo» (v. 27). Nessuno degli elementi di questa immagine ha paralleli chiari nell'Antico Testamento o in altri testi più antichi del libro di Daniele. Perciò, nonostante una bibliografia pressoché sconfinata, tutti i problemi rimangono fondamentalmente irrisolti: chi è il «figlio dell'uomo»? (un singolo? una figura celeste o terrena? una figura collettiva?); chi sono i «santi dell'Altissimo»? (o, più precisamente, «i santi eccelsi»: Israele? esseri celesti?); come sono collegati fra loro? (il «figlio dell'uomo» rappresenta Israele? sono identici? oppure i vv. 14 e 18 ss. rappresentano tradizioni alternative?); dove si trovano le radici di queste concezioni? (nell'Antico Testamento? in Babilonia, a Ugarit o in Iran?) ecc. (per l'intera materia cfr, COLPE; KOCH 1980, 214 ss.).

Figlio d'uomo

Santi dell'altissimo

I problemi esegetici del cap. 7 hanno ancora una volta mostrato chiaramente la posizione particolare del libro di Daniele nell'Antico Testamento. Nella sua versione finale, esso deriva senza dubbio dall'epoca dei Maccabei e così è probabilmente il libro più recente di tutto l'Antico Testamento. È l'unico libro dell'Antico Testamento a contenere in larga misura materiale apocalittico, cosicché lo si può globalmente attribuire all'*apocalittica* (cfr. LEBRAM 1970, KOCH 1982, 1 ss.). Questo non vale però per tutti i materiali tradizionali incorporati. I racconti di Daniele e dei suoi amici, in particolare, non contengono alcun elemento apocalittico e, inoltre, presuppongono una situazione del tutto diversa, cioè la condizione degli ebrei nella diaspora babilonese e persiana (cfr. COLLINS 1975), mentre nelle visioni appaiono sempre più chiaramente i contrasti dell'epoca dei Maccabei (secondo CHILDS, i capp. 7-12 sono un'attualizzazione della più antica visione dei cap. 2 nella mutata situazione dell'epoca dei Maccabei). È perciò a mio avviso del tutto improbabile che il libro sia stato complessivamente scritto da *un solo* autore (così soprattutto ROWLEY), tanto più che alcuni materiali hanno avuto una lunga preistoria (cfr. ad es. MEYER e DOMMERSHAUSEN sul cap. 4, inoltre GAMMIE 1981). La forma finale, comunque, può risalire a un unico autore che scriveva in ebraico ma che incorporò nel suo libro i materiali tradizionali in aramaico a lui preesistenti (cfr. BICHERMAN, GAMMIE 1976). A favore di questa ipotesi depone anche il fatto che l'ebraico del libro sembra essere più recente che l'aramaico (cfr. KOCH 1980, 43 ss.; KITCHEN). Il *nome* Daniele è stato scelto riallacciandosi a una figura

Apocalittica → 170 s.

Preistoria

Nome

della tradizione, menzionata in Ez. 14,14.20, accanto a Noè e Giobbe, → 279
fra i giusti esemplari, e in Ez. 28,3 come saggio esemplare. È incerto se esista un rapporto con il *Dn'il* menzionato nei testi di Ugarit (cfr. DRESSLER).

Bibliografia

Commentari: MARTI (KHC) 1901; MONTGOMERY (ICC) 1927 (1964^{3}); BENTZEN (HAT) 1937, 1952^{2}; PORTEOUS (ATD) 1962, 1978^{3} (1985^{8}); PLÖGER (KAT) 1965; DELCOR 1971; KOCH (BK) 1986 ss.

E. BICKERMAN, *Four Strange Books of the Bible*, 1967, trad. it., *Quattro libri stravaganti della Bibbia: Giona, Daniele, Kohelet, Ester*, 1979; H. BURGMANN, *Die vier Endzeittermine im Danielbuch*, in ZAW 86, 1974, 543-550; J.C. COLLINS, *The Court-Tales in Daniel and the Development of Apocalyptic*, in JBL 94, 1975, 218-234; IDEM, *The Apocalyptic Vision of the Book of Daniel*, 1977; C. COLPE, Art. ὁ υἱὸς τοῦ ανθρῶπον, in ThWNT VIII, 403-481; trad. it., *Grande lessico del Nuovo Testamento* XIV, 273-472; F. DEXINGER, *Das Buch Daniel und seine Probleme*, 1969; W. DOMMERSHAUSEN, *Nabonid im Buche Daniel*, 1964; H.H.P. DRESSLER, *The Identification of the Ugaritic Dnil with the Daniel of Ezechiel*, in VT 29, 1979, 152-161; J.G. GAMMIE, *The Classification, Stages of Growth, and Changing Intentions in the Book of Daniel*, in JBL 95, 1976, 191-204; IDEM, *On the Intention and Sources of Daniel i-vi*, in VT 31, 1981, 282-292; H. GUNKEL, *Schöpfung und Chaos in Urzeit und Endzeit*, 1895; K.H. KITCHEN, *The Aramaic of Daniel*, in D.J. WISEMAN e altri, *Notes on Some Problems in the Book of Daniel*, 1965, 31-79; K. KOCH, *Das Buch Daniel*, 1980 (storia della ricerca); IDEM - J.M. SCHMIDT, *Apokalyptik*, 1982; J.C.H. LEBRAM, *Apokalyptik und Hellenismus im Buche Daniel* (recensione di M. HENGEL, *Judentum und Hellenismus*, 1969), in VT 20, 1970, 503-524; IDEM, *Perspektiven der gegenwärtigen Danielforschung*, in JSJ 5, 1974, 1-33; IDEM, *König Antiochus im Buche Daniel*, in VT 25, 1975, 737-772; A. LENGLET, *La structure littéraire de Daniel 2-7*, in Bib. 53, 1972, 169-190; R. MEYER, *Das Gebet des Nabonid. Eine in den Qumran-Handschriften wiederentdeckte Weisheitserzählung*, 1962; O. PLÖGER, *Theokratie und Eschatologie*, 1959; H.H. ROWLEY, *The Unity of the Book of Daniel* (1952), in *The Servant of the Lord*, 1965^{2}, 249-280.

STEUERNAGEL, par. 139, 140; EISSFELDT, par. 71; FOHRER, par. 74; SOGGIN, par. 41; KAISER, par. 27; SMEND, par. 48; SCHMIDT, par. 24; CHILDS XLI.

4.6 I libri di Esdra e Nehemia

I libri di Esdra e Nehemia rappresentano l'unica esposizione narrativa riguardante l'epoca successiva all'esilio babilonese tramandata nell'Antico Testamento. Si ritiene spesso che essi abbiano costituito un'*unica* opera storica insieme con i libri delle Cronache. Siccome però il loro contenuto, a eccezione dei versi introduttivi (Esd. 1,1-3a corrisponde quasi alla lettera a II Cr. 36,22 s.), è indipendente dai libri delle Cronache, conviene trattarli in un primo tempo separatamente.

La tradizione ebraica antica conosce Esdra e Nehemia come un *unico* libro, sotto il nome di Esdra, che ne è anche considerato l'autore (Talmud babilonese, *Baba Batra* 14b/15a). La divisione in due libri si trova solo a partire dal tardo Medio Evo. Fino a oggi, comunque, nelle edizioni ebraiche della Bibbia, il libro di Nehemia non reca alcuna soprascritta indipendente, ma soltanto la notazione «libro di Nehemia» in margine a Neh. 1,1.

Due periodi

I libri di Esdra e Nehemia trattano due periodi della storia postesilica: in primo luogo, l'epoca immediatamente successiva alla fine dell'esilio (538 a.C.) fino alla conclusione della ricostruzione del Tempio di Gerusalemme (515); in seguito, l'epoca dell'attività di Esdra e Nehemia (dal 458 o 445). I due periodi, tuttavia, non sono separati da una cesura esplicita, ma talora addirittura intrecciati nella narrazione (vedi oltre a proposito di Esd. 4-6), di modo che essi appaiono come un'epoca complessiva di ricostruzione e riorganizzazione dopo l'esilio.

Ritorno e ricostruzione

La prima grande sezione è dominata dalla tematica del *ritorno dall'esilio e della ricostruzione del Tempio* (Esd. 1-6). La sua più notevole caratteristica consiste nell'alternarsi di parti ebraiche (1,1 - 4,7; 6,19-22) e aramaiche (4,8 - 6,18), i cui contenuti si accavallano in parte.

→ 88 ss.

I capp. 1-3 trattano la prima fase. In primo luogo, viene riferita una dichiarazione pubblica del re persiano Ciro, secondo cui il Tempio di Gerusalemme deve essere ricostruito e gli israeliti a ciò disponibili devono far ritorno a Gerusalemme (1,1-4); segue immediatamente il racconto del ritorno (vv. 5 s.). Come integrazione, viene detto che Ciro consegnò gli utensili del Tempio che Nebucadnetsar aveva portato via da Gerusalemme a un uomo di nome Sceshbatsar, che li portò a Gerusalemme (vv. 7-11; per i testi aramaici paralleli in 6,3-5 o 5,11-16 vedi oltre).

→ 89 s.

Nel cap. 2 segue una lista dei rimpatriati (riportata ancora una volta in Neh. 7), in cima a cui stanno i nomi di Zorobabele e Giosuè (qui nella forma Jeshua). Questi due compaiono poi al cap. 3 come protagonisti, mentre Sceshbatsar non viene più menzionato. Il cap. 3 riferisce i primi passi per il ristabilimento del culto a Gerusalemme: inizio del culto sacrificale su un altare provvisorio (vv. 1-3), celebrazione della festa delle capanne (v. 4) e prosecuzione con regolarità del culto sacrificale (v. 5), poi i preparativi e la realizzazione delle fondamenta necessarie alla ricostruzione del Tempio (vv. 6-13).

Resistenze contro la costruzione del Tempio

Si nota qui una cesura netta. 4,1 - 6,13 trattano delle *resistenze contro la costruzione del Tempio* (e delle mura, vedi oltre); solo dopo che furono superate, la costruzione poté essere portata a termine e si poté procedere alla dedicazione del Tempio (6,14-22).

La sezione 4,1 - 6,13 contiene diversi problemi. In primo luogo, colpisce il fatto che 4,8 - 6,18 sia scritto in aramaico. Il motivo è certamente che vengono qui citati lettere e documenti redatti nella lingua burocratica ufficiale («aramaico imperiale»). Il fatto che anche il testo di accompagnamento sia scritto in aramaico mostra il bilinguismo regnante al momento della stesura, per cui la transizione da una lingua all'altra non era nulla di insolito.

Documenti aramaici

Vi sono poi problemi cronologici. Innanzitutto, sono menzionate resistenze da parte di «nemici di Giuda e Beniamino» (4,1; al v. 4 «popolo del paese») durante il regno dei re da Ciro a Dario (v. 5); si parla poi (v. 6) di una «accusa» all'epoca di Serse (dunque del successore di Dario) e infine di una corrispondenza con il di lui successore Artaserse (vv. 7-23), che non verte sulla ricostruzione del Tempio ma su quella delle mura della città; con 4,24 il racconto torna all'epoca di Dario.

Composizione

Questo è probabilmente dovuto agli intenti della composizione: le opposizioni ai vari progetti edilizi a Gerusalemme e le richieste di chiarimenti alla corte persiana vengono trattate congiuntamente; qui si racconta innanzitutto di come si sia riusciti a impedire la costruzione (delle mura) e dei falliti tentativi di impedire la costruzione (del Tempio), cosicché, al termine di questa intera sezione, si trovano gioia e gratitudine per il successo dell'opera e per il sostegno del sovrano (6,14.22) (cfr. JAPHET 1982, 73 s.).

Infine, risultano tensioni fra il contenuto dei documenti aramaici e i testi ebraici dei capp. 1-3 (ad esempio per quanto riguarda la questione se Ciro abbia già concesso l'autorizzazione al rientro o il ruolo di Sceshbatsar nella ricostruzione del Tempio, cfr. anche GUNNEWEG 1982). In generale, si può ritenere più affidabile il testo aramaico. Il fatto che Sceshbatsar passi in secondo piano può forse essere spiegato pensando che il redattore dell'attuale complesso di testi voleva far risaltare il fondamentale significato della «coppia» Zorobabele e Giosuè (in parallelo alla successiva e posteriore coppia Esdra e Nehemia). Ciò posto, tanto più vista la grande distanza nel tempo, la figura di Sceshbatsar perdette significato (cfr. JAPHET 1982, 94).

Attività di Esdra

Con il cap. 7, inizia il racconto sull'attività di *Esdra*. Si estende fino al cap. 10; in Neh. 8 si parla nuovamente di Esdra, dopo che nei capp. 1-7 si è riferita esclusivamente l'attività di Nehemia. La composizione che ci sta davanti ha chiaramente collegato intenzionalmente le attività dei due (menzionati insieme in Neh. 12,26; anche in 8,9; 12,36) sebbene i testi tramandatici non contengano alcuna indicazione in questa direzione.

Incarico di Esdra

Nei capp. 7 s. si trova un particolareggiato racconto del *viaggio di Esdra* da Babilonia a Gerusalemme. Qui, in 7,12-26, è stato nuovamente inserito un testo aramaico: si tratta della lettera di accompagnamen- → 95 to del re Artaserse per Esdra, lo «scriba della legge del Dio del cielo» (vv. 12.21, cfr. vv. 6.11; Neh. 8,1 ecc.). In essa, viene concesso di unirsi a Esdra (v. 13) agli israeliti che vogliano far ritorno. Esdra stesso viene incaricato di una «indagine» in Giuda e Gerusalemme, condotta

Legge di Dio e del re

sulla base della «legge del tuo Dio che è nelle tue mani» (v. 14). Più avanti, vengono date norme esecutive per far valere questa legge (v. 25), con sanzioni per chi non segue «la legge del tuo Dio e la legge del re» (v. 26). Oltre a ciò, si trovano particolareggiate informazioni su sovvenzioni per il Tempio di Gerusalemme (vv. 15-23).

In 7,27 s., alla lettera di accompagnamento del re, segue una preghiera di lode di Esdra, in cui Dio viene lodato per avere «posto in cuore» al re la disponibilità a un generoso sostegno alla missione di Esdra. Si riconoscono qui gli stessi intenti di composizione già visti in 1,1 ss.; 6,22: presentare i re persiani come volonterosi strumenti per la realizzazione dei piani divini per Israele (in 7,28b il racconto prosegue, ora però in prima persona, mentre da 7,1 dominava la terza persona; è controverso se da questo consegua l'esistenza di due fonti, cfr. MOWINCKEL 1961; 1965, 75 ss.).

Resoconto di viaggio

Il resoconto di viaggio vero e proprio, al cap. 8, comincia con una lista dei rimpatriati (vv. 1-14) e con l'episodio del convincimento di leviti disponibili al ritorno, mancanti fino a quel momento (vv. 15-20). Per il resto, il racconto appare molto stilizzato: soggiorno di tre giorni presso un fiume (v. 15), con digiuno e preghiera (vv. 21-23); conferimento ai sacerdoti dell'incarico di trasportare gli utensili del Tempio che si erano portati in viaggio e altri oggetti di valore (vv. 24-30) e di consegnarli solennemente a Gerusalemme (vv. 32-34; il viaggio in sé è solo brevemente menzionato, v. 31); infine, una grande cerimonia sacrificale «per tutto Israele» (v. 35). Si potrebbero ravvisare qui → 26 s. paralleli intenzionali con l'uscita dall'Egitto (cfr. Es. 14) e l'attraver- → 39 samento del Giordano al momento della conquista (cfr. Gios. 3 s.); rimane tuttavia dubbio se si tratti qui di una stilizzazione letteraria e se ne possa dedurre quali fossero gli intenti di Esdra (così KOCH).

Successivamente, ai capp. 9 s., viene affrontato un problema fon-

Matrimoni misti

damentale: la questione dei *matrimoni misti*. I capi responsabili (*śarim*) del popolo riferiscono a Esdra che membri di tutti i gruppi (laici, sa- → 96 s. cerdoti e leviti) hanno contratto matrimonio con donne dei «popoli del paese» (9,1 s.), notizia a cui Esdra reagisce con emozione (vv. 3 s.) e pronunciando una lunga preghiera penitenziale (vv. 5-15). In seguito, un'assemblea popolare nata spontaneamente si impegna a regolare la materia «secondo la Torah» (10,1-3) e invita Esdra a prendere l'iniziativa (vv. 4-6); viene convocata un'assemblea pubblica (vv. 7 ss.) ma, a causa del grande numero (e per la pioggia), il tutto viene alla fine delegato a una commissione (vv. 16 s.) che prepara una lista di tutte le persone coinvolte (vv. 18-44). Nulla è detto nel testo ebraico sulle conseguenze (la notizia sull'allontanamento di donne e bambini che si trova in molte traduzioni è basata su una correzione testuale).

Il racconto su Esdra non ha dunque qui alcuna conclusione. Ciò è essenzialmente motivato dal fatto che, nel racconto complessivo dei libri di Esdra e Nehemia, si torna più in là a parlare di Esdra (Neh. 8, vedi oltre). Tuttavia, nel contesto, viene indubbiamente presupposto che l'impegno a sciogliere i matrimoni misti espresso in Esd. 10,3.11 s. sia stato adempiuto.

Resoconto di Nehemia

In Neh. 1,1 comincia qualcosa di nuovo: «le parole di Nehemia», cioè un racconto di cui lo stesso *Nehemia* si presenta come autore. Di conseguenza, ampie parti del libro di Nehemia sono redatte in prima persona (1,1 - 7,5 e 12,31 - 13,31), per cui esse (o comunque il loro nucleo) possono essere attribuite a una «fonte di Nehemia».

Nehemia racconta come egli, mosso da notizie sulla sconfortante situazione di Gerusalemme (1,1-3), ottenga dal re Artaserse, che egli serviva in qualità di coppiere (1,11), l'autorizzazione ad andare a Gerusalemme per ricostruire la città (2,1-8). La prima parte del libro (capp. 1-6) è dedicata a questa *ricostruzione* e alle relative *difficoltà* da superare.

Costruzione delle mura, nonostante le resistenze

In particolare, Nehemia racconta di opposizioni esterne da parte di Samballat (governatore di Samaria), Tobia (presumibilmente un funzionario di Samballat) e dell'«arabo» Gheshem (forse il governatore di una provincia vicina, cfr. KELLERMANN, 170 ss.), i quali tentano di impedire la ricostruzione delle mura della città con diffidenza (2,10), scherno (2,19 s.; 3,33-37), piani di aggressione militare (4,1 s.) e piani omicidi nei confronti di Nehemia (6,1-14). Sul piano interno, l'opposizione viene da un gruppo che collabora con questi avversari (6,17-19). Questo gruppo appartiene agli strati superiori, pure responsabili di gravi ingiustizie sociali che portano a disordini e quindi a limitazioni dell'attività di costruzione (5,1-13). Tuttavia, nonostante tutte le resistenze, i piani di ricostruzione di Nehemia (2,11-18) vengono realizzati (3,1-32; 4,9-17) e portati a termine in 52 giorni (6,15 s.).

Al cap. 7 appare una cesura netta. In relazione al problema della esigua popolazione di Gerusalemme (v. 4 s.), viene innanzitutto ripetuta la lista dei rimpatriati di Esd. 2. A essa segue (come in Esd. 3) un racconto su un'azione liturgica (Neh. 8), in cui però è Esdra ad agire: la fonte di Nehemia è dunque chiaramente interrotta. Questo non può comunque essere fatto risalire a un errore o a una trascuratezza redazionale; senza dubbio deriva da un'intenzione precisa nella composizione del libro. La solenne *lettura e spiegazione* della Torah

Esdra → 98

Lettura e spiegazione della Torah

nel culto chiude l'opera di ricostruzione della città e, in un contesto più ampio, anche la riforma religiosa relativa alla questione dei matrimoni misti (Esd. 9 s.) (CHILDS). La comunità ebraica, ripristinata nella sua purezza e riunita nella città ricostruita, senza stranieri (cfr. Neh. 2,20), ascolta le parole della Torah (Neh. 8,1-12) e in seguito celebra la *festa delle capanne* (8,13-18). La successiva *cerimonia di digiuno* (9,1-3) e il grande salmo penitenziale (9,6-37) rientrano in questo quadro.

Festa delle capanne

Digiuno

Si suppone frequentemente che Neh. 8 (spesso unitamente al cap. 9, talvolta anche al 10) facesse originariamente parte di una fonte di Esdra e fosse in origine situato dopo Esd. 8, oppure (così MOWINCKEL e altri) dopo Esd. 10. Altri esegeti (ad es. NOTH, KELLERMANN) ritengono che il capitolo sia opera del redattore dell'opera complessiva che abbiamo ora (e che essi identificano con il cronista). È in ogni caso degno di nota il fatto che il racconto della lettura della Torah in Neh. 8 contenga elementi del culto della sinagoga: viene portato il rotolo della Torah (v. 2), si sale su una piattaforma sopraelevata (*bima*) con leggìo (v. 4), il rotolo della Torah viene aperto (v. 5), viene pronunciata una benedizione (*b^{e}raka*, v. 6a), c'è l'«amen» della comunità (v. 6b), forse una traduzione in aramaico verso per verso (v. 8, cfr. SCHAEDER, 52 s.; per l'intera questione, KELLERMANN, 29 s.). Qui si rispecchia presumibilmente la prassi del culto della sinagoga (o dei suoi antecedenti) all'epoca della composizione del testo.

Elementi sinagogali

Impegno solenne

Il cap. 10 costituisce un problema particolare. Contiene un «impegno» scritto, seguito dalla lista dei firmatari, vv. 1b-29, a procedere «secondo la Torah di Dio, che è stata data tramite Mosè, servo di Dio» (v. 30); ciò è ulteriormente sviluppato nei vv. 31-40. Questo sviluppo corrisponde in vari punti alle riforme successivamente (cap. 13) introdotte da Nehemia: matrimoni misti (10,31, cfr. 13,23-30a), santificazione del Sabato (10,32a, cfr. 13,15-22), fornitura di legna per il fuoco dell'altare (10,35, cfr. 13,31), offerta delle primizie (10,36 s.; cfr. 13,31), decime per i leviti (10,38 s. cfr. 13,10-14). Difficilmente questo impegno può essere stato prima di Neh. 13; tuttavia, da molti esegeti, è considerato un documento originario che o si trova in un altro punto della fonte-di-Nehemia, o era un documento indipendente proveniente dall'archivio del Tempio (RUDOLPH, MOWINCKEL, ecc.).

Liste → 149

Al cap. 11, dopo una notizia sui provvedimenti per l'insediamento a Gerusalemme (vv. 1 s.), sono riportate diverse liste: abitanti di Gerusalemme (vv. 3-19, i vv. 21-24 sono un'aggiunta), di Giuda (vv. 20.25-30) e Beniamino (vv. 31-35, v. 36 è una glossa); varie liste di sacerdoti e leviti (12,1-26; per queste liste cfr. MOWINCKEL 1964 I,62 ss.). Segue una descrizione molto solenne della dedicazione delle mura (12,27-43). La conclusione è costituita da alcuni racconti su singole misure di riforma prese da Nehemia: regolamentazione delle offerte

Provvedimenti di riforma

(12,44-47), purificazione della comunità dagli stranieri (13,1-3), eliminazione dell'abuso di una stanza nel Tempio (vv. 4-9), regolamentazione delle spettanze dei leviti (vv. 10-13), ordinamento del Sabato (vv. 15-22), questione dei matrimoni misti (vv. 23-29), disposizioni per il servizio al Tempio (vv. 30 s.).

L'ultima frase del libro di Nehemia: «Ricordati di me, mio Dio, per farmi del bene» (13,31, cfr. 5,19; 13,14.22) dà un'indicazione del carattere e degli intenti di questo scritto. In passato lo si è spesso definito «memorie» o «rendiconto», ma in particolare MOWINCKEL (1964 II) e VON RAD ne hanno mostrato l'affinità con altri testi dell'antico Oriente che venivano portati o depositati nei templi da re e prìncipi e dei quali la divinità è il vero e proprio destinatario (KELLERMANN sottolinea l'affinità con la «preghiera dell'accusato» nei salmi). La definizione di «memoriale» (*Denkschrift*) (MOWINCKEL) mette in luce questo aspetto di richiesta di «ricordo» da parte di Dio, ma al tempo stesso anche la funzione politica di legittimazione che indubbiamente, con questo scritto, si intendeva svolgere.

Memoriale

Il «memoriale» di Nehemia è stato incorporato nel più ampio contesto dei libri di Esdra e Nehemia. A questo scopo, l'autore, nella prima parte, disponeva fra l'altro di documenti aramaici (vedi sopra). Non è possibile sapere quale forma avesse il materiale su Esdra di cui disponeva. Molti esegeti pensano anche qui a «memorie» (MEYER) o a un «memoriale» (SCHAEDER) scritto da Esdra di suo pugno; MOWINCKEL (1965) parla di una «edificante storia ecclesiastica». NOTH (146 s.) ritiene invece che il vero autore sia il cronista (su questo vedi oltre), e IN DER SMITTEN parla di un «*midrash*» cronistico alla lettera ufficiale di accompagnamento di Esdra (7,12-26).

Composizione

Nonostante molte contraddizioni nei particolari, l'autore dei libri di Esdra e Nehemia ha unito i suoi materiali a formare una *composizione* ben ponderata (cfr. anche GUNNEWEG 1981, 154 ss.). Dio «desta lo spirito del re Ciro» (Esd. 1,1) e realizza così un nuovo inizio con la storia del suo popolo. La prima fase, la ricostruzione del Tempio, giunge a felice conclusione nonostante tutte le resistenze, perché Dio aveva piegato in favore degli israeliti «il cuore del re di Assiria» (6,22). Anche la seconda e la terza fase iniziano entrambe con l'aiuto divino, che fa sì che il re persiano si rivolga con favore a Esdra (7,6.27 s.) e a Nehemia (Neh. 1,11; 2,4.8). A ciò si contrappongono costanti ostilità (Esd. 3,3; 4,1 - 6,13; Neh. 2,10.19 s.; 3,33-37; 4,1 s.; 6,1-14.17-19) che vengono però sempre superate con l'aiuto divino.

Separazione dall'esterno

Un ulteriore tema costante è quello della purezza della neocostituita comunità. Questo appare nella separazione dall'esterno (Esd. 4,1-3; 9 s.; Neh. 2,20; 13,23-29) e nella sottolineatura del fatto che i membri di questa comunità si erano «separati» dagli appartenenti ad altre popolazioni (Esd. 6,21; 10,11; Neh. 9,2; 10,29; 13,3). Questo elemento ha un ruolo in tutti e tre i seguenti ambiti: nella ricostruzione del Tempio, nell'attività di Esdra e in quella di Nehemia.

Celebrazione della Torah

Infine, la grande celebrazione della lettura delle Torah, con la successiva festa delle capanne (Neh. 8), è collocata molto enfaticamente (nonostante ciò alteri la sequenza cronologica) dopo il felice completamente della costruzione delle mura. In questo modo, l'intero periodo abbracciato dai libri di Esdra e Nehemia viene globalmente compreso come *un'unica* grande epoca di ritorno e di ricostruzione, incorniciata dalla festa delle capanne dei primi rimpatriati (Esd. 3,4) e dalla seconda, celebrata dopo il completamento della ricostruzione (Neh. 8.13-18). In entrambi i casi, ciò avviene come è «scritto» e «secondo la prescrizione» (Esd. 3,4; Neh. 8,14.18).

Rapporto con i libri delle Cronache

La maggior parte degli esegeti recenti considera i libri di Esdra e Nehemia come parte dell'opera storiografica cronistica (cfr. NOTH). Tuttavia, dopo che l'appartenenza del memoriale di Nehemia all'opera cronistica è stata contestata da POHLMANN (143 ss.) e KAISER (166), JAPHET (1968) e WILLIAMSON hanno dimostrato con convincenti ragioni che i libri di Esdra e Nehemia presi globalmente non possono far parte di un unico complesso con i libri delle Cronache (cfr. anche THRONTVEIT; di opinione contraria GUNNEWEG 1981, 147 ss.). Anche il fatto che i libri di Esdra e Nehemia formino, come abbiamo mostrato qui, una composizione conchiusa depone contro questa possibilità. La coincidenza della conclusione dei libri delle Cronache (II Cr. 36,22 s.) con l'inizio del libro di Esdra (1,1-3), spesso fatta valere come argomento a favore dell'omogeneità di Esdra, Nehemia e Cronache, potrebbe anche provare il contrario: cioè che si sia voluto in questo modo unire due opere originariamente non collegate. Inoltre, l'affinità delle due opere è basata sulla comune «lingua del tempo», che rimane incontrovertibile nonostante le differenze e i contrasti segnalati da JAPHET e WILLIAMSON.

Bibliografia

Commentari: SIEGFRIED (HK) 1901; BERTHOLET (KHC) 1902; RUDOLPH (HAT) 1949; GALLING (ATD) 1954 (1958); MYERS (AB) 1965; GUNNEWEG (KAT) 1985-87.

A.H.J. GUNNEWEG, *Zur Interpretation der Bücher Esra-Nehemia. Zugleich ein Beitrag zur Methode der Exegese*, in VT. S 32, 1981, 146-161; IDEM, *Die aramäische und die hebräische Erzählung über die nachexilische Restauration - ein Vergleich*, in ZAW 94, 1982, 299-302; W.T. IN DER SMITTEN, *Esra. Quellen, Überlieferung und Geschichte*, 1973; S. JAPHET, *The Supposed Common Authorship of Chronicles and Ezra-Nehemia Investigated Anew*, in VT 18, 1968, 330-371; IDEM, *Sheshbazzar and Zerubbabel - Against the Background of the Historical and Religious Tendencies of Ezra-Nehemia*, in ZAW 94, 1982, 66-98; U. KELLERMANN, *Nehemia. Quellen, Überlieferung und Geschichte*, 1967; K. KOCH, *Ezra and the*

Origins of Judaism, in JSSt 19, 1974, 173-197; E. MEYER, *Die Entstehung des Judentums*, 1896 (1965); S. MOWINCKEL, *«Ich» und «Er» in der Ezrageschichte*, in *Verbannung und Heimkehr, FS W. Rudolph*, 1961, 211-233; IDEM, *Studien zu dem Buche Ezra-Nehemia*, I e II, 1964, III, 1965; M. NOTH, *Überlieferungsgeschichtliche Studien*, 1943 (1973^3); K.-F. POHLMANN, *Studien zum dritten Esra. Ein Beitrag zur Frage nach dem ursprünglichen Schluss des chronistischen Geschichtswerkes*, 1970; G. V. RAD, *Die Nehemia-Denkschrift*, in ZAW 76, 1964, 176-187; R. RENDTORFF, *Esra und das «Gesetz»*, in ZAW 96, 1984, 165-184; H.H. SCHAEDER, *Esra der Schreiber*, 1930; M.A. THRONTVEIT, *Linguistic Analysis and the Question of Authorship in Chronicles, Ezra and Nehemia*, in VT 82, 1982, 201-216; H.G.M. WILLIAMSON, *Israel in the Books of Chronicles*, 1977.
STEUERNAGEL, par. 89-91; EISSFELDT, par. 73; FOHRER, par. 34; SOGGIN, par. 43; KAISER, par. 17.19; SMEND, par. 49; SCHMIDT, par. 12b; CHILDS XLII.

4.7 I libri delle Cronache

Inaspettatamente, l'ultimo libro del canone ebraico contiene una
seconda volta la presentazione della storia dell'epoca monarchica, a
partire dalla morte di Saul (I Cr. 10) e fino all'esilio in Babilonia (II
Cr. 36,17 ss.). Rispetto al racconto dei libri di Samuele e dei Re, ap-
pare però subito una fondamentale differenza: i libri delle Cronache
contengono soltanto la storia della monarchia davidica. L'unica co-
sa che viene raccontata di Saul è costituita dalle circostanze della sua
morte (I Cr. 10, cfr. I Sam. 31). Dopo la separazione del regno del nord → 233 s.
dal regno del sud, viene seguita soltanto la storia di Giuda, mentre → 241
lo Stato d'Israele e i suoi re sono presi in considerazione soltanto co-
me antagonisti o alleati di Giuda; di conseguenza vengono a cadere
anche i sincronismi caratteristici dei libri dei Re (con un'unica ecce- → 239
zione: II Cr. 13,1). Questo è tanto più notevole, in quanto l'autore ave-
va a disposizione come fonti soltanto i libri di Samuele e dei Re (ve-
di oltre). Le modifiche sono dunque state apportate deliberatamen-
te. Per questo, dal confronto dei due racconti, si possono ricavare pro-
spettive essenziali per cogliere l'intento dei libri delle Cronache.

I libri delle Cronache si chiamano in ebraico *dibre ha-jamim*, traducibile all'incirca con «annali» (cfr. gli «annali dei re di Israele» o «di Giuda», I Re 14,19.29 ecc.). Originariamente essi costituivano *un unico* libro. La Settanta lo chiama *Παραλειπόμενα*, cioè: «ciò che è rimasto», nel senso di «ciò che è stato tralasciato», lo considera cioè un completamento ai libri di Samuele e dei Re. Inoltre essa pone le Cronache dopo i Re e vi fa seguire i libri di Esdra e Nehemia. La *Vulgata* e la maggior parte delle traduzioni tedesche (e italiane, *N.d.T.*) hanno adottato questa sequenza.

Genealogia

Il libro inizia con un'ampia *genealogia* (I Cr. 1-9) che, nella sua forma attuale, si estende da Adamo (1,1) fino al ritorno dall'esilio babilonese (9.1 ss.). In vari punti si possono constatare aggiunte, che tuttavia non possono essere definite «groviglio di selvagge escrescenze testuali secondarie» (NOTH, 122). Questa genealogia, utilizzando i corrispondenti testi della Genesi, procede da *Adamo fino ad Abramo* → 187 (1,1-27, cfr. Gen. 5; 10 s.) e i suoi figli e i dodici figli di «Israele», cioè Giacobbe (1,28 - 2,2). Seguono una genealogia di *Giuda fino a Davide* e i suoi fratelli (2,3-17) e altre ramificazioni dei discendenti di Giuda (2,18-55; 4,1-23), inframmezzate da una lista dei discendenti di Davide che contiene, oltre ai suoi figli, anche tutti i re davidici e i discendenti dell'ultimo re fin molto in là nell'epoca post-esilica (cap. 3). Seguono liste di tipi molto diversi relative alla altre tribù d'Israele, fra cui, in particolare, quella di *Levi* occupa un ampio spazio. Si concludono con l'*albero genealogico di Saul* (8,33-40), ripetuto in 9,35-44, dopo l'inserzione della lista dei rimpatriati dall'esilio (9,1b-34; per i particolari cfr. RUDOLPH). L'accento posto qui sulla genealogia di Davide e dei leviti rivela già determinati centri di interesse.

Davide → 234 ss.

La *storia di Davide* (I Cr. 10-29) inizia con il racconto della *morte di Saul* (cap. 10), che non ha soltanto una funzione introduttiva, ma mostra al tempo stesso in modo esemplare quale pericolo rappresenti per la monarchia, e dunque per tutto Israele, la «infedeltà» di Saul che non «osservò» la parola di Jhwh e non la «cercò» (vv. 13 s., cfr. MOSIS, 17 ss.; ACKROYD, 3 ss.). L'inizio del dominio di *Davide* è dun- → 54 s. que tanto più imponente (capp. 11-16). Il cronista non menziona il temporaneo regno di Davide in Giuda, ma, allontanandosi dalla sua fonte, fa subito nominare Davide re da «tutto Israele» (11,1 cfr. I Sam. 5,1) e immediatamente dopo gli fa conquistare Gerusalemme (v. 4, cfr. II Sam. 5,6). Prima del recupero dell'arca, senza appiglio nella sua fonte, il cronista fa tenere una grande assemblea popolare (13,1 ss.) cosicché egli poi recupera l'arca insieme con «tutto Israele» (v. 5, cfr. II Sam. 6,1) e con l'esplicito assenso del popolo (v. 4). Al momento del definitivo trasporto nella città di Davide (cap. 15 s., cfr. II Sam. 6,12 ss.), Davide conferisce ai leviti l'incarico di portatori dell'arca (15,11-15) e di cantori del Tempio (v. 16 ss.) ed essi intonano per la prima volta un salmo (16,7-36 risultante dalla combinazione dei Sal- → 324 mi 105, 96 e 106). Fra l'assemblea e il trasporto dell'arca, si parla delle vittorie di Davide sui filistei (14,8 ss.), che sole rendono possibile il trasporto dell'arca (WELTEN 1979, 175 s.; di diverso avviso MOSIS, 55 ss.).

Preparazione della costruzione del Tempio

La coerente prosecuzione di *questa* linea è evidente anche nella sezione successiva, i capp. 17-29, interamente dedicata al tema della futura *costruzione del Tempio* e quindi al tempo stesso a *Salomone*. Qui sono stati tralasciati tutti i tratti che avrebbero potuto intorbidare l'immagine di Davide e Salomone. Né l'adulterio di Davide con Bath-She- → 235 ba e il conseguente annuncio di giudizio da parte di Nathan, né le ri- → 56 s. volte contro Davide vengono menzionate (cioè viene omessa l'intera «storia della successione al trono davidico»). Invece di ciò, nel discorso del profeta Nathan (17,1-15), viene introdotta, modificando leggermente la fonte, la menzione del «figlio» (v. 11, cfr. II Sam. 7,12); in questo modo, entra già in scena Salomone quale futuro costruttore del Tempio (cfr. BRAUN 1973, 507; MOSIS, 93). Il ruolo di Salomone come colui che succede a Davide e ne porta a compimento l'opera di tutta la vita ordinata da Dio viene poi presentato con particolare enfasi nei capp. 22, 28 e 29, formulati dal cronista senza alcun appiglio nella sua fonte. Appaiono qui paralleli evidenti (e chiaramente intenzionali) con il racconto della transizione da Mosè a Giosuè (Deut. 31/Gios. 1, cfr. → 213. 226 WILLIAMSON 1976).

I capp. 23-27 vengono per lo più considerati un inserto tardivo, ma su questo cfr. WILLIAMSON 1979.

Salomone → 57 ss. 237 ss.

Anche la *storia di Salomone* (II Cr. 1-9) è ora tutta orientata alla costruzione del Tempio preparata da Davide, ed è omessa ogni realtà negativa (l'uccisione degli oppositori, compreso un fratello, I Re 2, ma anche il matrimonio con la figlia di faraone, I Re 3,1). Nei preparativi, ci si ricollega enfaticamente alle tradizioni cultuali del tempo di Mosè: sull'altura cultuale di Gabaon si trovano la «tenda del convegno» e l'altare per gli olocausti dell'epoca del deserto (II Cr. 1,3.5 s., cfr. I Cr. 21,29 e inoltre Es. 33,7-11; 38,1-7) e in II Cr. 1,4 viene espressamente menzionata l'arca, che si trova già a Gerusalemme, ma fa parte di quello stesso complesso di tradizioni (cfr. Es. 37,1-9 e MOSIS, 127 s.). La descrizione dello splendore e della ricchezza del Tempio va ben oltre quella di I Re 6-8 e riprende numerosi elementi del ta- → 238 bernacolo di Mosè (cfr. MOSIS, 136 ss.). Quando tutto è terminato, do- → 199 po la preghiera di Salomone, scende un fuoco dal cielo che divora il sacrificio sull'altare (II Cr. 7,1) e la «gloria» (*kabod*) di Jhwh riempie il Tempio (vv. 1b.2) – come al momento della dedicazione del taber- → 199 nacolo (Es. 40,34 s.). A Salomone viene dunque attribuita una posizione molto elevata nella storia religiosa d'Israele; al tempo stesso viene però costantemente ribadito che in questo egli raccoglieva l'eredità dei preparativi compiuti da Davide (II Cr. 2,6.13.16; 3,1; 5,1; 6,3-11, cfr. WILLIAMSON 1976), di modo che è l'azione congiunta di entrambi a portare a compimento l'opera.

Costruzione del Tempio → 37.198

Giuda

I capitoli seguenti raccontano soltanto la *storia di Giuda fino all'esilio babilonese* (II Cr. 10-36), per cui non vengono menzionate parti essenziali di quanto è raccontato nei libri dei Re. Anche qui il cronista utilizza la sua fonte ora alla lettera, ora con modifiche più o meno grandi (cfr. WILLI, MOSIS, 169 ss.). Soprattutto, si stagliano alcuni brani che non sono basati su un modello tratto dai libri dei Re. Questi «materiali peculiari» al cronista, comprendono vari riferimenti ad attività costruttive e a questioni militari e amministrative, che molti esegeti valutano come notizie storicamente affidabili e provenienti da una fonte particolare (NOTH, 139 ss.; GALLING, 11 s.). È comunque evidente che queste parti svolgono una funzione chiaramente identificabile all'interno della esposizione storica cronistica e che proprio per questo sono da considerare come specificamente cronistiche (WELTEN 1973). Esse (a parte alcune singole informazioni) non possono dunque essere considerate una fonte storica indipendente.

Materiali propri del cronista

Si tratta qui soprattutto di tre temi, o *topoi*, che spesso compaiono insieme, a formare «complessi di *topoi*»: fortezze e costruzioni, organizzazione dell'esercito, resoconti di guerra. A ciò si aggiungono racconti su: riforma del culto, istruzione del popolo, omaggi e tributi da parte di altri popoli. Le sezioni corrispondenti appaiono solo per quei re che vengono valutati positivamente, oppure all'interno della fase del loro periodo di regno che viene valutata positivamente (cfr. la tabella in WELTEN 1973, 187 s.). L'attività edile di Roboamo (11,5-12) si svolge nella prima fase del suo periodo di regno, mentre più tardi egli viene punito per la sua apostasia dalla Torah di Jhwh per mezzo della campagna del faraone Shishak (12,1 ss.). Abija, al contrario di quanto avviene nella fonte (I Re 15,3), diviene un re giudicato positivamente per mezzo del resoconto di guerra (13,3-20), al centro del quale si trova un ampio discorso teologico indirizzato agli apostati abitanti del regno del nord. Per Asa, già valutato positivamente nella fonte (I Re 15,11-15), viene usato l'intero «complesso di *topoi*» consistente in: notizia di costruzioni, composizione dell'esercito, resoconto di guerra e riforma cultuale (II Cr. 14,5 - 15,15). Esso appare in forma ancora più ampia per Giosafat (17,6-19; 19,4-11; 20,1-30) cosicché la storia di Giuda, divergendo in questo dalla sua fonte, inizia con quattro re valutati positivamente. In seguito, si trovano simili note positive per Uzzia (26,6-15), Jotham (27,3-6), Ezechia (29,3 - 31,20) ([qui c'è un aggancio nella fonte II Re 18,4]; 32,5 s.), Manasse (33,14-7, in contrasto con la fonte II Re 21,1-16) e Giosia (24,3 - 35,19, che riprende la fonte II Re 22,3 - 23,24).

→ 239 s.

→ 64

La presentazione della storia dell'epoca monarchica a opera del cronista fornisce dunque un quadro essenzialmente diverso da quello dei libri di Samuele e dei Re. La ricerca sui libri delle Cronache, rivitalizzata da un decennio a questa parte (cfr. i libri di WILLI, WELTEN, MOSIS, WILLIAMSON, JAPHET e numerosi articoli) ha mostrato un ampio consenso nell'evidenziare l'opera letteraria e teologica autonoma svolta dal cronista (come aveva già fatto in precedenza VON RAD). È qui apparso evidente che l'autore dei libri delle Cronache ha rielaborato le sue fonti, cioè i libri di Samuele e dei Re, intenzionalmente e sistematicamente. WILLI definisce questa rielaborazione come «esegesi», per la quale il testo pre-esistente godeva già di una autorità «canonica» (53 ss. ecc.). Altri autori accentuano maggiormente l'interesse specifico e storicamente condizionato del cronista a fornire una nuova interpretazione della storia della monarchia davidica.

Intenzione del cronista

Le opinioni divergono comunque notevolmente quando si tratta di specificare quale fosse la sua intenzione propria. Alcuni la ravvisano nella sottolineatura e nella giustificazione della esclusiva legittimità di Gerusalemme e del suo Tempio come luogo dell'adorazione di Jhwh; qui l'occasione principale per la redazione è spesso individuata nella disputa con i samaritani e nella contestazione della → 104
legittimità del santuario di Samaria (NOTH, RUDOLPH, GALLING ecc.). Questa visione, comunque, è oggi stata ampiamente modificata quando non abbandonata, fra l'altro in quanto si è notato che non è affatto riscontrabile una tendenza rivolta *contro* il nord (cfr. WILLI, 190 ss., MOSIS, 200 ss.); il nord viene espressamente considerato facente parte di «Israele» (BRAUN 1977), anzi il cronista continua, come prima, a vedere in «Israele» una unità, comprendente tutte e dodici le tribù (WILLIAMSON 1977). È anche controverso se l'intenzione del cronista deve essere valutata più teologica (MOSIS e altri) o storico-politica (WELTEN 1973 e altri), anche se in questo non c'è un'opposizione di fondo.

Opera storiografica cronistica?

A ciò si collegano diversi altri problemi. Se i libri di Esdra e Nehemia (interamente o in parte) vengono considerati facenti parte dell'«opera storiografica cronistica», l'interpretazione globale ne è notevolmente influenzata, perché a questo si lega anche un altro problema: l'autore dei libri delle Cronache ha anche descritto e interpretato il prosieguo post-esilico della storia d'Israele? Mentre ancora poco tempo fa l'unità dell'«opera storiografica cronistica» era incontestata, fra gli autori più recenti prevalgono le voci dubbiose o negative. Le motivazioni non sono soltanto linguistiche (vedi sopra a proposito dei libri di Esdra e Nehemia), ma soprattutto riguardano i contenuti (cfr. → 362
WILLI, 179 ss., NEWSOME, BRAUN 1979 e altri) che suggeriscono una netta distinzione fra le due opere. È comunque evidente che derivano dalla stessa epoca e quindi parlano in larga misura la stessa lingua. Per questo, a mio avviso, l'idea che si tratti sì di due opere indipendenti, che sono però volutamente collegate e che dovrebbero completarsi reciprocamente, ha molti argomenti dalla sua. Se si possa parlare di due opere dello stesso autore (WILLI, 180) è, in considerazione della completa anonimità dell'autore o degli autori, un'altra questione (alcuni autori pensano anche a una origine dell'opera storiografica in varie fasi, in cui la successiva inserzione del memoriale di Nehemia avrebbe avuto un ruolo importante, cfr. IN DER SMITTEN, CROSS ecc.).

Datazione

A questo si collega infine anche il problema della *datazione* dei libri delle Cronache. Viene comunemente accettato che essi siano sorti in epoca post-esilica. FREEDMAN situa i libri delle Cronache, con l'aggiunta di Esd. 1-3 (la cui conclusione rimane tuttavia incerta), nell'epoca immediatamente successiva alla ricostruzione del Tempio nell'anno 515 e li mette in relazione alla ricostituzione della monarchia davidica presente in Aggeo e Zaccaria (posizioni simili in NEWSOME). Altri autori postulano un'origine molto più tardiva, ad es. soltanto in epoca ellenistica (ad es. WELTEN, 199 s.; WILLIAMSON 1977, 83 ss., è critico). La risposta a questi interrogativi dipende in larga misura dalla comprensione che si ha degli intenti dei libri delle Cronache ed è resa più complicata dal fatto che le nostre conoscenze della situazione post-esilica sono quanto mai lacunose, per cui, fino a nuovo ordine, un giudizio certo è pressoché impossibile.

«Fonti»

Nei libri delle Cronache vengono spesso citate anche altre «fonti», fra cui vari scritti profetici (I Cr. 29,29; II Cr. 9,29; 12,15; 13,22; 20,34; 26,22; 32,32; 33,19). Appare comunque chiaro che i contenuti di queste varie citazioni provengono dai libri di Samuele o dei Re, per cui non si tratta di fonti indipendenti, ma solo di un particolare modo di citare, basato sul rapporto del cronista con le sue fonti (cfr. su questo WILLI, 229 ss., CHILDS, 645 ss.).

Bibliografia

Commentari: BENZINGER (KHC) 1901; KITTEL (HK) 1902; ROTHSTEIN - HÄNEL (KAT), *1 Cr.*, 1927; GALLING (ATD) 1954; RUDOLPH (HAT) 1955; MYERS (AB) 1965.

P.R. ACKROYD, *The Chronicler as Exegete*, in JSOT 2, 1977, 2-32; R.L. BRAUN, *Solomonic Apologetic in Chronicles*, in JBL 92, 1973, 503-516; IDEM, *A Reconsideration of the Chronicler's Attitude towards the North*, in JBL 96, 1977, 59-63; IDEM, *Chronicles, Ezra and Nehemiah: Theology and Literary History*, in VT.S 30, 1979, 52-64; F.M. CROSS, *A Reconstruction of the Judean Restoration*, in JBL 94, 1975, 4-18; D.N. FREEDMAN, *The Chronicler's Purpose*, in CBQ 23, 1961, 436-442; W.T. IN DER SMITTEN, *Die Gründe für die Aufnahme der Nehemiaschrift in das chronistische Geschichtswerk*, in BZ NF 16, 1972, 207-221; S. JAPHET, *The Ideology of the Book of Chronicles and Its Place in Biblical Thought*, 1977 (in ebraico); J. KEGLER - M. AUGUSTIN, *Synopse zum Chronistischen Geschichtswerk*, 1984; R. MOSIS, *Untersuchungen zur Theologie des chronistischen Geschichtswerkes*, 1973; J.D. NEWSOME, *Toward a New Understanding of the Chronicler and His Purpose*, in JBL 94, 1975, 201-217; M. NOTH, *Überlieferungsgeschichtliche Studien*, 1943 (1973^{3}); G. VON RAD, *Das Geschichtsbild des chronistichen Werkes*, 1930; M. THRONTVEIT, *The Significance of the Royal Speeches and the Prayers for the Structure and Theology of the Chronicler*, 1983; P. WELTEN, *Geschichte und Geschichtsdarstellung in den Chronikbüchern*, 1973; IDEM, *Lade - Tempel - Jerusalem. Zur Theologie der Chronikbücher*, in *Textgemäss, FS E. Würthwein*, 1979, 169-183; T. WILLI, *Die Chronik als Auslegung*, 1972; H.G.M. WILLIAMSON, *The Accession of Solomon in the Books of Chronicles*, in VT 26, 1976, 351-361; IDEM,

Israel in the Books of Chronicles, 1977; IDEM, *The Origins of the Twenty-Four Priestly Courses. A Study of I Chronicles XXIII-XXVII*, in VT.S 30, 1979, 251-268.
STEUERNAGEL, par. 82-88; EISSFELDT, par. 72; FOHRER, par. 34, 35; SOGGIN, par. 42; KAISER, par. 18, 19; SMEND, par. 50; SCHMIDT, par. 12; CHILDS XLIII.
Cfr. anche la Bibliografia in III.4.6.

5

Il canone dell'Antico Testamento

Il processo di formazione dei vari libri dell'Antico Testamento ha avuto una storia piuttosto articolata, che abbiamo cercato di ripercorrere nei capitoli precedenti. Questo processo comprende la costituzione di grandi complessi, come ad esempio la grande raccolta di scritti che comprende il Pentateuco e i libri storici che lo seguono, oppure → 248 ss. la raccolta dei libri profetici. Si è così venuta a poco a poco for- → 316 ss. mando una raccolta di scritti che godevano di considerazione «canonica».

Conclusione della formazione del canone

Non si può dire con precisione quando siano giunti a conclusione i singoli stadi della raccolta e della formazione del canone. Ci sono però indicazioni importanti. Ad esempio: il redattore dei libri delle Cronache aveva di fronte a sé i libri di Samuele e dei Re, per lo → 368 più nella loro forma attuale. Per la genealogia contenuta nei capitoli 1-9 del primo libro delle Cronache, il redattore ha utilizzato tradi- → 364 zioni prese dalla Genesi e da altri libri del Pentateuco, anche se, nei particolari, rimane da stabilire in che misura non possa trattarsi di aggiunte o inserzioni successive nell'opera del cronista. Il fatto che i samaritani abbiano accolto il Pentateuco come loro Scrittura canonica, mostra chiaramente che all'epoca in cui fu reso autonomo, es- → 104 s. so possedeva essenzialmente la forma e l'ampiezza che ha oggi. Un ulteriore riscontro ci è offerto dall'opera di Gesù ben Sirach (il Siracide, *N.d.T.*, circa 190 a.C.) che, nella sua ampia «lode dei padri» (capp. 44-50), presuppone il complesso delle tradizioni dell'Antico Testamento nella forma a noi sconosciuta. Nel 130 a.C., nella sua introduzione alla traduzione greca del libro, suo nipote parla di «legge, profeti e altri scritti», presupponendo dunque già la tripartizione del canone. Verso la fine del I sec. dopo Cristo, GIUSEPPE FLAVIO (*Contra Apionem* 1,7 s.) parla di 22 libri; più o meno alla stessa epoca, il IV Esdra parla di 24 libri (14,44-46) e con queste cifre, sia pure divergenti, si intendono i libri del canone ebraico (39 secondo il conto odierno).

La tesi corrente che la fissazione definitiva del canone sarebbe stata effettuata da un «sinodo» di Jamnia (Jabne) verso il 100 d.C. è storicamente inesatta (cfr. SCHÄFER).

Settanta

Accanto al canone ebraico si costituì anche una raccolta in lingua greca. Essa ebbe origine innanzitutto dalla traduzione in greco degli scritti del canone ebraico. Secondo la leggenda contenuta nella lettera di Aristea (intorno al 100 a.C.), la Torah (cioè il Pentateuco) sarebbe stata tradotta su iniziativa del re Tolomeo II (285-246) da 72 saggi ebrei (6 per ognuna delle 12 tribù d'Israele) in 72 giorni: da questo fatto l'intera traduzione greca della Bibbia prese il nome di *Septuaginta* (Settanta). Questa leggenda ha un fondamento storico nel fatto che la traduzione del Pentateuco ebbe effettivamente luogo nel III sec. a.C. Il nipote di Gesù ben Sirach (vedi sopra) menzionerà poi la traduzione di tutte e tre le parti del canone. A questi scritti se ne aggiungono altri, in parte anche originariamente redatti in ebraico o in aramaico e poi tradotti in greco, in parte scritti in greco fin dall'inizio. Questa raccolta di scritti della diaspora di lingua greca fu accolta dalla chiesa cristiana, che usò la Settanta, e posta a base della versione ufficiale in lingua latina (la *Vulgata*). Dall'epoca della Riforma, con la traduzione della Bibbia di Lutero, che si basava solo sul testo ebraico e non comprendeva i libri «apocrifi» (cioè i libri «nascosti», non destinati all'uso ufficiale della chiesa) il canone ebraico è divenuto normativo per le chiese protestanti.

Vulgata

Apocrifi

La moderna scienza biblica ha prestato poca attenzione alla forma canonica finale dei singoli libri, come pure al canone nel suo insieme. Essa ha individuato il suo compito proprio ed essenziale nell'analisi critica dei libri biblici e delle tradizioni in essi contenute, e così la forma finale non è quasi più stata oggetto di un interesse specifico. In epoca recente si è però potuto constatare un cambiamento nel modo di porre il problema, per quanto riguarda sia i singoli libri, sia il canone nel suo complesso.

Forma finale dei libri

Nei capitoli che precedono, sulla base degli stimolanti lavori di CHILDS e di altri, è stato fatto il tentativo di prendere in considerazione la forma finale «canonica» dei singoli libri e di spiegarla nel quadro della storia della composizione di ogni libro; si è anche tentato di cercare l'intenzione, il messaggio della forma finale. In molti casi appare chiaro che solo in questo modo si può raggiungere una piena comprensione di un libro e che anche molti particolari possono essere compresi a partire dalla forma finale e dalla sua intenzione. Uno dei punti di vista più importanti in questo quadro è il fatto che la struttura finale dei libri biblici, nella loro forma attuale, non è di regola il risultato del caso o di un lavoro redazionale incosciente o senza comprensione, come spesso pensava l'antica interpretazione storico-critica; piuttosto, erano all'opera forze che formulavano coscientemente, spesso guidate da un'intenzione teologica, non di rado molto marcata. Osservati da questo punto di vista, i libri biblici diventano, proprio nella loro forma finale, importanti testimonianze della storia della religione israelitica ed ebraica.

Significato del canone

Con questo si delinea un compito cui si dovrà porre mano al più presto. La ricerca dell'intenzione e del significato del canone deve andare oltre l'osservazione dei singoli libri e prendere in esame la raccolta nella sua totalità, come pure le relazioni reciproche delle parti che la compongono. Infatti, anche qui si deve ritenere che non si sia giunti per caso alla forma attuale del canone. Piuttosto, la forma del canone dev'essere compresa come espressione di determinati sviluppi e di scelte religiose e teologiche. Anche in questo campo si sono fatti i primi lavori preliminari. Così J.A. SANDERS ha fatto osservare che il canone è la forma in cui determinate tradizioni vengono fissate in modo normativo e che in questo si esprime l'autocomprensione della comunità che effettua questa fissazione. BLENKINSOPP ha portato avanti questa riflessione e l'ha articolata in modo decisivo. Egli ha studiato le relazioni reciproche fra profezia e Torah e ha mostrato come l'autorità del canone si basi essenzialmente sul suo carattere «profetico» e che alla base di questo fatto c'è una diversa comprensione della profezia, che fa di Mosè una figura centrale. In questo, la «scuola deuteronomica» (in senso molto ampio), svolge un ruolo fondamentale. La tensione fra Torah e profezia viene mantenuta viva dalla coloritura escatologica della profezia post-esilica. Ma proprio la consapevolezza di questa ineliminabile tensione compare nelle ultime frasi del canone dei profeti ove si parla della Torah di Mosè e dell'incombente «giorno di Jhwh» e delle loro relazioni cariche di tensione (Mal. 3,22-24).

Profezia e Torah

Mosè

→ 176 s. 215 221 s. 249

Escatologia

→ 315

Queste questioni superano i compiti e le possibilità di una «introduzione». Esse pongono comunque problemi centrali per la «teologia dell'Antico Testamento», che dovrà dunque essere concepita in modo nuovo. Ma anche il problema del rapporto fra la comprensione ebraica e quella cristiana dell'Antico Testamento necessita in questo campo di una basilare rielaborazione. Anche qui i lavori di CHILDS e BLENKINSOPP offrono impostazioni molto impegnate: CHILDS evidenzia in particolar modo la comprensione del canone vetero-testamentario come componente della Bibbia cristiana. BLENKINSOPP vede però qui il pericolo di una limitazione che potrebbe privare il canone vetero-testamentario del suo significato autonomo all'interno della storia della religione ebraica (in ambito tedesco, invece, per

Comprensione ebraica e cristiana

quanto posso vedere, il problema del canone non è stato finora discusso come problema teologico).

Queste ultime osservazioni richiamano ancora una volta alla coscienza il fatto che il lavoro sui singoli libri biblici, in particolare per quanto riguarda il cammino che li ha portati alla loro forma finale, rappresenta un contributo essenziale alla comprensione teologica dell'Antico Testamento e ne costituisce al tempo stesso l'irrinunciabile presupposto.

Bibliografia

J. BLENKINSOPP, *Prophecy and Canon*, 1977; B.S. CHILDS, *Biblical Theology in Crisis*, 1970; G.W. COATS - B.O. LONG (a cura di), *Canon and Authority*, 1977; J.A. SANDERS, *Torah and Canon*, 1972, 1974[2]; P. SCHÄFER, *Die sogenannte Synode von Jabne. Zur Trennung von Juden und Christen im ersten/zweiten Jh.n.Ch.*, in Jud. 31, 1975, 54-64 e 116-124 (= *Studien zur Geschichte und Theologie des rabbinischen Judentums*, 1978, 45-64).
STEUERNAGEL, par. 23-26; EISSFELDT, par. 74, 75; FOHRER, par. 75-77; SOGGIN, par. 2; KAISER, par. 38; SMEND, par. 2; SCHMIDT, par. 1; CHILDS II-IV, XLIV.

Elenco delle abbreviazioni usate nei rimandi bibliografici

a) Testi citati col solo nome dell'autore:

A. ALT, Kl. Schr.	A. ALT, *Kleine Schriften zur Geschichte des Volkes Israel*, I 1953 (1968^4), II 1953 (1977^4), III 1959 (1968^2).
J. BEGRICH, Ges. St.	J. BEGRICH, *Gesammelte Studien zum Alten Testament*, 1964.
BEN-SASSON	H.H. BEN-SASSON (a cura di), *Geschichte des jüdischen Volkes*, 3 voll., 1978-1980, contenuto: vol. I, 1ª parte (1-6): A. MALAMAT, *Ursprünge und Frühgeschichte.* vol. I, 2ª parte (7-11): H. TADMOR, *Die Zeit des ersten Tempels, die babylonische Gefangeschaft und die Restauration.*
BRIGHT	J. BRIGHT, *Geschichte Israels. Von den Anfängen bis zur Schwelle des Neuen Bundes*, 1966.
CHILDS	B.S. CHILDS, *Introduction to the Old Testament as Scripture*, 1979.
DONNER	H. DONNER, *Geschichte des Volkes Israel und seiner Nachbarn*, I 1984; II 1986.
EISSFELDT	O. EISSFELDT, *Einleitung in das Alte Testament unter Einschluss der Apokryphen und Pseudepigraphen*, 1934; *...sowie des apokryphen- und pseudepigraphenartigen Qumran-Schriften*, 1976^4; trad. it.; *Introduzione all'Antico Testamento*, Brescia, 1970-1984.
O. EISSFELDT, Kl. Schr.	O. EISSFELDT, *Kleine Schriften*, II 1963.
FOHRER	E. SELLIN, *Einleitung in das Alte Testament, völlig neu bearbeitet von G. Fohrer*, 1965^{10}, 1980^{12}.
GUNNEWEG	A.H.J. GUNNEWEG, *Geschichte Israels bis Bar Kochba*, 1972, 1982^4.
HAYES - MILLER	J.H. HAYES - J.M. MILLER (a cura di), *Israelite and Judean History*, 1977, contenuto: II. W.G. DENVER . W.M. CLARK, *The Patriarchal Traditions.* II. T.L. THOMPSON - D. IRVIN, *The Joseph and Moses Narratives.* IV. J.M. MILLER, *The Israelite Occupation of Canaan.* V. A.D.H. MAYES, *The Period of the Judges and the Rise of the Monarchy.* VI. J.A. SOGGIN, *The Davidic-Solomonic Kingdom.*

	VII. H. DONNER, *The Separate States of Israel and Judah.*
	VIII. B. ODED, *Judah and the Exile.*
	IX. G. WIDENGREN, *The Persian Period.*
HERRMANN	S. HERRMANN, *Geschichte Israels in alttestamentlicher Zeit.* 1973, 1980^2; trad. it.: *Storia d'Israele. I tempi dell'Antico Testamento*, Brescia, 1977.
KAISER	O. KAISER, *Einleitung in das Alte Testament*, 1969, 1978^4, 1984^5.
KOCH	K. KOCH, *Was ist Formgeschichte?*, 1964, 1981^4.
MALAMAT	A. MALAMAT (a cura di), *The World History of the Jewish People*, IV: *The Age of the Monarchies*, 1979.
MAZAR	B. MAZAR (a cura di), *The World History of the Jewish People*, II: *Patriarchs*, 1961 (1970), III: *Judges*, 1961 (1971).
M. NOTH, Ges. St.	M. NOTH, *Gesammelte Studien zum Alten Testament*, I 1957 (1966^3), II 1969.
NOTH	M. NOTH, *Geschichte Israels*, 1950 (1981^9, 1986^{10}), trad. it.: *Storia d'Israele*, Brescia, 1975.
G. V. RAD, Ges. St.	G. V. RAD, *Gesammelte Studien zum Alten Testament*, I 1958 (1971^4), II 1973.
R. RENDTORFF, Ges. St.	R. RENDTORFF, *Gesammelte Studien zum Alten Testament*, 1975.
SCHMIDT	W.H. SCHMIDT, *Einführung in das Alte Testament*, 1979, 1982^2, 1985^3.
SMEND	R. SMEND, *Die Entstehung des Alten Testaments*, 1978, 1981^2, 1984^3, trad. it.: *La formazione dell'Antico Testamento*, Brescia, 1993.
SOGGIN	J.A. SOGGIN, *Introduzione all'Antico Testamento. Dalle origini alla chiusura del canone alessandrino*, 4ª ed., Brescia, 1987.
STEUERNAGEL	C. STEUERNAGEL, *Lehrbuch der Einleitung in das Alte Testament mit einem Anhang über die Apokryphen und Pseudepigraphen*, 1912.
DE VAUX	R. DE VAUX, *Historie Ancienne d'Israel*, I: *Des Origines à l'Installation en Canaan*, 1971, II: *La Période des Juges*, 1973. (Le indicazioni fra parentesi si riferiscono all'edizione inglese: *The Early History of Israel*, I: *To the Exodus and Covenant of Sinai*, II: *To the Period of the Judges*, 1978).
H.W. WOLFF, Ges. St.	H.W. WOLFF, *Gesammelte Studien zum Alten Testament*, 1964 (1973^2).

b) Altre abbreviazioni

AB	The Anchor Bible.
ABLA	M. NOTH, *Aufsätze zur biblischen Landes- und Altertumskunde*, 2 voll. 1971.
ANET	J.B. PRITCHARD (a cura di), *Ancient Near Eastern Texts Relating to the Old Testament*, 1955^2, Supplement 1969.
AOT	H. GRESSMANN (a cura di), *Altorientalische Texte zum Alten Testament*, 1926^2.

ASTI	«Annual of the Swedish Theological Institute».
ATD	Das Alte Testament Deutsch.
BA	«The Biblical Archaeologist».
BAR	«The Biblical Archaeologist Reader».
BC	Biblischer Commentar über das Alte Testament.
BHH	*Biblisch-Historisches Handwörterbuch.*
Bib.	«Biblica».
BK	Biblischer Kommentar Altes Testament.
BRL	K. GALLING (a cura di), *Biblisches Reallexikon*, 1977^2.
BZ NF	«Biblische Zeitschrift», Neue Folge.
CAT	Commentaire de l'Ancien Testament.
CBQ	«Catholic Biblical Quarterly».
DBAT	«Dielheimer Blätter zum Alten Testament».
EJ	*Encyclopaedia Judaica.*
EvTh	«Evangelische Theologie».
HAT	Handbuch zum Alten Testament
HK	Handkommentar zum Alten Testament.
HS	Die Heilige Schrift des Alten Testaments.
IB	*The Interpreter's Bible.*
ICC	The International Critical Commentary of the Holy Scriptures of the Old and New Testament.
IEJ	«Israel Exploration Journal».
IDB Suppl	*Interpreter's Dictionary of the Bible, Supplement.*
JAOS	«Journal of the American Oriental Society».
JBL	«Journal of Biblical Literature and Exegesis».
JQR	«The Jewish Quarterly Review».
JSSt	«Journal of Semitic Studies».
JThS	«The Journal of Theological Studies».
Jud.	«Judaica. Beiträge zum Verständnis des jüdischen Schicksals in Vergangenheit und Gegenwart».
JSJ	«Journal of the Study of Judaism in the Persian, Hellenistic and Roman Period».
JSOT	«Journal for the Study of the Old Testament».
KAI	H. DONNER/W. RÖLLIG, *Kanaanäische und aramäische Inschriften I-III*, 1962-1964 (I 1979^4, II 1973^3, III 1976^3).
KAT	Kommentar zum Alten Testament.
KeH	Kurzgefasstes exegetisches Handbuch zum Alten Testament.
KHC	Kurzer Hand-Commentar zum Alten Testament.
KuD	«Kerygma und Dogma».
OrAnt	«Oriens Antiquus».
OTL	Old Testament Library.
OTS	«Oudtestamentische Studiën».
PJ	«Palästinajahrbuch».
POuT	De Prediking van het Oude Testament.
RB	«Revue Biblique».
RTAT	W. BEYERLIN (a cura di), *Religionsgeschichtliches Textbuch zum Alten Testament*, 1975.
SAT	Die Schriften des Alten Testament in Auswahl übersetzt und erklärt.
SThU	«Schweizerische Theologische Umschau».
TGI	K. GALLING (a cura di), *Textbuch zur Geschichte Israels*, 1979^3.
ThLZ	«Theologische Literaturzeitung».

ThR	«Theologische Rundschau».
ThR NF	«Theologische Rundschau, Neue Folge».
ThViat	«Theologia Viatorum. Jahrbuch der Kirchlichen Hochschule Berlin».
ThWAT	*Theologisches Wörterbuch zum Alten Testament.*
ThWNT	*Theologisches Wörterbuch zum Neuen Testament.*
TRE	*Theologische Realenzyklopädie.*
ThZ	«Theologische Zeitschrift».
TUAT	O. KAISER, *Texte aus der Umwelt des Alten Testaments*, 1982 ss.
VF	«Verkündigung und Forschung».
VT	«Vetus Testamentum».
VT.S	«Supplements to Vetus Testamentum».
WO	«Die Welt des Orients».
WuD NF	«Wort und Dienst. Jahrbuch der Theologischen Schule (Kirchlichen Hochschule) Bethel, Neue Folge».
ZAW	«Zeitschrift für die alttestamentliche Wissenschaft».
ZBK	Zürcher Bibelkommentar.
ZDMG	«Zeitschrift der deutschen Morgenländischen Gesellschaft».
ZDPV	«Zeitschrift des Deutschen Palästinavereins».
ZThK	«Zeitschrift für Theologie und Kirche».

Indice dei nomi

Di norma, non sono ripresi in questo indice nomi che compaiono nel titolo di un paragrafo e per i quali si rimanda all'indice generale.

Indice degli autori

La scelta di nomi che segue ha per scopo di situare questo lavoro nella storia della ricerca e comprende soltanto i nomi di autori citati che abbiano fornito un contributo all'indagine dell'Antico Testamento specifico e compiuto.

Indice dei termini ebraici

I termini sono ordinati secondo l'alfabeto ebraico.

Indice dei testi citati

Solo in casi particolari si sono riportati rimandi alla sezione della III parte in cui è trattato il libro corrispondente; per questo cfr. l'indice. Per semplificare la consultazione si è talvolta omesso di indicare i versetti e si sono raggruppate le ripetute menzioni di un capitolo.

Indice degli argomenti

Di norma, in questo indice, non vengono registrati termini che compaiono nel titolo di un paragrafo e per i quali si rimanda all'indice generale.

Indice

Finito di stampare il 3 luglio 2002 - Stampatre, Torino

ROLF RENDTORFF

Teologia dell'Antico Testamento

Vol. I: I testi canonici
pp. 480
Euro 29,95
Collana «Strumenti» n. 5
Cod. 365

L'«impostazione canonica» data dall'autore alla sua teologia dell'Antico Testamento fa parlare i testi nella forma in cui li troviamo nella Bibbia, senza analizzarli prima criticamente. Accoglie i risultati della critica biblica moderna, ma lascia sempre l'ultima parola al testo nella forma attuale. Questo primo volume, a cui seguirà un secondo di «sviluppo tematico», ripercorre i testi veterotestamentari passo dopo passo, dall'inizio alla fine del canone, seguendo l'indicazione di von Rad di «rinarrare» il racconto biblico.

L'autore

Rolf Rendtorff, è professore emerito di Teologia dell'Antico Testamento a Heidelberg. È considerato uno dei massimi specialisti mondiali dell'Antico Testamento. La sua bibliografia è vastissima. In italiano sono stati pubblicati: *La formazione dell'Antico Testamento* (Claudiana, 1968); *Protagonisti dell'Antico Testamento. Patriarchi, re e profeti* (Claudiana, 1978, 1984^2); *Introduzione all'Antico Testamento. Storia, vita sociale e letteratura d'Israele in epoca biblica* (Claudiana, 1990, 1994^2, 2001^3); *Cristiani ed ebrei oggi* (Claudiana, 1999).

J. ALBERTO SOGGIN

Israele in epoca biblica

Istituzioni - feste - cerimonie - rituali

pp. 200
Euro 14,98
Collana «Strumenti» n. 4
Cod. 358

Quest'opera affronta i molteplici aspetti dell'ebraismo, dalle lontane origini nel II millennio a.e.v. fino alla seconda rivolta contro Roma nel 132-134 e.v.: le istituzioni religiose e sociali, le feste, i rituali e le cerimonie più importanti vengono analizzati in una prospettiva storica rigorosa. Ogni aspetto della vita religiosa di Israele viene sottoposto a vaglio critico verificandolo su base documentaria.
Ne risulta un quadro singolarmente affascinante e convincente, nel quale l'Israele dell'epoca biblica appare profondamente inserito nel contesto del Vicino Oriente e da questo influenzato e determinato in maniera maggiore di quanto si supponga abitualmente. Anche la peculiarità di Israele – il suo culto rigidamente monoteista – appare non come una caratteristica originaria, ma come una conquista progressiva, ottenuta anche attraverso lotte e resistenze in un'epoca più tarda di quanto normalmente si pensi.

L'autore

J. Alberto Soggin, docente emerito di Antico Testamento alla Facoltà valdese di Teologia e di Ebraico a «La Sapienza» di Roma, è autore di numerose pubblicazioni, fra cui *Introduzione all'Antico Testamento*, Brescia, 1987^4, *Storia di Israele*, Brescia, 1984. È uno dei pochi esperti di Antico Testamento italiani conosciuti e tradotti pure all'estero: la sua *Introduzione* è stata tra l'altro tradotta in Inghilterra; la sua *Storia di Israele* pure in Germania e il suo *Commento alla Genesi* in Germania.